Direito ADMINISTRATIVO

Felipe Dalenogare Alves

#bizudedireitoadministrativo

4ª EDIÇÃO

Direito ADMINISTRATIVO

Teoria e Prática

De acordo com a **Lei nº 14.133/2021** (Nova Lei de Licitações) e a **Lei nº 14.230/2021** (altera a Lei de Improbidade Administrativa)

A OBRA COMPREENDE:

- ☑ Estruturação de peças para treinamento
- ☑ Quadros-resumo
- ☑ Questões com gabarito e padrão de resposta

DE ACORDO COM O EDITAL DA OAB

EDITORA RIDEEL

Quem tem Rideel tem mais.

Expediente

Fundador	Italo Amadio (*in memoriam*)
Diretora Editorial	Katia Amadio
Editoras	Janaína Batista Mayara Sobrane
Editora Assistente	Mônica Ibiapino
Projeto Gráfico	Sergio A. Pereira
Diagramação	WK Comunicação

Dados Internacionais de Catalogação na Publicação (CIP)
Angélica Ilacqua CRB-8/7057

Alves, Felipe Dalenogare
Direito administrativo : teoria e prática 1ª e 2ª fases da OAB / Felipe Dalenogare Alves. -- 4. ed. -- São Paulo : Rideel, 2022. (1ª e 2ª fase da OAB)

ISBN 978-65-5738-573-9

1. Direito administrativo 2. Ordem dos Advogados do Brasil – Exames I. Título II. Série

CDD 342.8106
22-1147 CDU 342.9(079)

Índice para catálogo sistemático:
1. Direito administrativo - Ordem dos Advogados do Brasil – Exames

EDITORA RIDEEL

ABDR EDITORA AFILIADA

Av. Casa Verde, 455 – Casa Verde
CEP 02519-000 – São Paulo – SP
e-mail: sac@rideel.com.br
www.editorarideel.com.br

1 3 5 7 9 8 6 4 2
0 2 2 2

DEDICATÓRIA

Este livro é fruto de um trabalho resultante de muito esforço, que me levou a abdicar do convívio de muitas pessoas que amo.

Assim, não poderia deixar de dedicá-lo, inicialmente, a minha esposa, Evelin, e minha filha, Alice.

Às queridas Mari e Maynara, verdadeiras colaboradoras à concretização desta obra.

Ao Paulo Câmara, pela intermediação junto à Rideel.

Aos meus colegas professores de Direito Administrativo, com quem divido minhas inquietudes acadêmicas.

Às instituições onde trabalhei e trabalho, pela oportunidade de poder transmitir o conhecimento.

Por fim, pela importância que representam, dedico este livro a todos os estudantes de Direito do Brasil, principalmente aos "OABeiros", que tanto batalham em busca da aprovação no Exame de Ordem.

Em curtas palavras, eis a dedicatória.

Brasília-DF, janeiro de 2022.

Felipe Dalenogare Alves

APRESENTAÇÃO DA SÉRIE

A Editora Rideel apresenta a Série "1ª e 2ª Fases da OAB", ideal para a preparação de candidatos à prova prático-profissional do Exame de Ordem.

Os livros de Prática da Série, por meio dos mais completos recursos didáticos, compreendem todo o conteúdo doutrinário e as orientações necessárias para que o leitor adquira todo o conhecimento da disciplina pela qual optou na 2ª fase e desenvolva a facilidade e agilidade para resolução das questões discursivas e identificação e elaboração das peças exigidas nessa etapa da prova.

As obras dessa Série foram criteriosamente elaboradas e estruturadas, em conformidade com o edital e as mais recentes tendências do Exame de Ordem, por especialistas nas respectivas áreas com ampla experiência no ensino e preparo para aprovação no exame da OAB.

O livro de Prática Trabalhista da 1ª e 2ª Fases da OAB contém:

- ☑ **DOUTRINA:** Teoria completa da disciplina para resolução e fundamentação das questões discursivas que podem ser objeto de questionamento na prova da OAB.

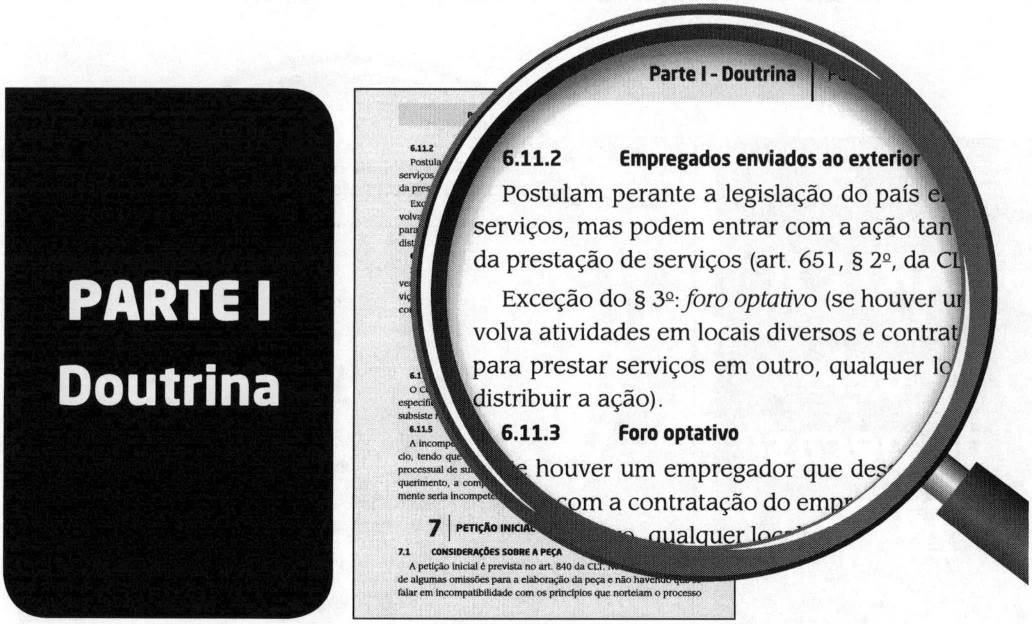

☑ **Quadros "ATENÇÃO!":** Destaques objetivos e didáticos para os principais temas da matéria cobrados no Exame de Ordem.

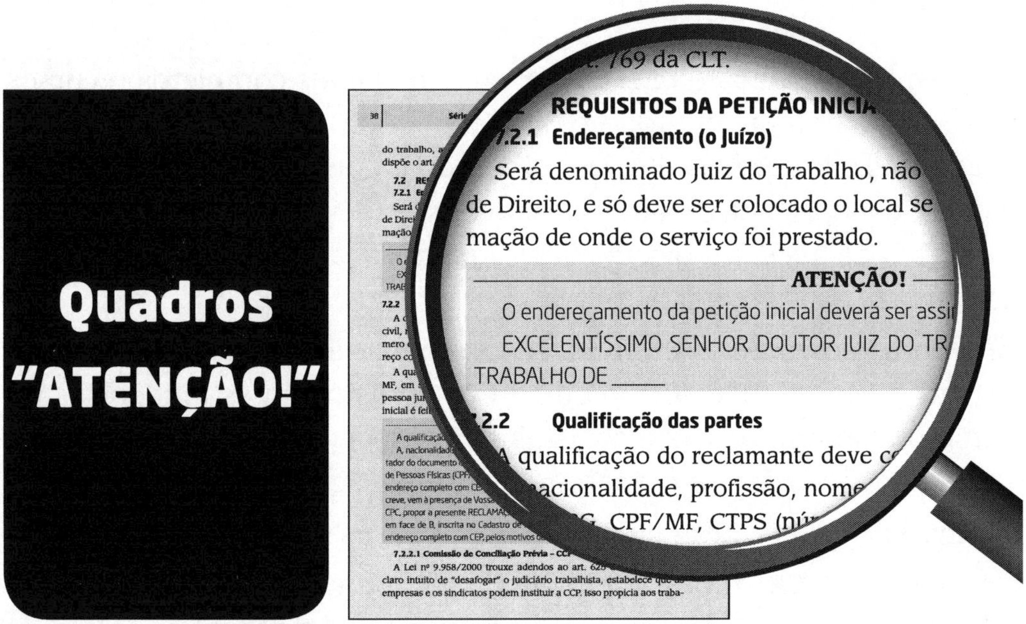

☑ **MODELOS DE PEÇAS PRÁTICAS:** Modelos esquemáticos de elaboração e fundamentação das peças exigidas no Exame da OAB.

☑ **QUESTÕES DISCURSIVAS:** Questões pertinentes aos temas estudados, extraídas de exames anteriores, com os respectivos gabaritos e em conformidade com os critérios de avaliação da banca examinadora da OAB.

A Editora Rideel, por meio da 1ª e 2ª Fases da OAB, disponibiliza o material mais completo e didático para a sua preparação e aprovação no Exame da OAB:

☑ Objetividade no estudo

☑ Apreensão do conteúdo

☑ Bom desempenho na prova

APRESENTAÇÃO

A presente obra resulta do empenho realizado ao longo do trabalho de preparação de examinandos que buscam seu ingresso nos quadros da Ordem dos Advogados do Brasil, além do conhecimento agregado durante a graduação, com a aprovação no exame de ordem já ao final do 3º ano de curso, as especializações, o mestrado e o pós-doutorado (em andamento) em direito.

Gosto de enfatizar que o Exame de Ordem é um verdadeiro teatro de operações, uma zona de guerra, em que é necessário conhecer a fundo o inimigo, a banca. Para tanto, em sua 1ª edição, o livro foi dirigido à preparação específica em Direito Administrativo para a 1ª e 2ª Fases do Exame, contendo questões de 2ª Fase, sem, entretanto, trazer o espelho de respostas.

Na 2ª edição, reeditada pela Rideel, a obra manteve o seu propósito, qual seja, o de possuir uma linguagem simples e didática, sem o rigor científico presente em outras obras de nossa autoria, voltada à compreensão dos principais temas encontrados nas provas aplicadas pela FGV durante o período de sua atuação, mas agregou novos conteúdos e todas as questões e peças de 1ª e 2ª Fases da OAB, com gabarito e padrão de resposta, entregando ao público uma obra revista, atualizada e ampliada.

A partir dessa edição, mantiveram-se a estrutura e o propósito das edições anteriores, realizando-se atualizações e revisões daquilo que, no decorrer do tempo, fomos colhendo como necessidade de aperfeiçoamento, principalmente pelas sugestões de nossos queridos alunos, destinatários finais da obra que lançamos.

Por fim, sendo breve, como o propósito da obra, ainda que esta possa apresentar lacunas, pela imensidão temática que o direito administrativo contempla, fica o desejo de contribuir com a tão sonhada aprovação de milhares de examinandos que nos acompanham neste país imenso.

Um grande abraço do Prof. Felipe!

Acompanhe nosso trabalho no *site*:
www.estudosdedireito.com.br

Nos acompanhe no Instagram:
@prof.felipedalenogare

SUMÁRIO

DEDICATÓRIA 5
APRESENTAÇÃO DA SÉRIE 7
APRESENTAÇÃO 11

INTRODUÇÃO - EXAME DE ORDEM 25

1 O EXAME DE ORDEM - COMO ENFRENTAR? 27
1.1 Os 13 eixos temáticos de direito administrativo 27
1.2 Dicas iniciais de como resolver as questões de direito material 41
1.3 Dicas iniciais de como identificar e estruturar a peça 41

PARTE I - DIREITO MATERIAL 45

2 INTRODUÇÃO AO DIREITO ADMINISTRATIVO, FUNÇÕES DO ESTADO E ORGANIZAÇÃO DA ADMINISTRAÇÃO PÚBLICA 47
2.1 Introdução ao Direito Administrativo 47
2.2 Função 49
2.3 Administração Pública 50
2.4 Desconcentração e Descentralização 50
2.5 Administração Direta 51
2.5.1 Órgãos Públicos 51
2.6 Administração Indireta 52
2.6.1 Consórcios Públicos 53
2.6.2 Agências Reguladoras 59
2.6.3 Agências Executivas 62
2.7 Entidades Paraestatais 64
2.7.1 Organizações Sociais 65
2.7.2 Organização da Sociedade Civil de Interesse Público 67
2.7.3 Organizações da Sociedade Civil sob regime de parcerias voluntárias 69
2.7.4 Serviços Sociais Autônomos 70
2.8 Questões do Eixo temático (OAB 1ª Fase) 73
2.9 Questões do Eixo temático (OAB 2ª Fase) 85

3 PRINCÍPIOS DA ADMINISTRAÇÃO PÚBLICA 92
3.1 Princípios Fundamentais do Estado 92
3.2 Princípios gerais 93
3.3 Princípios gerais do Direito Público 94
3.4 Princípios gerais do Direito Administrativo 94
3.5 Princípios setoriais do Direito Administrativo 95
3.6 Princípios constitucionais do Direito Administrativo 95
3.7 Questões do Eixo temático (OAB 1ª Fase) 102

3.8 Questões do Eixo temático (OAB 2ª Fase) 104
4 AGENTES PÚBLICOS 107
4.1 Agente Público de Fato 108
4.2 Cargo Público 108
4.3 Função Pública 109
4.4 Emprego Público 109
4.5 Classificação dos Cargos 109
4.6 Provimento 110
4.7 Princípio específico da acessibilidade 113
4.8 Formas de Ingresso 114
4.9 Estabilidade 115
4.9.1 Requisitos para se adquirir a estabilidade 115
4.9.2 Perda da estabilidade – art. 41, § 1º 116
4.10 Acumulação de cargos/empregos públicos 116
4.11 Tempo de serviço 117
4.12 Férias 117
4.13 Aposentadoria 117
4.14 Sistema Remuneratório 121
4.14.1 Teto constitucional 123
4.15 Questões do Eixo temático (OAB 1ª Fase) 125
4.16 Questões do Eixo temático (OAB 2ª Fase) 138
5 PROCESSO ADMINISTRATIVO 151
5.1 Procedimento administrativo 151
5.2 Finalidades do processo administrativo 151
5.3 Espécies de processo administrativo 152
5.4 Tipos de processo administrativo 152
5.5 Princípios do processo administrativo 152
5.6 Competência para os atos do processo 154
5.7 Impedimentos e suspeições 155
5.8 Fases do processo administrativo 155
5.9 Da sindicância e do Processo Administrativo Disciplinar 156
5.9.1 Sindicância 157
5.9.2 Processo Administrativo Disciplinar 157
5.10 Questões do Eixo temático (OAB 1ª Fase) 167
5.11 Questões do Eixo temático (OAB 2ª Fase) 176
6 RESPONSABILIDADE CIVIL DO ESTADO 183
6.1 Responsabilidade subjetiva 183
6.2 Responsabilidade objetiva 183
6.3 Responsabilidade Subsidiária do Estado 187
6.4 Responsabilidade do Estado por atos lícitos 187

6.5 Responsabilidade do Estado por atos legislativos ... 188
6.6 Responsabilidade do Estado por atos judiciais ... 188
6.7 Prazo prescricional da ação de indenização contra o Estado ... 188
6.8 Ação regressiva do Estado contra o agente público ... 188
6.9 Questões do Eixo temático (OAB 1ª Fase) ... 189
6.10 Questões do Eixo temático (OAB 2ª Fase) ... 194

7 PODERES DA ADMINISTRAÇÃO ... 200

7.1 Características ... 200
7.2 Abuso de Poder ... 200
7.3 Teoria dos motivos determinantes ... 201
7.4 Poder Vinculado ... 201
7.5 Poder Discricionário ... 201
7.6 Poder Hierárquico ... 202
7.7 Poder Disciplinar ... 202
7.8 Poder Regulamentar ... 202
7.9 Poder de Polícia ... 202
7.9.1 Competência para o exercício do poder de polícia ... 203
7.9.2 Formas de atuação do poder de polícia (rol exemplificativo) ... 204
7.9.3 Polícia administrativa e polícia judiciária ... 205
7.9.4 Atributos do poder de polícia ... 205
7.9.5 Características do poder de polícia ... 206
7.10 Questões do Eixo temático (OAB 1ª Fase) ... 206
7.11 Questões do Eixo temático (OAB 2ª Fase) ... 214

8 ATOS ADMINISTRATIVOS ... 218

8.1 Requisitos ou elementos do Ato Administrativo ... 218
8.2 Características ou atributos do ato administrativo ... 218
8.3 Classificação ... 219
8.4 Espécies de Atos Administrativos ... 220
8.5 Delegação ... 223
8.6 Avocação ... 223
8.7 Convalidação ... 224
8.8 Conversão ... 224
8.9 Questões do Eixo temático (OAB 1ª Fase) ... 224
8.10 Questões do Eixo temático (OAB 2ª Fase) ... 229

9 LICITAÇÕES E CONTRATOS ... 232

9.1 Licitação ... 232
9.1.1 Competência Legislativa ... 232
9.1.2 Destinatários da Licitação ... 232
9.1.3 Compras, obras e serviços ... 233
9.1.4 Alienação ... 233

9.1.5 Execução indireta ... 233
9.1.6 Empreitada integral ... 234
9.1.7 Projetos prévios ... 234
9.1.8 Modalidades ... 234
9.1.9 Tipos de critérios para avaliação das propostas ... 235
9.1.10 Tempo de publicidade ... 236
9.1.11 Formas de licitação ... 236
9.1.12 Fases da licitação ... 236
9.1.13 Fases no pregão (inversão de fases) ... 237
9.1.14 Efeitos da adjudicação ... 237
9.1.15 Licitação dispensada, dispensável e inexigível ... 237
9.1.16 Anulação e Revogação de Licitação ... 239
9.1.17 Sistema de registro de preços ... 240
9.1.18 Tratamento diferenciado para Micro e Pequenas Empresas ... 241
9.1.19 Licitações no âmbito das empresas estatais (Lei nº 13.303/2016) ... 243
9.2 Contratos Administrativos ... 248
9.2.1 Teoria da imprevisão ... 249
9.2.2 Fato do príncipe e fato da administração ... 249
9.2.3 Alterações contratuais unilaterais e consensuais ... 250
9.2.4 Contrato de obras, serviços e fornecimentos ... 251
9.2.5 Formas de extinção do contrato ... 252
9.2.6 Sanções administrativas ... 252
9.2.7 Sanções penais ... 252
9.2.8 Responsabilidade pelos danos, encargos trabalhistas e previdenciários ... 252
9.2.9 Contratos celebrados no âmbito das empresas estatais (Lei nº 13.303/2016) ... 253
9.3 Regime diferenciado de contratações (RDC) ... 255
9.3.1 Aplicabilidade do RDC ... 255
9.3.2 Objetivos e definições do RDC ... 257
9.3.3 Princípios e diretrizes aplicáveis ... 258
9.3.4 Regras aplicáveis às licitações realizadas com base no RDC ... 260
9.3.5 Regras aplicáveis aos contratos celebrados com base no RDC ... 274
9.3.6 Das sanções administrativas ... 275
9.4 O NOVO MARCO NORMATIVO DE LICITAÇÕES E CONTRATOS – LEI Nº 14.133/2021 ... 276
9.4.1 Introdução e transição para o novo marco normativo ... 276
9.4.2 Principais disposições reguladas pelo novo marco normativo ... 277

9.4.3 Principais disposições gerais trazidas pelo novo marco normativo ... 277
9.4.4 Principais disposições aplicáveis às licitações ... 283
9.4.5 Principais disposições aplicáveis às hipóteses de contratação direta ... 291
9.4.6 Principais disposições aplicáveis aos instrumentos auxiliares ... 291
9.4.7 Principais disposições aplicáveis aos contratos administrativos ... 294
9.5 Licitações e contratos aplicáveis às *Startups* ... 298
9.6 Convênios ... 302
9.7 Questões do Eixo temático (OAB 1ª Fase) ... 303
9.8 Questões do Eixo temático (OAB 2ª Fase) ... 315
10 SERVIÇOS PÚBLICOS ... 336
10.1 Definição ... 336
10.1.1 Elemento formal ... 337
10.1.2 Elemento material ... 338
10.2 Formas de prestação ... 338
10.3 Modalidades de descentralização ... 338
10.4 Princípios dos serviços públicos ... 338
10.5 Classificação (modalidades) ... 339
10.6 Direitos dos usuários de serviços públicos ... 340
10.7 Definições da Lei nº 13.460/2017 ... 341
10.7.1 Diretrizes dos direitos e deveres dos usuários ... 342
10.7.2 Direitos básicos dos usuários ... 343
10.7.3 Carta de serviços aos usuários ... 343
10.7.4 Deveres dos usuários ... 344
10.7.5 Manifestações dos usuários de serviços públicos ... 344
10.7.6 Ouvidorias ... 345
10.7.7 Conselhos de usuários ... 347
10.7.8 Avaliação continuada dos serviços públicos ... 348
10.8 Concessão, permissão e autorização de serviços públicos ... 348
10.8.1 Concessão ... 348
10.8.2 Permissão ... 350
10.8.3 Autorização ... 351
10.9 Parceria Público-Privada (PPP) ... 351
10.10 Programa de Parcerias de Investimentos (PPI) ... 354
10.10.1 Contrato de parceria ... 354
10.10.2 Objetivos do PPI ... 355
10.10.3 Princípios do PPI ... 355
10.10.4 Regulamentação do PPI ... 355

10.11 Questões do Eixo temático (OAB 1ª Fase) ... 356
10.12 Questões do Eixo temático (OAB 2ª Fase) ... 368
11 BENS PÚBLICOS ... 379
11.1 Espécies ... 379
11.2 Regime jurídico dos bens públicos ... 380
11.3 Aquisição de bens para o patrimônio público ... 381
11.4 Alienação de bens públicos ... 381
11.5 Utilização especial de bens públicos por particulares ... 383
11.6 Bens do patrimônio público (arts. 20 e 26 da CF/1988) ... 385
11.7 Questões do Eixo temático (OAB 1ª Fase) ... 387
11.8 Questões do Eixo temático (OAB 2ª Fase) ... 391
12 INTERVENÇÃO DO ESTADO NA PROPRIEDADE ... 395
12.1 Fundamentos ... 395
12.2 Modalidades de intervenção do Estado na propriedade privada ... 395
12.2.1 Intervenção restritiva ... 395
12.2.2 Intervenção supressiva ... 395
12.3 Servidão administrativa ... 396
12.4 Requisição ... 397
12.5 Ocupação temporária ... 397
12.6 Limitações administrativas ... 398
12.7 Tombamento ... 400
12.8 Desapropriação ... 401
12.8.1 Desapropriação indireta ... 414
12.9 Expropriação ... 416
12.10 Questões do Eixo temático (OAB 1ª Fase) ... 418
12.11 Questões do Eixo temático (OAB 2ª Fase) ... 430
13 INTERVENÇÃO DO ESTADO NO DOMÍNIO ECONÔMICO ... 441
13.1 A intervenção do Estado no domínio econômico ... 441
13.2 Motivos determinantes ... 443
13.3 Fundamentos da ordem econômica ... 443
13.4 Princípios da ordem econômica ... 443
13.5 Principais modalidades de intervenção ... 444
13.6 Principais formas de intervenção ... 444
13.7 Principais tipos de intervenção ... 444
13.8 Componentes da intervenção ... 445
13.9 Das infrações da ordem econômica ... 447
13.10 Das penas ... 449
13.11 Da prescrição ... 453
13.12 Questões do Eixo temático (OAB 1ª Fase) ... 453
13.13 Questões do Eixo temático (OAB 2ª Fase) ... 454

14 CONTROLE DA ADMINISTRAÇÃO PÚBLICA 455
14.1 Controle interno 455
14.2 Controle externo 456
14.3 Controle social 458
14.4 Classificação de acordo com a fase de exercício 459
14.4.1 Controle preventivo (prévio) 459
14.4.2 Controle concomitante (simultâneo) 460
14.4.3 Controle corretivo 460
14.5 Classificação de acordo com o objeto de controle 460
14.5.1 Controle de legalidade ou legitimidade 460
14.5.2 Controle de mérito 460
14.6 Classificação quanto ao alcance 460
14.6.1 Controle hierárquico 460
14.6.2 Controle de finalidade 461
14.7 Questões do Eixo temático (OAB 1ª Fase) 461
14.8 Questões do Eixo temático (OAB 2ª Fase) 467
15 IMPROBIDADE ADMINISTRATIVA E PRÁTICAS DE *COMPLIANCE* 471
15.1 Previsão normativa 471
15.2 Definição do ato de improbidade 472
15.3 Sujeito passivo do ato de improbidade 472
15.4 Sujeito ativo do ato de improbidade 473
15.5 Modalidades de improbidade 475
15.6 Sanções por atos de improbidade 476
15.7 Da declaração de bens e da decretação de indisponibilidade 480
15.8 Legitimado à propositura 482
15.9 Da possibilidade de acordo de não persecução cível 482
15.10 Prescrição 483
15.11 Procedimento administrativo e inquérito civil 485
15.11 Procedimento judicial 486
15.12 Da comunicabilidade das esferas 493
15.13 Do afastamento preventivo 493
15.14 Lei Anticorrupção e práticas de *compliance* 493
15.14.1 Da responsabilidade da pessoa jurídica 494
15.14.2 Dos atos lesivos à Administração Pública nacional ou estrangeira 495
15.14.3 Da responsabilização administrativa 496
15.14.4 Da desconsideração da personalidade jurídica 497
15.14.5 Do acordo de leniência 497
15.14.6 Do processo administrativo de responsabilização 498
15.14.7 Do processo judicial de responsabilização 501

15.14.8 Da decretação de indisponibilidade dos bens 502
15.14.9 Da prescrição 502
15.14.10 Do Cadastro Nacional de Empresas Punidas – CNEP 502
15.14.11 Da independência da apuração e responsabilização 503
15.15 Questões do Eixo temático (OAB 1ª Fase) 503
15.16 Questões do Eixo temático (OAB 2ª Fase) 512

PARTE II - DIREITO PROCESSUAL 523

INTRODUÇÃO ÀS PEÇAS INICIAIS E CONTESTAÇÃO 525

1 *HABEAS DATA* 529
1.1 Fundamento 529
1.2 Legitimidade 529
1.3 Cabimento 529
1.4 Forma 529
1.5 Competência 529
1.6 Prioridade de julgamento 530
1.7 Estrutura 531
1.8 Peças para treinamento 532

2 MANDADO DE SEGURANÇA 533
2.1 Fundamento 533
2.2 Legitimidade 533
2.3 Cabimento 534
2.4 Prazo decadencial 535
2.5 Vedações 535
2.6 Espécies 536
2.7 Competência 537
2.8 Sustentação oral nos tribunais 538
2.9 Estrutura 538
2.10 Peças para treinamento 541

3 AÇÃO POPULAR 553
3.1 Fundamento 553
3.2 Legitimidade 553
3.3 Cabimento 553
3.4 Prazo prescricional 553
3.5 Competência 553
3.6 Liminar 553
3.7 Estrutura 554
3.8 Peças para treinamento 556

4 AÇÃO CIVIL PÚBLICA 561
4.1 Fundamento 561

4.2 Cabimento ... 561
4.3 Legitimidade ... 562
4.4 Competência ... 562
4.5 Liminar em ação civil pública ... 562
4.6 Cautelar em ação civil pública ... 562
4.7 Sentença ... 563
4.8 Coisa julgada ... 563
4.9 Inquérito civil ... 563
4.10 Estrutura da petição inicial ... 564
4.11 Estrutura da contestação ... 566
4.12 Peças para treinamento ... 568

5 AÇÃO DE CONHECIMENTO PELO PROCEDIMENTO COMUM (INDENIZATÓRIA/ANULATÓRIA OU OBRIGACIONAL) ... 571

5.1 Fundamento ... 571
5.2 Cabimento ... 571
5.3 Requisitos ... 571
5.4 Da tutela de urgência ... 572
5.5 Da tutela de evidência ... 572
5.6 Competência ... 573
5.7 Estrutura da petição inicial ... 573
5.8 Peças para treinamento ... 576

6 CONTESTAÇÃO ... 595

6.1 Fundamento ... 595
6.2 Cabimento ... 595
6.3 Preliminares ... 595
6.3.1 Inexistência ou nulidade da citação ... 596
6.3.2 Incompetência absoluta ou relativa ... 596
6.3.3 Incorreção do valor da causa ... 596
6.3.4 Inépcia da petição inicial ... 597
6.3.5 Perempção ... 597
6.3.6 Litispendência ... 597
6.3.7 Coisa julgada ... 597
6.3.8 Conexão ... 597
6.3.9 Incapacidade da parte, defeito de representação ou falta de autorização ... 598
6.3.10 Convenção de arbitragem ... 598
6.3.11 Ausência de legitimidade ou de interesse processual ... 598
6.3.12 Falta de caução ou de outra prestação que a lei exige como preliminar ... 598
6.3.13 Indevida concessão do benefício da gratuidade de justiça ... 599

6.4 Competência ... 599
6.5 Prazo ... 599
6.6 Estrutura da contestação ... 601
6.7 Estrutura da contestação em ação de improbidade administrativa ... 603
6.8 Peças para treinamento ... 607
6.9 Introdução às peças recursais ... 609

7 AGRAVO DE INSTRUMENTO ... 611
7.1 Fundamento ... 611
7.2 Cabimento ... 611
7.3 Nomenclatura ... 613
7.4 Requisitos e competência ... 613
7.5 Estrutura do agravo de instrumento ... 614
7.6 Peças para treinamento ... 617

8 EMBARGOS DE DECLARAÇÃO ... 624
8.1 Fundamento e cabimento ... 624
8.2 Nomenclatura ... 625
8.3 Requisitos e competência ... 625
8.4 Prazo de oposição e contraoposição ... 625
8.5 Prazo para decisão ... 625
8.6 Efeitos ... 625
8.7 Estrutura dos embargos de declaração ... 626
8.8 Peças para treinamento ... 628

9 APELAÇÃO ... 630
9.1 Fundamento ... 630
9.2 Cabimento ... 630
9.3 Nomenclatura ... 630
9.4 Requisitos e competência ... 630
9.5 Efeito suspensivo ou antecipação da tutela recursal ... 632
9.6 Estrutura da apelação ... 633
9.6.1 Folha de rosto ... 633
9.6.2 Razões de apelação ... 634
9.7 Peças para treinamento ... 636

10 RECURSO ORDINÁRIO CONSTITUCIONAL ... 645
10.1 Fundamento ... 645
10.2 Cabimento ... 645
10.3 Nomenclatura ... 646
10.4 Requisitos e competência ... 646
10.5 Efeito suspensivo ou antecipação da tutela recursal ... 646
10.6 Estrutura do Recurso Ordinário Constitucional ... 647
10.6.1 Folha de rosto ... 647

10.6.2 Razões de recurso ordinário constitucional 648
10.7 Peças para treinamento 651
11 RECURSO ESPECIAL 655
11.1 Fundamento 655
11.2 Nomenclatura 655
11.3 Cabimento e competência 655
11.4 Requisitos 655
11.5 Efeito suspensivo ou antecipação da tutela recursal 657
11.6 Estrutura do Recurso Especial 658
11.6.1 Folha de rosto 658
11.6.2 Razões de Recurso Especial 659
11.7 Peças para treinamento 661
12 RECURSO EXTRAORDINÁRIO 663
12.1 Fundamento 663
12.2 Nomenclatura 663
12.3 Cabimento e competência 663
12.4 Requisitos 664
12.5 Efeito suspensivo ou antecipação da tutela recursal 664
12.6 Estrutura do Recurso Extraordinário 665
12.6.1 Folha de rosto 665
12.6.2 Razões de Recurso Extraordinário 666
12.7 Peças para treinamento 668
REFERÊNCIAS BIBLIOGRÁFICAS 671

INTRODUÇÃO

Exame de Ordem

1 O EXAME DE ORDEM - COMO ENFRENTAR?

O Direito Administrativo é, sem dúvidas, uma das melhores áreas para a realização da prova prático-profissional do exame de ordem. Isso porque concentra um número limitado de temas em direito material e um número reduzido de peças processuais passíveis de ser cobradas.

Desse modo, pode-se sistematizar uma média de 13 temas de direito material, sendo muito importante que o examinando realize a marcação da legislação a ser utilizada na prova. Indica-se que realize a marcação no índice geral do *vade mecum bizurado* utilizando-se de 13 cores diferentes, uma para cada um dos eixos. Isso facilitará a localização da legislação a ser utilizada, assim que o examinando identificar a qual tema se refere a situação-problema.

Abaixo, segue o quadro esquemático para que você realize a marcação das principais leis e súmulas.

1.1 OS 13 EIXOS TEMÁTICOS DE DIREITO ADMINISTRATIVO

1. FUNÇÕES DO ESTADO E ORGANIZAÇÃO DA ADMINISTRAÇÃO PÚBLICA

► **Organização Administrativa federal**

- Dec.-Lei nº 200/1967

► **Capacidade processual de órgãos públicos**

- **Súmula nº 525 do STJ:** A Câmara de vereadores não possui personalidade jurídica, apenas personalidade judiciária, somente podendo demandar em juízo para defender os seus direitos institucionais.

► **Agências Reguladoras**

- Lei nº 9.986/2000 – Gestão de Recursos Humanos nas agências reguladoras
- Lei nº 13.848/2019 – Dispõe sobre a gestão, a organização, o processo decisório e o controle social das agências reguladoras.

► **Agências Executivas**

- Lei nº 9.649/1998 (arts. 51 e 52) – Organização da Presidência da República e dos Ministérios
- Dec. nº 2.487/1998 – Qualificação de autarquias e fundações como Agências Executivas
- Dec. nº 2.488/1998 – Organização administrativa específica para as autarquias e fundações qualificadas como Agências Executivas

▸ Terceiro Setor - Entidades paralelas ao Estado

- Lei nº 9.637/1998 – Organizações Sociais (OS)
- Lei nº 9.790/1999 – Organizações da Sociedade Civil de Interesse Público (OSCIP)
- Lei nº 13.019/2014 – Regime Jurídico das parcerias entre a Administração Pública e Organizações da Sociedade Civil

▸ Consórcios Públicos

- Lei nº 11.107/2005 – Normas gerais sobre Consórcios Públicos

▸ Empresas Públicas e Sociedades de Economia Mista

- Lei nº 13.303/2016 – Estatuto jurídico da empresa pública, da sociedade de economia mista e de suas subsidiárias
- **Súmula nº 8 do STF:** Diretor de sociedade de economia mista pode ser destituído no curso do mandato.
- **Súmula nº 79 do STJ:** Os bancos comerciais não estão sujeitos a registro nos Conselhos Regionais de Economia.

2. PRINCÍPIOS DA ADMINISTRAÇÃO PÚBLICA

▸ Acesso à Informação e Proteção de Dados

- Lei nº 12.527/2011 – Regula o acesso à informação (LAI)
- Lei nº 13.709/2018 – Lei Geral de Proteção de Dados (LGPD)

▸ Probidade Administrativa

- Lei nº 8.429/1992 – Improbidade administrativa

▸ Publicidade

- Lei nº 12.232/2010 – Normas gerais para licitação e contratação pela administração pública de serviços de publicidade prestados por intermédio de agências de propaganda.

3. AGENTES PÚBLICOS E PROCESSO ADMINISTRATIVO

▸ Servidores Públicos - âmbito federal

- Lei nº 8.112/1990 – Estatuto dos servidores públicos federais
- Lei nº 9.801/1999 – Normas gerais para perda de cargo público por excesso de despesa
- **Súmula Vinculante nº 4 do STF:** Salvo nos casos previstos na Constituição, o salário mínimo não pode ser usado como indexador de base de cálculo de vantagem de servidor público ou de empregado, nem ser substituído por decisão judicial.

- **Súmula Vinculante nº 5 do STF:** A falta de defesa técnica por advogado no processo administrativo disciplinar não ofende a Constituição.
- **Súmula Vinculante nº 13 do STF:** A nomeação de cônjuge, companheiro ou parente em linha reta, colateral ou por afinidade, até o terceiro grau, inclusive, da autoridade nomeante ou de servidor da mesma pessoa jurídica, investido em cargo de direção, chefia ou assessoramento, para o exercício de cargo em comissão ou de confiança, ou, ainda, de função gratificada na Administração Pública direta e indireta, em qualquer dos Poderes da União, dos Estados, do Distrito Federal e dos municípios, compreendido o ajuste mediante designações recíprocas, viola a Constituição Federal.
- **Súmula Vinculante nº 15 do STF:** O cálculo de gratificações e outras vantagens do servidor público não incide sobre o abono utilizado para se atingir o salário mínimo.
- **Súmula Vinculante nº 16 do STF:** Os artigos 7º, IV, e 39, § 3º (redação da EC nº 19/1998), da Constituição, referem-se ao total da remuneração percebida pelo servidor público.
- **Súmula Vinculante nº 20 do STF:** A Gratificação de Desempenho de Atividade Técnico-Administrativa – GDATA, instituída pela Lei nº 10.404/2002, deve ser deferida aos inativos nos valores correspondentes a 37,5 (trinta e sete vírgula cinco) pontos no período de fevereiro a maio de 2002 e, nos termos do artigo 5º, parágrafo único, da Lei nº 10.404/2002, no período de junho de 2002 até a conclusão dos efeitos do último ciclo de avaliação a que se refere o artigo 1º da Medida Provisória nº 198/2004, a partir da qual passa a ser de 60 (sessenta) pontos.
- **Súmula Vinculante nº 21 do STF:** É inconstitucional a exigência de depósito ou arrolamento prévios de dinheiro ou bens para admissibilidade de recurso administrativo.
- **Súmula Vinculante nº 33 do STF:** Aplicam-se ao servidor público, no que couber, as regras do regime geral da previdência social sobre aposentadoria especial de que trata o artigo 40, § 4º, inciso III, da Constituição Federal, até a edição de lei complementar específica.
- **Súmula Vinculante nº 34 do STF:** A Gratificação de Desempenho de Atividade de Seguridade Social e do Trabalho – GDASST, instituída pela Lei nº 10.483/2002, deve ser estendida aos inativos no valor correspondente a 60 (sessenta) pontos, desde o advento da Medida Provisória nº 198/2004, conver-

tida na Lei nº 10.971/2004, quando tais inativos façam jus à paridade constitucional (EC nºs 20/1998, 41/2003 e 47/2005).

- **Súmula Vinculante nº 37 do STF:** Não cabe ao Poder Judiciário, que não tem função legislativa, aumentar vencimentos de servidores públicos sob o fundamento de isonomia.
- **Súmula Vinculante nº 42 do STF:** É inconstitucional a vinculação do reajuste de vencimentos de servidores estaduais ou municipais a índices federais de correção monetária.
- **Súmula Vinculante nº 51 do STF:** O reajuste de 28,86%, concedido aos servidores militares pelas Leis nºs 8.622/1993 e 8.627/1993, estende-se aos servidores civis do Poder Executivo, observadas as eventuais compensações decorrentes dos reajustes diferenciados concedidos pelos mesmos diplomas legais.
- **Súmula Vinculante nº 55 do STF:** O direito ao auxílio-alimentação não se estende aos servidores inativos.
- **Súmula nº 6 do STF:** A revogação ou anulação, pelo Poder Executivo, de aposentadoria, ou qualquer outro ato aprovado pelo Tribunal de Contas, não produz efeitos antes de aprovada por aquele tribunal, ressalvada a competência revisora do Judiciário.
- **Súmula nº 11 do STF:** A vitaliciedade não impede a extinção do cargo, ficando o funcionário em disponibilidade. (Superada pelo art. 41, § 3º, da CF/1988).
- **Súmula nº 18 do STF:** Pela falta residual, não compreendida na absolvição pelo juízo criminal, é admissível a punição administrativa do servidor público.
- **Súmula nº 19 do STF:** É inadmissível segunda punição de servidor público, baseada no mesmo processo em que se fundou a primeira.
- **Súmula nº 21 do STF:** Funcionário em estágio probatório não pode ser exonerado nem demitido sem inquérito ou sem as formalidades legais de apuração de sua capacidade.
- **Súmula nº 22 do STF:** O estágio probatório não protege o funcionário contra a extinção do cargo.
- **Súmula nº 25 do STF:** A nomeação a termo não impede a livre demissão pelo Presidente da República, de ocupante de cargo dirigente de autarquia.
- **Súmula nº 36 do STF:** Servidor vitalício está sujeito à aposentadoria compulsória, em razão da idade.

- **Súmula nº 39 do STF:** À falta de lei, funcionário em disponibilidade não pode exigir, judicialmente, o seu aproveitamento, que fica subordinado ao critério de conveniência da administração.
- **Súmula nº 47 do STF:** Reitor de universidade não é livremente demissível pelo Presidente da República durante o prazo de sua investidura.
- **Súmula nº 359 do STF:** Ressalvada a revisão prevista em lei, os proventos da inatividade regulam-se pela lei vigente ao tempo em que o militar, ou o servidor civil, reuniu os requisitos necessários.
- **Súmula nº 567 do STF:** A Constituição, ao assegurar, no § 3º do art. 102, a contagem integral do tempo de serviço público federal, estadual ou municipal para o efeito de aposentadoria e disponibilidade não proíbe a União, aos Estados e aos Municípios mandarem contar, mediante lei, para efeito diverso, tempo de serviço prestado a outra pessoa de direito público interno.
- **Súmula nº 680 do STF:** O direito ao auxílio-alimentação não se estende aos servidores inativos.
- **Súmula nº 681 do STF:** É inconstitucional a vinculação do reajuste de vencimentos de servidores estaduais ou municipais a índices federais de correção monetária.
- **Súmula nº 682 do STF:** Não ofende a Constituição a correção monetária no pagamento com atraso dos vencimentos de servidores públicos.
- **Súmula nº 726 do STF:** Para efeito de aposentadoria especial de professores, não se computa o tempo de serviço prestado fora da sala de aula.
- **Súmula nº 120 do STJ:** O oficial de farmácia, inscrito no Conselho Regional de Farmácia, pode ser responsável técnico por drogaria.
- **Súmula nº 378 do STJ:** Reconhecido o desvio de função, o servidor faz jus às diferenças salariais decorrentes.

► Empregados Públicos

- Lei nº 9.962/2000 – Disciplina o regime de emprego público do pessoal da Administração federal direta, autárquica e fundacional
- **Súmula Vinculante nº 5 do STF:** A falta de defesa técnica por advogado no processo administrativo disciplinar não ofende a Constituição.
- **Súmula nº 20 do STF:** É necessário processo administrativo com ampla defesa, para demissão de funcionário admitido por concurso.

- **Súmula nº 466 do STJ:** O titular da conta vinculada ao FGTS tem o direito de sacar o saldo respectivo quando declarado nulo seu contrato de trabalho por ausência de prévia aprovação em concurso público.

▸ **Contratação temporária por excepcional interesse público**

- Lei nº 8.745/1993 – Dispõe sobre a contratação por tempo determinado para atender à necessidade temporária de excepcional interesse público

▸ **Concurso Público**

- Lei nº 12.990/2014 – Reserva aos negros 20% (vinte por cento) das vagas oferecidas nos concursos públicos no âmbito da administração pública federal, das autarquias, das fundações públicas, das empresas públicas e das sociedades de economia mista controladas pela União.
- Lei nº 13.872/2019 – Estabelece o direito de as mães amamentarem seus filhos durante a realização de concursos públicos na administração pública direta e indireta dos Poderes da União.
- **Súmula Vinculante nº 43 do STF:** É inconstitucional toda modalidade de provimento que propicie ao servidor investir-se, sem prévia aprovação em concurso público destinada ao seu provimento, em cargo que não integra a carreira na qual anteriormente investido.
- **Súmula Vinculante nº 44 do STF:** Só por lei se pode sujeitar a exame psicotécnico a habilitação de candidato a cargo público.
- **Súmula nº 15 do STF:** Dentro do prazo de validade do concurso, o candidato aprovado tem o direito à nomeação, quando o cargo for preenchido sem observância da classificação.
- **Súmula nº 16 do STF:** Funcionário nomeado por concurso tem direito à posse.
- **Súmula nº 17 do STF:** A nomeação de funcionário sem concurso pode ser desfeita antes da posse.
- **Súmula nº 683 do STF:** O limite de idade para a inscrição em concurso público só se legitima em face do art. 7º, XXX, da Constituição, quando possa ser justificado pela natureza das atribuições do cargo a ser preenchido.
- **Súmula nº 684 do STF:** É inconstitucional o veto não motivado à participação de candidato a concurso público.
- **Súmula nº 685 do STF:** É inconstitucional toda modalidade de provimento que propicie ao servidor investir-se, sem prévia aprovação em concurso público

destinado ao seu provimento, em cargo que não integra a carreira na qual anteriormente investido.

- **Súmula nº 686 do STF:** Só por lei se pode sujeitar a exame psicotécnico a habilitação de candidato a cargo público.
- **Súmula nº 266 do STJ:** O diploma ou habilitação legal para o exercício do cargo deve ser exigido na posse e não na inscrição para o concurso público.
- **Súmula nº 377 do STJ:** O portador de visão monocular tem direito de concorrer, em concurso público, às vagas reservadas aos deficientes.
- **Súmula nº 552 do STJ:** O portador de surdez unilateral não se qualifica como pessoa com deficiência para o fim de disputar as vagas reservadas em concursos públicos.

► Processo Administrativo federal

- Lei nº 9.784/1999 – Processo administrativo federal
- DL nº 4.657/1942 – Lei de Introdução às Normas do Direito Brasileiro (LINDB)
- **Súmula nº 373 do STJ:** É ilegítima a exigência de depósito prévio para admissibilidade de recurso administrativo.
- **Súmula nº 591 do STJ:** É permitida a prova emprestada no processo administrativo disciplinar, desde que devidamente autorizada pelo juízo competente e respeitados o contraditório e ampla defesa.
- **Súmula nº 592 do STJ:** O excesso de prazo para a conclusão do processo administrativo disciplinar só causa nulidade se houver demonstração do prejuízo à defesa.
- **Súmula nº 611 do STJ:** Desde que devidamente motivada e com amparo em investigação ou sindicância, é permitida a instauração de processo administrativo disciplinar com base em denúncia anônima, em face do poder-dever de autotutela imposto à Administração.
- **Súmula nº 633 do STJ:** A Lei nº 9.784/1999, especialmente no que diz respeito ao prazo decadencial para a revisão de atos administrativos no âmbito da Administração Pública federal, pode ser aplicada, de forma subsidiária, aos estados e municípios, se inexistente norma local e específica que regule a matéria.
- **Súmula nº 635 do STJ:** Os prazos prescricionais previstos no art. 142 da Lei nº 8.112/1990 iniciam-se na data em que a autoridade competente para a abertura do procedimento administrativo toma conhecimento do fato, interrompem-se com o primeiro ato de instauração válido – sindicância de caráter

punitivo ou processo disciplinar – e voltam a fluir por inteiro, após decorridos 140 dias desde a interrupção.

- **Súmula nº 641 do STJ:** A portaria de instauração do processo administrativo disciplinar prescinde da exposição detalhada dos fatos a serem apurados.

4. RESPONSABILIDADE CIVIL DO ESTADO

► Responsabilidade civil por danos nucleares

- Lei nº 6.453/1977 – Dispõe sobre a responsabilidade civil por danos nucleares

► Responsabilidade civil por atentados terroristas e atos de guerra

- Lei nº 10.744/2003 – Dispõe sobre a responsabilidade civil da União por atos de Terrorismo e Guerra envolvendo aeronaves

► Responsabilidade civil das concessionárias de serviços públicos

- Lei nº 8.987/1995 – Concessão, permissão e autorização de serviços públicos (art. 25)

► Prazo prescricional da responsabilidade civil do Estado

- Decreto nº 20.910/1932 – Prazo quinquenal
- **Súmula nº 383 do STF:** A prescrição em favor da Fazenda Pública recomeça a correr, por dois anos e meio, a partir do ato interruptivo, mas não fica reduzida aquém de cinco anos, embora o titular do direito a interrompa durante a primeira metade do prazo.
- **Súmula nº 443 do STF:** A prescrição das prestações anteriores ao período previsto em lei não ocorre, quando não tiver sido negado, antes daquele prazo, o próprio direito reclamado, ou a situação jurídica de que ele resulta.
- **Súmula nº 39 do STJ:** Prescreve em vinte anos a ação para haver indenização, por responsabilidade civil, de sociedade de economia mista.
- **Súmula nº 85 do STJ:** Nas relações jurídicas de trato sucessivo em que a Fazenda Pública figure como devedora, quando não tiver sido negado o próprio direito reclamado, a prescrição atinge apenas as prestações vencidas antes do quinquênio anterior à propositura da ação.

► Ação Regressiva da União contra seus agentes

- Lei nº 4.619/1965 – Ação regressiva contra agentes públicos.

5. PODERES DA ADMINISTRAÇÃO

▶ Poder Hierárquico

- **Súmula nº 628 do STJ:** A teoria da encampação é aplicada no mandado de segurança quando presentes, cumulativamente, os seguintes requisitos: a) existência de vínculo hierárquico entre a autoridade que prestou informações e a que ordenou a prática do ato impugnado; b) manifestação a respeito do mérito nas informações prestadas; e c) ausência de modificação de competência estabelecida na Constituição Federal.

▶ Poder de Polícia

- Código Tributário Nacional – art. 78
- Lei nº 9.873/1999 – Estabelece prazo de prescrição para o exercício da ação punitiva pela Administração Pública Federal direta e indireta.
- **Súmula nº 312 do STJ:** No processo administrativo para imposição de multa de trânsito, são necessárias as notificações da autuação e da aplicação da pena decorrente da infração.
- **Súmula nº 434 do STJ:** O pagamento da multa por infração de trânsito não inibe a discussão judicial do débito.
- **Súmula nº 510 do STJ:** A liberação de veículo retido apenas por transporte irregular de passageiros não está condicionada ao pagamento de multas e despesas.
- **Súmula nº 561 do STJ:** Os Conselhos Regionais de Farmácia possuem atribuição para fiscalizar e autuar as farmácias e drogarias quanto ao cumprimento da exigência de manter profissional legalmente habilitado (farmacêutico) durante todo o período de funcionamento dos respectivos estabelecimentos.

▶ Abuso de autoridade

- Lei nº 13.869/2019 – Dispõe sobre os crimes de abuso de autoridade.

6. ATOS ADMINISTRATIVOS

- Lei nº 4.717/1965 – Ação Popular (trata dos elementos de validade do ato administrativo)
- Lei de Introdução às Normas do Direito Brasileiro
- Lei nº 9.784/1999 – Processo Administrativo Federal
- Lei nº 13.726/2018 – Racionaliza atos e procedimentos administrativos dos Poderes da União, dos Estados, do Distrito Federal e dos Municípios

- **Súmula nº 346 do STF:** A administração pública pode declarar a nulidade dos seus próprios atos.
- **Súmula nº 473 do STF:** A administração pode anular seus próprios atos, quando eivados de vícios que os tornam ilegais, porque deles não se originam direitos; ou revogá-los, por motivo de conveniência ou oportunidade, respeitados os direitos adquiridos, e ressalvada, em todos os casos, a apreciação judicial.

7. LICITAÇÕES E CONTRATOS

▸ Licitação e Contratos administrativos

- Lei nº 8.666/1993 – Licitações e Contratos.
- Lei nº 10.520/2002 – Licitação por Pregão
- Lei nº 12.232/2010 – Normas gerais para licitação e contratação pela administração pública de serviços de publicidade prestados por intermédio de agências de propaganda
- Lei nº 12.462/2011 – Regime Diferenciado de Contratação
- Lei nº 13.303/2016 – Licitações e Contratos no âmbito das empresas públicas e sociedades de economia mista.
- Lei nº 14.133/2021 – Nova Lei de Licitações e Contratos
- LC nº 182/2021 – Licitações e Contratos no âmbito das *start-ups*

8. SERVIÇOS PÚBLICOS

▸ Concessões, permissões e autorizações

- Lei nº 8.987/1995 – Concessão, permissão e autorização de serviços públicos
- **Súmula nº 407 do STJ:** É legítima a cobrança da tarifa de água fixada de acordo com as categorias de usuários e as faixas de consumo.

▸ Mobilidade urbana

- Lei nº 12.587/2012 – Institui as diretrizes da Política Nacional de Mobilidade Urbana (conjunto organizado e coordenado dos modos de transporte, de serviços e de infraestruturas que garante os deslocamentos de pessoas e cargas no território do Município)

▸ Parcerias Público-Privadas

- Lei nº 11.079/2004 – Parcerias público-privadas – PPP
- Lei nº 13.334/2016 – Cria o Programa de Parcerias de Investimentos – PPI

► **Participação, proteção e defesa dos direitos do usuário dos serviços públicos da administração pública**

- Lei nº 13.460/2017 – Dispõe sobre participação, proteção e defesa dos direitos do usuário dos serviços públicos da administração pública.

9. BENS PÚBLICOS

► **Espécies dos bens públicos**

- Código Civil (arts. 98 a 103)

► **Ocupação e utilização de bens de uso comum do povo**

- Lei nº 13.311/2016 – Institui normas gerais para a ocupação e utilização de área pública urbana por equipamentos urbanos do tipo quiosque, trailer, feira e banca de venda de jornais e de revistas
- **Súmula nº 477 do STF:** As concessões de terras devolutas situadas na faixa de fronteira, feitas pelos Estados, autorizam, apenas, o uso, permanecendo o domínio com a União, ainda que se mantenha inerte ou tolerante, em relação aos possuidores.
- **Súmula nº 480 do STF:** Pertencem ao domínio e administração da União, nos termos dos arts. 4º, IV, e 186, da Constituição Federal de 1967, as terras ocupadas por silvícolas.
- **Súmula nº 650 do STF:** Os incisos I e XI do art. 20 da CF não alcançam terras de aldeamentos extintos, ainda que ocupadas por indígenas em passado remoto.
- **Súmula nº 103 do STJ:** Incluem-se entre os imóveis funcionais que podem ser vendidos os administrados pelas forças armadas e ocupados pelos servidores civis.
- **Súmula nº 496 do STJ:** Os registros de propriedade particular de imóveis situados em terrenos de marinha não são oponíveis à União.
- **Súmula nº 619 do STJ:** A ocupação indevida de bem público configura mera detenção, de natureza precária, insuscetível de retenção ou indenização por acessões e benfeitorias.

10. INTERVENÇÃO DO ESTADO NA PROPRIEDADE

► **Requisição militar**

- Decreto-Lei nº 4.812/1942 – Dispõe sobre a requisição de bens imóveis e móveis, necessários às forças armadas e à defesa passiva da população

▸ Desapropriação, servidão e ocupação temporária

- Decreto-Lei nº 3.365/1941 – Lei Geral de Desapropriação;
- Lei nº 4.132/1962 – Desapropriação por interesse social
- Lei nº 10.257/2001 – Estatuto da Cidade (desapropriação sancionatória urbana)
- Lei nº 8.629/1993 – Dispõe sobre a desapropriação para fins de reforma agrária
- LC nº 76/1993 – Dispõe sobre o procedimento contraditório especial, de rito sumário, para o processo de desapropriação de imóvel rural, por interesse social, para fins de reforma agrária
- **Súmula nº 23 do STF:** Verificados os pressupostos legais para o licenciamento da obra, não o impede a declaração de utilidade pública para desapropriação do imóvel, mas o valor da obra não se incluirá na indenização, quando a desapropriação for efetivada.
- **Súmula nº 157 STF:** É necessária prévia autorização do Presidente da República para desapropriação, pelos Estados, de empresa de energia elétrica.
- **Súmula nº 164 do STF:** No processo de desapropriação, são devidos juros compensatórios desde a antecipada imissão de posse, ordenada pelo Juiz, por motivo de urgência.
- **Súmula nº 378 do STF:** Na indenização por desapropriação incluem-se honorários do advogado do expropriado.
- **Súmula nº 416 do STF:** Pela demora no pagamento do preço da desapropriação não cabe indenização complementar além dos juros.
- **Súmula nº 475 do STF:** A Lei nº 4.686, de 21/06/65, tem aplicação imediata aos processos em curso, inclusive em grau de recurso extraordinário.
- **Súmula nº 476 do STF:** Desapropriadas as ações de uma sociedade, o poder desapropriante, imitido na posse, pode exercer, desde logo, todos os direitos inerentes aos respectivos títulos.
- **Súmula nº 479 do STF:** As margens dos rios navegáveis são domínio público, insuscetíveis de expropriação e, por isso mesmo, excluídas de indenização.
- **Súmula nº 561 do STF:** Em desapropriação, é devida a correção monetária até a data do efetivo pagamento da indenização, devendo proceder-se à atualização do cálculo, ainda que por mais de uma vez.
- **Súmula nº 617 do STF:** A base de cálculo dos honorários de advogado em desapropriação é a diferença entre a oferta e a indenização, corrigidas ambas monetariamente.
- **Súmula nº 652 do STF:** Não contraria a Constituição o art. 15, § 1º, do Dec.-lei nº 3.365/1941 (Lei da Desapropriação por utilidade pública).

- **Súmula nº 12 do STJ:** Em desapropriação, são cumuláveis juros compensatórios e moratórios.
- **Súmula nº 56 do STJ:** Na desapropriação para instituir servidão administrativa são devidos os juros compensatórios pela limitação de uso da propriedade.
- **Súmula nº 67 do STJ:** Na desapropriação, cabe a atualização monetária, ainda que por mais de uma vez, independente do decurso de prazo superior a um ano entre o cálculo e o efetivo pagamento da indenização.
- **Súmula nº 69 do STJ:** Na desapropriação direta, os juros compensatórios são devidos desde a antecipada imissão na posse e, na desapropriação indireta, a partir da efetiva ocupação do imóvel.
- **Súmula nº 70 do STJ:** Os juros moratórios, na desapropriação direta ou indireta, contam-se desde o trânsito em julgado da sentença.
- **Súmula nº 102 do STJ:** A incidência de juros moratórios sobre os compensatórios, nas ações expropriatórias, não constitui anatocismo vedado em lei.
- **Súmula nº 113 do STJ:** Os juros compensatórios, na desapropriação direta, incidem a partir da imissão na posse, calculados sobre o valor da indenização, corrigido monetariamente.
- **Súmula nº 114 do STJ:** Os juros compensatórios, na desapropriação indireta, incidem a partir da ocupação, calculados sobre o valor da indenização, corrigido monetariamente.
- **Súmula nº 119 do STJ:** A ação de desapropriação indireta prescreve em ~~vinte~~ anos. (Superada pelo art. 1.238, parágrafo único, do CC/2002, em que o prazo foi reduzido para 10 anos, devendo-se, assim, ser interpretada à luz deste dispositivo do CC.)
- **Súmula nº 131, STJ:** Nas ações de desapropriação incluem-se no cálculo da verba advocatícia as parcelas relativas aos juros compensatórios e moratórios, devidamente corrigidas.
- **Súmula nº 141, STJ:** Os honorários de advogado em desapropriação direta são calculados sobre a diferença entre a indenização e a oferta, corrigidas monetariamente.
- **Súmula nº 354, STJ:** A invasão do imóvel é causa de suspensão do processo expropriatório para fins de reforma agrária.

► Tombamento

- Decreto-Lei nº 25/1937 – Organiza a proteção do patrimônio histórico e artístico nacional

▸ Expropriação

- Lei nº 8.257/1991 – Desapropriação por cultivo de plantas psicotrópicas

11. INTERVENÇÃO DO ESTADO NO DOMÍNIO ECONÔMICO

▸ Repressão às infrações contra a ordem econômica

- Lei nº 12.529/2011 – Estrutura o Sistema Brasileiro de Defesa da Concorrência; dispõe sobre a prevenção e repressão às infrações contra a ordem econômica.

12. CONTROLE DA ADMINISTRAÇÃO PÚBLICA E PRÁTICAS DE *COMPLIANCE*

▸ Tribunal de Contas da União

- Lei nº 8.443/92 – Dispõe sobre a Lei Orgânica do Tribunal de Contas da União
- **Súmula Vinculante nº 3 do STF:** Nos processos perante o Tribunal de Contas da União asseguram-se o contraditório e a ampla defesa quando da decisão puder resultar anulação ou revogação de ato administrativo que beneficie o interessado, excetuada a apreciação da legalidade do ato de concessão inicial de aposentadoria, reforma e pensão.

▸ Práticas Anticorrupção

- Lei nº 12.846/2013 – Dispõe sobre a responsabilização administrativa e civil de pessoas jurídicas pela prática de atos contra a administração pública, nacional ou estrangeira

▸ Normas de Conduta dos Agentes Públicos Federais

- Lei nº 8.027/1990 – Normas de conduta dos servidores públicos civis da União, das Autarquias e das Fundações Públicas

13. IMPROBIDADE ADMINISTRATIVA

▸ Improbidade Administrativa

- Lei nº 8.429/1992 – Improbidade administrativa
- **Súmula nº 634 do STJ:** Ao particular aplica-se o mesmo regime prescricional previsto na Lei de Improbidade Administrativa para o agente público.
- **Súmula nº 651 do STJ:** Compete à autoridade administrativa aplicar a servidor público a pena de demissão em razão da prática de improbidade administrativa, independentemente de prévia condenação, por autoridade judiciária, à perda da função pública.

1.2 DICAS INICIAIS DE COMO RESOLVER AS QUESTÕES DE DIREITO MATERIAL

1 - **Conheça o material que você vai levar para a prova.** Leia antes e saiba onde está o conteúdo. No momento da prova, não haverá tempo para procurar coisa que não se sabe onde está. Se eventualmente isso acontecer, deixe essa questão por último, faça primeiro o que você sabe!

2 - Cuidado também com a **qualidade da redação**. O uso do computador faz com que as pessoas esqueçam como as palavras são escritas, pois tem corretor, e alguns programas geram o vício das abreviações, estas não podem ser usadas!

3 - **Cuidado também com a caligrafia**, faça sempre **letra legível**, pois você não quer que o avaliador tenha resistência ao ler a sua prova. Se for necessário, treine para melhorá-la!

4 - Não basta colocar o **instituto ou o dispositivo legal**, é necessário demonstrar que você sabe do que se trata. Assim, **explique um pouco sobre o que se trata**, com palavras próprias!!!

5 - **Nunca assine ou coloque qualquer informação** que não consta na **questão da prova OAB**, a fim de que não seja considerado identificação e zerada a prova!!!

6 - Sempre, sob pena de receber nota zero, **identifique qual a questão e qual a letra** você está se referindo ao responder!

1.3 DICAS INICIAIS DE COMO IDENTIFICAR E ESTRUTURAR A PEÇA

A situação-problema trará as respostas a algumas perguntas indispensáveis para a identificação de duas questões: 1 – a peça a ser redigida é uma peça inicial? 2 – a peça a ser redigida é uma peça recursal?

Você deve extrair do enunciado as seguintes perguntas:

Quem é o cliente?

Pessoa natural, cidadão, pessoa jurídica de direito privado, associação etc.

a) Se for pessoa natural, pode-se estar diante de qualquer uma das iniciais possíveis (inicial de ação de improbidade ou ação civil pública);

b) Se for associação legalmente constituída, poderá se estar diante de uma ação civil pública ou um mandado de segurança coletivo;

c) Se for um cidadão, possivelmente se estará diante de uma ação popular;

d) Se for uma pessoa jurídica de direito público que o contrata, possivelmente se esteja diante de uma ação de improbidade ou ação civil pública.

O que o cliente deseja?

Ajuizar a medida cabível, propor a medida cabível, recorrer de uma decisão denegatória da tutela de urgência, recorrer do (in)deferimento de medida liminar, recorrer de sentença proferida.

a) Se for para ajuizar a medida cabível, trata-se de uma inicial;

b) Se for para recorrer do (in)deferimento de uma liminar/tutela de urgência, será um agravo de instrumento;

c) Caso tenha sido proferida sentença, possivelmente se estará diante de uma apelação (se for decisão de tribunal, no exercício de competência originária, possivelmente se estará diante de um Recurso Ordinário Constitucional).

O que o cliente deseja é urgente?

Há perigo de dano irreparável?

a) Se houver, possivelmente deverá ser utilizada a ação com o rito mais célere (Mandado de Segurança);

b) Se houver, mas não for possível impetrar MS, possivelmente é caso de tutela provisória de urgência ou evidência em uma ação de conhecimento pelo procedimento comum.

Quais os motivos que levaram o cliente a o procurar?

Fundamentos de fato e de direito que o levarão aos eixos do direito material necessário para o desenvolvimento da peça.

a) Verificar a que eixo(s) do Direito Administrativo se enquadra a situação descrita na situação-problema.

Qual é o momento processual?

O cliente deseja ajuizar medida, houve citação, houve decisão interlocutória, houve sentença, houve recurso improvido.

Veja-se este exemplo de "situação-problema":

> "Joaquina, enquanto se deslocava pela calçada, no intuito de ir até a casa de seus pais, foi atropelada por uma viatura do Estado X, veículo conduzido pelo agente público João, que, inadvertidamente, subiu na calçada e atingiu a vítima, causando-lhe diversas fraturas".

Estruturação dos três parágrafos de cada tese:

▸ **Primeiro parágrafo:**

Resumo do caso concreto de modo objetivo. Exemplo:

No caso concreto, a autora, enquanto caminhava pela calçada, foi atropelada pela viatura do Estado X, vindo a sofrer diversas fraturas.

▸ **Segundo parágrafo:**

Utilização do dispositivo jurídico de forma lógica e também objetiva. Exemplo:

O art. 37, § 6º, da Constituição Federal de 1988 determina a responsabilidade objetiva do Estado. Assim, presentes a conduta do agente público, o nexo causal e o resultado dano, deverá o Estado indenizar a vítima. Conforme resta comprovado, no caso em análise, há a presença dos três elementos, motivo suficiente para que o Estado X arque com os prejuízos impostos à vítima.

▸ **Terceiro parágrafo:**

Conclusão da tese com o pedido. Exemplo:

Sendo assim, requer que seja o Estado X condenado a indenizar a autora, nos termos da fundamentação.

Tese construída (1ª Tese - Constitucional):

No caso concreto, a autora, enquanto caminhava pela calçada, foi atropelada pela viatura do Estado X, vindo a sofrer diversas fraturas.
O art. 37, § 6º, da Constituição Federal de 1988 determina a responsabilidade objetiva do Estado. Assim, presentes a conduta do agente público, o nexo causal e o resultado dano, deverá o Estado indenizar a vítima. Conforme resta comprovado, no caso em análise, há a presença dos três elementos, motivo suficiente para que o Estado X arque com os prejuízos impostos à vítima.
Sendo assim, requer que seja o Estado X condenado a indenizar a autora, nos termos da fundamentação.

O que pode cair?

EM REGRA, TEREMOS 13 PEÇAS POSSÍVEIS DE CAIR NA 2ª FASE EM DIREITO ADMINISTRATIVO!

1 - *HABEAS DATA*

- Lei nº 9.507, de 12 de novembro de 1997

2 - MANDADO DE SEGURANÇA

- Lei nº 12.016, de 7 de agosto de 2009

3 - AÇÃO POPULAR

- Lei nº 4.717, de 29 de junho de 1965

4 - AÇÃO CIVIL PÚBLICA

- Lei nº 7.347, de 24 de julho de 1985

5 - AÇÃO DE CONHECIMENTO PELO PROCEDIMENTO COMUM DO CPC (INDENIZATÓRIA/ANULATÓRIA/IMPOSITIVA DE OBRIGAÇÃO)

6 - CONTESTAÇÃO

7 - AGRAVO DE INSTRUMENTO

8 - EMBARGOS DE DECLARAÇÃO

9 - APELAÇÃO

10 - RECURSO ORDINÁRIO CONSTITUCIONAL

11 - RECURSO ESPECIAL

12 - RECURSO EXTRAORDINÁRIO

Ressalta-se, por fim, que também é possível ser cobrada a ação de *habeas corpus*, a ação monitória, a reclamação constitucional, a ação rescisória e o agravo interno, mas que, por nunca terem sido cobrados e pela baixa probabilidade de que possam ser abordados, em direito administrativo, não serão objeto desta obra.

PARTE I

DIREITO MATERIAL

2 INTRODUÇÃO AO DIREITO ADMINISTRATIVO, FUNÇÕES DO ESTADO E ORGANIZAÇÃO DA ADMINISTRAÇÃO PÚBLICA

2.1 INTRODUÇÃO AO DIREITO ADMINISTRATIVO

Os aspectos introdutórios do Direito Administrativo, embora, para o Exame de Ordem, não possuam uma incidência relevante de cobrança, constam no Edital. Portanto, é necessário que a obra compreenda, mesmo que de modo sintetizado, aspectos como o *conceito*, a *origem* e as *fontes* deste ramo do direito.

Pode-se conceituar o Direito Administrativo como o ramo do direito público que abrange as normas (regras e princípios) que regulam o exercício da função administrativa (seja típica ou atípica), abarcando as entidades, os órgãos, os agentes e as atividades desenvolvidas pela Administração Pública na busca do interesse público.

O direito administrativo possui seu berço no Estado de Direito francês, no início da idade contemporânea, com o advento da revolução Francesa, no final do século XVIII. É com a Constituição Francesa de 1791 que nascem conceitos como a divisão dos Poderes e o princípio da Legalidade. Agora, tome cuidado, pois, embora o direito administrativo brasileiro sofra grande influência do sistema francês, a jurisdição brasileira não adota o sistema de dupla jurisdição como a França (que conta com o denominado Contencioso Administrativo, ou seja, uma jurisdição própria para as causas envolvendo a Administração Pública). O Brasil se caracteriza por um sistema de jurisdição una, ou seja, concentrado no Poder Judiciário, a quem compete fazer coisa julgada.

No que tange às fontes do Direito Administrativo, embora a Administração Pública se paute pelo princípio da estrita legalidade, há uma influência muito grande das fontes informais (aquelas produzidas fora do ambiente formal, oriundas da produção social e administrativa), não se restringindo apenas às formais (aquelas produzidas pelo Estado, por intermédio dos processos formais de produção do direito). Desse modo, é possível incluir entre as fontes do Direito Administrativo a *norma*, a *jurisprudência*, a *doutrina*, os *costumes* e a *praxis administrativa*.

A *norma*, integrada por regras e princípios, no âmbito do Direito Administrativo, deve compreender o ordenamento jurídico em seu sentido mais amplo, incluindo-se não apenas as normas constitucionais, convencionais e legais, mas também a produção regulamentar administrativa, a exemplo dos decretos, portarias, instruções etc. Deve-se observar que o fenômeno da "Constitucionalização do Direito Administrativo", ocorrido principalmente a partir da segunda metade da década de 1990, passou a incorporar a esse ramo os princípios constitucionais explícitos e implícitos, passando a conferir enorme relação entre o Direito Administrativo e o Direito Constitucional.

A *jurisprudência* é formada pelas reiteradas dos tribunais acerca de determinada matéria e constitui importante fonte do Direito Administrativo. No sistema brasileiro, a jurisprudência é enaltecida principalmente pela força vinculante das decisões definitivas de mérito proferidas pelo STF nas ADIs e nas ADCs, as quais produzirão eficácia contra todos e efeito vinculante relativamente aos demais órgãos do Poder Judiciário e à administração pública direta e indireta, nas esferas federal, estadual e municipal (art. 102, § 2º, da CF/1988), e às decisões que reconheçam repercussão geral.

A *doutrina*, compreendida pela produção advinda dos estudos acerca do Direito Administrativo, é considerada fonte material (não formal) do Direito Administrativo. Mesmo que a doutrina não vincule, possui o condão de influenciar o administrador, o juiz e o legislador.

Os *costumes* representam o comportamento estável do povo, compatível com determinado espaço geográfico, cultural e temporal. É o que possui a menor vinculação no Direito Administrativo.

A *praxis administrativa* pode ser vista como necessidade de manutenção de uma uniformidade na atuação administrativa, objetivando-se segurança jurídica e tratamento isonômico. Significa dizer que a decisão administrativa legítima deve ser observada em casos futuros e análogos. Veja-se que a *praxis* administrativa se forma dos precedentes, advindos da prática reiterada e uniforme em casos similares. É tamanha sua importância que o atual Código de Processo Civil, em seu art. 496, prevê que está sujeita ao duplo grau de jurisdição, não produzindo efeito senão depois de confirmada pelo tribunal, a sentença proferida contra a União, os Estados, o Distrito Federal, os Municípios e suas respectivas autarquias e fundações de direito público e que julgar procedentes, no todo ou em parte, os embargos à execução fiscal, exceto quando a sentença estiver fundamentada em entendimento coincidente com orientação vinculante firmada no âmbito administrativo do próprio ente público, consolidada em manifestação, parecer ou súmula administrativa.

A consolidação da práxis como fonte do direito ocorreu com a atualização realizada pela Lei nº 13.655/2018 na Lei de Introdução às Normas do Direito Brasileiro (LINDB), inserindo o art. 24, o qual estabelece que "a revisão, nas esferas administrativa, controladora ou judicial, quanto à validade de ato, contrato, ajuste, processo ou norma administrativa cuja produção já se houver completado levará em conta as orientações gerais da época, sendo vedado que, com base em mudança posterior de orientação geral, se declarem inválidas situações plenamente constituídas". No parágrafo único deste artigo, o legislador especificou que "consideram-se orientações gerais as interpretações e especificações contidas em atos públicos de caráter geral ou em jurisprudência judicial ou administrativa majoritária e, ainda, as adotadas por prática administrativa reiterada e de amplo conhecimento público".

2.2 FUNÇÃO

É quando alguém exerce uma atividade representando interesses de terceiros.

Observação: A divisão dos poderes não gera absoluta divisão das funções, mas, sim, distribuição de três funções estatais precípuas.

a) **típica:** função para a qual o poder foi criado;

b) **atípica:** função estranha àquela para o qual o poder foi criado.

Função legislativa: elaboração das leis (função normativa).

- características: produz normas gerais, não concretas e produz inovações primárias no mundo jurídico.

Função judiciária: aplicação coativa da lei.

- características: estabelece regras concretas (julga em concreto), não produz inovações primárias, função indireta (deve ser provocado) e propicia situação de intangibilidade jurídica (coisa julgada).

Função administrativa: conversão da lei em ato individual e concreto.

- características: estabelece regras concretas, não produz inovações primárias, é direta (não precisa ser solicitada e é passível de revisão pelo Poder Judiciário).

Função Administrativa é toda atividade desenvolvida pela Administração representando os interesses da coletividade. Esta função decorre do fato de o Brasil ser uma república. *República = coisa pública*. Ou seja, toda atividade desenvolvida tem que privilegiar a coisa pública.

Função administrativa consiste no dever de o Estado, ou quem aja em seu nome, dar cumprimento, no caso concreto, aos comandos normativos, de maneira geral ou individual, para a realização dos fins públicos, sob regime jurídico prevalente de direito público e mediante atos ou comportamentos passíveis de controle.

Em razão desse interesse público, a Administração terá posição privilegiada em face de terceiros que com ela se relacionam. Ela tem prerrogativas e obrigações que não são extensíveis aos particulares, está em posição de superioridade (ex.: atos da administração são dotados de presunção validade, de autoexecutoriedade [não precisa recorrer ao Judiciário], cláusulas exorbitantes, desapropriação etc.).

2.3 ADMINISTRAÇÃO PÚBLICA

É a atividade desenvolvida pelo Estado ou seus delegados, sob o regime de Direito Público (regime jurídico-administrativo), destinada a atender de modo direto e imediato necessidades concretas da coletividade. É todo o aparelhamento do Estado para a prestação dos serviços públicos, para a gestão dos bens públicos e dos interesses da comunidade.

2.4 DESCONCENTRAÇÃO E DESCENTRALIZAÇÃO

A função administrativa pode ser desenvolvida de duas formas:

a) **Centralizada:** forma pela qual o serviço é prestado pela Administração Direta;

b) **Descentralizada:** forma em que a prestação é deslocada para outras Pessoas Jurídicas.

Desse modo, a **DESCONCENTRAÇÃO** é a distribuição do serviço dentro da mesma Pessoa Jurídica, no mesmo núcleo, razão pela qual será uma transferência com hierarquia.

Por sua vez, a **DESCENTRALIZAÇÃO** consiste na Administração Direta deslocar, distribuir ou transferir a prestação do serviço para a Administração Indireta ou para o particular. Note-se que a nova Pessoa Jurídica não ficará subordinada à Administração Direta, pois não há relação de hierarquia, mas esta manterá o controle e fiscalização sobre o serviço descentralizado.

A descentralização poderá ocorrer mediante **outorga** ou **delegação**. No primeiro caso, por meio de lei, a Administração direta transfere a titularidade e a execução do serviço público às entidades da administração indireta com personalidade de direito público (autarquias, fundações públicas de direito público ou associações públicas) ou apenas a execução àquelas com personalidade de direito privado (fundações públicas de direito privado, empresas públicas ou sociedade de economia mista). Na segunda hipótese, a Administração direta delega, mediante contrato de concessão ou permissão, apenas a execução de serviço público para pessoa jurídica de direito privado ou pessoa física.

Preste atenção, pois, de acordo com a atual jurisprudência do Supremo Tribunal Federal, inclusive em sede de repercussão geral, é possível a outorga (da titularidade e da execução) de atividades que envolvam o poder de polícia para pessoas jurídicas de direito privado integrantes da Administração Pública Indireta, desde que estas tenham sido criadas para esse fim específico e não atuem em regime concorrencial.

2.5 ADMINISTRAÇÃO DIRETA

A Administração Direta está presente em todos os Poderes da União, Estados, Distrito Federal e Municípios, constituindo-se nos serviços integrados na estrutura administrativa da Presidência da República e dos Ministérios no âmbito federal, bem como nos órgãos do Poder Judiciário da União, do Senado Federal e da Câmara dos Deputados. Ainda, no âmbito da União, temos os órgãos autônomos, como o Ministério Público da União, a Defensoria Pública da União e o Tribunal da Contas da União.

2.5.1 Órgãos Públicos

Segundo Helly Lopes Meirelles, **Órgãos Públicos** são **centro de competências** instituídos para desempenhar funções estatais, através de seus agentes, cuja atuação é destinada à pessoa jurídica a que pertencem. Assim, temos que:

- São divisões das entidades estatais (União, Estados e Municípios) ou também chamados centros especializados de competência, como o Ministério do Trabalho e da Fazenda. Preste atenção, pois as entidades da Administração Indireta também possuem seus órgãos, por exemplo, uma Autarquia (Universidade Federal que possui a Pró-Reitoria de Graduação, a Pró-Reitoria de Pesquisa etc.).
- São criados e extintos por lei, uma vez que, conforme o art. 48, XI, da CF/1988, cabe ao Congresso Nacional, com a sanção do Presidente da República, dispor sobre todas as matérias de competência da União, especialmente sobre criação e extinção de Ministérios e órgãos da administração pública. A reserva legal encontra-se confirmada também pelo previsto no art. 84, inciso VI, alínea *a*, da CF/1988.
- Não têm personalidade jurídica própria, ou seja, os atos que praticam são atribuídos ou imputados à entidade estatal a que pertencem (União, Estados, Distrito Federal, Municípios, Autarquias, Fundações, Empresas Públicas, Sociedades de Economia Mista ou Consórcios Públicos).
- Podem ter representação própria, por seus procuradores, se houver previsão em lei (como, em alguns órgãos, há os procuradores legislativos, desde que estes integrem a Advocacia Pública do Ente Federativo), bem como ingressar em juízo, estritamente na defesa de suas prerrogativas, contra outros órgãos públicos. Como exemplo, veja-se a Súm. nº 525 do STJ, a qual prevê que "A Câmara de Vereadores não possui personalidade jurídica, apenas personalidade judiciária, somente podendo demandar em juízo para defender os seus direitos institucionais".

2.6 ADMINISTRAÇÃO INDIRETA

A Administração Indireta compreende as seguintes categorias de entidades, dotadas de personalidade jurídica própria:

a) Autarquias;

b) Fundações Públicas ou Privadas;

c) Empresas Públicas;

d) Sociedades de Economia Mista.

e) Consórcios Públicos (Associações públicas – espécies de Autarquias ou Pessoas Jurídicas de Direito Privado Interfederativas).

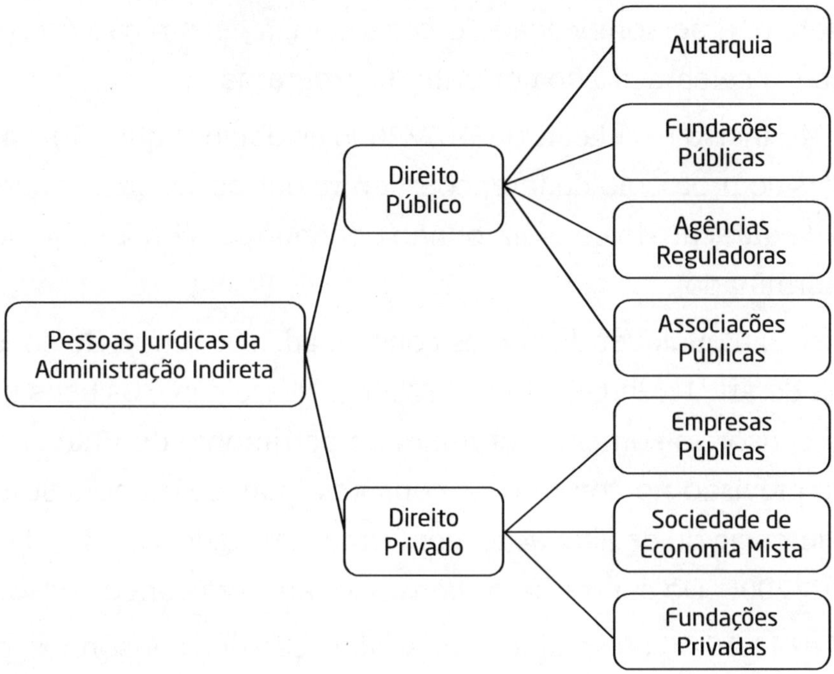

São **características** comuns às entidades da Administração Indireta:

a) Ter sua própria personalidade jurídica (o patrimônio e sua receita própria tem autonomia administrativa e financeira);

b) Tem que haver uma lei que cria ou autoriza sua criação, sendo que sua extinção também decorre de lei;

c) Na sua criação há a previsão de uma finalidade específica;

d) Sempre estão sujeitas ao controle da Entidade criadora, embora a ela não esteja subordinada, denominado controle de finalidade (finalístico) e sujeitas ao controle do respectivo Tribunal de Contas.

2.6.1 Consórcios Públicos

Acordo de vontades firmado entre entidades estatais para a realização de objetivos de interesses comuns – ex. consórcio entre dois municípios.

Após a Lei nº 11.107/2005, os consórcios passam a ser constituídos por contratos administrativos, dependendo de autorização legislativa e a União poderá integrar consórcios com Estados, Distrito Federal e Municípios.

Os procedimentos são a assinatura do protocolo de intenções; a ratificação do protocolo pelas casas legislativas; a celebração do contrato de consórcio; a personificação do consórcio; a celebração do contrato de rateio e a celebração do contrato de programa.

O art. 4º, inciso I, da Lei nº 11.107/2005 estabelece que são cláusulas essenciais do protocolo de intenções, entre outras, as que estabeleçam o prazo de duração do consórcio (não podendo ser constituído por prazo indeterminado).

É possível a qualquer dos entes consorciados se retirar do consórcio, na forma do art. 11 da Lei nº 11.107/2005. Nesse caso, os bens transferidos ao consórcio somente retornam ao patrimônio do Ente caso haja expressa previsão no contrato de consórcio público ou no instrumento de transferência ou de alienação, conforme consta do art. 11, § 1º, da Lei nº 11.107/2005. Do contrário, os bens permanecem com o consórcio.

A Lei nº 11.107/2005 exigiu a personificação dos consórcios, podendo ser consórcio público de direito público (associações públicas) ou consórcio público de direito privado (pessoa jurídica de direito privado).

2.6.1.1 Consórcio público de direito público

* **Natureza jurídica:** Associação Pública – autarquia interfederativa (integra a administração indireta de todos os entes);

** **Criação:** pelas leis de ratificação dos protocolos de intenções;

*** **Objeto:** atividades administrativas de competência comum aos entes consorciados ou que sejam delegadas ao consórcio;

**** **Regime de pessoal:** a partir da Lei nº 13.822/2019, que alterou o art. 6º, § 2º, da Lei nº 11.107/2005, passou a ser celetista. Seu pessoal passou a estar sujeito ao regime de aposentadoria compulsória, conforme o art. 201, § 16, da CF, inserido em 2019, pela Reforma da Previdência.

***** **Bens:** públicos;

****** **Foro:** Justiça Federal, caso a União participe do consórcio;

******* **Responsabilidade civil:** responsabilidade civil objetiva direta da Associação Pública (responsabilidade subsidiária dos entes federados);

2.6.1.2 Consórcio público de direito privado

* **Natureza jurídica:** fundação de direito privado interfederativa ou empresa pública ou sociedade de economia mista prestadoras de serviço público (sem fins lucrativos) interfederativas;

** **Criação:** com a inscrição do ato constitutivo no respectivo registro, após autorização legal pela lei de ratificação;

*** **Objeto:** atividades administrativas que não envolvam o poder de império;

**** **Regime de pessoal:** celetistas. Seu pessoal passou a estar sujeito ao regime de aposentadoria compulsória, conforme o art. 201, § 16, da CF, inserido em 2019, pela Reforma da Previdência.

***** **Bens:** privados (com prerrogativas de direito público);

****** **Foro:** Justiça Federal, caso a União participe;

******* **Responsabilidade civil:** responsabilidade civil objetiva direta do Consórcio, uma vez que é prestador de serviço público (responsabilidade subsidiária dos entes federados).Nos consórcios se aplica, no que couber, a Lei nº 8.666/1993.

- Nos consórcios se aplica, no que couber, a Lei nº 8.666/1993.

QUADRO-RESUMO

	Autarquia	Fundação	Empresa Pública	Sociedade de Economia Mista	Consórcios Públicos
Definição	É uma pessoa jurídica de direito público, dotada de capital exclusivamente público, com capacidade administrativa e criada para a prestação de serviço público (não tem capacidade política não podem editar leis).	É uma pessoa jurídica composta por um patrimônio personalizado, destinado pelo seu fundador para uma finalidade específica. Pode ser fundação pública de direito público ou de direito privado (ambas integram a Administração indireta).	É uma pessoa jurídica de direito privado composta por capital exclusivamente público, criada para a prestação de serviços públicos ou exploração de atividade econômica sob qualquer modalidade empresarial.	É uma pessoa jurídica de direito privado criada para prestação de serviço público ou exploração de atividade econômica, com capital misto e na forma de S/A.	Acordo de vontades firmado entre entidades estatais para a realização de objetivos de interesses comuns, instituindo uma nova pessoa jurídica, com personalidade jurídica própria, que se constituirá em associação pública (sob regime de direito público) ou pessoa jurídica de direito privado.

Características	- autoadministração - capacidade financeira - patrimônio próprio	- autoadministração - capacidade financeira - patrimônio próprio	- autoadministração - capacidade financeira - patrimônio próprio	É possível aos consórcios: - firmar convênios, contratos, acordos de qualquer natureza, receber auxílios, contribuições e subvenções sociais ou econômicas de outras entidades e órgãos do governo; - nos termos do contrato de consórcio de direito público, promover desapropriações e instituir servidões nos termos de declaração de utilidade ou necessidade pública, ou interesse social, realizada pelo Poder Público; e - ser contratado pela administração direta ou indireta dos entes da Federação consorciados, dispensada a licitação. - A União somente participará de consórcios públicos em que também façam parte todos os Estados em cujos territórios estejam situados os Municípios consorciados.
Controle	Não há hierarquia e subordinação, só controle de finalidade (vinculação).	Não há hierarquia e subordinação, só controle de finalidade (vinculação).	Não há hierarquia e subordinação, só controle de finalidade (vinculação). Sofre controle do Tribunal de Contas.	Não há hierarquia e subordinação, só controle de finalidade (vinculação). Sofre controle do Tribunal de Contas.
Criação e Extinção	Lei específica para criar (LO).	Lei específica (LO) cria a fundação pública (autárquica) e se privada autoriza sua criação (LO), que se efetivará com o registro do ato constitutivo. LC define a área de atuação.	Lei específica (LO) autoriza sua criação, que se efetiva com registro do ato constitutivo.	Os procedimentos de criação são a assinatura do protocolo de intenções; a ratificação do protocolo pelas casas legislativas; a celebração do contrato de consórcio; a personificação do consórcio; a celebração do contrato de rateio e a celebração do contrato de programa. A alteração ou a extinção de contrato de consórcio público dependerá de instrumento aprovado pela assembleia geral, ratificado mediante lei por todos os entes consorciados.

Imunidade Tributária	Possui (art. 150, § 2º, CF/1988)	FPub – possui, (art. 150, § 2º, CF/1988) FPriv – possui estritamente sobre os bens, rendas e serviços necessários à prestação do serviço público (art. 150, VI, a, c/c § 2º, da CF/1988) e jurisprudência do STF.	Se exploradora de atividade econômica, não possui (arts. 173, § 2º, e 150, § 3º, da CF/1988). Se prestadora de serviço público, possui especificamente sobre os bens, rendas e serviços necessários ao serviço público, conforme jurisprudência do STF.	Consórcio Público de Direito Público (Associação Pública – Espécie de Autarquia Interfederativa): goza dos mesmos privilégios das autarquias. Consórcio Público de Direito Privado (Fundação Pública de Direito Privado Interfederativa ou Empresa Pública ou Sociedade de Economia Mista sem fins econômicos): goza dos mesmos privilégios das respectivas entidades prestadoras de serviço público.
Resp. do Estado	Subsidiária	Subsidiária	- Se presta serviços púbicos, é responsável objetivamente pelos danos causados. - Se explora atividade econômica, é responsável subjetivamente. O Estado responde subsidiariamente.	- O Consórcio responde direta e objetivamente; - A responsabilidade dos Entes consorciados é subsidiária e proporcional ao pactuado no contrato de rateio. Até que haja decisão que indique os responsáveis por cada obrigação, os entes consorciados responderão solidariamente pelas obrigações remanescentes, garantindo o direito de regresso em face dos entes beneficiados ou dos que deram causa à obrigação.
Regime de pessoal	Estatutário	FPub: estatutário FPriv: celetista	- Celetista. - Seu pessoal passou a estar sujeito ao regime de aposentadoria compulsória, conforme o art. 201, § 16, da CF, inserido em 2019, pela Reforma da Previdência.	- Celetista. - Seu pessoal passou a estar sujeito ao regime de aposentadoria compulsória, conforme o art. 201, § 16, da CF, inserido em 2019, pela Reforma da Previdência.
Bens	Públicos	FPub: públicos FPriv: privados, com prerrogativas de públicos (os necessários à prestação do serviço)	- Se presta serviços públicos, os bens são privados, com algumas prerrogativas de públicos (os necessários à prestação do serviço). - Se explora atividade econômica, os bens são privados.	Cons. Dir. Pub: públicos. Cons. Dir. Priv: privados, com prerrogativas de públicos.

Prerrogativas em juízo	Possui (todas as prerrogativas da Administração Direta)	FPub: possui (todas as prerrogativas da Administração Direta) FPriv: não possui.	Se federal, possui foro na Justiça Federal.	Não possui.	Cons. Dir. Pub: mesmas prerrogativas da autarquia. Cons. Dir. Priv: não há.

Observação 1: É possível o controle das sociedades de economia mista pelo Tribunal de Contas, nos termos do art. 71, II, da Constituição, já que se trata de uma sociedade instituída pelo Poder Público. O Supremo Tribunal Federal firmou entendimento no sentido de que as sociedades de economia mista se sujeitam à fiscalização pelos Tribunais de Contas (STF, MS nº 25092/DF, RE nº 356209 AgR/GO, MS nº 26117/DF, entre outros).

Observação 2: É possível a conversão de uma empresa pública em autarquia ou fundação por intermédio de "lei de conversão", sendo que a nova entidade criada incorpora todos os direitos e obrigações da extinta empresa. No caso de conversão de sociedade de economia mista, há a necessidade de indenização prévia aos acionistas. O pessoal passa a ser aproveitado nos novos cargos compatíveis (na entidade criada) ou aproveitados em outros empregos públicos compatíveis em entidades da administração indireta.

Observação 3: Em 23 de outubro de 2020, por ocasião do julgamento do RE nº 633782/MG, o STF fixou tese de repercussão geral no sentido de que "É constitucional a delegação do poder de polícia, por meio de lei, a pessoas jurídicas de direito privado integrantes da Administração Pública indireta de capital social majoritariamente público que prestem exclusivamente serviço público de atuação própria do Estado e em regime não concorrencial".

2.6.1.3 Empresas privadas com participação minoritária do Poder Público

É possível que o Estado participe de sociedade como sócio minoritário. Essas sociedades não serão consideradas sociedades de economia mista ou empresas públicas, tampouco integram a Administração Indireta.

Outro ponto importante a ser ressaltado é que a aquisição de participação acionária minoritária pelo Estado não confere à sociedade vantagem perante o poder público. Desse modo, por exemplo, não pode haver contratação direta dessa empresa pelo Estado com base no art. 24, inciso XXIII, da Lei nº 8.666/1993.

2.6.1.4 Sociedades controladas direta ou indiretamente pelo Poder Público

Enquadram-se nessa categoria, expressa no art. 37, inciso XVII, da CF/1988, as sociedades privadas das quais o Poder Público seja sócio majoritário, mas que não sejam constituídas como Sociedade de Economia Mista. Veja-se como exemplo uma sociedade limitada de que o Estado detenha a maior parte das quotas sociais ou até uma sociedade anônima de que o Estado tenha adquirido maior parte do capital social e seja acionista majoritário.

2.6.2 Agências Reguladoras

São autarquias de regime especial, responsáveis pela regulamentação, pelo consentimento, pela fiscalização e pela sanção – ou seja, responsáveis pelo exercício do poder de polícia estatal – de serviços públicos transferidos ao setor privado. Exemplos: ANEEL – Agência Nacional de Energia Elétrica; ANATEL – Agência Nacional das Telecomunicações; ANP – Agência Nacional de Petróleo; ANVISA – Agência Nacional de Vigilância Sanitária; ANAC – Agência Nacional de Aviação Civil e ANS – Agência Nacional de Saúde Suplementar.

A Lei nº 13.848/2019, em seu art. 3º, passou a prever que a natureza especial conferida à agência reguladora é caracterizada pela ausência de tutela ou de subordinação hierárquica, pela autonomia funcional, decisória, administrativa e financeira e pela investidura a termo de seus dirigentes e estabilidade durante os mandatos, bem como pelas demais disposições constantes desta Lei ou de leis específicas voltadas à sua implementação.

Outras características:

- Tem poderes especiais ante a maior autonomia que detém e a forma de provimento de seus cargos diretivos (por mandato certo e afastada a possibilidade de exoneração *ad nutum*, ou seja, a qualquer momento). Não são, porém, independentes.
- Estão sujeitas ao mesmo tratamento das autarquias, e passíveis de idênticos mecanismos de controle externo e interno.

- Os dirigentes das agências reguladoras são nomeados pelo Presidente da República após prévia aprovação pelo Senado Federal. Esses dirigentes, em conformidade com o art. 6º da Lei nº 9.986/2000, gozam de **mandatos com prazo fixo** (de 5 anos, vedada a recondução, admitida esta caso tenha havido assunção do reconduzido em virtude de vacância do cargo por período igual ou inferior a 2 anos) e só saem do cargo mediante renúncia, condenação judicial, após processo administrativo, ou infração às vedações legais (a lei de criação da Agência poderá prever outras condições para a perda do mandato). **Não se admite a exoneração *ad nutum*** que, em regra, costuma ser inerente aos cargos em comissão. Encerrado o mandato, os dirigentes estão sujeitos à "quarentena", período no qual ficam impossibilitados de trabalhar por seis meses no mesmo ramo de atividade na iniciativa privada. A quarentena é remunerada.
- Ainda que discricionária, a escolha para os dirigentes e os membros do conselho deve atentar para o caráter técnico do cargo a ser ocupado, uma vez que as Agências Reguladoras se caracterizam por um alto grau de especialização técnica no setor regulado, que, obviamente, para o seu correto exercício, exige uma formação especial dos ocupantes de seus cargos. Assim, o art. 5º da Lei nº 9.986/2000, estabelece que serão brasileiros, indicados pelo Presidente da República e por ele nomeados, após aprovação pelo Senado Federal, entre cidadãos de reputação ilibada e de notório conhecimento no campo de sua especialidade, devendo ser atendidos, cumulativamente, o requisito de ter formação acadêmica compatível com o cargo para o qual foi indicado e um dos requisitos de experiência profissional mínima abaixo:
  - **a)** 10 (dez) anos, no setor público ou privado, no campo de atividade da agência reguladora ou em área a ela conexa, em função de direção superior; ou
  - **b)** 4 (quatro) anos ocupando pelo menos um dos seguintes cargos:
    - **1.** cargo de direção ou de chefia superior em empresa no campo de atividade da agência reguladora, entendendo-se como cargo de chefia superior aquele situado nos dois níveis hierárquicos não estatutários mais altos da empresa;

2. cargo em comissão ou função de confiança equivalente a DAS-4 ou superior, no setor público;
3. cargo de docente ou de pesquisador no campo de atividade da agência reguladora ou em área conexa; ou

c) 10 (dez) anos de experiência como profissional liberal no campo de atividade da agência reguladora ou em área conexa;

Ao membro do Conselho Diretor ou da Diretoria Colegiada, conforme o art. 8º-B, inserido na Lei nº 9.986/2000 pela Lei nº 13.848/2019, é vedado:

I – receber, a qualquer título e sob qualquer pretexto, honorários, percentagens ou custas;

II – exercer qualquer outra atividade profissional, ressalvado o exercício do magistério, havendo compatibilidade de horários;

III – participar de sociedade simples ou empresária ou de empresa de qualquer espécie, na forma de controlador, diretor, administrador, gerente, membro de conselho de administração ou conselho fiscal, preposto ou mandatário;

IV – emitir parecer sobre matéria de sua especialização, ainda que em tese, ou atuar como consultor de qualquer tipo de empresa;

V – exercer atividade sindical;

VI – exercer atividade político-partidária; e

VII – estar em situação de conflito de interesse, nos termos da Lei nº 12.813/2013.

QUADRO-RESUMO

<table>
<tr><td>Características das agências reguladoras</td><td>• Maior autonomia em relação à Administração Direta.
• Dirigentes possuem mandato fixo por período determinado pela lei da instituição.
• Previsão de quarentena remunerada para os dirigentes que se desligam da agência reguladora, pelo período de seis meses.
• Interposição de recurso hierárquico impróprio no Ministério Superior, se houver previsão na lei da respectiva agência.</td></tr>
<tr><td colspan="2">HIPÓTESES DE PERDA DE MANDATO DE DIRIGENTES DE AGÊNCIA REGULADORAS
Observação: A lei de criação da Agência poderá prever outras condições para a perda do mandato.</td></tr>
</table>

⬇	⬇	⬇
Renúncia	Condenação judicial Transitada em julgada ou decisão definitiva em processo administrativo disciplinar.	Por infringência de quaisquer das vedações previstas no art. 8º-B da Lei nº 9.986/2000.
Espécies de atividades desempenhadas pelas Agências Reguladoras	• Poder de Polícia. • Fomento e fiscalização de atividades privadas. • Regulamentação e controle de uso de bem público. • Atividades desempenhadas com o controle de estatal, mas não através de concessão ou permissão de serviço público. Ex.: ANS. • Regulação, contratação e fiscalização de atividades econômicas, que não englobam serviço público, mas atividade econômica em sentido estrito (monopólio flexibilizado, como a indústria do petróleo). • Regulam e controlam atividades que são objetos de concessão e permissão de serviços públicos.	
Atribuições das Agências Reguladoras	• Fixar regras à prestação dos serviços sob delegação. • Realizar licitações. • Celebrar contratos. • Controle e intervenção de desempenho das atividades. • Aplicação de sanções. • Decisão e articulação de medidas para encampação de serviços de interesse público. • Rescisão ou alteração unilaterais de contratos. • Promoção de reversão dos afetados ao serviço ao término do contrato. • Definição de valor da tarifa ou revisão e critérios para reajustes. • Recebimento de reclamações e "denúncias".	

2.6.3 Agências Executivas

Autarquias e fundações que por iniciativa da Administração Direta celebram contrato de gestão visando a melhoria dos serviços que prestam em troca de uma maior autonomia gerencial, orçamentária e financeira. Trata-se apenas de uma qualificação dada por ato do Presidente da República (ou por Ministro de Estado mediante delegação) a uma autarquia ou fundação que tenha um contrato de gestão com seu órgão supervisor, no caso um ministério, cumprindo metas de desempenho, redução de custos e eficiência.

Os requisitos para qualificação da autarquia ou fundação estão previstos no art. 51 da Lei nº 9.649/1998, devendo estas possuir um plano estratégico de reestruturação e de desenvolvimento institucional em andamento e ter celebrado Contrato de Gestão com o respectivo Ministério supervisor.

O Poder Executivo deve editar medidas de organização administrativa específicas para as Agências Executivas, visando assegurar a sua autonomia de gestão, bem como a disponibilidade de recursos orçamentários e financeiros para o cumprimento dos objetivos e metas definidos nos Contratos de Gestão.

Por fim, há de se dizer que os planos estratégicos de reestruturação e de desenvolvimento institucional definirão as diretrizes, políticas e medidas voltadas para a racionalização de estruturas e do quadro de servidores, a revisão dos processos de trabalho, o desenvolvimento dos recursos humanos e o fortalecimento da identidade institucional da Agência Executiva.

Observação 1: Os Contratos de Gestão das Agências Executivas serão celebrados com periodicidade mínima de um ano e estabelecerão os objetivos, metas e respectivos indicadores de desempenho da entidade, bem como os recursos necessários e os critérios e instrumentos para a avaliação do seu cumprimento.

Observação 2: O Poder Executivo deve definir os critérios e procedimentos para a elaboração e o acompanhamento dos Contratos de Gestão e dos programas estratégicos de reestruturação e de desenvolvimento institucional das Agências Executivas.

Exemplos de Agências Executivas: Instituto Nacional de Metrologia, Normatização e Qualidade Industrial (Inmetro); Agência Nacional do Desenvolvimento do Amazonas (ADA) e Agência Nacional do Desenvolvimento do Nordeste (Adene).

Agência Executiva	• Autarquias ou fundações que recebem a qualificação através de um decreto do Poder Executivo ou portaria expedida pelo Ministro do Estado. • Celebração de contrato de gestão com Ministério Supervisor. • Plano estratégico de reestruturação e desenvolvimento institucional. • Melhoria da qualidade de gestão e redução de custo. • Possuem o **dobro do limite** para contratação direta por dispensa de licitação nos termos do art. 24, parágrafo único, da Lei de Licitações.

2.7 ENTIDADES PARAESTATAIS

Entidades da sociedade civil, sem fins lucrativos, que desempenham atividades de interesse social mediante vínculo formal de parceria com o Estado (segundo Rafael Oliveira).

Fundamentos da existência do Terceiro Setor:

a) **passagem de uma Administração Pública imperativa para uma Administração Pública consensual:** o que incrementa parcerias entre Estado e Sociedade;

b) **princípio da subsidiariedade:** primazia da sociedade na efetivação dos direitos sociais, restringindo-se a atuação direta do Estado a casos excepcionais;

c) **fomento:** o poder público deve promover incentivo ao exercício das atividades sociais pela sociedade.

Características comuns:

São entidades privadas, **sem fins lucrativos**, instituídas sob forma de fundações (privadas) ou associações civis, recebendo **qualificação jurídica diferenciada**. (Rafael Oliveira as denomina como "**públicas não estatais**").

Pública (executam atividades sociais e recebem benefícios públicos).

Não estatal (não integram a estrutura da administração pública).

Desse modo:

- São criadas pela iniciativa privada;
- Não possuem finalidade lucrativa;
- Não integram a Administração Pública;
- Prestam atividades privadas de relevância social;
- Possuem vínculo legal ou negocial com o Estado;
- Recebem benefícios públicos.

As entidades paraestatais (que englobam todas as entidades do Terceiro Setor, conforme Di Pietro) possuem diferentes qualificações jurídicas, podendo, inclusive, variar de um Ente da federação para outro.

Dessa forma, estudaremos:

- As Organizações Sociais (OS);
- As Organizações da Sociedade Civil de Interesse Público (OSCIP);

- Os Serviços Sociais Autônomos (Sistema S).

2.7.1 Organizações Sociais

Não integram a Administração Pública, integram a iniciativa privada, mas atuam ao lado do Estado, cooperando com ele no estabelecimento de parcerias com o poder público. São pessoas jurídicas de direito privado **sem fins lucrativos** criadas por particulares para a execução de serviços públicos não exclusivos do Estado, previstos em lei. A Lei nº 9.637/1998 autorizou que fossem repassados serviços de: ensino, pesquisa científica, desenvolvimento tecnológico, proteção e preservação do meio ambiente, cultura e saúde.

O instrumento para o repasse é **contrato de gestão** – art. 37, § 8º (é um contrato diferente, já que o contrato de gestão se celebra entre a Administração direta e a indireta); dispensa licitação, como acontece em todos os outros casos de transferência de serviço público (o art. 24, inciso XXIV, da Lei nº 8.666/1993, possibilita a dispensa de licitação para a celebração de contratos de prestação de serviços com as organizações sociais, qualificadas no âmbito das respectivas esferas de governo, **para atividades contempladas no contrato de gestão**). Por sua vez, a Lei nº 14.133/2021 não contempla dispositivo semelhante, todavia a dispensa poderá ocorrer com base no art. 75, inciso XV (para contratação de instituição brasileira que tenha por finalidade estatutária apoiar, captar e executar atividades de ensino, pesquisa, extensão, desenvolvimento institucional, científico e tecnológico e estímulo à inovação, inclusive para gerir administrativa e financeiramente essas atividades, ou para contratação de instituição dedicada à recuperação social da pessoa presa, desde que o contratado tenha inquestionável reputação ética e profissional e não tenha fins lucrativos).

Podem receber: dotações orçamentárias; bens públicos, através de uma permissão de uso; e servidores públicos.

São **requisitos específicos** para que as entidades privadas se habilitem à qualificação como organização social, expostos no art. 2º da Lei nº 9.637/1998:

I - comprovar o registro de seu ato constitutivo, dispondo sobre:

a) natureza social de seus objetivos relativos à respectiva área de atuação;

b) finalidade não lucrativa, com a obrigatoriedade de investimento de seus excedentes financeiros no desenvolvimento das próprias atividades;

c) previsão expressa de a entidade ter, como órgãos de deliberação superior e de direção, um conselho de administração e uma diretoria definidos nos termos do estatuto, asseguradas àquele composição e atribuições normativas e de controle básicas previstas nesta Lei;

d) previsão de participação, no órgão colegiado de deliberação superior, de representantes do Poder Público e de membros da comunidade, de notória capacidade profissional e idoneidade moral;

e) composição e atribuições da diretoria;

f) obrigatoriedade de publicação anual, no Diário Oficial da União, dos relatórios financeiros e do relatório de execução do contrato de gestão;

g) no caso de associação civil, a aceitação de novos associados, na forma do estatuto;

h) proibição de distribuição de bens ou de parcela do patrimônio líquido em qualquer hipótese, inclusive em razão de desligamento, retirada ou falecimento de associado ou membro da entidade;

i) previsão de incorporação integral do patrimônio, dos legados ou das doações que lhe foram destinados, bem como dos excedentes financeiros decorrentes de suas atividades, em caso de extinção ou desqualificação, ao patrimônio de outra organização social qualificada no âmbito da União, da mesma área de atuação, ou ao patrimônio da União, dos Estados, do Distrito Federal ou dos Municípios, na proporção dos recursos e bens por estes alocados;

II - haver aprovação, quanto à conveniência e oportunidade de sua qualificação como organização social, do Ministro ou titular de órgão supervisor ou regulador da área de atividade correspondente ao seu objeto social e do Ministro de Estado da Administração Federal e Reforma do Estado.

O Poder Executivo poderá proceder à **desqualificação** da entidade como organização social, quando constatado o descumprimento das disposições contidas no contrato de gestão.

Observação 1: A desqualificação será precedida de processo administrativo, assegurado o direito de ampla defesa, respondendo os dirigentes da organização social, individual e solidariamente, pelos danos ou prejuízos decorrentes de sua ação ou omissão.

Observação 2: A desqualificação importará reversão dos bens permitidos e dos valores entregues à utilização da organização social, sem prejuízo de outras sanções cabíveis.

2.7.2 Organização da Sociedade Civil de Interesse Público

OSCIP é um título fornecido pelo Ministério da Justiça, cuja finalidade é facilitar o aparecimento de parcerias e convênios com todos os níveis de governo e órgãos públicos (federal, estadual e municipal) e permite que doações realizadas por empresas possam ser descontadas no imposto de renda.

OSCIPs são Organizações criadas por iniciativa privada, que obtêm um certificado emitido pelo poder público federal ao comprovar o cumprimento de certos requisitos, especialmente aqueles derivados de normas de transparência administrativas. Em contrapartida, podem celebrar com o poder público os chamados **termos de parceria**, que são uma alternativa interessante aos convênios para ter maior agilidade e razoabilidade em prestar contas.

Podem qualificar-se como OSCIP as pessoas jurídicas de direito privado, sem fins lucrativos, que tenham sido constituídas e se encontrem em funcionamento regular há, **no mínimo**, **3 (três) anos**, desde que os respectivos objetivos sociais e normas estatutárias atendam aos requisitos instituídos na Lei nº 9.790/1999.

Não são passíveis de qualificação como OSCIP, conforme o art. 2º da Lei nº 9.790/1999, ainda que se dediquem de qualquer forma às atividades descritas acima:

> I – as sociedades comerciais;
>
> II – os sindicatos, as associações de classe ou de representação de categoria profissional;
>
> III – as instituições religiosas ou voltadas para a disseminação de credos, cultos, práticas e visões devocionais e confessionais;
>
> IV – as organizações partidárias e assemelhadas, inclusive suas fundações;
>
> V – as entidades de benefício mútuo destinadas a proporcionar bens ou serviços a um círculo restrito de associados ou sócios;
>
> VI – as entidades e empresas que comercializam planos de saúde e assemelhados;

VII – as instituições hospitalares privadas não gratuitas e suas mantenedoras;

VIII – as escolas privadas dedicadas ao ensino formal não gratuito e suas mantenedoras;

IX – as organizações sociais;

X – as cooperativas;

XI – as fundações públicas;

XII – as fundações, sociedades civis ou associações de direito privado criadas por órgão público ou por fundações públicas;

XIII – as organizações creditícias que tenham quaisquer tipo de vinculação com o sistema financeiro nacional.

A qualificação como OSCIP, observado em qualquer caso o princípio da universalização dos serviços, no respectivo âmbito de atuação dessas OSCIP, de acordo com o previsto no art. 3º da Lei nº 9.790/1999, somente será conferida às pessoas jurídicas de direito privado, **sem fins lucrativos**, cujos objetivos sociais tenham pelo menos uma das seguintes finalidades:

I – promoção da assistência social;

II – promoção da cultura, defesa e conservação do patrimônio histórico e artístico;

III – promoção gratuita da educação, observando-se a forma complementar de participação das organizações de que trata esta Lei;

IV – promoção gratuita da saúde, observando-se a forma complementar de participação das organizações de que trata esta Lei;

V – promoção da segurança alimentar e nutricional;

VI – defesa, preservação e conservação do meio ambiente e promoção do desenvolvimento sustentável;

VII – promoção do voluntariado;

VIII – promoção do desenvolvimento econômico e social e combate à pobreza;

IX – experimentação, não lucrativa, de novos modelos sócio-produtivos e de sistemas alternativos de produção, comércio, emprego e crédito;

X – promoção de direitos estabelecidos, construção de novos direitos e assessoria jurídica gratuita de interesse suplementar;

XI – promoção da ética, da paz, da cidadania, dos direitos humanos, da democracia e de outros valores universais;

XII – estudos e pesquisas, desenvolvimento de tecnologias alternativas, produção e divulgação de informações e conhecimentos técnicos e científicos que digam respeito às atividades mencionadas acima;

XIII – estudos e pesquisas para o desenvolvimento, a disponibilização e a implementação de tecnologias voltadas à mobilidade de pessoas, por qualquer meio de transporte.

Observação 1: As OSCIPs integram o que a doutrina chama de "Terceiro Setor", isto é, uma nova forma de organização da Administração Pública por meio da formalização de parcerias com a iniciativa privada para o exercício de atividades de relevância social (por não integrarem a Administração Pública, as OSCIPs *não se submetem às regras de concurso público*, nos termos do art. 37, II, da CF/1988). Assim, como as ideias de "mútua colaboração" e a ausência de "contraposição de interesses" são inerentes a tais ajustes, o "termo de parceria" tem sido considerado pela doutrina e pela jurisprudência como **espécie de convênio** e não como contrato, tendo em vista a comunhão de interesses do Poder Público e das entidades privadas na consecução de tais atividades.

Observação 2: Havendo mais de uma OSCIP interessada em celebrar termo de parceria, apesar de desnecessária a licitação formal nos termos da Lei nº 8.666/1993, não se pode olvidar que deverá a administração observar os princípios do art. 37 da CF/1988 na escolha da entidade, além de, atualmente, vir prevalecendo o entendimento da doutrina, da jurisprudência e dos Tribunais de Contas no sentido de que, ainda que não se deva realizar licitação nos moldes da Lei nº 8.666/1993, deverá ser realizado procedimento licitatório simplificado a fim de garantir a observância dos princípios da Administração Pública, como forma de restringir a subjetividade na escolha da OSCIP a formalizar o "termo de parceria".

2.7.3 Organizações da Sociedade Civil sob regime de parcerias voluntárias

Esse regime, instituído pela Lei nº 13.019/2014, constitui-se nas denominadas parcerias entre a administração pública e as organizações da sociedade civil, em regime de mútua cooperação, para a consecução de finalidades de interesse público e recíproco, mediante a execução de atividades ou de projetos previamente estabelecidos em planos de trabalho inseridos em termos de colaboração, de fomento ou em acordos de cooperação.

São consideradas organizações da sociedade civil, para a celebração das parcerias voluntárias, as seguintes espécies:

a) entidade privada sem fins lucrativos que não distribua entre os seus sócios ou associados, conselheiros, diretores, empregados, doadores ou terceiros eventuais resultados, sobras, excedentes operacionais, brutos ou líquidos, dividendos, isenções de qualquer natureza, participações ou parcelas do seu patrimônio, auferidos mediante o exercício de suas atividades, e que os aplique integralmente na consecução do respectivo objeto social, de forma imediata ou por meio da constituição de fundo patrimonial ou fundo de reserva;

b) as sociedades cooperativas previstas na Lei nº 9.867/1999; as integradas por pessoas em situação de risco ou vulnerabilidade pessoal ou social; as alcançadas por programas e ações de combate à pobreza e de geração de trabalho e renda; as voltadas para fomento, educação e capacitação de trabalhadores rurais ou capacitação de agentes de assistência técnica e extensão rural; e as capacitadas para execução de atividades ou de projetos de interesse público e de cunho social;

c) as organizações religiosas que se dediquem a atividades ou a projetos de interesse público e de cunho social distintas das destinadas a fins exclusivamente religiosos.

Dessa forma, a instrumentalização da parceria se dá por intermédio do **termo de colaboração** (adotado pela administração pública para consecução de planos de trabalho de sua iniciativa, que envolvam a transferência de recursos financeiros) ou do **termo de fomento** (adotado pela administração pública para consecução de planos de trabalho propostos por organizações da sociedade civil que envolvam a transferência de recursos financeiros).

2.7.4 Serviços Sociais Autônomos

Rótulo atribuído a todas as pessoas jurídicas de direito privado, integrantes da iniciativa privada, que foram criadas para desenvolver atividades de auxílio a determinadas categorias profissionais que não tenham finalidade lucrativa.

Assim, é pessoa jurídica criada ou prevista por lei como entidade privada de serviço social e de formação profissional vinculada ao sistema sindical e sujeita ao disposto no art. 240 da CF/1988.

- **CF/1988, art. 240:** Ficam ressalvadas do disposto no art. 195 as atuais contribuições compulsórias dos empregadores sobre a folha de salários, destinadas às entidades privadas de serviço social e de formação profissional vinculadas ao sistema sindical.
- **CF/1988, ADCT, art. 62:** A lei criará o Serviço Nacional de Aprendizagem Rural (SENAR) nos moldes da legislação relativa ao Serviço Nacional de Aprendizagem Industrial (SENAI) e ao Serviço Nacional de Aprendizagem do Comércio (SENAC), sem prejuízo das atribuições dos órgãos públicos que atuam na área.

Exemplos dessa categoria são: SESI, SENAC, SESC (cuja finalidade é fomentar o desenvolvimento de certas categorias privadas e, por isso, interessa à Administração ajudar). Podem receber incentivos com dotações orçamentárias e titularizam contribuições parafiscais.

Principais aspectos:

1) **Entidades civis de direito privado**, **criadas ou autorizadas** por lei. Geralmente, seu regulamento é estabelecido por decreto (**fora da estrutura da Administração Pública**).
2) Adquirem personalidade jurídica com a inscrição do seu ato constitutivo no **Registro Civil de Pessoas Jurídicas** (geralmente, sob forma de associação ou fundação). ***Observação:*** Não há regra que determine a forma jurídica do SSA. Podem assumir o formato de fundação ou associação ou o formato jurídico especial, insuscetível de perfeito enquadramento nas categorias previstas no Código Civil.
3) Regidos pelo Direito Privado com a incidência das normas de Direito Público previstas na lei autorizativa.
4) Criados por entidade civil: corporação representativa de setor da economia, mediante autorização legal.
5) Vinculam-se ao órgão da administração direta relacionado com suas atividades para fins de controle finalístico e prestação de contas dos recursos públicos recebidos para sua manutenção. A vinculação com o Poder Público é diferenciada das entidades da administração indireta.

6) **Não estão** sujeitos à realização de **concurso público**, **tampouco estão sujeitos à Lei nº 8.666/1993** (licitações e contratos). Leis mais recentes de SSAs estabeleçam a exigência de regulamento próprio de compras.

(RE nº 789874, Rel. Min. Teori Zavascki, Julg. em 17-9-2014):

"Por unanimidade, o STF decidiu que o Serviço Social do Transporte (SEST) não está obrigado a realizar concurso público para a contratação de pessoal. O relator do RE nº 789874, ministro Teori Zavascki, sustentou que as entidades que compõem os serviços sociais autônomos, por possuírem natureza jurídica de direito privado e não integrarem a administração indireta, não estão sujeitas à regra prevista no artigo 37, inciso II da Constituição Federal, mesmo que desempenhem atividades de interesse público em cooperação com o Estado".

(MS 33442, Rel. Min. Gilmar Mendes, decisão liminar de 13-3-2015):

O ministro Gilmar Mendes suspendeu decisão do TCU que determinava ao Serviço Nacional de Aprendizagem Comercial (Senac) a inclusão, em seus editais de licitação, de dispositivos previstos na Lei 8.666/1993, que trata de normas para licitações e contratos da administração pública. A decisão foi tomada na análise da medida cautelar no Mandado de Segurança (MS) 33442.

7) Mantido por contribuições parafiscais, conforme previsão da lei autorizativa. Tributos advindos do setor privado (as empresas), os quais incidem sobre a folha de salários das empresas pertencentes à categoria correspondente e se destinam a financiar atividades que visem ao aperfeiçoamento profissional e à melhoria do bem-estar social dos trabalhadores.

8) Prestam serviços de formação profissional diretamente aos trabalhadores do setor tributado.

9) Patrimônio constituído por doações e legados.

Observação: Em caso de extinção, o patrimônio deve ser revertido para as entidades instituidoras, na forma estabelecida no estatuto.

10) Não se submete a regras do regime administrativo, apenas ao controle da aplicação dos recursos de origem pública, por força do art. 70 da CF/1988 (**sofre controle da CGU e do TCU**).

11) Possuem representação jurídica própria (não é representada pela AGU).

12) Não estão obrigados à observância dos princípios constitucionais da Administração Pública (mas seus agentes **respondem por improbidade administrativa** e **ilícitos penais**, equiparados a agentes públicos).

13) Observa a legislação privada, inclusive no que se refere ao regime de pessoal (**regime celetista**), ao processo de compras de bens e serviços e de contabilidade e finanças com as derrogações impostas na lei autorizativa, quando houver.

14) Possuem imunidade tributária, quando enquadrados nos casos contemplados no art. 150, inciso VI, alínea *c*, da CF/1988.

15) Tem estrutura e cargos estabelecidos na forma do estatuto social.

16) Não possuem privilégios processuais (AI nº 841548/PR) e a competência para apreciar questões judiciais é da justiça estadual (Súmula nº 516 do STF: "O Serviço Social da Indústria – SESI – está sujeito à jurisdição da Justiça Estadual").

2.8 QUESTÕES DO EIXO TEMÁTICO (OAB 1ª FASE)

(EXAME XXX/Questão 30) O mandato de João como dirigente de determinada agência reguladora federal terminou pelo decurso do prazo, em junho de 2019, sem sua recondução ao cargo. No mês seguinte, João recebeu vultosa e tentadora proposta de certa sociedade empresária para prestar serviço de consultoria na área do setor regulado pela citada agência. Levando em conta que a lei específica da agência em tela seguiu as normas gerais de gestão de recursos humanos das agências reguladoras previstas na Lei nº 9.986/2000, João

A) Está impedido de aceitar a proposta, pois precisa cumprir quatro meses de quarentena, contados do término do seu mandato, período durante o qual ficará vinculado à agência, fazendo jus à remuneração compensatória equivalente à do cargo de direção que exerceu e aos benefícios a ele inerentes, sob pena de incorrer na prática de crime de advocacia administrativa.

B) Está impedido de aceitar a proposta, pois precisa cumprir noventa dias de quarentena, contados do término do seu mandato, período durante o qual não ficará vinculado à agência, nem fará jus a qualquer remuneração compensatória, sob pena de incorrer na prática de ato de improbidade administrativa.

C) Pode aceitar a proposta, desde que abra mão da remuneração compensatória equivalente à do cargo de direção que exerceu e aos benefícios a ele inerentes, que receberia durante noventa dias após o término de seu mandato, sob pena de incorrer na prática de enriquecimento ilícito.

D) Pode aceitar a proposta, inclusive acumulando sua nova remuneração da iniciativa privada com a remuneração compensatória equivalente à do cargo de direção que exerceu e aos benefícios a ele inerentes, a que faz jus durante noventa dias após o término de seu mandato.

(EXAME XXVII/Questão 31) No ano corrente, a União decidiu criar uma nova empresa pública, para a realização de atividades de relevante interesse econômico. Para tanto, fez editar a respectiva lei autorizativa e promoveu a inscrição dos respectivos atos constitutivos no registro competente. Após a devida estruturação, tal entidade administrativa está em vias de iniciar suas atividades. Acerca dessa situação hipotética, na qualidade de advogado(a), assinale a afirmativa correta.

A) A participação de outras pessoas de direito público interno na constituição do capital social da entidade administrativa é permitida desde que a maioria do capital votante permaneça em propriedade da União.

B) A União não poderia ter promovido a inscrição dos atos constitutivos no registro competente, na medida em que a criação de tal entidade administrativa decorre diretamente da lei.

C) A entidade administrativa em análise constitui uma pessoa jurídica de direito público, que não poderá contar com privilégios fiscais e trabalhistas.

D) Os contratos com terceiros destinados à prestação de serviços para a entidade administrativa, em regra, não precisam ser precedidos de licitação.

(EXAME XXV/Questão 31) A organização religiosa Tenhafé, além dos fins exclusivamente religiosos, também se dedica a atividades de interesse público, notadamente à educação e à socialização de crianças em situação de risco. Ela não está qualificada como Organização Social (OS), nem como Organização da Sociedade Civil de Interesse Público (OSCIP), mas pretende obter verbas da União para a promoção de projetos incluídos no plano de Governo Federal, propostos pela própria Administração Pública.

Sobre a pretensão da organização religiosa Tenhafé, assinale a afirmativa correta.

A) Por ser uma organização religiosa, Tenhafé não poderá receber verbas da União.

B) A transferência de verbas da União para a organização religiosa Tenhafé somente poderá ser formalizada por meio de contrato administrativo, mediante a realização de licitação na modalidade concorrência.

C) Para receber verbas da União para a finalidade em apreço, a organização religiosa Tenhafé deverá qualificar-se como OS ou OSCIP.

D) Uma vez selecionada por meio de chamamento público, a organização religiosa Tenhafé poderá obter a transferência de recursos da União por meio de termo de colaboração.

(EXAME XXIII/Questão 27) O Estado Alfa, mediante a respectiva autorização legislativa, constituiu uma sociedade de economia mista para o desenvolvimento de certa atividade econômica de relevante interesse coletivo.

Acerca do Regime de Pessoal de tal entidade, integrante da Administração Indireta, assinale a afirmativa correta.

A) Por se tratar de entidade administrativa que realiza atividade econômica, não será necessária a realização de concurso público para a admissão de pessoal, bastando processo seletivo simplificado, mediante análise de currículo.

B) É imprescindível a realização de concurso público para o provimento de cargos e empregos em tal entidade administrativa, certo que os servidores ou empregados regularmente nomeados poderão alcançar a estabilidade mediante o preenchimento dos requisitos estabelecidos na Constituição da República.

C) Deve ser realizado concurso público para a contratação de pessoal por tal entidade administrativa, e a remuneração a ser paga aos respectivos empregados não pode ultrapassar o teto remuneratório estabelecido na Constituição da República, caso sejam recebidos recursos do Estado Alfa para pagamento de despesas de pessoal ou de custeio em geral.

D) A entidade administrativa poderá optar entre o regime estatutário e o regime de emprego público para a admissão de pessoal, mas, em qualquer dos casos, deverá realizar concurso público para a seleção de pessoal.

(EXAME XX – SALVADOR-BA/Questão 30) O Estado Alfa e os Municípios Beta e Gama, localizados naquele Estado, celebraram protocolo de intenções para a constituição de consórcio público para atuação na área de saneamento, dispondo que o consórcio teria personalidade jurídica de direito público. No protocolo de intenções está prevista a outorga de concessão, permissão e autorização de serviços públicos pelo consórcio, além da possibilidade de promover desapropriações e instituir servidões.

Sobre a hipótese apresentada, assinale a afirmativa correta.

A) O consórcio é ente desprovido de personalidade e, portanto, não é válida a previsão contida no protocolo de intenções.

B) O consórcio em referência não poderá ser constituído sem a obrigatória participação da União entre os seus consorciados.

C) Após a constituição do consórcio, poderá ele promover desapropriação, pois prevista no protocolo, mas a declaração de utilidade pública não pode ser feita pelo consórcio.

D) Com a assinatura do protocolo de intenções por todos os entes participantes, estará constituído o consórcio em referência.

(EXAME XIX/Questão 31) O Estado X e os Municípios A, B e C subscreveram protocolo de intenções para a constituição de um consórcio com personalidade jurídica de direito privado para atuação na coleta, descarte e reciclagem de lixo produzido no limite territorial daqueles municípios.

Com base no caso apresentado, assinale a afirmativa correta.

A) Por se tratar de consórcio a ser constituído entre entes de hierarquias diversas, a saber, Estado e Municípios, é obrigatória a participação da União.

B) O consórcio de direito privado a ser constituído pelo Estado e pelos Municípios não está alcançado pela exigência de prévia licitação para os contratos que vier a celebrar.

C) O consórcio entre o Estado e os Municípios será constituído por contrato e adquirirá personalidade jurídica mediante o atendimento dos requisitos da legislação civil.

D) Por se tratar de consórcio para atuação em área de relevante interesse coletivo, não se admite que seja constituído com personalidade de direito privado.

(EXAME XVIII/Questão 33) Após celebrar contrato de gestão com uma organização social, a União pretende celebrar, com a mesma organização, contrato de prestação de serviços para a realização de atividades contempladas no contrato de gestão.

Com base na hipótese apresentada, assinale a afirmativa correta.

A) É obrigatória a realização de licitação para a celebração do contrato de prestação de serviços.

B) É dispensável a realização de licitação para a celebração do contrato de prestação de serviços.

C) É inexigível a realização de licitação para a celebração do contrato de prestação de serviços.

D) Não é possível celebrar contrato de prestação de serviços com entidade qualificada como organização social.

(EXAME XVIII/Questão 30) O Estado XYZ pretende criar uma nova universidade estadual sob a forma de fundação pública. Considerando que é intenção do Estado atribuir personalidade jurídica de direito público a tal fundação, assinale a afirmativa correta.

A) Tal fundação há de ser criada com o registro de seus atos constitutivos, após a edição de lei ordinária autorizando sua instituição.

B) Tal fundação há de ser criada por lei ordinária específica.

C) Não é possível a criação de uma fundação pública com personalidade jurídica de direito público.

D) Tal fundação há de ser criada por lei complementar específica.

(EXAME XVII/Questão 33) Após autorização em lei, o Estado X constituiu empresa pública para atuação no setor bancário e creditício. Por não possuir, ainda, quadro de pessoal, foi iniciado concurso público com vistas à seleção de 150 empregados, entre economistas, administradores e advogados.

A respeito da situação descrita, assinale a afirmativa correta.

A) Não é possível a constituição de empresa pública para exploração direta de atividade econômica pelo Estado.

B) A lei que autorizou a instituição da empresa pública é, obrigatoriamente, uma lei complementar, por exigência do texto constitucional.

C) Após a Constituição de 1988, cabe às empresas públicas a prestação de serviços públicos e às sociedades de economia mista cabe a exploração de atividade econômica.

D) A empresa pública que explora atividade econômica sujeita-se ao regime trabalhista próprio das empresas privadas, o que não afasta a exigência de concurso público.

(EXAME XVII/Questão 29) O Governador do Estado Y criticou, por meio da imprensa, o Diretor Presidente da Agência Reguladora de Serviços Delegados de Transportes do Estado, autarquia estadual criada pela Lei nº 1.234, alegando que aquela entidade, ao aplicar multas às empresas concessionárias por supostas falhas na prestação do serviço, "não estimula o empresário a investir no Estado". Ainda, por essa razão, o Governador ameaçou, também pela imprensa, substituir o Diretor Presidente da agência antes de expirado o prazo do mandato daquele dirigente.

Considerando o exposto, assinale a afirmativa correta.

A) A adoção do mandato fixo para os dirigentes de agências reguladoras contribui para a necessária autonomia da entidade, impedindo a livre exoneração pelo chefe do Poder Executivo.

B) A agência reguladora, como órgão da Administração Direta, submete-se ao poder disciplinar do chefe do Poder Executivo estadual.

C) A agência reguladora possui personalidade jurídica própria, mas está sujeita, obrigatoriamente, ao poder hierárquico do chefe do Poder Executivo.

D) Ainda que os dirigentes da agência reguladora exerçam mandato fixo, pode o chefe do Poder Executivo exonerá-los, por razões políticas não ligadas ao interesse público, caso discorde das decisões tomadas pela entidade.

(EXAME XV/Questão 32) No Estado X, foi constituída autarquia para a gestão do regime próprio de previdência dos servidores estaduais. A lei de constituição da entidade prevê a possibilidade de apresentação de recurso em face das decisões da autarquia, a ser dirigido à Secretaria de Administração do Estado (órgão ao qual a autarquia está vinculada). Sobre a situação descrita, assinale a opção correta.

A) Não é possível a criação de autarquia para a gestão da previdência dos servidores, uma vez que se trata de atividade típica da Administração Pública.

B) Não cabe recurso hierárquico impróprio em face das decisões da autarquia, uma vez que ela goza de autonomia técnica, administrativa e financeira.

C) A previsão de recurso dirigido à Secretaria de Administração do Estado (órgão ao qual a autarquia está vinculada) configura exemplo de recurso hierárquico próprio.

D) São válidas tanto a constituição da autarquia para a gestão do regime previdenciário quanto a previsão de cabimento do recurso ao órgão ao qual a autarquia está vinculada.

(EXAME XIV/Questão 30) Numerosos professores, em recente reunião da categoria, queixaram-se da falta de interesse dos alunos pela cultura nacional. O Sindicato dos Professores de Colégios Particulares do Município X apresentou, então, um plano para ampliar o acesso à cultura dos alunos com idade entre 10 e 18 anos, obter a qualificação de "Organização da Sociedade Civil de Interesse Público" (OSCIP) e celebrar um termo de parceria com a União, a fim de unir esforços no sentido de promover a cultura nacional. Considerando a proposta apresentada e a disciplina existente sobre o tema, assinale a afirmativa correta.

A) O sindicato não pode se qualificar como Organização da Sociedade Civil de Interesse Público, uma vez que tal qualificação, de origem doutrinária, não tem amparo legal.

B) O sindicato não pode se qualificar como OSCIP, em virtude de vedação expressa da lei federal sobre o tema.

C) O sindicato pode se qualificar como OSCIP, uma vez que é uma entidade sem fins lucrativos e o objetivo pretendido é a promoção da cultura nacional.

D) O sindicato pode se qualificar como OSCIP, mas deve celebrar um contrato de gestão e não um termo de parceria com o poder público.

(EXAME XIII/Questão 32) A União celebrou protocolo de intenções com o Estado A e os Municípios X, Y e Z do Estado B, todos em regiões de fronteira, para a constituição de um consórcio público na área de segurança pública.

Considerando a disciplina legislativa acerca dos consórcios públicos, assinale a afirmativa correta.

A) O consórcio público pode adquirir personalidade jurídica de direito público, constituindo-se em uma associação pública.

B) O consórcio público representa uma comunhão de esforços, não adquirindo personalidade jurídica própria.

C) A União não pode constituir consórcio do qual façam parte Municípios não integrantes de Estado não conveniado.

D) O consórcio público adquire personalidade jurídica com a celebração do protocolo de intenções.

(EXAME XII/Questão 34) O Estado ABCD, com vistas à interiorização e ao incremento das atividades econômicas, constituiu empresa pública para implantar distritos industriais, elaborar planos de ocupação e auxiliar empresas interessadas na aquisição dessas áreas. Considerando que esse objeto significa a exploração de atividade econômica pelo Estado, assinale a afirmativa correta.

A) Não é possível a exploração de atividade econômica por pessoa jurídica integrante da Administração direta ou indireta.

B) As pessoas jurídicas integrantes da Administração indireta não podem explorar atividade econômica.

C) Dentre as figuras da Administração Pública indireta, apenas a autarquia pode desempenhar atividade econômica, na qualidade de agência reguladora.

D) A constituição de empresa pública para exercer atividade econômica é permitida quando necessária ao atendimento de relevante interesse coletivo.

(EXAME XI/Questão 29) Determinada entidade de formação profissional, integrante dos chamados Serviços Sociais Autônomos (também conhecidos como "Sistema S"), foi, recentemente, questionada sobre a realização de uma compra sem prévia licitação. Assinale a alternativa que indica a razão do questionamento.

A) Tais entidades, vinculadas aos chamados serviços sociais autônomos, integram a Administração Pública.

B) Tais entidades, apesar de não integrarem a Administração Pública, são dotadas de personalidade jurídica de direito público.

C) Tais entidades desempenham, por concessão, serviço público de interesse coletivo.

D) Tais entidades são custeadas, em parte, com contribuições compulsórias cobradas sobre a folha de salários.

(EXAME IX/Questão 32) Atento à crescente especulação imobiliária, e ciente do sucesso econômico obtido pelas construtoras do País com a construção de imóveis destinados ao público de alta renda, o Estado "X" decide ingressar nesse lucrativo mercado. Assim, edita uma lei autorizando a criação de uma empresa pública e, no mesmo ano, promove a inscrição dos seus atos constitutivos no registro das pessoas jurídicas.

Assinale a alternativa que apresenta a alegação que as construtoras privadas, incomodadas pela concorrência de uma empresa pública, poderiam apresentar.

A) A nulidade da constituição daquela pessoa jurídica, uma vez que as pessoas jurídicas estatais só podem ser criadas por lei específica.

B) O objeto social daquela empresa só poderia ser atribuído a uma sociedade de economia mista e não a uma empresa pública.

C) Os pressupostos de segurança nacional ou de relevante interesse coletivo na exploração daquela atividade econômica não estão presentes.

D) A criação da empresa pública não poderia ter ocorrido no mesmo ano em que foi editada a lei autorizativa.

(EXAME VIII/Questão 34) O Presidente da República, considerando necessária a realização de diversas obras de infraestrutura, decide pela criação de uma nova Sociedade de Economia Federal e envia projeto de lei para o Congresso Nacional. Após a sua regular tramitação, o Congresso aprova a criação da Companhia "X".

Considerando a situação apresentada, assinale a afirmativa correta.

A) A Companhia "X" poderá editar os decretos de utilidade pública das áreas que necessitam ser desapropriadas para consecução do objeto que justificou sua criação.

B) A Companhia "X" está sujeita à licitação e à contratação de obras, serviços, compras e alienações, observados os princípios da administração.

C) A Companhia "X" será necessariamente uma sociedade de propósito específico (SPE) e a maioria do capital social deverá sempre pertencer à União.

D) A Companhia "X" possui foro privilegiado e eventuais demandas judiciais correrão perante a Justiça Federal.

(EXAME VIII/Questão 29) Quanto às pessoas jurídicas que compõem a Administração Indireta, assinale a afirmativa correta.

A) As autarquias são pessoas jurídicas de direito público, criadas por lei.

B) As autarquias são pessoas jurídicas de direito privado, autorizadas por lei.

C) As empresas públicas são pessoas jurídicas de direito público, criadas por lei.

D) As empresas públicas são pessoas jurídicas de direito privado, criadas para o exercício de atividades típicas do Estado.

(EXAME VII/Questão 30) Em relação às entidades que compõem a administração indireta, assinale a alternativa correta.

A) Para a criação de autarquias, é necessária a edição de uma lei autorizativa e posterior registro de seus atos constitutivos no respectivo registro como condição de sua existência.

B) Para criação de uma empresa pública, é necessária a edição de uma lei específica sem a exigência de registro de seus atos constitutivos no respectivo registro por se tratar de uma pessoa jurídica de direito público.

C) Para criação de uma sociedade de economia mista, é necessária a edição de uma lei autorizativa e registro de seus atos constitutivos no respectivo registro por se tratar de uma pessoa jurídica de direito privado.

D) Por serem pessoas jurídicas, todas necessitam ter seus respectivos atos constitutivos registrados no respectivo registro como condição de sua existência.

(EXAME VI/Questão 30) Quatro municípios celebram um consórcio público para desenvolverem um projeto comum para o tratamento industrial de lixo coletado em suas respectivas áreas, criando uma pessoa jurídica para gerenciar as atividades do consórcio. À luz da legislação aplicável, assinale a alternativa correta.

A) Como se trata de atividade tipicamente estatal, essa pessoa jurídica administrativa deverá ser obrigatoriamente uma autarquia, criada por lei oriunda do maior município celebrante do pacto.

B) O ordenamento jurídico brasileiro admite, no caso, tanto a criação de uma pessoa jurídica de direito público (a chamada associação pública) quanto de direito privado.

C) O ordenamento jurídico brasileiro não admite a criação de uma entidade desse tipo, pois as pessoas jurídicas integrantes da Administração Indireta são apenas as indicadas no art. 5º do Decreto-Lei nº 200/1967.

D) A pessoa jurídica oriunda de um consórcio público não poderá ser, em hipótese alguma, uma pessoa jurídica de direito privado, pois isso não é admitido pela legislação aplicável.

(EXAME V/Questão 28) A estruturação da Administração traz a presença, necessária, de centros de competências denominados Órgãos Públicos ou, simplesmente, Órgãos. Quanto a estes, é correto afirmar que

A) Possuem personalidade jurídica própria, respondendo diretamente por seus atos.

B) Suas atuações são imputadas às pessoas jurídicas a que pertencem.

C) Não possuem cargos, apenas funções, e estas são criadas por atos normativos do ocupante do respectivo órgão.

D) Não possuem cargos nem funções.

(EXAME IV/Questão 31) A Lei nº 11.107, de 6 de abril de 2005, dispõe sobre normas gerais para a União, os Estados, o Distrito Federal e os Municípios contratarem consórcios públicos para a realização de objetivos de interesse comum. A respeito do regime jurídico aplicável a tais consórcios públicos, assinale a alternativa correta.

A) É vedada a celebração de contrato de consórcio público cujo valor seja inferior a R$ 20.000.000,00 (vinte milhões) de reais.

B) Os consórcios públicos na área de saúde, em razão do regime de gestão associada, são dispensados de obedecer aos princípios que regulam o Sistema Único de Saúde.

C) É vedada a celebração de contrato de consórcio público para a prestação de serviços cujo período seja inferior a 5 (cinco) anos.

D) A União somente participará de consórcios públicos em que também façam parte todos os Estados em cujos territórios estejam situados os Municípios consorciados.

(EXAME IV/Questão 28) A qualificação como Organizações da Sociedade Civil de Interesse Público (OSCIPs) de pessoas jurídicas de direito privado, sem fins lucrativos, cujos objetivos sociais e normas estatutárias atendam aos requisitos previstos na respectiva lei é ato

A) Vinculado ao cumprimento dos requisitos estabelecidos em lei.

B) Complexo, uma vez que somente se aperfeiçoa com a instituição do Termo de Parceria.

C) Discricionário, uma vez que depende de avaliação administrativa quanto à sua conveniência e oportunidade.

D) Composto, subordinando-se à homologação da Chefia do Poder Executivo.

(EXAME 2010.3/Questão 7) É correto afirmar que a desconcentração administrativa ocorre quando um ente político

A) Cria, mediante lei, órgãos internos em sua própria estrutura para organizar a gestão administrativa.

B) Cria, por lei específica, uma nova pessoa jurídica de direito público para auxiliar a administração pública direta.

C) Autoriza a criação, por lei e por prazo indeterminado, de uma nova pessoa jurídica de direito privado para auxiliar a administração pública.

D) Contrata, mediante concessão de serviço público, por prazo determinado, uma pessoa jurídica de direito público ou privado para desempenhar uma atividade típica da administração pública.

(EXAME 2010.2/Questão 15) No Direito Público brasileiro, o grau de autonomia das Agências Reguladoras é definido por uma independência

A) Administrativa total e absoluta, uma vez que a Constituição da República de 1988 não lhes exige qualquer liame, submissão ou controle administrativo dos órgãos de cúpula do Poder Executivo.

B) Administrativa mitigada, uma vez que a própria lei que cria cada uma das Agências Reguladoras define e regulamenta as relações de submissão e controle, fundado no poder de supervisão dos Ministérios a que cada uma se encontra vinculada, em razão da matéria, e na superintendência atribuída ao chefe do Poder Executivo, como chefe superior da Administração Pública.

C) Legislativa total e absoluta, visto que gozam de poder normativo regulamentar, não se sujeitando assim às leis emanadas pelos respectivos Poderes legislativos de cada ente da federação brasileira.

D) Política decisória, pois não estão obrigadas a seguir as decisões de políticas públicas adotadas pelos Poderes do Estado (executivo e legislativo).

GABARITO DAS QUESTÕES DO EIXO TEMÁTICO (OAB 1ª Fase)

Questão	Gabarito
EXAME XXX/Questão 30	A
EXAME XXVII/Questão 31	A
EXAME XXV/Questão 31	D
EXAME XXIII/Questão 27	C
EXAME XX/Salvador/Questão 30	C
EXAME XIX/Questão 31	C

Questão	Gabarito
EXAME XVIII/Questão 33	B
EXAME XVIII/Questão 30	B
EXAME XVII/Questão 32	D
EXAME XVII/Questão 29	A
EXAME XV/Questão 32	D
EXAME XIV/Questão 30	B
EXAME XIII/Questão 32	A
EXAME XII/Questão 34	D
EXAME XI/Questão 29	D
EXAME IX/Questão 32	C
EXAME VIII/Questão 34	B
EXAME VIII/Questão 29	A
EXAME VII/Questão 30	C
EXAME VI/Questão 30	B
EXAME V/Questão 28	B
EXAME IV/Questão 31	D
EXAME IV/Questão 28	A
EXAME 2010.3/Questão 7	A
EXAME 2010.2/Questão 15	B

2.9 QUESTÕES DO EIXO TEMÁTICO (OAB 2ª FASE)

(EXAME DE ORDEM XXIX/Questão 4) O Estado Alfa, para prestar os serviços de captação e tratamento de água, uniu-se aos municípios localizados em seu território, formando um consórcio público de direito público. Devido ao aumento da população, foi necessário buscar novos mananciais, o que acarretou a necessidade de construção de novas adutoras. Por consequência, a nova tubulação precisará passar por áreas particulares, prevendo-se, com isso, a instituição de novas servidões.

Na qualidade de advogado(a) consultado(a), esclareça os itens a seguir.

A) Os entes da federação consorciados podem ceder servidores para o consórcio público? (Valor: 0,65)

B) O consórcio público em questão pode instituir servidão? (Valor: 0,60)

Observação: o(a) examinando(a) deve fundamentar suas respostas. A mera citação do dispositivo legal não confere pontuação.

Item	Pontuação
A) Sim. Os entes consorciados podem ceder servidores para o consórcio público na forma e condições de cada ente consorciado (0,55), nos termos do art. 4º, § 4º, da Lei nº 11.107/2005 OU do art. 241 da CF/1988 (0,10).	0,00/0,55/0,65
B) Sim. Por ser pessoa jurídica de direito público, nos termos do contrato de consórcio (0,50), conforme o art. 2º, § 1º, inciso II, da Lei nº 11.107/2005 (0,10).	0,00/0,50/0,60

(EXAME DE ORDEM XXVI/Questão 4) O Governador do estado Ômega decidiu nomear Alberto, engenheiro civil formado há dois anos, para o cargo de diretor da companhia estadual de água e esgoto, empresa pública que presta serviços em todo o estado e que tem um faturamento médio mensal em torno de R$ 1 bilhão. Assim que assumiu o cargo, seu primeiro emprego, Alberto ordenou a realização de licitação para ser construída uma nova estação de tratamento de esgoto. Publicado o edital, seis empresas apresentaram propostas comerciais, sendo que o menor preço foi ofertado pela sociedade empresária Faz de Tudo. Ao analisar a documentação entregue pela referida empresa para fins de habilitação, a comissão de licitação apontou que o sócio administrador da Faz de Tudo também é sócio administrador de uma segunda empresa (Construtora Mercadão Ltda.), esta última declarada inidônea para participar de licitação na Administração Pública estadual. Sobre a hipótese apresentada, responda aos itens a seguir.

A) É válida a nomeação de Alberto? (Valor: 0,65)

B) A sociedade empresária Faz de Tudo pode ser habilitada no certame? (Valor: 0,60)

Item	Pontuação
A) Não. Como Alberto se formou há apenas dois anos e esse era seu primeiro emprego, ele não possui experiência profissional para ocupar o cargo de diretor da companhia estadual de água e esgoto (0,55), nos termos do art. 17, inciso I, da Lei nº 13.303/2016 (0,10).	0,00/0,55/0,65
B) Não. A Lei de Responsabilidade das Estatais não permite a contratação de sociedades empresárias constituídas por sócio de outra empresa declarada inidônea (0,50), nos termos do art. 38, inciso IV, da Lei nº 13.303/2016 (0,10).	0,00/0,50/0,60

(EXAME DE ORDEM XXVI/Questão 1) Os Municípios Alfa, Beta e Gama decidiram criar um consórcio público para a execução de serviços de saneamento básico. Como não iriam outorgar o exercício de potestades públicas à entidade administrativa, os entes federativos em questão formalizaram o respectivo protocolo de intenções, no qual previram a criação de uma pessoa jurídica de direito privado, a ser denominada "Saneare", pelo prazo de vinte anos, constituída na forma da lei. Contudo, logo no início das atividades da "Saneare", o Município Alfa descumpriu com as obrigações regularmente assumidas no contrato de rateio. Na qualidade de advogado(a) consultado(a), esclareça os questionamentos a seguir.

A) "Saneare" é uma associação pública? (Valor: 0,60)

B) O Município Gama tem legitimidade para, isoladamente, exigir do Município Alfa o cumprimento das obrigações constantes do contrato de rateio? (Valor: 0,65)

Item	Pontuação
A) Não. "**Saneare**" é pessoa jurídica de direito privado, razão pela qual não pode constituir uma associação pública, que é pessoa jurídica de direito público (0,50), na forma do art. 4º, IV, OU art. 6º, da Lei nº 11.107/2005 (0,10).	0,00/0,50/0,60
B) Sim. O Município Gama é legitimado para exigir o cumprimento das obrigações constantes do contrato de rateio, isoladamente ou em conjunto com os demais entes consorciados (0,55), nos termos do art. 8º, § 3º, da Lei nº 11.107/2005 (0,10).	0,00/0,55/0,65

(EXAME DE ORDEM XVI/Questão 1) O Estado X e os Municípios A, B, C e D constituíram consórcio público, com personalidade jurídica de direito público, para a prestação de serviços conjuntos de abastecimento de água e esgotamento sanitário. Com base na situação apresentada, responda aos itens a seguir.

A) É possível a fixação de prazo de duração para o consórcio ou, ao contrário, a constituição de um consórcio público para prestação de serviços conjuntos pressupõe prazo indeterminado? (Valor: 0,40)

B) É possível ao Município C retirar-se do consórcio público? Nesse caso, os bens que transferiu ao consórcio retornam ao seu patrimônio? (Valor: 0,85)

Item	Pontuação
A) Sim, é necessária a fixação de prazo de duração (0,30), tal como exigido pelo art. 4º, inciso I, da Lei nº 11.107/2005 (0,10).	0,00/0,30/0,40

Item	Pontuação
B1) Sim, o Município pode se retirar do consórcio (0,30), na forma do art. 11 da Lei nº 11.107/2005 (0,10).	0,00/0,30/0,40
B2) Os bens transferidos ao consórcio somente retornam ao patrimônio do Município caso haja expressa previsão no contrato de consórcio público ou no instrumento de transferência ou de alienação (0,35), conforme consta do art. 11, § 1º, da Lei nº 11.107/2005 (0,10).	0,00/0,35/0,45

(EXAME DE ORDEM VII/Questão 3) O Governador do Estado X, após a aprovação da Assembleia Legislativa, nomeou o renomado cardiologista João das Neves, ex-presidente do Conselho Federal de Medicina e seu amigo de longa data, para uma das diretorias da Agência Reguladora de Transportes Públicos Concedidos de seu Estado. Ocorre que, alguns meses depois da nomeação, João das Neves e o Governador tiveram um grave desentendimento acerca da conveniência e oportunidade da edição de determinada norma expedida pela agência. Alegando a total perda de confiança no dirigente João das Neves e após o aval da Assembleia Legislativa, o governador exonerou-o do referido cargo. Considerando a narrativa fática acima, responda aos itens a seguir, empregando os argumentos jurídicos apropriados e apresentando a fundamentação legal pertinente ao caso.

A) À luz do Poder Discricionário e do regime jurídico aplicável às Agências Reguladoras, foi juridicamente correta a nomeação de João das Neves para ocupar o referido cargo? (valor: 0,65)

B) Foi correta a decisão do governador em exonerar João das Neves, com aval da Assembleia Legislativa, em razão da quebra de confiança? (valor: 0,60)

Item	Pontuação
A) Não. Isso porque, ainda que discricionária a escolha do chefe do Poder Executivo (0,25), tal escolha deve atentar para o caráter técnico do cargo a ser ocupado, uma vez que as agências reguladoras se caracterizam pela especialização no setor regulado, conforme explicitado no art. 5º da Lei nº 9.986/2000 (0,40).	0,00/0,25/ 0,40/0,65
B) Não. Como sabido, é uma característica das agências reguladoras a estabilidade reforçada dos dirigentes. Trata-se de estabilidade diferenciada, caracterizada pelo exercício de mandato a termo, na qual se afigura impossível a exoneração *ad nutum* (0,40), conforme inclusive explicitado no art. 9º da Lei nº 9.986/2000 (0,20).	0,00/0,40/ 0,60

(EXAME DE ORDEM VII/Questão 4) Recentemente, 3 (três) entidades privadas sem fins lucrativos do Município ABCD, que atuam na defesa, preservação e conservação do meio ambiente, foram qualificadas pelo Ministério da Justiça como Organização da Sociedade Civil de Interesse Público. Buscando obter ajuda financeira do Poder Público para financiar parte de seus projetos, as 3 (três) entidades apresentaram requerimento à autoridade competente, expressando seu desejo de firmar um termo de parceria. Considerando a narrativa fática acima, responda aos itens a seguir, empregando os argumentos jurídicos apropriados e apresentando a fundamentação legal pertinente ao caso.

A) O poder público deverá realizar procedimento licitatório (Lei nº 8.666/1993) para definir com qual entidade privada irá formalizar termo de parceria? (valor: 0,90)

B) Após a celebração do termo de parceria, caso a entidade privada necessite contratar pessoal para a execução de seus projetos, faz-se necessária a realização de concurso público? (valor: 0,35)

Item	Pontuação
A) Não é necessária a realização de procedimento formal licitatório, tendo em vista que o termo de parceria não possui a natureza jurídica de contrato, por não haver oposição entre as vontades das partes / inexistirem obrigações recíprocas, mas, sim, a conjunção de esforços para realização de objetivos comuns (art. 2º, parágrafo único, da Lei nº 8.666/1993) (0,60). Contudo, deverá ser realizado procedimento seletivo simplificado a fim de garantir a observância dos princípios da Administração Pública, como forma de restringir a subjetividade na escolha da OSCIP a formalizar o "termo de parceria" (0.30).	0,00/0,30/ 0,60/0,90
B) Não. Por não integrarem a Administração Pública, as OSCIPs não se submetem às regras de concurso público, nos termos do art. 37, II, da CF/1988 (0,35).	0,00/0,35

(EXAME DE ORDEM XII/Questão 2) Determinada sociedade de economia mista federal, exploradora de atividade econômica, é objeto de controle pelo Tribunal de Contas da União, o qual verifica, em tomada de contas especial, que há editais de licitação da estatal que contêm critérios de julgamento inadequados. Sobre o caso, empregando os argumentos jurídicos apropriados e a fundamentação legal pertinente, responda aos itens a seguir.

A) Uma sociedade de economia mista que explora atividade econômica pode ser submetida ao controle do Tribunal de Contas? (Valor: 0,60)

B) O Tribunal de Contas pode determinar a aplicação de critérios que entenda mais adequados para o julgamento de licitações? (Valor: 0,65)

Item	Pontuação
A) Sim, tendo em vista que as sociedades de economia mista são constituídas, ao menos no momento de sua criação, com recursos do erário, é possível o controle pelo Tribunal de Contas (0,50), nos termos do art. 70, parágrafo único, ou art. 71, II, da Constituição. (0,10) ***Observação:*** A simples menção aos artigos não pontua.	0,00/0,50/0,60
B) Não cabe ao Tribunal de Contas, em controle prévio de editais de licitação, determinar a modificação de critérios, substituindo a vontade do administrador em seu campo discricionário, em violação ao princípio da separação dos Poderes (0,35), nos termos do art. 2º da CF/1988 (0,10). Tal controle é permitido excepcionalmente, quando há fundada suspeita de irregularidade, com a adoção de critério de julgamento manifestamente irrazoável. (0,20)	0,00/0,20/0,35/ 0,45/0,55/0,65

(EXAME DE ORDEM UNIFICADO/EXAME 2010/Questão 4) O prefeito de um determinado município está interessado em descentralizar o serviço de limpeza urbana e pretende, para tanto, criar uma empresa pública. Diante disso, formula consulta jurídica a respeito do regime a ser observado pela estatal em relação aos aspectos abaixo transcritos. Com base no relatado acima, responda aos itens a seguir, empregando os argumentos jurídicos apropriados e a fundamentação legal pertinente ao caso.

A) Qual é o instrumento jurídico necessário para a instituição de uma empresa pública? (Valor: 0,25)

B) Qual é o regime de pessoal a ser observado e a respectiva forma de recrutamento e seleção? (Valor: 0,5)

C) A empresa pública em questão deve observar limite máximo de remuneração previsto no art. 37, inciso XI, da Constituição da República? (Valor: 0,25)

Item	Pontuação
A) Necessidade de lei específica (art. 37, inciso XIX, da CF/1988).	0/0,25
B) Regime celetista (art. 173, § 1º, inciso II, da CF/1988).	0/0,25
Acesso por meio de concurso público – meritocracia (art. 37, inciso II, da CF/1988).	0/0,25

Item	Pontuação
C) Sim, caso receba recurso do Município para pagamento de despesas de pessoal ou de custeio em geral (art. 37, § 9º, da CF/1988).	0/0,25

(EXAME DE ORDEM XXX/Questão 4) O governo de certo estado da Federação está realizando, no ano corrente, estudos para criar uma agência reguladora para os serviços de transporte intermunicipal, a ser denominada Transportare. Concluiu-se pela necessidade de lei para criar a mencionada entidade autárquica, com a delimitação das respectivas competências relacionadas à atividade regulatória, a abranger a edição de atos normativos técnicos para os serviços públicos em questão, segundo os parâmetros estabelecidos pela lei (as funções de fiscalização, incentivo e planejamento). Apontou-se, ainda, que o quadro de pessoal de tal entidade deveria adotar o regime de emprego público, submetido à Consolidação das Leis do Trabalho, sob o fundamento de ser mais condizente com o princípio da eficiência. Diante dessa situação hipotética, responda, fundamentadamente, aos questionamentos a seguir.

A) Existe respaldo constitucional para a competência regulatória a ser atribuída à agência Transportare? (Valor: 0,60)

B) É possível adotar o regime de pessoal sugerido? (Valor: 0,65)

Item	Pontuação
A) Sim. A competência regulatória, que seja abrangente das funções de normatização técnica, segundo os parâmetros estabelecidos pela lei (as funções de fiscalização, incentivo e planejamento), tem respaldo constitucional, nos termos do art. 174 da CF/1988.	0,00/0,50/0,60
B) Não. A lei pretende criar uma agência reguladora, entidade autárquica em regime especial, que se submete ao Regime Jurídico Único ou ao Regime Jurídico Administrativo dos Servidores Públicos, na forma do art. 39, *caput*, da CF/1988.	0,00/0,55/0,65

(EXAME DE ORDEM XXXI/Questão 2) Eustáquio, prefeito eleito do Município Alfa, pretende implementar, ao longo de sua administração, projetos que atendam ao interesse público. A gestão desses projetos seria realizada em associação a outros entes da Administração e em parceria com a sociedade civil. Após a posse, Eustáquio realizou numerosas consultas e audiências públicas, e, com base nos estudos elaborados, concluiu que seria pertinente a formalização de um convênio com os Municípios Beta e Gama para promover o turismo na região, bem como estabelecer um acordo de cooperação com entidades da sociedade civil voltadas para a área de saúde. Diante dessa situação hipotética, responda, fundamentadamente, aos questionamentos a seguir.

A) A formalização de convênio entre os mencionados Municípios deve ser precedida de chamamento público, na forma exigida para os regimes de parceria? (Valor: 0,60)

B) O Município Alfa, para formalizar a parceria por meio do acordo de cooperação, pode transferir recursos financeiros do erário para uma organização da sociedade civil que venha a ser selecionada mediante a realização de chamamento público? (Valor: 0,65)

Item	Pontuação
A) Não. Os convênios entre entes federados não se submetem ao regime da Lei nº 13.019/2014 ou estão submetidos ao art. 116 da Lei nº 8.666/1993, consoante se depreende do art. 84, parágrafo único, inciso I, da Lei nº 13.019/2014.	0,00/0,50/0,60
B) Não. Os acordos de cooperação não admitem a transferência de recursos financeiros, na forma do art. 2º, inciso VIII-A, da Lei nº 13.019/2014.	0,00/0,55/0,65

3 | PRINCÍPIOS DA ADMINISTRAÇÃO PÚBLICA

Os princípios, juntamente com as regras, integram a norma jurídica e regem a Administração Pública em toda sua atuação. Desse modo, integram o conceito de juridicidade, conceito mais amplo que o de legalidade. Em síntese, podemos apresentar os seguintes princípios:

3.1 PRINCÍPIOS FUNDAMENTAIS DO ESTADO

São os que estão expressos na Constituição Federal explícita ou implicitamente.

a) Supremacia do Interesse Público: é o princípio que determina privilégios jurídicos e um patamar de superioridade do interesse público sobre o particular.

b) **Indisponibilidade do Interesse Público:** limita a supremacia; o interesse público não pode ser livremente disposto pelo administrador, que, necessariamente, deve atuar nos limites da lei.

c) **Princípios da Segurança Jurídica:** garantia de previsibilidade no emprego do poder.

d) **Princípio Republicano:** regime político em que define o espaço público no qual são caracterizados e identificados os interesses públicos.

e) **Princípio Democrático:** forma de governo adotada por um Estado em que se sobressai a vontade popular.

f) **Princípio da Cidadania:** o cidadão é identificado como protagonista político do Estado.

g) **Princípio da Dignidade da Pessoa Humana:** a supremacia do Homem sobre suas próprias criações (a exemplo do Estado).

h) **Princípio da Participação:** possibilidade aos cidadãos de escolherem quem governa e como governa.

3.2 PRINCÍPIOS GERAIS

São aplicáveis ao sistema jurídico como um todo.

a) **Princípio da Legalidade**: submissão do agir à norma (composta por regras e princípios).

b) **Princípio da Legitimidade:** informa a relação entre a vontade geral do povo e suas expressões políticas, administrativas e judiciárias.

c) **Princípio da Igualdade:** igualdade de todos perante a lei e vedação de discriminação.

d) **Princípio da Publicidade:** ciência dos atos e submissão dos mesmos ao controle.

e) **Princípio da Realidade:** as ações da Administração deverão ter condições objetivas de serem efetivamente cumpridas em favor da sociedade a que se destinam.

f) **Princípio da Responsabilidade:** diversas competências para agir são atribuídas aos órgãos, entes ou agentes do Estado, sendo que cada uma delas gera uma responsabilidade.

g) **Princípio da Responsividade:** é a reação governamental, que deve ser a normalmente esperada e exigida, ante a enunciação da vontade dos governados.

h) **Princípio da Sindicabilidade:** possibilidade jurídica de submissão de qualquer lesão de direito ou ameaça de lesão a algum tipo de controle.

i) **Princípio da Sancionabilidade:** possibilidade de aplicação de sanções administrativas.

3.3 PRINCÍPIOS GERAIS DO DIREITO PÚBLICO

São princípios jurídicos que informam o Direito Público.

a) **Princípio da Subsidiariedade:** prescreve o escalonamento de responsabilidade de atribuições entre entes ou órgãos, em função da complexidade do atendimento dos interesses da sociedade.

b) **Princípio da Presunção de Validade:** os atos administrativos gozam de presunção de validade até a prova em contrário.

c) **Princípio do Devido Processo Legal:** submissão estrita às exigências formais de obediência a rigorosas sequências dos atos que devam ser praticados pelo Estado constitucionalmente inafastáveis sempre que atinjam a liberdade ou os bens de uma pessoa.

d) **Princípio da Motivação:** enunciar as razões de fato e de direito que autorizam ou determinam a prática de um ato jurídico.

e) **Princípio da Descentralização:** repartição do exercício estatal entre diversas entidades e órgãos de criação constitucional e legal.

3.4 PRINCÍPIOS GERAIS DO DIREITO ADMINISTRATIVO

São aplicáveis à execução das atividades da Administração Pública.

a) **Princípio da Finalidade:** consiste no atendimento finalístico do interesse público.

b) **Princípio da Discricionariedade:** permissão legal ao administrador público para que possa fazer a necessária integração casuística para satisfazer a necessidade pública.

c) **Princípio da Consensualidade:** privilégio do consenso para atingir de forma mais célere e menos dispendiosa o interesse público.

d) **Princípio da Razoabilidade:** adequar a medida para alcançar o resultado pretendido; necessidade da medida; proporcionalidade entre os inconvenientes resultantes da medida e o resultado a ser alcançado.

e) **Princípio da Proporcionalidade:** justo equilíbrio entre os sacrifícios e os benefícios resultantes da ação do Estado.

f) **Princípio da Executoriedade ou da Autoexecutoriedade**: possibilidade jurídica de a Administração aplicar a execução da vontade contida na lei, de modo direto e imediato, empregando seus próprios meios executivos, incluindo a coerção.

g) **Princípio da Continuidade:** veda a solução de continuidade nas atividades a serem desenvolvidas pelo Estado, salvo se houver previsão legal.

h) **Princípio da Especialidade:** determina que cada órgão, ente ou agente, possua um campo ou setor de administração que lhe é próprio, visando os fins nele especificados.

i) **Princípio Hierárquico:** visa à coordenação e à subordinação dos entes, órgão e agentes entre si, e à distribuição escalonada de suas funções.

j) **Princípio Monocrático:** a vontade do Estado é assimilada à vontade expressada no agente competente (poder exercido unipessoalmente).

k) **Princípio do Colegiado:** criação e atuação de órgãos coletivos.

l) **Princípio da Disciplina:** existência de um sistema sancionatório direto e imediato, aplicado executoriamente, em razão da hierarquia, sem necessidade de prévia decisão judicial.

m) **Princípio da Economicidade:** relacionado com o aspecto financeiro da Administração Pública.

n) **Princípio da Autotutela:** dever de a Administração Pública controlar seus próprios atos quanto à legalidade e à adequação ao interesse público.

3.5 PRINCÍPIOS SETORIAIS DO DIREITO ADMINISTRATIVO

São princípios informativos de especificidades, que informam de forma específica, dentro de determinados temas do direito administrativo, a exemplo dos princípios do serviço público, princípios do processo administrativo, princípios às licitações e contratos etc.

3.6 PRINCÍPIOS CONSTITUCIONAIS DO DIREITO ADMINISTRATIVO

São normas que surgem como parâmetro para a interpretação das demais normas jurídicas. O art. 37 da CF/1988 traz os cinco (**LIMPE**) princípios mínimos que a Administração (direta ou indireta) deve obedecer, havendo, além desses, inúmeros outros.

a) **Princípio da Legalidade:** segundo ele, todos os atos da Administração têm de estar em conformidade com os princípios legais.

Esse princípio observa não só as leis, mas também os regulamentos que das normas administrativas contidas em grande parte no texto constitucional. Quando a Administração Pública se afasta desses comandos, pratica atos ilegais, produzindo, por consequência, atos nulos e respondendo por sanções por ela impostas (Poder Disciplinar). Os servidores, ao praticarem esses atos, podem até ser demitidos.

Um administrador de empresa particular pratica tudo aquilo que a lei não proíbe. **Já o administrador público**, por ser obrigado ao estrito cumprimento da lei e dos regulamentos, **só pode praticar o que a lei permite**. É a lei que distribui competências aos administradores.

b) **Princípio da Impessoalidade:** no art. 37 da CF/1988, o legislador fala também da impessoalidade. No campo do Direito Administrativo, esta palavra foi novidade. O legislador não colocou a palavra finalidade. Surgiram duas correntes para definir "impessoalidade":

Impessoalidade relativa aos administrados: segundo esta corrente, a Administração só pode praticar atos impessoais se eles **propiciarem o bem comum** (a coletividade). A explicação para a impessoalidade pode ser buscada no próprio texto constitucional através de uma interpretação sistemática. Por exemplo, de acordo com o art. 100 da CF/1988, "à exceção dos créditos de natureza alimentícia, os pagamentos devidos pela Fazenda [...] far-se-ão na ordem cronológica de apresentação dos precatórios". Não se pode pagar fora desta ordem, pois, do contrário, a Administração Pública estaria praticando ato de impessoalidade.

Impessoalidade relativa à Administração: segundo esta corrente, **os atos impessoais** se originam da Administração, não importando quem os tenha praticado. **Esse princípio deve ser entendido para excluir a promoção pessoal de autoridade ou serviços públicos sobre suas relações administrativas no exercício de fato**, pois, de acordo com os que defendem esta corrente, **os atos são dos órgãos e não dos agentes públicos**. Assim, traduz-se a ideia de que a Administração Pública tem que tratar a todos os administrados sem discriminações, benéficas ou negativas. Dessa forma, não se admite, por força de princípio constitucional, nem favoritismos nem perseguições, sejam políticas, ideológicas ou eleitorais. Portanto, a publicidade dos atos, programas, obras ou serviços devem ter caráter educativo, informativo ou de orientação social, dela não podendo constar nomes ou quaisquer elementos que caracterizem promoção pessoal de autoridade ou servidor público.

Observação quanto à prática de nepotismo: a vedação ao nepotismo não depende de lei ordinária para a sua aplicação, pois decorre diretamente dos princípios consagrados na Constituição Federal, conforme seu art. 37, *caput*, ou da Súmula Vinculante nº 13 do STF, notadamente os da impessoalidade, moralidade e eficiência. **A vedação ao nepotismo não se aplica à investidura de servidores por efeito de aprovação em regular concurso público**, sob pena de violar o disposto no art. 37, inciso II, da CF/1988.

c) **Princípio da Moralidade:** este princípio está diretamente relacionado com os próprios atos dos cidadãos comuns em seu convívio com a comunidade, ligando-se à moral e à ética administrativa, estando esta última sempre presente na vida do administrador público, sendo mais rigorosa que a ética comum.

Por exemplo, **comete ato imoral o Prefeito Municipal que empregar a sua verba de representação em negócios alheios à sua condição de Administrador Público**, pois é sabido que o administrador público tem que ser honesto, tem que ter probidade e que todo ato administrativo, além de ser legal, tem que ser moral, sob pena de nulidade.

Nos casos de improbidade administrativa, os governantes podem ter suspensos os seus direitos políticos, além da perda do cargo para a Administração, seguindo-se o ressarcimento dos bens e a nulidade do ato ilicitamente praticado. Há um sistema de fiscalização ou mecanismo de controle de todos os atos administrativos praticados. Por exemplo, o Congresso Nacional exerce esse controle através de uma fiscalização contábil externa ou interna sobre toda a Administração Pública.

O principal instrumento à disposição do cidadão para o controle de atos administrativos contrários à moralidade administrativa é a ação popular, prevista no art. 5º, LXXIII, da CF/1988 e regulada pela Lei nº 4.717/1965. Não se pode deixar de mencionar também a possibilidade de responsabilização pelos atos ímprobos, previstos na Lei nº 8.429/1992.

d) **Princípio da Publicidade:** é a divulgação oficial do ato da Administração para a ciência do público em geral, com efeito de iniciar a sua atuação externa, ou seja, de gerar efeitos jurídicos. Esses efeitos jurídicos podem ser de direitos e de obrigações.

Por exemplo, o Prefeito Municipal, com o objetivo de preencher determinada vaga existente na sua Administração, nomeia alguém para o cargo de Procurador Municipal. No entanto, para que esse ato de nomeação tenha validade, ele deve ser publicado. E após a sua publicação, o nomeado terá 30 dias para tomar posse. Esse princípio da publicidade é uma generalidade. **Todos os atos da Administração têm que ser públicos.**

Por outro lado, embora os processos administrativos devam ser públicos, a publicidade se restringe somente aos seus atos intermediários, ou seja, a determinadas fases processuais. A publicidade dos atos administrativos sofre **as seguintes exceções**:

- **Nos casos de segurança do Estado ou da Sociedade:** seja ela de origem militar, econômica, cultural etc. Nessas situações, os atos não são tornados públicos. Por exemplo, os órgãos de espionagem não fazem publicidade de seus atos.
- **Nos casos de investigação policial:** o Inquérito Policial é extremamente sigiloso (só a ação penal que é pública), ressalvando-se, obviamente, o amplo acesso aos investigados e aos seus defensores, de tudo aquilo que já foi documentado.
- **Nos casos dos atos internos da Administração Pública:** nestes, por não haver interesse da coletividade, não há razão para serem públicos.

Por outro lado, a Publicidade, ao mesmo tempo que inicia os atos, também possibilita àqueles que deles tomam conhecimento de utilizarem os remédios constitucionais contra eles. Assim, com base em diversos incisos do art. 5º da CF/1988, o interessado poderá se utilizar:

- Do direito de Petição.
- Do Mandado de Segurança (remédio heroico contra atos ilegais envoltos de abuso de poder, não passíveis de *habeas data*);
- Da Ação Popular.
- Do *Habeas Data.*
- Do *Habeas Corpus.*

A publicidade dos atos administrativos é feita tanto na esfera federal (através do Diário Oficial Federal) como na estadual (através do Diário Oficial

Estadual) ou municipal (através do Diário Oficial do Município). Nos Municípios, se não houver o Diário Oficial Municipal, a publicidade poderá ser feita através dos jornais de grande circulação ou afixada em locais conhecidos e determinados pela Administração.

Observação 1: Em caso de concurso público, a Administração Pública tem o dever de intimar o candidato, pessoalmente, quando há o decurso de tempo razoável entre a homologação do resultado e a data da nomeação, em atendimento aos princípios constitucionais da publicidade e da razoabilidade.

Observação 2: A Lei de Acesso à Informação (Lei nº 12.527/2011) estabelece que qualquer interessado poderá apresentar pedido de acesso a informações aos órgãos públicos integrantes da administração direta dos Poderes Executivo, Legislativo e Judiciário, além das Cortes de Contas e do Ministério Público, bem como às autarquias, às fundações públicas, às empresas públicas, às sociedades de economia mista e demais entidades controladas direta ou indiretamente pela União, Estados, Distrito Federal e Municípios, por qualquer meio legítimo, devendo o pedido conter a identificação do requerente e a especificação da informação requerida.

- Para o acesso a informações de interesse público, a identificação do requerente não pode conter exigências que inviabilizem a solicitação, devendo o poder público viabilizar alternativa de encaminhamento de pedidos de acesso por meio de seus sítios oficiais na internet, sendo vedadas quaisquer exigências relativas aos motivos determinantes da solicitação de informações de interesse público.
- O serviço de busca e fornecimento da informação é gratuito, salvo nas hipóteses de reprodução de documentos pelo órgão ou entidade pública consultada, situação em que poderá ser cobrado exclusivamente o valor necessário ao ressarcimento do custo dos serviços e dos materiais utilizados. Porém, estará isento de ressarcir os custos, todo aquele cuja situação econômica não lhe permita fazê-lo sem prejuízo do sustento próprio ou da família, declarada nos termos da Lei nº 7.115/1983.
- O órgão ou entidade pública deverá autorizar ou conceder o acesso imediato à informação disponível. Não sendo possível conceder o acesso imediato,

o órgão ou entidade que receber o pedido deverá, em prazo não superior a 20 (vinte) dias: I – comunicar a data, local e modo para se realizar a consulta, efetuar a reprodução ou obter a certidão; II – indicar as razões de fato ou de direito da recusa, total ou parcial, do acesso pretendido; ou III – comunicar que não possui a informação, indicar, se for do seu conhecimento, o órgão ou a entidade que a detém, ou, ainda, remeter o requerimento a esse órgão ou entidade, cientificando o interessado da remessa de seu pedido de informação. Esse prazo poderá ser prorrogado por mais 10 (dez) dias, mediante justificativa expressa, da qual será cientificado o requerente.

A Publicidade deve ter objetivo educativo, informativo e de interesse social, não podendo ser utilizados símbolos, imagens etc. que caracterizem a promoção pessoal do Agente Administrativo por violar também o princípio da impessoalidade (conforme exposto acima).

Por fim, é importante tratar, ainda, no que tange ao princípio, sobre **a Lei Geral de Proteção de Dados (LGPD) - Lei nº 13.709/2018**, pois esta traz algumas questões referentes ao tratamento de dados pessoais pela Administração Pública.

A LGPD restringe, em seu art. 7º, que o tratamento de dados pessoais somente poderá ser realizado mediante o fornecimento de consentimento pelo titular, para o cumprimento de obrigação legal ou regulatória pelo controlador ou *pela administração pública*, para o tratamento e uso compartilhado de dados necessários à execução de políticas públicas previstas em leis e regulamentos ou respaldadas em contratos, convênios ou instrumentos congêneres, observadas as imposições sobre o tratamento de dados pelo Poder Público, previstas nos arts. 23 e seguintes da LGPD.

Assim, a LGPD prevê que o tratamento de dados pessoais pelas pessoas jurídicas de direito público deverá ser realizado para o atendimento de sua finalidade pública, na persecução do interesse público, com o objetivo de executar as competências legais ou cumprir as atribuições legais do serviço público, desde que: a) sejam informadas as hipóteses em que, no exercício de suas competências, realizam o tratamento de dados pessoais, fornecendo informações claras e atualizadas sobre a previsão legal, a finalidade, os procedimentos e as práticas utilizadas para a execução dessas atividades, em veículos de fácil acesso, preferencialmente em seus sítios eletrônicos; e b) seja indicado um encarregado quando realizarem operações de tratamento de dados pessoais.

Há de se dizer também que, para fins de aplicação da LGPD, os serviços notariais e de registro exercidos em caráter privado, por delegação do Poder Público, terão o mesmo tratamento dispensado às pessoas jurídicas de direito público. Ainda, no que tange ao compartilhamento de dados, os órgãos notariais e de registro devem fornecer acesso aos dados por meio eletrônico para a administração pública, pressupondo a finalidade pública do compartilhamento, obviamente.

Por sua vez, as empresas públicas e as sociedades de economia mista que atuam em regime de concorrência terão o mesmo tratamento dispensado às pessoas jurídicas de direito privado particulares. Todavia, as empresas públicas e as sociedades de economia mista, quando estiverem operacionalizando políticas públicas e estritamente no âmbito da execução delas, terão o mesmo tratamento dispensado aos órgãos e às entidades do Poder Público.

No âmbito do poder público, conforme previsto no art. 25 da LGPD, os dados deverão ser mantidos em formato interoperável e estruturado para o uso compartilhado, com vistas à execução de políticas públicas, à prestação de serviços públicos, à descentralização da atividade pública e à disseminação e ao acesso das informações pelo público em geral.

Este uso compartilhado de dados pessoais pelo Poder Público deve atender a finalidades específicas de execução de políticas públicas e atribuição legal pelos órgãos e pelas entidades públicas, respeitados os princípios de proteção de dados pessoais elencados no art. 6º da LGPD.

Como regra geral, é vedado ao Poder Público transferir a entidades privadas dados pessoais constantes de bases de dados a que tenha acesso, exceto nas hipóteses de: a) execução descentralizada de atividade pública que exija a transferência, exclusivamente para esse fim específico e determinado, observado o disposto na LAI; b) nos casos em que os dados forem acessíveis publicamente; c) quando houver previsão legal ou a transferência for respaldada em contratos, convênios ou instrumentos congêneres (estes instrumentos devem ser comunicados à autoridade nacional – órgão da administração pública responsável por zelar, implementar e fiscalizar o cumprimento da LGPD em todo o território nacional); ou d) na hipótese de a transferência dos dados objetivar exclusivamente a prevenção de fraudes e irregularidades, ou proteger e resguardar a segurança e a integridade do titular dos dados, desde que vedado o tratamento para outras finalidades.

O uso compartilhado ou disponibilização de dados pessoais de pessoa jurídica de direito público a pessoa de direito privado será informado à autoridade nacional e dependerá de consentimento do titular, exceto nas hipóteses de dispensa de consentimento previstas na LGPD, nos casos de uso compartilhado de dados em que será dada publicidade ou nas exceções constantes do § 1º do art. 26 da LGPD.

Por fim, é importante referir sobre a responsabilidade, pois, de acordo com o art. 31 da LGPD, quando houver infração a esta Lei em decorrência do tratamento de dados pessoais por órgãos públicos, a autoridade nacional poderá enviar informe com medidas cabíveis para fazer cessar a violação, podendo, também, solicitar a agentes do Poder Público a publicação de relatórios de impacto à proteção de dados pessoais e sugerir a adoção de padrões e de boas práticas para os tratamentos de dados pessoais pelo Poder Público.

e) Princípio da Eficiência (EC nº 19/1998 – já existia, mas não com esta roupagem) visa:

I) racionalizar a máquina administrativa;

II) aperfeiçoar a prestação do serviço público.

Atuar com eficiência é atuar de modo adequado frente aos meios que possui e aos resultados obtidos (meio e resultados eficientes); fazer o melhor (com menos e com o mais barato).

3.7 QUESTÕES DO EIXO TEMÁTICO (OAB 1ª FASE)

(EXAME XVII/Questão 32) O Estado X publicou edital de concurso público de provas e títulos para o cargo de analista administrativo. O edital prevê a realização de uma primeira fase com questões objetivas, e de uma segunda fase com questões discursivas, e que os 100 (cem) candidatos mais bem classificados na primeira fase avançariam para a realização da segunda fase. No entanto, após a divulgação dos resultados da primeira fase, é publicado um edital complementar estabelecendo que os 200 (duzentos) candidatos mais bem classificados avançariam à segunda fase e prevendo uma nova forma de composição da pontuação global.

Nesse caso,

A) A alteração não é válida, por ofensa ao princípio da impessoalidade, advindo da adoção de novos critérios de pontuação e da ampliação do número de candidatos na segunda fase.

B) A alteração é válida, pois a aprovação de mais candidatos na primeira fase não gera prejuízo aos candidatos e ainda permite que mais interessados realizem a prova de segunda fase.

C) A alteração não é válida, porque o edital de um concurso público não pode conter cláusulas ambíguas.

D) A alteração é válida, pois foi observada a exigência de provimento dos cargos mediante concurso público de provas e títulos.

(EXAME IX – Ipatinga-MG/Questão 32) Determinada área de proteção ambiental, situada em encosta de morro, vinha sendo ocupada, há muitos anos, sem qualquer ato de autorização pelo Poder Público, por alguns particulares, que lá construíram suas residências. José, que desde jovem sofre de problemas respiratórios, agravados pela poluição dos grandes centros urbanos, postula, junto à Administração, licença para construir sua casa nessa área protegida, cercada de verde, na esperança de uma melhor qualidade de vida. A licença não é concedida.

Sobre o caso concreto, assinale a afirmativa correta.

A) A administração não pode ter comportamentos contraditórios, devendo conceder a licença a José, em nome da segurança jurídica e da confiança legítima, uma vez que há anos tolera ocupação na mesma área por outros particulares.

B) Ainda que não caiba falar em proibição de comportamento contraditório, o caso apresenta uma ponderação de valores, devendo ser priorizada a proteção a condições dignas de vida em detrimento da proteção ambiental.

C) O indeferimento por parte do Poder Público foi correto, considerando que a mera tolerância de condutas ilegais por parte da Administração não assegura que outro particular, invocando a isonomia, cometa as mesmas ilegalidades.

D) Os particulares que já tiverem construído suas casas na encosta protegida possuem direito subjetivo à obtenção de licença para a legalização de suas construções, já que a inação da Administração gerou legítima expectativa de habitação na localidade.

(EXAME IX/Questão 31) De acordo com o art. 2º, inciso XIII, da Lei nº 9.784/1998, a Administração deve buscar a interpretação da norma que melhor garanta o atendimento do fim público a que se dirige, vedada a aplicação retroativa da nova interpretação.

Assinale a alternativa que indica o princípio consagrado por esse dispositivo, em sua parte final.

A) Legalidade.

B) Eficiência.

C) Moralidade.

D) Segurança das relações jurídicas.

GABARITO DAS QUESTÕES DO EIXO TEMÁTICO (OAB 1ª Fase)

Questão	Gabarito
EXAME XVII/Questão 32	A
EXAME IX/Questão 32	C
EXAME IX/Questão 31	D
EXAME VI/Questão 27	C

3.8 QUESTÕES DO EIXO TEMÁTICO (OAB 2ª FASE)

(EXAME DE ORDEM VIII/Questão 2) O prefeito do município "P", conhecido como João do "P", determinou que em todas as placas de inauguração das novas vias municipais pavimentadas em seu mandato na localidade denominada "E" fosse colocada a seguinte homenagem: "À minha querida e amada comunidade "E", um presente especial e exclusivo do João do "P", o único que sempre agiu em favor de nosso povo!". O Ministério Público estadual intimou o Prefeito a fim de esclarecer a questão. Na qualidade de procurador do município, você é consultado pelo Prefeito, que insiste em manter a situação. Indique o princípio da Administração Pública que foi violado e por que motivo. (valor: 1,25)

Item	Pontuação
O princípio violado é o da impessoalidade (0,25), uma vez que, no caso concreto, a publicidade presente nas placas de inauguração da localidade NÃO teve caráter educativo, informativo ou de orientação social, mas sim ato característico de promoção pessoal do prefeito, vedado pelo art. 37, § 1º, da CF/1988 (1,00).	0,00/0,25/ 1,00/1,25

(EXAME DE ORDEM XII/Questão 1) José está inscrito em concurso público para o cargo de assistente administrativo da Administração Pública direta do Estado de Roraima. Após a realização das provas, ele foi aprovado para a fase final do certame, que previa, além da apresentação de documentos, exames médicos e psicológicos. A lista dos candidatos aprovados e o prazo para a apresentação dos documentos pessoais e para a realização dos exames médicos e psicológicos foram publicados no Diário Oficial do Poder Executivo do Estado de Roraima após 1 (um) ano da realização das provas; assim como foram veiculados através do site da Internet da Administração Pública direta do Estado, tal como previsto no respectivo edital do concurso. Entretanto, José reside em município localizado no interior do Estado de Roraima, onde não circula o Diário Oficial e que, por questões geográficas, não é provido de Internet. Por tais razões, José perde os prazos para o cumprimento da apresentação de documentos e dos exames médicos e psicológicos e só toma conhecimento da situação quando resolve entrar em contato telefônico com a secretaria do concurso. Insatisfeito, José procura um advogado para ingressar com um Mandado de Segurança contra a ausência de intimação específica e pessoal quando de sua aprovação e dos prazos pertinentes à fase final do concurso. Na qualidade de advogado de José, indique os argumentos jurídicos a serem utilizados nessa ação judicial. (Valor: 1,25)

Item	Pontuação
A despeito da ausência de norma editalícia prevendo a intimação pessoal e específica do candidato José, a Administração Pública tem o dever de intimar o candidato, pessoalmente, ainda mais quando reside em município em que não há circulação do DOE e que não dispõe de acesso à Internet, sob pena de violação do princípio da publicidade (0,50), nos termos do art. 37, *caput*, da CF/1988 (0,10) ***Observação:*** A simples menção aos artigos não pontua.	0,00/0,50/0,60
A despeito da ausência de norma editalícia prevendo a intimação pessoal e específica do candidato José, a Administração Pública tem o dever de intimar o candidato, pessoalmente, quando há o decurso de tempo razoável entre a homologação do resultado e a data da nomeação, sob pena de violação do princípio da razoabilidade/proporcionalidade. (0,65)	0,00/0,65

(EXAME DE ORDEM XXII/Questão 3) Em fevereiro de 2017, o Estado Alfa fez editar a Lei nº XYZ, que inovou no ordenamento local ao proibir a nomeação de cônjuge, companheiro ou parente em linha reta, colateral ou por afinidade, até o terceiro grau inclusive, da autoridade nomeante ou de servidor da mesma pessoa jurídica investido em cargo de direção, chefia ou assessoramento, para o exercício de cargo em comissão ou de confiança, ou, ainda, de função gratificada na respectiva Administração Pública Direta e na Indireta de todos os Poderes locais, também abrangendo ajustes mediante designações recíprocas. Com isso, a dita lei vedou a prática do chamado nepotismo. Em razão de tal norma, o governador do Estado Alfa se recusou a nomear João para o cargo de médico, para o qual este havia sido aprovado em concurso público regularmente realizado, sob o fundamento de o candidato ser filho de deputado estadual.

Diante dessa situação hipotética, responda, fundamentadamente, aos itens a seguir.

A) Considerando que a Lei nº XYZ inovou no ordenamento local, analise se a prática de nepotismo era possível antes de seu advento, à luz do ordenamento vigente. (Valor: 0,70)

B) É válida a conduta do governador de recusar a nomeação de João? (Valor: 0,55)

Item	Pontuação
A) Não. A vedação ao nepotismo não depende de lei ordinária para a sua aplicação, que decorre diretamente dos princípios consagrados na Constituição (0,60), conforme o art. 37, *caput*, da CF/1988 OU a Súmula Vinculante nº 13 do STF (0,10).	0,00/0,60/0,70
B) Não. A vedação ao nepotismo não se aplica à investidura de servidores por efeito de aprovação em regular concurso público (0,45), sob pena de violação ao art. 37, inciso I OU II, da CF/1988 OU à Súmula Vinculante nº 13 do STF (0,10).	0,00/0,45/0,55

(EXAME DE ORDEM XXVII/Questão 3) Determinada organização não governamental, destinada à fiscalização das contas públicas, solicitou informações de certa empresa pública federal, que desenvolve atividades bancárias e de operações financeiras, no sentido de obter cópias de todos os processos administrativos envolvendo os investimentos internacionais a serem realizados no ano corrente. A entidade administrativa em questão deferiu parcialmente o pedido. Por meio de documento escrito, a empresa pública esclareceu o lugar e a forma pelos quais as cópias das informações disponíveis poderiam ser obtidas, mediante pagamento dos custos para a reprodução dos documentos. Registrou, ainda, que não poderia autorizar o acesso a certos dados, sob o fundamento de que estão submetidos a sigilo, na medida em que colocam em risco a condução de negociações ou as relações internacionais do Brasil. Indicou, enfim, a possibilidade de recurso administrativo, bem como prazo e condições para a sua interposição. Diante dessa situação hipotética, na qualidade de advogado(a), responda, fundamentadamente, aos questionamentos a seguir.

A) Existe amparo legal para a cobrança pela reprodução dos documentos solicitados? (Valor: 0,55)

B) É juridicamente cabível o argumento invocado pela empresa pública federal para qualificar parte das informações como sigilosa? Exemplifique. (Valor: 0,70)

Observação: o(a) examinando(a) deve fundamentar as respostas. A mera citação do dispositivo legal não confere pontuação.

Item	Pontuação
A) Sim. O ordenamento jurídico faculta a cobrança pela reprodução de documentos pela entidade consultada, para o ressarcimento dos custos e materiais utilizados (0,45), na forma do art. 12, da Lei nº 12.527/2011 (0,10).	0,00/0,45/0,55
B) Sim. As informações solicitadas pela organização não governamental podem ser consideradas imprescindíveis para a segurança da sociedade e do Estado e, portanto, passíveis de classificação quanto ao sigilo, porque põem em risco a condução de negociações ou as relações internacionais do país (0,60), na forma do art. 23 da Lei nº 12.527/2011 OU art. 5º, inciso XXXIII, da CRFB/1988 (0,10).	0,00/0,60/0,70

4 AGENTES PÚBLICOS

São todas as pessoas, vinculadas ou não ao Estado, que prestam serviço a ele, de forma permanente ou ocasional. Dividem-se em:

a) Agentes políticos: são os que ocupam os cargos principais na estrutura constitucional, em situação de representar a vontade política do Estado (ex.: Presidente da República, deputados, juízes).

b) Agentes administrativos: são os servidores públicos em geral, que podem ser: civis ou militares, bem como temporários.

- Servidores: titularizam cargo e, portanto, estão submetidos ao regime estatutário. Exige concurso público.

- Empregados: titularizam emprego, sujeitos ao regime celetista. Exige concurso público.
- Temporário: art. 37, IX – para determinado tempo, dispensa concurso público e cabe nas hipóteses de excepcional interesse.

c) **Agentes por colaboração**: são particulares que colaboram com o poder público voluntária ou compulsoriamente, ou também por delegação, não são servidores públicos (a exemplo dos tabeliães e cartorários). Equiparam-se a funcionários públicos para fins penais e para responsabilidade por atos de improbidade.

- Modo voluntário: colaboram com o poder público pessoas que, em situação de emergência, assumem funções públicas, passam a ser funcionários de fato ou gestores de negócio.
- Modo compulsório: colaboram pessoas que são requisitadas, como os jurados e mesários eleitorais.
- Por delegação: colaboram pessoas para as quais foram atribuídos serviços públicos, como os concessionários, permissionários e autorizatários.

4.1 AGENTE PÚBLICO DE FATO

Aquele que desempenha atividade pública com base na presunção de legitimidade de sua situação funcional. **Os atos praticados por agentes de fato podem ser convalidados (gerando efeitos a terceiros)**, a fim de se evitarem prejuízos para a Administração ou a terceiros de boa-fé.

Exemplo: Servidor aprovado em concurso público, colocado em exercício de suas atividades funcionais, e que, tempos depois, percebe-se que não foi, formalmente, nomeado, nem assinou o termo de posse. Ainda que ilegítima a investidura, o agente de fato tem direito à percepção de sua remuneração porque agiu de boa-fé e as verbas recebidas têm caráter alimentar, sob pena de enriquecimento sem causa da Administração Pública.

4.2 CARGO PÚBLICO

Conjunto de atribuições e responsabilidades cometidas a um servidor (acessíveis a todos os brasileiros que preencham os requisitos previstos em lei). É criado e extinto por lei (art. 48, inciso X, da CF/1988). **Exceção:** é possível a extinção de cargos públicos por decreto apenas se estiverem vagos (art. 84, inciso VI, *b*, da CF/1988).

4.3 FUNÇÃO PÚBLICA

A expressão função pública compreende: atribuição, encargo, poderes, deveres e direitos atribuídos aos órgãos, aos cargos e também aos agentes públicos.

Observação: **Os cargos são ocupados e as funções exercidas.** Todo cargo implica a existência de função, porém nem toda função implica cargo.

Exemplo: os contratados temporariamente exercem função, mas não têm cargo.

4.4 EMPREGO PÚBLICO

Diz respeito à possibilidade do exercício da função pública por contrato de trabalho regido pela CLT (Consolidação das Leis do Trabalho), ou seja, ocupa emprego público quem, por meio de contratação, sob regência da CLT, exerce a função pública.

Difere-se o emprego público, portanto, do cargo público, pelo fato de ter o primeiro vínculo contratual regulamentado pela CLT e o segundo ter um vínculo estatutário regido pelo Estatuto dos Funcionários Públicos.

4.5 CLASSIFICAÇÃO DOS CARGOS

a) **Cargo em comissão:** aquele ocupado transitoriamente com base no critério de confiança.

b) **Cargo efetivo:** preenchido em caráter definitivo, sem transitoriedade. O seu preenchimento se dá, em regra, por concurso público.

c) **Cargo vitalício:** também preenchido em caráter definitivo, sendo que seu ocupante só pode ser desligado por processo judicial ou por processo administrativo, assegurada a ampla defesa. Exemplo: magistratura, MP.

d) **Cargo de carreira:** aquele que faz parte de um conjunto de cargos com a mesma denominação, escalonados em razão das atribuições e da responsabilidade.

e) **Cargo isolado:** não integra carreira nenhuma.

4.6 PROVIMENTO

Ato que designa uma pessoa para titularizar um cargo público. Pode acontecer das seguintes maneiras:

a) **Inicial:** aquele que independe de relações anteriores do indivíduo com a Administração Pública. Dá-se, em regra, por concurso público, com a exceção do cargo em comissão e a contratação por tempo determinado. É ato complexo, em razão de passar por várias etapas: concurso, nomeação, posse. Só se aperfeiçoa com o efetivo exercício de suas funções.

Requisitos para investidura a serem comprovados na posse (rol não exaustivo):

- nacionalidade brasileira;
- quitação das obrigações militares e eleitorais;
- idade mínima de 18 anos;
- aptidão física e mental;
- gozo dos direitos políticos;
- demais condições do cargo (previstas em lei).

Observação 1: Os requisitos previstos na lei devem atentar aos princípios da proporcionalidade/razoabilidade, que delimitam o exercício do poder discricionário no seu estabelecimento. A exemplo, pode verificar-se o julgado no RE nº 898450, em que o STF decidiu pela inconstitucionalidade da proibição de tatuagens em concursos públicos.

Observação 2: A jurisprudência consolidada do STJ é no sentido de apenas ser legítima a exigência de comprovação de diploma ou habilitação legal para exercício de cargo público no momento da posse (Enunciado nº 266 do STJ).

b) **Derivado**: aquele que se verifica quando ocorre a titularização de um cargo por um indivíduo que já se encontra na estrutura da Administração; não depende de concurso público, é possível concurso interno.

Modalidades de provimento derivado:

- **Horizontal:** não implica elevação, ascensão funcional. Pode se verificar por alguns instrumentos:

I) **readaptação:** passagem de um cargo para outro, sem elevação funcional, compatível com a limitação sofrida pela pessoa.

- Retorno do doente
- Servidor estável
- A pedido ou de ofício
- Cargo compatível
- Falta de vaga – excedente

II) reingresso: provimento derivado, retorno ao serviço ativo do servidor que estava dele desligado, pode ser:

II.a) reintegração – é a recondução do servidor ao mesmo cargo de que fora demitido, com o pagamento integral dos vencimentos e vantagens do tempo em que esteve afastado, uma vez reconhecida a ilegalidade da demissão em decisão judicial ou administrativa:

- Invalidada a demissão
- Recorreu da demissão
- Ajuizou ação judicial
- Ressarcimento dos prejuízos
- Cargo extinto – disponibilidade

II.b) recondução – o servidor estável retorna ao cargo anteriormente ocupado em decorrência de inabilitação em estágio probatório relativo a outro cargo ou de reintegração do anterior ocupante – art. 29 da Lei nº 8.112/1990:

- Cargo de origem
- Servidor estável
- Reprovação em estágio probatório
- Reintegração do anterior ocupante
- Cargo ocupado – disponibilidade

II.c) reversão – ocorre o retorno do inativo (aposentado) ao mesmo cargo ou ao cargo resultante de sua transformação ou simplesmente ao serviço, como excedente (na terminologia da lei), se o antigo cargo estiver provido, quando, por junta médica oficial, forem declarados insubsistentes os motivos da aposentadoria – arts. 25 e 26 da Lei nº 8.112/1990:

- Volta do aposentado por invalidez

- A pedido ou de ofício
- Não pode reverter quem tem mais de 60 anos
- Nova aposentadoria – cinco anos (exceto invalidez)
- Conta tempo para nova aposentadoria

III) aproveitamento: é o retorno obrigatório à atividade do servidor em disponibilidade, em cargo de atribuições e remuneração compatíveis com o anteriormente ocupado – art. 30 da mesma lei.

- Retorno do servidor em disponibilidade
- Cargo compatível
- Servidor não entra em exercício em 30 dias – cassação de disponibilidade

• **Vertical:** passagem de um cargo para outro, implicando ascensão funcional:

I) promoção: passagem de um cargo para outro dentro da mesma carreira.

Conceitos importantes:

a) Disponibilidade: o servidor estável, tendo o cargo declarado extinto ou desnecessário, ficará aguardando seu aproveitamento com remuneração proporcional ao tempo de serviço.

- Extinção do cargo
- Declaração de desnecessidade do cargo
- Servidor estável

Observação: A disponibilidade não tem por finalidade sancionar disciplinarmente servidores públicos.

b) Desinvestidura: de cargo ou emprego.

a) demissão: é a punição por falta grave;

b) exoneração: pode ser:

I) a pedido do interessado

II) de ofício nos cargos em comissão

III) motivada (ex.: durante o estágio probatório, insuficiência de desempenho)

c) dispensa ocorre em relação ao admitido pelo regime da CLT quando não há justa causa.

OBSERVAÇÃO IMPORTANTE: A dispensa do empregado público deverá ser motivada pela Administração, conforme a jurisprudência do STF.

c) Vacância: abertura de um cargo antes preenchido.

Hipóteses:

I) exoneração;

II) demissão;

III) promoção;

IV) transferência;

V) aposentadoria e falecimento.

d) Remoção: é o deslocamento do indivíduo de um cargo para outro, sem ascensão funcional, **dentro do mesmo órgão**.

Remoção	Redistribuição
Deslocamento do servidor	Deslocamento do servidor e do cargo
Entre repartições (com ou sem mudança de sede)	De um quadro de pessoal ou entidade para outro
A pedido ou de ofício	De ofício

Observação: É cabível a remoção, a pedido, para outra localidade, independentemente do interesse da Administração para acompanhamento de cônjuge que tenha sido deslocado no interesse da Administração, como se extrai do art. 36, parágrafo único, inciso III, alínea *a*, da Lei nº 8.112/1990.

4.7 PRINCÍPIO ESPECÍFICO DA ACESSIBILIDADE

Art. 37, I – brasileiros (natos e naturalizados) e estrangeiros, nos termos da lei, com exceção dos cargos privativos de brasileiros natos – art. 12, § 3º. O art. 37, I, é norma de eficácia contida – gera efeitos imediatos e admite lei posterior que restrinja sua eficácia, portanto, enquanto não vier a lei, o acesso para estrangeiros será livre.

- A lei poderá ser: federal, estadual ou municipal.
- No âmbito federal, o art. 5º, § 3º, da Lei nº 8.112/1990, prevê que as universidades e instituições de pesquisa científica e tecnológica federais poderão prover seus cargos com professores, técnicos e cientistas estrangeiros, de acordo com as normas e os procedimentos daquela lei.

4.8 FORMAS DE INGRESSO

a) **Concurso público - regra geral - para:**

- **cargo**: regime estatutário (é o que melhor se adéqua, mas não é o único).
- **emprego**: regime da CLT (não é idêntico ao da iniciativa privada).

- O concurso deverá ser: de provas ou de provas e títulos, de acordo com a natureza e a complexidade do cargo ou emprego. ***Observação:* O exame psicotécnico pode constituir etapa de concurso público**, desde que exista previsão em lei e no respectivo edital, na forma do art. 37, inciso I, da CF/1988 e a Súmula Vinculante nº 44 do STF.
- Sem limite de idade (regra geral) – exceções (deve guardar razoabilidade e proporcionalidade com a natureza do cargo).
- Reserva de vagas para portadores de deficiência.
- Prorrogável até dois anos por igual período (a previsão deve constar no edital).

Importante!

Proteção à maternidade

1) No dia 21 de novembro de 2018, o Plenário do STF reconheceu o direito de candidatas gestantes à remarcação de testes de aptidão física em concursos públicos, independentemente de haver previsão no edital. Os ministros negaram provimento ao Recurso Extraordinário (RE) nº 1058333, no qual o Estado do Paraná questionava acórdão do Tribunal de Justiça local (TJPR) que garantiu o direito à remarcação a uma candidata que não compareceu ao exame físico, que constituía etapa do certame para o cargo de Policial Militar do Estado do Paraná (PMPR), em razão da gravidez de 24 semanas. Assim, foi aprovada a seguinte tese de repercussão geral: "É constitucional a remarcação do teste de aptidão física de candidata que esteja grávida à época de sua realização, independentemente da previsão expressa em edital do concurso público".

2) A Lei nº 13.872, de 17 de setembro de 2019, passou a estabelecer o direito de as mães amamentarem seus filhos durante a realização de concursos públicos na administração pública direta e indireta dos Poderes da União.

Assim, é assegurado à mãe o direito de amamentar seus filhos de até 6 meses de idade durante a realização de provas ou de etapas avaliatórias em concursos públicos na administração pública direta e indireta dos Poderes da União, *mediante prévia solicitação* à instituição organizadora. Esse direito deverá ser expresso no edital do concurso, que estabelecerá prazo para que a mãe manifeste seu interesse em exercê-lo.

Terá o direito a mãe cujo filho tiver até 6 meses de idade no dia da realização de prova ou de etapa avaliatória de concurso público e a prova da idade será feita mediante declaração no ato de inscrição para o concurso e apresentação da respectiva certidão de nascimento durante sua realização.

Deferida a *solicitação*, a mãe deverá, no dia da prova ou da etapa avaliatória, indicar uma pessoa acompanhante que será a responsável pela guarda da criança durante o período necessário e só terá acesso ao local das provas até o horário estabelecido para fechamento dos portões, ficando com a criança em sala reservada para essa finalidade, próxima ao local de aplicação das provas.

A mãe terá o direito de proceder à amamentação, devidamente acompanhada por fiscal, a cada intervalo de duas horas, por até 30 minutos, por filho, sendo que o tempo despendido na amamentação será compensado durante a realização da prova, em igual período.

b) Cargo em comissão: livre nomeação, livre exoneração.

c) Contratação temporária: art. 37, IX – só é possível para fazer frente a uma excepcional situação de emergência. Ex.: pessoal para combate à dengue.

Prazo de validade do concurso: até dois anos, admitida uma prorrogação por igual período.

4.9 ESTABILIDADE

Garantia oferecida ao servidor que lhe assegura a permanência no serviço público atendidas às exigências estabelecidas pela Constituição.

Diferente de vitaliciedade = é a garantia de permanência no cargo, é um acréscimo à estabilidade (ex.: Ministério Público, Magistratura, se adquire após os dois anos de estágio probatório).

4.9.1 Requisitos para se adquirir a estabilidade

a) nomeação em caráter efetivo;

b) o indivíduo deve ter ultrapassado o estágio probatório, **que é de três anos** (exceto para MP e Juiz), em que se comprove:

- disciplina;
- eficiência;
- responsabilidade;
- produtividade;
- assiduidade.

c) aprovação em avaliação especial de desempenho por comissão instituída para essa finalidade.

4.9.2 Perda da estabilidade - art. 41, § 1º

a) em virtude de sentença judicial transitada em julgado;

b) mediante processo administrativo em que lhe seja assegurada a ampla defesa;

c) mediante procedimento de avaliação periódica de desempenho, na forma da lei complementar, assegurada a ampla defesa;

d) por excesso de quadros, conforme previsto no art. 169, § 4º, da CF/1988.

4.10 ACUMULAÇÃO DE CARGOS/EMPREGOS PÚBLICOS

Art. 37, XVI e XVIII, da CF/1988: a regra geral proíbe a acumulação remunerada de cargos, exceto:

a) quando houver compatibilidade de horários;

b) que a acumulação não ultrapasse os subsídios recebidos pelos Ministros do STF;

c) que recaia em uma das seguintes hipóteses:

I) dois cargos de professor;

II) professor com outro técnico científico;

III) dois cargos de profissionais da saúde.

- Há outras situações de legislação específica – ex.: juiz e professor.

OBSERVAÇÃO IMPORTANTE: O STF, ao julgar o ARE nº 1.246.685, em 19 de março de 2020, fixou a seguinte tese de repercussão geral: "As hipóteses excepcionais autorizadoras de acumulação de cargos públicos previstas na Constituição Federal sujeitam-se, unicamente, à existência de compatibilidade de horários, verificada no caso concreto, ainda que haja norma infraconstitucional que limite a jornada semanal". Ou seja, caso o servidor consiga, faticamente, compatibilizar duas jornadas semanais de 40 horas, por exemplo, será lícita a cumulação.

Se for mandato eletivo: ao servidor público da administração direta, autárquica e fundacional, no exercício de mandato eletivo, aplicam-se as seguintes regras:

a) **mandato eletivo federal, estadual e distrital:** ficará afastado do cargo, emprego ou função;

b) **prefeito:** afastado do cargo, emprego ou função, sendo-lhe facultado optar pela remuneração;

c) **vereador:** havendo compatibilidade de horário, perceberá as vantagens de seu cargo, emprego ou função sem prejuízo da remuneração do cargo eletivo; não sendo compatível, aplica-se o artigo anterior.

OBSERVAÇÃO IMPORTANTE 1: O afastamento é computado como tempo serviço, com todos os efeitos, exceto promoção por merecimento.

OBSERVAÇÃO IMPORTANTE 2: O STF, ao julgar os RE nº 602.043 e RE nº 612.975, em abril de 2017, aprovou tese de repercussão geral, fixando que: "Nos casos autorizados, constitucionalmente, de acumulação de cargos, empregos e funções, a incidência do art. 37, inciso XI, da CF, pressupõe consideração de cada um dos vínculos formalizados, afastada a observância do teto remuneratório quanto ao somatório dos ganhos do agente público".

4.11 TEMPO DE SERVIÇO

Tempo integral para aposentadoria e disponibilidade:

- função ou cargo público federal, estadual ou municipal;
- serviço ativo FFAA;
- mandato eletivo anterior;
- tempo de contribuição ao RGPS;
- tempo em que o servidor esteve em disponibilidade ou aposentado, quando se tratar de reversão.

4.12 FÉRIAS

- 12 meses de período aquisitivo.
- Proibido desconto de faltas JUSTIFICADAS.
- Abono constitucional de 1/3.
- Podem ser acumulados até dois períodos.
- Podem ser fracionadas em dois períodos – menor período: 10 dias.
- Perda do direito a férias: mais de 30 faltas não justificadas.

4.13 APOSENTADORIA

O regime próprio de previdência social dos servidores titulares de cargos efetivos terá caráter contributivo e solidário, mediante contribuição do respectivo ente federativo, de servidores ativos, de aposentados e de pensionistas, observados critérios que preservem o equilíbrio financeiro e atuarial.

O servidor abrangido por regime próprio de previdência social será aposentado nas seguintes hipóteses:

- **Aposentadoria por incapacidade permanente para o trabalho**, no cargo em que estiver investido, quando insuscetível de readaptação, hipótese em que será obrigatória a realização de avaliações periódicas para verificação da continuidade das condições que ensejaram a concessão da aposentadoria, na forma de lei do respectivo ente federativo.
- **Aposentadoria compulsória**, com proventos proporcionais ao tempo de contribuição, aos 70 ou 75 anos de idade, na forma de lei complementar. ***Observação:*** A LC nº 152/2015 dispõe sobre a aposentadoria compulsória por idade, com proventos proporcionais no âmbito da União, dos Estados, do Distrito Federal e dos Municípios, dos agentes públicos aos quais se aplica o inciso II do § 1º do art. 40 da CF/1988. Conforme a lei, serão aposentados compulsoriamente, com proventos proporcionais ao tempo de contribuição, aos 75 anos de idade: I – os servidores titulares de cargos efetivos da União, dos Estados, do Distrito Federal e dos Municípios, incluídas suas autarquias e fundações; II – os membros do Poder Judiciário; III – os membros do Ministério Público; IV – os membros das Defensorias Públicas; V – os membros dos Tribunais e dos Conselhos de Contas. A Lei Complementar prevê, ainda, que aos servidores do Serviço Exterior Brasileiro, regidos pela Lei nº 11.440/2006, a aposentadoria compulsória aos 75 anos será aplicada progressivamente à razão de um ano adicional de limite para aposentadoria compulsória ao fim de cada dois anos, a partir da vigência da Lei Complementar, até o limite de 75 anos. Com a reforma da previdência, ocorrida em 2019, o art. 201, § 16, da CF/1988 passou a incluir na hipótese de aposentadoria compulsória também os empregados dos consórcios públicos, das empresas públicas, das sociedades de economia mista e das suas subsidiárias, observado o cumprimento do tempo mínimo de contribuição, ao atingir a idade de 75 anos, na forma estabelecida em lei.
- **Aposentadoria voluntária**, no âmbito da União, aos 62 anos de idade, se mulher, e aos 65 anos de idade, se homem, e, no âmbito

dos Estados, do Distrito Federal e dos Municípios, na idade mínima estabelecida mediante emenda às respectivas Constituições e Leis Orgânicas, observados o tempo de contribuição e os demais requisitos estabelecidos em lei complementar do respectivo ente federativo.

- ***Observações Importantes***
  - Os proventos de aposentadoria e as pensões, por ocasião de sua concessão, não poderão exceder a remuneração do respectivo servidor, no cargo efetivo em que se deu a aposentadoria ou que serviu de referência para a concessão da pensão.
  - É vedada a adoção de requisitos ou critérios diferenciados para concessão de benefícios em regime próprio de previdência social, ressalvadas as seguintes hipóteses, em que, por lei complementar do respectivo ente federativo, poderão ser estabelecidos: a) idade e tempo de contribuição diferenciados para aposentadoria de servidores com deficiência, previamente submetidos a avaliação biopsicossocial realizada por equipe multiprofissional e interdisciplinar; b) idade e tempo de contribuição diferenciados para aposentadoria de ocupantes do cargo de agente penitenciário, de agente socioeducativo ou de policiais (incluídos os da Câmara dos Deputados e do Senado Federal); c) idade e tempo de contribuição diferenciados para aposentadoria de servidores cujas atividades sejam exercidas com efetiva exposição a agentes químicos, físicos e biológicos prejudiciais à saúde, ou associação desses agentes, vedada a caracterização por categoria profissional ou ocupação. Há de se ressaltar também que os ocupantes do cargo de professor terão idade mínima reduzida em cinco anos em relação às idades para a aposentadoria voluntária, desde que comprovem tempo de efetivo exercício das funções de magistério na educação infantil e no ensino fundamental e médio fixado em lei complementar do respectivo ente federativo.
  - Ressalvadas as aposentadorias decorrentes dos cargos acumuláveis na forma desta Constituição, é vedada a percepção de mais de uma aposentadoria à conta de regime próprio de previdência social, aplicando-se outras vedações, regras e condições para a

acumulação de benefícios previdenciários estabelecidas no Regime Geral de Previdência Social.

- É assegurado o reajustamento dos benefícios para preservar-lhes, em caráter permanente, o valor real, conforme critérios estabelecidos em lei.
- O tempo de contribuição federal, estadual, distrital ou municipal será contado para fins de aposentadoria e o tempo de serviço correspondente será contado para fins de disponibilidade.
- A lei não poderá estabelecer qualquer forma de contagem de tempo de contribuição fictício.
- Aplica-se ao agente público ocupante, exclusivamente, de cargo em comissão declarado em lei de livre nomeação e exoneração, de outro cargo temporário, inclusive mandato eletivo, ou de emprego público, o Regime Geral de Previdência Social.
- A União, os Estados, o Distrito Federal e os Municípios instituirão, por lei de iniciativa do respectivo Poder Executivo, regime de previdência complementar para servidores públicos ocupantes de cargo efetivo, observado o limite máximo dos benefícios do Regime Geral de Previdência Social para o valor das aposentadorias e das pensões em regime próprio de previdência social. O regime de previdência complementar oferecerá plano de benefícios somente na modalidade contribuição definida, observará o disposto no art. 202 da CF/1988 e será efetivado por intermédio de entidade fechada de previdência complementar ou de entidade aberta de previdência complementar. Por fim, deve-se dizer que somente mediante sua prévia e expressa opção, o Regime Complementar poderá ser aplicado ao servidor que tiver ingressado no serviço público até a data da publicação do ato de instituição do correspondente regime de previdência complementar.
- Observados os critérios a serem estabelecidos em lei do respectivo ente federativo, o servidor titular de cargo efetivo que tenha completado as exigências para a aposentadoria voluntária e que opte por permanecer em atividade poderá fazer jus a um *abono de permanência* equivalente, no máximo, ao valor da sua contri-

buição previdenciária, até completar a idade para aposentadoria compulsória.

- É vedada a existência de mais de um regime próprio de previdência social e de mais de um órgão ou entidade gestora desse regime em cada ente federativo, abrangidos todos os poderes, órgãos e entidades autárquicas e fundacionais, que serão responsáveis pelo seu financiamento, observados os critérios, os parâmetros e a natureza jurídica definidos em lei complementar da União.

4.14 SISTEMA REMUNERATÓRIO

Sistema de remuneração ou vencimento	compreende uma remuneração fixa e outra variável, composta de diversas vantagens pecuniárias.
Sistema de subsídio	constitui uma parcela única, sem a percepção de outras vantagens.

- Vencimento
  - Básico
- Remuneração
  - Básico + Vantagens
- Subsídio
  - Obrigatório: agentes políticos
  - Facultativo: organizados em carreira
- Proventos
  - Aposentadoria

Observação 1: A Constituição Federal estabelece, no art. 37, X, que a remuneração dos servidores públicos e o subsídio de que trata o § 4º do art. 39 somente poderão ser fixados ou alterados por lei específica. O § 4º do art. 39 prevê que o membro de Poder, o detentor de mandato eletivo, os Ministros de Estado e os Secretários Estaduais e Municipais serão remunerados exclusivamente por subsídio fixado em parcela única, vedado o acréscimo de qualquer gratificação, adicional, abono, prêmio, verba de representação ou outra espécie remuneratória. Desse modo, caso se constate recebimento de subsídio com acréscimo (vedado), é possível que haja redução da percepção de remuneração concedida em desacordo com as normas constitucionais.

Observação 2: Em caso de recebimento de valores indevidos por servidor público, **de boa fé**, deve-se analisar o caso concreto, considerando-se o tempo decorrido para verificar a possibilidade de aplicação do princípio da segurança das relações jurídicas, que, tendo em conta a boa-fé dos servidores e o recebimento do benefício financeiro há longos anos, pode levar à manutenção das verbas em favor dos beneficiários, porquanto já incorporadas ao seu patrimônio. Esta é a previsão contida no art. 54 da Lei do Processo Administrativo Federal:

> Art. 54. O direito da Administração de anular os atos administrativos de que decorram efeitos favoráveis para os destinatários decai em cinco anos, contados da data em que foram praticados, salvo comprovada má-fé.
>
> § 1º No caso de efeitos patrimoniais contínuos, o prazo de decadência contar-se-á da percepção do primeiro pagamento.
>
> § 2º Considera-se exercício do direito de anular qualquer medida de autoridade administrativa que importe impugnação à validade do ato.

Observação 3: É assegurado constitucionalmente ao servidor público civil o direito de greve, que será exercido nos termos de Lei Complementar (no âmbito federal até a presente data a referida LC ainda não foi editada). Assim, o STF, ao julgar Mandados de Injunção (MIs) 670, 708 e 712, em 25-10-2007, determinou a aplicação da Lei Geral de Greve (Lei nº 7.783/1989) até a edição da Lei Complementar. Por conseguinte, ainda que tenha o direito de greve, este deve ser exercido atentando-se aos requisitos legais, principalmente quanto à manutenção dos serviços essenciais (que, caso não atendida, poderá ensejar a ilegalidade da greve e a perda da remuneração dos dias não trabalhados por parte dos servidores). Por fim, destaca-se que a análise da abusividade do direito de greve caberá à Justiça Federal, conforme tese de repercussão geral já fixada pelo STF, em 1º-8-2017, ao julgar o RE nº 846854, no qual assentou-se o entendimento de que "a Justiça comum, Federal e estadual, é competente para julgar a abusividade de greve de servidores públicos celetistas da administração direta, autarquias e fundações públicas". Competência também indiscutível aos servidores estatutários.

4.14.1 Teto constitucional

Assim estabelece o art. 37, XI, da CF/1988:

> XI – a remuneração e o subsídio dos ocupantes de cargos, funções e empregos públicos da administração direta, autárquica e fundacional, dos membros de qualquer dos Poderes da União, dos Estados, do Distrito Federal e dos Municípios, dos detentores de mandato eletivo e dos demais agentes políticos e os proventos, pensões ou outra espécie remuneratória, percebidos cumulativamente ou não, incluídas as vantagens pessoais ou de qualquer outra natureza, não poderão exceder o subsídio mensal, em espécie, dos Ministros do Supremo Tribunal Federal, aplicando-se como limite, nos Municípios, o subsídio do Prefeito, e nos Estados e no Distrito Federal, o subsídio mensal do Governador no âmbito do Poder Executivo, o subsídio dos Deputados Estaduais e Distritais no âmbito do Poder Legislativo e o subsidio dos Desembargadores do Tribunal de Justiça, limitado a noventa inteiros e vinte e cinco centésimos por cento do subsídio mensal, em espécie, dos Ministros do Supremo Tribunal Federal, no âmbito do Poder Judiciário, aplicável este limite aos membros do Ministério Público, aos Procuradores e aos Defensores Públicos.

Todavia, é necessário observar, de modo detalhado, o teto constitucional e compreender a interpretação dada ao dispositivo pelo STF.

a) **teto geral**: nenhum servidor público no Brasil poderá ter remuneração que exceda o subsídio mensal, em espécie, dos Ministros do STF;

b) **tetos específicos**: cada ente da federação possui regras próprias sobre o teto:

b.1) **União**: há apenas o teto geral do subsídio de ministro do STF;

b.2) **Estados e Distrito Federal**: há tetos especiais para cada poder, exceto para o Poder Judiciário:

- **b.2.1) Poder Executivo:** o subsídio mensal do Governador;
- **b.2.2) Poder Legislativo:** o subsídio dos deputados estaduais ou distritais;
- **b.2.3) Poder Judiciário:** (não estão sujeitos ao teto de desembargador do TJ, apenas ao de Ministro do STF, conforme decidido por ocasião do julgamento das ADIs nºs 3.854 e 4.014, em 4 de dezembro de 2020);
- **b.2.4) Ministério Público, Procuradores e Defensores Públicos:** o subsídio dos desembargadores;

b.3) **Municípios**: o teto é o subsídio do prefeito, exceto aos procuradores municipais. O STF fixou, em 28 de fevereiro de 2019, ao julgar o RE 663696, a seguinte tese de repercussão geral: "A expressão 'procuradores' contida na parte final do inciso XI, do art. 37 da Constituição da República compreende os procuradores municipais, uma vez que estes se inserem nas funções essenciais à Justiça, estando, portanto, submetidos ao teto de 90,25% do subsídio mensal em espécie dos ministros do Supremo Tribunal Federal".

O § 12 do art. 37, em relação aos Estados e Distrito Federal, permite que seja feita uma simplificação, constituindo-se um "único" teto remuneratório para os poderes, exceto o Legislativo, caso em que o teto será o subsídio dos desembargadores do respectivo Tribunal de Justiça:

> Para os fins do disposto no inciso XI do *caput* deste artigo, fica facultado aos Estados e ao Distrito Federal fixar, em seu âmbito, **mediante emenda às respectivas Constituições e Lei Orgânica**, como limite único, o subsídio mensal dos Desembargadores do respectivo Tribunal de Justiça, limitado a noventa inteiros e vinte e cinco centésimos por cento do subsídio mensal dos Ministros do Supremo Tribunal Federal, **não se aplicando o disposto neste parágrafo aos subsídios dos Deputados Estaduais e Distritais e dos Vereadores**.

Observação Importante 1: As verbas de caráter indenizatório, previstas em lei, não se submetem ao teto remuneratório, na forma do art. 37, § 11, da CF/1988.

Observação Importante 2: No dia 27 de abril de 2017, o Plenário do STF decidiu que o teto constitucional incide em cada cargo nos casos em que é permitida a acumulação. Por decisão majoritária, o Supremo negou provimento a dois Recursos Extraordinários (REs nº 602043 e nº 612975) em que o Estado do Mato Grosso questionava decisões do Tribunal de Justiça local (TJMT) contrárias à aplicação do teto na remuneração acumulada de dois cargos públicos exercidos pelo mesmo servidor. Os ministros entenderam que deve ser aplicado o teto remuneratório constitucional de forma isolada para cada cargo público acumulado, nas formas autorizadas pela Constituição. Assim, fixou a seguinte tese para efeito de repercussão geral: "Nos casos autorizados, constitucionalmente, de acumulação de cargos, empregos e funções, a incidência do artigo 37, inciso XI, da Constituição Federal, pressupõe consideração de cada um dos vínculos formalizados, afastada a observância do teto remuneratório quanto ao somatório dos ganhos do agente público".

4.15 QUESTÕES DO EIXO TEMÁTICO (OAB 1ª FASE)

(EXAME XXXII/Questão 27) Amadeu, assim que concluiu o ensino médio, inscreveu-se e foi aprovado em concurso público para o cargo de técnico administrativo do quadro permanente de determinado Tribunal Regional Federal, cargo em que alcançou a estabilidade, após o preenchimento dos respectivos requisitos legais. Enquanto estava no exercício das funções desse cargo, Amadeu cursou e concluiu a Faculdade de Direito, razão pela qual decidiu prestar concurso público e foi aprovado para ingressar como advogado de certa sociedade de economia mista federal, que recebe recursos da União para o seu custeio geral. Diante dessa situação hipotética, assinale a afirmativa correta.

A) Amadeu poderá acumular o cargo no Tribunal com o emprego na sociedade de economia mista federal, se houver compatibilidade de horários.

B) A estabilidade já alcançada por Amadeu estende-se à sociedade de economia mista, considerando-se que aquela se consuma no serviço público, e não no cargo.

C) Amadeu, ao ser contratado pela sociedade de economia mista, continua submetido ao teto remuneratório do serviço público federal.

D) Amadeu poderia ser transferido para integrar os quadros da sociedade de economia mista sem a realização de novo concurso público.

(EXAME XXXI/Questão 27) Maria foi contratada, temporariamente, sem a realização de concurso público, para exercer o cargo de professora substituta em entidade autárquica federal, em decorrência do grande número de professores do quadro permanente em gozo de licença. A contratação foi objeto de prorrogação, de modo que Maria permaneceu em exercício por mais três anos, período durante o qual recebeu muitos elogios. Em razão disso, alunos, pais e colegas de trabalho levaram à direção da autarquia o pedido de criação de um cargo em comissão de professora, para que Maria fosse nomeada para ocupá-lo e continuasse a ali lecionar. Avalie a situação hipotética apresentada e, na qualidade de advogado(a), assinale a afirmativa correta.

A) Não é possível a criação de um cargo em comissão de professora, visto que tais cargos destinam-se apenas às funções de direção, chefia e assessoramento.

B) É adequada a criação de um cargo em comissão para que Maria prolongue suas atividades como professora na entidade administrativa, diante do justificado interesse público.

C) Maria tem estabilidade porque exerceu a função de professora por mais de três anos consecutivos, tornando desnecessária a criação de um cargo em comissão para que ela continue como professora na entidade autárquica.

D) Não é necessária a criação de um cargo em comissão para que Maria permaneça exercendo a função de professora, porque a contratação temporária pode ser prorrogada por tempo indeterminado.

(EXAME XXX/Questão 31) José, servidor público federal ocupante exclusivamente de cargo em comissão, foi exonerado, tendo a autoridade competente motivado o ato em reiterado descumprimento da carga horária de trabalho pelo servidor. José obteve, junto ao departamento de recursos humanos, documento oficial com extrato de seu ponto eletrônico, comprovando o regular cumprimento de sua jornada de trabalho. Assim, o servidor buscou assistência jurídica junto a um advogado, que lhe informou corretamente, à luz do ordenamento jurídico, que

A) Não é viável o ajuizamento de ação judicial visando a invalidar o ato de exoneração, eis que o próprio texto constitucional estabelece que cargo em comissão é de livre nomeação e exoneração pela autoridade competente, que não está vinculada ou limitada aos motivos expostos para a prática do ato administrativo.

B) Não é viável o ajuizamento de ação judicial visando a invalidar o ato de exoneração, eis que tal ato é classificado como vinculado, no que tange à liberdade de ação do administrador público, razão pela qual o poder judiciário não pode se imiscuir no controle do mérito administrativo, sob pena de violação à separação dos poderes.

C) É viável o ajuizamento de ação judicial visando a invalidar o ato de exoneração, eis que, apesar de ser dispensável a motivação para o ato administrativo discricionário de exoneração, uma vez expostos os motivos que conduziram à prática do ato, estes passam a vincular a administração pública, em razão da teoria dos motivos determinantes.

D) É viável o ajuizamento de ação judicial visando a invalidar o ato de exoneração, eis que, por se tratar de um ato administrativo vinculado, pode o poder judiciário proceder ao exame do mérito administrativo, a fim de aferir a conveniência e a oportunidade de manutenção do ato, em razão do princípio da inafastabilidade do controle jurisdicional.

(EXAME XXVIII/Questão 31) Os analistas de infraestrutura de determinado Ministério, ocupantes de cargo efetivo, pleiteiam há algum tempo uma completa reestruturação da carreira, com o aumento de cargos e de remunerações. Recentemente, a negociação com o Governo Federal esfriou dado o cenário de crise fiscal severa. Para forçar a retomada das negociações, a categoria profissional decidiu entrar em greve, mantendo em funcionamento apenas os serviços essenciais. Com base na hipótese apresentada, assinale a afirmativa correta.

A) Compete à Justiça Federal – e não à Justiça do Trabalho – julgar a abusividade do direito de greve dos analistas de infraestrutura.

B) A Administração Pública não poderá, em nenhuma hipótese, fazer o desconto dos dias não trabalhados em decorrência do exercício do direito de greve pelos servidores públicos civis.

C) O direito de greve dos servidores públicos civis não está regulamentado em lei, o que impede o exercício de tal direito.

D) O direito de greve é constitucionalmente assegurado a todas as categorias profissionais, incluindo os militares das Forças Armadas, os policiais militares e os bombeiros militares.

(EXAME XXVII/Questão 29) Desde 1980, Jorge é docente em determinada universidade federal, ocupando o cargo efetivo de professor titular na Faculdade de Direito. No início do ano 2000, foi designado para ocupar a chefia de patrimônio da mesma instituição de ensino, cargo comissionado que exerce cumulativamente com o de professor. Mesmo tendo cumprido os requisitos para a aposentadoria voluntária do cargo efetivo, decide permanecer em atividade, até atingir a idade-limite para a aposentadoria compulsória.

Com base na situação narrada, assinale a afirmativa correta.

A) A aposentadoria compulsória, que ocorrerá aos 70 (setenta) anos de idade, só atingirá o cargo de professor. Neste caso, inexistindo impedimentos infraconstitucionais, Jorge poderá continuar exercendo a chefia de patrimônio.

B) A aposentadoria compulsória, que ocorrerá aos 75 (setenta e cinco) anos de idade, só atingirá o cargo de professor. Neste caso, inexistindo impedimentos infraconstitucionais, Jorge poderá continuar exercendo a chefia de patrimônio.

C) Não cabe ao Tribunal de Contas da União apreciar, para fins de registro, a legalidade da(s) aposentadoria(s) compulsória(s) concedida(s), tendo em vista que a atribuição constitucional somente diz respeito às aposentadorias voluntárias ou por invalidez permanente.

D) Cabe ao Tribunal de Contas da União apreciar, para fins de registro, a legalidade das admissões de pessoal, tanto as que envolvem provimento de cargo efetivo quanto as que dizem respeito a provimento de cargo em comissão.

(EXAME XXVI/Questão 32) Maria foi aprovada em concurso para o cargo de analista judiciário do Tribunal Regional Federal da 2ª Região, mas, após ter adquirido a estabilidade, foi demitida sem a observância das normas relativas ao processo administrativo disciplinar. Em razão disso, Maria ajuizou ação anulatória do ato demissional, na qual obteve êxito por meio de decisão jurisdicional transitada em julgado. Nesse interregno, contudo, Alfredo, também regularmente aprovado em concurso e estável, foi promovido e passou a ocupar o cargo que era de Maria.

Sobre a hipótese apresentada, assinale a afirmativa correta.

A) A invalidação do ato demissional de Maria não poderá importar na sua reintegração ao cargo anterior, considerando que está ocupado por Alfredo.

B) Maria, em razão de ter adquirido a estabilidade, independentemente da existência e necessidade do cargo que ocupava, deverá ser posta em disponibilidade.

C) Maria deverá ser readaptada em cargo superior ao que ocupava anteriormente, diante da ilicitude de seu ato demissional.

D) Em decorrência da invalidade do ato demissional, Maria deve ser reintegrada ao cargo que ocupava e Alfredo deverá ser reconduzido para o cargo de origem.

(EXAME XXV/Questão 29) João foi aprovado em concurso público para ocupar um cargo federal. Depois de nomeado, tomou posse e entrou em exercício imediatamente. Porém, em razão da sua baixa produtividade, o órgão ao qual João estava vinculado entendeu que o servidor não satisfez as condições do estágio probatório.

Considerando o Estatuto dos Servidores Públicos Civis da União, à luz do caso narrado, assinale a afirmativa correta.

A) A Administração Pública deve exonerar João, após o devido processo legal, visto que ele não mostrou aptidão e capacidade para o exercício do cargo.

B) A Administração Pública deve demitir João, solução prevista em lei para os casos de inaptidão no estágio probatório.

C) João deve ser redistribuído para outro órgão ou outra entidade do mesmo Poder, a fim de que possa desempenhar suas atribuições em outro local.

D) João deve ser readaptado em cargo de atribuições afins.

(EXAME XXIV/Questão 28) Marcelo é médico do Corpo de Bombeiros Militar do Estado Beta e foi aprovado em concurso público para o cargo de médico civil junto a um determinado hospital da União, que é uma autarquia federal.

A partir do fato apresentado, acerca da acumulação de cargos públicos, assinale a afirmativa correta.

A) Por exercer atividade militar, Marcelo não pode acumular os cargos em comento.

B) Marcelo pode acumular os cargos em questão, pois não existe, no ordenamento pátrio, qualquer vedação à acumulação de cargos ou de empregos públicos em geral.

C) A acumulação de cargos por Marcelo não é viável, sendo cabível somente quando os cargos pertencem ao mesmo ente da Federação.

D) É possível a acumulação de cargos por Marcelo, desde que haja compatibilidade de horários.

(EXAME XXII/Questão 29) O governador do estado Alfa, diante de grave crise financeira que assola as contas estaduais, elaborou numerosos projetos de lei para diminuir os gastos públicos e atender ao disposto na Lei de Responsabilidade Fiscal. Dentre esses projetos encontram-se: i) corte de 25% (vinte e cinco por cento) dos cargos em comissão do Poder Executivo; ii) redução dos subsídios e vencimentos dos servidores públicos estáveis em 10% (dez por cento) de seu valor nominal.

Com relação à constitucionalidade de tais projetos, assinale a afirmativa correta.

A) Os projetos são constitucionais, porque cabe ao Estado zelar por suas finanças, à luz dos princípios aplicáveis à Administração Pública.

B) O projeto que determina o corte de cargos em comissão é inconstitucional, pois resultará na exoneração dos servidores que os ocupam.

C) O projeto que reduz diretamente os subsídios e vencimentos pagos aos servidores públicos é inconstitucional.

D) Os projetos são inconstitucionais, porque há direito adquirido à imutabilidade de regime jurídico dos servidores públicos.

(EXAME XXII/Questão 33) O Município Beta procedeu ao recadastramento de seus servidores efetivos e constatou que 6 (seis) bacharéis em contabilidade exerciam variados cargos na estrutura administrativa, todos providos mediante concurso público. Verificou também que existiam 10 (dez) cargos vagos de auditores fiscais de tributos, decorrentes de aposentadorias havidas nos últimos anos.

O Município, considerando a necessidade de incrementar receitas, editou lei reorganizando sua estrutura funcional de modo a reenquadrar aqueles servidores como auditores fiscais de tributos.

Com base na hipótese apresentada, acerca do provimento de cargo público, assinale a afirmativa correta.

A) A medida é inválida, porque o provimento originário de cargo efetivo em uma determinada carreira exige concurso público específico.

B) A medida é válida, porque os servidores reenquadrados são concursados, configurando-se na espécie mera transformação de cargos, expressamente prevista na CRFB/88.

C) A medida é inválida, porque o provimento de todo e qualquer cargo faz-se exclusivamente mediante concurso público.

D) A medida é válida, porque os servidores reenquadrados são concursados e não há aumento de despesa, uma vez que os cargos preenchidos já existiam.

(EXAME XXI/Questão 34) João foi aprovado em concurso público para o cargo de agente administrativo do Estado Alfa. Após regular investidura, recebeu sua primeira remuneração. Contudo, os valores apontados na folha de pagamento causaram estranheza, considerando que a rubrica de seu vencimento-base se mostrava inferior ao salário mínimo vigente, montante que só era alcançado se considerados os demais valores (adicionais e gratificações) que compunham a sua remuneração total.

Diante dessa situação hipotética, assinale a afirmativa correta.

A) A remuneração de João é constitucional, porque a garantia do salário mínimo não é aplicável aos servidores públicos.

B) A remuneração de João é inconstitucional, porque o seu vencimento-base teria que ser superior ao salário mínimo.

C) A remuneração de João é constitucional, porque a garantia do salário mínimo se refere ao total da remuneração percebida.

D) A remuneração de João é inconstitucional, pois todo servidor público deve receber por subsídio, fixado em parcela única.

(EXAME XXI/Questão 33) O Município Beta verificou grave comprometimento dos serviços de educação das escolas municipais, considerando o grande número de professoras gozando licença-maternidade e de profissionais em licença de saúde, razão pela qual fez editar uma lei que autoriza a contratação de professores, por tempo determinado, sem a realização de concurso, em situações devidamente especificadas na norma local.

Diante dessa situação hipotética, assinale a afirmativa correta.

A) A Constituição da República não autoriza a contratação temporária sem a realização de concurso público.

B) O Município Beta somente poderia se utilizar da contratação temporária para os cargos permanentes de direção, chefia e assessoramento.

C) A contratação temporária, nos termos da lei, é possível, considerando que a situação apresentada caracteriza necessidade temporária de excepcional interesse público.

D) A contratação temporária de servidores, independentemente de previsão legal, é possível.

(EXAME XX – Salvador-BA/Questão 29) Fátima exerce o cargo público de servidora da câmara de vereadores do Município Z. Como servidora municipal, sua remuneração tem um limite remuneratório.

Sobre o caso apresentado, assinale a afirmativa correta.

A) O cargo de Fátima está sujeito ao teto remuneratório correspondente ao subsídio do Prefeito.

B) O cargo de Fátima está sujeito ao limite remuneratório correspondente ao subsídio dos vereadores.

C) O cargo de Fátima não está sujeito ao limite remuneratório, uma vez que pode ser cumulado com o cargo de professor.

D) Enquanto não for editada lei complementar específica, não pode ser aplicado o limite remuneratório aos vencimentos do cargo de Fátima.

(EXAME XX – Salvador-BA/Questão 32) Apolônio foi aprovado em concurso público para o provimento do cargo de auditor fiscal da receita federal, alcançando a sexta colocação na classificação geral. O edital prevê a existência de cinco vagas, a serem preenchidas ao longo do prazo de validade do concurso, que é de dois anos, prorrogável por igual período.Sobre o caso apresentado, assinale a afirmativa correta.

A) Apolônio tem direito subjetivo a ser nomeado para o cargo em questão.

B) A prorrogação do prazo de validade do concurso público é ato discricionário da administração.

C) O prazo de validade estabelecido para o concurso viola os limites estabelecidos na Constituição da República.

D) Caso venha a ser investido no cargo, Apolônio se submeterá ao regime celetista até que se expire o prazo de validade do concurso.

(EXAME XX/Questão 30) Paulo é servidor concursado da Câmara de Vereadores do município Beta há mais de quinze anos. Durante esse tempo, Paulo concluiu cursos de aperfeiçoamento profissional, graduou-se no curso de economia, exerceu cargos em comissão e foi promovido por merecimento. Todos esses fatores contribuíram para majorar sua remuneração.

Considerando a disciplina constitucional a respeito dos servidores públicos, assinale a afirmativa correta.

A) O teto remuneratório aplicável a Paulo, servidor público municipal, corresponde ao subsídio do prefeito do município Beta.

B) O teto remuneratório aplicável a Paulo, servidor público municipal, corresponde ao subsídio pago aos vereadores de Beta.

C) Os acréscimos de caráter remuneratório, pagos a Paulo, como a gratificação por tempo de serviço e a gratificação adicional de qualificação profissional, não se submetem ao teto remuneratório.

D) O teto remuneratório aplicável a Paulo não está sujeito a qualquer limitação, tendo em vista a necessidade de edição de lei complementar para a instituição do teto previsto na CRFB/1988.

(EXAME XIX/Questão 30) Fulano, servidor público federal lotado em órgão da administração pública federal no Estado de São Paulo, contesta ordens do seu chefe imediato, alegando que são proibidas pela legislação. A chefia, indignada com o que entende ser um ato de insubordinação, remove Fulano, contra a sua vontade, para órgão da administração pública federal no Distrito Federal, para exercer as mesmas funções, sendo certo que havia insuficiência de servidores em São Paulo, mas não no Distrito Federal. Considerando as normas de Direito Administrativo, assinale a afirmativa correta.

A) A remoção de Fulano para o Distrito Federal é válida, porque configura ato arbitrário da Administração.

B) Não é cabível a remoção do servidor com finalidades punitivas, por se ter, em tal hipótese, desvio de finalidade.

C) A remoção pode ser feita, uma vez que Fulano não pautou sua conduta com base nos princípios e regras aplicáveis aos servidores públicos.

D) O ato de insubordinação deveria ter sido constatado por meio de regular processo administrativo, ao fim do qual poderia ser aplicada a penalidade de remoção.

(EXAME XV/Questão 30) Em determinado estado da Federação, o Estatuto dos Servidores Públicos, lei ordinária estadual, prevê a realização de concurso interno para a promoção de servidores de nível médio aos cargos de nível superior, desde que preencham todos os requisitos para investidura no cargo, inclusive a obtenção do bacharelado. A partir da situação descrita e tomando como base os requisitos constitucionais para acesso aos cargos públicos, assinale a afirmativa correta.

A) A previsão é inválida, pois só poderia ter sido veiculada por lei complementar.

B) A previsão é válida, pois a disciplina dos servidores públicos compete à legislação de cada ente da Federação.

C) A previsão é inválida, por ofensa à Constituição da República.

D) A previsão é válida, desde que encontre previsão na Constituição do estado.

(EXAME XIV/Questão 31) Manolo, servidor público federal, obteve a concessão de aposentadoria por invalidez após ter sido atestado, por junta médica oficial, o surgimento de doença que o impossibilitava de desenvolver atividades laborativas. Passados dois anos, entretanto, Manolo voltou a ter boas condições de saúde, podendo voltar a trabalhar, o que foi comprovado por junta médica oficial.

Nesse caso, o retorno do servidor às atividades laborativas na Administração, no mesmo cargo anteriormente ocupado, configura exemplo de

A) Reintegração.

B) Reversão.

C) Aproveitamento.

D) Readaptação.

(EXAME XI/Questão 33) Um empregado público de uma sociedade de economia mista ajuizou uma ação para garantir o recebimento de valores acima do teto remuneratório constitucional, que tem como limite máximo os subsídios pagos aos Ministros do STF.

Nesse caso, é correto afirmar que

A) O empregado tem direito a receber acima do teto, pois somente a administração pública direta está sujeita à referida limitação.

B) O empregado não tem direito a receber acima do teto, pois toda a administração direta e indireta está sujeita à referida limitação.

C) O empregado tem direito a receber acima do teto, pois somente a administração pública direta e as autarquias estão sujeitas à referida limitação.

D) O empregado pode receber acima do teto, caso a sociedade de economia mista não receba recursos de nenhum ente federativo para despesas de pessoal ou de custeio em geral.

(EXAME X/Questão 30) Um servidor público foi acusado de corrupção passiva e peculato. Respondeu a processo criminal e foi absolvido por ausência de provas. Diante dessa situação, assinale a afirmativa correta.

A) A Administração Pública, no caso, permanece livre para punir o funcionário, desde que verifique haver desvios na conduta funcional do servidor.

B) A decisão de absolvição do servidor sempre vincula a Administração Pública, que não poderá punir o seu funcionário.

C) A autotutela administrativa permite desconsiderar decisões judiciais contrárias à lei ou às provas dos autos, sendo possível a aplicação de sanções administrativas com cópias extraídas do processo criminal.

D) As decisões da justiça, que punem o servidor por qualquer crime, vinculam o Poder Público, embora as decisões de absolvição nunca impeçam o poder punitivo da Administração.

(EXAME X/Questão 33) As alternativas a seguir apresentam condições que geram vacância de cargo público, à exceção de uma. Assinale-a.

A) Falecimento.

B) Promoção.

C) Aposentadoria.

D) Licença para trato de interesse particular.

(EXAME IX – Ipatinga-MG/Questão 29) Orlando, advogado de uma empresa pública federal há quase 10 anos, resolve prestar concurso público para Fiscal de ISS de um município. Caso seja aprovado, Orlando deverá adotar o seguinte procedimento:

A) Poderá cumular o emprego com o cargo na administração municipal e tal cumulação não estará sujeita ao limite remuneratório constitucional.

B) Poderá cumular o emprego com o cargo na administração municipal, mas tal cumulação estará sujeita ao limite remuneratório constitucional.

C) Não poderá cumular o emprego e o cargo, uma vez que tal cumulação somente seria permitida caso houvesse compatibilidade de horários.

D) Não poderá cumular o emprego e o cargo, mesmo em se tratando de um ente federal e de um município.

(EXAME VI/Questão 27) Luiz Fernando, servidor público estável pertencente aos quadros de uma fundação pública federal, inconformado com a pena de demissão que lhe foi aplicada, ajuizou ação judicial visando à invalidação da decisão administrativa que determinou a perda do seu cargo público. A decisão judicial acolheu a pretensão de Luiz Fernando e invalidou a penalidade disciplinar de demissão. Diante da situação hipotética narrada, Luiz Fernando deverá ser

A) Reintegrado ao cargo anteriormente ocupado, ou no resultante de sua transformação, com ressarcimento de todas as vantagens.

B) Aproveitado no cargo anteriormente ocupado ou em outro cargo de vencimentos e responsabilidades compatíveis com o anterior, sem ressarcimento das vantagens pecuniárias.

C) Readaptado em cargo de atribuições e responsabilidades compatíveis, com ressarcimento de todas as vantagens.

D) Reconduzido ao cargo anteriormente ocupado ou em outro de vencimentos e responsabilidades compatíveis com o anterior, com ressarcimento de todas as vantagens pecuniárias.

(EXAME VI/Questão 29) Joana D'Arc, beneficiária de pensão por morte deixada por ex-fiscal de rendas, falecido em 5/1/1999, ajuizou ação ordinária em face da União, alegando que determinado aumento remuneratório genérico concedido aos fiscais de renda em atividade não lhe teria sido repassado. Assim, isso teria violado a regra constitucional da paridade remuneratória entre ativos, inativos e pensionistas. Acerca de tal alegação, é correto afirmar que é manifestamente

A) Procedente, pois, embora a regra da paridade remuneratória entre ativos, inativos e pensionistas tenha sido revogada pela EC 41/2003, a pensão por morte rege-se pela lei vigente à época do óbito, quando ainda vigia tal regra.

B) Improcedente, pois, nos termos do verbete 339 da Súmula de Jurisprudência do STF, não cabe ao Poder Judiciário, que não tem função legislativa, aumentar vencimentos de servidores públicos sob fundamento de isonomia.

C) Improcedente, pois a regra da paridade remuneratória entre ativos, inativos e pensionistas foi revogada pela EC 41/2003, sendo absolutamente irrelevante o fato de o ex-servidor ter falecido antes da edição da referida emenda.

D) Procedente, pois a CRFB garante o reajustamento da pensão por morte dos benefícios para preservar-lhes, em caráter permanente, o valor real, conforme critérios estabelecidos em lei.

(EXAME V/Questão 31) O art. 37, II, da Constituição da República Federativa do Brasil de 1988, condiciona a investidura em cargo ou emprego público à prévia aprovação em concurso público de provas ou de provas e títulos, ressalvadas as nomeações para os cargos em comissão.

Em relação a concurso público, segundo a atual jurisprudência dos tribunais superiores, é correto afirmar que

A) Os candidatos aprovados em concurso público de provas ou de provas e títulos e classificados entre o número de vagas oferecidas no edital possuem expectativa de direito à nomeação.

B) Os candidatos aprovados em concurso público de provas ou de provas e títulos devem comprovar a habilitação exigida no edital no momento de sua nomeação.

C) O prazo de validade dos concursos públicos poderá ser de até dois anos prorrogáveis uma única vez por qualquer prazo não superior a dois anos, iniciando-se a partir de sua homologação.

D) Os candidatos aprovados em concurso público de provas ou de provas e títulos e classificados dentro do limite de vagas oferecidas no edital possuem direito subjetivo a nomeação dentro do prazo de validade do concurso.

(EXAME 2010.2/Questão 18) Determinada Administração Pública realiza concurso para preenchimento de cargos de detetive, categoria I. Ao final do certame, procede à nomeação e posse de 400 (quatrocentos) aprovados. Os vinte primeiros classificados são desviados de suas funções e passam a exercer as atividades de delegado. Com o transcurso de 4 (quatro) anos, estes vinte agentes postulam a efetivação no cargo.

A partir do fragmento acima, assinale a alternativa correta.

A) Os referidos agentes têm razão, pois investidos irregularmente, estão exercendo as suas atividades há mais de 4 (quatro) anos, a consolidar a situação.

B) É inconstitucional toda modalidade de provimento que propicie ao servidor investir-se, sem prévia aprovação em concurso público destinado ao seu provimento, em cargo que não integra a carreira na qual anteriormente foi investido.

C) Não têm ainda o direito, pois dependem do transcurso do prazo de 15 (quinze) anos para que possam ser tidos como delegados, por usucapião.

D) É inconstitucional esta modalidade de provimento do cargo, pois afronta o princípio do concurso público, porém não podem ter alterado os ganhos vencimentais, sedimentado pelos anos, pelo princípio da irredutibilidade.

(EXAME 2010.3/Questão 2) São considerados agentes públicos todas as pessoas físicas incumbidas, sob remuneração ou não, definitiva ou transitoriamente, do exercício de função ou atividade pública. Assim, é correto afirmar que os notários e registradores são

A) Agentes públicos ocupantes de cargo efetivo e se aposentam aos 70 (setenta) anos de idade.

B) agentes públicos vitalícios, ocupantes de cargo efetivo, e não se aposentam compulsoriamente.

C) Delegatários de serviços públicos aprovados em concurso público.

D) Os notários e registradores são delegatários de serviços públicos, investidos em cargos efetivos após aprovação em concurso.

GABARITO DAS QUESTÕES DO EIXO TEMÁTICO (OAB 1ª Fase)

Questão	Gabarito
EXAME XXXI/Questão 27	A
EXAME XXX/Questão 31	C
EXAME XXVIII/Questão 31	A
EXAME XXVII/Questão 29	B
EXAME XXVI/Questão 32	D
EXAME XXV/Questão 29	A
EXAME XXIV/Questão 28	D

Questão	Gabarito
EXAME XXII/Questão 29	C
EXAME XXII/Questão 33	A
EXAME XXI/Questão 34	C
EXAME XXI/Questão 33	C
EXAME XX – Salvador/BA/Questão 29	A
EXAME XX – Salvador/BA/Questão 32	B
EXAME XX/Questão 30	A
EXAME XIX/Questão 30	B
EXAME XV/Questão 30	C
EXAME XIV/Questão 31	B
EXAME XI/Questão 33	D
EXAME X/Questão 30	A
EXAME X/Questão 33	C
EXAME IX/Questão 29	D
EXAME VI/Questão 27	A
EXAME VI/Questão 29	A
EXAME V/Questão 31	D
EXAME 2010.2/Questão 18	B
EXAME 2010.3/Questão 2	C

4.16 QUESTÕES DO EIXO TEMÁTICO (OAB 2ª FASE)

(EXAME DE ORDEM XV/Questão 2) Maria é filha da servidora pública federal Josefina, aposentada por invalidez em janeiro de 2013. Depois de uma briga com sua genitora, formula denúncia ao órgão federal competente, afirmando que sua mãe, na verdade, está apta para o exercício das funções inerentes ao seu cargo, o que se comprova mediante a verificação de que ela exerce semelhantes funções em um escritório privado desde fevereiro de 2013, quando se recuperou plenamente da doença. Depois de aberto o processo administrativo para fins de verificação de eventual erro na perícia médica e apuração da possibilidade de reversão ao serviço público ativo, o feito é encaminhado novamente ao mesmo médico, que retifica o laudo anterior, opinando pela possibilidade de a servidora ser mantida no serviço ativo, e remete o feito à autoridade superior para decisão. Antes da decisão final, Maria, já reconciliada com Josefina, formula pleito de desistência do processo administrativo, informando que, na verdade, contara inverdades sobre sua mãe e que esta é incapaz para o trabalho, tanto no serviço público quanto na iniciativa privada, juntando laudos médicos diversos, inclusive dos hospitais públicos em que sua mãe foi atendida. Diante de decisão fundamentada que determina o prosseguimento do processo, mesmo com a desistência da requerente, Maria interpõe recurso, argumentando que o processo não pode prosseguir diante da contrariedade da requerente e apontando a nulidade do processo pela participação do mesmo médico responsável pela primeira perícia. Com base no caso apresentado, responda, justificadamente, aos itens a seguir.

A) Foi regular o prosseguimento do processo após a desistência formulada por Maria? (Valor: 0,65)

B) Uma vez que a decisão se baseou no laudo do citado profissional, é procedente o argumento da nulidade do processo pela participação do médico em questão? (Valor: 0,60)

Item	Pontuação
A) Sim, a desistência ou renúncia do interessado, conforme o caso, não prejudica o prosseguimento do processo, se a Administração considerar que o interesse público assim o exige (0,55) (art. 51, § 2º, da Lei nº 9.784/1999) (0,10).	0,0/0,55/0,65
B) Sim, pois é impedido de atuar em processo administrativo o servidor ou autoridade que tenha participado ou venha a participar como perito (0,50) (art. 18, II, da Lei nº 9.784/1999) (0,10).	0,0/0,50/0,60

(EXAME DE ORDEM IX/Questão 1) O Presidente da República, inconformado com o número de servidores públicos na área da saúde que responde a processo administrativo disciplinar, resolve colocar tais servidores em disponibilidade e, para tanto, edita decreto extinguindo os respectivos cargos. Considerando a hipótese apresentada, empregando os argumentos jurídicos apropriados e a fundamentação legal pertinente ao caso, responda aos itens a seguir.

A) A extinção de cargos públicos, por meio de decreto, está juridicamente correta? Justifique. (Valor: 0,60)

B) É juridicamente correta a decisão do Presidente da República de colocar os servidores em disponibilidade? (Valor: 0,35)

C) Durante a disponibilidade, os servidores públicos percebem remuneração? (Valor: 0,30)

Item	Pontuação
A1) Não. A extinção de cargos públicos depende de lei (0,20), na forma do art. 48, inciso X, da CF/1988 (0,30).	0,00/0,20/0,30/0,50
A2) A extinção de cargos públicos por decreto somente seria possível caso os cargos estivessem vagos (art. 84, inciso VI, *b*, CF/1988), o que não ocorre na hipótese apresentada (0,10).	0,00/0,10
B) Não, porque a extinção dos cargos se deu com desvio de finalidade, haja vista que a disponibilidade não é ato de natureza sancionatória (0,35).	0,00/0,35
C) Sim, remuneração proporcional ao tempo de serviço. art. 41, § 3º, da CF/1998 (0,30).	0,00/0,30

(EXAME DE ORDEM IX/Questão 2) João inscreveu-se em concurso público para o provimento de cargo cujo exercício pressupõe a titulação de nível superior completo. Após aprovação na prova de conhecimentos gerais (1ª fase), João foi impedido de realizar as provas de conhecimentos específicos e a prova oral por não ter apresentado o diploma de nível superior logo após a aprovação na 1ª fase do certame, tal como exigido no instrumento convocatório e, em razão disso, eliminado do concurso. Sabendo-se que o edital do concurso foi publicado em 13 de janeiro de 2011 e que a eliminação de João foi divulgada em 17 de maio do mesmo ano, responda, empregando os argumentos jurídicos apropriados e a fundamentação legal pertinente ao caso, aos seguintes quesitos.

A) A impetração de Mandado de Segurança seria via processual adequada para impugnar a eliminação de João do certame? (Valor: 0,55)

B) Qual fundamento poderia ser invocado por João para obter judicialmente o direito de prosseguir no concurso e participar das fases subsequentes? (Valor: 0,70)

Item	Pontuação
A) O examinando deve demonstrar que o prazo para impetração do mandado de segurança é de 120 dias, na forma do art. 23 da Lei nº12.016/2009. (0,55).	0,00/0,55
B) A jurisprudência é pacífica no sentido de que o diploma ou a habilitação legal para exercício de cargo público somente podem ser exigidos na época da posse (0,40). Referência ao Enunciado nº 266 do STJ (0,30).	0,00/0,30/ 0,40/0,70

(EXAME DE ORDEM XI/Questão 3) O Governador do Estado "N", verificando que muitos dos Secretários de seu Estado pediram exoneração por conta da baixa remuneração, expede decreto, criando gratificação por tempo de serviço para os Secretários, de modo que, a cada ano no cargo, o Secretário receberia mais 2%. Dois anos depois, o Ministério Público, por meio de ação própria, aponta a nulidade do Decreto e postula a redução da remuneração aos patamares anteriores. Diante deste caso, responda aos itens a seguir.

A) É juridicamente válida a criação da gratificação? (Valor: 0,85)

B) À luz do princípio da irredutibilidade dos vencimentos, é juridicamente possível a redução do total pago aos Secretários de Estado, como requerido pelo Ministério Público? (Valor 0,55)

Item	Pontuação
A) Não, uma vez que a Constituição Federal estabelece, no art. 37, X, que a remuneração dos servidores públicos e o subsídio de que trata o § 4º do art. 39 somente poderão ser fixados ou alterados por lei específica. Além disso, o § 4º do art. 39 prevê que os Secretários Estaduais serão remunerados exclusivamente por subsídio fixado em parcela única, vedado o acréscimo de qualquer gratificação, adicional, abono, prêmio, verba de representação ou outra espécie remuneratória.	0,85
B) Sim, uma vez que a irredutibilidade não garante a percepção de remuneração concedida em desacordo com as normas constitucionais. Não há direito adquirido contra regra constitucional ou legal.	0,55

(EXAME DE ORDEM XIII/Questão 1) João prestou com sucesso concurso público para uma empresa pública federal e para uma autarquia estadual. Em ambos os casos, entretanto, o concurso público destinava-se à formação de cadastro de reserva, até porque, tanto na autarquia quanto na empresa pública, os quadros de pessoal estão completos. Diante do caso exposto, empregando os argumentos jurídicos apropriados e a fundamentação legal pertinente, responda aos itens a seguir.

A) Para a criação de novas vagas naqueles entes (empresa pública e autarquia), é necessária a edição de lei ou é admitida a criação por outras formas, indistintamente? (Valor: 0,65)

B) O cargo e o emprego pretendidos por João estão alcançados pelo teto remuneratório constitucional? (Valor: 0,60)

Item	Pontuação
A1) Em relação ao cargo público na autarquia estadual, é necessária a edição de lei de iniciativa do Chefe do Poder Executivo (0,25), conforme interpretação do art. 61, § 1º, II, *a*, da CF/1988, aplicável aos Estados pelo princípio da simetria. (0,10)	0,00/0,25/0,35
A2) Em relação ao emprego público na empresa pública federal, não é necessária a edição de lei, pois as entidades de direito privado da Administração Indireta estão excluídas da dicção daquele dispositivo constitucional. (0,30).	0,00/0,30
B1) O cargo público na autarquia estadual submete-se ao teto remuneratório constitucional (0,20), na forma do art. 37, XI, da CF/1988 (0,10).	0,00/0,20/0,30
B2) O emprego na empresa pública federal somente se submete ao teto remuneratório previsto no art. 37, XI, da CF/1988 se a entidade receber recursos da União para pagamento de despesas de pessoal ou de custeio em geral (0,20), na forma do art. 37, § 9º, da CF/1988 (0,10).	0,00/0,20/0,30

(EXAME DE ORDEM XV/Questão 4) João, servidor público federal, ocupante do cargo de agente administrativo, foi aprovado em concurso público para emprego de técnico de informática, em sociedade de economia mista do Estado X. Além disso, João recebeu um convite de emprego para prestar serviços de manutenção de computadores na empresa de Alfredo.Com base no exposto, responda, fundamentadamente, aos itens a seguir.

A) É possível a cumulação do cargo técnico na Administração Federal com o emprego em sociedade de economia mista estadual? E com o emprego na iniciativa privada? (Valor: 0,75)

B) Caso João se aposente do cargo que ocupa na Administração Pública federal, poderá cumular a remuneração do emprego na empresa de Alfredo com os proventos de aposentadoria decorrentes do cargo de agente administrativo? (Valor: 0,50)

Item	Pontuação
A1) Não é possível a cumulação de cargo e emprego público (0,30), conforme vedação do art. 37, XVII, da CF/1988 ou do art. 118, § 1º, da Lei nº 8.112/1990. (0,10)	0,0/0,30/0,40
A2) É possível a cumulação do cargo com um emprego na iniciativa privada, pois não há impedimento constitucional ou legal (0,15), desde que haja compatibilidade de horários. (0,20)	0,0/0,15/0,20/0,35

Item	Pontuação
B) Sim, pois só é vedada a percepção simultânea de proventos de aposentadoria decorrentes do art. 40 da CF/1988 com a remuneração de cargo, emprego ou função pública, (0,40), nos termos do art. 37, § 10, da CF/1988 (0,10).	0,00/0,40/0,50

(EXAME DE ORDEM XVI/Questão 4) A Lei nº XX, de março de 2004, instituiu, para os servidores da autarquia federal ABCD, o adicional de conhecimento e qualificação, um acréscimo remuneratório a ser pago ao servidor que, comprovadamente, realizar curso de aperfeiçoamento profissional. Com esse incentivo, diversos servidores passaram a se inscrever em cursos e seminários e a ter deferido o pagamento do referido adicional, mediante apresentação dos respectivos certificados. Sobre a hipótese, responda aos itens a seguir.

A) A Administração efetuou, desde janeiro de 2006, enquadramento equivocado dos diplomas e certificados apresentados por seus servidores, pagando-lhes, por essa razão, um valor superior ao que lhes seria efetivamente devido. Poderá a Administração, em 2015, rever aqueles atos, reduzindo o valor do adicional pago aos servidores? (Valor: 0,60)

B) Francisco da Silva, servidor da autarquia, vem percebendo, há 6 (seis) anos o referido adicional, com base em um curso que, deliberadamente, não concluiu (fato que passou despercebido pela comissão de avaliação responsável, levada a erro por uma declaração falsa assinada pelo servidor). A Administração, percebendo o erro, poderá cobrar do servidor a devolução de todas as parcelas pagas de forma errada? (Valor: 0,65)

Item	Pontuação
A) Não, pois decai em cinco anos o direito da Administração de anular os atos administrativos de que decorram efeitos favoráveis para os destinatários (0,50), conforme o art. 54 da Lei nº 9.784/1999 (0,10).	0,00/0,50/0,60
B) Sim, pois Francisco da Silva, que não concluiu o curso e, mesmo assim, apresentou declaração a fim de receber o referido adicional, agiu de má-fé, e não está protegido pela fluência do prazo decadencial (0,55), previsto no art. 54 da Lei nº 9.784/1999 (0,10).	0,00/0,55/0,65

(EXAME DE ORDEM XVII/Questão 4) A Assembleia Legislativa do Estado X aprovou projeto de lei que estabeleceu um aumento de 9,23%

(nove vírgula vinte e três por cento) para os servidores de nível superior do Poder Judiciário. Após alguns dias de paralisação e ameaça de greve por parte dos servidores públicos estaduais, o Governador do Estado X editou o Decreto nº 1.234, por meio do qual concedeu, aos servidores de nível superior do Poder Executivo, o mesmo aumento e garantiu que, para os próximos anos, eles receberiam o mesmo percentual de reajuste anual concedido aos servidores do Poder Judiciário. Com base na hipótese sugerida, responda, fundamentadamente, aos itens a seguir.

A) É possível a extensão, aos servidores do Poder Executivo, do mesmo aumento e dos mesmos percentuais de reajuste concedidos aos servidores do Poder Judiciário, por meio de Decreto Estadual? (Valor: 0,75)

B) É possível a extensão, mediante decisão judicial, do mesmo percentual de aumento aos servidores de nível médio do Poder Judiciário excluídos do alcance da lei recentemente aprovada? (Valor: 0,50)

Item	Pontuação
A) Não. A remuneração dos servidores públicos é fixada ou alterada por lei específica (0,40), conforme o art. 37, inciso X, da CF/1988 (0,10). É vedada a vinculação ou equiparação de quaisquer espécies remuneratórias para o efeito de remuneração de pessoal do serviço público (0,15) constante no inciso XIII do mesmo artigo (0,10).	0,00/0,15/0,25/0,40/ 0,50/0,55/0,65/0,75
B) Não cabe ao Poder Judiciário, que não tem função legislativa, aumentar vencimentos de servidores públicos sob o fundamento de isonomia, sob pena de violação à separação de poderes (0,40) (Súmula nº 339 ou Súmula Vinculante nº 37 do STF) (0,10).	0,00/0,40/0,50

(EXAME DE ORDEM XVIII/Questão 3) Tício é servidor público federal há 6 (seis) anos, e durante todo esse tempo sempre teve comportamento exemplar. Um dia, ao ser comunicado, pelo seu chefe imediato, que não poderia gozar férias no mês de dezembro, uma vez que dois colegas já estariam de férias no mesmo período, Tício exigiu que fosse aberta uma exceção, por ele ser o servidor mais antigo. Como a resposta foi negativa, Tício tornou-se agressivo, e, gritando palavrões, passou a ofender seu chefe até, finalmente, agredir com um soco um dos colegas servidores que presenciava a cena. Com base no caso narrado, responda, fundamentadamente, aos itens a seguir.

A) Considerando que Tício não apresentou anteriormente qualquer problema, é possível a aplicação da penalidade de demissão pelo caso relatado? (Valor: 0,65)

B) Considerando que o ato foi presenciado por diversas testemunhas e pelo próprio chefe imediato de Tício, é possível dispensar a instauração de processo administrativo disciplinar, instaurando-se apenas a sindicância? (Valor: 0,60)

Item	Pontuação
A) Sim. É possível aplicar ao servidor a penalidade de demissão nos casos de insubordinação grave e de ofensa física em serviço (0,55), nos termos do art. 132, incisos VI ou VII, da Lei nº 8.112/1990 OU art. 5º, parágrafo único, incisos II ou III, da Lei nº 8.027/1990 (0,10)	0,00/0,55/0,65
B) Não, porque nos casos de aplicação da penalidade de demissão, será obrigatória a instauração de processo disciplinar (0,50), nos termos do art. 146 da Lei nº 8.112/1990 (0,10).	0,00/0,50/0,60

(EXAME DE ORDEM XX/Questão 3) José Maria, aprovado em concurso público para o cargo de Auditor Fiscal do Ministério da Fazenda, foi convocado a apresentar toda a sua documentação e os exames médicos necessários até o dia 13 de julho. Após a entrega dos documentos, José Maria foi colocado em treinamento, e, passadas duas semanas, iniciou o exercício de suas atividades funcionais, que consistiam no processamento de pedidos de parcelamento de débitos tributários. Ocorre que, meses depois, a Administração percebeu que José Maria não havia, formalmente, sido nomeado e nem assinado o termo de posse.Responda, fundamentadamente, aos itens a seguir.

A) Os atos praticados por José Maria podem gerar efeitos em relação a terceiros? (Valor: 0,75)

B) A Administração pode exigir de José Maria a devolução dos valores por ele percebidos ao longo do tempo em que não esteve regularmente investido? (Valor: 0,50)

Item	Pontuação
A) Sim, pois José Maria é agente de fato, isto é, aquele que desempenha atividade pública com base na presunção de legitimidade de sua situação funcional, razão pela qual os seus atos podem ser convalidados. (0,75).	0,00/0,75

Item	Pontuação
B) Não. O agente tem direito à remuneração porque agiu de boa-fé (0,25) e as verbas recebidas tinham caráter alimentar (0,10), sob pena de enriquecimento sem causa da Administração Pública (0,15).	0,00/0,10/0,15/ 0,25/0,35/0,40/ 0,50

(EXAME DE ORDEM XX/Questão 4) Certo estado da Federação fez editar lei que determina a divulgação, por meio de sítios eletrônicos, da remuneração de seu quadro de pessoal, incluindo informações sobre nome, matrícula e montante bruto do total da remuneração de cada servidor. Cumprido o comando normativo, observou-se que o montante total bruto percebido por alguns servidores era superior ao teto remuneratório estipulado na Constituição. Como assessor jurídico da Secretaria de Estado de Administração, responda aos seguintes itens.

A) A lei em questão viola o direito à privacidade e à intimidade dos servidores? Fundamente sua resposta. (Valor: 0,75)

B) Existe verba que não esteja submetida ao teto remuneratório e possa validamente justificar a percepção de remuneração em valor acima do limite determinado pela Constituição? (Valor: 0,50)

Item	Pontuação
A) Não. Informações sobre agentes atuando nessa qualidade são de interesse público e, por isso, devem ser divulgadas, em atenção ao princípio da publicidade (0,65), segundo o art. 5º, inciso XXXIII OU art. 37, *caput*, da CF/1988 (0,10).	0,00/0,65/0,75
B) Sim. Excluem-se do teto remuneratório as verbas de caráter indenizatório, previstas em lei (0,40), na forma do art. 37, § 11, da CF/1988 (0,10).	0,0/0,40/0,50

(EXAME DE ORDEM XXII/Questão 2) José prestou concurso público federal mediante a realização de provas e de exame psicotécnico, etapa integrante do certame e previsto na legislação. Ele logrou aprovação e foi regularmente investido na vaga existente no Estado Alfa. Sua esposa, Maria, já é servidora federal estável lotada no mesmo Estado. Logo após a nomeação de José, ela foi removida para o Estado Beta, no extremo oposto do país, onde terá que passar a residir, no interesse da Administração. Diante dessa situação hipotética, responda aos itens a seguir.

A) José poderia ser submetido à realização de exame psicotécnico como etapa de concurso público, ciente de que o cargo exige equilíbrio emocional? (Valor: 0,50)

B) José tem direito de ser removido para outro cargo, no âmbito do mesmo quadro funcional, para o Estado Beta, com o fim de se juntar a Maria? (Valor: 0,75)

Item	Pontuação
A) Sim. O exame psicotécnico pode constituir etapa de concurso público, desde que exista previsão em lei (0,40), na forma do art. 37, inciso I, da CF/1988 OU da Súmula Vinculante nº 44 do STF OU Súmula nº 686 do STF (0,10).	0,00/0,40/0,50
B) Sim, porque é cabível a remoção, a pedido, para outra localidade para acompanhamento de cônjuge que tenha sido deslocado no interesse da Administração (0,65), consoante o art. 36, parágrafo único, inciso III, alínea *a*, da Lei nº 8.112/1990 (0,10).	0,00/0,65/0,75

(EXAME DE ORDEM UNIFICADO/EXAME 2010.2/Questão 3) A Administração de certo estado da federação abre concurso para preenchimento de 100 (cem) cargos de professores, conforme constante do Edital. Após as provas e as impugnações, vindo todos os incidentes a ser resolvidos, dá-se a classificação final, com sua homologação.

Trinta dias após a referida homologação, a Administração nomeia os 10 (dez) primeiros aprovados, e contrata, temporariamente, 90 (noventa) candidatos aprovados.

Teriam os noventa candidatos aprovados, em observância à ordem classificatória, direito subjetivo à nomeação?

Item	Pontuação
Os pressupostos da abertura do concurso (necessidade de preenchimento das vagas e disponibilidade financeira para remuneração desses cargos).	0/0,1/0,2/ 0,3
Vinculação da Administração a tais pressupostos.	0/0,2/0,4
Necessidade de ato motivado para explicar os fatos que eliminaram o interesse público para a nomeação.	0/0,3

(EXAME DE ORDEM XXIV/Questão 3) Maria da Silva, médica, inscreveu-se no concurso de perito do Instituto Nacional do Seguro Social (INSS) e foi aprovada. Após ser nomeada, tomou posse e, logo em seguida, entrou em exercício. Quatro anos depois, Maria foi diagnosticada com glaucoma e, em decorrência disso, infelizmente, perdeu a visão de um dos olhos.

Passados alguns anos, o Tribunal Regional do Trabalho (TRT) abriu concurso para o cargo de médico. Maria solicitou inscrição para as vagas reservadas a candidatos com deficiência. Para comprovar sua condição, enviou à comissão do concurso laudo médico. A solicitação foi indeferida, sob a justificativa de que o portador de visão monocular não tem direito de concorrer às vagas reservadas aos deficientes.

Na qualidade de advogado(a) consultado(a), responda aos itens a seguir.

A) Maria pode acumular o cargo de perito do INSS com o de médico do TRT? (Valor: 0,65)

B) A decisão que indeferiu o pedido de Maria para concorrer às vagas reservadas a candidatos com deficiência é lícita? (Valor: 0,60)

Observação: o(a) examinando(a) deve fundamentar as respostas. A mera citação do dispositivo legal não confere pontuação.

Item	Pontuação
A) Sim. Por se tratar de profissionais da área da saúde, a acumulação de cargos é lícita, desde que haja compatibilidade de horários (0,55), conforme previsão constante do art. 37, inciso XVI, alínea *c*, da CF/1988 (0,10).	0,00/0,55/0,65
B) Não. O portador de visão monocular tem direito de concorrer, em concurso público, às vagas reservadas aos deficientes (0,50), conforme Súmula nº 377 do STJ (0,10).	0,00/0,50/0,60

(EXAME DE ORDEM XXVIII/Questão 1) Márcio, estudante de engenharia civil, em razão dos elevados índices de desemprego e da dificuldade de conseguir um estágio, resolveu iniciar os estudos para ingressar no serviço público. Faltando exatamente seis meses para concluir a faculdade, o Tribunal Regional Federal da 1ª Região publica edital de concurso para provimento do cargo efetivo de engenheiro civil. O estudante inscreve-se no certame e é aprovado. Dois meses depois da colação de grau, Márcio é surpreendido com sua nomeação. Na qualidade de advogado(a) consultado(a), responda aos itens a seguir.

A) O fato de Márcio ter feito a inscrição no concurso quando ainda não preenchia os requisitos do cargo torna sem efeito sua posterior nomeação? (Valor: 0,65)

B) Márcio, seis meses depois da posse, recebe uma proposta para trabalhar em uma grande construtora brasileira. Para não se desvincular do serviço público, ele pode obter licença para tratar de interesses particulares pelo prazo de dois anos? (Valor: 0,60)

Observação: o(a) examinando(a) deve fundamentar as respostas. A mera citação do dispositivo legal não confere pontuação.

Item	Pontuação
A) Não. As condições para o exercício do cargo devem ser exigidas na posse e não na inscrição para o concurso público (0,55), conforme dispõe a Súmula nº 266 do STJ (0,10).	0,00/0,55/0,65
B) Não, pois tal licença só pode ser concedida ao servidor que não esteja em estágio probatório (0,50), conforme disposto no art. 91 da Lei nº 8.112/90 (0,10).	0,00/0,50/0,60

(EXAME DE ORDEM XXIX/Questão 1) Diante de rebelião instaurada em unidade prisional federal, que contou com a conivência de servidores públicos, a autoridade competente, ao final de apuração em processo administrativo disciplinar, aplicou a disponibilidade como sanção aos agentes penitenciários envolvidos no evento, dentre os quais estava André. Em razão disso, André procura você para, na qualidade de advogado(a), esclarecer, fundamentadamente, os questionamentos a seguir.

A) A autoridade competente poderia ter aplicado a disponibilidade como sanção a André? (Valor: 0,60)

B) Existe desvio de finalidade na aplicação da sanção descrita? (Valor: 0,65)

Observação: o(a) examinando(a) deve fundamentar suas respostas. A mera citação do dispositivo legal não confere pontuação.

Item	Pontuação
A) Não. A disponibilidade somente se aplica nas hipóteses de extinção do cargo ou declaração da sua desnecessidade (0,50), segundo o art. 41, § 3º, da CF/1988 (0,10) OU Não. A disponibilidade não consta entre as penalidades disciplinares (0,50), segundo o art. 127 da Lei nº 8.112/1990 (0,10).	0,00/0,50/0,60
B) Sim. Há desvio de finalidade, dado que a disponibilidade foi utilizada para alcançar fim diverso daquele previsto na lei (0,55), consoante define o art. 2º da Lei nº 4.717/1965 OU art. 2º, *caput*, da Lei nº 9.784/1999 (0,10).	0,00/0,55/0,65

(EXAME DE ORDEM XXXII/Questão 1) Roberto é servidor do Poder Executivo Federal há dezessete anos. Infelizmente envolveu-se em um acidente automobilístico que o deixou com severas limitações cognitivas e motoras. Em razão disso, foi aposentado por invalidez. Dois anos depois, após um intenso trabalho de reabilitação, Roberto recuperou seus movimentos e também a consciência. Na qualidade de advogado(a) consultado(a), responda aos itens a seguir.

A) Supondo que Roberto tivesse direito ao auxílio-alimentação enquanto estava na ativa, ao ingressar na inatividade, ele mantém esse direito? (Valor: 0,65)

B) Ao recuperar os movimentos e a capacidade cognitiva, é cabível, segundo a legislação federal, o retorno de Roberto à atividade antes desempenhada? (Valor: 0,60)

Item	Pontuação
A) Não. O direito ao auxílio alimentação é exclusivo dos servidores ativos, de forma que, ao passar para a inatividade, ele perde tal direito (0,55), em conformidade com a Súmula Vinculante nº 55 do STF ou o art. 49, § 1º, da Lei nº 8.112/1990 (0,10).	0,00/0,55/0,65
B) Sim. Trata-se do instituto da reversão (0,30). Se uma junta médica oficial declarar insubsistentes os motivos da aposentadoria, Roberto retornará à atividade no mesmo cargo (0,20), segundo o art. 25, I, da Lei nº 8.112/1990 (0,10).	0,00/0,20/0,30/ 0,40/0,50/0,60

(EXAME DE ORDEM XXXIII/Questão 3) Ana foi aprovada em concurso público para o provimento do cargo administrativo de técnico de ensino médio, em âmbito federal, no qual veio a adquirir estabilidade em 2012. Ocorre que Ana decidiu investir em outra área de formação e, após obter o diploma de economia, prestou concurso público para o cargo de analista em outra carreira federal, que tinha o grau de instrução de ensino superior, como requisito. Foi aprovada e convocada no ano corrente (2021), sendo certo que este segundo cargo não é acumulável com aquele que a servidora ocupava anteriormente. Ana, como é recém-formada em economia, receia vir a ser inabilitada no estágio probatório para o novo cargo, razão pela qual consulta você para, na qualidade de advogado, responder, fundamentadamente, aos questionamentos a seguir.

A) Caso o receio de Ana venha a concretizar-se, qual é a providência que deve ser adotada, com o fim de resguardar a possibilidade de eventual retorno ao cargo anterior? Sendo tal possível, qual será o provimento adequado para tanto? Justifique. (Valor: 0,65)

B) A investidura por concurso e o efetivo exercício do estágio probatório por três anos bastam para que Ana adquira estabilidade no cargo de analista? Justifique. (Valor: 0,60)

Item	Pontuação
A) Ana deveria pleitear a declaração de vacância no cargo federal de nível médio em que é estável, para resguardar eventual possibilidade de retorno, na forma do art. 33, VIII, da Lei nº 8.112/1990, sendo certo que a forma de provimento do cargo público adequada é a recondução, consoante disposto no art. 29, I, da Lei nº 8.112/1990.	0,00/0,65
B) Não. A investidura por concurso e o efetivo exercício, pelo prazo de três anos, do estágio probatório não são suficientes, porque a avaliação especial de desempenho, por comissão instituída para essa finalidade, é condição para a aquisição da estabilidade, nos termos do art. 41, § 4º, da CRFB/1988 ou do art. 20, § 1º, da Lei nº 8.112/1990.	0,00/0,60

5 | PROCESSO ADMINISTRATIVO

É a sequência da documentação e das providências necessárias para a obtenção de determinado ato final, podendo ser instaurado de ofício pela Administração ou a requerimento do interessado (há contraditório).

5.1 PROCEDIMENTO ADMINISTRATIVO

É o modo pelo qual o processo anda, ou a maneira pela qual se desencadearam os seus atos – é o rito.

5.2 FINALIDADES DO PROCESSO ADMINISTRATIVO

a) **Garantia** (garantia jurídica dos interessados – particulares e servidores, uma vez que tutela seus direitos, os quais poderão ser afetados).

b) **Subsidiar a tomada de decisão administrativa** (ampliam-se os pressupostos objetivos da tomada de decisão – o interessado é ouvido, apresentam-se informações, argumentos e provas).

c) **Legitimação do poder** (a imperatividade, atributo do poder administrativo, encontra paridade e imparcialidade no processo, com as garantias processuais ao interessado).

d) **Sistematização da atuação administrativa** (organização racional da edição de muitos atos administrativos).

5.3 ESPÉCIES DE PROCESSO ADMINISTRATIVO

a) Vinculado: quando existe lei determinando a sequência dos atos, ex.: licitação.

b) Discricionário: ou livre, nos casos em que não há previsão legal de rito, seguindo apenas a praxe administrativa.

5.4 TIPOS DE PROCESSO ADMINISTRATIVO

a) Mero expediente.

b) Internos – são os processos que envolvem assuntos da própria Administração.

c) Externos – são os que abrangem os administrados.

d) De interesse público – são os que interessam à coletividade.

e) De interesse particular – são os que interessam a uma pessoa.

Podem ser:

a) processos administrativos litigiosos (em que há controvérsias ou conflitos de interesses):

- **Processos Administrativos de Gestão:** licitações, concursos públicos;
- **Processos Administrativos de Outorga:** licenciamento de atividades e exercícios de direitos, licenciamento ambiental, registro de marcas e patentes;
- **Processos Administrativos de Verificação ou Controle:** prestação de contas;
- **Processos Administrativos de Revisão:** recursos administrativos, reclamações, impugnação de lançamento.

b) processos administrativos acusatórios:

- **Interno:** processo administrativo disciplinar de servidores públicos, alunos de escolas públicas.
- **Externo:** processo administrativo para aplicação de sanção decorrente de inexecução contratual, infrações decorrentes do poder de polícia.

5.5 PRINCÍPIOS DO PROCESSO ADMINISTRATIVO

a) Legalidade objetiva – apoiar-se em norma legal específica (o STJ tem entendimento de que, em nome do princípio da segurança jurídica, na ausência de lei local sobre processo administrativo, Estados e Municípios devem aplicar a Lei nº 9.784/1999 – Súmula nº 633).

b) Oficialidade (impulsionado pela administração).

c) Informalismo (informalidade ou formalismo moderado).

d) Verdade real (deve ser materializada – *não existe verdade sabida!*).

e) Ampla defesa (defesa prévia, solicitação de produção de provas, acompanhamento e considerações a respeito, alegações finais – memoriais, interposição de recurso, defesa técnica – não é obrigatória! – Súmula Vinculante nº 5 do STF).

f) Contraditório (informação geral, oitiva e audiência das partes, motivação).

g) Publicidade.

h) Motivação.

i) Razoabilidade.

j) Proporcionalidade.

k) Razoável duração do processo.

Definições:

a) **órgão** - a unidade de atuação integrante da estrutura da Administração direta e da estrutura da Administração indireta;

b) **entidade** - a unidade de atuação dotada de personalidade jurídica;

c) **autoridade** - o servidor ou agente público dotado de poder de decisão.

d) **Interessado** - pessoas físicas ou jurídicas que o iniciem como titulares de direitos ou interesses individuais ou no exercício do direito de representação; aqueles que, sem terem iniciado o processo, têm direitos ou interesses que possam ser afetados pela decisão a ser adotada; as organizações e associações representativas, no tocante a direitos e interesses coletivos; e as pessoas ou as associações legalmente constituídas quanto a direitos ou interesses difusos.

* **Litigante:** o termo se aplica sempre que houver uma situação de controvérsia entre si, com interesses divergentes, ante uma decisão que deva ser tomada pela Administração. Ex.: nas licitações, nos concursos públicos etc.

** **Acusado:** o termo é empregado para designar pessoas físicas ou jurídicas às quais a Administração atribui determinadas atuações, de que decorrerão consequências punitivas.

Observação: A desistência ou renúncia do interessado não prejudica o prosseguimento do processo se a Administração considerar que o interesse público assim o exige (art. 51, § 2º, da Lei nº 9.784/1999).

5.6 COMPETÊNCIA PARA OS ATOS DO PROCESSO

A competência é irrenunciável e se exerce pelos órgãos administrativos a que foi atribuída como própria, salvo os casos de delegação e avocação legalmente admitidos.

Observação: Um órgão administrativo e seu titular poderão, se não houver impedimento legal, delegar parte da sua competência a outros órgãos ou titulares, ainda que estes não lhe sejam hierarquicamente subordinados, quando for conveniente, em razão de circunstâncias de índole técnica, social, econômica, jurídica ou territorial (inclusive os órgãos colegiados, os quais poderão aplicar a delegação de competência aos respectivos presidentes). Essa delegação deve ser, sempre, publicada e poderá ser revogada a qualquer tempo (também devidamente publicada).

Exceção:

Não podem ser objeto de delegação:

a) a edição de atos de caráter normativo;

b) a decisão de recursos administrativos;

c) as matérias de competência exclusiva do órgão ou autoridade.

Sendo a competência irrenunciável, a Administração tem o dever de, explicitamente, emitir decisão nos processos administrativos e sobre solicitações ou reclamações, em matéria de sua competência, nos termos do art. 48 da Lei nº 9.784/1999.

Assim, estabelece o art. 49 dessa Lei que, concluída a instrução de processo administrativo, a Administração tem o prazo de até 30 (trinta) dias para decidir, salvo prorrogação por igual período expressamente motivada.

Ainda no que tange à decisão administrativa, a Lei nº 14. 210/2021 alterou a Lei nº 9.784/1999, instituindo a "decisão coordenada", nos arts. 49-A e seguintes.

Desse modo, as decisões administrativas que exijam a participação de três ou mais setores, órgãos ou entidades poderão ser tomadas mediante decisão coordenada, sempre que for justificável pela relevância da matéria e houver discordância que prejudique a celeridade do processo administrativo decisório.

A decisão coordenada possui natureza interinstitucional ou intersetorial, tomada de forma compartilhada com a finalidade de simplificar o processo administrativo, mediante participação concomitante de todas as autoridades e agentes decisórios e dos responsáveis pela instrução técnico-jurídica, observada a natureza do objeto e a compatibilidade do procedimento e de sua formalização com a legislação pertinente.

Agora, além de obedecer aos princípios da legalidade, da eficiência e da transparência, com utilização, sempre que necessário, da simplificação do procedimento e da concentração das instâncias decisórias, a decisão coordenada não exclui a responsabilidade originária de cada órgão ou autoridade envolvida e não se aplica aos processos administrativos de licitação, relacionados ao poder sancionador ou em que estejam envolvidas autoridades de Poderes distintos.

5.7 IMPEDIMENTOS E SUSPEIÇÕES

A autoridade ou servidor que incorrer em impedimento deve comunicar o fato à autoridade competente, abstendo-se de atuar, sendo que a omissão do dever de comunicar o impedimento constitui falta grave, para efeitos disciplinares.

É impedido de atuar em processo administrativo o servidor ou a autoridade que:

a) tenha interesse direto ou indireto na matéria;

b) tenha participado ou venha a participar como perito, testemunha ou representante, ou se tais situações ocorrem quanto ao cônjuge, companheiro ou parente e afins até o terceiro grau;

c) esteja litigando judicial ou administrativamente com o interessado ou o respectivo cônjuge ou companheiro.

Pode ser arguida a suspeição de autoridade ou servidor que tenha amizade íntima ou inimizade notória com algum dos interessados ou com os respectivos cônjuges, companheiros, parentes e afins até o terceiro grau.

Observação: O indeferimento de alegação de suspeição poderá ser objeto de recurso, sem efeito suspensivo.

5.8 FASES DO PROCESSO ADMINISTRATIVO

Cada fase do processo administrativo representa um conjunto de atos e procedimentos, sendo que a nomenclatura é variável na doutrina.

a) Instauração – ato da própria administração ou por requerimento de interessado.

b) Instrução.

c) Defesa.

d) Relatório.

e) Decisão.

f) Pedido de reconsideração – se tiver novos argumentos.

g) Recurso administrativo – para autoridade hierarquicamente superior, todos têm efeitos devolutivo, podendo ter ou não efeito suspensivo – se houver disposição legal ou for atribuído este efeito pelo administrador. Ademais, não será exigida caução para a sua interposição, conforme determinado na Súmula Vinculante nº 21.

h) Revisão (os processos administrativos **de que resultem sanções** poderão ser revistos, a qualquer tempo, a pedido ou de ofício, quando surgirem fatos novos ou circunstâncias relevantes suscetíveis de justificar a inadequação da sanção aplicada – da revisão do processo não poderá resultar agravamento da sanção – proibição da *reformatio in pejus* na **REVISÃO**).

Observação: Na esfera administrativa não existe coisa julgada, podendo sempre ser intentada ação judicial, mesmo após uma decisão administrativa – art. 5º, XXXV.

5.9 DA SINDICÂNCIA E DO PROCESSO ADMINISTRATIVO DISCIPLINAR

Aplicação principal: Lei nº 8.112/1990 (aplicação subsidiária: Lei nº 9.784/1999).

A autoridade que tiver ciência de irregularidade no serviço público é obrigada a promover a sua apuração imediata, **mediante sindicância ou processo administrativo disciplinar.**

As denúncias sobre irregularidades serão objeto de apuração, desde que contenham a identificação e o endereço do denunciante e sejam formuladas por escrito, confirmada a autenticidade (se o fato narrado não configurar evidente infração disciplinar ou ilícito penal, a denúncia será arquivada, por falta de objeto).

O STJ (Súm. nº 611) entende que, desde que devidamente motivada e com amparo em investigação ou sindicância, é permitida a instauração de processo administrativo disciplinar com base em denúncia anônima (apócrifa), em face do poder-dever de autotutela imposto à Administração.

5.9.1 Sindicância

Apuração prévia (o prazo para conclusão não excederá 30 dias, podendo ser prorrogado por igual período, a critério da autoridade superior), podendo ser usada para infrações leves, sendo que dela pode resultar:

I) arquivamento do processo;

II) aplicação de penalidade de advertência ou suspensão de até 30 dias;

III) instauração de processo disciplinar.

5.9.2 Processo Administrativo Disciplinar

É o instrumento destinado a apurar responsabilidade de servidor por infração praticada no exercício de suas atribuições ou que tenha relação com as atribuições do cargo em que se encontre investido (obrigatório nos casos de eventual imposição de suspensão por mais de 30 dias, demissão, cassação de aposentadoria ou disponibilidade, ou destituição de cargo de comissão).

* É conduzido por comissão, independente e imparcial, composta de **três servidores estáveis** designados pela autoridade competente, que indicará, entre eles, o seu presidente, que deverá ser ocupante de cargo efetivo superior ou de mesmo nível, ou ter nível de escolaridade igual ou superior ao do indiciado (não podendo participar da comissão, sindicância ou de inquérito cônjuge, companheiro ou parente do acusado, consanguíneo ou afim, em linha reta ou colateral, até o terceiro grau).

** A Comissão terá como secretário servidor designado pelo seu presidente, podendo a indicação recair em um de seus membros.

*** O prazo para a conclusão do PAD não excederá 60 dias, contados da data de publicação do ato que constituir a comissão, admitida a sua prorrogação por igual prazo, quando as circunstâncias o exigirem. Trata-se, porém, de prazo impróprio e o STJ (Súm. nº 592) entende que o excesso de prazo para a conclusão do processo administrativo disciplinar só causa nulidade se houver demonstração de prejuízo à defesa.

**** Como medida cautelar e a fim de que o servidor não venha a influir na apuração da irregularidade, a autoridade instauradora do PAD poderá determinar o seu afastamento do exercício do cargo, pelo prazo de até 60 dias (prorrogável uma única vez por igual período), sem prejuízo da remuneração.

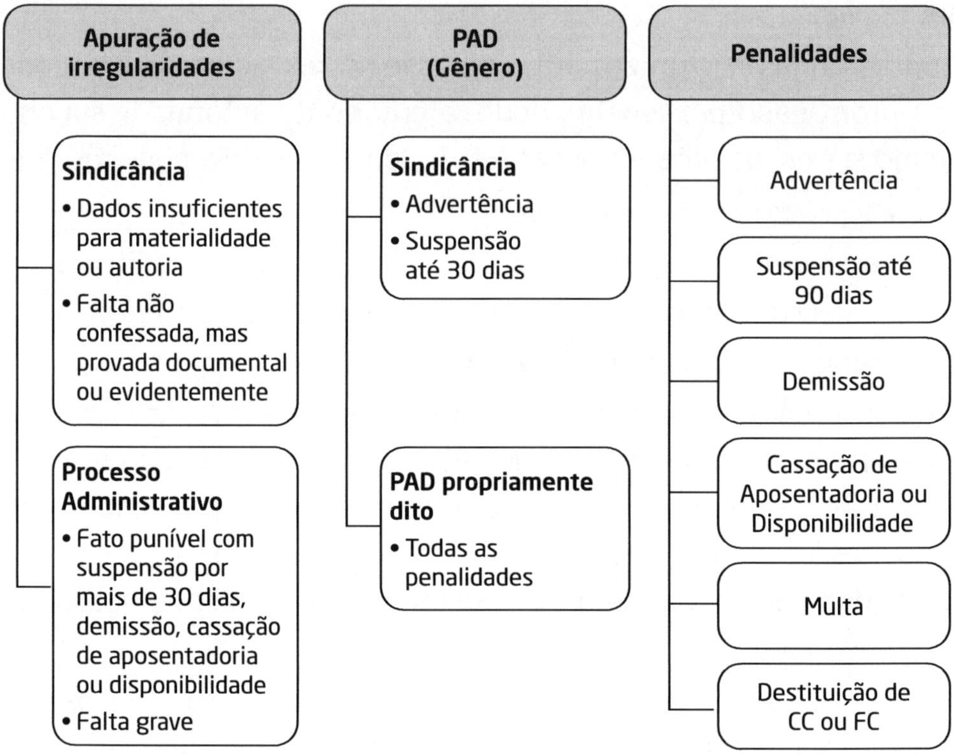

a) Fases do processo administrativo disciplinar:

I. Instauração, com a publicação do ato que constituir a comissão (O STJ – Súm. nº 641 – entende que a portaria de instauração do processo administrativo disciplinar prescinde da exposição detalhada dos fatos a serem apurados).

II. Inquérito administrativo, que compreende instrução, defesa e relatório:

- Os autos da sindicância integrarão o processo disciplinar, como peça informativa da instrução (na hipótese de o relatório da sindicância concluir que a infração está capitulada como ilícito penal, a autoridade competente encaminhará cópia dos autos ao Ministério Público, independentemente da imediata instauração do PAD).
- Na fase do inquérito, a comissão promoverá a tomada de depoimentos (testemunhas e acusado), acareações (em caso de depoimentos divergentes), investigações e diligências cabíveis, objetivando a coleta de prova, recorrendo, quando necessário, a técnicos e peritos, de modo a permitir a completa elucidação dos fatos (é assegurado ao servidor o direito de acompanhar o PAD pessoalmente ou por intermédio de procurador, arro-

lar e reinquirir testemunhas, produzir provas e contraprovas e formular quesitos, quando se tratar de prova pericial - que poderão ser denegadas se consideradas impertinentes ou protelatórias ou dispensáveis - no caso de perícias). É possível, durante a instrução processual, o uso da prova emprestada. O STJ (Súm. nº 591) entende ser lícita a prova emprestada no PAD, desde que devidamente autorizada pelo juízo competente e respeitados o contraditório e a ampla defesa.

- Tipificada a infração disciplinar, será formulado o indiciamento do servidor, com a especificação dos fatos a ele imputados e das respectivas provas, sendo-lhe facultado apresentar defesa escrita e vistas do processo em um prazo de 10 dias (havendo dois ou mais indiciados, o prazo será comum e de 20 dias – podendo ser prorrogado pelo dobro, para diligências reputadas indispensáveis).
- Apreciada a defesa, a comissão elaborará relatório minucioso (sempre conclusivo quanto à inocência ou à responsabilidade do servidor), no qual resumirá as peças principais dos autos e mencionará as provas em que se baseou para formar a sua convicção (reconhecida a responsabilidade do servidor, a comissão indicará o dispositivo legal ou regulamentar transgredido, bem como as circunstâncias agravantes ou atenuantes).

Julgamento:

- O processo disciplinar, com o relatório da comissão, será remetido à autoridade que determinou a sua instauração, para julgamento.
- No prazo de 20 dias, contados do recebimento do processo, a autoridade julgadora proferirá a sua decisão (*prazo impróprio*).
- Se a penalidade a ser aplicada exceder a alçada da autoridade instauradora do processo, este será encaminhado à autoridade competente, que decidirá em igual prazo (havendo mais de um indiciado e diversidade de sanções, o julgamento caberá à autoridade competente para a imposição da pena mais grave).

- Reconhecida pela comissão a inocência do servidor, a autoridade instauradora do processo determinará o seu arquivamento, salvo se flagrantemente contrária à prova dos autos.
- O julgamento acatará o relatório da comissão, salvo quando contrário às provas dos autos (quando o relatório da comissão contrariar as provas dos autos, a autoridade julgadora poderá, motivadamente, agravar – *reformatio in pejus* – a penalidade proposta, abrandá-la ou isentar o servidor de responsabilidade).

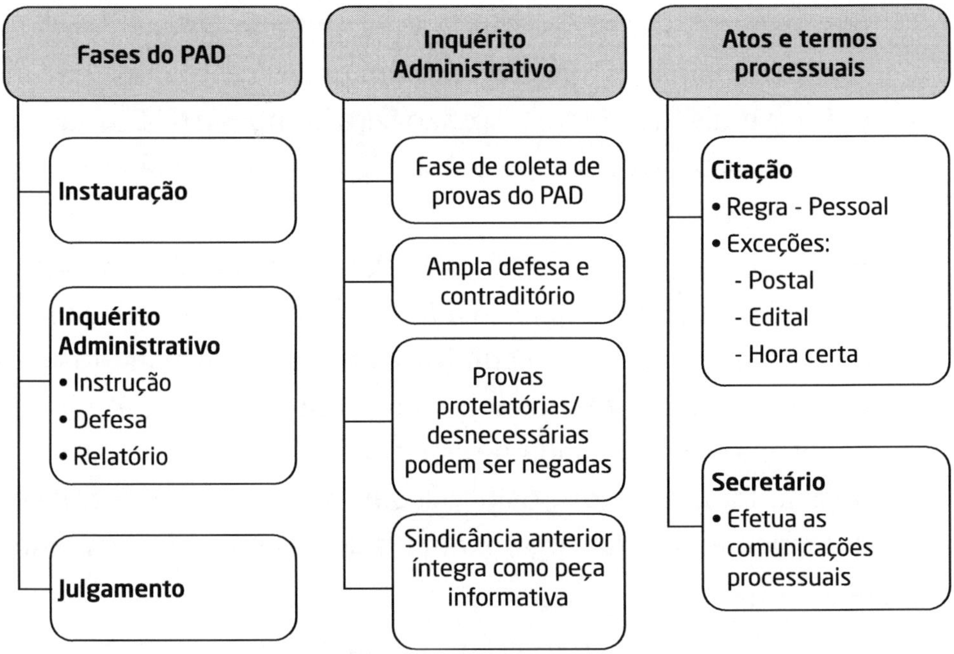

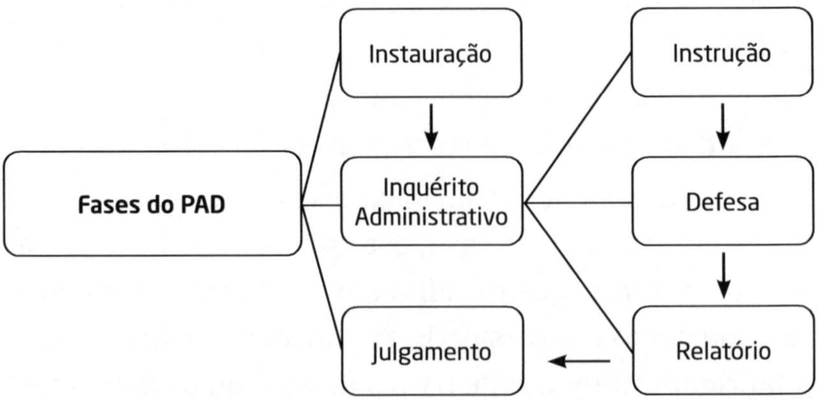

Advertência	Suspensão	Demissão
A advertência será aplicada por escrito, nos casos de violação de proibição constante do art. 117, incisos I a VIII e XIX, e de inobservância de dever funcional previsto em lei, regulamentação ou norma interna, que não justifique imposição de penalidade mais grave. Art. 117. Ao servidor é proibido: I – ausentar-se do serviço durante o expediente, sem prévia autorização do chefe imediato; II – retirar, sem prévia anuência da autoridade competente, qualquer documento ou objeto da repartição; III – recusar fé a documentos públicos; IV – opor resistência injustificada ao andamento de documento e processo ou execução de serviço; V – promover manifestação de apreço ou desapreço no recinto da repartição; VI – cometer a pessoa estranha à repartição, fora dos casos previstos em lei, o desempenho de atribuição que seja de sua responsabilidade ou de seu subordinado; VII – coagir ou aliciar subordinados no sentido de filiarem-se a associação profissional ou sindical, ou a partido político; VIII – manter sob sua chefia imediata, em cargo ou função de confiança, cônjuge, companheiro ou parente até o segundo grau civil; [...] XIX – recusar-se a atualizar seus dados cadastrais quando solicitado.	A suspensão será aplicada em caso de reincidência das faltas punidas com advertência e de violação das demais proibições que não tipifiquem infração sujeita a penalidade de demissão, *não podendo exceder de 90 (noventa) dias*. Será punido com suspensão de até 15 (quinze) dias o servidor que, injustificadamente, recusar-se a ser submetido a inspeção médica determinada pela autoridade competente, cessando os efeitos da penalidade uma vez cumprida a determinação. As penalidades de advertência e de suspensão terão seus registros cancelados, após o decurso de 3 (três) e 5 (cinco) anos de efetivo exercício, respectivamente, se o servidor não houver, nesse período, praticado nova infração disciplinar (não há efeitos retroativos).	FALTAS GRAVES – I – crime contra a administração pública; II – abandono de cargo; III – inassiduidade habitual; IV – improbidade administrativa; V – incontinência pública e conduta escandalosa, na repartição; VI – insubordinação grave em serviço; VII – ofensa física, em serviço, a servidor ou a particular, salvo em legítima defesa própria ou de outrem; VIII – aplicação irregular de dinheiros públicos; IX – revelação de segredo do qual se apropriou em razão do cargo; X – lesão aos cofres públicos e dilapidação do patrimônio nacional; XI – corrupção; XII – acumulação ilegal de cargos, empregos ou funções públicas; XIII – transgressão dos incisos IX a XVI do art. 117 da Lei nº 8.112/1990: Art. 117. Ao servidor é proibido: [...] IX – valer-se do cargo para lograr proveito pessoal ou de outrem, em detrimento da dignidade da função pública; X – participar de gerência ou administração de sociedade privada, personificada ou não personificada, exercer o comércio, exceto na qualidade de acionista, cotista ou comanditário;

Advertência	Suspensão	Demissão
		XI – atuar, como procurador ou intermediário, junto a repartições públicas, salvo quando se tratar de benefícios previdenciários ou assistenciais de parentes até o segundo grau, e de cônjuge ou companheiro; XII – receber propina, comissão, presente ou vantagem de qualquer espécie, em razão de suas atribuições; XIII – aceitar comissão, emprego ou pensão de estado estrangeiro; XIV – praticar usura sob qualquer de suas formas; XV – proceder de forma desidiosa; XVI – utilizar pessoal ou recursos materiais da repartição em serviços ou atividades particulares.

Cassação de Aposentadoria	Cassação de Disponibilidade	Multa
• Será cassada a aposentadoria ou a disponibilidade do inativo que houver praticado, na atividade, falta punível com a demissão. • Aposentado por invalidez (doença grave, contagiosa, incurável) que exerce atividade remunerada.	• Será cassada a aposentadoria ou a disponibilidade do inativo que houver praticado, na atividade, falta punível com a demissão. • Quando não entra em exercício no prazo legal.	• Quando houver conveniência para o serviço, *a penalidade de suspensão* poderá ser convertida em multa, na base de 50% por dia de vencimento ou remuneração, ficando o servidor obrigado a permanecer em serviço.

Somente o Presidente da República aplica:
• Demissão • Cassação de Aposentadoria • Cassação de Disponibilidade

Observação: A apuração de conduta funcional poderá ocorrer na esfera penal, civil e administrativa (independentemente entre si). Porém, se, na esfera penal, o servidor for absolvido por negativa de autoria ou inexistência do fato, esta decisão vincula as demais esferas, na forma do art. 126 da Lei nº 8.112/1990.

5.9.2.1 Processo Administrativo Disciplinar pelo rito sumário

Conduzido por dois servidores estáveis, seguindo-se o rito previsto no art. 133 e seguintes da Lei nº 8.112/1990, e aplicando-se subsidiariamente as disposições dos títulos IV e V da mesma lei. Aplica-se tanto às hipóteses de acumulação ilegal de cargo quanto às hipóteses de abandono do cargo.

O prazo para a conclusão do processo administrativo disciplinar submetido ao rito sumário não excederá 30 dias, contados da data de publicação do ato que constituir a comissão, admitida a sua prorrogação por até quinze dias, quando as circunstâncias o exigirem.

Assim, detectada a qualquer tempo a acumulação ilegal de cargos, empregos ou funções públicas, a autoridade que tiver ciência de irregularidade no serviço público notificará o servidor, por intermédio de sua chefia imediata, para apresentar opção no prazo improrrogável de dez dias, contados da data da ciência e, na hipótese de omissão, adotará procedimento sumário para a sua apuração e regularização imediata, cujo processo administrativo disciplinar se desenvolverá nas seguintes fases:

I – instauração, com a publicação do ato que constituir a comissão, a ser composta por dois servidores estáveis, e simultaneamente indicar a autoria e a materialidade da transgressão objeto da apuração. ***Observação:*** A indicação da autoria dar-se-á pelo nome e matrícula do servidor, e a materialidade, pela descrição dos cargos, empregos ou funções públicas em situação de acumulação ilegal, dos órgãos ou entidades de vinculação, das datas de ingresso, do horário de trabalho e do correspondente regime jurídico;

II – instrução sumária, que compreende indiciação, defesa e relatório.

Observação:

a) **Indiciação:** a comissão lavrará, até três dias após a publicação do ato que a constituiu, termo de indiciação em que serão transcritas as informações sobre a autoria e a materialidade, bem como promoverá a citação pessoal do servidor indiciado, ou por intermédio de sua chefia imediata.

b) **Defesa:** feita a citação com a indiciação, iniciará a contagem do prazo de cinco dias, para o indiciado apresentar defesa escrita, assegurando-se-lhe vista do processo na repartição, observado o seguinte: achando-se o indiciado em lugar incerto e não sabido, será citado por edital, publicado no Diário Oficial da União e em jornal de grande circulação na localidade do último domicílio conhecido, para apresentar defesa (hipótese em que o prazo para defesa será de 15 dias a partir da última publicação do edital). Considerar-se-á revel o indiciado que, regularmente citado, não apresentar defesa no prazo legal.

c) **Relatório:** apresentada a defesa, a comissão elaborará relatório conclusivo quanto à inocência ou à responsabilidade do servidor, em que resumirá as peças principais dos autos, opinará sobre a licitude da acumulação em exame, indicará o respectivo dispositivo legal e remeterá o processo à autoridade instauradora, para julgamento.

III – julgamento, que se dará no prazo de cinco dias, contados do recebimento do processo; a autoridade julgadora proferirá a sua decisão, observando-se a competência para aplicação da penalidade de demissão.

Observação 1: a opção pelo servidor até o último dia de prazo para defesa configurará sua boa-fé, hipótese em que se converterá automaticamente em pedido de exoneração do outro cargo.

Observação 2: Caracterizada a acumulação ilegal e provada a má-fé, aplicar-se-á a pena de demissão, destituição ou cassação de aposentadoria ou disponibilidade em relação aos cargos, empregos ou funções públicas em regime de acumulação ilegal, hipótese em que os órgãos ou entidades de vinculação serão comunicados.

Abandono de cargo e faltas excessivas

Abandono de cargo
- 30 faltas consecutivas
  - PAD Sumário (30 dias + prorrogação de 15 dias)
    - Justificativa das faltas
      - Proposta de demissão
        - Demissão
          - 5 dias para defesa
      - Servidor pode pedir exoneração no curso do processo
      - 5 dias para julgamento

Faltas excessivas
- 60 faltas intercaladas no ano
  - PAD Sumário (30 dias + prorrogação de 15 dias)
    - Justificativa de faltas
      - Proposta de demissão
        - Demissão
          - 5 dias para defesa
      - Servidor pode pedir exoneração no curso do processo
      - 5 dias para julgamento

Acúmulo de cargos públicos

Opção por um dos cargos em prazo improrrogável de 10 dias

Silenciando, instaura-se PSD em rito sumário (30 dias + prorrogação de 15 dias):
- Instauração
- Instrução Sumária
- Julgamento

PEDIDO DE RECONSIDERAÇÃO, RECURSO E REVISÃO:

Pedido de reconsideração

- À autoridade que decidiu/praticou o ato
- Novos argumentos ou provas suscetíveis
- Uma única vez
- **Prazo**
  - Para interposição - 30 dias
  - Para despacho - 5 dias
  - Para decidir - 30 dias
- Ao Presidente - caráter de recurso

Recurso

- Via hierárquica
- **Prazo**
  - Para interposição - 30 dias

Revisão

- Uma única vez
- **Prazo**
  - Não há prazo

Prescrição do Direito de Petição (contado da data da publicação do ato impugnado ou da data da ciência pelo interessado, quando o ato não for publicado)

- Em 5 (cinco) anos, quanto aos atos de demissão e de cassação de aposentadoria ou disponibilidade, ou que afetem interesse patrimonial e créditos resultantes das relações de trabalho
- Em 120 (cento e vinte) dias, nos demais casos, salvo quando outro prazo for fixado em lei

Representação

- **Ilegalidade, omissão, abuso de poder**
- **Isenta de taxas de expediente**
  Segue a escala hierárquica
- **Ao chefe imediato do servidor**
  - Decide ou
  - Dá andamento

Recurso	Revisão
30 dias para interpor	Não tem prazo
Pode ter efeito suspensivo	Não tem efeito suspensivo
Pode ter mais de uma instância	Uma única vez
Qualquer argumento de mérito ou legalidade	Somente fatos novos, inocência ou injustiça da pena
Pode piorar a situação do recorrente (é possível a *reformatio in pejus*)	Não agrava a situação (é proibida a *reformatio in pejus*)

5.10 QUESTÕES DO EIXO TEMÁTICO (OAB 1ª FASE)

(EXAME XXXIII/Questão 27) Flávio, oficial de justiça de determinado Tribunal Regional Federal, no exercício de suas atribuições, ao se dirigir para uma diligência, foi surpreendido por intenso tiroteio. Em razão disso, Flávio adentrou clandestinamente o imóvel de Júlia, sendo que permaneceu no local sem determinação judicial, por longo período e contra a vontade da proprietária. Diante da configuração de crime previsto na Lei de Abuso de Autoridade, Flávio foi denunciado no âmbito criminal, sendo certo que, após o devido processo legal, ele foi absolvido, em decorrência da caracterização de estado de necessidade, operando-se o trânsito em julgado da sentença. Paralelamente, foi instaurado processo administrativo disciplinar, para fins de obter a responsabilização de Flávio pela respectiva falta funcional. Diante dessa situação hipotética, assinale a afirmativa correta.

A) O reconhecimento de que Flávio praticou o ato de abuso de autoridade em estado de necessidade na decisão prolatada na esfera penal faz coisa julgada no âmbito administrativo-disciplinar.

B) A existência de ação penal por abuso de autoridade em face de Flávio deveria ter impedido a instauração do processo administrativo disciplinar, pois não é admitida duplicidade de responsabilização.

C) A sentença penal que absolveu Flávio não pode repercutir na esfera administrativa-disciplinar, uma vez que a sentença absolutória criminal somente pode refletir em outras esferas nas hipóteses de negativa de autoria.

D) Não é possível aplicar penalidade administrativa-disciplinar a Flávio, na medida em que toda sentença absolutória penal vincula o controle pela Administração Pública, ainda que o fundamento criminal seja a ausência de prova.

(EXAME XXXII/Questão 28) O Ministério Público Federal denunciou Marcos, fiscal da Receita Federal, pelo crime de peculato doloso, em decorrência da existência de provas contundentes de que tal servidor apropriou-se de dinheiro público de que tinha guarda. Ao tomar conhecimento de tais fatos, durante o trâmite do processo penal, a autoridade administrativa competente determinou a instauração de processo administrativo disciplinar, que, após o devido processo legal, levou à demissão de Marcos antes do julgamento da ação penal. Sobre a questão apresentada, assinale a afirmativa correta.

A) A Administração fica vinculada à capitulação estabelecida no processo penal, vedada a incidência de qualquer falta residual no âmbito administrativo, considerando que o peculato constitui crime contra a Administração Pública.

B) A demissão de Marcos na esfera administrativa é válida, mas a superveniência de eventual sentença penal absolutória, por ausência de provas, exige a reintegração do servidor no mesmo cargo que ocupava.

C) O processo administrativo disciplinar deveria ter sido instaurado para apurar a conduta de Marcos, mas impunha-se sua suspensão diante da existência de processo criminal pelos mesmos fatos.

D) Deve ser aplicado ao processo administrativo disciplinar o prazo prescricional previsto na lei penal para o crime de peculato cometido por Marcos.

(EXAME XXVIII/Questão 28) Sávio, servidor público federal, frustrado com a ineficiência da repartição em que trabalha, passou a faltar ao serviço. A Administração Pública, após constatar que Sávio acumulou sessenta dias de ausência nos últimos doze meses, instaurou processo administrativo disciplinar para apurar a conduta do referido servidor. Tendo como premissa esse caso concreto, assinale a afirmativa correta.

A) O processo administrativo disciplinar será submetido a um procedimento sumário, mais simples e célere, composto pelas fases da instauração, da instrução sumária – que compreende a indiciação, a defesa e o relatório - e do julgamento.

B) A inassiduidade habitual configura hipótese de demissão do serviço público, ficando Sávio impedido de nova investidura em cargo público federal pelo prazo de cinco anos, a contar do julgamento.

C) Na hipótese de ser imputada a pena de demissão a Sávio, é lícito à Administração Pública exigir depósito de dinheiro como requisito de admissibilidade do recurso administrativo, até mesmo como forma de ressarcir os custos adicionais que o poder público terá com o processamento do apelo.

D) A falta de advogado constituído por Sávio no processo administrativo é causa de nulidade, tendo em vista que a ausência de defesa técnica prejudica o exercício da ampla defesa por parte do servidor arrolado.

(EXAME XXVI/Questão 29) Marcos, servidor do Poder Executivo federal, entende que completou os requisitos para a aposentadoria voluntária, razão pela qual requereu, administrativamente, a concessão do benefício ao órgão competente. O pedido foi negado pela Administração. Não satisfeito com a decisão, Marcos interpôs recurso administrativo. Tendo o enunciado como parâmetro e considerando o disposto na Lei nº 9.784/99, assinale a afirmativa correta.

A) O recurso, salvo disposição legal diversa, tramitará por, no mínimo, três instâncias administrativas.

B) O recurso será dirigido à autoridade que proferiu a decisão, que, se não a reconsiderar, encaminhará o apelo à autoridade superior.

C) O recurso e todos os atos subsequentes praticados pela Administração no âmbito do processo administrativo, em regra, devem apresentar forma determinada.

D) Marcos somente poderá alegar questões de legalidade, como a incompetência da autoridade que proferiu a decisão, não lhe sendo permitido solicitar o reexame do mérito da questão apreciada.

(EXAME XXV/Questão 27) Ricardo, servidor público federal, especializou-se no mercado imobiliário, tornando-se corretor de imóveis. Em razão do aumento da demanda, passou a atender seus clientes durante o horário de expediente, ausentando-se da repartição pública sem prévia autorização do chefe imediato. Instaurada sindicância, Ricardo foi punido com uma advertência. A despeito disso, ele passou a reincidir na mesma falta que ensejou sua punição. Nova sindicância foi aberta.

Com base na situação narrada, assinale a afirmativa correta.

A) A sindicância não pode resultar, em nenhuma hipótese, na aplicação da pena de suspensão; neste caso, deve ser instaurado processo administrativo disciplinar.

B) A reiteração da mesma falha não enseja a aplicação da pena de suspensão; neste caso, a única sanção possível é a advertência.

C) A sindicância pode dar ensejo à aplicação da pena de suspensão, desde que a sanção seja de até 30 (trinta) dias.

D) A pena de demissão independe da instauração de processo administrativo disciplinar, podendo ser aplicada após sindicância.

(EXAME XXIII/Questão 28) Após a Polícia Federal colher farto material probatório, o Ministério Público denunciou Ricardo, servidor público federal estável, por crime funcional e comunicou o fato às autoridades competentes para eventual apuração administrativa. Antes do recebimento da denúncia, diante da vasta documentação que demonstrava a materialidade de violação de dever funcional remetida para a Administração, foi instaurado o processo administrativo disciplinar, sem a realização de sindicância, que, mediante regular processamento do inquérito administrativo, culminou na aplicação da pena de demissão de Ricardo.

Sobre a situação hipotética narrada, assinale a afirmativa correta.

A) Ricardo não poderia ser demitido sem a realização de sindicância, que é procedimento prévio imprescindível para a instauração de processo administrativo disciplinar.

B) O recebimento da denúncia deveria ter suspendido o processo administrativo disciplinar contra Ricardo, e o prosseguimento de tal apuração só poderia ocorrer após a conclusão do Juízo criminal.

C) O processo administrativo disciplinar instaurado contra Ricardo é nulo, pois não é cabível a utilização de prova produzida para a apuração criminal.

D) A hipótese não apresenta qualquer nulidade que contamine o processo administrativo disciplinar instaurado contra Ricardo.

(EXAME XX/Questão 33) Um servidor público federal em São Paulo viajou a serviço para Brasília, para uma inspeção, e cobriu todas as despesas com recursos próprios. Passados exatos 3 anos e 10 meses, o servidor formulou pedido na esfera administrativa de reembolso de despesas e pagamento das diárias de viagem. A decisão final no processo administrativo somente foi proferida 1 (um) ano e 6 (seis) meses após a formalização do pedido, negando o pleito. Diante desse fato, ele pretende ingressar com demanda para cobrar o referido valor.

Considerando o exposto, assinale a afirmativa correta.

A) O prazo prescricional é de 3 (três) anos, que já se tinha consumado quando o servidor formulou o pedido na esfera administrativa.

B) O prazo prescricional é de 5 (cinco) anos e este foi suspenso pelo pedido administrativo. Com a decisão negativa, volta a correr a prescrição contra o servidor.

C) O prazo prescricional é de 10 (dez) anos e, a despeito de não haver previsão de suspensão ou interrupção do prazo, este ainda não se consumou em desfavor do servidor.

D) O prazo prescricional é de 5 (cinco) anos e, portanto, este já transcorreu integralmente, visto que o pedido formulado na esfera administrativa não suspende e nem interrompe a prescrição.

(EXAME XX/Questão 32) Carlos Mário, chefe do Departamento de Contratos de uma autarquia federal descobre, por diversos relatos, que Geraldo, um dos servidores a ele subordinado, deixara de comparecer a uma reunião para acompanhar a tarde de autógrafos de um famoso artista de televisão. Em outra ocasião, Geraldo já se ausentara do serviço, durante o expediente, sem prévia autorização do seu chefe, razão pela qual lhe fora aplicada advertência. Irritado, Carlos Mário determina a instauração de um processo administrativo disciplinar, aplicando a Geraldo a penalidade de suspensão, por 15 (quinze) dias, sem a sua oitiva, em atenção ao princípio da verdade sabida.

Considerando o exposto, assinale a afirmativa correta.

A) A penalidade aplicada é nula, em razão de violação às garantias constitucionais da ampla defesa e do contraditório, razão pela qual o princípio da verdade sabida não guarda compatibilidade com a ordem constitucional vigente.

B) A penalidade aplicada é nula, pois a ausência do serviço sem autorização do chefe é hipótese de aplicação da penalidade de advertência e jamais poderia dar ensejo à aplicação da penalidade de suspensão.

C) A penalidade aplicada é correta, pois a ausência do servidor no horário de expediente é causa de aplicação da penalidade de suspensão, e o fato era de ciência de vários outros servidores.

D) A penalidade aplicada contém vício sanável, devendo ser ratificada pelo Diretor Presidente da autarquia, autoridade competente para tanto.

(EXAME XVIII/Questão 31) Marcos Paulo é servidor público federal há mais de 5 (cinco) anos e, durante todo esse tempo, nunca sofreu qualquer sanção administrativa, apesar de serem frequentes suas faltas e seus atrasos ao serviço. No último mês, entretanto, as constantes ausências chamaram a atenção de seu chefe, que, ao buscar a ficha de frequência do servidor, descobriu que Marcos Paulo faltara mais de 90 (noventa) dias no último ano.

A respeito do caso apresentado, assinale a afirmativa correta.

A) Marcos Paulo, servidor público estável, só pode ser demitido após decisão judicial transitada em julgado.

B) Marcos Paulo, servidor público estável, pode ser demitido pela sua inassiduidade após decisão em processo administrativo em que lhe seja assegurada ampla defesa.

C) Marcos Paulo, servidor público estável que nunca sofrera qualquer punição na esfera administrativa, não pode ser demitido em razão de sua inassiduidade.

D) Marcos Paulo, servidor público estável, não pode ser demitido em razão de sua inassiduidade, pois esta somente autoriza a aplicação das sanções de advertência e suspensão.

(EXAME XVII/Questão 30) Fernando, servidor público de uma autarquia federal há nove anos, foi acusado de participar de um esquema para favorecer determinada empresa em uma dispensa de licitação, razão pela qual foi instaurado processo administrativo disciplinar, que resultou na aplicação da penalidade de demissão.

Sobre a situação apresentada, considerando que Fernando é ocupante de cargo efetivo, por investidura após prévia aprovação em concurso, assinale a afirmativa correta.

A) Fernando não pode ser demitido do serviço público federal, uma vez que é servidor público estável.

B) Fernando somente pode ser demitido mediante sentença judicial transitada em julgado, uma vez que a vitaliciedade é garantida aos servidores públicos.

C) É possível a aplicação de penalidade de demissão a Fernando, servidor estável, mediante processo administrativo em que lhe seja assegurada ampla defesa.

D) A aplicação de penalidade de demissão ao servidor público que pratica ato de improbidade independe de processo administrativo ou de sentença judicial.

(EXAME XVI/Questão 29) Carlos, servidor público federal, utilizou dois servidores do departamento que chefia para o pagamento de contas em agência bancária e para outras atividades particulares. Por essa razão, foi aberto processo administrativo disciplinar, que culminou na aplicação de penalidade de suspensão de 5 (cinco) dias.

Sobre o caso apresentado, assinale a afirmativa correta.

A) Carlos procedeu de forma desidiosa e, por essa razão, a penalidade aplicável seria a de advertência, não a de suspensão.

B) A infração praticada por Carlos dá ensejo à penalidade de demissão, razão pela qual se torna insubsistente a penalidade aplicada.

C) Caso haja conveniência para o serviço, a penalidade de suspensão poderá ser convertida em multa, ficando o servidor obrigado a permanecer em serviço.

D) A penalidade aplicada a Carlos terá seu registro cancelado após 3 (três) anos de efetivo exercício, caso ele não cometa, nesse período, nova infração disciplinar.

(EXAME XII/Questão 31) João é parte em processo administrativo federal regulado pela Lei nº 9.784/1999, no qual foi proferida decisão que rejeitou sua pretensão. João pretende recorrer dessa decisão. Acerca do caso apresentado, e observando o disposto na lei citada, assinale a afirmativa correta.

A) O recurso de João deverá ser dirigido diretamente à autoridade hierarquicamente superior à autoridade que proferiu a decisão.

B) O prazo para interposição de recurso administrativo, salvo disposição legal específica, é de trinta dias, contado a partir da ciência ou da divulgação oficial da decisão recorrida.

C) A interposição de recurso administrativo depende do oferecimento de caução, salvo expressa dispensa legal.

D) O não conhecimento do recurso não impedirá a Administração de rever de ofício o ato ilegal, desde que não ocorrida a preclusão administrativa.

(EXAME XII/Questão 32) Cláudio, servidor público federal estável, foi demitido por suposta prática de ato de insubordinação grave em serviço. Diante da inexistência de regular processo administrativo disciplinar, Cláudio conseguiu judicialmente a anulação da demissão e a reinvestidura no cargo anteriormente ocupado. Ocorre que tal cargo já estava ocupado por João, que também é servidor público estável.

Considerando o caso concreto, assinale a afirmativa correta.

A) Sendo Cláudio reinvestido, o ato configura reintegração. Caso João ocupasse outro cargo originariamente, seria reconduzido a ele, com direito à indenização.

B) Sendo Cláudio reinvestido, o ato configura reversão. Caso João ocupasse outro cargo originariamente, seria reconduzido a ele, com direito à indenização.

C) Cláudio obteve em juízo sua reintegração. João será reconduzido ao cargo de origem, sem indenização, ou será aproveitado em outro cargo ou posto em disponibilidade.

D) Cláudio obteve em juízo sua reversão. João será reconduzido ao cargo de origem, sem indenização, ou será aproveitado em outro cargo ou posto em disponibilidade.

(EXAME VI – Duque de Caxias-RJ/Questão 32) Tício, servidor público pertencente aos quadros de uma autarquia federal, está respondendo a processo administrativo disciplinar por fato que também foi objeto de apuração em processo criminal, já concluído com sentença absolutória de negativa de autoria transitada em julgado. Considerando a situação hipotética narrada, o processo administrativo disciplinar

A) Deverá prosseguir regularmente, uma vez que as instâncias penal e administrativa são independentes.

B) Deverá prosseguir regularmente, uma vez que a sentença absolutória proferida na instância penal apenas vincularia a instância administrativa em caso de negativa da existência do fato.

C) Ficará prejudicado, uma vez que a responsabilidade administrativa somente pode configurar efeito secundário da responsabilidade penal.

D) Ficará prejudicado, uma vez que a responsabilidade administrativa é afastada no caso de absolvição criminal que negue a autoria do fato.

(EXAME 2010.3/Questão 6) Determinado servidor público foi acusado de ter recebido vantagens indevidas valendo-se de seu cargo público, sendo denunciado à justiça criminal e instaurado, no âmbito administrativo, processo administrativo disciplinar por ter infringindo seu estatuto funcional pela mesma conduta. Ocorre que o servidor foi absolvido pelo Poder Judiciário em razão de ter ficado provada a inexistência do ato ilícito que lhe fora atribuído.

Nessa situação, é correto afirmar que

A) A decisão absolutória não influirá na decisão administrativa do processo administrativo disciplinar, por serem independentes.

B) Haverá repercussão no âmbito do processo administrativo disciplinar, não podendo a administração pública punir o servidor pelo fato decidido na esfera penal.

C) Em nenhuma hipótese a decisão penal surtirá efeito na esfera administrativa, mesmo que a conduta praticada pelo servidor seja prevista como ilícito penal e ilícito administrativo.

D) A punição na instância administrativa nunca poderá ser anulada, caso tenha sido aplicada.

(EXAME 2010.2/Questão 12) Em determinado procedimento administrativo disciplinar, a Administração federal impôs ao servidor a pena de advertência, tendo em vista a comprovação de ato de improbidade. Inconformado, o servidor recorre, vindo a Administração, após lhe conferir o direito de manifestação, a lhe impor a pena de demissão, nos termos da Lei nº 8.112/1990 e da Lei nº 9.784/1998.
Com base no fragmento acima, é correto afirmar que a Administração Federal

A) Agiu em desrespeito aos princípios da eficiência e da instrumentalidade, autorizativos da reforma em prejuízo do recorrente, desde que não imponha pena grave.

B) Agiu em respeito aos princípios da legalidade e autotutela, autorizativos da reforma em prejuízo do recorrente.

C) Não observou o princípio da dignidade da pessoa humana, trazendo equivocada reforma em prejuízo do recorrente.

D) Não observou o princípio do devido processo legal, trazendo equivocada reforma em prejuízo do recorrente.

GABARITO DAS QUESTÕES DO EIXO TEMÁTICO (OAB 1ª Fase)

Questão	Gabarito
Exame XXXIII/Questão 27	A
Exame XXXII/Questão 28	D
EXAME XXVIII/Questão 28	A
EXAME XXVI/Questão 29	B
EXAME XXV/Questão 27	C
EXAME XXIII/Questão 28	D

EXAME XX/Questão 33	B
EXAME XX/Questão 32	A
EXAME XVIII/Questão 31	B
EXAME XVII/Questão 30	C
EXAME XVI/Questão 29	B
EXAME XII/Questão 31	D
EXAME XII/Questão 32	C
EXAME VI – Duque de Caxias/RJ/Questão 32	D
EXAME 2010.3/Questão 6	B
EXAME 2010.2/Questão 12	B

5.11 QUESTÕES DO EIXO TEMÁTICO (OAB 2ª FASE)

(EXAME DE ORDEM VIII/Questão 3) O prefeito do município "X", ao tomar posse, descobriu que diversos servidores públicos vinham recebendo de boa-fé, há mais de dez anos, verbas remuneratórias ilegais e indevidas. Diante de tal situação, o prefeito, após oportunizar o contraditório e a ampla defesa aos servidores, pretende anular o ato concessivo do referido benefício. Antes, porém, resolve consultar seu assessor jurídico, formulando algumas indagações. Responda aos itens a seguir, utilizando os argumentos jurídicos apropriados e a fundamentação legal pertinente ao caso.

A) É juridicamente correta a pretensão do prefeito, considerando, hipoteticamente, não existir no município legislação disciplinadora do processo administrativo? (Valor: 0,60)

B) Diante da ausência de legislação local, poder-se-ia aplicar à hipótese a Lei Federal nº 9.784/1999, que regula o processo administrativo no âmbito federal? (Valor: 0,65)

Item	Pontuação
a) Não, porque embora o princípio da legalidade administrativa e o poder-dever de autotutela sugiram a revisão do ato (Súmula nº 473 do STF) (0,25), não se pode olvidar da incidência, no caso concreto, do princípio constitucional da segurança jurídica, tendo em vista que a existência de boa-fé dos servidores no recebimento de verbas de natureza alimentar por longo espaço de tempo (mais de 10 anos) determina a manutenção dos atos concessivos (0,35).	0,00/0,25/ 0,35/0,60

b) Sim, em nome do princípio da segurança jurídica, a jurisprudência dos Tribunais Superiores se consolidou no sentido de que a ausência de regra expressa na legislação local para o exercício da autotutela não autoriza o entendimento da inexistência de prazo decadencial para anulação de ato administrativo que produza efeitos patrimoniais favoráveis a beneficiários de boa-fé, aplicando-se, assim, o prazo decadencial de cinco anos previsto no art. 54 da Lei nº 9.784/1999 (0,65).	0,00/0,65

(EXAME DE ORDEM XIII/Questão 3) Após várias denúncias de que o servidor "X", lotado em um órgão da Administração Federal direta, vinha faltando ao serviço e fraudando a sua folha de frequência, "A", chefe do seu departamento, determina a instauração de processo administrativo disciplinar. A Comissão nomeada, ao final dos trabalhos de apuração, concluiu que o servidor, de fato, vinha se ausentando de forma injustificada do serviço uma vez por semana. Contudo, ignorou documento que comprovava que o referido servidor, ao menos em duas ocasiões, fraudou a sua folha de frequência, razão pela qual opinou pela aplicação da penalidade de suspensão por 5 (cinco) dias.

a) Diante do exposto, responda, fundamentadamente, aos itens a seguir.

Pode ser instaurado processo administrativo disciplinar sem a prévia abertura de sindicância? (Valor: 0,65)

b) Pode a autoridade competente para aplicação da pena determinar que o referido servidor seja demitido? (Valor: 0,60)

Item	Pontuação
A) Sim. Para abertura de processo administrativo disciplinar não se exige a instauração prévia de sindicância (0,45), conforme previsão constante do art. 143 da Lei nº 8.112/1990 (0,20).	0,00/0,45/0,65
B) Sim, quando o relatório da comissão contrariar a prova constante dos autos (0,40), conforme o art. 168, *caput* e parágrafo único, da Lei nº 8.112/1990 (0,20). OU Sim, poderá demitir o servidor enquadrando sua conduta no art. 132, I, III, IV ou XIII, da Lei nº 8.112/1990 (0,60).	0,00/0,40/0,60

(EXAME DE ORDEM XXIV/Questão 1) João, servidor público federal estável, teve instaurado contra si processo administrativo disciplinar, acusado de cobrar valores para deixar de praticar ato de sua competência, em violação de dever passível de demissão. A respectiva Comissão

Processante elaborou relatório, no qual entendeu que a prova dos autos não era muito robusta, mas que o testemunho de Ana, por si só, revelava-se suficiente para a aplicação da pena de demissão, o que foi acatado pela autoridade julgadora competente, a qual se utilizou do próprio relatório como motivação para o ato demissional. Diante da gravidade da conduta imputada a João, foi igualmente instaurado processo criminal, que resultou na sua absolvição por ausência de provas, sendo certo que o Magistrado, diante dos desencontros do testemunho de Ana na ação penal, determinou a extração de cópias e remessa para o Ministério Público, a fim de que tomasse as providências que entendesse cabíveis. O *Parquet*, por sua vez, denunciou Ana pelo crime de falso testemunho pelos exatos fatos que levaram à demissão de João no mencionado processo administrativo disciplinar, e, após o devido processo legal, ela foi condenada pelo delito, por meio de decisão transitada em julgado.

Na qualidade de advogado(a) consultado(a), responda aos itens a seguir.

A) Em sede de processo administrativo federal, poderia a autoridade competente para o julgamento ter se utilizado do relatório da comissão processante para motivar o ato demissório de João? (Valor: 0,60)

B) A condenação penal de Ana poderia ensejar a revisão do processo administrativo disciplinar que levou à demissão de João? (Valor: 0,65)

Item	Pontuação
A) Sim. Em sede de processo administrativo federal, o relatório pode ser utilizado como motivação (0,50), na forma do art. 50, § 1º, da Lei nº 9.784/1999 OU do art. 168 da Lei nº 8.112/1990 (0,10).	0,00/0,50/0,60
B) Sim. A condenação criminal de Ana é fato novo ou circunstância suscetível de justificar a inocência do servidor e promover a revisão do processo administrativo disciplinar (0,55), com fulcro no art. 174 da Lei nº 8.112/1990 OU no art. 65 da Lei nº 9.784/1999 (0,10).	0,00/0,55/0,65

(EXAME DE ORDEM XXV – Porto Alegre-RS/Questão 2) Marcelo acumulava dois cargos públicos junto à União, um administrativo, que não exigia qualquer qualificação técnica ou científica, e outro de professor, e havia logrado obter a estabilidade em ambos. Ao ser constatado o referido acúmulo de cargos, ele foi notificado de que deveria optar por um deles no prazo de dez dias, o que não foi por ele realizado. Ato contínuo foi instaurado o respectivo processo administrativo disciplinar, com a constituição de comissão composta por dois servidores estáveis e, na fase instrutória, mediante a garantia da ampla defesa e do contraditório, verificou-se que a acumulação era efetivamente ilícita, de modo que a autoridade competente para o julgamento aplicou a pena de demissão, apesar de Marcelo ter optado pelo cargo de professor um dia antes do término do prazo para a defesa. Na qualidade de advogado(a) consultado(a), responda, fundamentadamente, aos questionamentos a seguir.

A) Para a apuração dos fatos imputados a Marcelo, a comissão processante poderia ter a composição que a ela foi conferida? (Valor: 0,55)

B) Agiu corretamente a Administração ao aplicar a pena de demissão? (Valor: 0,70)

Item	Pontuação
A) Sim. A comissão responsável pelo procedimento administrativo sumário relativo à acumulação ilegal de cargos pode ser composta de dois servidores estáveis (0,45), na forma do art. 133, inciso I, da Lei nº 8.112/1990 (0,10).	0,00/0,45/0,55
B) Não. A opção de Marcelo pelo cargo de professor antes do último dia de prazo para defesa configura sua boa-fé (0,40), convertendo-se automaticamente em pedido de exoneração do outro cargo (0,20), nos termos do art. 133, § 5º, da Lei nº 8.112/1990 (0,10).	0,00/0,40/0,50/ 0,60/0,70

(EXAME DE ORDEM XXVIII/Questão 3) Maria dos Santos, médica de um hospital federal, é plantonista na emergência da unidade de saúde. Determinado dia, ao chegar ao local de trabalho, é notificada pela ouvidoria do referido órgão acerca de uma reclamação feita por uma paciente da médica, na qual é narrado o péssimo atendimento prestado pela profissional de saúde. Na mesma notificação, a ouvidoria pediu esclarecimentos a Maria, que deveriam ser prestados em cinco dias. Por um lapso, Maria não deu sua versão sobre o ocorrido. A ouvidoria entendeu, assim, que os fatos narrados pela paciente eram verdadeiros, razão pela qual a médica foi advertida - apontamento este incluído nos assentamentos funcionais da servidora. Insatisfeita, Maria recorreu. Para que o apelo fosse admitido, teve que fazer um depósito de R$ 500,00 (quinhentos reais) para cobrir custos administrativos decorrentes do pleito de reexame do processo. Sobre a hipótese apresentada, responda aos itens a seguir.

A) O silêncio de Maria implica sua concordância quanto aos fatos narrados pela paciente? (Valor: 0,65)

B) É lícita a exigência de caução como requisito de admissibilidade do recurso? (Valor: 0,60)

Observação: o(a) examinando(a) deve fundamentar as respostas. A mera citação do dispositivo legal não confere pontuação.

Item	Pontuação
A) Não. O desatendimento da notificação não pode implicar o reconhecimento da verdade dos fatos narrados pela paciente OU A Administração deveria apurar os fatos antes de aplicar qualquer sanção administrativa (0,55), nos termos do art. 27 da Lei nº 9.784/99 OU art. 5º, inciso LV, da CRFB/88 (0,10).	0,00/0,55/0,65
B) Não. A Administração Pública não pode exigir depósito ou caução como condicionante à análise de recursos administrativos (0,50), nos termos da Súmula Vinculante nº 21 do STF OU da Súmula nº 373 do STJ (0,10).	0,00/0,50/0,60

(EXAME DE ORDEM XXXI/Questão 3) Por meio de carta apócrifa, a autoridade competente tomou conhecimento de que Lucíola, servidora pública federal estável, praticou conduta gravíssima no exercício da função pública. Ato contínuo, procedeu-se à sindicância que efetivamente apurou indícios da prática de tais atos e conduziu à instauração motivada do respectivo processo administrativo disciplinar, cujo curso respeitou a ampla defesa e o contraditório, culminando na demissão de Lucíola. Ocorre que o julgamento do processo administrativo disciplinar se deu fora do prazo legal, pois alcançou o total de duzentos dias, considerando que o inquérito administrativo foi concluído em cento e setenta dias e a decisão pela autoridade competente levou trinta dias, sem prejuízo para a defesa. Na qualidade de advogado(a) de Lucíola, responda, fundamentadamente, aos itens a seguir.

A) A instauração do processo administrativo disciplinar contra Lucíola poderia decorrer de carta apócrifa? (Valor: 0,65)

B) É cabível a anulação da penalidade aplicada a Lucíola em decorrência do excesso de prazo? (Valor: 0,60)

Observação: o(a) examinando(a) deve fundamentar as respostas. A mera citação do dispositivo legal não confere pontuação.

Item	Pontuação
A) Sim. É possível a instauração de processo administrativo disciplinar com base em denúncia anônima, devidamente motivada e com amparo em investigação ou sindicância, diante do poder-dever de autotutela imposto à Administração, consoante Súm. nº 61 do STJ.	0,00/0,55/0,65
B) Não. O descumprimento dos prazos legais para julgamento no processo administrativo disciplinar não importa nulidade do processo, se não houver prejuízo para a defesa, consoante disposto no art. 169, § 1º, da Lei nº 8.112/1990 OU na Súm. nº 592 do STJ.	0,00/0,50/0,60

(EXAME DE ORDEM XXXIII/Questão 1) A Universidade Federal Beta, entidade autárquica, com o objetivo de custear programas de ensino, editou um ato que condicionou a inscrição dos alunos dos cursos de graduação, mestrado e doutorado, ao pagamento de valor pré-estabelecido, a que chamou de "condicionante de inscrição", no montante de R$ 500,00 (quinhentos reais). Eliseu dos Santos que estava cursando o segundo ano do curso de graduação em Direito na mencionada universidade, inconformado com a determinação, apresentou, antes da matrícula, recurso administrativo com vistas a impugnar a cobrança efetuada para todos os alunos. Após protocolizar o recurso, Eliseu comunicou o fato ao Diretório Central dos Estudantes, que há dez anos constituiu regularmente uma associação para a defesa dos interesses do corpo discente, designada de ADICDI. Antes da decisão no respectivo processo administrativo, Eliseu decidiu mudar de carreira e aceitou uma bolsa, oferecida por uma universidade particular, para cursar Medicina, de modo que optou por deixar o curso de Direito da instituição federal, fato que comunicou tanto à Universidade, quanto à ADICDI. Diante dessa situação hipotética, certo de que não há legislação especial para o processo administrativo em questão, responda, fundamentadamente, aos questionamentos a seguir.

A) A Universidade Federal pode deixar de decidir o pleito instaurado por Eliseu? (Valor: 0,60)

B) Acaso discorde da decisão que venha a ser prolatada pela autoridade de primeiro grau no âmbito administrativo, a ADICDI tem legitimidade para apresentar recurso hierárquico? (Valor: 0,65)

Item	Pontuação
A) Não. A Administração tem o dever de prover o impulsionamento de ofício dos processos administrativos instaurados (princípio da oficialidade), sem prejuízo da atuação dos interessados, na forma do art. 2º, parágrafo único, XII, da Lei nº 9.784/99.	0,00/0,60
B) Sim. Eliseu pediu a liberação do pagamento para todos os estudantes da Universidade Federal Beta ou trata-se de decisão que interessa a todo o corpo discente, de modo que a ADICDI tem legitimidade para apresentar recurso administrativo para a defesa dos interesses coletivos, consoante o disposto no art. 58, III, da Lei nº 9.784/1999.	0,00/0,65

(EXAME DE ORDEM XXXIII/Questão 4) A autoridade competente, em âmbito federal, tem fundadas dúvidas acerca da possibilidade de expedição de uma licença pleiteada pela sociedade empresária Alegre, que envolve assunto de interesse geral. Isso porque, apesar de todos os elementos do ato administrativo vinculado estarem especificados em lei, a respectiva norma se utiliza de conceitos jurídicos indeterminados, que demandam nova interpretação a ser implementada pela Administração, a implicar novo dever para os requerentes daquela licença. Considerando que a adoção da nova interpretação acarretará o indeferimento da licença requerida pela sociedade empresária Alegre, que preenchia os requisitos que prevaleciam à luz da orientação vigente no momento da efetivação do requerimento, responda, fundamentadamente, aos questionamentos a seguir, na qualidade de advogado(a) desta pessoa jurídica.

A) É possível a aplicação retroativa da nova interpretação para indeferir a licença pleiteada pela sociedade empresária Alegre? Justifique. (Valor: 0,60)

B) A realização de consulta pública, para dirimir a incerteza jurídica suscitada pela autoridade para o exercício de sua competência, é cabível? Justifique. (Valor: 0,65)

Item	Pontuação
A) Não. É vedada a aplicação retroativa de nova orientação firmada em sede administrativa, consoante o disposto no art. 23 do Decreto-lei nº 4.657/42 (LINDB), ou no art. 2º, XIII, da Lei nº 9.784/1999.	0,00/0,60
B) Sim. Nas hipóteses de dúvida ou de incerteza jurídica acerca de assuntos de interesse geral, inclusive para a expedição de licença, a Administração Pública poderá realizar consulta pública, na forma do art. 26 do Decreto-lei nº 4.657/1942 (LINDB), ou do art. 31 da Lei nº 9.784/1999.	0,00/0,65

6 RESPONSABILIDADE CIVIL DO ESTADO

É a obrigação imposta ao poder público de compor os danos ocasionados a terceiros, por atos praticados pelos seus agentes, no exercício das suas atribuições – art. 37, § 6º, CF/1988: "As pessoas jurídicas de direito público e as de direito privado prestadoras de serviços públicos responderão pelos danos que seus agentes, nessa qualidade, causarem a terceiros, assegurado o direito de regresso contra o responsável nos casos de dolo ou culpa".

- Resume-se na composição de danos, não se fala em responsabilidade penal.
- Agentes públicos = agentes políticos, servidores públicos e particulares em colaboração com o Estado.

6.1 RESPONSABILIDADE SUBJETIVA

A culpa pode recair sobre o agente ou sobre o serviço quando a Administração não faz o que deveria (omissão).

Assim, diante de uma omissão do Estado, a responsabilidade deixa de ser objetiva e passa a ser subjetiva. O particular lesado deverá demonstrar o dolo ou a culpa da Administração, em qualquer de suas modalidades: negligência, imprudência e imperícia.

Portanto, quando a conduta estatal for omissiva, será preciso distinguir se a omissão constitui ou não fato gerador da responsabilidade civil do Estado. Nem toda conduta omissiva retrata um desleixo do Estado em cumprir um dever legal. Diante disso, a responsabilidade civil do Estado, no caso de conduta omissiva, só ocorrerá quando presentes os elementos que caracterizam a culpa.

Observar as recentes decisões do STF, acerca do sistema penitenciário (negligência estatal – morte de detentos dentro dos estabelecimentos) em que se reconheceu a Responsabilidade objetiva.

6.2 RESPONSABILIDADE OBJETIVA

A Administração responde com base no conceito de nexo de causalidade, que consiste na relação de causa e efeito existente entre o fato ocorrido e as consequências dele resultantes. Ex.: morte do preso em penitenciária; colisão de veículos devido à falha no semáforo.

Requisitos: conduta estatal, dano e nexo de causalidade entre a conduta e o dano. Note que não se exige a comprovação do elemento subjetivo do agente que age em nome do Estado. Portanto, não há se falar em culpa ou dolo no dano causado. Assim, independe da comprovação de dolo ou culpa, bastando demonstrar que os danos foram causados (nexo de causalidade) por uma conduta da Administração Pública.

A responsabilidade objetiva se divide em:

1) **risco integral:** o Estado responde sempre, integralmente, quando ocorrer danos a terceiros, não se admite a invocação pelo Estado das causas excludentes da responsabilidade;
2) **risco administrativo:** o Estado não responde sempre por danos ocasionados a terceiros, podem ser invocados excludentes da responsabilidade em defesa do Estado.

Quem responde?

A pessoa jurídica, de direito público ou privado, responde pelos danos. O prejudicado deve acionar a pessoa jurídica e não a pessoa física (em 14 de agosto de 2019, o STF, ao julgar o RE nº 1027633/SP, fixou tese de repercussão geral no sentido de que "A teor do disposto no artigo 37, parágrafo 6º, da Constituição Federal, a ação por danos causados por agente público deve ser ajuizada contra o Estado ou a pessoa jurídica de direito privado, prestadora de serviço público, sendo parte ilegítima o autor do ato, assegurado o direito de regresso contra o responsável nos casos de dolo ou culpa").

Aplicação para as Pessoas Jurídicas prestadoras de serviço público

A teoria da responsabilidade objetiva é aplicável tanto perante usuários como não usuários do serviço público, inclusive quanto às concessionárias prestadoras de serviço público. De acordo com a jurisprudência atual e consolidada do STF, não se pode interpretar restritivamente o alcance do art. 37, § 6º, da CF/1988, sobretudo porque a Constituição, interpretada à luz do princípio da isonomia, não permite que se faça qualquer distinção entre os chamados "terceiros", ou seja, entre usuários e não usuários do serviço público, haja vista que todos eles, de igual modo, podem sofrer dano em razão da ação administrativa do Estado, seja ela realizada diretamente, seja por meio de pessoa jurídica de direito privado. A jurisprudência adota, portanto, na matéria, a teoria do risco administrativo (RE 591.874).

Preste atenção quanto à responsabilidade civil das prestadoras de serviço público, em relação às condutas omissivas. Parte da jurisprudência entende que a responsabilidade delas, tanto pela omissão quanto pela omissão, é objetiva (diferente do Estado, que, nas omissões, responde subjetivamente). Isso porque o art. 37, § 6º, da CF/1988 deve ser aplicado conjuntamente com o art. 25 da Lei nº 8.987/1995, que prevê que a Concessionária responderá integralmente pelos danos causados. Nesse sentido foi o entendimento da FGV por ocasião do XXVI Exame de ordem, quando, ao explorar uma questão com o enunciado apontando que "em uma movimentada rodovia concedida pela União a uma empresa privada, um veículo particular colidiu com outro, deixando diversos destroços espalhados pela faixa de rolamento. Um dos objetos deixados sobre a pista cortou o pneu de um terceiro automóvel, causando a colisão deste em uma mureta de proteção", assinalou que a concessionária responde objetivamente pelo dano causado, mesmo se tratando de uma hipótese omissiva.

Responde pelo quê?

Respondem pelos danos que seus agentes, nessa qualidade, causarem a terceiros, desde que exista nexo causal.

Hoje, adotamos a responsabilidade objetiva na modalidade do risco administrativo, pois se admite **excludentes** de responsabilidade que são:

a) caso fortuito e força maior;

b) conduta exclusiva da vítima; e

c) fato de terceiro.

Relações jurídicas

a) terceiro e Estado;

b) Estado e agente responsável (cabe ação de regresso).

- Não cabe denunciação da lide na primeira relação.
- Não se pode acionar diretamente o agente.

Dano:

a) certo – dano real, existente,

b) especial – aquele que pode ser particularizado, aquele que não é genérico, que atinge uma ou algumas pessoas;

c) anormal – aquele que supera os problemas comuns, corriqueiros da sociedade.

***Observação 1:* Responsabilidade por danos nucleares**

O art. 21, XXIII, *c*, estabelece que a responsabilidade civil por danos nucleares independe da existência de culpa. As usinas que operam com reator nuclear deverão ter sua localização definida em lei federal, sem o que não poderão ser instaladas. A doutrina classifica a responsabilização por essa espécie de dano como objetiva pela teoria do risco integral. Esta hipótese de responsabilidade civil é tratada na Lei nº 6.453/1977, cujo art. 4º prevê que será exclusiva do operador da instalação nuclear, independentemente da existência de culpa, a responsabilidade civil pela reparação de dano causado por acidente nuclear ocorrido na instalação nuclear; acidente provocado por material nuclear procedente de instalação nuclear, quando o acidente ocorrer antes que o operador da instalação nuclear a que se destina tenha assumido, por contrato escrito, a responsabilidade por acidentes nucleares causados pelo material ou, na falta de contrato, antes que o operador da outra instalação nuclear haja assumido efetivamente o encargo do material; ou acidente provocado por material nuclear enviado à instalação nuclear, quando o acidente ocorrer depois que a responsabilidade por acidente provocado pelo material lhe houver sido transferida, por contrato escrito, pelo operador da outra instalação nuclear ou, na falta de contrato, depois que o operador da instalação nuclear houver assumido efetivamente o encargo do material a ele enviado.

***Observação 2:* Responsabilidade por danos decorrentes de atentados terroristas ou atos de guerra**

De acordo com o previsto na Lei nº 10.744/2003 e no Dec. nº 5.035/2004, a União assumirá despesas de responsabilidade civil perante terceiros na hipótese da ocorrência de danos a bens e pessoas, passageiros ou não, provocados por atentados terroristas, atos de guerra ou eventos correlatos, ocorridos no Brasil ou no exterior, contra aeronaves de matrícula brasileira e operadas por empresas brasileiras de transporte aéreo público, excluídas as empresas de táxi aéreo. A doutrina classifica a responsabilização por esta espécie de dano como objetiva pela teoria do risco integral.

Observação 3: **Responsabilidade por danos ambientais**

No que tange aos danos ambientais, todos os poluidores respondem objetivamente pela teoria do risco integral, independentemente de ser o Estado o poluidor ou não, conforme o previsto no art. 14, § 1º, da Lei nº 6.938/1981. O entendimento já é pacífico no STJ (REsp nº 1175907/MG) de que a responsabilização por essa espécie de dano é objetiva pela teoria do risco integral.

Importante destacar também que o STF, ao julgar o RE nº 654.833, em 20 de abril de 2020, fixou tese de repercussão geral, estabelecendo que "é imprescritível a pretensão de reparação civil de dano ambiental".

6.3 RESPONSABILIDADE SUBSIDIÁRIA DO ESTADO

O Estado poderá ser responsabilizado pelos prejuízos causados a terceiros pelas concessionárias e permissionárias de serviço público de forma subsidiária, ou seja, este responderá pelos prejuízos após o exaurimento do patrimônio das empresas concessionárias e permissionárias do serviço público, pois essas pessoas jurídicas executam o contrato de prestação de serviço por sua conta e risco.

Assim, uma empresa privada prestadora de serviço público está sujeita à responsabilização objetiva (independente de dolo ou culpa) pelos danos advindos de suas atividades, conforme o art. 37, § 6º, da CF/1988. Em razão de tal fato, deve a empresa responder pelos danos causados, sendo o Estado, subsidiariamente, responsabilizado.

6.4 RESPONSABILIDADE DO ESTADO POR ATOS LÍCITOS

A Constituição, ao prever a responsabilidade civil do Estado pelos danos que os seus agentes causarem, não exige a ilicitude da conduta, tampouco a culpa estatal. Não é, contudo, qualquer dano causado pelo exercício regular das funções públicas que deve ser indenizado, apenas os danos anormais e específicos, isto é, aqueles que excedam o limite do razoável, ensejam reparação correspondente.

6.5 RESPONSABILIDADE DO ESTADO POR ATOS LEGISLATIVOS

Em relação aos atos legislativos, a regra é impossibilidade de responsabilidade, pois o Poder Legislativo atua no exercício da soberania, podendo alterar, revogar, criar ou extinguir situações, sem qualquer limitação que não decorra da Constituição Federal. Ainda, o Legislativo edita normas gerais e abstratas dirigidas a toda a coletividade.

Grande questão: há a possibilidade de responsabilidade de servidor público, nomeado para cargo público, com base em lei de cotas que, posteriormente, foi declarada inconstitucional (o chefe do Executivo havia vetado a lei por flagrante inconstitucionalidade e o Legislativo derrubou o veto), ocasionando a exoneração?

6.6 RESPONSABILIDADE DO ESTADO POR ATOS JUDICIAIS

Em relação aos atos praticados pelo Poder Judiciário, também há divergência doutrinária. Há quem defenda que os juízes têm de agir com independência no exercício das suas funções, sem temor de que suas decisões possam ensejar a responsabilidade do Estado.

Assim, a responsabilidade objetiva do Estado não se aplica aos atos de juízes, salvo nos casos expressamente previstos na lei. Ex.: art. 5º, LXXV: "o Estado indenizará o condenado por erro judiciário, assim como o que ficar preso além do tempo fixado na sentença".

Desse modo, segundo jurisprudência majoritária, a regra é a impossibilidade de responsabilidade civil do Estado por atos judiciais.

6.7 PRAZO PRESCRICIONAL DA AÇÃO DE INDENIZAÇÃO CONTRA O ESTADO

A ação de reparação de danos para se obter indenização do Estado deverá ser proposta dentro do prazo de cinco anos, contado a partir do fato danoso, conforme previsto no art. 1º do Dec. nº 20.910/1932.

6.8 AÇÃO REGRESSIVA DO ESTADO CONTRA O AGENTE PÚBLICO

A Lei nº 4.619/1965 dispõe sobre a ação regressiva da União contra seus agentes. Desse modo, os procuradores da União são obrigados a propor as competentes ações regressivas contra os agentes de qualquer categoria declarados culpados por haverem causado a terceiros lesões de direito que a Fazenda Nacional seja condenada judicialmente a reparar.

O prazo para ajuizamento da ação regressiva será de 60 dias a partir da data em que transitar em julgado a condenação imposta à Fazenda. Deve-se considerar, ainda, que, de acordo com a lei, a não obediência, por ação ou omissão, ao disposto na referida lei, apurada em processo regular, constitui falta de exação no cumprimento do dever.

A competência para iniciar a ação regressiva cabe ao Procurador lotado no Estado em que haja corrido o processo judicial cuja decisão contra a Fazenda haja transitado em julgado. Vale lembrar, ainda, que a cessação, por qualquer forma, do exercício da função pública não exclui o funcionário, ou pessoa nela investida, da responsabilidade perante a Fazenda.

A liquidação do que for devido pelo agente estável à Fazenda Nacional poderá ser feita mediante desconto em folha de pagamento, o qual não excederá de uma quinta parte da importância de seu vencimento ou remuneração.

6.9 QUESTÕES DO EIXO TEMÁTICO (OAB 1ª FASE)

(EXAME XXVII/Questão 30) A União construiu uma usina nuclear para fins de geração de energia elétrica. A fim de minimizar os riscos de acidentes relacionados à utilização do urânio, foram empregados, no empreendimento, os mais modernos e seguros equipamentos. Do mesmo modo, o pessoal designado para trabalhar na usina recebeu todos os treinamentos exigidos nas legislações brasileira e internacional. Entretanto, em decorrência de uma intensa, imprevisível e excepcional chuva que caiu na região, parte da usina ficou alagada. Isso gerou superaquecimento nas instalações, fato que culminou na liberação de um pequeno volume de gases radioativos armazenados, causando náuseas e vômitos na população que mora próxima à usina.

Com base na situação narrada, assinale a afirmativa correta.

A) A União não pode ser responsabilizada pelos danos causados à população, tendo em vista a ausência de culpa (responsabilidade subjetiva) por parte do Poder Público.

B) Em razão de as chuvas constituírem um evento imprevisível e excepcional, não se cogita a responsabilidade da União pelos danos causados à população.

C) A União pode ser responsabilizada pelas consequências advindas do vazamento de gases radioativos, independentemente de culpa, pois a responsabilidade é objetiva.

D) A União não pode ser responsabilizada pelos danos causados à população, dado competir aos Estados a exploração dos serviços e das instalações nucleares, cabendo a eles a responsabilidade pelos danos.

(EXAME XXI/Questão 31) José, acusado por estupro de menores, foi condenado e preso em decorrência da execução de sentença penal transitada em julgado. Logo após seu recolhimento ao estabelecimento prisional, porém, foi assassinado por um colega de cela. Acerca da responsabilidade civil do Estado pelo fato ocorrido no estabelecimento prisional, assinale a afirmativa correta.

A) Não estão presentes os elementos configuradores da responsabilidade civil do Estado, porque está presente o fato exclusivo de terceiro, que rompe o nexo de causalidade, independentemente da possibilidade de o Estado atuar para evitar o dano.

B) Não estão presentes os elementos configuradores da responsabilidade civil do Estado, porque não existe a causalidade necessária entre a conduta de agentes do Estado e o dano ocorrido no estabelecimento estatal.

C) Estão presentes os elementos configuradores da responsabilidade civil do Estado, porque o ordenamento jurídico brasileiro adota, na matéria, a teoria do risco integral.

D) Estão presentes os elementos configuradores da responsabilidade civil do Estado, porque o poder público tem o dever jurídico de proteger as pessoas submetidas à custódia de seus agentes e estabelecimentos.

(EXAME XX – Salvador-BA/Questão 31) Caio, policial militar do Estado X, abalroou, com sua viatura, um veículo particular estacionado em local permitido, durante uma perseguição. Júlio, proprietário do veículo atingido, ingressou com demanda indenizatória em face do Estado. A sentença de procedência reconheceu a responsabilidade civil objetiva do Estado, independentemente de se perquirir a culpa do agente.

Nesse caso,

A) não pode o Estado ingressar com ação de regresso em face do policial militar, eis que atuava, no momento do acidente, na condição de agente público.

B) pode o Estado ingressar com ação de regresso em face do policial militar, devendo o ente público demonstrar a existência de dolo do agente.

C) pode o Estado ingressar com ação de regresso em face do policial militar, devendo o ente público demonstrar a existência de culpa ou dolo do agente.

D) não pode o Estado ingressar com ação de regresso em face do agente público, uma vez que o Estado não foi condenado com base na culpa ou dolo do agente.

(EXAME XX/Questão 34) A fim de pegar um atalho em seu caminho para o trabalho, Maria atravessa uma área em obras, que está interditada pela empresa contratada pelo Município para a reforma de um viaduto. Entretanto, por desatenção de um dos funcionários que trabalhava no local naquele momento, um bloco de concreto se desprendeu da estrutura principal e atingiu o pé de Maria.

Nesse caso,

A) a empresa contratada e o Município respondem solidariamente, com base na teoria do risco integral.

B) a ação de Maria, ao burlar a interdição da área, exclui o nexo de causalidade entre a obra e o dano, afastando a responsabilidade da empresa e do Município.

C) a empresa contratada e o Município respondem de forma atenuada pelos danos causados, tendo em vista a culpa concorrente da vítima.

D) a empresa contratada responde de forma objetiva, mas a responsabilidade do Município demanda comprovação de culpa na ausência de fiscalização da obra.

(EXAME XIX/Questão 33) Um paciente de um hospital psiquiátrico estadual conseguiu fugir da instituição em que estava internado, ao aproveitar um momento em que os servidores de plantão largaram seus postos para acompanhar um jogo de futebol na televisão. Na fuga, ao pular de um viaduto próximo ao hospital, sofreu uma queda e, em razão dos ferimentos, veio a falecer.

Nesse caso,

A) o Estado não responde pela morte do paciente, uma vez que não configurado o nexo de causalidade entre a ação ou omissão estatal e o dano.

B) o Estado responde de forma subjetiva, uma vez que não configurado o nexo de causalidade entre a ação ou omissão estatal e o dano.

C) o Estado não responde pela morte do paciente, mas, caso comprovada a negligência dos servidores, estes respondem de forma subjetiva.

D) o Estado responde pela morte do paciente, garantido o direito de regresso contra os servidores no caso de dolo ou culpa.

(EXAME VIII/Questão 33) Sílvio, servidor público, durante uma diligência com carro oficial do Estado X para o qual trabalha, se envolve em acidente de trânsito, por sua culpa, atingindo o carro de João.

Considerando a situação acima e a evolução do entendimento sobre o tema, assinale a afirmativa correta.

A) João deverá demandar Sílvio ou o Estado X, à sua escolha, porém, caso opte por demandar Sílvio, terá que comprovar a sua culpa, ao passo que o Estado responde independentemente dela.

B) João poderá demandar Sílvio ou o Estado X, à sua escolha, porém, caso opte por demandar Sílvio, presumir-se-á sua culpa, ao passo que o Estado responde independentemente dela.

C) João poderá demandar apenas o Estado X, já que Sílvio estava em serviço quando da colisão e, por isso, a responsabilidade objetiva é do Estado, que terá direito de regresso contra Sílvio, em caso de culpa.

D) João terá que demandar Sílvio e o Estado X, já que este último só responde caso comprovada a culpa de Sílvio, que, no entanto, será presumida por ser ele servidor do Estado (responsabilidade objetiva).

(EXAME VI/Questão 31) Ambulância do Corpo de Bombeiros envolveu-se em acidente de trânsito com automóvel dirigido por particular, que trafegava na mão contrária de direção. No acidente, o motorista do automóvel sofreu grave lesão, comprometendo a mobilidade de um dos membros superiores. Nesse caso, é correto afirmar que

A) Existe responsabilidade objetiva do Estado em decorrência da prática de ato ilícito, pois há nexo causal entre o dano sofrido pelo particular e a conduta do agente público.

B) Não haverá o dever de indenizar se ficar configurada a culpa exclusiva da vítima, que dirigia na contramão, excluindo a responsabilidade do Estado.

C) Não se cogita de responsabilidade objetiva do Estado porque não houve a chamada culpa ou falha do serviço. E, de todo modo, a indenização do particular, se cabível, ficaria restrita aos danos materiais, pois o Estado não responde por danos morais.

D) Está plenamente caracterizada a responsabilidade civil do Estado, que se fundamenta na teoria do risco integral.

(EXAME V/Questão 30) Tendo o agente público atuado nesta qualidade e dado causa a dano a terceiro, por dolo ou culpa, vindo a administração a ser condenada, terá esta o direito de regresso.

A respeito da ação regressiva, é correto afirmar que

A) Em regra deve ser exercida, sob pena de afronta ao princípio da indisponibilidade.

B) O prazo prescricional tem início a contar do fato que gerou a ação indenizatória contra a Administração.

C) A prescrição será decenal, com base na regra geral da legislação civil.

D) O prazo prescricional será o mesmo constante da esfera penal para o tipo criminal correspondente.

(EXAME IV/Questão 32) Antônio, vítima em acidente automobilístico, foi atendido em hospital da rede pública do Município de Mar Azul e, por imperícia do médico que o assistiu, teve amputado um terço de sua perna direita. Nessa situação hipotética, respondem pelo dano causado a Antônio

A) O Município de Mar Azul e o médico, solidária e objetivamente.

B) O Município de Mar Azul, objetivamente, e o médico, regressivamente, em caso de dolo ou culpa.

C) O Município de Mar Azul, objetivamente, e o médico, subsidiariamente.

D) O Município de Mar Azul, objetivamente, e o médico, solidária e subjetivamente.

(EXAME 2010.3/Questão 5) Um policial militar, de nome Norberto, no dia de folga, quando estava na frente da sua casa, de bermuda e sem camisa, discute com um transeunte e acaba desferindo tiros de uma arma antiga, que seu avô lhe dera.

Com base no relatado acima, é correto afirmar que o Estado

A) Será responsabilizado, pois Norberto é agente público pertencente a seus quadros.

B) Será responsabilizado, com base na teoria do risco integral.

C) Somente será responsabilizado de forma subsidiária, ou seja, caso Norberto não tenha condições financeiras.

D) Não será responsabilizado, pois Norberto, apesar de ser agente público, não atuou nessa qualidade; sua conduta não pode, pois, ser imputada ao Ente Público.

GABARITO DAS QUESTÕES DO EIXO TEMÁTICO (OAB 1ª Fase)

Questão	Gabarito
EXAME XXVII/Questão 30	C
EXAME XXI/Questão 31	D
EXAME XX – Salvador/BA/Questão 31	C
EXAME XX/Questão 34	C
EXAME XIX/Questão 33	D
EXAME VIII/Questão 33	C
EXAME VI/Questão 31	B
EXAME V/Questão 30	A
EXAME IV/Questão 32	B
EXAME 2010.3/Questão 5	D

6.10 QUESTÕES DO EIXO TEMÁTICO (OAB 2ª FASE)

(EXAME DE ORDEM IV/Questão 2) José, enquanto caminhava pela rua, sofre graves sequelas físicas ao ser atingido por um choque elétrico oriundo de uma rede de transmissão de uma empresa privada que presta serviço de distribuição de energia elétrica. Na ação judicial movida por José, não ficou constatada nenhuma falha no sistema que teria causado o choque, tampouco se verificou a culpa por parte do funcionário responsável pela manutenção dessa rede elétrica local. No entanto, restou comprovado que o choque, realmente, foi produzido pela rede elétrica da empresa de distribuição de energia, conforme relatado no processo.

Diante do caso em questão, discorra sobre a possível responsabilização da empresa privada que presta serviço de distribuição de energia elétrica, bem como um possível direito de regresso contra o funcionário responsável pela manutenção da rede elétrica. (Valor: 1,25)

Item	Pontuação
Incide responsabilidade civil objetiva da pessoa jurídica de direito privado prestadora de serviço público (0,4) ,nos termos do art. 37, § 6º, da CF/1988 (0,3).	0/0,3/0,4/0,7
Não há possibilidade de regresso em relação ao agente por não comprovação de dolo ou culpa (0,55).	0/0,55

(EXAME DE ORDEM V/Questão 1) Liviana, moradora do Município de Trás dos Montes, andava com sua bicicleta em uma via que não possui acostamento, próxima ao centro da cidade, quando, de forma repentina, foi atingida por um ônibus de uma empresa concessionária de serviços públicos de transportes municipais. Após o acidente, Liviana teve as duas pernas quebradas e ficou em casa, sem trabalhar, em gozo de auxílio-doença, por cerca de dois meses. Então, resolveu procurar um advogado para ajuizar ação de responsabilidade civil em face da empresa concessionária de serviços públicos.

Qual é o fundamento jurídico e o embasamento legal da responsabilidade civil da empresa concessionária, considerando o fato de que Liviana se enquadrava na qualidade de terceiro em relação ao contrato de transporte municipal, no momento do acidente? (Valor: 1,25)

Item	Pontuação
Identificação da responsabilidade da empresa concessionária como objetiva (0,35), na forma do art. 37, § 6º, da CF/1988 (0,3).	0/0,3/0,35/0,65
Identificação de que a vítima não era usuária direta dos serviços de transportes públicos (0,3). Indicação da evolução jurisprudencial (0,3).	0/0,3/0,6

(EXAME DE ORDEM VI/Questão 4) Tício, motorista de uma empresa concessionária de serviço público de transporte de passageiros, comete uma infração de trânsito e causa danos a passageiros que estavam no coletivo e também a um pedestre que atravessava a rua. Considerando a situação hipotética narrada, responda aos itens a seguir, empregando os argumentos jurídicos apropriados e a fundamentação legal pertinente ao caso.

A) Qual(is) a(s) teoria(s) que rege(m) a responsabilidade civil da empresa frente aos passageiros usuários do serviço e frente ao pedestre, à luz da atual jurisprudência do Supremo Tribunal Federal? (Valor: 0,6)

B) Poderiam as vítimas responsabilizar direta e exclusivamente o Estado (Poder Concedente) pelos danos sofridos? (Valor: 0,65)

Item	Pontuação
A) Incidência da norma do art. 37, § 6º, da CF/1988 – teoria do risco administrativo / responsabilidade civil objetiva.	0/0,3
Ausência de distinção entre usuários e não usuários do serviço para fins de aplicação do art. 37, § 6º, da CF/1988.	0/0,3
B) Não pode o Estado (Poder Concedente) ser direta e primariamente responsabilizado por ato de concessionários de serviços públicos – interpretação do art. 37, § 6º, da CF/1988 (0,45) –, nos termos do art. 25 da Lei nº 8.987/1995, que expressamente atribui a responsabilidade à concessionária (0,2).	0/0,45/0,65

(EXAME DE ORDEM XIII/Questão 4) O município de Balinhas, com o objetivo de melhorar a circulação urbana para a Copa do Mundo a ser realizada no País, elabora novo plano viário para a cidade, prevendo a construção de elevados e vias expressas. Para alcançar este objetivo, em especial a construção do viaduto "Taça do Mundo", interdita uma rua ao tráfego de veículos, já que ela seria usada como canteiro para as obras. Diante dessa situação, os moradores de um edifício localizado na rua interditada, que também possuía saída para outro logradouro, ajuízam ação contra a Prefeitura, argumentando que agora gastam mais 10 minutos diariamente para entrar e sair do prédio, e postulando uma indenização pelos transtornos causados. Também ajuíza ação contra o município o proprietário de uma oficina mecânica localizada na rua interditada, sob o fundamento de que a clientela não consegue mais chegar ao seu estabelecimento. O município contesta, afirmando não ser devida indenização por atos lícitos da Administração. Acerca da viabilidade jurídica dos referidos pleitos, responda aos itens a seguir, empregando os argumentos jurídicos apropriados.

A) Atos lícitos da Administração podem gerar o dever de indenizar? (Valor: 0,45)

B) É cabível indenização aos moradores do edifício? (Valor: 0,40)

C) É cabível indenização ao empresário? (Valor: 0,40)

Item	Pontuação
A) A responsabilidade civil da Administração por atos lícitos, como o de obras urbanas, só ocorre nos casos de dano específico e anormal ao particular (0,35), nos termos do disposto no art. 37, § 6º, da CF/1988 (0,10).	0,0/0,35/0,45

Item	Pontuação
B) Os moradores não têm direito a uma indenização, pois o transtorno gerado não se qualifica como dano anormal.	0,0/0,40
C) O proprietário da oficina merece indenização, pois sofreu dano extraordinário, anormal e específico, que retirou o proveito econômico da sua empresa.	0,0/0,40

(EXAME DE ORDEM XVIII/Questão 2) O Estado X está realizando obras de duplicação de uma estrada. Para tanto, foi necessária a interdição de uma das faixas da pista, deixando apenas uma faixa livre para o trânsito de veículos. Apesar das placas sinalizando a interdição e dos letreiros luminosos instalados, Fulano de Tal, dirigindo em velocidade superior à permitida, distraiu-se em uma curva e colidiu com algumas máquinas instaladas na faixa interditada, causando danos ao seu veículo. A partir do caso proposto, responda, fundamentadamente, aos itens a seguir.

A) Em nosso ordenamento, é admissível a responsabilidade civil do Estado por ato lícito? (Valor: 0,60)

B) Considerando o caso acima descrito, está configurada a responsabilidade objetiva do Estado X? (Valor: 0,65)

Item	Pontuação
A) Sim. A responsabilidade do Estado pela prática de ato lícito assenta no princípio da isonomia, ou seja, na igualdade entre os cidadãos na repartição de encargos impostos em razão do interesse público e da solidariedade social (0,50), nos termos do art. 37, § 6º, da CF/1988 (0,10).	0,00/0,50/0,60
B) Não, pois conduzir seu veículo em velocidade superior à permitida, sem observar a sinalização existente, configura culpa exclusiva da vítima (0,35), que é causa de exclusão da responsabilidade objetiva, uma vez que rompe o nexo de causalidade (0,30).	0,00/0,30/ 0,35/0,65

(EXAME DE ORDEM 2010.2/Questão 1) É realizado, junto a determinado Ofício de Notas, procuração falsa para a venda de certo imóvel. Participa do ato fraudulento o "escrevente" do referido Ofício de Notas, que era e é amigo de um dos fraudadores. Realizada a venda com a utilização da procuração falsa, e após dois anos desta, o verdadeiro titular do imóvel regressa ao país, e descobre a venda fraudulenta. Assim, tenso com a situação, toma várias medidas, sendo uma delas o ajuizamento de ação indenizatória. Diante do enunciado, responda: contra quem será proposta essa ação e qual a natureza da responsabilidade?

Item	Pontuação
Natureza da delegação e ausência de responsabilidade do Ofício de Notas.	0/0,3
Identificação da responsabilidade do notário em face dos atos próprios da serventia (art. 22 da Lei nº 8.935/1994).	0/0,3
Caracterização dessa responsabilidade como objetiva (art. 37, § 6º, da CF/1988).	0/0,2/0,4

(EXAME DE ORDEM 2010.2/Questão 2) Um determinado fiscal de vigilância sanitária do Estado, ao executar uma operação de fiscalização em alguns restaurantes situados no centro da cidade do Rio de Janeiro, acabou por destruir todo o estoque de gêneros alimentícios perecíveis que se encontravam na câmara frigorífica de um dos estabelecimentos fiscalizados. A destruição do estoque, alegou o fiscal posteriormente, deveu-se à impossibilidade de separar os produtos que já estavam com o prazo de validade vencido, daqueles que, ainda, se encontravam dentro da validade. O dono do estabelecimento fiscalizado, um restaurante, procura um advogado com o objetivo de se consultar acerca de possíveis medidas judiciais em face do Estado, em virtude dos prejuízos de ordem material sofrido. Na qualidade de advogado do dono do estabelecimento comercial, indique qual seria a medida judicial adequada e se ele possui o direito a receber uma indenização em face do Estado, em razão da destruição dos produtos que se encontravam dentro do prazo de validade.

Item	Pontuação
Poder atribuído à Administração Pública – características do poder de polícia.	0/0,2/0,4
Avaliação da conduta do fiscal.	0/0,3
Procedimento a ser seguido pelo dono do estabelecimento.	0/0,3

(EXAME DE ORDEM XXIV/Questão 4) João e Roberto foram condenados a dezesseis anos de prisão, em regime fechado, pela morte de Flávio. Em razão disso, foram recolhidos a uma penitenciária conhecida por suas instalações precárias. As celas estão superlotadas: atualmente, o estabelecimento possui quatro vezes mais detentos que a capacidade recomendada. As condições de vida são insalubres. A alimentação, além de ter baixo valor nutricional, é servida em vasilhas sujas. Recentemente, houve uma rebelião que, em razão da demora na intervenção por parte do poder público, resultou na morte de João. Na qualidade de advogado(a) consultado(a), responda aos itens a seguir:

A) O Estado pode ser responsabilizado objetivamente pela morte de João? (Valor: 0,65)

B) Roberto faz jus a uma indenização por danos morais em razão das péssimas condições em que é mantido? (Valor: 0,60)

Item	Pontuação
A) Sim. Cabe a responsabilização objetiva porque caracterizada a inobservância do dever de proteção ou custódia pelo Estado (0,25) e o nexo de causalidade com a morte de João (0,30), em conformidade com o disposto no art. 37, § 6º, da CF/1988 **OU** com a tese de repercussão geral reconhecida pelo STF (0,10).	0,00/0,25/0,30/ 0,35/0,40/0,55/ 0,65
B) Sim. A situação descrita (falta de condições mínimas de habitação nos estabelecimentos penais) revela grave violação à integridade física e moral de Roberto, do que resulta o dever de indenização por danos, inclusive morais (0,50), conforme o art. 5º, XLIX, da CF/1988 **OU** tese de repercussão geral reconhecida pelo STF **OU** art. 186 do CC (0,10).	0,00/0,50/0,60

(EXAME DE ORDEM XIX/Questão 3) Na estrutura administrativa do Estado do Maranhão, a autarquia Ômega é responsável pelo desempenho das funções estatais na proteção e defesa dos consumidores. Em operação de fiscalização realizada pela autarquia, constatou-se que uma fornecedora de bebidas realizou "maquiagem" em seus produtos, ou seja, alterou o tamanho e a forma das garrafas das bebidas que comercializava, para que os consumidores não percebessem que passaria a haver 5% menos bebida em cada garrafa. Após processo administrativo em que foi conferida ampla defesa à empresa, a autarquia lhe aplicou multa, por violação ao dever de informar os consumidores acerca da alteração de quantidade dos produtos. Na semana seguinte, a infração praticada pela empresa foi noticiada pelos meios de comunicação tradicionais, o que acarretou considerável diminuição nas suas vendas, levando-a a ajuizar ação indenizatória em face da autarquia. A empresa alega que a repercussão social dos fatos acabou gerando danos excessivos à sua imagem. Diante das circunstâncias narradas, responda aos itens a seguir.

A) A autarquia Ômega, no exercício de suas atividades de proteção e defesa dos consumidores, possui o poder de aplicar multa à empresa de bebidas? (Valor: 0,60)

B) A autarquia deve reparar os danos sofridos pela redução de vendas dos produtos da empresa fiscalizada? (Valor: 0,65)

Item	Pontuação
A) Sim. A autarquia, pessoa jurídica de direito público (0,20), pode exercer fiscalização e aplicar sanções no desempenho de seu poder de polícia (0,30), com base no art. 78 do CTN OU nos arts. 55 e 56, I, do CDC (0,10).	0,00/0,20/0,30/ 0,40/0,50/0,60
B) Não. Embora o Estado possa vir a ser responsabilizado pela prática de atos lícitos (0,20), não há que se falar em reparação de danos no presente caso, uma vez que a autarquia agiu em estrito cumprimento de seu dever legal (0,45).	0,00/0,20/ 0,45/0,65

7 PODERES DA ADMINISTRAÇÃO

Os poderes surgem como instrumentos através dos quais o poder público vai perseguir seu interesse coletivo.

7.1 CARACTERÍSTICAS

a) É um dever, é obrigatório.

b) É irrenunciável.

c) Cabe responsabilização, que pode ser: I) quando o administrador se utiliza dos poderes além dos limites permitidos por lei (ação); ou II) quando ele não utiliza dos poderes quando deveria ter se utilizado (omissão). – Legislação: Lei nº 4.898/1965 – Abuso de Poder e Lei nº 8.429/1992 – Improbidade Administrativa.

d) Deve obedecer aos limites das regras de competência, sob pena de inconstitucionalidade.

7.2 ABUSO DE PODER

É o fenômeno que se verifica sempre que uma autoridade ou um agente público, embora competente para a prática de um ato, ultrapasse os limites das suas atribuições ou se desvie das finalidades anteriormente previstas.

Duas situações (modalidades):

a) Ultrapassa seus limites = excesso de poder.

b) Desvia a finalidade anteriormente prevista = desvio de poder.

7.3 TEORIA DOS MOTIVOS DETERMINANTES

É aquela que prende o administrador no momento da execução do ato aos motivos que ele alegou no momento de sua edição. Todo ato administrativo precisa ser motivado para possibilitar o exercício do contraditório e da ampla defesa e são esses motivos que determinam e condicionam a execução do ato. Se o administrador se afasta desses motivos, há ilegalidade, há abuso de poder, mas se ele obedece a outro interesse público, não há desobediência à teoria, não é desvio de finalidade e, portanto, não há abuso de poder.

7.4 PODER VINCULADO

Estabelece um único comportamento possível a ser tomado pelo administrador diante de casos concretos, sem nenhuma liberdade para um juízo de conveniência e oportunidade (juízo de valores).

O ato que deixar de atender a qualquer dado expresso na lei será nulo, por estar desvinculado do seu tipo padrão, podendo ser declarado pela Administração ou pelo Judiciário.

7.5 PODER DISCRICIONÁRIO

Nesse poder, o administrador também está subordinado à lei, diferencia do vinculado porque ele tem liberdade para atuar de acordo com um juízo de conveniência e oportunidade, de tal forma que, havendo duas alternativas, o administrador pode optar qual delas, no seu entendimento, preserva melhor o interesse público.

Discricionariedade é diferente de arbitrariedade: discricionariedade é a liberdade para atuar, para agir dentro dos limites da lei, e arbitrariedade é a atuação do administrador além (fora) dos limites da lei. – Ato arbitrário é sempre ilegítimo e inválido.

É amplamente possível o controle jurisdicional dos atos administrativos discricionários, no que tange à sua juridicidade, não havendo possibilidade, porém, de controle de mérito (conveniência e oportunidade). Além disso, há de se dizer que nem a Lei nem a Constituição exigem o esgotamento da via administrativa como condição de acesso ao Poder

Judiciário. Ao contrário, a Constituição consagra, no art. 5º, XXXV, a inafastabilidade do controle jurisdicional, tanto para os atos administrativos vinculados quanto aos discricionários.

7.6 PODER HIERÁRQUICO

É o poder conferido ao administrador para distribuir e escalonar as funções dos seus órgãos, ordenar e reaver a atuação de seus agentes, estabelecendo uma relação de hierarquia, de subordinação.

7.7 PODER DISCIPLINAR

É o poder conferido à Administração que lhe permite punir apenas a prática de infrações funcionais dos servidores.

7.8 PODER REGULAMENTAR

É o poder conferido ao Administrador para a edição de decretos e regulamentos para oferecer fiel execução à lei.

7.9 PODER DE POLÍCIA

É o poder conferido ao administrador que lhe permite condicionar, restringir, frenar o exercício de atividade e direitos pelos particulares em nome do interesse da coletividade. O **poder de polícia** possui conceito legislativo no art. 78 do CTN e possui, ainda, dois sentidos:

- **Sentido amplo:** em que dispõe ser o poder de polícia toda a atividade estatal que condiciona a liberdade e a propriedade, com a finalidade de adequá-las aos interesses coletivos. Nesse sentido, abrange as atividades administrativas e também a edição de leis pelo Poder Legislativo.
- **Conceito restrito:** o poder de polícia não inclui atividades legislativas, mas apenas as atividades administrativas de regulamentação e de execução das leis que estabelecem normas primárias de polícia.

O poder de polícia se desenvolve em quatro ciclos:

- **Ordem:** estabelecimento da legislação regulatória do Poder de Polícia (incide discricionariedade – em regular ou não a atividade; indelegável às pessoas jurídicas de direito privado);
- **Consentimento:** nesse ciclo, o Estado concede o consentimento (vinculado, através de licença, e discricionário, através de autorização) para que o particular exerça a atividade regulada. Os atos materiais desse ciclo poderão ser delegados às pessoas jurídicas de direito privado, a exemplo dos Centros de Formação de Condutores

que participam da materialização necessária à concessão da licença para condução de veículos automotores;

- **Fiscalização:** obtido o consentimento estatal, estará o particular sujeito à fiscalização das condições previstas na legislação (na ordem). Exemplo é a fiscalização de trânsito, a que estão sujeitos os condutores, após obtenção da licença para conduzir veículo automotor.
- **Sanção:** constatado o descumprimento da norma estabelecida no ciclo da ordem, por intermédio da fiscalização, o particular estará sujeito às sanções administrativas estabelecidas na legislação. Esse ciclo era entendido pela doutrina e pela jurisprudência como indelegável às Pessoas Jurídicas de Direito Privado, sendo exercido exclusivamente pela Administração Direta, Autárquica ou Fundacional Pública. Todavia, o STF, em 23 de outubro de 2020, ao julgar o RE nº 633782/MG, fixou tese de repercussão geral no sentido de que "é constitucional a delegação do poder de polícia, por meio de lei, a pessoas jurídicas de direito privado integrantes da Administração Pública indireta de capital social majoritariamente público que prestem exclusivamente serviço público de atuação própria do Estado e em regime não concorrencial".

Assim, deve-se destacar que, atualmente, o poder de polícia **pode ser delegado tanto a pessoas jurídicas de direito público** (a exemplo de uma autarquia ou uma associação pública, criadas para esse fim, dotadas do *ius imperii* estatal) quanto de direito privado integrantes da administração indireta, desde que estas prestem exclusivamente serviço público de atuação própria do Estado e em regime não concorrencial.

7.9.1 Competência para o exercício do poder de polícia

O ente federado que possui competência constitucional para legislar sobre matéria é o que possui competência para o exercício do poder de polícia.

União:	arts. 22 e 24 da CF/1988
Estados:	arts. 25, § 1º, da CF/1988
Distrito Federal:	art. 30 da CF/1988
Municípios:	art. 32, § 1º, da CF/1988

7.9.2 Formas de atuação do poder de polícia (rol exemplificativo)

• Concessão de alvará de licença ou autorização para realizar atividades	• Determinação de localização e funcionamento de atividades do Município	• Regras para fiscalizar a poluição sonora, visual e atmosférica
• Controle de medicamentos	• Controle de produção de mercado (concorrência)	• Determinação e fiscalização de atividade bancária
• Fiscalização de trânsito	• Fiscalização do meio ambiente	• Controle do exercício de profissões

Exemplos de setores do poder de polícia:

Polícia de vigilância sanitária	• Proteção à saúde pública
Polícia de pesos e medidas	• Fiscalização dos padrões de medida
Polícia edilícia	• Relativa às edificações
Polícia de trânsito	• Garantia de segurança e ordem nas vias
Polícia florestal	• Defesa da flora
Polícia de caça e pesca	• Proteção à fauna terrestre e aquática
Polícia de diversões públicas	• Defesa de valores sociais

Exemplos de Sanções do poder de polícia:

• Multa	• Interdição de atividade	• Fechamento de estabelecimento
• Demolição de construção	• Destruição de objetos	• Inutilização de gêneros

Observação 1: A Lei nº 9.873/1999, em seu art. 1º, estabelece o prazo prescricional **de cinco anos** para ação punitiva da Administração Pública Federal, direta ou indireta, no exercício do poder de polícia. Porém, caso o fato objeto da ação punitiva da administração também constitua crime, devem ser aplicados os prazos de prescrição prescritos na lei penal (art. 1º, § 2º, da Lei nº 9.873/1999). Ainda, necessário destacar que interrompem a prescrição: a) notificações ou citação do acusado ou indiciado, inclusive por edital; b) qualquer ato inequívoco que importe em apuração do fato; c) decisão condenatória recorrível.

Observação 2: O ato administrativo decorrente do exercício do poder de polícia, em regra, goza do atributo da imperatividade ou coercibilidade, por meio do qual a Administração pode impor unilateralmente obrigações válidas (sem necessidade de recorrer ao Poder Judiciário). Para tanto, é necessário que a atuação estatal esteja prevista em lei. Os principais exemplos são as demolições de construções em área de risco ou aquelas que possam trazer iminente perigo à coletividade.

Classificação:

7.9.3 Polícia administrativa e polícia judiciária

Polícia Administrativa	Polícia Judiciária
Incide sobre infrações administrativas	Ilícito de natureza penal
Esgota-se no âmbito da função administrativa	Prepara a função jurisdicional penal
É exercida sobre atividades privadas, bens e direitos	Incide diretamente sobre pessoas
Exercida por diversos órgãos administrativos, inclusive a polícia militar	Exercida pela polícia civil ou federal
Prepondera o caráter preventivo	Prepondera o caráter repressivo

7.9.4 Atributos do poder de polícia

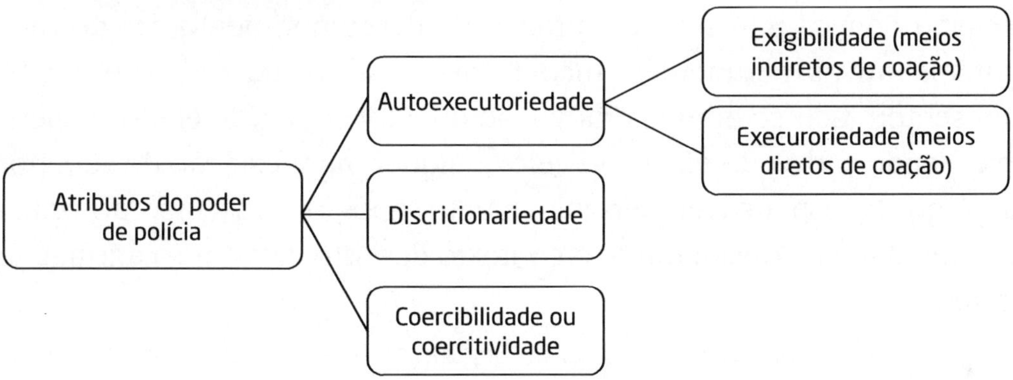

7.9.5 Características do poder de polícia

<table>
<tr><td rowspan="9">Características do regime jurídico do poder de polícia</td><td>• atividade restrita</td><td>Limites à atuação do particular</td></tr>
<tr><td>• limite à liberdade e à propriedade</td><td>Limitação da liberdade e propriedade do particular</td></tr>
<tr><td>• discricionário</td><td>Atribuição é, em regra, discricionária, com exceção da licença, que possui um caráter vinculado</td></tr>
<tr><td>• caráter liberatório</td><td>Autoriza o exercício de atividades até então vedadas</td></tr>
<tr><td>• generalidade</td><td>Estende-se a todos os indivíduos</td></tr>
<tr><td>• obrigação de não fazer</td><td>Em regra, cria dever negativo aos particulares</td></tr>
<tr><td>• não gerar indenização</td><td>Não causa danos específicos</td></tr>
<tr><td>• atinge particulares</td><td>É direcionado, em regra, a limitar a esfera de interesses particulares</td></tr>
<tr><td>• Admite delegação mitigada para pessoas jurídicas de direito privado.</td><td>Admite delegação a pessoas jurídicas de direito privado integrantes da Administração Pública indireta que prestem exclusivamente serviço público de atuação própria do Estado e em regime não concorrencial. Para pessoas jurídicas de direito privado não integrantes da Administração Pública, admite-se a delegação apenas dos atos materiais, ou seja, desprovidos de poder decisório.</td></tr>
</table>

7.10 QUESTÕES DO EIXO TEMÁTICO (OAB 1ª FASE)

(EXAME XXXI/Questão 29) A autoridade competente, em âmbito federal, no regular exercício do poder de polícia, aplicou à sociedade empresária Soneca S/A multa em razão do descumprimento das normas administrativas pertinentes. Inconformada, a sociedade Soneca S/A apresentou recurso administrativo, ao qual foi conferido efeito suspensivo, sendo certo que não sobreveio qualquer manifestação do superior hierárquico responsável pelo julgamento, após o transcurso do prazo de oitenta dias. Considerando o contexto descrito, assinale a afirmativa correta.

A) Não se concederá Mandado de Segurança para invalidar a penalidade de multa aplicada a Soneca S/A, submetida a recurso administrativo provido de efeito suspensivo.

B) O ajuizamento de qualquer medida judicial por Soneca S/A depende do esgotamento da via administrativa.

C) Não há mora da autoridade superior hierárquica, que, por determinação legal, dispõe do prazo de noventa dias para decidir.

D) A omissão da autoridade competente em relação ao seu dever de decidir, ainda que se prolongue por período mais extenso, não enseja a concessão de Mandado de Segurança.

(EXAME XXX/Questão 32) Após comprar um terreno, Roberto iniciou a construção de sua casa, sem prévia licença, avançando para além dos limites de sua propriedade e ocupando parcialmente a via pública, inclusive com possibilidade de desabamento de parte da obra e risco à integridade dos pedestres. No regular exercício da fiscalização da ocupação do solo urbano, o poder público municipal, observadas as formalidades legais, valendo-se da prerrogativa de direito público que, calcada na lei, autoriza-o a restringir o uso e o gozo da liberdade e da propriedade privada em favor do interesse da coletividade, determinou que Roberto demolisse a parte irregular da obra. O poder administrativo que fundamentou a determinação do Município é o poder

A) De hierarquia, e, pelo seu atributo da coercibilidade, o particular é obrigado a obedecer às ordens emanadas pelos agentes públicos, que estão em nível de superioridade hierárquica e podem usar meios indiretos de coerção para fazer valer a supremacia do interesse público sobre o privado.

B) Disciplinar, e o particular está sujeito às sanções impostas pela administração pública, em razão do atributo da imperatividade, desde que haja a prévia e imprescindível chancela por parte do poder judiciário.

C) Regulamentar, e os agentes públicos estão autorizados a realizar atos concretos para aplicar a lei, ainda que tenham que se valer do atributo da autoexecutoriedade, a fim de concretizar suas determinações, independentemente de prévia ordem judicial.

D) De polícia, e a fiscalização apresenta duplo aspecto: um preventivo, por meio do qual os agentes públicos procuram impedir um dano social, e um repressivo, que, em face da transgressão da norma de polícia, redunda na aplicação de uma sanção.

(EXAME XXIV/Questão 27) João foi aprovado em concurso público promovido pelo Estado Alfa para o cargo de analista de políticas públicas, tendo tomado posse no cargo, na classe inicial da respectiva carreira. Ocorre que João é uma pessoa proativa e teve, como gestor, excelentes experiências na iniciativa privada. Em razão disso, ele decidiu que não deveria cumprir os comandos determinados por agentes superiores na estrutura administrativa, porque ele as considerava contrárias ao princípio da eficiência, apesar de serem ordens legais.

A partir do caso apresentado, assinale a afirmativa correta.

A) João possui total liberdade de atuação, não se submetendo a comandos superiores, em decorrência do princípio da eficiência.

B) A liberdade de atuação de João é pautada somente pelo princípio da legalidade, considerando que não existe escalonamento de competência no âmbito da Administração Pública.

C) João tem dever de obediência às ordens legais de seus superiores, em razão da relação de subordinação decorrente do poder hierárquico.

D) As autoridades superiores somente podem realizar o controle finalístico das atividades de João, em razão da relação de vinculação estabelecida com os superiores hierárquicos.

(EXAME XXIV/Questão 31) Um fiscal de posturas públicas municipais verifica que um restaurante continua colocando, de forma irregular, mesas para os seus clientes na calçada. Depois de lavrar autos de infração com aplicação de multa por duas vezes, sem que a sociedade empresária tenha interposto recurso administrativo, o fiscal, ao verificar a situação, interdita o estabelecimento e apreende as mesas e cadeiras colocadas de forma irregular, com base na lei que regula o exercício do poder de polícia correspondente.

A partir da situação acima, assinale a afirmativa correta.

A) O fiscal atuou com desvio de poder, uma vez que o direito da sociedade empresária de continuar funcionando é emanação do direito de liberdade constitucional, que só pode ser contrastado a partir de um provimento jurisdicional.

B) A prática irregular de ato autoexecutório pelo fiscal é clara, porque não homenageou o princípio do contraditório e da ampla defesa ao não permitir à sociedade empresária, antes da apreensão, a possibilidade de produzir, em processo administrativo específico, fatos e provas em seu favor.

C) O ato praticado pelo fiscal está dentro da visão tradicional do exercício da polícia administrativa pelo Estado, que pode, em situações extremas, dentro dos limites da razoabilidade e da proporcionalidade, atuar de forma autoexecutória.

D) A atuação do fiscal é ilícita, porque os atos administrativos autoexecutórios, como mencionado acima, exigem, necessariamente, autorização judicial prévia.

(EXAME XXII/Questão 34) A Agência Nacional do Petróleo – ANP, no exercício do poder de polícia, promoveu diligência, no dia 05/01/2010, junto à sociedade Petrolineous S/A, que culminou na autuação desta por fatos ocorridos naquela mesma data. Encerrado o processo administrativo, foi aplicada multa nos limites estabelecidos na lei de regência. O respectivo crédito não tributário resultou definitivamente constituído em 19/01/2011, e, em 15/10/2015, foi ajuizada a pertinente execução fiscal.

Com base na situação hipotética descrita, acerca da prescrição no Direito Administrativo, assinale a afirmativa correta.

A) Operou-se a prescrição para a execução do crédito, considerando o lapso de cinco anos transcorrido entre a data da autuação e a do ajuizamento da ação.

B) Não se operou a prescrição para a execução do crédito, que pode ser cobrado pela administração federal a qualquer tempo.

C) Operou-se a prescrição para a execução do crédito, considerando o lapso de três anos decorrido entre a data de sua constituição definitiva e a do ajuizamento da ação.

D) Não se operou a prescrição para a execução do crédito, considerando o lapso de cinco anos entre a data de sua constituição definitiva e a do ajuizamento da ação.

(EXAME XVI/Questão 32) Determinado município resolve aumentar a eficiência na aplicação das multas de trânsito. Após procedimento licitatório, contrata a sociedade empresária Cobra Tudo para instalar câmeras do tipo "radar", que fotografam infrações de trânsito, bem como disponibilizar agentes de trânsito para orientar os cidadãos e aplicar multas. A mesma sociedade empresária ainda ficará encarregada de criar um Conselho de Apreciação das multas, com o objetivo de analisar todas as infrações e julgar os recursos administrativos. Sobre o caso apresentado, assinale a afirmativa correta.

A) É possível a contratação de equipamentos eletrônicos de fiscalização, mas o poder decisório não pode ser transferido à empresa.

B) Não é cabível a terceirização de qualquer dessas atividades, por se tratar de atividade-fim da Administração.

C) A contratação é, a princípio, legal, mas somente permanecerá válida se o município comprovar que a terceirização aumentou a eficiência da atividade.

D) Não é possível delegar a instalação e gestão de câmeras do tipo "radar" à empresa contratada, mas é possível delegar a criação e gestão do Conselho de Apreciação de multas.

(EXAME XIV/Questão 33) A Secretaria de Defesa do Meio Ambiente do Estado X lavrou auto de infração, cominando multa no valor de R$ 15.000,00 (quinze mil reais) à empresa Explora, em razão da instalação de uma saída de esgoto clandestina em uma lagoa naquele Estado. A empresa não impugnou o auto de infração lavrado e não pagou a multa aplicada. Considerando o exposto, assinale a afirmativa correta.

A) A aplicação de penalidade representa exercício do poder disciplinar e autoriza a apreensão de bens para a quitação da dívida, em razão da executoriedade do ato.

B) A aplicação de penalidade representa exercício do poder de polícia e autoriza a apreensão de bens para a quitação da dívida, em razão da executoriedade do ato.

C) A aplicação de penalidade representa exercício do poder disciplinar, mas não autoriza a apreensão de bens para a quitação da dívida.

D) A aplicação de penalidade representa exercício do poder de polícia, mas não autoriza a apreensão de bens para a quitação da dívida.

(EXAME XIII/Questão 30) José da Silva é o chefe do Departamento de Pessoal de uma Secretaria de Estado. Recentemente, José da Silva avocou a análise de determinada matéria, constante de processo administrativo inicialmente distribuído a João de Souza, seu subordinado, ao perceber que a questão era por demais complexa e não vinha sendo tratada com prioridade por aquele servidor. Ao assim agir, José da Silva fez uso

A) do poder hierárquico.

B) do poder disciplinar.

C) do poder discricionário.

D) da teoria dos motivos determinantes.

(EXAME XI/Questão 32) Atendendo a uma série de denúncias feitas por particulares, a Delegacia de Defesa do Consumidor (DECON) deflagra uma operação, visando a apurar as condições dos alimentos fornecidos em restaurantes da região central da capital. Logo na primeira inspeção, os fiscais constataram que o estoque de um restaurante tinha produtos com a validade vencida. Na inspeção das instalações da cozinha, apuraram que o espaço não tinha condições sanitárias mínimas para o manejo de alimentos e o preparo de refeições. Os produtos vencidos foram apreendidos e o estabelecimento foi interditado, sem qualquer decisão prévia do Poder Judiciário.

Assinale a alternativa que indica o atributo do poder de polícia que justifica as medidas tomadas pela DECON.

A) Coercibilidade.

B) Inexigibilidade.

C) Autoexecutoriedade.

D) Discricionariedade.

(EXAME X/Questão 32) Oscar é titular da propriedade de um terreno adjacente a uma creche particular. Aproveitando a expansão econômica da localidade, decidiu construir em seu terreno um grande galpão. Oscar iniciou as obras, sem solicitar à prefeitura do município "X" a necessária licença para construir, usando material de baixa qualidade. Ainda durante a construção, a diretora da creche notou que a estrutura não apresentava solidez e corria o risco de desabar sobre as crianças. Ao tomar conhecimento do fato, a prefeitura do município "X" inspecionou o imóvel e constatou a gravidade da situação. Após a devida notificação de Oscar, a estrutura foi demolida.

Assinale a afirmativa que indica o instituto do direito administrativo que autoriza a atitude do município "X".

A) Tombamento.

B) Poder de polícia.

C) Ocupação temporária.

D) Desapropriação.

(EXAME IX – Ipatinga-MG/Questão 30) Autarquia competente para a fiscalização de estabelecimentos comerciais que vendam gêneros alimentícios verifica que o maior supermercado do município estava com o funcionamento irregular, bem como vendia produtos com o prazo de validade vencido. Além de todas as outras sanções cabíveis na espécie, a Autarquia aplicou multa ao estabelecimento. Com o objetivo de assegurar que a multa fosse paga, a Autarquia apreendeu produtos (dentro do prazo de validade) cujo valor somasse exatamente o valor da multa, e que tivessem proveito para a autarquia, como água mineral, café e açúcar.

Com base na situação descrita, assinale a afirmativa correta.

A) A apreensão de bens com o objetivo de quitação de multa regularmente aplicada pela fiscalização é manifestação da autoexecutoriedade do poder de polícia, sendo legitimamente exercida pela Autarquia.

B) Não é cabível a apreensão de bens, neste caso, pois ela somente seria viável se a Administração tivesse feito pesquisa e constatado que os preços correspondem à média de mercado.

C) A Administração goza da prerrogativa da autoexecutoriedade, mas a cobrança das multas aplicadas não pode se dar de maneira forçada, *manu militari*, devendo ser feita por meio de processo judicial, caso não ocorra o pagamento administrativamente.

D) A apreensão de bens para quitação de multa pode se dar sobre produtos cuja validade está vencida ou, como no caso, sobre produtos bons para consumo, e não pode ser questionada por se inserir no mérito do ato administrativo.

(EXAME 2010.2/Questão 11) A doutrina costuma afirmar que certas prerrogativas postas à Administração encerram verdadeiros poderes, que são irrenunciáveis e devem ser exercidos sempre que o interesse público clamar. Por tal razão são chamados poder-dever. A esse respeito é correto afirmar que:

A) O poder regulamentar é amplo, e permite, sem controvérsias, a edição de regulamentos autônomos e executórios.

B) O poder disciplinar importa à administração o dever de apurar infrações e aplicar penalidades, mesmo não havendo legislação prévia.

C) O poder de polícia se coloca discricionário, conferindo ao administrador ilimitada margem de opções quanto à sanção a ser, eventualmente, aplicada.

D) O poder hierárquico é inerente à ideia de verticalização administrativa, e revela as possibilidades de controlar atividades, delegar competência, avocar competências delegáveis e invalidar atos, dentre outros.

(EXAME 2010.2/Questão 14) O poder de polícia, conferindo a possibilidade de o Estado limitar o exercício da liberdade ou das faculdades de proprietário, em prol do interesse público

A) Gera a possibilidade de cobrança, como contrapartida, de preço público.

B) Se instrumentaliza sempre por meio de alvará de autorização.

C) Afasta a razoabilidade, para atingir os seus objetivos maiores, em prol da predominância do interesse público.

D) Deve ser exercido nos limites da lei, gerando a possibilidade de cobrança de taxa.

(EXAME 2010.2/Questão 19) No âmbito do Poder discricionário da Administração Pública, não se admite que o agente público administrativo exerça o Poder discricionário

A) Quando estiver diante de conceitos legais e jurídicos parcialmente indeterminados, que se tornam determinados à luz do caso concreto e à luz das circunstâncias de fato.

B) Quando estiver diante de conceitos legais e jurídicos técnico- científicos, sendo, neste caso, limitado às escolhas técnicas, por óbvio possíveis.

C) Quando estiver diante de conceitos valorativos estabelecidos pela lei, que dependem de concretização pelas escolhas do agente, considerados o momento histórico e social.

D) Em situações em que a redação da Lei se encontra insatisfatória ou ultrapassada.

GABARITO DAS QUESTÕES DO EIXO TEMÁTICO (OAB 1ª Fase)

Questão	Gabarito
EXAME XXXI/Questão 29	A
EXAME XXX/Questão 32	D
EXAME XXIV/Questão 27	C
EXAME XXIV/Questão 31	C
EXAME XXII/Questão 34	D
EXAME XVI/Questão 32	A
EXAME XIV/Questão 33	D
EXAME XIII/Questão 30	A
EXAME XI/Questão 32	C
EXAME X/Questão 32	B
EXAME IX/Questão 30	C
EXAM 2010.2/Questão 11 E	D
EXAME 2010.2/Questão 14	D
EXAME 2010.2/Questão 19	D

7.11 QUESTÕES DO EIXO TEMÁTICO (OAB 2ª FASE)

(EXAME DE ORDEM IV/Questão 4) O Sr. Joaquim Nabuco, dono de um prédio antigo, decide consultá-lo como advogado. Joaquim relata que o seu prédio está sob ameaça de ruir e que o poder público já iniciou os trabalhos para realizar sua demolição. Joaquim está inconformado com a ação do poder público, justamente por saber que não existe ordem judicial determinando tal demolição. Diante do caso em tela, discorra fundamentadamente sobre a correção ou ilegalidade da medida. (Valor: 1,25)

Item	Pontuação
Abordar duas entre as seguintes (indicar 1 = 0,6; indicar 2 = 1,25): Garantia da segurança coletiva por meio do poder de polícia. Autoexecutoriedade como atributo do poder de polícia aplicável a casos urgentes. Respeito ao contraditório e ao devido processo legal no âmbito administrativo.	0/0,6/1,25

(EXAME DE ORDEM VIII/Questão 4) A União pretende delegar à iniciativa privada, mediante licitação, poderes de polícia administrativa na fiscalização de portos e aeroportos nacionais, compreendendo a edição de normas básicas, a fiscalização de passageiros e de mercadorias e a aplicação de sanções.

Para tanto, formatou um modelo a partir do qual o vencedor do certame será definido pelo menor valor cobrado da Administração Pública para a prestação do serviço de fiscalização.

A respeito da situação apresentada, responda, fundamentadamente, aos itens a seguir.

A) É possível a delegação, nesse caso? (Valor: 0,75)

B) É possível a delegação a uma autarquia criada para essa finalidade? (Valor: 0,50)

Item	Pontuação
A) Não. Por se tratar de atividade típica de Estado, o poder de polícia não pode ser delegado a pessoas jurídicas de direito privado (0,75).	0,00/0,75
B) Por se tratar de pessoa jurídica de direito público, dotada do *ius imperii* estatal, é possível a outorga do poder de polícia a uma autarquia criada para esta finalidade (0,50).	0,00/0,50

(EXAME DE ORDEM XIV/Questão 3) Os municípios "X", "Y" e "Z", necessitando estabelecer uma efetiva fiscalização sanitária das atividades desenvolvidas por particulares em uma feira de produtos agrícolas realizada na interseção territorial dos referidos entes, resolvem celebrar um consórcio público, com a criação de uma associação pública. A referida associação, de modo a atuar com eficiência no seu mister, resolve delegar à Empresa ABCD a instalação e operação de sistema de câmeras e monitoramento da entrada e saída dos produtos. Diante da situação acima apresentada, responda aos itens a seguir.

A) Pode a associação pública aplicar multas e demais sanções pelo descumprimento das normas sanitárias estabelecidas pelo referidos entes "X", "Y" e "Z"? (Valor: 0,60)

B) É possível que a referida associação pública realize a delegação prevista para a empresa ABCD? (Valor: 0,65)

Item	Pontuação
A) Sim, pois as associações públicas possuem personalidade jurídica de direito público (0,30), condição que permite o exercício do Poder de Polícia. (0,20), conforme o art. 1º, § 1º, da Lei nº 11.107/2005 OU art. 41 do CC (0,10).	0,00/0,20/0,30/ 0,40/0,50/0,60

Item	Pontuação
B) Sim, uma vez que estariam sendo delegados apenas os atos materiais do Poder de Polícia (0,55), respaldado no art. 4º, XI, *c*, da Lei nº 11.107/2005 (0,10).	0,00/0,55/0,65

(EXAME DE ORDEM XXIII/Questão 3) No regular exercício do poder de polícia e após o devido processo administrativo, certo órgão competente da Administração Pública Federal aplicou à sociedade empresária Beleza Ltda. multa de R$ 10.000,00 (dez mil reais) pelo descumprimento de normas administrativas que lhe são aplicáveis.Inconformada, a apenada apresentou o recurso administrativo cabível, no qual foi verificado que o valor da multa aplicada estava muito aquém dos limites estabelecidos pela lei. Após ciência e manifestação da pessoa jurídica em questão, a multa foi majorada para R$ 50.000,00 (cinquenta mil reais), sendo certo que tal valor foi mantido na terceira instância administrativa após novo recurso da sociedade. Diante dessa situação hipotética, considerando que existe autoridade superior à que manteve a majoração da multa aplicada à sociedade empresária Beleza Ltda. e que não há legislação específica acerca de recursos no mencionado processo administrativo, responda aos itens a seguir.

A) Analise a viabilidade de a pessoa jurídica prejudicada recorrer administrativamente dessa última decisão. (Valor: 0,50)

B) É cabível a majoração da multa efetuada pela autoridade administrativa? (Valor: 0,75)

Gabarito comentado

A) Não é viável recorrer administrativamente, na hipótese. A norma geral do processo administrativo determina o cabimento de recurso por até três esferas administrativas, que já se consumaram na hipótese, tal como se depreende do art. 57 da Lei nº 9.784/1999.

B) Sim. A Administração está autorizada a majorar a penalidade aplicada ao particular que se mostre contrária à lei, em decorrência do princípio da autotutela OU do poder-dever de zelar pela legalidade dos atos administrativos, na forma do art. 64 da Lei nº 9.784/1999.

Item	Pontuação
A) Não. A norma geral do processo administrativo determina o cabimento de recurso por até três esferas administrativas, que já se consumaram na hipótese (0,40), na forma do art. 57 da Lei nº 9.784/1999 (0,10).	0,00/0,40/0,50
B) Sim. A Administração está autorizada a majorar a penalidade aplicada ao particular que se mostre contrária à lei (0,35), em decorrência do princípio da autotutela OU do poder- dever de zelar pela legalidade dos atos administrativos (0,30), na forma do art. 64 da Lei nº 9.784/1999 OU Súmula nº 473 do STF (0,10).	0,00/0,30/0,35/0,40/ 0,45/0,65/0,75

(EXAME DE ORDEM XIX/Questão 4) A Lei federal nº 1.234 estabeleceu novas diretrizes para o ensino médio no País, determinando a inclusão de Direito Constitucional como disciplina obrigatória. Para regulamentar a aplicação da lei, o Presidente da República editou o Decreto nº 101 que, a fim de atender à nova exigência legal, impõe às escolas públicas e particulares, a instituição de aulas de Direito Constitucional, de Direito Administrativo e de Noções de Defesa do Consumidor, no mínimo, de uma hora semanal por disciplina, com professores diferentes para cada uma. Com base na hipótese apresentada, responda, fundamentadamente, aos itens a seguir.

A) Considerando o poder regulamentar, conferido à Administração Pública, de editar atos normativos gerais para complementar os comandos legislativos e permitir sua aplicação, é válido o Decreto nº 101, expedido pelo Chefe do Poder Executivo? (Valor: 0,75)

B) O ato expedido pelo Chefe do Poder Executivo está sujeito a controle pelo Poder Legislativo? (Valor: 0,50)

Item	Pontuação
A) Não, pois o poder regulamentar conferido à Administração tem caráter complementar à lei, a fim de permitir sua aplicação, não podendo criar obrigação nova, não prevista na lei (0,65), conforme o art. 84, IV, da CF/1988 (0,10).	0,00/0,65/0,75
B) Sim, pois o Congresso Nacional tem competência constitucional para sustar os atos normativos do Poder Executivo que exorbitem do poder regulamentar (0,40), conforme previsão do art. 49, V, da CF/1988 (0,10).	0,00/0,40/0,50

8 | ATOS ADMINISTRATIVOS

É uma espécie de ato jurídico, é toda manifestação unilateral de vontade da Administração, que agindo nessa qualidade, tenha por fim imediato adquirir, resguardar, transferir, modificar, extinguir e declarar direitos ou impor obrigações a ela mesma e aos particulares.

8.1 REQUISITOS OU ELEMENTOS DO ATO ADMINISTRATIVO

a) **Competência**: prerrogativa para a edição de um ato, esfera de atuação;

b) **Forma**: somente a prescrita em lei, maneira de exteriorização dos atos administrativos, em regra são escritos;

c) **Motivo:** razões que justificam a edição do ato;

d) **Objeto**: é ato em si mesmo considerado, é o que o ato decide, opina, certifica;

e) **Finalidade:** única, o interesse público.

Observação 1: A soma do motivo e do objeto denomina-se mérito do ato administrativo.

Observação 2: Todos os atos administrativos devem ser motivados, em especial:

• Negativa, limitação ou afetação e direitos ou interesses.
• Imposição ou agravo de sanção, dever ou encargo.
• Decisão de processo administrativo de concurso público.
• Dispensa ou inexigibilidade de processo licitatório.
• Decisão de recurso administrativo.
• Reexame de ofício.
• Deixar de aplicar jurisprudência firmada sobre questão.
• Contrair pareceres, laudos, propostas e relatórios oficiais.
• Anulação ou revogação de ato administrativo.
• Convalidação de ato administrativo.
• Suspensão de ato administrativo.

8.2 CARACTERÍSTICAS OU ATRIBUTOS DO ATO ADMINISTRATIVO

a) Presunção de legalidade e veracidade (legitimidade) (o ônus da prova cabe a quem alega a ilegalidade).

b) Autoexecutoriedade (a administração os executa por contra própria).

c) Tipicidade (o ato administrativo deve corresponder a figuras previamente definidas pela lei como aptas a produzir determinados efeitos).

d) Imperatividade (coercibilidade).

8.3 CLASSIFICAÇÃO

I) Quanto aos destinatários:

a) gerais: atingem a coletividade como um todo (ex.: portaria);

b) individuais: trabalham com uma situação concreta, têm destinatários certos (ex.: decreto expropriatório, licença para edificação, permissão de uso).

II) Quanto ao grau de liberdade:

a) vinculado: é aquele que estabelece um único comportamento possível de ser adotado pela Administração diante de um caso concreto, não há margem de liberdade do administrador (ex.: aposentadoria por tempo de serviço);

b) discricionário: prevê mais de um comportamento possível de ser tomado pelo administrador em um caso concreto, há margem de liberdade para que ele possa atuar com base em um juízo de conveniência e oportunidade, porém sempre dentro dos limites da lei (ex.: permissão de uso para colocação de mesas e cadeiras nas calçadas públicas).

III) Quanto ao objeto:

a) ato de império: aqueles que a Administração pratica usando da sua supremacia sobre o administrado, impondo obrigações de ordem unilateral (ex.: desapropriação);

b) ato de gestão: aqueles praticados pela Administração sem se valer da sua supremacia sobre os destinatários. São fundamentalmente regidos pelo direito privado. A administração se afasta de suas prerrogativas, colocando-se em pé de igualdade com os particulares (ex.: contrato de locação).

IV) Quanto à formação:

a) simples: é o que resulta da manifestação de vontade de um órgão da Administração Pública; depende de uma única manifestação de vontade;

b) composto: é aquele que depende de mais de uma manifestação de vontade que devem ser produzidas dentro de um mesmo órgão (ex.: ato que dependa da autorização de um superior hierárquico);

c) **complexo:** é aquele que, para se aperfeiçoar, depende de mais de uma manifestação de vontade, porém, essas manifestações de vontade devem ser produzidas por mais de um órgão.

Diferença entre atos compostos e complexos: a manifestação de vontade dos atos compostos provém de único órgão; já os atos complexos dependem de manifestação de vontade de órgãos diversos.

8.4 ESPÉCIES DE ATOS ADMINISTRATIVOS

a) **Atos normativos:** contêm comando geral visando a correta aplicação da lei. Detalhar melhor o que a lei previamente estabeleceu. Ex.: decretos, regulamentos, regimentos, resoluções, deliberações.

- **Decretos:** atos normativos exclusivos do chefe do Executivo;
- **Regulamentos:** visam especificar mandamentos previstos ou não em leis;
- **Regimentos:** têm força normativa interna e visam reger funcionamento de órgãos;
- **Resoluções:** expedidas pelas altas autoridades do Executivo para regulamentar matéria exclusiva.
- **Deliberações:** decisões tomadas por órgãos colegiados.

b) **Atos ordinatórios:** visam a disciplinar o funcionamento da Administração e a conduta funcional dos seus agentes (fundamento do poder hierárquico). Ex.: instruções, circulares, avisos, portarias, ofícios, despachos administrativos.

- **Instruções:** orientações do subalterno pelo superior hierárquico de como desempenhar certa função;
- **Circulares:** ordens escritas e uniformes expedidas para determinados funcionários ou agentes;
- **Avisos:** atos de titularidade de Ministros em relação ao Ministério;
- **Portarias:** atos emanados por chefes de órgãos públicos aos seus subalternos determinando a realização de atos gerais ou especiais;
- **Ofícios:** comunicações oficiais realizadas pela Administração a terceiros;
- **Despachos administrativos** decisões tomadas pela Administração.

c) **Atos negociais:** contêm uma declaração de vontade da Administração para concretizar negócios com particulares, nas condições previamente impostas pela Administração Pública. Ex.: licenças, autorizações, permissões, aprovações, vistos, homologações, dispensas, renúncias.

- **Licenças:** atos vinculados e definitivos (não precários) em que a Administração concede ao Administrado a faculdade de realizar uma atividade.
- **Autorizações:** atos discricionários e precários em que a Administração concede ao administrado a faculdade de exercer uma atividade.
- **Permissões:** atos discricionários e precários em que a Administração concede ao administrado a faculdade de exercer certa atividade nas condições estabelecidas por ela;
- **Aprovações:** análises pela própria Administração de atividades prestadas por seus órgãos;
- **Vistos:** são declarações de legitimidade de certo ato praticado pela própria Administração como forma de exequibilidade;
- **Homologações:** análises da conveniência e legalidade de ato praticado pelos seus órgãos como forma de lhe dar eficácia;
- **Dispensas:** atos administrativos que eximem o particular do cumprimento de determinada obrigação até então exigida por lei. (ex.: dispensa de prestação do serviço militar);
- **Renúncias:** atos administrativos pelos quais o Poder Público extingue unilateralmente um direito próprio, liberando definitivamente a pessoa obrigada perante a Administração Pública. A sua principal característica é a irreversibilidade depois de consumada.

d) Atos enunciativos: são todos aqueles em que a Administração se limita a certificar ou atestar um fato, ou então a emitir uma opinião acerca de um determinado tema. Ex.: certidões, atestados, pareceres.

- **Atestados:** são atos pelos quais a Administração Pública comprova um fato ou uma situação de que tenha conhecimento por seus órgãos competentes;
- **Certidões:** são cópias ou fotocópias fiéis e autenticadas de atos ou fatos constantes em processo, livros ou documentos que se encontrem na repartição pública;
- **Pareceres:** são manifestações de órgãos técnicos sobre assuntos submetidos à sua consideração.

e) **Atos punitivos:** são aqueles que contêm uma sanção imposta pelo poder público em razão da prática de uma infração de natureza funcional, imposta de forma unilateral.

Para retirar o ato do ordenamento:

<table>
<tr><th>Espécie</th><th>Objeto</th><th>Titular</th><th>Efeitos</th></tr>
<tr><td rowspan="3">Anulação</td><td>Ilegalidade do ato</td><td>• Administração
• Judiciário (art. 5º, XXXV)</td><td>Ex tunc
(já nasceu ilegal)</td></tr>
<tr><td colspan="3">Não podem ser anulados:
• ultrapassado o prazo legal.
• houver a consolidação dos efeitos produzidos.
• teoria do fato consumado (manter a situação fática em razão do interesse público).
• houver possibilidade de convalidação.</td></tr>
<tr><td colspan="3">É possível a indenização a particulares prejudicados pela revogação, desde que a extinção tenha ocorrido antes do prazo fixado para a permanência do ato administrativo. Já a revogação de atos precários ou de vigência indeterminada não gera o dever de indenizar.</td></tr>
<tr><td rowspan="3">Revogação</td><td>Razões de conveniência e oportunidade (o ato é válido, porém, não mais conveniente</td><td>• Administração</td><td>Ex nunc (os efeitos gerados até o momento são válidos)</td></tr>
<tr><td colspan="3">Não podem ser revogados:
• atos que geram direito adquirido.
• atos já exauridos.
• atos vinculados.
• atos enunciativos.
• atos preclusos no curso de procedimento administrativo.</td></tr>
<tr><td colspan="3">Observação: É possível a indenização a particulares prejudicados pela revogação, desde que a extinção tenha ocorrido antes do prazo fixado para a permanência do ato administrativo. Já a revogação de atos precários ou de vigência indeterminada não gera o dever de indenizar.</td></tr>
<tr><td>Cassação</td><td colspan="3">É a extinção do ato administrativo que ocorre quando o administrado deixa de preencher condição necessária para a permanência da vantagem.</td></tr>
<tr><td>Caducidade</td><td colspan="3">Também denominado de decaimento, é a extinção do ato em consequência da sobrevinda norma legal proibindo situação que o ato autorizava.</td></tr>
<tr><td>Contraposição</td><td colspan="3">É a extinção do ato administrativo, em razão da expedição de um segundo ato, fundado em competência diversa, cujos efeitos são contrapostos ao do ato inicial, razão pela qual ocorre a extinção do ato.</td></tr>
</table>

8.5 DELEGAÇÃO

Um órgão administrativo e seu titular poderão, se não houver impedimento legal, delegar parte da sua competência a outros órgãos ou titulares, ainda que estes não lhe sejam hierarquicamente subordinados, quando for conveniente, em razão de circunstâncias de índole técnica, social, econômica, jurídica ou territorial (inclusive os órgãos colegiados, os quais poderão aplicar a delegação de competência aos respectivos presidentes).

Essa delegação deve ser, sempre, publicada e poderá ser revogada a qualquer tempo (também devidamente publicada).

QUADRO-RESUMO

<table>
<tr><td rowspan="6">CARACTERÍSTICAS DA DELEGAÇÃO</td><td>Parcialidade</td><td>É vedada a transferência total das atividades do superior hierárquico.</td></tr>
<tr><td>Motivação</td><td>O objeto da delegação deve ser especificado, assim como os abjetos.</td></tr>
<tr><td>Publicidade</td><td>Tanto a delegação como a revogação deve ser publicada no diário oficial.</td></tr>
<tr><td>Limitação</td><td>Recai apenas sobre algumas matérias e poderes.</td></tr>
<tr><td>Precariedade</td><td>Tem duração certa ou irá durar até os objetos serem alcançados ou cessados seus efeitos.</td></tr>
<tr><td>Revogabilidade</td><td>Poderá ser revogada a qualquer tempo pela autoridade delegante.</td></tr>
</table>

8.6 AVOCAÇÃO

Ocorre quando uma autoridade ou órgão chama para si a competência para a realização de determinado ato administrativo. Decorre do poder hierárquico.

QUADRO-RESUMO

Avocação Vertical	Avocação Horizontal
Ocorre dentro de uma mesma linha hierárquica.	Ocorre entre órgãos ou agentes dispostos sem subordinação hierárquica. Também é chamada redistribuição. Caso não ocorra aceite voluntário do órgão ao qual se deseja delegar, deve ser invocada decisão da autoridade superior para redistribuir a competência.

8.7 CONVALIDAÇÃO

Transformação de ato anulável em válido. Só pode recair sobre a competência e a forma.

Espécies de convalidação:

Ratificação	Convalidação é realizada pela mesma autoridade que praticou o ato.
Confirmação	Convalidação é realizada por outra autoridade.
Saneamento	Convalidação é realizada pelo particular.

Atos insuscetíveis de convalidação:

• possuam vícios no objeto, motivo e finalidade.
• o defeito tenha sido impugnado administrativa ou judicialmente.
• defeitos na competência e forma, se insanáveis.
• vícios estabilizados em razão da prescrição ou decadência.
• de forma ilegítima prejudicar terceiros.
• causar lesão ao interesse público.
• caso o defeito seja grave e manifesto (teoria de evidência).
• se a causa do vício for imputada à parte que será beneficiada com invalidação.

8.8 CONVERSÃO

É a oportunidade de um ato imprestável para uma determinada finalidade, mas aproveitável em outra para a qual apresenta os requisitos necessários (ex.: transformar uma concessão, a princípio nula porque não havia lei que a previsse, em uma permissão que atingiria praticamente os mesmos fins da concessão).

8.9 QUESTÕES DO EIXO TEMÁTICO (OAB 1ª FASE)

(EXAME XXXI/Questão 28) Otacílio, novo prefeito do Município Kappa, acredita que o controle interno é uma das principais ferramentas da função administrativa, razão pela qual determinou o levantamento de dados nos mais diversos setores da Administração local, a fim de apurar se os atos administrativos até então praticados continham vícios, bem como se ainda atendiam ao interesse público. Diante dos resultados de tal apuração, Otacílio deverá

A) Revogar os atos administrativos que contenham vícios insanáveis, ainda que com base em valores jurídicos abstratos.

B) Convalidar os atos administrativos que apresentem vícios sanáveis, mesmo que acarretem lesão ao interesse público.

C) Desconsiderar as circunstâncias jurídicas e administrativas que houvessem imposto, limitado ou condicionado a conduta do agente nas decisões sobre a regularidade de ato administrativo.

D) Indicar, de modo expresso, as consequências jurídicas e administrativas da invalidação de ato administrativo.

(EXAME XXIX/Questão 27) Luciana, imbuída de má-fé, falsificou documentos com a finalidade de se passar por filha de Astolfo (recentemente falecido, com quem ela não tinha qualquer parentesco), movida pela intenção de obter pensão por morte do pretenso pai, que era servidor público federal. Para tanto, apresentou os aludidos documentos forjados e logrou a concessão do benefício junto ao órgão de origem, em março de 2011, com registro no Tribunal de Contas da União, em julho de 2014. Contudo, em setembro de 2018, a administração verificou a fraude, por meio de processo administrativo em que ficou comprovada a má-fé de Luciana, após o devido processo legal.

Sobre essa situação hipotética, no que concerne ao exercício da autotutela, assinale a afirmativa correta.

A) A administração tem o poder-dever de anular a concessão do benefício diante da má-fé de Luciana, pois não ocorreu a decadência.

B) O transcurso do prazo de mais de cinco anos da concessão da pensão junto ao órgão de origem importa a decadência do poder-dever da administração de anular a concessão do benefício.

C) O controle realizado pelo Tribunal de Contas por meio do registro sana o vício do ato administrativo, de modo que a administração não mais pode exercer a autotutela.

D) Ocorreu a prescrição do poder-dever da administração de anular a concessão do benefício, na medida em que transcorrido o prazo de três anos do registro perante o Tribunal de Contas.

(EXAME XXIII/Questão 32) Ao realizar uma auditoria interna, certa entidade administrativa federal, no exercício da autotutela, verificou a existência de um ato administrativo portador de vício insanável, que produz efeitos favoráveis para a sociedade Tudobeleza S/A, a qual estava de boa-fé. O ato foi praticado em 10 de fevereiro de 2012. Em razão disso, em 17 de setembro de 2016, a entidade instaurou processo administrativo, que, após o exercício da ampla defesa e do contraditório, culminou na anulação do ato em 05 de junho de 2017.

Com relação ao transcurso do tempo na mencionada situação hipotética, assinale a afirmativa correta.

A) Não há decadência do direito de anular o ato eivado de vício, considerando que o processo que resultou na invalidação foi instaurado dentro do prazo de 5 (cinco) anos.

B) Consumou-se o prazo prescricional de 5 (cinco) anos para o exercício do poder de polícia por parte da Administração Pública federal.

C) O transcurso do tempo não surte efeitos no caso em questão, considerando que a Administração pode anular seus atos viciados a qualquer tempo.

D) Consumou-se a decadência para o exercício da autotutela, pois, entre a prática do ato e a anulação, transcorreram mais de 5 (cinco) anos.

(EXAME XVII/Questão 34) Manoel da Silva é comerciante, proprietário de uma padaria e confeitaria de grande movimento na cidade ABCD. A fim de oferecer ao público um serviço diferenciado, Manoel formulou pedido administrativo de autorização de uso de bem público (calçada), para a colocação de mesas e cadeiras. Com a autorização concedida pelo Município, Manoel comprou mobiliário de alto padrão para colocá-lo na calçada, em frente ao seu estabelecimento. Uma semana depois, entretanto, a Prefeitura revogou a autorização, sem apresentar fundamentação.

A respeito do ato da prefeitura, que revogou a autorização, assinale a afirmativa correta.

A) Por se tratar de ato administrativo discricionário, a autorização e sua revogação não podem ser investigadas na via judicial.

B) A despeito de se tratar de ato administrativo discricionário, é admissível o controle judicial do ato.

C) A autorização de uso de bem público é ato vinculado, de modo que, uma vez preenchidos os pressupostos, não poderia ser negado ao particular o direito ao seu uso, por meio da revogação do ato.

D) A autorização de uso de bem público é ato discricionário, mas, uma vez deferido o uso ao particular, passa-se a estar diante de ato vinculado, que não admite revogação.

(EXAME XIX/Questão 34) A associação de moradores do Município F solicitou ao Poder Público municipal autorização para o fechamento da "rua de trás", por uma noite, para a realização de uma festa junina aberta ao público. O Município, entretanto, negou o pedido, ao fundamento de que aquela rua seria utilizada para sediar o encontro anual dos produtores de abóbora, a ser realizado no mesmo dia.

Considerando que tal fundamentação não está correta, pois, antes da negativa do pedido da associação de moradores, o encontro dos produtores de abóbora havia sido transferido para o mês seguinte, conforme publicado na imprensa oficial, assinale a afirmativa correta.

A) Mesmo diante do erro na fundamentação, o ato é válido, pois a autorização pleiteada é ato discricionário da Administração.

B) Independentemente do erro na fundamentação, o ato é inválido, pois a autorização pleiteada é ato vinculado, não podendo a Administração indeferi-lo.

C) Diante do erro na fundamentação, o ato é inválido, uma vez que, pela teoria dos motivos determinantes, a validade do ato está ligada aos motivos indicados como seu fundamento.

D) A despeito do erro na fundamentação, o ato é válido, pois a autorização pleiteada é ato vinculado, não tendo a associação de moradores demonstrado o preenchimento dos requisitos.

(EXAME XII/Questão 33) O Estado X concedeu a Fulano autorização para a prática de determinada atividade. Posteriormente, é editada lei vedando a realização daquela atividade. Diante do exposto, e considerando as formas de extinção dos atos administrativos, assinale a afirmativa correta.

A) Deve ser declarada a nulidade do ato em questão.

B) Deve ser declarada a caducidade do ato em questão.

C) O ato em questão deve ser cassado.

D) O ato em questão deve ser revogado.

(EXAME V/Questão 29) A revogação representa uma das formas de extinção de um ato administrativo. Quanto a esse instituto, é correto afirmar que

A) Pode se dar tanto em relação a atos viciados de ilegalidade ou não, desde que praticados dentro de uma competência discricionária.

B) Produz efeitos retroativos, retirando o ato do mundo, de forma a nunca ter existido.

C) Apenas pode se dar em relação aos atos válidos praticados dentro de uma competência discricionária, produzindo efeitos *ex nunc*.

D) Pode se dar em relação aos atos vinculados ou discricionários, produzindo ora efeito *ex tunc*, ora efeito *ex nunc*.

(EXAME IV/Questão 27) Em âmbito federal, o direito de a Administração Pública anular atos administrativos eivados de vício de ilegalidade, dos quais decorram efeitos favoráveis para destinatários de boa-fé

A) Não se submete a prazo prescricional.

B) Não se submete a prazo decadencial.

C) Prescreve em 10 (dez) anos, contados da data em que praticado o ato.

D) Decai em 5 (cinco) anos, contados da data em que praticado o ato.

(EXAME VI – Duque de Caxias-RJ/Questão 28) A decisão tomada por uma das Câmaras do Conselho de Contribuintes de determinada Administração Estadual é considerada ato

A) Composto, pois resulta da manifestação de mais de um agente público.

B) Complexo, pois depende da manifestação de aprovação, com o relator, de outros agentes.

C) Qualificado, pois importa na constituição da vontade da Administração quanto a matéria específica.

D) Simples, pois resulta da manifestação de vontade de um órgão dotado de personalidade administrativa.

GABARITO DAS QUESTÕES DO EIXO TEMÁTICO (OAB 1ª Fase)

Questão	Gabarito
EXAME XXXI/Questão 28	D
EXAME XXIX/Questão 27	A
EXAME XXIII/Questão 32	A

EXAME XVII/Questão 34	B
EXAME XIX/Questão 34	C
EXAME XII/Questão 33	B
EXAME V/Questão 29	C
EXAME IV/Questão 27	D
EXAME VI – Duque de Caxias-RJ/Questão 28	D

8.10 QUESTÕES DO EIXO TEMÁTICO (OAB 2ª FASE)

(EXAME DE ORDEM XVII/Questão 2) O Ministério X efetua a doação de um imóvel em área urbana extremamente valorizada, para que determinada agência de turismo da Europa construa a sua sede no Brasil. Meses depois, o Ministro revoga o ato de doação, ao fundamento de que ela era nula por não se enquadrar nas hipóteses legais de doação de bens públicos. A empresa pede a reconsideração da decisão, argumentando que não existe qualquer ilegalidade no ato. Considerando a situação hipotética descrita acima, responda, justificadamente, aos itens a seguir.

A) Há, de fato, alguma ilegalidade na doação constante do enunciado? (Valor: 0,60)

B) É juridicamente correta a revogação da doação fundamentada na ilegalidade vislumbrada pelo Ministro? (Valor: 0,65)

Item	Pontuação
A) Sim, a doação direta de bens públicos imóveis, na esfera da União, é permitida exclusivamente para outro órgão ou entidade da administração pública, de qualquer esfera de governo (0,50) (art. 17, I, *b*, da Lei nº 8.666/1993) (0,10).	0,00/0,50/0,60
B) Não, diante de vícios de legalidade à Administração, resta anular os seus atos, com base no princípio da autotutela, já que a revogação ocorre nos casos de conveniência e oportunidade (0,55). Enunciado da Súmula nº 473 do STF OU art. 53 da Lei nº 9.784/1999 (0,10).	0,00/0,55/0,65

(EXAME DE ORDEM XXI/Questão 4) Maria construiu, de forma clandestina, um imóvel residencial em local de risco e, em razão disso, a vida de sua família e outros imóveis situados na região estão ameaçados. A autoridade municipal competente, por meio do devido processo administrativo, tomou as providências cabíveis para determinar e promover a demolição de tal construção, nos exatos termos da legislação local.

Diante dessa situação hipotética, responda aos itens a seguir.

A) Pode o Município determinar unilateralmente a obrigação demolitória? (Valor: 0,60)

B) Caso Maria não cumpra a obrigação imposta, o Município está obrigado a postular a demolição em Juízo? (Valor: 0,65)

Item	Pontuação
A) Sim. O ato administrativo decorre do exercício do poder de polícia que goza do atributo da imperatividade ou coercibilidade, por meio do qual a Administração pode impor unilateralmente obrigações válidas (0,60).	0,00/0,60
B) A resposta é negativa. O ato administrativo em questão goza do atributo da autoexecutoriedade, que autoriza a Administração a executar diretamente seus atos e a fazer cumprir suas determinações sem recorrer ao Judiciário (0,65).	0,00/0,65

(EXAME DE ORDEM XXIII/Questão 4) O Congresso Nacional aprovou recentemente a Lei nº 20.100/2017, que reestruturou diversas carreiras do funcionalismo público federal e concedeu a elas reajuste remuneratório. Especificamente em relação aos analistas administrativos de determinada agência reguladora, foi instituída gratificação de desempenho.

Ao proceder aos cálculos, a Administração interpreta equivocadamente a lei e calcula a maior o acréscimo salarial, erro que só é percebido alguns anos depois de iniciado o pagamento.

Sobre a hipótese apresentada, responda aos itens a seguir.

A) Não havendo má-fé dos servidores, a Administração pode rever a qualquer tempo os cálculos e exigir a devolução da quantia paga indevidamente? (Valor: 0,75)

B) O ato da Administração que resultar na revisão do cálculo da gratificação precisa, obrigatoriamente, ser motivado? (Valor: 0,50)

Item	Pontuação
A1) Não, pois o direito da Administração de anular os atos administrativos de que decorram efeitos favoráveis para os destinatários decai em cinco anos (0,35), conforme disposto no art. 54 da Lei nº 9.784/1999 (0,10).	0,00/0,35/0,45

A2) Quanto à restituição da quantia paga a maior, por não terem os servidores dado causa ao equívoco e estarem de boa-fé, não será cabível (0,30).	0,00/0,30
B) Sim, a Administração deve obrigatoriamente motivar o ato na forma do art. 2º da Lei nº 9.784/1999 OU no princípio da motivação (0,40), conforme disposto no art. 50, inciso I, da Lei nº 9.784/1999 OU no art. 50, incisos VI ou VIII, da Lei nº 9.784/1999 (0,10).	0,00/0,40/0,50

(EXAME DE ORDEM UNIFICADO/EXAME 2010.3/Questão 2) Ana Amélia, professora dos quadros da Secretaria de Educação de determinado Estado, ao completar sessenta e dois anos de idade e vinte e cinco anos de tempo de contribuição, formulou requerimento de aposentadoria especial. O pleito foi deferido, tendo sido o ato de aposentadoria publicado no Diário Oficial em abril de 2008. Em agosto de 2010, Ana Amélia recebeu notificação do órgão de recursos humanos da Secretaria de Estado de Educação, dando-lhe ciência de questionamento formulado pelo Tribunal de Contas do Estado em relação à sua aposentadoria especial. Ficou constatado que a ex-servidora exerceu, por quinze anos, o cargo em comissão de Assessora Executiva da Secretaria de Estado de Administração, tendo sido tal período computado para fins de aposentadoria especial.Considerando a situação hipotética apresentada, responda aos itens a seguir, empregando os argumentos jurídicos apropriados e a fundamentação legal pertinente ao caso.

A) Indique o fundamento para a atuação do Tribunal de Contas do Estado, informando se o ato de aposentadoria já se encontra aperfeiçoado. (Valor: 0,5)

B) Analise se o questionamento formulado pelo órgão de controle se encontra correto. (Valor: 0,5)

Item	Pontuação
A1) Os atos de aposentadoria submetem-se ao registro perante os Tribunais de Contas, que apreciam sua legalidade, nos termos do art. 71, inciso III, da CF/1988.	0/0,25
A2) O ato de aposentadoria é complexo e somente se aperfeiçoa com o registro no Tribunal de Contas respectivo.	0/0,25
B1) O exercício de função administrativa, estranha ao magistério, não pode ser considerado para fins de aposentadoria especial de professores (art. 40, § 5º, da CF/1988, que exige efetivo exercício das funções de magistério).	0/0,3
B2) Referência ao Enunciado da Súmula nº 726 do STF.	0/0,2

9 | LICITAÇÕES E CONTRATOS

9.1 LICITAÇÃO

Esta parte do livro abrangerá eminentemente o ordenamento jurídico à luz da Lei nº 8.666/1993, uma vez que esta continuará em vigor até o início de 2023 e, ao final, trará um aporte das principais alterações trazidas pela Lei nº 14.133/2021, que estabelece o Novo Marco Normativo de Licitações e Contratos, com vigência concomitante a partir de 1º de abril de 2021.

Conceito: É um processo administrativo destinado à seleção da melhor proposta entre as apresentadas por aqueles que desejam contratar com a Administração Pública – Lei nº 8.666/1993.

É obrigatória para: administração direta, fundos especiais, autarquias, fundações públicas, empresas públicas, sociedades de economia mista e demais entidades controladas direta ou indiretamente pelo poder público.

9.1.1 Competência Legislativa

a) Compete à União, privativamente, legislar sobre normas gerais (nacionais) que versem sobre a matéria.

b) Compete à União, aos Estados, ao Distrito Federal e aos Municípios legislar de forma autônoma e suplementar sobre a matéria, adequando-se à realidade socioeconômica, sem, no entanto, desrespeitar a norma geral.

9.1.2 Destinatários da Licitação

a) Entes da Administração Direta (União, Estados, Distrito Federal e Municípios).

b) Entidades da Administração Indireta (Autarquias e Fundações).

c) Empresas Públicas e Sociedades de Economia Mista (Regidas pela Lei nº 13.303/2016 – Título II, Capítulos I, II e III).

A licitação deve seguir **princípios específicos:**

a) Vinculação ao instrumento convocatório;

b) Julgamento objetivo (a Administração deve estipular o critério de julgamento das propostas, no edital);

c) Competitividade (é vedada cláusula que estabelece preferência ou distinção em razão da sede da empresa, na forma do art. 3º, § 1º, I, pois viola o art. 20, parágrafo único, todos da Lei nº 8.666/1993, que veda que seja utilizada a sede como impedimento à participação em licitação);

d) Isonomia;

e) Procedimento formal;

f) Vantajosidade; e

g) Promoção do desenvolvimento nacional sustentável.

9.1.3 Compras, obras e serviços

Compra – toda aquisição remunerada de bens para fornecimento de uma só vez ou parceladamente.

Obra – toda construção, reforma, fabricação, recuperação ou ampliação, realizada por execução direta ou indireta.

Serviço – toda atividade destinada a obter determinada utilidade de interesse para a Administração, tais como: demolição, conserto, instalação, montagem, operação, conservação, reparação, adaptação, manutenção, transporte, locação de bens, publicidade, seguro ou trabalhos técnico-profissionais.

Observação: Sugere-se, conforme Rafael Oliveira, alguns critérios para distinção entre obra e serviço, a exemplo:

1) Na contratação de uma obra prepondera o resultado consistente na criação ou modificação de um bem corpóreo (obrigação de resultado), e na contratação do serviço predomina a atividade humana que produz utilidades para a Administração (atividade meio).

2) Na obra, geralmente, o custo do material é superior ao da mão de obra, enquanto no serviço a lógica é inversa.

9.1.4 Alienação

É toda transferência de domínio de bens a terceiros.

9.1.5 Execução indireta

Aquela que o órgão ou entidade contrata com terceiros sob qualquer dos seguintes regimes:

a) empreitada por preço global – quando se contrata a execução da obra ou do serviço por preço certo e total;

b) empreitada por preço unitário – quando se contrata a execução da obra ou do serviço por preço certo de unidades determinadas.

9.1.6 Empreitada integral

Quando se contrata um empreendimento em sua integralidade, compreendendo todas as etapas da obra, serviços e instalações necessárias, sob inteira responsabilidade da contratada, até a sua entrega ao contratante em condições de entrada em operação, atendidos os requisitos técnicos e legais para sua utilização em condições de segurança estrutural e operacional e com as características adequadas às finalidades para que foi contratada.

9.1.7 Projetos prévios

a) Projeto básico: abrange a viabilidade técnica, o impacto ambiental, os custos, os métodos e o prazo de execução – art. 6º, IX.

b) Projeto de executivo – abrange a execução completa da obra, de acordo com as normas técnicas – art. 6º, X.

Observação 1: O projeto básico e a obra não podem ser licitados em conjunto, pois significaria que, indiretamente, a obra está sendo licitada sem projeto básico, o que viola a previsão constante do art. 7º, § 2º, I, da Lei nº 8.666/1993. Ainda, a Lei nº 8.666/1993 **veda a elaboração de projeto básico e a realização da obra pelo mesmo licitante**, nos termos do art. 9º, I. **O que se admite é a realização de projeto executivo e a obra pelo mesmo licitante**, conforme o art. 9º, § 2º.

Observação 2: É possível a contratação direta de profissional com base em inexigibilidade de licitação, desde que o serviço técnico (elaboração do projeto básico) seja de natureza singular e o profissional seja de notória especialização, conforme o art. 25, II, c/c o art. 13, inciso I, ambos da Lei nº 8.666/1993.

9.1.8 Modalidades

a) Concorrência: usada para contratos de vulto, de acordo com valores estabelecidos na lei (modalidade de licitação entre quaisquer interessados que, na fase inicial de habilitação preliminar, comprovem possuir os requisitos mínimos de qualificação exigidos no edital para execução de seu objeto).

b) Tomada de preços: é usada para contratos de valor médio, com participação de interessados já cadastrados ou que se cadastrem até o terceiro dia anterior à data do recebimento das propostas *(observada a ne-*

cessária qualificação). Nos casos em que couber tomada de preços, a Administração poderá utilizar a concorrência.

c) Convite: é a licitação adequada para valores menores, com a convocação de três interessados, no mínimo, cadastrados ou não, podendo também participar os cadastrados que manifestarem seu interesse 24 horas antes da apresentação das propostas. Nos casos em que couber convite, a Administração poderá utilizar a tomada de preços e, em qualquer caso, a concorrência.

d) Concurso: é a licitação para a escolha de trabalho técnico, científico ou artístico, com a instituição de prêmios ou remuneração aos vencedores.

e) Leilão: serve para a venda de bens móveis inservíveis e de produtos apreendidos ou penhorados, bem como de imóveis oriundos de procedimentos judiciais ou de dação em pagamento em que seja útil a alienação.

f) Pregão: criada pela Lei nº 10.520/2002, destina-se à aquisição e contratação de bens e serviços comuns, podendo se realizar por intermédio dos recursos da tecnologia da informação.

Valores-limite para aquisições públicas por meio de licitação

	Convite	**Tomada de preços**	**Concorrência**
Obras e serviços de engenharia	ANTES: Até R$ 150 mil ⬇	ANTES: Até R$ 1,5 milhão ⬇	ANTES: Acima de R$ 1,5 milhão ⬇
	AGORA: Até R$ 330 mil	**AGORA: Até R$ 3,3 milhões**	**AGORA: Acima de R$ 3,3 milhões**
Demais Licitações (Compras e serviços, excluindo-se obras e serviços de engenharia)	ANTES: Até R$ 80 mil ⬇	ANTES: Até R$ 650 mil ⬇	ANTES: Acima de R$ 650 mil ⬇
	AGORA: Até R$ 176 mil	**AGORA: Até R$ 1,43 milhão**	**AGORA: Acima de R$ 1,43 milhão**

Atualização dos valores, conforme Decreto nº 9.412, de 19 de junho de 2018.

9.1.9 Tipos de critérios para avaliação das propostas

a) Menor preço (por item e global).

b) Melhor técnica.

c) Preço e técnica.

d) Maior lance ou maior oferta – para o leilão.

No caso de **empate**, tem preferência os bens e serviços produzidos no País e, sucessivamente, os demais critérios previstos na Lei, até se chegar à decisão por sorteio.

9.1.10 Tempo de publicidade

Prazo entre a publicação do edital e a realização do certame:

Modalidade	Demais tipos	Melhor técnica ou melhor técnica/preço (ou regime de empreitada global)	Meio de publicação
Convite	5 dias úteis	5 dias úteis	Meio de divulgação oficial ou quadro de avisos
Tomada de Preços	15 dias	30 dias	Respectivo Diário Oficial e Jornal de grande circulação no Estado e Região ou Município envolvido
Concorrência	30 dias	45 dias	Respectivo Diário Oficial e Jornal de grande circulação no Estado e Região ou Município envolvido
Concurso	–	45 dias	Respectivo Diário Oficial e Jornal de grande circulação no Estado e Região ou Município envolvido
Leilão	15 dias	–	Respectivo Diário Oficial e Jornal de grande circulação no Estado e Região ou Município envolvido
Pregão	8 dias úteis	–	Respectivo Diário Oficial ou, não existindo, em jornal de circulação local e, facultativamente, por meios eletrônicos e, conforme o vulto da licitação, em jornal de grande circulação

9.1.11 Formas de licitação

a) Presencial.

b) Eletrônica (utilizando-se recursos de TI).

9.1.12 Fases da licitação

a) Edital – lei interna da licitação.

b) Habilitação dos concorrentes – licitantes apresentam documentos pessoais.

c) Exame e classificação das propostas.

d) Homologação – ratificação da legalidade do procedimento até então realizado.

e) Adjudicação – entrega do objeto da licitação.

Observação 1: Nas licitações de grande vulto, deve-se realizar uma audiência pública, antes do edital, para que a sociedade possa debater a conveniência e a oportunidade da licitação – art. 39.

Observação. 2: Conforme o art. 30 da Lei nº 8.666/1993, a documentação relativa à qualificação técnica limitar-se-á à comprovação de aptidão para desempenho de atividade pertinente e compatível em características, quantidades e prazos com o objeto da licitação. A exigência de experiência prévia com serviços e valores muito superiores ao do objeto ora licitado viola, além da lei, o princípio da proporcionalidade.

9.1.13 Fases no pregão (inversão de fases)

a) Edital – lei interna da licitação.

b) Exame e classificação das propostas.

c) Lances.

d) Aceitação das propostas.

e) Habilitação dos concorrentes.

f) Adjudicação.

g) Homologação.

9.1.14 Efeitos da adjudicação

Atribui a obra ou serviço ao vencedor da licitação, conferindo-lhe preferência ao contrato, mas o momento e a conveniência da assinatura do contrato ficam ainda na dependência da vontade discricionária da Administração. Havendo motivo justo e fundamentado, pode o contrato não se concretizar (o vencedor só tem expectativa de direito quanto ao contrato, tem o direito de não ser preterido frente a outro).

9.1.15 Licitação dispensada, dispensável e inexigível

Licitação dispensada

Ainda que a administração deseje fazer licitação, não poderá por expressa previsão legal – hipóteses do art. 17 (rol taxativo).

Licitação dispensável

A competição, embora possível, não se realizará por expressa disposição legal. Cabe análise discricionária do administrador. – hipóteses do art. 24 (rol taxativo).

- **Hipóteses (elencadas por Rafael Oliveira):**

  a) Valor reduzido;
  b) Situações emergenciais;
  c) Licitação deserta;
  d) Intervenção do Estado no domínio econômico;
  e) Licitação frustrada;
  f) Contratação de entidades da Administração;
  g) Segurança nacional;
  h) Compra e locação de imóveis;
  i) Complementação do objeto contratado;
  j) Gêneros perecíveis;
  k) Negócios internacionais;
  l) Obras de arte;
  m) Necessidade de manutenção de garantias;
  n) Forças Armadas;
  o) Bens destinados à pesquisa;
  p) Serviços públicos concedidos;
  q) Transferência de tecnologia e incentivo à inovação e à pesquisa científica e tecnológica;
  r) Contratos de programa;
  s) Catadores de materiais recicláveis;
  t) Alta complexidade tecnológica;
  u) Assistência técnica e extensão rural;
  v) Insumos estratégicos para a saúde.
  v) Insumos estratégicos para a saúde;
  x) Construção, ampliação, reforma e aprimoramento de estabelecimentos penais.

Licitação inexigível

A competição não é possível: art. 25 (rol exemplificativo).

Alguns exemplos: fornecedor exclusivo; serviços técnicos especializados; artistas consagrados.

Observação 1: É vedada a contratação de agência de publicidade, por inexigibilidade de licitação, diante da vedação legal constante no art. 25, inciso II, da Lei nº 8.666/1993.

Observação 2: Em caso de contratação de serviços advocatícios por inexigibilidade de licitação, tornam-se imperativos os seguintes requisitos: (i) ausência de quadro próprio de advogados públicos ou inviabilidade de representação judicial por parte destes (exceção ao art. 132 da CF/1988); (ii) singularidade do interesse público (caráter não ordinário e de absoluta excepcionalidade do serviço advocatício) que demande contratar escritório ou profissional com notória especialização; (iii) contratação por preço de mercado; e (iv) motivação específica que justifique inexigibilidade da licitação em procedimento administrativo formal.

A Lei nº 14.039/2020 inseriu o art. 3º-A no Estatuto da OAB, tratando da singularidade da atividade. Assim, esse dispositivo passou a prever que "os serviços profissionais de advogado são, por sua natureza, técnicos e singulares, quando comprovada sua notória especialização", estabelecendo, ainda, em seu parágrafo único, que "considera-se notória especialização o profissional ou a sociedade de advogados cujo conceito no campo de sua especialidade, decorrente de desempenho anterior, estudos, experiências, publicações, organização, aparelhamento, equipe técnica ou de outros requisitos relacionados com suas atividades, permita inferir que o seu trabalho é essencial e indiscutivelmente o mais adequado à plena satisfação do objeto do contrato".

Assim, deve-se atentar que, embora a lei garanta que os serviços profissionais do advogado são técnicos e singulares, caso o interesse público não seja também singular, deverá ser realizada licitação para a contratação dos serviços e não a inexigibilidade de licitação.

9.1.16 Anulação e Revogação de Licitação

A autoridade competente para a aprovação do procedimento somente poderá revogar a licitação por razões de interesse público decorrente de fato superveniente devidamente comprovado, pertinente e suficiente para justificar tal conduta, **devendo anulá-la por ilegalidade, de ofício ou por provocação de terceiros, mediante parecer escrito e devidamente fundamentado, o que ensejará a nulidade do contrato, desde que garantida a ampla defesa e o contraditório ao contratado** (por surtir efeitos na esfera jurídica do contratante, devem ser assegurados a ampla defesa e o contraditório na anulação do contrato decorrente de vício no procedimento licitatório, como decorrência da garantia constitucional prevista no art. 5º, inciso LV e na forma do art. 49, § 3º, da Lei nº 8.666/1993).

Observação: A revogação deve atentar aos princípios da Administração Pública, principalmente impessoalidade e moralidade. Ademais, há de se dizer que, em se tratando de revogação ilícita de procedimento licitatório, os licitantes devem ser indenizados pelos prejuízos efetivamente comprovados, na forma do art. 37, § 6º, da CF/1988.

9.1.17 Sistema de registro de preços

Como ressalta Rafael Oliveira, trata-se de um procedimento administrativo por meio do qual a Administração Pública seleciona as propostas mais vantajosas, mediante concorrência ou pregão, que ficarão registradas perante a autoridade estatal para futuras e eventuais contratações (não é uma modalidade de licitação).

Principal objetivo: Racionalizar as contratações e efetivar o princípio da economicidade.

Previsão legal: art. 15, inciso II, da Lei nº 8.666/1993 e Dec. nº 7.892/2013.

Observação 1: qualquer cidadão é parte legítima para impugnar preço constante do quadro geral em razão de sua incompatibilidade com o preço vigente no mercado (art. 15, § 6º, da Lei nº 8.666/1993).

Observação 2: embora a ata de registro de preços tenha validade máxima de um ano (art. 15, § 3º, III, da Lei nº 8.666/1993), o contrato que vier a ser celebrado em decorrência desta ata tem prazos autônomos. Deve ser celebrado dentro da validade, mas a partir daí sua duração é regida pelas disposições do art. 57 da Lei de Licitações.

9.1.18 Tratamento diferenciado para Micro e Pequenas Empresas

A Constituição Federal de 1988, no art. 146, III, *d*, prevê que lei complementar definirá as microempresas e empresas de pequeno porte. No art. 170, IX, o Constituinte previu tratamento favorecido para as empresas de pequeno porte constituídas sob as leis brasileiras e que tenham sua sede e administração no País.

O art. 179, por sua vez, estabelece que a União, os Estados, o Distrito Federal e os Municípios dispensarão às microempresas e às empresas de pequeno porte, assim definidas em lei, tratamento jurídico diferenciado, visando a incentivá-las pela simplificação de suas obrigações administrativas, tributárias, previdenciárias e creditícias, ou pela eliminação ou redução destas por meio de lei.

Desse modo, a Lei Complementar nº 123/2006 estabelece o Estatuto das Microempresas (ME) e Empresas de Pequeno Porte (EPP), tratando também do Microempreendedor Individual (MEI).

O § 4º do art. 18-E da referida lei complementar estabelece que é vedado impor restrições ao MEI relativamente ao exercício de profissão ou participação em licitações, em função da sua natureza jurídica, inclusive por ocasião da contratação de prestação de serviços de hidráulica, eletricidade, pintura, alvenaria, carpintaria e de manutenção ou reparo de veículos.

Além disso, a partir do art. 42 da LC nº 123/2006, o legislador estabelece uma série de normas sobre licitações e contratos aplicáveis às ME e EPP, entre as quais a de que, nas licitações públicas, a comprovação de regularidade fiscal e trabalhista das ME e das EPP somente será exigida para efeito de assinatura do contrato (art. 42). Porém, as ME e EPP, por ocasião da participação em certames licitatórios, deverão apresentar toda a documentação exigida para efeito de comprovação de regularidade fiscal e trabalhista, mesmo que esta apresente alguma restrição (art. 43).

Assim, havendo alguma restrição na comprovação da regularidade fiscal e trabalhista, será assegurado o prazo de cinco dias úteis, cujo termo inicial corresponderá ao momento em que o proponente for declarado vencedor do certame, prorrogável por igual período, a critério da administração pública, para regularização da documentação, para pagamento ou parcelamento do débito e para emissão de eventuais certidões negativas ou positivas com efeito de certidão negativa (art. 43, § 1º). A lei, no § 2º do mesmo art. 43, estabelece, entretanto, que a não regularização da documentação no prazo previsto no § 1º deste artigo implicará decadência do direito à contratação, sem prejuízo das sanções previstas no art. 81 da Lei nº 8.666/1993, sendo facultado à Administração convocar os licitantes remanescentes, na ordem de classificação, para a assinatura do contrato, ou revogar a licitação.

Outro ponto importante em matéria de licitações e contratos às ME e EPP é a previsão de preferência à contração destas como critério de desempate (art. 44).

Entende-se por empate aquelas situações em que as propostas apresentadas pelas microempresas e empresas de pequeno porte sejam iguais ou até 10% superiores à proposta mais bem classificada (na modalidade de pregão, o intervalo percentual estabelecido é de até 5% superior ao melhor preço e a ME ou EPP mais bem classificada será convocada para apresentar nova proposta no prazo máximo de cinco minutos após o encerramento dos lances, sob pena de preclusão) (art. 44, §§ 1º e 2º).

Observação 1: Ocorrendo empate, deve-se proceder do seguinte modo (desde que a melhor oferta inicial não tenha sido apresentada por ME ou EPP): I – a ME ou EPP mais bem classificada poderá apresentar proposta de preço inferior àquela considerada vencedora do certame, situação em que será adjudicado em seu favor o objeto licitado; II – não ocorrendo a contratação de ME ou EPP, na forma do inciso I do *caput* deste artigo, serão convocadas as remanescentes que porventura se enquadrem nos valores de 10% ou 5% expressos acima, na ordem classificatória, para o exercício do mesmo direito; III – no caso de equivalência dos valores apresentados pelas ME ou EPP que se encontrem nos intervalos desses percentuais, será realizado sorteio entre elas para que se identifique aquela que primeiro poderá apresentar melhor oferta.

Observação 2: Nas contratações públicas da administração direta e indireta, autárquica e fundacional, federal, estadual e municipal, deverá ser concedido tratamento diferenciado e simplificado para as microempresas e empresas de pequeno porte objetivando a promoção do desenvolvimento econômico e social no âmbito municipal e regional, a ampliação da eficiência das políticas públicas e o incentivo à inovação tecnológica (podendo, inclusive, justificadamente, estabelecer a prioridade de contratação para as ME e EPP sediadas local ou regionalmente, até o limite de 10% do melhor preço válido (art. 47).

Assim, a administração pública deverá realizar processo licitatório destinado exclusivamente à participação de ME e EPP nos itens de contratação cujo valor seja de até R$ 80.000,00 (oitenta mil reais); poderá, em relação aos processos licitatórios destinados à aquisição de obras e serviços, exigir dos licitantes a subcontratação de ME e EPP; e deverá estabelecer, em certames para aquisição de bens de natureza divisível, cota de até 25% do objeto para a contratação de ME e EPP (art. 48).

As medidas acima não se aplicam quando: I) não houver um mínimo de três fornecedores competitivos enquadrados como microempresas ou empresas de pequeno porte sediados local ou regionalmente e capazes de cumprir as exigências estabelecidas no instrumento convocatório; II) o tratamento diferenciado e simplificado para as microempresas e empresas de pequeno porte não for vantajoso para a Administração pública ou representar prejuízo ao conjunto ou complexo do objeto a ser contratado; III) a licitação for dispensável ou inexigível, nos termos dos arts. 24 e 25 da Lei nº 8.666/1993, excetuando-se as dispensas tratadas pelos incisos I e II do art. 24 da mesma Lei, nas quais a compra deverá ser feita preferencialmente de microempresas e empresas de pequeno porte, aplicando-se o disposto no inciso I do art. 48 da LC nº 123/2006.

Observação 3: No que diz respeito às compras públicas, enquanto não sobrevier legislação estadual, municipal ou regulamento específico de cada órgão mais favorável à microempresa e empresa de pequeno porte, aplica-se a legislação federal.

9.1.19 Licitações no âmbito das empresas estatais (Lei nº 13.303/2016)

Dispensa e inexigibilidade de Licitação

A Lei nº 13.303/2016 estabelece situações de contratações diretas por meio de **licitação dispensada** (art. 28, § 3º), **licitação dispensá-**

vel (art. 29) e **licitação inexigível** (art. 30). As hipóteses de dispensa de licitação, assim como na Lei nº 8.666/1993, são taxativas. Já a inexigibilidade de licitação, tal qual na Lei nº 8.666/1993, ocorre quando houver inviabilidade de competição, em especial na hipótese de:

> * aquisição de materiais, equipamentos ou gêneros que só possam ser fornecidos por produtor, empresa ou representante comercial exclusivo;
>
> ** contratação dos seguintes serviços técnicos especializados, com profissionais ou empresas de notória especialização, vedada a inexigibilidade para serviços de publicidade e divulgação: a) estudos técnicos, planejamentos e projetos básicos ou executivos; b) pareceres, perícias e avaliações em geral; c) assessorias ou consultorias técnicas e auditorias financeiras ou tributárias; d) fiscalização, supervisão ou gerenciamento de obras ou serviços; e) patrocínio ou defesa de causas judiciais ou administrativas; f) treinamento e aperfeiçoamento de pessoal;
>
> *** restauração de obras de arte e bens de valor histórico.

Observação: Tanto na dispensa quanto na inexigibilidade, o processo de contratação direta será instruído, no que couber, com a caracterização da situação emergencial ou calamitosa que justifique a dispensa, quando for o caso, a razão da escolha do fornecedor ou do executante e justificativa do preço.

Modalidades e principais aplicações

- Utilização preferencial da modalidade pregão (art. 32, IV, da Lei nº 13.303/2016) para aquisição de bens e serviços comuns (a lei não cria nenhuma nova modalidade, portanto, aplicam-se as modalidades previstas na Lei nº 8.666/1993 e na Lei nº 10.520/2002).
- Não pode ser utilizado o pregão para a execução de obras ou alienação de bens pelas empresas estatais.
- As licitações deverão atentar para a sustentabilidade ambiental e a acessibilidade para pessoas com deficiência ou com mobilidade reduzida.

Tipos de critérios para avaliação das propostas

A lei dispõe que as licitações das estatais poderão prever no edital um entre oito tipos de licitação:

> I – menor preço;

II – maior desconto;

III – melhor combinação de técnica e preço;

IV – melhor técnica;

V – melhor conteúdo artístico;

VI – maior oferta de preço;

VII – maior retorno econômico;

VIII – melhor destinação de bens alienados.

Tempo de publicidade (prazo entre a publicação do edital e a realização do certame)

Tipo de licitação	Aquisição de bens	Obras e serviços	Meio de publicação
Menor preço ou maior desconto	5 dias úteis	15 dias úteis	Respectivo Diário Oficial, jornal de grande circulação e portal específico mantido pela empresa pública ou sociedade de economia mista na internet
Melhor técnica ou técnica e preço	10 dias úteis	45 dias úteis (contratação semi-integrada ou integrada)	Respectivo Diário Oficial, jornal de grande circulação e portal específico mantido pela empresa pública ou sociedade de economia mista na internet
Demais tipos	10 dias úteis	30 dias úteis	Respectivo Diário Oficial, jornal de grande circulação e portal específico mantido pela empresa pública ou sociedade de economia mista na internet

Fases e procedimentos licitatórios

O procedimento licitatório se desenvolve em dez fases:

a) **Preparação:** fase interna do procedimento licitatório em que são elaborados o instrumento convocatório e a minuta do contrato, assim como justificada a necessidade da contratação.

b) **Divulgação:** portal específico mantido pela empresa pública ou sociedade de economia mista na internet e, por aplicação subsidiária da Lei nº 8.666/1993, no respectivo Diário Oficial e jornal de grande circulação.

c) **Apresentação de lances ou propostas:** poderão ser adotadas tanto a disputa aberta quanto a fechada, ou a combinação de ambas. *Fechada*: as propostas apresentadas pelos licitantes serão sigilosas até a data e a hora designadas para que sejam divulgadas. *Aberta:* os licitantes apresentarão lances públicos e sucessivos, crescentes ou decrescentes, conforme o critério de julgamento adotado.

d) Julgamento das propostas: será aplicado o tipo de critério estabelecido no instrumento convocatório, de forma objetiva.

* Critérios sucessivos de desempate das propostas:

1º – disputa final, em que os licitantes empatados poderão apresentar nova proposta fechada, em ato contínuo ao encerramento da etapa de julgamento;

2º – avaliação do desempenho contratual prévio dos licitantes, desde que exista sistema objetivo de avaliação instituído;

3º – critérios previstos no art. 3º, § 2º, da Lei nº 8.666/1993: a) bens produzidos no País; b) bens ou serviços produzidos ou prestados por empresa brasileira; c) bens ou serviços produzidos ou prestados por empresas que invistam em pesquisa e no desenvolvimento de tecnologia no País; d) bens produzidos ou prestados por empresas que comprovem cumprimento de reserva de cargos prevista em lei para pessoa com deficiência ou para reabilitado da Previdência Social e que atendam às regras de acessibilidade previstas na legislação;

4º – sorteio.

e) Verificação da efetividade dos lances ou propostas: promovendo-se a desclassificação daqueles que contenham vícios insanáveis; descumpram especificações técnicas constantes do instrumento convocatório ou apresentem desconformidade com outras exigências nele contidas e que não possam ser adequadas até a adjudicação – sem ferir a isonomia; apresentem preços manifestamente inexequíveis; se encontrem acima do orçamento estimado para a contratação; não tenham sua exequibilidade demonstrada.

f) Negociação: será realizada sempre que a proposta vencedora for desclassificada, negociando-se os valores com os licitantes que ofertaram as propostas subsequentes, também quando o preço do primeiro colocado, mesmo após a negociação, permanecer acima do orçamento estimado pela empresa estatal – que é sigiloso.

g) Habilitação: será realizada verificando-se exclusivamente os seguintes critérios:

I – habilitação jurídica;

II - qualificação técnica, restrita a parcelas do objeto técnica ou economicamente relevantes, de acordo com parâmetros estabelecidos de forma expressa no instrumento convocatório, não sendo lícito se exigir condições técnicas que não sejam compatíveis com o objeto do contrato;

III - capacidade econômica e financeira;

IV - recolhimento de quantia a título de adiantamento, tratando-se de licitações em que se utilize como critério de julgamento a maior oferta de preço.

h) Recurso: na licitação das empresas estatais, o prazo recursal é único - cinco dias úteis a contar da habilitação.

i) Adjudicação: declarando-se a licitante vencedora e a proposta mais vantajosa.

j) Homologação, anulação ou revogação: verificação de regularidade do procedimento, quando então será homologado e encerrado ou anulado em caso de vícios devidamente comprovados. Também se admite a revogação do procedimento fundada em razões de interesse público supervenientes ao início do certame.

Pré-qualificação permanente

Configura uma decisão administrativa, com validade de um ano, podendo ser atualizada a qualquer tempo, que informa que interessados cumprem requisitos genéricos para participação de licitações no órgão público que a está realizando, ocorrendo por procedimento público, prévio à licitação, permanente, aberto a qualquer interessado e visa identificar fornecedores que reúnam condições de habilitação exigidas para o fornecimento de bem ou a execução de serviço ou obra nos prazos, locais e condições previamente estabelecidos, e bens que atendam às exigências técnicas e de qualidade da administração pública.

Observação: Não se confunde com o cadastramento (que continua existindo normalmente!!!).

Sistema de registro de preços

A Lei nº 13.303/2016 prevê o sistema de registro de preços, nos mesmos moldes definidos para as demais modalidades licitatórias, dispondo que, nesses casos, serão observadas as seguintes condições:

- efetivação prévia de ampla pesquisa de mercado;

- seleção de acordo com os procedimentos previstos em regulamento;
- desenvolvimento obrigatório de rotina de controle e atualização periódicos dos preços registrados;
- definição da validade do registro;
- inclusão, na respectiva ata, do registro dos licitantes que aceitarem cotar os bens ou serviços com preços iguais ao do licitante vencedor na sequência da classificação do certame, assim como dos licitantes que mantiverem suas propostas originais.

9.2 CONTRATOS ADMINISTRATIVOS

Contrato é a convenção estabelecida entre duas ou mais pessoas para constituir, regular ou extinguir entre elas uma relação jurídica patrimonial.

Contratos administrativos são os ajustes celebrados entre a Administração Pública (contratante) e o particular (contratado), regidos predominantemente pelo direito público, para a execução de atividades de interesse público.

A validade do contrato exige: acordo de vontades, agente capaz, objeto lícito e forma prescrita ou não proibida em lei.

Há a previsão de contratação verbal exclusivamente para pequenas compras, de pronto pagamento (valor de até R$ 8.800,00) – art. 60, parágrafo único, da Lei nº 8.666/1993 (valor atualizado conforme o Dec. nº 9.412/2018).

Características:

a) participação do poder público, como parte predominante, e pela finalidade de atender a interesses públicos;

b) tem natureza personalíssima – só pode ser executado pela pessoa que contratou (sendo possível a subcontratação de acordo com os limites estabelecidos pela Administração);

c) na maioria das vezes se formaliza por termo de contrato escrito e, em casos excepcionais, por ordens de serviços;

d) licitação prévia, em regra, sob pena de nulidade;

e) publicidade;

f) prazo determinado (vedado prazo indeterminado);

g) prorrogabilidade – exige termo aditivo, desde que tenha havido previsão no ato convocatório e no plano plurianual;

h) cláusulas exorbitantes – são aquelas que exorbitam, que excedem, que ultrapassam o padrão comum dos contratos em geral, para consignar uma vantagem para a Administração Pública; referem-se a certas prerrogativas da Administração que as colocam numa situação de superioridade em relação ao particular contratado, são:

I – modificação unilateral: deve ser feita por termo de aditamento;

II – rescisão unilateral: sem culpa do contratado, cabe indenização;

III – fiscalização;

IV – aplicação de sanções: multas, advertências, suspensão de participações em licitações e contratos, por atraso e inexecução do contrato;

V – ocupação provisória de móveis e imóveis: quando houver faltas contratuais e o serviço for essencial;

VI – inaplicabilidade da exceção de contrato não cumprido: *exceptio non adimpleti contractus* – particular não pode interromper a obra sob alegação de não estar recebendo os pagamentos devidos, salvo se atrasarem mais de 90 dias, exceto caso de calamidade pública, grave perturbação da ordem interna ou guerra – art. 78, XV.

9.2.1 Teoria da imprevisão

Aplica-se quando há necessidade de revisão de uma cláusula contratual por força de fatos supervenientes e imprevistos durante a sua execução. Ex.:

a) força maior e caso fortuito;

b) fato do príncipe – determinação estatal superveniente e imprevisível que onera o contrato, repercutindo indiretamente sobre ele;

c) fato da administração – provém de uma atuação estatal que incide diretamente sobre o contrato, impedindo a sua execução nas condições inicialmente estabelecidas.

9.2.2 Fato do príncipe e fato da administração

Tanto o fato do príncipe como o fato da administração provêm de uma determinação estatal. A diferença é que o fato do príncipe incide sobre toda a sociedade (ex.: imposto) e o fato da administração incide sobre um fato diretamente (ex.: não desapropriação).

9.2.3 Alterações contratuais unilaterais e consensuais

O particular é obrigado a aceitar a alteração contratual promovida **unilateralmente** pela Administração, devidamente justificada, quando houver modificação do projeto ou das especificações, para melhor adequação técnica aos seus objetivos ou quando necessária a modificação do valor contratual em decorrência de acréscimo ou diminuição quantitativa de seu objeto, nos limites permitidos, que se fizerem nas obras, serviços ou compras, até 25% do valor inicial atualizado do contrato e, no caso particular de reforma de edifício ou de equipamento, até o limite de 50% para os seus acréscimos (art. 65, § 1º, da Lei nº 8.666/1993).

Poderá haver alteração **consensual** do contrato: a) quando conveniente a substituição da garantia de execução; b) quando necessária a modificação do regime de execução da obra ou serviço, bem como do modo de fornecimento, em face de verificação técnica da inaplicabilidade dos termos contratuais originários; c) quando necessária a modificação da forma de pagamento, por imposição de circunstâncias supervenientes, mantido o valor inicial atualizado, vedada a antecipação do pagamento, com relação ao cronograma financeiro fixado, sem a correspondente contraprestação de fornecimento de bens ou execução de obra ou serviço; d) para restabelecer a relação que as partes pactuaram inicialmente entre os encargos do contratado e a retribuição da administração para a justa remuneração da obra, serviço ou fornecimento, objetivando a manutenção do equilíbrio econômico-financeiro inicial do contrato, na hipótese de sobrevierem fatos imprevisíveis, ou previsíveis porém de consequências incalculáveis, retardadores ou impeditivos da execução do ajustado, ou, ainda, em caso de força maior, caso fortuito ou fato do príncipe, configurando álea econômica extraordinária e extracontratual. **Mantém-se os limites anteriores (aplicáveis aos casos de alterações unilaterais), exceto no caso de supressão.**

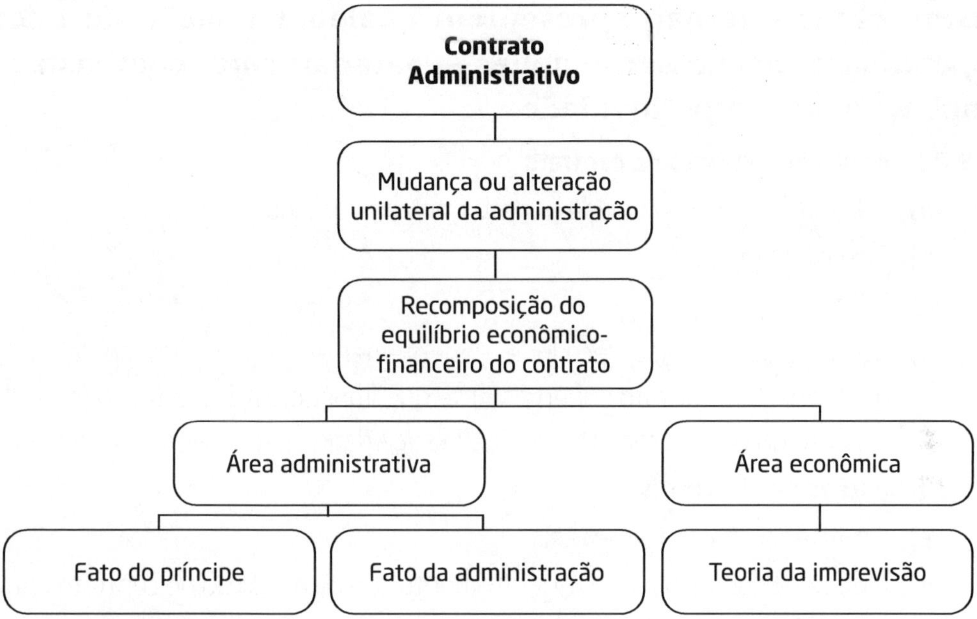

9.2.4 Contrato de obras, serviços e fornecimentos

a) **De obra -** refere-se a construções, reformas ou ampliações de coisas, bem como à fabricação de produtos.

b) **De serviços -** refere-se a trabalhos a serem realizados, como demolição, conserto, instalação, montagem, publicidade, trabalhos técnico profissional etc.

c) **De fornecimento -** são aqueles em que o vendedor se compromete a fornecer mercadorias e o comprador a recebê-las, de modo contínuo e periódico, nas condições e prazos fixados.

As obras são prestadas por empreitada ou por tarefa (empreitada de pequeno porte).

Podem ser executadas por:

a) **preço global** - abrange a entrega da obra ou do serviço todo;

b) **preço unitário** - refere-se a segmentos ou etapas, com pagamento por partes.

Observação: Conforme previsão expressa do art. 23, § 1º, da Lei nº 8.666/1993, "As obras, serviços e compras efetuadas pela Administração serão divididas em tantas parcelas quantas se comprovarem técnica e economicamente viáveis, procedendo-se à licitação com vistas ao melhor aproveitamento dos recursos disponíveis no mercado e à ampliação da competitividade sem perda da economia de escala".

Assim, obras que não apresentem qualquer relação de interdependência devem ser licitadas separadamente, com vistas à ampliação da competitividade.

9.2.5 Formas de extinção do contrato

a) Administrativa – promovida por ato unilateral da Administração.

b) Rescisão amigável.

c) Judicial.

d) De pleno direito – acontece independentemente da manifestação de vontade das partes, por fato superveniente que impede a manifestação (ex.: falecimento do contratado, dissolução da sociedade, perecimento do objeto).

9.2.6 Sanções administrativas

a) Advertência (infrações leves).

b) Multa – na forma prevista no instrumento convocatório ou no contrato (infrações médias).

c) Suspensão temporária de participação em licitações e impedimento de contratar com a Administração por até dois anos (infrações graves).

d) Declaração de inidoneidade (infrações gravíssimas).

e) Pela Lei nº 10.520/2002, impedimento de licitar e contratar com a União, Estados, Distrito Federal ou Municípios (com descredenciamento do Sicaf) pelo prazo de até cinco anos (nos casos em que a licitante não celebrar o contrato, deixar de entregar ou apresentar documentação falsa exigida para o certame, ensejar o retardamento da execução de seu objeto, não mantiver a proposta, falhar ou fraudar na execução do contrato, comportar-se de modo inidôneo ou cometer fraude fiscal).

9.2.7 Sanções penais

Previstas nos arts. 89 a 99 da Lei nº 8.666/1993.

9.2.8 Responsabilidade pelos danos, encargos trabalhistas e previdenciários

a) **Danos:** O contratado é responsável pelos danos causados diretamente à Administração ou a terceiros, decorrentes de sua culpa ou dolo na execução do contrato, não excluindo ou reduzindo essa responsabilidade a fiscalização ou o acompanhamento pelo órgão interessado. Trata-se, portanto, de responsabilidade subjetiva, sendo necessária além da demonstração dos elementos objetivos (conduta, dano e nexo de causalidade) e comprovação do elemento subjetivo (culpa ou dolo), nos termos do art. 70 da Lei nº 8.666/1993.

b) **Encargos previdenciários:** a legislação impõe a responsabilidade solidária entre a Administração pública e o contratado.

c) **Encargos trabalhistas:** nos termos do art. 71, § 1º, da Lei nº 8.666/1993, "A inadimplência do contratado, com referência aos encargos trabalhistas, fiscais e comerciais não transfere à Administração Pública a responsabilidade por seu pagamento". Assim, em 30 de março de 2017, o STF julgou o RE 760931, fixando a seguinte tese de repercussão geral: "O inadimplemento dos encargos trabalhistas dos empregados do contratado não transfere automaticamente ao Poder Público contratante a responsabilidade pelo seu pagamento, *seja em caráter solidário ou subsidiário*, nos termos do art. 71, § 1º, da Lei nº 8.666/93".

9.2.9 Contratos celebrados no âmbito das empresas estatais (Lei nº 13.303/2016)

Torna-se pertinente dizer que, tendo em vista a natureza jurídica inerente às empresas estatais, os seus contratos não gozam da qualificação de contratos administrativos, razão pela qual a lei não prevê cláusulas exorbitantes (o próprio art. 173, inciso II, da CF/1988 prevê que elas devem se sujeitar ao regime jurídico próprio das empresas privadas quanto aos direitos e obrigações civis, comerciais, trabalhistas e tributários).

Há, entretanto, algumas cláusulas peculiares aos contratos por elas celebrados, como:

a) **garantia:** as empresas estatais poderão exigir do particular a ser contratado a prestação de garantia no valor de até 5% do valor do contrato, podendo esse valor chegar a até 10%, em se tratando de contratação de grande vulto, que envolva alta complexidade técnica e riscos financeiros consideráveis.

** A estatal estipula o valor da garantia (dentro dos limites acima) e o particular define a forma da garantia (em dinheiro, seguro garantia ou fiança bancária).*

b) **duração:** como regra, o prazo máximo de vigência é de cinco anos. Entretanto, poderão exceder essa duração máxima em caso de projetos contemplados no plano de negócios e investimentos da empresa pública ou da sociedade de economia mista e nos casos em que a pactuação por prazo superior a cinco anos seja prática rotineira de mercado e a imposição desse prazo inviabilize ou onere excessivamente a realização do negócio.

c) **alteração contratual bilateral**: não se admite a alteração unilateral dos contratos firmados pelas estatais, mas deverão conter cláusula que estabeleça a possibilidade de alteração, por acordo entre as partes, em determinadas situações, como:

* quando houver modificação do projeto ou das especificações, para melhor adequação técnica aos seus objetivos;

** quando necessária a modificação do valor contratual em decorrência de acréscimo ou diminuição quantitativa de seu objeto (nas obras, serviços ou compras, até 25% do valor inicial atualizado do contrato – em contratos de reformas, a alteração para acréscimos poderá chegar até o limite de 50%);

*** quando conveniente a substituição da garantia de execução;

**** quando necessária a modificação do regime de execução da obra ou serviço, bem como do modo de fornecimento, em face de verificação técnica da inaplicabilidade dos termos contratuais originários;

***** quando necessária a modificação da forma de pagamento, por imposição de circunstâncias supervenientes, mantido o valor inicial atualizado, vedada a antecipação do pagamento, com relação ao cronograma financeiro fixado, sem a correspondente contraprestação de fornecimento de bens ou execução de obra ou serviço;

****** para restabelecer o equilíbrio econômico-financeiro inicial do contrato, na hipótese de sobrevierem fatos imprevisíveis, ou previsíveis porém de consequências incalculáveis, retardadores ou impeditivos da execução do ajustado, ou, ainda, em caso de força maior, caso fortuito ou fato do príncipe, configurando álea econômica extraordinária e extracontratual.

Sanções administrativas

O descumprimento do contrato pelo particular, total ou parcial, poderá, garantidos a ampla defesa e o contraditório, ensejar ao contratado as seguintes sanções:

* **advertência:** aplicada por escrito, com o intuito de alertar a prática abusiva e evitar penalidades mais graves;

** **multa:** aplicada se houver previsão no instrumento convocatório ou no contrato, podendo ser aplicada isolada ou cumulativamente com outras sanções;

*** **suspensão temporária de participação em licitação e impedimento de contratar com a Administração:** a suspensão poderá ser aplicada pelo prazo máximo de dois anos. O impedimento de contratar poderá também ser aplicado aos contratados que tenham sofrido condenação definitiva por praticarem, por meios dolosos, fraude fiscal no recolhimento de quaisquer tributos, atos ilícitos visando a frustrar os objetivos da licitação ou demonstrem não possuir idoneidade para contratar com a Administração em virtude de atos ilícitos praticados.

Subcontratação

É admitida desde que seja parcial e mediante autorização da empresa estatal (a subcontratada deve atender a todas as exigências de qualificação técnica impostas ao contratado).

É proibida, porém, a subcontratação de empresa ou consórcio que tenha participado do procedimento licitatório do qual se originou a contratação ou, direta ou indiretamente, da elaboração do projeto básico ou executivo.

Contratação semi-integrada e integrada

A Lei nº 13.303/2016 dispõe que, em algumas situações, é possível a *contratação semi-integrada* (que envolve a elaboração e o desenvolvimento do projeto executivo, a execução de obras e serviços de engenharia, a montagem, a realização de testes, a pré-operação e as demais operações necessárias e suficientes para a entrega final do objeto).

Já a contratação integrada prevê a possibilidade de contratação que envolve a elaboração e o desenvolvimento dos projetos básico e executivo, a execução de obras e serviços de engenharia, a montagem, a realização de testes, a pré-operação e as demais operações necessárias e suficientes para a entrega final do objeto (todas as etapas ficam englobadas em uma única contratação, exigindo-se da estatal somente a elaboração de um anteprojeto antes da realização do certame licitatório).

9.3 REGIME DIFERENCIADO DE CONTRATAÇÕES (RDC)

9.3.1 Aplicabilidade do RDC

O RDC está previsto na Lei nº 12.462/2011 e, inicialmente, teve como objetivo a realização de contratações para os Jogos Olímpicos e Paraolímpicos de 2016, da Copa das Confederações da Fifa 2013 e da Copa do Mundo Fifa 2014, além das obras de infraestrutura e de contratação de serviços para os aeroportos das capitais dos Estados da Federação distantes até 350 km das cidades sedes das referidas competições.

Posteriormente, principalmente a partir de 2012, incluiu-se como objeto de RDC inúmeras outras situações, como:

- as ações integrantes do Programa de Aceleração do Crescimento (PAC);
- as obras e serviços de engenharia no âmbito do Sistema Único de Saúde – SUS;
- as obras e serviços de engenharia para construção, ampliação e reforma de estabelecimentos penais e unidades de atendimento socioeducativo;
- as obras e serviços de engenharia para construção, ampliação e reforma e administração de estabelecimentos penais e de unidades de atendimento socioeducativo;
- as ações no âmbito da segurança pública;
- as obras e serviços de engenharia relacionadas a melhorias na mobilidade urbana ou ampliação de infraestrutura logística;
- os contratos firmados pela Administração pública para locação de bens móveis e imóveis nos quais o locador realiza prévia aquisição, construção ou reforma substancial, com ou sem aparelhamento de bens, por si mesmo ou por terceiros, do bem especificado pela administração; e
- as ações em órgãos e entidades dedicados à ciência, à tecnologia e à inovação.

Importante destacar que, além das hipóteses previstas acima, o RDC também é aplicável às licitações e aos contratos necessários à realização de obras e serviços de engenharia no âmbito dos sistemas públicos de ensino e de pesquisa, ciência e tecnologia.

A opção pelo RDC deverá constar de forma expressa do instrumento convocatório e resultará no afastamento das normas contidas na Lei nº 8.666/1993, exceto nos casos expressamente previstos da Lei nº 12.462/2011.

9.3.2 Objetivos e definições do RDC

Entre os objetivos do RDC está a ampliação da eficiência nas contratações públicas e a competitividade entre os licitantes, a promoção da troca de experiências e tecnologias em busca da melhor relação entre custos e benefícios para o setor público, o incentivo à inovação tecnológica e a garantia do tratamento isonômico entre os licitantes, além da seleção da proposta mais vantajosa para a Administração pública.

Na aplicação do RDC, deverão ser observadas as algumas definições específicas, como:

- **empreitada integral:** quando se contrata um empreendimento em sua integralidade, compreendendo a totalidade das etapas de obras, serviços e instalações necessárias, sob inteira responsabilidade da contratada até a sua entrega ao contratante em condições de entrada em operação, atendidos os requisitos técnicos e legais para sua utilização em condições de segurança estrutural e operacional e com as características adequadas às finalidades para a qual foi contratada;
- **empreitada por preço global:** quando se contrata a execução da obra ou do serviço por preço certo e total;
- **empreitada por preço unitário:** quando se contrata a execução da obra ou do serviço por preço certo de unidades determinadas;
- **projeto básico:** conjunto de elementos necessários e suficientes, com nível de precisão adequado, para caracterizar a obra ou o serviço de engenharia, ou o complexo de obras ou serviços objeto da licitação, com base nas indicações dos estudos técnicos preliminares; assegurar a viabilidade técnica e o adequado tratamento do impacto ambiental do empreendimento e possibilitar a avaliação do custo da obra ou serviço e a definição dos métodos e do prazo de execução. Sem frustrar o caráter competitivo do procedimento licitatório, o projeto básico deverá conter, no mínimo, o desenvolvimento da solução escolhida de forma a fornecer visão global da obra e identificar seus elementos constitutivos com clareza; as soluções técnicas globais e localizadas, suficientemente detalhadas, de forma a restringir a necessidade de reformulação ou de variantes durante as

fases de elaboração do projeto executivo e de realização das obras e montagem a situações devidamente comprovadas em ato motivado da Administração pública; a identificação dos tipos de serviços a executar e de materiais e equipamentos a incorporar à obra, bem como especificações que assegurem os melhores resultados para o empreendimento; as informações que possibilitem o estudo e a dedução de métodos construtivos, instalações provisórias e condições organizacionais para a obra; os subsídios para montagem do plano de licitação e gestão da obra, compreendendo a sua programação, a estratégia de suprimentos, as normas de fiscalização e outros dados necessários em cada caso, exceto, em relação à respectiva licitação, na hipótese de contratação integrada; e o orçamento detalhado do custo global da obra, fundamentado em quantitativos de serviços e fornecimentos propriamente avaliados;

- **projeto executivo:** conjunto dos elementos necessários e suficientes à execução completa da obra, de acordo com as normas técnicas pertinentes. Ressaltando-se que é vedada a realização, sem projeto executivo, de obras e serviços de engenharia para cuja concretização tenha sido utilizado o RDC, qualquer que seja o regime de execução adotado;
- **tarefa:** quando se ajusta mão de obra para pequenos trabalhos por preço certo, com ou sem fornecimento de materiais.

9.3.3 Princípios e diretrizes aplicáveis

As licitações e contratações realizadas em conformidade com o RDC deverão observar os princípios da legalidade, da impessoalidade, da moralidade, da igualdade, da publicidade, da eficiência, da probidade administrativa, da economicidade, do desenvolvimento nacional sustentável, da vinculação ao instrumento convocatório e do julgamento objetivo e as seguintes diretrizes:

- padronização do objeto da contratação relativamente às especificações técnicas e de desempenho e, quando for o caso, às condições de manutenção, assistência técnica e de garantia oferecidas;
- padronização de instrumentos convocatórios e minutas de contratos, previamente aprovados pelo órgão jurídico competente;

- busca da maior vantagem para a administração pública, considerando custos e benefícios, diretos e indiretos, de natureza econômica, social ou ambiental, inclusive os relativos à manutenção, ao desfazimento de bens e resíduos, ao índice de depreciação econômica e a outros fatores de igual relevância;
- condições de aquisição, de seguros, de garantias e de pagamento compatíveis com as condições do setor privado, inclusive mediante pagamento de remuneração variável conforme desempenho (na contratação das obras e serviços, inclusive de engenharia, poderá ser estabelecida remuneração variável vinculada ao desempenho da contratada, com base em metas, padrões de qualidade, critérios de sustentabilidade ambiental e prazo de entrega definidos no instrumento convocatório e no contrato);
- utilização, sempre que possível, nas planilhas de custos constantes das propostas oferecidas pelos licitantes, de mão de obra, materiais, tecnologias e matérias-primas existentes no local da execução, conservação e operação do bem, serviço ou obra, desde que não se produzam prejuízos à eficiência na execução do respectivo objeto e que seja respeitado o limite do orçamento estimado para a contratação;
- parcelamento do objeto, visando à ampla participação de licitantes, sem perda de economia de escala;e
- ampla publicidade, em sítio eletrônico, de todas as fases e procedimentos do processo de licitação, assim como dos contratos, ressalvando-se que o orçamento previamente estimado para a contratação será tornado público apenas e imediatamente após o encerramento da licitação, sem prejuízo da divulgação do detalhamento dos quantitativos e das demais informações necessárias para a elaboração das propostas. Porém, se não contiver previsão expressa no instrumento convocatório, o orçamento estimado possuirá caráter sigiloso e será disponibilizado estrita e permanentemente aos órgãos de controle externo e interno.

Não se pode desconsiderar, ainda, que as contratações realizadas com base no RDC devem atender às normas relativas a disposição final ambientalmente adequada dos resíduos sólidos gerados pelas obras contratadas; mitigação por condicionantes e compensação ambiental, que serão definidas no procedimento de licenciamento ambiental; utilização de produtos, equipamentos e serviços que, comprovadamente, reduzam o consumo de energia e recursos naturais; avaliação de impactos de vizinhança, na forma da legislação urbanística; proteção do patrimônio cultural, histórico, arqueológico e imaterial, inclusive por meio da avaliação do impacto direto ou indireto causado pelas obras contratadas (o impacto negativo sobre esse patrimônio tombado deverá ser compensado por meio de medidas determinadas pela autoridade responsável, na forma da legislação aplicável); e acessibilidade para o uso por pessoas com deficiência ou com mobilidade reduzida.

9.3.4 Regras aplicáveis às licitações realizadas com base no RDC

9.3.4.1 Do objeto da licitação

O objeto da licitação deverá ser definido de forma clara e precisa no instrumento convocatório, vedadas especificações excessivas, irrelevantes ou desnecessárias.

Mais uma vez, ressalta-se que o orçamento previamente estimado para a contratação será tornado público apenas e imediatamente após o encerramento da licitação, sem prejuízo da divulgação do detalhamento dos quantitativos e das demais informações necessárias para a elaboração das propostas, podendo, ainda, caso não conste expressamente no instrumento convocatório a divulgação desse orçamento, possuir caráter sigiloso e ser disponibilizado estrita e permanentemente aos órgãos de controle externo e interno. Contudo, nas hipóteses em que for adotado o critério de julgamento por maior desconto, o orçamento previamente estimado constará do instrumento convocatório, bem como, no caso de julgamento por melhor técnica, o valor do prêmio ou da remuneração também será incluído no instrumento convocatório.

9.3.4.2 Possibilidade de indicação de marcas, tratamento diferenciado e solicitações diversas pela Administração

No caso de licitação para aquisição de bens, a Administração pública poderá indicar marca ou modelo, desde que formalmente justificado, em caso de necessidade de padronização do objeto, quando determinada marca ou modelo comercializado por mais de um fornecedor for a única capaz de atender às necessidades da entidade contratante ou quando a descrição do objeto a ser licitado puder ser mais bem compreendida pela identificação de determinada marca ou modelo aptos a servir como referência, situação em que será obrigatório o acréscimo da expressão "ou similar ou de melhor qualidade".

Nos processos de contratação abrangidos pelo RDC aplicam-se as preferências para fornecedores ou tipos de bens, serviços e obras previstos na legislação, *em especial* os bens e serviços de informática e automação, com tecnologia desenvolvida no País e os produzidos de acordo com processo produtivo básico, na forma a ser definida pelo Poder Executivo (art. 3º da Lei nº 8.248/1991); os bens e serviços produzidos no País, os produzidos ou prestados por empresas brasileiras, os produzidos ou prestados por empresas que invistam em pesquisa e no desenvolvimento de tecnologia no País e os produzidos ou prestados por empresas que comprovem cumprimento de reserva de cargos prevista em lei para pessoa com deficiência ou para reabilitado da Previdência Social e que atendam às regras de acessibilidade previstas na legislação (art. 3º da Lei nº 8.666/1993) e as micro e pequenas empresas (arts. 42 a 49 da LC nº 123/2006).

É possível que a Administração pública exija amostra do bem no procedimento de pré-qualificação, na fase de julgamento das propostas ou de lances, desde que justificada a necessidade da sua apresentação (o que já era possível no pregão e constituiu-se em um grande avanço), bem como solicite a certificação da qualidade do produto ou do processo de fabricação, inclusive sob o aspecto ambiental, por qualquer instituição oficial competente ou por entidade credenciada e requeira, motivadamente, carta de solidariedade emitida pelo fabricante, que assegure a execução do contrato, no caso de licitante revendedor ou distribuidor.

9.3.4.3 Regimes de execução das obras e serviços de engenharia

Na execução indireta de obras e serviços de engenharia são admitidos os seguintes regimes:

- empreitada por preço unitário (adoção subsidiária com utilização justificada);

- empreitada por preço global (adoção preferencial);
- contratação por tarefa (adoção subsidiária com utilização justificada);
- empreitada integral (adoção preferencial);
- contratação integrada (adoção preferencial).

O custo global de obras e serviços de engenharia deverá ser obtido a partir de custos unitários de insumos ou serviços menores ou iguais à mediana de seus correspondentes ao Sistema Nacional de Pesquisa de Custos e Índices da Construção Civil (Sinapi), no caso de construção civil em geral, ou na tabela do Sistema de Custos de Obras Rodoviárias (Sicro), no caso de obras e serviços rodoviários. No caso de inviabilidade da definição dos custos, conforme essas disposições, a estimativa de custo global poderá ser apurada por meio da utilização de dados contidos em tabela de referência formalmente aprovada por órgãos ou entidades da administração pública federal, em publicações técnicas especializadas, em sistema específico instituído para o setor ou em pesquisa de mercado.

Por sua vez, no caso de contratações realizadas pelos governos municipais, estaduais e do Distrito Federal, desde que não envolvam recursos da União, o custo global de obras e serviços de engenharia poderá também ser obtido a partir de outros sistemas de custos, diferentes dos citados acima, já adotados pelos respectivos entes e aceitos pelos respectivos tribunais de contas.

Nas licitações para a contratação de obras e serviços, com exceção daquelas em que for adotado o regime de contratação integrada, deverá haver projeto básico aprovado pela autoridade competente, disponível para exame dos interessados em participar do processo licitatório.

No âmbito do RDC, poderá ser utilizada a contratação integrada para obras e serviços de engenharia, desde que técnica e economicamente justificada e cujo objeto envolva inovação tecnológica ou técnica, possibilidade de execução com diferentes metodologias ou possibilidade de execução com tecnologias de domínio restrito no mercado.

A contratação integrada compreende a elaboração e o desenvolvimento dos projetos básico e executivo, a execução de obras e serviços de engenharia, a montagem, a realização de testes, a pré-operação e todas as demais operações necessárias e suficientes para a entrega final do objeto.

No caso de contratação integrada, o instrumento convocatório deverá conter anteprojeto de engenharia que contemple os documentos técnicos destinados a possibilitar a caracterização da obra ou serviço, incluindo a demonstração e a justificativa do programa de necessidades, a visão global dos investimentos e as definições quanto ao nível de serviço desejado; as condições de solidez, segurança, durabilidade e prazo de entrega, observadas as disposições sobre a restrição de publicidade ao orçamento prévio; a estética do projeto arquitetônico; e os parâmetros de adequação ao interesse público, à economia na utilização, à facilidade na execução, aos impactos ambientais e à acessibilidade.

O valor estimado da contratação será calculado com base nos valores praticados pelo mercado, nos valores pagos pela Administração pública em serviços e obras similares ou na avaliação do custo global da obra, aferida mediante orçamento sintético ou metodologia expedita ou paramétrica. Caso seja permitida no anteprojeto de engenharia a apresentação de projetos com metodologias diferenciadas de execução, o instrumento convocatório estabelecerá critérios objetivos para avaliação e julgamento das propostas.

Outro ponto importante é que, nas hipóteses em que for adotada a contratação integrada, é vedada a celebração de termos aditivos aos contratos firmados, exceto para recomposição do equilíbrio econômico-financeiro decorrente de caso fortuito ou força maior e por necessidade de alteração do projeto ou das especificações para melhor adequação técnica aos objetivos da contratação, a pedido da administração pública, desde que não decorrentes de erros ou omissões por parte do contratado, observados os limites previstos no § 1º do art. 65 da Lei nº 8.666/1993.

Se o anteprojeto contemplar matriz de alocação de riscos entre a administração pública e o contratado, o valor estimado da contratação poderá considerar taxa de risco compatível com o objeto da licitação e as contingências atribuídas ao contratado, de acordo com metodologia predefinida pela entidade contratante.

Na contratação das obras e serviços, inclusive de engenharia, poderá ser estabelecida remuneração variável (motivada e respeitando-se o limite orçamentário fixado pela Administração pública para a contratação) vinculada ao desempenho da contratada, com base em metas, padrões de qualidade, critérios de sustentabilidade ambiental e prazo de entrega definidos no instrumento convocatório e no contrato.

A Administração pública poderá, mediante justificativa expressa, contratar mais de uma empresa ou instituição para executar o mesmo serviço (exceto os de engenharia), desde que não implique perda de economia de escala, quando o objeto da contratação puder ser executado de forma concorrente e simultânea por mais de um contratado ou a múltipla execução for conveniente para atender a Administração pública. Nesses casos, a Administração pública deverá manter o controle individualizado da execução do objeto contratual relativamente a cada uma das contratadas.

9.3.4.4 A comissão de licitação

As licitações promovidas consoante o RDC serão processadas e julgadas por comissão permanente ou especial de licitações, cujos membros responderão solidariamente por todos os atos praticados, salvo se posição individual divergente estiver registrada na ata da reunião em que houver sido adotada a respectiva decisão, a qual será composta majoritariamente por servidores ou empregados públicos pertencentes aos quadros permanentes dos órgãos ou entidades da Administração pública responsáveis pela licitação.

9.3.4.5 As hipóteses de dispensa e inexigibilidade de licitação

As hipóteses de dispensa e inexigibilidade de licitação estabelecidas nos arts. 24 e 25 da Lei nº 8.666/1993 aplicam-se, no que couber, às contratações realizadas com base no RDC, sendo que o processo de contratação direta deverá seguir o mesmo procedimento previsto no art. 26 da Lei Geral de Licitações e Contratos.

É vedada a contratação direta, sem licitação, de pessoa jurídica na qual haja administrador ou sócio com poder de direção que mantenha relação de parentesco, inclusive por afinidade, até o terceiro grau civil com detentor de cargo em comissão ou função de confiança que atue na área responsável pela demanda ou contratação; ou autoridade hierarquicamente superior no âmbito de cada órgão ou entidade da administração pública.

9.3.4.6 Condições específicas para participação nas licitações e para contratação no RDC

É vedada a participação direta ou indireta nas licitações por RDC **(1) da pessoa física ou jurídica** que elaborar o projeto básico ou executivo correspondente; **(2) da pessoa jurídica** que participar de consórcio responsável pela elaboração do projeto básico ou executivo correspondente; **(3) da pessoa jurídica** da qual o autor do projeto básico ou executivo seja administrador, sócio com mais de 5% do capital votante, controlador, gerente, responsável técnico ou subcontratado; ou **(4) do servidor**, **empregado ou ocupante de cargo em comissão** do órgão ou entidade contratante ou responsável pela licitação.

Considera-se participação indireta (aplicável inclusive aos membros da comissão de licitação) a existência de qualquer vínculo de natureza técnica, comercial, econômica, financeira ou trabalhista entre o autor do projeto, pessoa física ou jurídica, e o licitante ou responsável pelos serviços, fornecimentos e obras, incluindo-se os fornecimentos de bens e serviços a estes necessários.

A proibição contida nas primeiras três situações não se aplica no caso das contratações integradas. Também é necessário observar que tais vedações não impedem, nas licitações para a contratação de obras ou serviços, a previsão de que a elaboração de projeto executivo constitua encargo do contratado, consoante preço previamente fixado pela Administração pública. Não obstante, é permitida, nos segundo e terceiro casos referidos, a participação das pessoas físicas ou jurídicas em licitação ou na execução do contrato, como consultor ou técnico, nas funções de fiscalização, supervisão ou gerenciamento, exclusivamente a serviço do órgão ou entidade pública interessados.

Ponto importante no RDC é que se admite a participação de licitantes sob a forma de consórcio, conforme estabelecido em regulamento.

9.3.4.7 Do procedimento licitatório

O procedimento de licitação no RDC, que deverá ocorrer, preferencialmente, na *forma* eletrônica, admitida, excepcionalmente e de modo justificado, a presencial, seguirá as seguintes *fases*, nesta ordem:

1ª – preparatória;

2ª – publicação do instrumento convocatório;

3ª – apresentação de propostas ou lances;

4ª – julgamento;

5ª – habilitação (mediante ato motivado, poderá anteceder as 3ª e 4ª fases, desde que expressamente previsto no instrumento convocatório);

6ª – recursal; e

7ª – encerramento.

9.3.4.7.1 Fase preparatória

A fase preparatória engloba todos os procedimentos internos, como elaboração do edital, projetos, elaboração do orçamento prévio, trâmites administrativos (como a obtenção de parecer jurídico e demais pareceres técnicos), audiências públicas, entre outros procedimentos. A fase preparatória encerra-se com a publicação do instrumento convocatório.

9.3.4.7.2 Publicação do instrumento convocatório

Será dada ampla publicidade aos procedimentos licitatórios e de pré-qualificação, ressalvadas as hipóteses de informações cujo sigilo seja imprescindível à segurança da sociedade e do Estado, devendo ser adotados os seguintes prazos mínimos para apresentação de propostas, contados a partir da data de publicação do instrumento convocatório:

> I – para **aquisição de bens**:
>
> **a)** 5 (cinco) dias úteis, quando adotados os critérios de julgamento pelo menor preço ou pelo maior desconto; e
>
> **b)** 10 (dez) dias úteis, nos casos de adoção dos demais critérios de julgamento, exceto as situações do item III.
>
> II – para a **contratação de serviços e obras**:
>
> **a)** 15 (quinze) dias úteis, quando adotados os critérios de julgamento pelo menor preço ou pelo maior desconto; e
>
> **b)** 30 (trinta) dias úteis, nos casos de adoção dos demais critérios de julgamento, exceto as situações do item III;
>
> III – para licitações em que se adote **o critério de julgamento pela maior oferta**, o prazo é de 10 (dez) dias úteis e para licitações em que se adote **o critério de julgamento pela melhor combinação de técnica e preço,**

pela melhor técnica ou em razão do conteúdo artístico o prazo é de 30 (trinta) dias úteis.

A publicidade, sem prejuízo da faculdade de divulgação direta aos fornecedores, cadastrados ou não, será realizada mediante publicação de extrato do edital no DOU, no DOE, no DODF ou no DOM, ou, no caso de consórcio público, do ente de maior nível entre eles, sem prejuízo da possibilidade de publicação de extrato em jornal diário de grande circulação; e divulgação em sítio eletrônico oficial centralizado de divulgação de licitações ou mantido pelo ente encarregado do procedimento licitatório na rede mundial de computadores.

No caso de licitações cujo valor total da contratação não ultrapasse R$ 150.000,00 para obras ou R$ 80.000,00 para bens e serviços, inclusive de engenharia, é dispensada a publicação em Diário Oficial.

Ressaltando-se que eventuais modificações no instrumento convocatório serão divulgadas nos mesmos prazos dos atos e procedimentos originais, exceto quando a alteração não comprometer a formulação das propostas.

Dos atos da Administração pública decorrentes da aplicação do RDC caberão pedidos de esclarecimento e impugnações ao instrumento convocatório no prazo mínimo de até dois dias úteis antes da data de abertura das propostas, no caso de licitação para aquisição ou alienação de bens, ou até cinco dias úteis antes da data de abertura das propostas, no caso de licitação para contratação de obras ou serviços.

9.3.4.7.3 Apresentação de propostas ou lances

O regulamento do RDC, Dec. nº 7.581/2011, dispõe sobre as regras e os procedimentos de apresentação de propostas ou lances, observado o seguinte:

a) **modo de disputa aberto:** os licitantes apresentarão suas ofertas por meio de lances públicos e sucessivos, crescentes ou decrescentes, conforme o critério de julgamento adotado;

b) **modo de disputa fechado:** as propostas apresentadas pelos licitantes serão sigilosas até a data e hora designadas para que sejam divulgadas.

Poderão ser admitidos, nas condições estabelecidas no Dec. nº 7.581/2011, lances intermediários (considerados os iguais ou inferiores ao maior já ofertado, quando adotado o julgamento pelo critério da maior oferta, ou iguais ou superiores ao menor já ofertado, quando adotados os demais critérios de julgamento), durante a disputa aberta e o reinício da disputa aberta, após a definição da melhor proposta e para a definição das demais colocações, sempre que existir uma diferença de pelo menos 10% entre o melhor lance e o do licitante subsequente.

9.3.4.7.4 Julgamento das propostas

9.3.4.7.4.1 Tipos de licitação

No RDC, o julgamento das propostas será efetivado pelo emprego de parâmetros objetivos, com critérios de julgamentos identificados no instrumento convocatório, sendo possível a utilização dos seguintes **tipos de licitação**:

a) **menor preço ou maior desconto:** terá como referência o preço global fixado pela Administração, sendo o desconto estendido aos eventuais termos aditivos, e considerará o menor dispêndio para a administração pública, atendidos os parâmetros mínimos de qualidade definidos no instrumento convocatório. Os custos indiretos, relacionados com as despesas de manutenção, utilização, reposição, depreciação e impacto ambiental, entre outros fatores, poderão ser considerados para a definição do menor dispêndio, sempre que objetivamente mensuráveis, conforme dispõe o Dec. nº 7.581/2011. No caso de obras ou serviços de engenharia, o percentual de desconto apresentado pelos licitantes deverá incidir linearmente sobre os preços de todos os itens do orçamento estimado constante do instrumento convocatório;

b) **técnica e preço:** no julgamento pela melhor combinação de técnica e preço, deverão ser avaliadas e ponderadas as propostas técnicas e de preço apresentadas pelos licitantes, mediante a utilização de parâmetros objetivos obrigatoriamente inseridos no instrumento convocatório. Esse critério de julgamento será utilizado quando a avaliação e a ponderação da qualidade técnica das propostas que superarem os requisitos mínimos estabelecidos no instrumento convocatório forem relevantes aos fins pretendidos pela Administração pública, e destinar-se-á exclusivamente a objetos de natureza predominantemente intelectual e de inovação tecnológica ou técnica ou que possam ser executados com diferentes metodologias ou tecnologias de domínio restrito no mercado, pontuando-se as vantagens e qualidades que eventualmente forem oferecidas para cada produto ou solução.

Observação importante: É permitida a atribuição de fatores de ponderação distintos para valorar as propostas técnicas e de preço, sendo o percentual de ponderação mais relevante limitado a 70%.

c) **melhor técnica ou conteúdo artístico:** o julgamento considerará exclusivamente as propostas técnicas ou artísticas apresentadas pelos licitantes com base em critérios objetivos previamente estabelecidos no instrumento convocatório, no qual será definido o prêmio ou a remuneração que será atribuída aos vencedores, podendo ser utilizado para a contratação de projetos, inclusive arquitetônicos, e trabalhos de natureza técnica, científica ou artística, *excluindo-se os projetos de engenharia*;

d) **maior oferta de preço:** será utilizado no caso de contratos que resultem em receita para a administração pública. Nesse tipo de licitação, os requisitos de qualificação técnica e econômico-financeira poderão ser dispensados, conforme dispõe o Dec. nº 7.581/2011. Poderá, porém, ser exigida a comprovação do recolhimento de quantia a título de garantia, como requisito de habilitação, limitada a 5% do valor ofertado, hipótese em que o licitante vencedor perderá o valor da entrada caso não efetive o pagamento devido no prazo estipulado.

e) **maior retorno econômico:** utilizado exclusivamente para a celebração de contratos de eficiência, as propostas (de trabalho e de preço) serão consideradas de forma a selecionar a que proporcionará a maior economia para a Administração pública decorrente da execução do contrato. O contrato de eficiência terá por objeto a prestação de serviços, que pode incluir a realização de obras e o fornecimento de bens, com o objetivo de proporcionar economia ao contratante, na forma de redução de despesas correntes, sendo o contratado remunerado com base em percentual da economia gerada.

Deve-se atentar que, nos casos em que não for gerada a economia prevista no contrato de eficiência, a diferença entre a economia contratada e a efetivamente obtida será descontada da remuneração da contratada. Porém, se a diferença entre a economia contratada e a efetivamente obtida for superior à remuneração da contratada, será aplicada multa por inexecução contratual no valor da diferença e a contratada sujeitar-se-á, ainda, a outras sanções cabíveis caso a diferença entre a economia contratada e a efetivamente obtida seja superior ao limite máximo estabelecido no contrato.

9.3.4.7.4.2 Critérios de desempate

Em caso de empate entre duas ou mais propostas, serão utilizados os seguintes critérios de desempate, estritamente nesta ordem:

1º: disputa final, em que os licitantes empatados poderão apresentar nova proposta fechada em ato contínuo à classificação;

2º: a avaliação do desempenho contratual prévio dos licitantes, desde que exista sistema objetivo de avaliação instituído;

3º: bens produzidos no País; produzidos ou prestados por empresas brasileiras; produzidos ou prestados por empresas que invistam em pesquisa e no desenvolvimento de tecnologia no País; produzidos ou prestados por empresas que comprovem cumprimento de reserva de cargos prevista em lei para pessoa com deficiência ou para reabilitado da Previdência Social e que atendam às regras de acessibilidade previstas na legislação; e

4º: sorteio.

Por óbvio, os critérios transcritos acima não prejudicam os contidos no art. 44 da LC nº 123/2006, devendo-se assegurar como critério de desempate preferência de contratação para as microempresas e empresas de pequeno porte, entendendo-se, especificamente nesse caso de ME e EPP, o "empate ficto", ou seja, as situações em que as propostas apresentadas pelas ME e EPP sejam iguais ou até 10% superiores à proposta mais bem classificada ou até 5% superior ao melhor preço no caso de pregão.

9.3.4.7.4.3 Critérios de desclassificação

Serão desclassificadas as propostas que contenham vícios insanáveis, não obedeçam às especificações técnicas pormenorizadas no instrumento convocatório, apresentem preços manifestamente inexequíveis ou permaneçam acima do orçamento estimado para a contratação, não tenham sua exequibilidade demonstrada, quando exigido pela Administração pública ou apresentem desconformidade com quaisquer outras exigências do instrumento convocatório, desde que insanáveis.

No RDC, a verificação da conformidade das propostas poderá ser feita exclusivamente em relação à proposta mais bem classificada, podendo a Administração pública realizar diligências para aferir a exequibilidade das propostas ou exigir dos licitantes que ela seja demonstrada. É necessário observar que, no caso de obras e serviços de engenharia, para efeito de avaliação da exequibilidade e de sobrepreço, serão considerados o preço global, os quantitativos e os preços unitários considerados relevantes.

Nas licitações de **obras ou serviços de engenharia**, após o julgamento das propostas, o licitante vencedor deverá reelaborar e apresentar à Administração pública, por meio eletrônico, as planilhas com indicação dos quantitativos e dos custos unitários, bem como do detalhamento das Bonificações e Despesas Indiretas (BDI) e dos Encargos Sociais (ES), com os respectivos valores adequados ao lance vencedor.

Por fim, definido o resultado do julgamento, a Administração pública poderá negociar condições mais vantajosas com o primeiro colocado, sendo possível, ainda, negociar com os demais licitantes, segundo a ordem de classificação inicialmente estabelecida, quando o preço do primeiro colocado, mesmo após a negociação, for desclassificado por sua proposta permanecer acima do orçamento estimado.

9.3.4.7.4.4 Habilitação das licitantes

Na fase de habilitação das licitações realizadas em conformidade com o RDC, aplicar-se-á, no que couber, o disposto nos arts. 27 a 33 da Lei nº 8.666/1993, observado o seguinte:

a) poderá ser exigida dos licitantes a declaração de que atendem aos requisitos de habilitação;

b) será exigida a apresentação dos documentos de habilitação apenas pelo licitante vencedor, **exceto no caso de inversão de fases**, ocasião em que só serão recebidas as propostas dos licitantes previamente habilitados; e

c) em qualquer caso, os documentos relativos à regularidade fiscal poderão ser exigidos em momento posterior ao julgamento das propostas, apenas em relação ao licitante mais bem classificado.

No RDC, pode-se exigir requisitos de sustentabilidade ambiental, na forma da legislação aplicável.

9.3.4.7.5 Recursos administrativos

Salvo no caso de inversão de fases, o procedimento licitatório terá uma fase recursal única, que se seguirá à habilitação do vencedor. Nessa fase, serão analisados os recursos referentes ao julgamento das propostas ou lances e à habilitação do vencedor.

Dos atos da Administração pública decorrentes da aplicação do RDC caberão recursos, no prazo de cinco dias úteis contados a partir da data da intimação ou da lavratura da ata, em face do ato que defira ou indefira pedido de pré-qualificação de interessados; do ato de habilitação ou inabilitação de licitante; do julgamento das propostas.

Nesses casos, os interessados deverão manifestar imediatamente a sua intenção de recorrer, sob pena de preclusão. O prazo para apresentação de contrarrazões será o mesmo do recurso e começará imediatamente após o encerramento do prazo recursal, sendo assegurado aos licitantes vista dos elementos indispensáveis à defesa de seus interesses.

O recurso será dirigido à autoridade superior, por intermédio da autoridade que praticou o ato recorrido, cabendo a esta reconsiderar sua decisão no prazo de cinco dias úteis ou, nesse mesmo prazo, fazê-lo subir, devidamente informado, devendo, nesse caso, a decisão do recurso ser proferida dentro do prazo de cinco dias úteis, contados do seu recebimento, sob pena de apuração de responsabilidade.

9.3.4.7.5.1 Encerramento

Exauridos os recursos administrativos, o procedimento licitatório será encerrado e encaminhado à autoridade superior, que poderá:

1) determinar o retorno dos autos para saneamento de irregularidades que forem supríveis;

2) anular o procedimento, no todo ou em parte, por vício insanável;

3) revogar o procedimento por motivo de conveniência e oportunidade; ou

4) adjudicar o objeto e homologar a licitação.

9.3.4.8 Procedimentos diversos aplicáveis ao RDC

9.3.4.8.1 Pré-qualificação permanente de bens e fornecedores

Considera-se pré-qualificação permanente o procedimento anterior à licitação destinado a identificar fornecedores que reúnam condições de habilitação exigidas para o fornecimento de bem ou a execução de serviço ou obra nos prazos, locais e condições previamente estabelecidos e bens que atendam às exigências técnicas e de qualidade da

Administração pública. A pré-qualificação terá validade de 1 (um) ano, no máximo, podendo ser atualizada a qualquer tempo.

O procedimento de pré-qualificação ficará permanentemente aberto para a inscrição dos eventuais interessados e poderá ser efetuada nos grupos ou segmentos, segundo as especialidades dos fornecedores, podendo ser parcial ou total, contendo alguns ou todos os requisitos de habilitação ou técnicos necessários à contratação, assegurada, em qualquer hipótese, a igualdade de condições entre os concorrentes. A Administração pública poderá realizar licitação restrita aos pré-qualificados.

9.3.4.8.2 Cadastramento

Os registros cadastrais poderão ser mantidos para efeito de habilitação dos inscritos em procedimentos licitatórios e serão válidos por 1 (um) ano, no máximo, podendo ser atualizados a qualquer tempo, devendo ser amplamente divulgados e permanentemente abertos à inscrição de interessados.

A atuação do licitante no cumprimento de obrigações assumidas será anotada no respectivo registro cadastral, podendo, a qualquer tempo, ser alterado, suspenso ou cancelado o registro do inscrito que deixar de satisfazer as exigências de habilitação ou as estabelecidas para admissão cadastral.

9.3.4.8.3 Sistema de Registro de Preços (SRP)

O Sistema de Registro de Preços, especificamente destinado às licitações que adotarem o RDC, reger-se-á pelo disposto em regulamento. Poderá aderir ao SRP qualquer órgão ou entidade responsável pela execução das atividades abarcadas pelo RDC.

O registro de preços observará, entre outras condições, a efetivação prévia de ampla pesquisa de mercado, a seleção de acordo com os procedimentos previstos em regulamento, o desenvolvimento obrigatório de rotina de controle e atualização periódicos dos preços registrados, a definição da validade do registro e a inclusão, na respectiva ata, do registro dos licitantes que aceitarem cotar os bens ou serviços com preços iguais ao do licitante vencedor na sequência da classificação do certame, assim como dos licitantes que mantiverem suas propostas originais.

Por fim, deve-se observar que a existência de preços registrados não obriga a Administração pública a firmar os contratos que deles poderão advir, sendo facultada a realização de licitação específica, assegurada ao licitante registrado preferência em igualdade de condições, o que já ocorria no tradicional SRP.

9.3.4.8.4 Catálogo eletrônico de padronização

O catálogo eletrônico de padronização de compras, serviços e obras consiste em um sistema informatizado, de gerenciamento centralizado, destinado a permitir a padronização dos itens a serem adquiridos pela Administração pública que estarão disponíveis para a realização de licitação, podendo ser utilizado em licitações cujo critério de julgamento seja a oferta de menor preço ou de maior desconto e conterá toda a documentação e procedimentos da fase interna da licitação, assim como as especificações dos respectivos objetos, conforme disposto em regulamento.

9.3.5 Regras aplicáveis aos contratos celebrados com base no RDC

Os contratos administrativos celebrados com base no RDC reger-se-ão pelas normas da Lei nº 8.666/1993, com exceção das regras específicas previstas na lei do RDC.

É facultado à Administração pública, quando o convocado não assinar o termo de contrato ou não aceitar ou retirar o instrumento equivalente no prazo e condições estabelecidos, revogar a licitação, sem prejuízo da aplicação das cominações previstas na Lei nº 8.666/1993 e na lei do RDC, ou convocar os licitantes remanescentes, na ordem de classificação, para a celebração do contrato nas condições ofertadas pelo licitante vencedor.

Na hipótese de nenhum dos licitantes remanescentes aceitar as condições ofertadas pelo licitante vencedor, a Administração pública poderá convocá-los, na ordem de classificação, para a celebração do contrato nas condições ofertadas por eles, desde que o respectivo valor seja igual ou inferior ao orçamento estimado para a contratação, inclusive quanto aos preços atualizados nos termos do instrumento convocatório.

Na hipótese do inciso XI do art. 24 da Lei nº 8.666/1993 (na contratação de remanescente de obra, serviço ou fornecimento, em consequência de rescisão contratual, desde que atendida a ordem de classificação da licitação anterior e aceitas as mesmas condições oferecidas pelo licitante vencedor, inclusive quanto ao preço, devidamente corrigido), a contratação de remanescente de obra, serviço ou fornecimento de bens em consequência de rescisão contratual observará a ordem de classificação dos licitantes remanescentes e as condições por eles ofertadas, desde que não seja ultrapassado o orçamento estimado para a contratação.

Os contratos para a execução das obras previstas no plano plurianual poderão ser firmados pelo período nele compreendido, observado o disposto no *caput* do art. 57 da Lei nº 8.666/1993. Na hipótese do inciso II do art. 57 da Lei nº 8.666/1993, os contratos celebrados pelos entes públicos responsáveis pelas atividades descritas nos incisos I a III do art. 1º da Lei do RDC poderão ter sua vigência estabelecida até a data da extinção da APO.

As normas referentes à anulação e à revogação das licitações previstas no art. 49 da Lei nº 8.666/1993, aplicar-se-ão às contratações realizadas com base no RDC.

Por fim, há de se dizer que, nos contratos regidos por esta Lei, poderá ser admitido o emprego dos mecanismos privados de resolução de disputas, inclusive a arbitragem, a ser realizada no Brasil e em língua portuguesa, nos termos da Lei nº 9.307/1996, e a mediação, para dirimir conflitos decorrentes da sua execução ou a ela relacionados.

9.3.6 Das sanções administrativas

Ficará impedido de licitar e contratar com a União, Estados, Distrito Federal ou Municípios, pelo prazo de até 5 (cinco) anos, sem prejuízo das multas previstas no instrumento convocatório e no contrato, bem como das demais cominações legais, o licitante que:

I – convocado dentro do prazo de validade da sua proposta, não celebrar o contrato, inclusive nas hipóteses previstas no parágrafo único do art. 40 e no art. 41 da Lei do RDC;

II – deixar de entregar a documentação exigida para o certame ou apresentar documento falso;

III – ensejar o retardamento da execução ou da entrega do objeto da licitação sem motivo justificado;

IV – não mantiver a proposta, salvo se em decorrência de fato superveniente, devidamente justificado;

V – fraudar a licitação ou praticar atos fraudulentos na execução do contrato;

VI – comportar-se de modo inidôneo ou cometer fraude fiscal; ou

VII – der causa à inexecução total ou parcial do contrato.

A aplicação dessa sanção implicará, ainda, o descredenciamento do licitante, pelo mesmo prazo (de até cinco anos), dos sistemas de cadastramento dos entes federativos.

Por fim, destaca-se que as sanções administrativas, criminais e demais regras previstas no Capítulo IV da Lei nº 8.666/1993 aplicam-se às licitações e aos contratos realizados pelo RDC.

9.4 O NOVO MARCO NORMATIVO DE LICITAÇÕES E CONTRATOS – LEI Nº 14.133/2021

9.4.1 Introdução e transição para o novo marco normativo

A "Nova" Lei Geral de Licitações , Lei nº 14.133/2021, estabelece normas gerais de licitação e contratação para as administrações públicas diretas, autárquicas e fundacionais da União, dos Estados, do Distrito Federal e dos Municípios; altera a Lei nº 13.105/2015 (Código de Processo Civil), a Lei nº 8.987/1995, a Lei nº 11.079/2004 e o Decreto-Lei nº 2.848/1940 (Código Penal), além de revogar a Lei nº 12.462/2011 (RDC), a Lei nº 8.666/1993 (LGLC) e a Lei 10.520/2002 (Pregão).

Preste atenção, pois a legislação anterior não será revogada imediatamente! O art. 193 estabelece que ficam revogados os arts. 89 a 108 da Lei nº 8.666/1993, que tratam da parte penal e processual penal, na data de publicação da nova Lei, ou seja, em 1º de abril de 2021 (verificação da aplicabilidade ou não do princípio da continuidade normativo-típica e da Súm. nº 711 do STF).

Por sua vez, a integralidade da Lei nº 8.666/1993, da Lei nº 10.520/2002 e os arts. 1º a 47 da Lei nº 12.462/2011 serão revogados somente após decorridos 2 (dois) anos da publicação oficial da nova Lei, ou seja, em 1º de abril de 2023.

Assim, permanecerão em vigor, concomitantemente, os dois marcos normativos, o "antigo" e o "novo", sendo que o art. 191, prevê que, durante esses 2 (dois) anos, a Administração poderá optar por licitar de acordo com a nova Lei ou de acordo com as leis anteriores, e a opção escolhida deverá ser indicada expressamente no edital, vedada a aplicação combinada da nova com as antigas leis.

9.4.2 Principais disposições reguladas pelo novo marco normativo

A nova Lei está estruturada em cinco Títulos, compostos de capítulos, seções e subseções, entre os quais selecionamos os pontos mais importantes, para apresentarmos de modo sintetizado. Percebe-se que a nova Lei é muito mais abrangente e trata de assuntos até então não tratados na Lei nº 8.666/1993. Em verdade, muitas disposições não estavam nesta lei geral, mas se encontravam na Lei nº 10.520/2002 (pregão), na Lei nº 12.462/2011 (RDC) e na Lei nº 13.303/2016 (Lei das Empresas Públicas e Sociedades de Economia Mista). Passaremos, então, a abordar, de forma sintética, as principais inovações trazidas pela Lei nº 14.133/2021.

9.4.3 Principais disposições gerais trazidas pelo novo marco normativo

No *Título I*, ao tratar das disposições preliminares e estabelecer o âmbito de aplicação da nova lei em seu *Capítulo I*, destaca-se que não são abrangidas pela nova lei as empresas públicas, as sociedades de economia mista e as suas subsidiárias, que continuarão a ser regidas pela Lei nº 13.303/2016, ressalvado o disposto no art. 178 da nova lei – parte penal (art. 1º, § 1º).

As contratações realizadas no âmbito das repartições públicas sediadas no exterior obedecerão às peculiaridades locais e aos princípios básicos estabelecidos nesta Lei, na forma de regulamentação específica a ser editada por Ministro de Estado (art. 1º, § 2º).

A nova lei aplica-se a alienação e concessão de direito real de uso de bens; compra, inclusive por encomenda; locação; concessão e permissão de uso de bens públicos; prestação de serviços, inclusive os técnico-profissionais especializados; obras e serviços de arquitetura e engenharia; e contratações de tecnologia da informação e de comunicação (art. 2º).

A aplicabilidade do tratamento diferenciado às ME e EPP também passa a ser expressa na nova lei, prevendo-se que, conforme o art. 4º, aplicam-se às licitações e contratos disciplinados pela nova lei as disposições constantes dos arts. 42 a 49 da LC nº 123/2006.

O § 1º do art. 4º, entretanto, destaca que essas disposições não são aplicadas no caso de licitação para aquisição de bens ou contratação de serviços em geral, ao item cujo valor estimado for superior à receita bruta máxima admitida para fins de enquadramento como EPP e no caso de contratação de obras e serviços de engenharia, às licitações cujo valor estimado for superior à receita bruta máxima admitida para fins de enquadramento como EPP.

Agora, veja que o § 2º do art. 4º limita o tratamento à medida que prevê que a obtenção desses benefícios fica limitada às ME e às EPP que, no ano-calendário de realização da licitação, ainda não tenham celebrado contratos com a Administração Pública, cujos valores somados extrapolem a receita bruta máxima admitida para fins de enquadramento como EPP, devendo o órgão ou entidade exigir do licitante declaração de observância desse limite na licitação.

Para fins de consideração do benefício, o § 3º do referido artigo prevê que nas contratações com prazo de vigência superior a 1 (um) ano, será considerado o valor anual do contrato na aplicação dos limites citados.

No *Capítulo II*, ao tratar dos princípios, a nova lei, no art. 5º, apresenta novos princípios que não se encontravam no art. 3º da Lei nº 8.666/1993, mas que eram aplicáveis na práxis administrativa, entre eles, por exemplo, o princípio do interesse público, do planejamento, da transparência, da eficácia, da segregação de funções, da motivação, da segurança jurídica, da razoabilidade, da competitividade, da proporcionalidade, da celeridade, da economicidade e do desenvolvimento nacional sustentável, assim como as disposições da LINDB.

Ao tratar das definições, no *Capítulo III*, o novo marco normativo aprimora alguns conceitos existentes na Lei nº 8.666/1993 e na Lei nº 10.520/2002, e traz outros novos, como os seguintes:

- **bens e serviços comuns:** aqueles cujos padrões de desempenho e qualidade podem ser objetivamente definidos pelo edital, por meio de especificações usuais de mercado (art. 6º, XIII);
- **serviços e fornecimentos contínuos:** serviços contratados e compras realizadas pela Administração Pública para a manutenção da atividade administrativa, decorrentes de necessidades permanentes ou prolongadas (art. 6º, XV);
- **serviços contínuos com regime de dedicação exclusiva de mão de obra:** aqueles cujo modelo de execução contratual exige, entre outros requisitos, que:
  a) os empregados do contratado fiquem à disposição nas dependências do contratante para a prestação dos serviços;
  b) o contratado não compartilhe os recursos humanos e materiais disponíveis de uma contratação para execução simultânea de outros contratos;
  c) o contratado possibilite a fiscalização pelo contratante quanto a distribuição, controle e supervisão dos recursos humanos alocados aos seus contratos (art. 6º, XVI);
- **serviços não contínuos ou contratados por escopo:** impõem ao contratado o dever de realizar a prestação de um serviço específico em período predeterminado, podendo ser prorrogado, desde que justificadamente, pelo prazo necessário à conclusão do objeto (art. 6º, XVII);
- **obra:** toda atividade estabelecida, por força de lei, como privativa das profissões de arquiteto e engenheiro que implica intervenção no meio ambiente por meio de um conjunto harmônico de ações que, agregadas, formam um todo que inova o espaço físico da nature-

za ou acarreta alteração substancial das características originais de bem imóvel (art. 6º, XII);

- **serviço de engenharia:** toda atividade ou conjunto de atividades destinadas a obter determinada utilidade, intelectual ou material, de interesse para a Administração e que, não enquadradas no conceito de obra a que se refere o art. 6º, inciso XII, são estabelecidas, por força de lei, como privativas das profissões de arquiteto e engenheiro ou de técnicos especializados, que compreendem (art. 6º, XXI):
  - ***a) serviço comum de engenharia:*** todo serviço de engenharia que tem por objeto ações, objetivamente padronizáveis em termos de desempenho e qualidade, de manutenção, de adequação e de adaptação de bens móveis e imóveis, com preservação das características originais dos bens;
  - ***b) serviço especial de engenharia:*** aquele que, por sua alta heterogeneidade ou complexidade, não pode se enquadrar na definição constante da alínea *a* deste inciso;
- **estudo técnico preliminar:** documento constitutivo da primeira etapa do planejamento de uma contratação que caracteriza o interesse público envolvido e a sua melhor solução e dá base ao *anteprojeto*, ao *termo de referência* ou ao *projeto básico* a serem elaborados caso se conclua pela viabilidade da contratação (art. 6º, XX);
- **anteprojeto:** peça técnica com todos os subsídios necessários à elaboração do projeto básico (art. 6º, XXIV);
- **matriz de riscos:** cláusula contratual definidora de riscos e de responsabilidades entre as partes e *caracterizadora do equilíbrio econômico-financeiro inicial do contrato*, em termos de ônus financeiro decorrente de eventos supervenientes à contratação, contendo, no mínimo, as seguintes informações (art. 6º, XXVII):
  - a) listagem de possíveis eventos supervenientes à assinatura do contrato que possam causar impacto em seu equilíbrio econômico-financeiro e previsão de eventual necessidade de prolação de termo aditivo por ocasião de sua ocorrência;

b) no caso de obrigações de resultado, estabelecimento das frações do objeto com relação às quais haverá liberdade para os contratados inovarem em soluções metodológicas ou tecnológicas, em termos de modificação das soluções previamente delineadas no anteprojeto ou no projeto básico;

c) no caso de obrigações de meio, estabelecimento preciso das frações do objeto com relação às quais não haverá liberdade para os contratados inovarem em soluções metodológicas ou tecnológicas, devendo haver obrigação de aderência entre a execução e a solução predefinida no anteprojeto ou no projeto básico, consideradas as características do regime de execução no caso de obras e serviços de engenharia;

- **contratação integrada:** regime de contratação de obras e serviços de engenharia em que o contratado é responsável por elaborar e desenvolver *os projetos básico e executivo*, executar obras e serviços de engenharia, fornecer bens ou prestar serviços especiais e realizar montagem, teste, pré-operação e as demais operações necessárias e suficientes para a entrega final do objeto (art. 6º, XXXII);
- **contratação semi-integrada:** regime de contratação de obras e serviços de engenharia em que o contratado é responsável por elaborar e desenvolver *o projeto executivo*, executar obras e serviços de engenharia, fornecer bens ou prestar serviços especiais e realizar montagem, teste, pré-operação e as demais operações necessárias e suficientes para a entrega final do objeto (art. 6º, XXXIII);
- **contrato de eficiência:** contrato cujo objeto é a prestação de serviços, que pode incluir a realização de obras e o fornecimento de bens, com o objetivo de proporcionar economia ao contratante, na forma de redução de despesas correntes, remunerado o contratado com base em percentual da economia gerada (art. 6º, LIII);

No *Capítulo V* do primeiro título, a nova lei apresenta uma de suas principais inovações, ao privilegiar a condução do processo pelo "agente de contratação", como regra, e, excepcionalmente, pela "comissão de contratação", termo que substitui a antiga "comissão de licitação", além de estabelecer requisitos para a atuação na área. Por sua vez, no pregão, o agente de contratação será designado "pregoeiro", como já ocorria.

Assim, de acordo com o art. 7º, caberá à autoridade máxima do órgão ou da entidade, ou a quem as normas de organização administrativa indicarem, promover gestão por competências e designar agentes públicos para o desempenho das funções essenciais à execução da nova Lei, que sejam, preferencialmente, servidor efetivo ou empregado público dos quadros permanentes da Administração Pública, tenham atribuições relacionadas a licitações e contratos ou possuam formação compatível ou qualificação atestada por certificação profissional emitida por escola de governo criada e mantida pelo poder público e não sejam cônjuge ou companheiro de licitantes ou contratados habituais da Administração nem tenham com eles vínculo de parentesco, colateral ou por afinidade, até o terceiro grau, ou de natureza técnica, comercial, econômica, financeira, trabalhista e civil.

A licitação será conduzida por *agente de contratação*, pessoa designada pela autoridade competente, *entre servidores efetivos ou empregados públicos dos quadros permanentes da Administração Pública*, para tomar decisões, acompanhar o trâmite da licitação, dar impulso ao procedimento licitatório e executar quaisquer outras atividades necessárias ao bom andamento da licitação (art. 8º).

O agente de contratação será *auxiliado por equipe de apoio e responderá individualmente pelos atos que praticar*, salvo quando *induzido a erro* pela atuação da equipe (art. 8, § 1º). Agora, em licitação que envolva bens ou serviços especiais, o agente de contratação poderá ser substituído por *comissão de contratação* formada por, no mínimo, três membros, que *responderão solidariamente por todos os atos praticados pela comissão*, ressalvado o membro que expressar posição individual divergente fundamentada e registrada em ata lavrada na reunião em que houver sido tomada a decisão (art. 8, § 2º).

Outra inovação importante está no art. 8º, § 4º, que passou a prever que em licitação que envolva bens ou serviços especiais cujo objeto não seja rotineiramente contratado pela Administração *poderá ser contratado, por prazo determinado, serviço de empresa ou de profissional especializado para assessorar os agentes públicos responsáveis pela condução da licitação.*

9.4.4 Principais disposições aplicáveis às licitações

O *Título II* passa a trabalhar especificamente o tema referente às licitações e no seu *Capítulo I*, ao tratar do processo licitatório, a nova lei condensa as fases da licitação já consagradas no pregão e no RDC, prevendo, no art. 17, que serão observadas as seguintes fases, em sequência: 1ª) preparatória; 2ª) de divulgação do edital de licitação; 3ª) de apresentação de propostas e lances, quando for o caso; 4ª) de julgamento; 5ª) de habilitação; 6ª) recursal; e 7ª) de homologação.

Assim como já ocorria no RDC, a inversão de fases se transformou na regra, sendo que, excepcionalmente, como prevê o art. 17, § 1º, a fase de habilitação poderá, mediante ato motivado com explicitação dos benefícios decorrentes, anteceder as fases de apresentação de propostas e lances e a de julgamento, desde que expressamente previsto no edital de licitação.

Uma das consagrações do Pregão foi a possibilidade de sua realização na forma eletrônica, ou seja, utilizando-se de recursos de tecnologia da informação. A forma eletrônica passa a ser a regra no novo marco normativo, como se percebe no art. 17, § 2º, que passar a prever que as licitações serão realizadas preferencialmente sob a forma eletrônica, admitida a utilização da forma presencial, desde que motivada, devendo a sessão pública ser registrada em ata e gravada mediante utilização de recursos tecnológicos de áudio e vídeo.

Passa a ser explícita em lei a possibilidade de solicitação de amostras, muito usual no pregão. O art. 17, § 3º, estabelece que, desde que previsto no edital, na fase de julgamento das propostas, o órgão ou entidade licitante poderá, em relação ao licitante provisoriamente vencedor, realizar análise e avaliação da conformidade das propostas, mediante homologação de amostras, exame de conformidade e prova de conceito, entre outros testes de interesse da Administração, de modo a comprovar sua aderência às especificações definidas no termo de referência ou no projeto básico.

A nova norma passou a prever também a possibilidade de a Administração poder exigir certificação por organização independente acreditada pelo Inmetro como condição para aceitação de estudos, anteprojetos, projetos básicos e projetos executivos; conclusão de fases ou de objetos de contratos e adequação do material e do corpo técnico apresentados por empresa para fins de habilitação (art. 17, § 6º).

O *Capítulo II* trata da fase preparatória, na prática, também chamada de fase interna da licitação. Esta é caracterizada pelo planejamento e deve compatibilizar-se com o plano de contratações anual, sempre que elaborado, e com as leis orçamentárias, bem como abordar todas as considerações técnicas, mercadológicas e de gestão que podem interferir na contratação (art. 18).

Outro ponto importante da nova lei, que já havia no RDC, é a possibilidade da manutenção do sigilo do valor de referência da Administração, baseado nos orçamentos. O art. 24 estipula que, desde que justificado, o orçamento estimado da contratação poderá ter caráter sigiloso, e, nesse caso, o sigilo não prevalecerá para os órgãos de controle interno e externo. Todavia, se for adotado o critério de julgamento por maior desconto, o preço estimado ou o máximo aceitável constará do edital da licitação, como já ocorre no RDC.

O edital da licitação, conforme determina o art. 25, deverá conter o objeto da licitação e as regras relativas à convocação, ao julgamento, à habilitação, aos recursos e às penalidades da licitação, à fiscalização e à gestão do contrato, à entrega do objeto e às condições de pagamento.

O edital poderá trazer tratamento diferenciado em determinadas situações, como as previstas no art. 25, §§ 2º e 9º. Veja-se que, desde que não sejam produzidos prejuízos à competitividade do processo licitatório e à eficiência do respectivo contrato, devidamente demonstrado em estudo técnico preliminar, o edital poderá prever a utilização de mão de obra, materiais, tecnologias e matérias-primas existentes no local da execução, conservação e operação do bem, serviço ou obra.

Além desta previsão, o edital poderá, na forma disposta em regulamento, exigir que o contratado destine um percentual mínimo da mão de obra responsável pela execução do objeto da contratação a mulher vítima de violência doméstica e oriundo ou egresso do sistema prisional.

Quanto à elaboração do edital, sempre que o objeto permitir, a Administração adotará minutas padronizadas de edital e de contrato com cláusulas uniformes, o que já ocorre, em grande parte, por intermédio das advocacias públicas (AGU, PGEs e PGMs). Inclusive, há de se dizer que o novo marco normativo dá atenção especial ao papel da advocacia pública no controle de legalidade da licitação, primeiramente a partir do art. 53 e, posteriormente, em capítulo próprio sobre o controle, no art. 169 da nova lei.

O processo licitatório, ao final da fase preparatória, seguirá para o órgão de assessoramento jurídico da Administração, que realizará controle prévio de legalidade mediante análise jurídica da contratação. Na elaboração do parecer, este órgão deverá:

> I – apreciar o processo licitatório conforme critérios objetivos prévios de atribuição de prioridade; e
>
> II – redigir sua manifestação em linguagem simples e compreensível e de forma clara e objetiva, com apreciação de todos os elementos indispensáveis à contratação e com exposição dos pressupostos de fato e de direito levados em consideração na análise jurídica;

Embora o Presidente da República tenha vetado o § 2º do art. 53, o parecer jurídico continua sendo obrigatório e não vinculante, uma vez que, desaprovando a continuidade da contratação, no todo ou em parte, poderá ser motivadamente rejeitado pela autoridade máxima do órgão ou entidade.

O órgão de assessoramento jurídico da Administração também realizará, por força do art. 53, § 4º, controle prévio de legalidade de contratações diretas, acordos, termos de cooperação, convênios, ajustes, adesões a atas de registro de preços, outros instrumentos congêneres e de seus termos aditivos.

Será dispensável a análise jurídica nas hipóteses previamente definidas em ato da autoridade jurídica máxima competente, que deverá considerar o baixo valor, a baixa complexidade da contratação, a entrega imediata do bem ou autilização de minutas de editais e instrumentos de contrato, convênio ou outros ajustes previamente padronizados pelo órgão de assessoramento jurídico.

A Lei nº 14.133/2021 extinguiu algumas das modalidades previstas na Lei nº 8.666/1993, como o convite e a tomada de preços, e criou uma nova, o diálogo competitivo. Elas estão previstas no art. 28 da Lei e são as seguintes: pregão; concorrência; concurso; leilão; e o diálogo competitivo. Além destas modalidades, a Administração pode servir-se dos procedimentos auxiliares, como o credenciamento e o Sistema de Registro de Preços. Vejamos os conceitos trazidos às modalidades:

- **Pregão:** modalidade de licitação *obrigatória* para aquisição de bens e serviços comuns, cujo critério de julgamento poderá ser o de menor preço ou o de maior desconto (art. 6º, XLI).
- **Concorrência:** modalidade de licitação para contratação de bens e serviços especiais e de obras e serviços comuns e especiais de engenharia, cujo critério de julgamento poderá ser: a) menor preço; b) melhor técnica ou conteúdo artístico; c) técnica e preço; d) maior retorno econômico; e) maior desconto (art. 6º, XXXVIII).

Observação importante: O art. 29 prevê que a *concorrência e o pregão seguem o rito procedimental comum* a que se refere o art. 17 da nova Lei, adotando-se o pregão sempre que o objeto possuir padrões de desempenho e qualidade que possam ser objetivamente definidos pelo edital, por meio de especificações usuais de mercado. O pregão *não se aplica* às contratações de serviços técnicos especializados de natureza predominantemente intelectual e de obras e serviços de engenharia, exceto os serviços comuns de engenharia.

- **Concurso:** modalidade de licitação para escolha de trabalho técnico, científico ou artístico, cujo critério de julgamento será o de melhor técnica ou conteúdo artístico, e para concessão de prêmio ou remuneração ao vencedor (art. 6º, XXXIX).
- **Leilão:** modalidade de licitação para alienação de bens imóveis ou de bens móveis inservíveis ou legalmente apreendidos a quem oferecer o maior lance (art. 6º, XL). O art. 31 da Nova lei mantém a possibilidade de o leilão ser cometido a leiloeiro oficial ou a servidor designado pela autoridade competente da Administração. Agora, se

a Administração optar pela realização de leilão por intermédio de leiloeiro oficial, a Administração deverá selecioná-lo mediante credenciamento ou licitação na modalidade pregão e adotar o critério de julgamento de maior desconto para as comissões a serem cobradas, utilizando como parâmetro máximo os percentuais definidos na lei que regula a referida profissão e observados os valores dos bens a serem leiloados. O leilão *não exigirá registro cadastral prévio, não terá fase de habilitação e deverá ser homologado assim que concluída a fase de lances*, superada a fase recursal e efetivado o pagamento pelo licitante vencedor, na forma definida no edital.

- **Diálogo competitivo:** modalidade de licitação para contratação de obras, serviços e compras em que a Administração Pública realiza diálogos com licitantes previamente selecionados mediante critérios objetivos, com o intuito de desenvolver uma ou mais alternativas capazes de atender às suas necessidades, devendo os licitantes apresentar proposta final após o encerramento dos diálogos (art. 6º, XLII). O art. 32 restringe, entretanto, a utilização da modalidade, sendo utilizada apenas em algumas situações, como as contratações em que a Administração vise a contratar objeto que envolva inovação tecnológica ou técnica, em que seja impossível o órgão ou entidade ter sua necessidade satisfeita sem a adaptação de soluções disponíveis no mercado e quando for impossível as especificações técnicas serem definidas com precisão suficiente pela Administração. Também poderá ser utilizado o diálogo competitivo nas situações em que a Administração verifique a necessidade de definir e identificar os meios e as alternativas que possam satisfazer suas necessidades, com destaque a aspectos como a solução técnica mais adequada, os requisitos técnicos aptos a concretizar a solução já definida e a estrutura jurídica ou financeira do contrato.

FORMA DE DESENVOLVIMENTO DOS TRABALHOS: Os trabalhos serão desenvolvidos, atendendo-se às seguintes disposições:

I) a Administração apresentará, por ocasião da divulgação do edital em sítio eletrônico oficial, suas necessidades e as exigências já definidas e estabelecerá prazo mínimo de 25 dias úteis para manifestação de interesse de participação na licitação;

II) os critérios empregados para pré-seleção dos licitantes deverão ser previstos em edital, e serão admitidos todos os interessados que preencherem os requisitos objetivos estabelecidos;

III) a divulgação de informações de modo discriminatório que possa implicar vantagem para algum licitante será vedada;

IV) a Administração não poderá revelar a outros licitantes as soluções propostas ou as informações sigilosas comunicadas por um licitante sem o seu consentimento;

V) a fase de diálogo poderá ser mantida até que a Administração, em decisão fundamentada, identifique a solução ou as soluções que atendam às suas necessidades;

VI) as reuniões com os licitantes pré-selecionados serão registradas em ata e gravadas mediante utilização de recursos tecnológicos de áudio e vídeo;

VII) o edital poderá prever a realização de fases sucessivas, caso em que cada fase poderá restringir as soluções ou as propostas a serem discutidas;

VIII) a Administração deverá, ao declarar que o diálogo foi concluído, juntar aos autos do processo licitatório os registros e as gravações da fase de diálogo, iniciar a fase competitiva com a divulgação de edital contendo a especificação da solução que atenda às suas necessidades e os critérios objetivos a serem utilizados para seleção da proposta mais vantajosa e abrir prazo, não inferior a 60 (sessenta) dias úteis, para todos os licitantes apresentarem suas propostas, que deverão conter os elementos necessários para a realização do projeto;

IX) a Administração poderá solicitar esclarecimentos ou ajustes às propostas apresentadas, desde que não impliquem discriminação nem distorçam a concorrência entre as propostas;

X) a Administração definirá a proposta vencedora de acordo com critérios divulgados no início da fase competitiva, assegurada a contratação mais vantajosa como resultado;

XI) o diálogo competitivo será conduzido por *comissão de contratação* composta de pelo menos três servidores efetivos ou empregados públicos pertencentes aos quadros permanentes da Administração, *admitida a contratação de profissionais para assessoramento técnico da comissão*;

A nova lei, em seu art. 33 e seguintes, também altera alguns dos tipos de licitação, trazendo que o julgamento das propostas será realizado de acordo com os seguintes critérios: menor preço; maior desconto;

melhor técnica ou conteúdo artístico; técnica e preço; maior lance, no caso de leilão; e maior retorno econômico.

O julgamento por *melhor técnica ou conteúdo artístico* considerará exclusivamente as propostas técnicas ou artísticas apresentadas pelos licitantes, e o edital deverá definir o prêmio ou a remuneração que será atribuída aos vencedores. Este critério de julgamento poderá ser utilizado para a contratação de projetos e trabalhos de natureza técnica, científica ou artística.

O julgamento por *técnica e preço* considerará a maior pontuação obtida a partir da ponderação, segundo fatores objetivos previstos no edital, das notas atribuídas aos aspectos de técnica e de preço da proposta. Este critério de julgamento será escolhido quando estudo técnico preliminar demonstrar que a avaliação e a ponderação da qualidade técnica das propostas que superarem os requisitos mínimos estabelecidos no edital forem relevantes aos fins pretendidos pela Administração nas licitações para contratação de:

> I) serviços técnicos especializados de natureza predominantemente intelectual, caso em que o critério de julgamento de técnica e preço deverá ser preferencialmente empregado;
>
> II) serviços majoritariamente dependentes de tecnologia sofisticada e de domínio restrito, conforme atestado por autoridades técnicas de reconhecida qualificação;
>
> III) bens e serviços especiais de tecnologia da informação e de comunicação;
>
> IV) obras e serviços especiais de engenharia;
>
> V) objetos que admitam soluções específicas e alternativas e variações de execução, com repercussões significativas e concretamente mensuráveis sobre sua qualidade, produtividade, rendimento e durabilidade, quando essas soluções e variações puderem ser adotadas à livre escolha dos licitantes, conforme critérios objetivamente definidos no edital de licitação.

No julgamento por técnica e preço, deverão ser avaliadas e ponderadas as propostas técnicas e, em seguida, as propostas de preço apresentadas pelos licitantes, na proporção máxima de 70% de valoração para a proposta técnica.

O julgamento por *maior retorno econômico*, utilizado exclusivamente para a celebração de contrato de eficiência, considerará a maior economia para a Administração, e a remuneração deverá ser fixada em percentual que incidirá de forma proporcional à economia efetivamente obtida na execução do contrato. Nas licitações que adotarem este critério de julgamento, os licitantes apresentarão *proposta de trabalho*, que deverá contemplar as obras, os serviços ou os bens, com os respectivos prazos de realização ou fornecimento e a economia que se estima gerar, expressa em unidade de medida associada à obra, ao bem ou ao serviço e em unidade monetária e *proposta de preço*, que corresponderá a percentual sobre a economia que se estima gerar durante determinado período, expressa em unidade monetária.

Observação importante: O edital de licitação deverá prever parâmetros objetivos de mensuração da economia gerada com a execução do contrato, que servirá de base de cálculo para a remuneração devida ao contratado e, para efeito de julgamento da proposta, o retorno econômico será o resultado da economia que se estima gerar com a execução da proposta de trabalho, deduzida a proposta de preço. Nos casos em que não for gerada a economia prevista no contrato de eficiência, a diferença entre a economia contratada e a efetivamente obtida será descontada da remuneração do contratado e, se a diferença entre a economia contratada e a efetivamente obtida for superior ao limite máximo estabelecido no contrato, o contratado sujeitar-se-á, ainda, a outras sanções cabíveis.

Ponto importante na nova lei é a possibilidade de solicitação de *garantia de proposta* (no curso do processo licitatório) que se diferencia da garantia contratual (para assinatura do contrato).

A previsão está no art. 58, o qual passa a prever que poderá ser exigida, no momento da apresentação da proposta, a comprovação do recolhimento de quantia a título de *garantia de proposta*, como requisito de pré-habilitação.

A garantia de proposta não poderá ser superior a 1% do valor estimado para a contratação e será devolvida aos licitantes no prazo de 10 (dez) dias úteis, contado da assinatura do contrato ou da data em que for declarada fracassada a licitação. Agora, implicará execução do valor integral da garantia de proposta a recusa em assinar o contrato ou a não apresentação dos documentos para a contratação. A garantia de proposta poderá ser prestada, conforme escolha da empresa licitante, tal qual a garantia contratual, por caução em dinheiro ou em títulos da dívida pública, seguro-garantia ou fiança bancária.

9.4.5 Principais disposições aplicáveis às hipóteses de contratação direta

Na Lei nº 14.133/2021, o art. 72 tratou da instrução processual referente aos processos de dispensa (art. 75) e inexigibilidade de licitação (art. 74), os quais deverão ser instruídos, no mínimo com:

> I) documento de formalização de demanda e, se for o caso, estudo técnico preliminar, análise de riscos, termo de referência, projeto básico ou projeto executivo;
>
> II) estimativa de despesa, que deverá ser calculada na forma estabelecida no art. 23 na nova lei;
>
> III) *parecer jurídico* e pareceres técnicos, se for o caso, que demonstrem o atendimento dos requisitos exigidos;
>
> IV) demonstração da compatibilidade da previsão de recursos orçamentários com o compromisso a ser assumido;
>
> V) comprovação de que o contratado preenche os requisitos de habilitação e qualificação mínima necessária;
>
> VI) razão de escolha do contratado;
>
> VII) justificativa de preço;
>
> VIII) autorização da autoridade competente.

Quanto à publicidade, o ato que autorizar a contratação direta ou o extrato decorrente do contrato deverá ser divulgado e mantido à disposição do público em sítio eletrônico oficial.

9.4.6 Principais disposições aplicáveis aos instrumentos auxiliares

O art. 78 elenca um rol de procedimentos auxiliares das licitações e das contratações sendo eles:

> I) credenciamento;
>
> II) pré-qualificação;
>
> III) procedimento de manifestação de interesse;
>
> IV) sistema de registro de preços; e
>
> V) registro cadastral.

O *credenciamento*, tratado no art. 79, poderá ser usado nas hipóteses de contratação *paralela e não excludente,* caso em que é viável e vantajosa para a Administração a realização de contratações simultâneas em condições padronizadas, *com seleção a critério de terceiros*, situação em que a seleção do contratado está a cargo do beneficiário direto da prestação ou em *mercados fluidos*, em que a flutuação constante do valor da prestação e das condições de contratação inviabiliza a seleção de agente por meio de processo de licitação.

O art. 79, parágrafo único, prevê que os procedimentos de credenciamento serão definidos em regulamento, devendo observar-se as seguintes regras:

> I) a Administração deverá divulgar e manter à disposição do público, em sítio eletrônico oficial, *edital de chamamento de interessados*, de modo a permitir o cadastramento permanente de novos interessados;
>
> II) na hipótese de contratação paralela e não excludente, quando o objeto não permitir a contratação imediata e simultânea de todos os credenciados, *deverão ser adotados critérios objetivos de distribuição da demanda*;
>
> III) o edital de chamamento de interessados deverá prever as condições padronizadas de contratação e, nas hipóteses de contratação paralela e não excludente, bem como com seleção a critério de terceiros, deverá definir o valor da contratação;
>
> IV) na hipótese de contratação em mercados fluidos, a Administração deverá registrar as cotações de mercado vigentes no momento da contratação;
>
> V) não será permitido o cometimento a terceiros do objeto contratado sem autorização expressa da Administração;
>
> VI) será admitida a denúncia por qualquer das partes nos prazos fixados no edital.

A *pré-qualificação*, tratada no art. 79, é o procedimento técnico-administrativo para selecionar previamente *licitantes* que reúnam condições de habilitação para participar de futura licitação ou de licitação vinculada a programas de obras ou de serviços objetivamente definidos ou *bens* que atendam às exigências técnicas ou de qualidade estabelecidas pela Administração. A pré-qualificação poderá ser aberta a licitantes ou a bens, observando-se que na pré-qualificação aberta a licitantes, poderão ser dispensados os documentos que já constarem do registro cadastral e na pré-qualificação aberta a bens, poderá ser exigida a comprovação de qualidade.

Há de se dizer que o procedimento de pré-qualificação *ficará permanentemente aberto* para a inscrição de interessados e constarão do edital as informações mínimas necessárias para definição do objeto, a modalidade, a forma da futura licitação e os critérios de julgamento. A apresentação de documentos far-se-á perante órgão ou comissão indicada pela Administração, que deverá examiná-los no prazo máximo de 10 (dez) dias úteis e determinar correção ou reapresentação de documentos, quando for o caso, com vistas à ampliação da competição. A licitação que se seguir ao procedimento da pré-qualificação *poderá ser restrita a licitantes ou bens pré-qualificados*.

A Administração poderá solicitar à iniciativa privada, mediante procedimento aberto de *manifestação de interesse* a ser iniciado com a publicação de edital de chamamento público, a propositura e a realização de estudos, investigações, levantamentos e projetos de soluções inovadoras que contribuam com questões de relevância pública, na forma de regulamento (art. 81).

Os estudos, investigações, levantamentos e projetos vinculados à contratação e de utilidade para a licitação, realizados pela Administração ou com a sua autorização, estarão à disposição dos interessados, e *o vencedor da licitação deverá ressarcir os dispêndios correspondentes*, conforme especificado no edital (art. 81, § 1º).

Agora, como bem adverte o art. 80, § 2º, a realização pela iniciativa privada de estudos, investigações, levantamentos e projetos em decorrência do procedimento de manifestação de interesse mencionado no *caput* deste artigo não atribuirá ao realizador direito de preferência no processo licitatório, não obrigará o poder público a realizar licitação, não implicará, por si só, direito a ressarcimento de valores envolvidos em sua elaboração e será remunerada somente pelo vencedor da licitação, vedada, em qualquer hipótese, a cobrança de valores do poder público.

Para aceitação dos produtos e serviços, a Administração deverá elaborar parecer fundamentado com a demonstração de que o produto ou serviço entregue é adequado e suficiente à compreensão do objeto, que as premissas adotadas são compatíveis com as reais necessidades do órgão e que a metodologia proposta é a que propicia maior economia e vantagem entre as demais possíveis.

Por fim, há de se dizer que o procedimento de manifestação de interesse poderá ser restrito a *startups*, conforme a previsão do art. 81, § 4º, assim considerados os microempreendedores individuais, as microempresas e as empresas de pequeno porte, de natureza emergente e com grande potencial, que se dediquem à pesquisa, ao desenvolvimento e à implementação de novos produtos ou serviços baseados em soluções tecnológicas inovadoras que possam causar alto impacto, exigida, na seleção definitiva da inovação, validação prévia fundamentada em métricas objetivas, de modo a demonstrar o atendimento das necessidades da Administração.

9.4.7 Principais disposições aplicáveis aos contratos administrativos

Como regra geral, os contratos e seus aditamentos terão forma escrita e serão juntados ao processo que tiver dado origem à contratação, divulgados e mantidos à disposição do público em sítio eletrônico oficial, como determina o art. 91. Todavia, o § 1º deste artigo admite a manutenção em sigilo de contratos e de termos aditivos quando imprescindível à segurança da sociedade e do Estado, nos termos da legislação que regula o acesso à informação.

A nova lei mantém a possibilidade de realização, excepcional, de contrato verbal, prevendo, no art. 95, § 2º, que é nulo e de nenhum efeito o contrato verbal com a Administração, salvo o de pequenas compras ou prestação de serviços de pronto pagamento, assim entendidas aquelas de valor não superior a R$ 10.000,00 (dez mil reais). Ressalta-se que esse valor deve ser atualizado anualmente, em 1º de janeiro, conforme determina o art. 182 da Lei nº 14.133/2021. Assim, o Decreto nº 10.922, de 30 de dezembro de 2021, o atualizou para R$ 10.804,08 (dez mil oitocentos e quatro reais e oito centavos).

O contrato poderá *identificar os riscos contratuais previstos e presumíveis e prever matriz de alocação de riscos*, alocando-os entre contratante e contratado, mediante indicação daqueles a serem assumidos pelo setor público ou pelo setor privado ou daqueles a serem compartilhados. O art. 103, § 1º, prevê que a alocação de riscos considerará, em compatibilidade com as obrigações e os encargos atribuídos às partes no contrato, a natureza do risco, o beneficiário das prestações a que se vincula e a capacidade de cada setor para melhor gerenciá-lo.

Há uma alteração significativa no que tange à duração dos contratos, que passa a ser regulada no art. 105 e seguintes da nova lei. A duração dos contratos será a prevista em edital, e deverão ser observadas, no momento da contratação e a cada exercício financeiro, a disponibilidade de créditos orçamentários, bem como a previsão no plano plurianual, quando ultrapassar um exercício financeiro.

A Administração *poderá celebrar contratos com prazo de até 5 (cinco) anos* nas hipóteses de serviços e fornecimentos contínuos, observadas as seguintes diretrizes (art. 106):

> I) a autoridade competente do órgão ou entidade contratante deverá atestar a maior vantagem econômica vislumbrada em razão da contratação plurianual;
>
> II) a Administração deverá atestar, no início da contratação e de cada exercício, a existência de créditos orçamentários vinculados à contratação e a vantagem em sua manutenção; e
>
> III) a Administração terá a opção de extinguir o contrato, sem ônus, quando não dispuser de créditos orçamentários para sua continuidade ou quando entender que o contrato não mais lhe oferece vantagem (esta extinção ocorrerá apenas na próxima data de aniversário do contrato e não poderá ocorrer em prazo inferior a 2 (dois) meses, contado da referida data).

Os contratos *de serviços e fornecimentos contínuos poderão ser prorrogados sucessivamente*, respeitada a vigência máxima *decenal*, desde que haja previsão em edital e que a autoridade competente ateste que as condições e os preços permanecem vantajosos para a Administração, permitida a negociação com o contratado ou a extinção contratual sem ônus para qualquer das partes.

Diferentemente da vedação que estava contida na Lei nº 8.666/1993, o art. 109 da nova lei prevê que a Administração *poderá estabelecer a vigência por prazo indeterminado* nos contratos em que seja usuária de serviço público oferecido em regime de monopólio, desde que comprovada, a cada exercício financeiro, a existência de créditos orçamentários vinculados à contratação.

Já na contratação que *gere receita* e no *contrato de eficiência que gere economia* para a Administração, os prazos serão de até 10 (dez) anos, nos contratos sem investimento, ou de até 35 (trinta e cinco) anos, nos contratos com investimento, assim considerados aqueles que impliquem a elaboração de benfeitorias permanentes, realizadas exclusivamente a expensas do contratado, que serão revertidas ao patrimônio da Administração Pública ao término do contrato (art. 110).

No que se refere à execução contratual, o art. 117 trata da fiscalização. Nele, há a previsão de que a execução do contrato deverá ser acompanhada e fiscalizada por um ou mais fiscais do contrato, representantes da Administração especialmente designados ou pelos respectivos substitutos, *permitida a contratação de terceiros para assisti-los e subsidiá-los com informações* pertinentes a essa atribuição.

Inovação expressa está no art. 117, § 3º, o qual prevê que o fiscal do contrato será auxiliado pelos órgãos de assessoramento jurídico e de controle interno da Administração, que deverão dirimir dúvidas e subsidiá-lo com informações relevantes para prevenir riscos na execução contratual. Havendo a contratação de terceiros para auxiliar o Fiscal de Contrato, a empresa ou o profissional contratado *assumirá responsabilidade civil objetiva pela veracidade e pela precisão das informações prestadas*, firmará termo de compromisso de confidencialidade e não poderá exercer atribuição própria e exclusiva de fiscal de contrato. Por fim, cabe observar que a contratação de terceiros não eximirá de responsabilidade o fiscal do contrato, nos limites das informações recebidas do terceiro contratado.

Há uma mudança significativa no que tange à responsabilidade da contratada. Na Lei nº 8.666/1993, a responsabilidade era subjetiva, conforme dispunha o art. 70. No novo marco normativo, entendo que ela passa a ser objetiva, conforme prevê o art. 120, o qual passa a estabelecer que o contratado será *responsável pelos danos causados diretamente à Administração ou a terceiros em razão da execução do contrato*, e não excluirá nem reduzirá essa responsabilidade a fiscalização ou o acompanhamento pelo contratante.

Entendo que, ao retirar os elementos subjetivos culpa ou dolo, o legislador, intencionalmente, optou pela teoria do risco administrativo.

Vamos a um exemplo: imagine que uma merendeira, servidora pública, coloque algum produto na alimentação e cause envenenamento em dezenas de crianças. O Município responderá objetivamente pela teoria do risco administrativo, com base no art. 37, § 6º, da CF/1988 (que também não traz, expressamente, que a responsabilidade será objetiva).

Agora, imagine que essa merendeira não seja servidora pública, mas uma terceirizada, vinculada a uma empresa que venceu licitação e assinou contrato para fornecer mão de obra com dedicação exclusiva. Pergunto: a empresa não responderia objetivamente pelo mesmo risco? Estamos falando de diferentes riscos para a mesma situação fática? Por isso, entendo que a responsabilidade da contratada, pelos danos causados, passa, na nova lei, a ser objetiva.

A nova lei explicita e tenta elucidar a responsabilidade trabalhista e previdenciária da contratada, que passa a ter, em regra, a responsabilidade direta, como se vê no art. 121, a prever que *somente o contratado* será responsável pelos encargos *trabalhistas, previdenciários, fiscais e comerciais* resultantes da execução do contrato.

Assim, o art. 121, § 1º, prevê que a inadimplência do contratado em relação aos encargos *trabalhistas, fiscais e comerciais* não transferirá à Administração a responsabilidade pelo seu pagamento e não poderá onerar o objeto do contrato nem restringir a regularização e o uso das obras e das edificações, inclusive perante o registro de imóveis, ressalvada a hipótese abaixo.

Exclusivamente nas contratações de serviços contínuos com regime de dedicação exclusiva de mão de obra, *a Administração responderá solidariamente pelos encargos previdenciários e subsidiariamente pelos encargos trabalhistas* se comprovada falha na fiscalização do cumprimento das obrigações do contratado.

Indo para a parte final desta sintetizada abordagem sobre o novo marco normativo de licitações e contratos, é importante destacar a nova possibilidade de extinção dos contratos administrativos, utilizando-se dos meios alternativos de resolução de controvérsias.

Assim, conforme o art. 138, a extinção do contrato poderá ser determinada por *ato unilateral e escrito* da Administração, exceto no caso de descumprimento decorrente de sua própria conduta, consensual, *por acordo entre as partes, por conciliação, por mediação* ou por comitê de resolução de disputas, desde que haja interesse da Administração ou *determinada por decisão arbitral*, em decorrência de cláusula compromissória ou compromisso arbitral, *ou por decisão judicial*.

9.5 LICITAÇÕES E CONTRATOS APLICÁVEIS ÀS *STARTUPS*

A Lei Complementar nº 182, de 1º de junho de 2021, instituiu o marco legal das startups e do empreendedorismo inovador. Em seu capítulº VI, a lei trata da contratação de soluções inovadoras pelo Estado, subordinando, por força do § 1º do art. 12, os órgãos e as entidades da administração pública direta, autárquica e fundacional de quaisquer dos Poderes da União, dos Estados, do Distrito Federal e dos Municípios ao regime disposto nesse capítulo (as empresas públicas, as sociedades de economia mista e suas subsidiárias poderão adotar, no que couber, as disposições dessa lei complementar, nos termos do regulamento interno de licitações e contratações, conforme a ressalva do § 2º desse artigo).

Assim, as licitações e os contratos referidos na LC nº 182/2021 possuem por finalidade, segundo o art. 12, resolver demandas públicas que exijam solução inovadora com emprego de tecnologia e promover a inovação no setor produtivo por meio do uso do poder de compra do Estado.

Para tanto, a administração pública poderá, nos termos do art. 13, contratar pessoas físicas ou jurídicas, isoladamente ou em consórcio, para o teste de soluções inovadoras por elas desenvolvidas ou a ser desenvolvidas, com ou sem risco tecnológico, por meio de licitação na modalidade especial regida por essa lei complementar.

Veja que o § 1º do art. 13 faz uma ressalva muito importante, prevendo que a delimitação do escopo da licitação poderá restringir-se à indicação do problema a ser resolvido e dos resultados esperados pela administração pública, incluídos os desafios tecnológicos a serem superados, dispensada a descrição de eventual solução técnica previamente mapeada e suas especificações técnicas, e caberá aos licitantes propor diferentes meios para a resolução do problema.

Em relação ao edital, este deve ser divulgado, consoante determina o § 2º do art. 13, com antecedência de, no mínimo, 30 (trinta) dias corridos até a data de recebimento das propostas, em sítio eletrônico oficial centralizado de divulgação de licitações ou mantido pelo ente público licitante e no Diário Oficial do ente federativo.

Quanto à avaliação e ao julgamento das propostas, serão procedidos por comissão especial que preencherá os requisitos do art. 13, § 3º, composta de, no mínimo, 3 (três) pessoas de reputação ilibada e reconhecido conhecimento no assunto, das quais uma deverá ser servidor público integrante do órgão para o qual o serviço está sendo contratado e outra deverá ser professor de instituição pública de educação superior na área relacionada ao tema da contratação.

Os critérios para julgamento das propostas deverão considerar, conforme estipula o § 4º do art. 13, sem prejuízo de outros definidos no edital:

> *I – o potencial de resolução do problema pela solução proposta e, se for o caso, da provável economia para a administração pública;*
>
> *II – o grau de desenvolvimento da solução proposta;*
>
> *III – a viabilidade e a maturidade do modelo de negócio da solução;*
>
> *IV – a viabilidade econômica da proposta, considerados os recursos financeiros disponíveis para a celebração dos contratos; e*
>
> *V – a demonstração comparativa de custo e benefício da proposta em relação às opções funcionalmente equivalentes.*

O preço indicado pelos proponentes para execução do objeto será critério de julgamento somente na forma disposta nos dois últimos itens anteriores (IV e V) e a licitação poderá selecionar mais de uma proposta para a celebração do contrato de solução inovadora, hipótese em que caberá ao edital limitar, previamente, a quantidade de propostas selecionáveis.

Conforme explicita o § 7º do art. 13, ocorre a inversão de fases, e a análise da documentação relativa aos requisitos de habilitação será posterior à fase de julgamento das propostas e contemplará somente os proponentes selecionados.

Ressalvada a hipótese de pessoa jurídica em débito com o sistema da seguridade social, a administração pública poderá, de acordo com autorização do § 8º do art. 13, mediante justificativa expressa, dispensar, no todo ou em parte, tanto a documentação de habilitação de que tratam os incisos I, II e III, bem como a regularidade fiscal prevista no inciso IV do *caput* do art. 27 da Lei nº 8.666, de 21 de junho de 1993, quanto a prestação de garantia para a contratação.

Também é permitida, pelo § 9º do art. 13, a negociação de condições econômicas mais vantajosas para a administração, após a fase de julgamento das propostas, negociando-se, igualmente, os critérios de remuneração que serão adotados, observado o disposto no § 3º do art. 14 da LC nº 182/2021.

Encerrada a fase de julgamento e de negociação, na hipótese de o preço ser superior à estimativa, a administração pública poderá, conforme autorizado pelo § 10 do art. 13, mediante justificativa expressa, com base na demonstração comparativa entre o custo e o benefício da proposta, aceitar o preço ofertado, desde que seja superior em termos de inovações, de redução do prazo de execução ou de facilidade de manutenção ou operação, limitado ao valor máximo que se propõe a pagar.

No que tange aos contratos, a lei complementar apresenta duas espécies de contratos. O Contrato Público para Solução Inovadora (CPSI) e o contrato de fornecimento, previstos, respectivamente, nos arts. 14 e 15 da LC.

Assim, referente ao primeiro, após a homologação do resultado da licitação, a administração pública celebrará CPSI com as proponentes selecionadas, com vigência limitada ao prazo de 12 (doze) meses, prorrogável por mais um período de até 12 (doze) meses.

O CPSI deverá conter, entre outras, as cláusulas essenciais trazidas no § 1º do Art. 14, como:

> *I – as metas a serem atingidas para que seja possível a validação do êxito da solução inovadora e a metodologia para a sua aferição;*
>
> *II – a forma e a periodicidade da entrega à administração pública de relatórios de andamento da execução contratual, que servirão de instrumento de monitoramento, e do relatório final a ser entregue pela contratada após a conclusão da última etapa ou meta do projeto;*

> *III – a matriz de riscos entre as partes, incluídos os riscos referentes a caso fortuito, força maior, risco tecnológico, fato do príncipe e álea econômica extraordinária;*
>
> *IV – a definição da titularidade dos direitos de propriedade intelectual das criações resultantes do CPSI; e*
>
> *V – a participação nos resultados de sua exploração, assegurados às partes os direitos de exploração comercial, de licenciamento e de transferência da tecnologia de que são titulares.*

O valor máximo a ser pago à contratada será de R$ 1.600.000,00 (um milhão e seiscentos mil reais) por CPSI, sem prejuízo da possibilidade de o edital estabelecer limites inferiores. Esse valor poderá ser atualizado anualmente pelo Poder Executivo federal, de acordo com o Índice Nacional de Preços ao Consumidor Amplo (IPCA) ou outro que venha a substituí-lo, segundo o § 2º do art. 14.

Para a remuneração da contratada, o § 3º do art. 14 determina que seja utilizado um dos seguintes critérios: a) preço fixo; b) preço fixo mais remuneração variável de incentivo; c) reembolso de custos sem remuneração adicional; d) reembolso de custos mais remuneração variável de incentivo; ou e) reembolso de custos mais remuneração fixa de incentivo.

Havendo risco tecnológico, os pagamentos serão efetuados proporcionalmente aos trabalhos executados, de acordo com o cronograma físico-financeiro aprovado, observado o critério de remuneração previsto contratualmente. Assim, com exceção das remunerações variáveis de incentivo vinculadas ao cumprimento das metas contratuais, a administração pública deverá efetuar o pagamento conforme o critério adotado, ainda que os resultados almejados não sejam atingidos em decorrência do risco tecnológico, sem prejuízo da rescisão antecipada do contrato caso seja comprovada a inviabilidade técnica ou econômica da solução, consoante previsto nos §§ 4º e 5º do art. 14.

Ademais, quanto ao pagamento, os §§ 6º a 8º do art. 14 estipulam que, na hipótese de a execução do objeto ser dividida em etapas, o pagamento relativo a cada etapa poderá adotar critérios distintos de remuneração, sendo feito após a execução dos trabalhos. Além disso, a fim de garantir os meios financeiros para que a contratada implemente a etapa inicial do projeto, a administração pública deverá prever, em edital, o pagamento antecipado de uma parcela do preço anteriormente ao início da execução do objeto, mediante justificativa expressa. Nessa hipótese, a administração pública certificar-se-á da execução da etapa inicial e, se houver inexecução injustificada, exigirá a devolução do valor antecipado ou efetuará as glosas necessárias nos pagamentos subsequentes, se houver.

Concluindo a normatização sobre as licitações e os contratos aplicáveis às startups, a Lei Complementar nº 182/2021 prevê, em seu art. 15, que, encerrado o CPSI, a administração pública poderá celebrar com a mesma contratada, sem nova licitação, contrato para o fornecimento do produto, do processo ou da solução resultante do CPSI ou, se for o caso, para integração da solução à infraestrutura tecnológica ou ao processo de trabalho da administração pública.

Na hipótese de a Administração selecionar mais de uma proposta para a celebração do CPSI, havendo situação de que mais de uma contratada cumpra satisfatoriamente as metas estabelecidas no CPSI, o contrato de fornecimento será firmado, mediante justificativa, com aquela cujo produto, processo ou solução atenda melhor às demandas públicas em termos de relação de custo e benefício com dimensões de qualidade e preço, conforme previsto no § 1º do art. 15.

Por fim, ressalta-se que a vigência do contrato de fornecimento será limitada ao prazo 24 (vinte e quatro) meses, prorrogável por mais um período de até 24 (vinte e quatro) meses, segundo determina o art. 15, § 2º, e os contratos de fornecimento serão limitados a 5 (cinco) vezes o valor de R$ 1.600.000,00 (um milhão e seiscentos mil reais), incluídas as eventuais prorrogações, hipótese em que o limite poderá ser ultrapassado nos casos de reajuste de preços e dos acréscimos de que trata o § 1º do art. 65 da Lei nº 8.666, de 21 de junho de 1993.

9.6 CONVÊNIOS

Acordo firmado por entidades públicas de qualquer espécie ou entre elas e particulares para realização de objetivos de caráter comum (diferente do contrato administrativo, em que o objetivo não é comum). Ex.: convênio entre a polícia rodoviária federal e a militar, em ações conjuntas para melhoria da segurança pública; ou entre o Município e uma cooperativa de catadores de material reciclável, para estímulo à capacitação e ao fortalecimento institucional da cooperativa.

O art. 241 da CF/1988 dispõe que a União, os Estados, o Distrito Federal e os Municípios disciplinarão, por meio de lei, os consórcios públicos e os convênios de cooperação entre os entes federados, autorizando a gestão associada de serviços públicos, bem como a transferência total ou parcial de encargos, serviços, pessoal e bens essenciais à continuidade dos serviços transferidos.

Não há partes na relação convenial, mas partícipes. O art. 116 da Lei de Licitações (Lei nº 8.666/1993) especifica algumas regras para a celebração de convênios, dispondo sua aplicação no que couber. Por sua vez, a Lei nº 14.133/2021, em seu art. 184, limita-se a prever que se aplicam as disposições dessa Lei, no que couber e na ausência de norma específica, aos convênios, acordos, ajustes e outros instrumentos congêneres celebrados por órgãos e entidades da Administração Pública, na forma estabelecida em regulamento do Poder Executivo federal.

9.7 QUESTÕES DO EIXO TEMÁTICO (OAB 1ª FASE)

(Exame XXXIII/QUESTÃO 28) Para fins de contratar serviço de engenharia necessário ao desenvolvimento de sua atividade, que não abarca reforma de edifício ou equipamento, certa empresa pública federal realizou licitação, na forma da Lei nº 13.303/16. A sociedade empresária Feliz sagrou-se vencedora do certame. Após regular formalização do contrato, a entidade administrativa, diante do advento de nova tecnologia relevante, decidiu alterar as especificações do objeto, mediante aditamento. Acerca dessa situação hipotética, assinale a afirmativa correta.

A) Ainda que haja acordo entre as partes, a alteração do contrato pretendida não é possível, em decorrência do princípio de que o pactuado deve ser respeitado.

B) A empresa pública tem a prerrogativa de realizar a alteração do contrato, independentemente de acordo com a sociedade empresária Feliz.

C) A alteração do contrato depende de acordo com a sociedade empresária Feliz e deve respeitar o limite estabelecido na lei de regência.

D) Se houver acordo entre as partes, não há limitação para a alteração do contrato formalizado com a sociedade empresária Feliz.

(EXAME XXX/QUESTÃO 29) Determinado Estado da Federação passa por grave problema devido à superlotação de sua população carcerária, tendo os órgãos de inteligência estatal verificado a possibilidade de rebelião e fuga dos apenados. Visando ao atendimento do princípio constitucional da dignidade da pessoa humana e tendo em vista a configurada situação de grave e iminente risco à segurança pública, o ente federativo instaurou processo administrativo e, em seguida, procedeu à contratação, mediante inexigibilidade de licitação, de certa sociedade empresária para a execução de obras de ampliação e reforma de seu principal estabelecimento penal. Diante das disposições da Lei nº 8.666/1993, no que tange à obrigatoriedade de licitação, o Estado contratante agiu

A) Corretamente, diante da impossibilidade fática de licitação decorrente do iminente risco de rebelião e grave perturbação da ordem pública.

B) Corretamente, haja vista que, apesar de ser possível a licitação, seu demorado trâmite procedimental acarretaria risco à ordem social.

C) Erradamente, eis que as circunstâncias do caso concreto autorizariam a dispensa de licitação, observados os trâmites legais.

D) Erradamente, uma vez que a prévia licitação é obrigatória na espécie, diante das circunstâncias do caso concreto.

(EXAME XXX/QUESTÃO 28) Determinada empresa pública estadual, com vistas a realizar a aquisição de bens necessários para o adequado funcionamento de seus serviços de informática, divulgou, após a devida fase de preparação, o respectivo instrumento convocatório, no qual indicou certa marca, que é comercializada por diversos fornecedores, por considerá-la a única capaz de atender ao objeto do contrato, e adotou a sequência de fases previstas na lei de regência. No curso da licitação, a proposta apresentada pela sociedade empresária Beta foi considerada a melhor, mas a sociedade empresária Alfa considerou que houve um equívoco no julgamento e apresentou recurso administrativo para impugnar tal fato, antes da habilitação, que não foi aceito. Foi dado prosseguimento ao certame, com a inabilitação da sociedade Beta, de modo que a vencedora foi a sociedade empresária Sigma, consoante resultado homologado. Considerando o regime licitatório aplicável às empresas estatais e as circunstâncias do caso concreto, assinale a afirmativa correta.

A) Existe vício insanável no instrumento convocatório, pois é vedada a indicação de marca, mesmo nas circunstâncias apontadas.

B) A homologação foi equivocada, na medida em que a empresa pública não observou a sequência das fases previstas em lei ao efetuar o julgamento das propostas antes da habilitação.

C) O recurso da sociedade Alfa foi apresentado em momento oportuno e a ele deveria ter sido conferido efeito suspensivo com a postergação da fase da habilitação.

D) A homologação do resultado implica a constituição de direito relativo à celebração do contrato em favor da sociedade empresária Sigma.

(EXAME XXX/Questão 27) A sociedade empresária Feliz S/A, após apresentar a melhor proposta em licitação para a contratação de obra de grande vulto, promovida por certa empresa pública federal, apresentou os documentos exigidos no edital e foi habilitada. Este último ato foi objeto de recurso administrativo, no qual restou provado que a mencionada licitante foi constituída para burlar a sanção que lhe fora aplicada, já que se constituíra por transformação da sociedade empresária Alegre S/A, com os mesmos sócios e dirigentes, mesmo patrimônio, igual endereço e idêntico objeto social. A sociedade empresária Alegre S/A, em decorrência de escândalo que envolvia pagamento de propina e fraudes em licitações, foi penalizada em diversos processos administrativos. Após os trâmites previstos na Lei nº 12.846/2013 (Lei Anticorrupção Empresarial), diante do reconhecimento de haver praticado atos lesivos à Administração Pública, ela foi penalizada com a aplicação de multa e a declaração de inidoneidade para licitar ou contratar com a Administração Pública, pelo prazo de quatro anos. Diante dessa situação hipotética, assinale a afirmativa correta.

A) A exclusão da sociedade empresária Feliz S/A da licitação em curso é legítima, pois, diante da transformação, subsiste a responsabilidade da sociedade Alegre S/A.

B) O reconhecimento da responsabilização administrativa da sociedade empresária Alegre S/A, por ato lesivo contra a Administração Pública, dependia da comprovação do elemento subjetivo culpa.

C) A penalização da sociedade empresária Alegre S/A impede a responsabilização individual de seus dirigentes; por isso, não pode ser estendida à sociedade Feliz S/A.

D) A imposição da sanção de declaração de inidoneidade à sociedade empresária Alegre S/A deveria impedir a aplicação de multa por ato lesivo à Administração Pública pelos mesmos fatos, sob pena de *bis in idem*.

(EXAME XXVIII/Questão 27) O Município Sigma pretende realizar obras de restauração em uma praça e instalar brinquedos fixos de madeira para o lazer das crianças. A obra foi orçada em R$ 100.000,00 (cem mil reais), razão pela qual o ente federativo optou pela modalidade convite, remetendo o respectivo instrumento convocatório para três sociedades cadastradas junto ao registro pertinente e, para uma quarta, não cadastrada. Além disso, a carta-convite foi afixada em local apropriado para o conhecimento dos demais interessados. Na sessão de julgamento, compareceram apenas duas convidadas, certo que a sociedade Alfa apresentou a melhor proposta e preencheu os requisitos para a habilitação. Diante dessa situação hipotética, assinale a afirmativa correta.

A) O Município Sigma não poderia ter se utilizado da modalidade convite para a situação descrita.

B) A licitação é inválida, pois o resumo do instrumento convocatório deveria ser publicado em jornal de circulação no Município Sigma.

C) Se o Município Sigma não justificar a presença de apenas duas licitantes, diante da existência de limitações de mercado ou pelo desinteresse dos convidados, deverá repetir o convite.

D) Não é cabível realizar o convite de sociedades que não estejam cadastradas no registro pertinente

(EXAME XXVII/Questão 28) Com a finalidade de contratar obras públicas relacionadas à melhoria da mobilidade urbana, o Estado X optou pela adoção do Regime Diferenciado de Contratação. Após a abertura das propostas, constatou-se que houve empate entre as sociedades Ômega S/A e Gama S/A, duas grandes empresas que atuam no setor de referência, sendo, a primeira, empresa brasileira e, a segunda, sociedade estrangeira com sede no Brasil. Considerando a ordem de critérios de desempate estabelecida na legislação específica, assinale a afirmativa correta.

A) O Estado X deverá, de plano, proceder a sorteio para promover o desempate.

B) A preferência por serviços realizados por empresa brasileira, em nenhum momento poderá ser utilizada como critério de desempate.

C) As sociedades deverão ser consideradas vencedoras e ratear, igualmente, o objeto do contrato, mediante a constituição de consórcio.

D) Os licitantes empatados poderão apresentar nova proposta fechada, em ato contínuo à classificação.

(EXAME XXVII/Questão 32) Após a contratação, sob o regime de empreitada por preço unitário, da sociedade empresária Faz de Tudo Ltda. para a construção do novo edifício-sede de uma agência reguladora, a Administração verifica que os quantitativos constantes da planilha orçamentária da licitação – e replicados pela contratada – são insuficientes para executar o empreendimento tal como projetado. Por isso, será necessário aumentar as quantidades de alguns serviços. Em termos financeiros, o acréscimo será de 20% – que corresponde a R$ 2.000.000,00 – em relação ao valor inicial atualizado do contrato.

Com base na situação narrada, assinale a afirmativa correta.

A) O acréscimo de serviços poderá ser combinado apenas verbalmente, não sendo necessária sua redução a termo.

B) Por se tratar de cláusula exorbitante, mesmo que a sociedade empresária Faz de Tudo Ltda. não concorde com o acréscimo, a alteração poderá ser determinada unilateralmente pela Administração.

C) O contratado só está obrigado a aceitar os acréscimos de até 15% (quinze por cento) em relação ao valor inicial atualizado do contrato; superado esse limite, a alteração só pode ocorrer com o consentimento da sociedade empresária Faz de Tudo Ltda.

D) Diante da deficiência do projeto básico, a Administração deve obrigatoriamente anular o contrato após serem oportunizados o contraditório e a ampla defesa à sociedade empresária Faz de Tudo Ltda.

(EXAME XXV/Questão 30) Uma sociedade empresária, contratada pelo Estado para a construção de um prédio público, atrasa a entrega de uma fase do projeto prevista no edital de licitação e no contrato. Apesar disso, tendo em vista a situação financeira precária da sociedade empresária, causada pelo aumento dos custos dos insumos da construção, consoante peticionado por ela à Administração, o gestor público competente promove o pagamento integral da parcela não adimplida à sociedade empresária.

Tendo em vista a situação acima, assinale a afirmativa correta.

A) O pagamento feito pelo gestor é plenamente justificável em face da incidência na hipótese da teoria da imprevisão, que impõe ao Estado o ônus de recompor o equilíbrio econômico financeiro do contrato diante de fatos imprevisíveis.

B) O gestor deveria ter instaurado processo administrativo para analisar a possibilidade de aplicação de sanção por inadimplemento e também a alegação da sociedade empresária de rompimento do equilíbrio econômico-financeiro do contrato, sendo vedado a ele determinar o pagamento da despesa sem a devida liquidação.

C) O pagamento da parcela inadimplida seria justificável ainda que a sociedade empresária não comprovasse a imprevisibilidade do aumento de custos alegado, uma vez que o Estado assume o chamado risco ordinário derivado do aumento do custo dos insumos em decorrência das oscilações naturais do mercado.

D) O pagamento incontinente da parcela inadimplida, tal como realizado pelo gestor, necessitaria ter sido feito com o abatimento da multa que deveria ter sido aplicada à sociedade empresária em razão do descumprimento contratual.

(EXAME XXII/Questão 31) A Administração Federal irá realizar sucessivos contratos de compra de produtos de papelaria, de uso contínuo nos órgãos para os quais os bens estão destinados. Para tanto, pretende fazer uso dos mecanismos legais que melhor atendam ao princípio da eficiência.

No caso, acerca da modalidade de licitação a ser adotada, assinale a afirmativa correta.

A) É cabível a utilização do regime diferenciado de contratações públicas (RDC).

B) Deverá ser utilizada a modalidade leilão para cada uma das compras a contratar.

C) É possível o processamento das compras pelo sistema de registro de preços, mediante a utilização da modalidade pregão.

D) É obrigatória a utilização da modalidade convite, independentemente do valor orçado.

(EXAME XVIII/Questão 32) O Município C está elaborando edital de licitação para a contratação de serviço de limpeza predial.

A respeito do prazo de duração desse contrato, assinale a afirmativa correta.

A) O prazo de duração do contrato está adstrito à vigência do respectivo crédito orçamentário, sem possibilidade de prorrogação.

B) O contrato de prestação de serviços pode ser celebrado pelo prazo de até 48 meses.

C) O contrato pode ser celebrado por prazo indeterminado, mantendo-se vigente enquanto não houver melhor preço do que o da proposta vencedora da licitação.

D) O contrato poderá ter a sua duração prorrogada por iguais e sucessivos períodos com vistas à obtenção de preços e condições mais vantajosas para a administração, limitada a sessenta meses.

(EXAME XV/Questão 31) A Agência Reguladora de Serviços Públicos Estaduais, autarquia do Estado ABC, identificou um imóvel, no centro da cidade XYZ (capital do Estado) capaz de receber as instalações de sua nova sede. O proprietário do imóvel, quando procurado, demonstrou interesse na sua alienação pelo preço de avaliação da Administração Pública.

Considerando a disciplina legislativa a respeito do tema, assinale a opção correta.

A) É possível a compra de bem imóvel pela Administração, dispensada a licitação no caso de as necessidades de instalação e localização condicionarem a sua escolha.

B) Não é possível a celebração de contrato de compra e venda, pois a única forma de aquisição de bem imóvel pelo Estado é a desapropriação.

C) É possível a compra de bem imóvel pela Administração, mas tal aquisição deve ser, obrigatoriamente, precedida de licitação, na modalidade de concorrência.

D) É possível a compra de bem imóvel pela Administração, mas tal aquisição deve ser, obrigatoriamente, precedida de licitação, na modalidade de leilão.

(EXAME XIII/Questão 29) A União licitou, mediante concorrência, uma obra de engenharia para construir um hospital público. Depois de realizadas todas as etapas previstas na Lei nº 8.666/93, sagrou-se vencedora a Companhia X. No entanto, antes de se outorgar o contrato para a Companhia X, a Administração Pública resolveu revogar a licitação. Acerca do tema, assinale a afirmativa correta.

A) A Administração Pública pode revogar a licitação, por qualquer motivo, principalmente por ilegalidade, não havendo direito subjetivo da Companhia X ao contrato.

B) A revogação depende da constatação de ilegalidade no curso do procedimento e, nesse caso, não pode ser decretada em prejuízo da Companhia X, que já se sagrou vencedora.

C) A revogação, fundada na conveniência e na oportunidade da Administração Pública, deverá sempre ser motivada e baseada em fato superveniente ao início da licitação.

D) Quando a Administração lança um edital e a ele se vincula, somente será possível a anulação do certame em caso de ilegalidade, sendo-lhe vedado, pois, revogar a licitação.

(EXAME XII/Questão 30) A Administração Pública estadual pretende realizar uma licitação em modalidade não prevista na legislação federal. Nesse caso, é correto afirmar que

A) A intenção é viável, pois o Estado tem ampla competência para legislar sobre licitações.

B) A intenção somente é viável caso seja realizada a combinação de modalidades de licitação já previstas na Lei nº 8.666/93.

C) A intenção não é viável por expressa vedação da Lei nº 8.666/93.

D) A intenção é viável por expressa autorização da Lei nº 8.666/93.

(EXAME XI/Questão 30) Em um pregão presencial promovido pela União, foram abertas as propostas de preço, constatando-se que o licitante "M" ofereceu preço de R$ 10.000,00; "N", o preço de R$ 10.001,00; "O" ofertou R$ 10.150,00; "P", o preço de R$ 10.500,00; "Q" apresentou proposta de R$ 10.999,99 e "R", por fim, ofereceu R$ 12.000,00. Diante da hipótese sugerida, assinale a afirmativa correta.

A) Devem ser classificados para a fase de lances verbais os licitantes "M", "N", "O", "P" e "Q", uma vez que ofereceram a proposta mais baixa e as propostas com preço até dez por cento superiores àquela.

B) Para a fase de lances verbais, somente devem ser classificados os licitantes "M", "N", "O" e "P", uma vez que ofereceram a proposta mais baixa e as três outras melhores propostas.

C) Todos os licitantes devem ser classificados para a próxima fase, uma vez que restringir a participação de algum deles significaria ofensa ao caráter competitivo da licitação.

D) A Administração deve realizar média de todos os preços ofertados e poderão participar da fase seguinte os licitantes com propostas inferiores a esta média e aqueles que aceitarem reduzir seu preço para este limite.

(EXAME XI/Questão 34) Determinada construtora sagra-se vencedora numa licitação para a reforma do hall de acesso de uma autarquia estadual. O contrato foi assinado no dia 30 de abril, com duração até 30 de outubro daquele mesmo ano. Iniciada a execução do contrato, a Administração constata a necessidade de alteração no projeto original, a fim de incluir uma rampa de acesso para deficientes físicos.

Com base na hipótese sugerida, assinale a afirmativa correta.

A) A alteração do projeto, pela Administração, autoriza a recomposição do equilíbrio econômico-financeiro, mas não a prorrogação do prazo de entrega da obra.

B) A alteração do projeto, pela Administração, autoriza a recomposição do equilíbrio econômico-financeiro e também a prorrogação do prazo de entrega da obra.

C) Os concorrentes que perderam a licitação podem questionar a validade da alteração, exigindo a realização de novo procedimento licitatório para a totalidade da obra.

D) Os concorrentes que perderam a licitação podem questionar a validade da alteração, exigindo a realização de novo procedimento licitatório para a construção da rampa de acesso para deficientes físicos.

(EXAME X/Questão 29) Nenhuma proposta foi apresentada na licitação promovida por uma autarquia federal para a aquisição de *softwares* de processamento de dados. Com relação a esse caso, assinale a afirmativa correta.

A) Um novo procedimento licitatório deve ser realizado no prazo de até 180 dias do término do procedimento anterior.

B) A hipótese é de licitação dispensada, ainda que ela possa ser repetida sem prejuízo para a Administração.

C) A hipótese é de inexigibilidade de licitação, desde que a contratação se faça no prazo de até 180 dias do término do procedimento anterior.

D) A contratação direta é admitida, se a licitação não puder ser repetida sem prejuízo para a Administração.

(EXAME IX – Ipatinga-MG/Questão 31/Atualizada) O Estado Y resolve realizar licitação, com fundamento na Lei Federal nº 8.666/1993, para a contratação de obra de engenharia para a construção de um hospital. Consultada a procuradoria, ela indica que a modalidade que deverá ser adotada é a de tomada de preços.

Com base no caso acima, assinale a afirmativa correta.

A) Se a modalidade deve ser tomada de preços, pode-se presumir que a obra foi orçada em até três milhões e trezentos mil reais, porém nada obsta que se opte por utilizar as modalidades concorrência ou convite, pois ambas são modalidades mais amplas de licitação que a tomada de preços

B) É possível desmembrar a referida obra em duas ou mais e realizar as licitações na modalidade de convite, mesmo que, com isso, viesse a perder a economia de escala decorrente da sua realização integrada.

C) Na tomada de preços qualquer interessado que, na fase inicial de habilitação preliminar, comprovar possuir os requisitos mínimos de qualificação exigidos no edital para execução de seu objeto, poderá dela participar.

D) Na modalidade tomada de preços, o Estado somente receberá propostas dos licitantes que estejam devidamente cadastrados, permitindo-se, porém, o cadastramento até o terceiro dia anterior à data do recebimento das propostas, observada a necessária qualificação.

(EXAME VI – Duque de Caxias-RJ/Questão 29) Quanto às garantias dos contratos administrativos, é correto afirmar que

A) A escolha do tipo de garantia se fará, sempre, com base na indisponibilidade do interesse público, pela Administração.

B) Para serem exigidas do contratado, devem ser previstas no instrumento convocatório.

C) É admissível todo e qualquer tipo de garantia admitida pelo direito privado, à escolha da Administração.

D) É admissível todo e qualquer tipo de garantia admitida em direito, sendo irrelevante a previsão no instrumento convocatório.

(EXAME VI – Duque de Caxias-RJ/Questão 30) A licitação tem como um de seus princípios específicos o do julgamento objetivo, que significa

A) A vedação de cláusulas ou condições que comprometam a ideia de proposta mais vantajosa à Administração.

B) A vedação ao sigilo das propostas, de forma a permitir a todos, antes do início da licitação, o conhecimento objetivo das ofertas dos licitantes.

C) Ser vedada a utilização, no julgamento das propostas, de elemento, critério ou fator sigiloso, secreto, subjetivo ou reservado.

D) Ser impositivo o julgamento célere e oral das propostas, a acarretar a imediata contratação do licitante vencedor.

(EXAME 2010.3/Questão 3) A revogação da licitação pressupõe

A) Mero juízo de conveniência e oportunidade da Administração, podendo se dar a qualquer tempo.

B) Mero juízo de conveniência e oportunidade da Administração, podendo ocorrer até antes da assinatura do contrato.

C) Prévia, integral e justa indenização, podendo, por isso, se dar por qualquer motivo e a qualquer tempo.

D) Razões de interesse público decorrentes de fato superveniente, devidamente comprovado, pertinente e suficiente para justificar essa conduta.

(EXAME 2010.3/Questão 4) Sendo o contrato administrativo nulo, é correto afirmar que

A) A declaração de nulidade não opera retroativamente, obrigando o contratado a indenizar a Administração pelos danos por esta sofridos.

B) Seu reconhecimento não exonera a Administração do dever de indenizar o contratado de boa-fé, por tudo o que este houver executado e por outros prejuízos comprovados.

C) A declaração não opera retroativamente, respeitando o direito adquirido ao término do contrato, caso tenha o contratado iniciado sua execução.

D) Que essa nulidade só produzirá efeitos se o contrato for de valor superior a 100 (cem) salários mínimos, caso o contratado tenha iniciado a sua execução.

(EXAME 2010.2/Questão 17) Uma das características dos contratos administrativos é a "instabilidade" quanto ao seu objeto que decorre

A) Do poder conferido à Administração Pública de alterar, unilateralmente, algumas cláusulas do contrato, no curso de sua execução, na forma do art. 58, inciso I, da Lei nº 8.666/93, a fim de adequar o objeto do contrato às finalidades de interesse público, respeitados os direitos do contratado.

B) Da possibilidade do contratado (particular) alterar, unilateralmente, a qualquer tempo, algumas cláusulas do contrato, no curso de sua execução, de forma a atender aos seus próprios interesses em face das prerrogativas da Administração Pública.

C) Do poder conferido à Administração Pública de alterar, unilateralmente, algumas cláusulas do contrato, no curso de sua execução, na forma do art. 58, inciso I, da Lei nº 8.666/93, a fim de adequar o objeto do contrato aos interesses do contratado (particular) em face das prerrogativas da Administração Pública.

D) De não haver qualquer possibilidade de alteração do objeto do contrato administrativo, quer pela Administração Pública, quer pelo contratado (particular), tendo em vista o princípio da vinculação ao edital licitatório, do qual o contrato e seu objeto fazem parte integrante; e o princípio da juridicidade, do qual aquele primeiro decorre.

GABARITO DAS QUESTÕES DO EIXO TEMÁTICO (OAB 1ª Fase)

Questão	Gabarito
EXAME XXX/Questão 29	C
EXAME XXX/Questão 28	D
EXAME XXX/Questão 27	A
EXAME XXVIII/Questão 27	C
EXAME XXVII/Questão 28	D
EXAME XXVII/Questão 32	B

Questão	Gabarito
EXAME XXVI/Questão 30	B
EXAME XXII/Questão 31	C
EXAME XVIII/Questão 32	D
EXAME XV/Questão 31	A
EXAME XIII/Questão 29	C
EXAME XII/Questão 30	C
EXAME XI/Questão 30	A
EXAME XI/Questão 34	B
EXAME X/Questão 29	D
EXAME IX/Questão 31	D
EXAME VI – Duque de Caxias-RJ/Questão 29	B
EXAME VI – Duque de Caxias-RJ/Questão 30	C
EXAME 2010.3/Questão 3	D
EXAME 2010.3/Questão 4	B
EXAME 2010.2/Questão 17	A

9.8 QUESTÕES DO EIXO TEMÁTICO (OAB 2ª FASE)

(EXAME DE ORDEM VI/Questão 1) O Estado XPTO realizou procedimento licitatório, na modalidade concorrência, visando à aquisição de 500 (quinhentas) motocicletas para equipar a estrutura da Polícia Militar. Logo após a abertura das propostas de preço, o Secretário de Segurança Pública do referido Estado, responsável pela licitação, resolve revogá-la, por ter tomado conhecimento de que uma grande empresa do ramo não teria tido tempo de reunir a documentação hábil para participar da concorrência e que, em futura licitação, assumiria o compromisso de participar e propor preços inferiores aos já apresentados no certame em andamento.

Considerando a narrativa fática acima, responda aos itens a seguir, empregando os argumentos jurídicos apropriados e a fundamentação legal pertinente ao caso.

A) À luz dos princípios que regem a atividade administrativa, é juridicamente correta a decisão do Secretário de Segurança de revogar a licitação? (Valor: 0,3)

B) Quais são os requisitos para revogação de uma licitação? (Valor: 0,6)

C) Em se materializando a revogação, caberia indenização aos licitantes que participaram do procedimento revogado? (Valor: 0,35)

Item	Pontuação
A) Incorreta a decisão de revogação por violação aos princípios da impessoalidade e/ou moralidade administrativa (0,2), nos termos do art. 37, *caput*, da CF/1988 e/ou art. 3º da Lei nº 8.666/1993 (0,1).	0/0,2/0,3
B) Razões de interesse público decorrente de fato superveniente devidamente comprovado, pertinente e suficiente para justificar a conduta (0,4), nos termos do art. 49 da Lei nº 8.666/1993 (0,2).	0/0,4/0,6
C) Por se tratar de revogação ilícita de procedimento licitatório, desde que comprovados os prejuízos, os licitantes devem ser indenizados (0,25), na forma do art. 37, § 6º, da CF/1988 (0,1).	0/0,25/0,35

(EXAME DE ORDEM XI/Questão 2) O prefeito do município "A", buscando aumentar o turismo na festa de Ano Novo de sua cidade, decidiu contratar músicos renomados e uma agência de publicidade para realizar a propaganda do evento, procedendo de referidas contratações diretamente, sem proceder à realização de licitação. Com base no caso acima, responda fundamentadamente, aos itens a seguir.

A) Pode o prefeito realizar as referidas contratações sem licitação? Sob qual fundamento legal? (Valor: 0,65)

B) Pode o administrador realizar contratação direta em casos que não estejam taxativamente arrolados na lei de licitações? (Valor: 0,60)

Item	Pontuação
A) O examinando deverá responder que o prefeito poderia realizar a contratação direta de músicos, uma vez que se trata de uma das hipóteses de inexigibilidade de licitação, à luz do art. 25, inciso III, da Lei nº 8.666/1993. Todavia, em relação à contratação de agência de publicidade, deveria o examinando indicar não ser possível a contratação, diante da vedação legal constante do art. 25, inciso II, da referida Lei nº 8.666/1993.	0,00/0,50/0,60
B) O examinando deverá analisar cada meio de contratação. No caso da licitação dispensada e da licitação dispensável, as hipóteses legais são taxativas, ou seja, não pode o administrador extrapolar o legalmente previsto. Por sua vez ,no caso de licitação inexigível, é possível ao administrador aventar outras hipóteses, uma vez que o rol é meramente exemplificativo.	0,00/0,50/0,60

(EXAME DE ORDEM XIII/Questão 2) No curso de obra pública de ampliação da malha rodoviária, adequadamente licitada pela Administração Pública, verifica-se situação superveniente e excepcional, na qual se constata a necessidade de realização de desvio de percurso, que representa aumento quantitativo da obra.

Diante do caso exposto, empregando os argumentos jurídicos apropriados e a fundamentação legal pertinente, responda aos itens a seguir.

A) É possível que a Administração Pública exija o cumprimento do contrato pelo particular com a elaboração de termo aditivo, mesmo contra a sua vontade? (Valor: 0,65)

B) Em havendo concordância entre o particular, vencedor da licitação, e a Administração Pública, há limite para o aumento quantitativo do objeto do contrato? (Valor: 0,60)

Item	Pontuação
A1) Sim, até o limite de 25% do valor inicial atualizado do contrato (0,25), com base no art. 65, § 1º, da Lei nº 8.666/1993 (0,10).	0,00/0,25/0,35
A2) Trata-se da mutabilidade (cláusulas exorbitantes), uma das prerrogativas de alteração unilateral dos contratos administrativos (0,20), com base no art. 58, I, da Lei nº 8.666/1993 (0,10).	0,00/0,20/0,30
B) Sim, o limite de 25% do valor inicial atualizado do contrato aplica-se ainda que se trate de alteração consensual (0,50), conforme o art. 65, § 1º, da Lei nº 8.666/1993 (0,10).	0,00/0,50/0,60

(EXAME DE ORDEM XIV/Questão 1) No Governo Federal, a Casa Civil realizou pregão e, ao final, elaborou registro de preços para a contratação de serviço de manutenção dos computadores e impressoras, consolidando a ata de registro de preços (com validade de seis meses) em 02.10.2010. A própria Casa Civil será o órgão gestor do sistema de registro de preços, sendo todos os ministérios órgãos participantes.

Em 07.02.2011, o Ministério "X" pretendeu realizar contratação de serviço de manutenção dos seus computadores no âmbito deste registro de preços, prevendo duração contratual de 1 (um) ano.Nesta situação, indicando o fundamento legal, responda aos itens a seguir.

A) É válida a elaboração de uma ata prevendo preço para a prestação de serviços e que permita futuras contratações sem novas licitações? (Valor: 0,40)

B) Um deputado integrante da oposição, constatando que os preços constantes da ata são 20% superiores aos praticados pelas três maiores empresas do setor, poderá impugnar a ata? (Valor: 0,40)

C) O Ministério "X" pode realizar a contratação pelo prazo desejado? (Valor: 0,45)

Item	Pontuação
A) Sim, trata-se de registro de preços (0.30), previsto no art. 11 da Lei nº 10.520/2000 OU art. 15 da Lei nº 8.666/1993 (0,10).	0,00/0,30/0,40
B) Sim, qualquer cidadão é parte legítima para impugnar preço em razão de incompatibilidade com o preço vigente no mercado (0,30), conforme o art. 15, § 6º, da Lei nº 8.666/1993 (0,10).	0,00/0,30/0,40
C) Sim, o contrato tem prazos autônomos em relação à ata. Deve ser celebrado dentro da validade (0,35), mas, a partir daí, sua duração é regida pelas disposições do art. 57 da Lei nº 8.666/1993 (0,10).	0,00/0,35/0,45

(EXAME DE ORDEM XV/Questão 1) A empresa ABC Engenharia de Pontes foi contratada pelo Município X, após licitação, para a construção de uma ponte de transposição de um rio, ligando dois diferentes bairros da cidade. O contrato tinha a duração de doze meses. A empresa, entretanto, atrasou o cronograma de execução da obra em virtude de uma longa greve dos caminhoneiros, que impediu o abastecimento dos insumos necessários à construção.

A partir do caso apresentado, responda aos itens a seguir.

A) É possível a prorrogação do prazo de entrega da obra, nesse caso? Justifique. (Valor: 0,65)

B) Considerando que tenha havido, por conta de um fato superveniente e extraordinário, um aumento excepcional no preço dos insumos mais relevantes, será possível a revisão contratual? Justifique. (Valor: 0,60)

Item	Pontuação
A) Sim. A greve que impede o fornecimento dos insumos necessários à realização da obra configura fato excepcional ou imprevisível, estranho à vontade das partes, e altera fundamentalmente as condições de execução do contrato, autorizando a prorrogação dos prazos de entrega da obra (0,55), nos termos do art. 57, § 1º, II, da Lei nº 8.666/1993 (0,10).	0,00/0,55/0,65

Item	Pontuação
B) Sim. O aumento excepcional no preço dos insumos, pela ocorrência de fato superveniente e extraordinário, acarreta o desequilíbrio econômico financeiro do contrato, garantia do contratado de que a relação entre encargos e remuneração será mantida ao longo de toda a relação contratual, autorizando, assim, a revisão do contrato (0,50), conforme o art. 37, XXI, da CF/1988 ou o art. 65, II, *d*, da Lei nº 8.666/1993 (0,10).	0,00/0,50/0,60

(EXAME DE ORDEM XVI/Questão 2) O Estado ABCD contratou a sociedade empresária X para os serviços de limpeza e manutenção predial do Centro Administrativo Integrado, sede do Governo e de todas as Secretarias do Estado. Pelo contrato, a empresa fornece não apenas a mão de obra, mas também todo o material necessário, como, por exemplo, os produtos químicos de limpeza. O Estado deixou, nos últimos 4 (quatro) meses, de efetuar o pagamento, o que, inclusive, levou a empresa a inadimplir parte de suas obrigações comerciais.

Com base no caso apresentado, responda aos itens a seguir.

A) A empresa é obrigada a manter a prestação dos serviços enquanto a Administração restar inadimplente? (Valor: 0,65)

B) Caso, em razão da situação acima descrita, a empresa tenha deixado de efetuar o pagamento aos seus fornecedores pelos produtos químicos adquiridos para a limpeza do Centro Administrativo, poderão esses fornecedores responsabilizar o Estado ABCD, subsidiariamente, pelas dívidas da empresa contratada? (Valor: 0,60)

Item	Pontuação
A) Não, pois o atraso superior a 90 (noventa) dias por parte da Administração confere ao particular o direito de suspender o cumprimento de suas obrigações (0,55), na forma do art. 78, XV, da Lei nº 8.666/1993 (0,10).	0,00/0,55/0,65
B) Não, pois a Administração não responde solidária nem subsidiariamente pelas obrigações comerciais da empresa contratada (0,50), na forma do art. 71, § 1º, da Lei nº 8.666/1993 (0,10).	0,00/0,50/0,60

(EXAME DE ORDEM XVI/Questão 3) O Município M, em sérias dificuldades financeiras, pretende alienar alguns dos bens integrantes do seu patrimônio. Em recente avaliação, foi identificado que o Centro Administrativo do Município, que concentra todas as secretarias da

Administração Municipal em uma área valorizada da cidade, seria o imóvel com maior potencial financeiro para venda.

Com base no caso apresentado, responda aos itens a seguir.

A) É necessária licitação para a alienação do Centro Administrativo, caso se pretenda fazê-lo para o Estado X, que tem interesse no imóvel? (Valor: 0,65)

B) Caso o Município pretenda alugar um novo edifício, em uma área menos valorizada, é necessária prévia licitação? (Valor: 0,60)

Responda justificadamente, empregando os argumentos jurídicos apropriados e a fundamentação legal pertinente ao caso.

Item	Pontuação
A) Não, pois é dispensada a licitação para a venda de um bem imóvel a outro órgão ou entidade da Administração pública, de qualquer esfera de governo (0,55), conforme previsão constante do art. 17, I, *e*, da Lei nº 8.666/1993 (0,10).	0,00/0,55/ 0,65
B) Sim, pois a Lei nº 8.666/1993 é aplicável aos casos de locação de bem imóvel (0,50), conforme o art. 37, XXI, da CF/1988 e/ou art. 1º da Lei nº 8.666/1993 (0,10). OU É possível a locação com dispensa de licitação de imóvel destinado ao atendimento das finalidades precípuas da Administração, cujas necessidades de instalação e localização condicionem a sua escolha, desde que o preço seja compatível com o valor de mercado, segundo avaliação prévia (0,50), conforme previsão expressa do art. 24, X, da Lei nº 8.666/1993 (0,10).	0,00/0,50/ 0,60

(EXAME DE ORDEM XX/Questão 1) O Município de Bugalhadas foi escolhido para sediar a Feira Mundial do Agronegócio, a ser realizada em 2016. São esperados mais de 10.000 (dez mil) turistas e visitantes nos 5 (cinco) dias de evento. O Município, entretanto, não está preparado, e, por isso, anunciou um grande pacote de obras de urbanização, com recursos repassados pela União e pelo Estado. Estão previstas obras de ampliação de ruas, asfaltamento, ampliação da rede coletora de esgotos, construção de praças e ciclovias, além da reforma do centro de convenções, que somadas, alcançam o montante de R$ 90.000.000,00 (noventa milhões de reais).

Sobre a hipótese apresentada, responda aos itens a seguir.

A) É possível ao Município licitar a realização de todas as obras em conjunto? (Valor: 0,65)

B) Considerando a necessidade de conclusão das obras até a realização do evento, pode o Município estabelecer, como tipo de licitação, o menor prazo de execução da obra (considerando o orçamento estimado como limite de valor das propostas)? (Valor: 0,60)

Item	Pontuação
A) Não, pois a Administração deve dividir as obras em tantas quantas se comprovarem técnica e economicamente viáveis, com vistas ao melhor aproveitamento dos recursos disponíveis no mercado e à ampliação da competitividade sem perda da economia de escala (0,55), conforme previsão constante do art. 23, § 1º, da Lei nº 8.666/1993 (0,10).	0,00/0,55/0,65
B) Não. Os tipos de licitação admitidos são os de menor preço, de melhor técnica e de técnica e preço. Assim, é vedada a utilização de outros tipos de licitação, como, no exemplo, o de menor prazo de execução das obras (0,50), conforme previsão constante do art. 45, § 1º e/ou § 5º, da Lei nº 8.666/1993 (0,10).	0,00/0,50/0,60

(EXAME DE ORDEM XXI/Questão 1) O Município Sigma contratou o arquiteto João da Silva, por inexigibilidade de licitação, para elaborar projeto básico de serviço de restauração em prédios tombados naquela localidade, cuja execução seria objeto de futura licitação. O mencionado projeto básico foi realizado por João da Silva e, ao final do certame para a seleção da proposta mais vantajosa para sua execução, sagrou-se vencedora a sociedade Bela Construção Ltda., da qual João da Silva é sócio. A partir da hipótese apresentada, responda aos itens a seguir.

A) João poderia ter sido contratado sem a realização de procedimento licitatório para a elaboração de projeto básico? (Valor: 0,60)

B) A sociedade Bela Construção Ltda. poderia ter participado da licitação destinada à execução do projeto? (Valor: 0,65)

Item	Pontuação
A) Sim. É possível a contratação direta de arquiteto com base em inexigibilidade de licitação, desde que o serviço técnico (elaboração do projeto básico) seja de natureza singular e o profissional seja de notória especialização (0,40), conforme o art. 25, inciso II, da Lei nº 8.666/1993 (0,10) c/c o art. 13, inciso I, da mesma Lei (0,10).	0,00/0,40/ 0,50/0,60

Item	Pontuação
B) Não. A ligação entre o autor do projeto básico e a sociedade licitante é suficiente para direcionar a licitação ou conceder vantagens indevidas, ferindo os princípios da isonomia e da impessoalidade, essenciais aos procedimentos licitatórios (0,55), nos termos do art. 3º da Lei nº 8.666/1993 (0,10). OU Não. Conforme vedação legal explícita, o autor do projeto básico não poderá participar da licitação (0,55), nos termos do art. 9º, inciso I , da Lei nº 8.666/1993 (0,10).	0,00/0,55/0,65

(EXAME DE ORDEM XXII/Questão 1) O fiscal da execução de um contrato administrativo constatou a existência de vício insanável no edital da licitação que lhe deu origem, mas o referido vício não foi objeto de impugnação pelos concorrentes. Em razão disso, encaminhou informação à autoridade superior competente, com indicação dos motivos da ilegalidade, e solicitou a adoção das medidas cabíveis. Sobre a hipótese, responda aos itens a seguir.

A) A Administração contratante pode anular o procedimento licitatório em razão de vício insanável e, por conseguinte, o contrato administrativo cuja execução se encontra em curso? (Valor: 0,70)

B) Ao particular contratado, deve ser assegurado o direito de manifestar-se previamente sobre a anulação? (Valor: 0,55)

Item	Pontuação
A1) Sim. A Administração deve anular o ato em razão de vício insanável (0,30), conforme o art. 49, *caput*, da Lei nº 8.666/1993 OU art. 53 da Lei nº 9.784/1999 OU Súmula nº 473 do STF OU Súmula nº 346 do STF (0,10).	0,00/0,30/0,40
A2) A nulidade do procedimento licitatório induz à do contrato (0,20), na forma do art. 49, § 2º, da Lei nº 8.666/1993 (0,10).	0,00/0,20/0,30
B) Sim. Deve ser assegurada a ampla defesa e o contraditório ao contratado na anulação do contrato decorrente de vício no procedimento licitatório (0,45), com fundamento no art. 5º, inciso LV, da CF/1988 OU no art. 2º da Lei nº 9.784/1999 OU no art. 49, § 3º, da Lei nº 8.666/1993 (0,10).	0,00/0,45/0,55

(EXAME DE ORDEM XXIII/Questão 1) Determinado município precisou adquirir produtos de informática no valor de R$ 60.000,00 (sessenta mil reais), razão pela qual fez publicar edital de licitação, na modalidade pregão, destinado exclusivamente à participação de microempresas e empresas de pequeno porte.

Observou-se, no entanto, que, na região em que está sediado tal ente federativo, existiam apenas duas sociedades capazes de preencher os requisitos constantes do instrumento convocatório e que apresentaram preços competitivos, a saber, Gama ME e Delta ME.

Por ter apresentado a melhor proposta, a sociedade Gama ME foi declarada vencedora do certame e apresentou todos os documentos necessários para a habilitação.

Considerando a situação narrada, responda aos itens a seguir.

A) O tratamento diferenciado conferido pelo Município às microempresas e empresas de pequeno porte é constitucional? (Valor: 0,55)

B) O pregão deveria ser homologado? (Valor: 0,70)

Item	Pontuação
A) Sim. O tratamento favorecido às microempresas e empresas de pequeno porte tem respaldo constitucional OU no princípio da isonomia (0,45), na forma prevista no art. 170, inciso IX, da CF/1988 OU no art. 179 da CF/1988 (0,10).	0,00/0,45/0,55
B) Não. A licitação destinada exclusivamente a microempresas e empresas de pequeno porte não pode ser aplicada quando não houver um mínimo de três fornecedores competitivos sediados no local ou regionalmente (0,60), consoante o art. 49, inciso II, da Lei Complementar nº 123/2006 (0,10).	0,00/0,60/0,70

(EXAME DE ORDEM XXVI/Questão 2) Ricardo, prefeito do município Delta, decide reformar a sede da prefeitura. Para tanto, pretende, dentre outras coisas, pintar a fachada do prédio com as cores do partido ao qual é filiado. Questionado, Ricardo confirma que a intenção é homenagear seu partido, que neste ano completa 40 anos de existência.

A Secretaria municipal de Obras elaborou o projeto básico e orçou as despesas em R$ 500.000,00 (quinhentos mil reais). O prefeito, então, publica edital de licitação, na modalidade concorrência, para a contratação de empresa responsável pelas reformas na sede da prefeitura. Sobre a hipótese apresentada, responda aos itens a seguir.

A) É lícita a decisão de pintar a fachada do prédio da prefeitura com as cores do partido do prefeito? (Valor: 0,65)

B) A licitação pode ser realizada na modalidade concorrência? (Valor: 0,60)

Item	Pontuação
A) Não é lícita a decisão de pintar a fachada do prédio da prefeitura com as cores do partido do Prefeito. A utilização das cores de partido político nos prédios públicos faz com que a reforma esteja associada à gestão do prefeito, ferindo assim o princípio da impessoalidade OU da moralidade (0,55), previsto no art. 37 da CF/1988 (0,10).	0,00/0,55/ 0,65
B) Sim. Para contratar as reformas na prefeitura, a Administração poderá utilizar a modalidade concorrência, independentemente do valor (0,50), segundo o art. 23, § 4º, da Lei nº 8.666/1993 (0,10).	0,00/0,50/ 0,60

(EXAME DE ORDEM 2010.2/Questão 4) A empresa W.Z.Z. Construções Ltda. vem a se sagrar vencedora de licitação, na modalidade tomada de preço. Passado um mês, a referida empresa vem a celebrar o contrato de obra, a que visava à licitação. Iniciada a execução, que se faria em quatro etapas, e quando já se estava na terceira etapa da obra, a Administração constata erro na escolha da modalidade licitatória, pois, diante do valor, esta deveria seguir o tipo concorrência.

Assim, com base no art. 49 da Lei nº 8.666/1993 e no art. 53 da Lei nº 9.784/1998, declara a nulidade da licitação e do contrato, notificando a empresa contratada para restituir os valores recebidos, ciente de que a decisão invalidatória produz efeitos *ex tunc*. Agiu corretamente a Administração? Teria a empresa algum direito?

Item	Pontuação
Poder (dever de anular os contratos administrativos –art. 59, *caput*, da Lei nº 8.666/1993).	0/0,3/0,5
Dever de indenizar pelo que houver sido executado do contrato, bem como pelos demais prejuízos comprovados (art. 59, parágrafo único, da Lei nº 8.666/1993).	0/0,3/0,5

(EXAME DE ORDEM 2010.3/Questão 3) O presidente de uma sociedade de economia mista estadual prestadora de serviço público, preocupado com o significativo aumento de demandas judiciais trabalhistas ajuizadas em face da entidade (duas mil), todas envolvendo idêntica tese jurídica e com argumentação de defesa já elaborada, decide contratar, por inexigibilidade de licitação, renomado escritório de advocacia para realizar o patrocínio judicial das causas. Nesse cenário, responda aos itens a seguir, empregando os argumentos jurídicos apropriados e a fundamentação legal pertinente ao caso.

A) Na qualidade de assessor jurídico da presidência da estatal, analise a viabilidade jurídica da contratação direta. (Valor: 0,5)

B) Nas hipóteses de contratação direta, em sendo comprovado superfaturamento durante a execução contratual, é juridicamente possível responsabilizar solidariamente o agente público e o prestador do serviço pelo dano causado ao erário? (Valor: 0,5)

Item	Pontuação
A) Menção à norma do art. 25, inciso II, da Lei nº 8.666/1993 (contratação de serviços técnicos).	0/0,1
Identificação do patrocínio de causas judiciais como um dos serviços técnicos, em tese, passíveis de contratação por inexigibilidade (art. 13, inciso V, da Lei nº 8.666/1993).	0/0,2
Inviabilidade da contratação direta por ausência de singularidade do serviço (contencioso de massa).	0/0,2
B) Sim; responsabilidade solidária fundamentada na norma do art. 25, § 2º, da Lei nº 8.666/1993.	0/0,5

(EXAME DE ORDEM XXIV/Questão 2) A União, com vistas a amenizar a caótica situação no sistema carcerário no território nacional, pretende construir duas novas penitenciárias de segurança máxima, com o objetivo de abrigar os presos de alta periculosidade que possam comprometer a ordem e a segurança nos seus estados de origem. Para tanto, fez publicar edital, no qual determinou a aplicação das regras do Regime Diferenciado de Contratações e definiu, de forma clara e precisa, a obra pública a ser contratada. Diante da possibilidade de utilização de diferentes metodologias e inovações tecnológicas, o Poder Público, mediante a justificativa técnica e econômica adequada, estabeleceu que o projeto básico e o projeto executivo deveriam ser desenvolvidos pela futura contratada, nos termos contidos no anteprojeto constante do instrumento convocatório.Na qualidade de advogado(a) consultado(a), responda, fundamentadamente, aos itens a seguir.

A) A União poderia ter optado por utilizar o Regime Diferenciado de Contratações? (Valor: 0,50)

B) É cabível a elaboração dos projetos básico e executivo pela futura contratada? (Valor: 0,75)

Item	Pontuação
A) Sim. O Regime Diferenciado de Contratações é aplicável para licitações e contratos de obras e serviços de engenharia pertinentes à construção de estabelecimentos penais (0,40), na forma do art. 1º, inciso VI, da Lei nº 12.462/2011 (0,10).	0,00/0,40/0,50
B) Sim. Para os serviços de engenharia em questão, a Administração pode optar pelo regime da contratação integrada (0,50), que determina o desenvolvimento dos projetos básico e executivo pelo futuro contratado (0,15), segundo o art. 9º da Lei nº 12.462/2011 (0,10).	0,00/0,15/0,25/0,50/ 0,60/0,65/0,75

(EXAME DE ORDEM XIX/Questão 2) A Secretaria de Saúde do Município de Muriaé/MG realizou procedimento licitatório na modalidade de concorrência, do tipo menor preço, para aquisição de insumos. Ao final do julgamento das propostas, observou-se que a microempresa Alfa havia apresentado preço 8% (oito por cento) superior em relação à proposta mais bem classificada, apresentada pela empresa Gama. Diante desse cenário, a Pasta da Saúde concedeu à microempresa Alfa a oportunidade de oferecer proposta de preço inferior àquela trazida pela empresa Gama. Valendo-se disso, assim o fez a microempresa Alfa, sendo em favor desta adjudicado o objeto do certame. Inconformada, a empresa Gama interpôs recurso, alegando, em síntese, a violação do princípio da isonomia, previsto no art. 37, XXI, da Constituição da República e no art. 3º da Lei nº 8.666/1993. Na qualidade de Assessor Jurídico da Secretaria de Saúde do Município de Muriaé/MG, utilizando-se de fundamentação e argumentos jurídicos, responda aos itens a seguir.

A) É juridicamente correto oferecer tal benefício para a microempresa Alfa? (Valor: 0,50)

B) Houve violação ao princípio da isonomia? (Valor: 0,75)

Item	Pontuação
A) Sim. É o denominado "empate ficto ou presumido" (0,15), por meio do qual se presume empatadas as propostas apresentadas pelas microempresas e empresas de pequeno porte que forem iguais ou até 10% (dez por cento) superiores à melhor proposta (0,25), nos termos do art. 44, § 1º, da Lei Complementar nº 123/2006 (0,10).	0,00/0,15/0,25 /0,35/0,40/0,50
B1) Não. O princípio da isonomia, sob seu aspecto material, pressupõe tratamento desigual entre aqueles que não se enquadram na mesma situação fático-jurídica (0,35).	0,00/0,35

Item	Pontuação
B2) No caso em questão, a própria Constituição estabelece a necessidade de tratamento diferenciado às microempresas e às empresas de pequeno porte (0,30), nos termos do art. 3º, § 14 OU art. 5º-A da Lei nº 8.666/1993 OU art. 146, III, *d*, OU art. 170, IX, OU art. 179, todos da CF/1988 (0,10).	0,00/0,30/0,40

(EXAME DE ORDEM XX – Porto Velho-RO/Questão 1) Após regular licitação em que se sagrou vencedora, a sociedade empresária Beta celebrou contrato de prestação de serviços, executados de forma contínua, para o Município Z, pelo prazo de 1 (um) ano, prorrogável por iguais e sucessivos períodos, até o limite de 60 (sessenta) meses. Um dia antes do termo final do período originariamente contratado, o Município e a sociedade empresária tinham a intenção de prorrogar o contrato, mas a sociedade empresária ainda não havia apresentado os documentos necessários à comprovação da manutenção de suas condições de habilitação e qualificação, e os órgãos competentes do Município também não haviam atestado a existência de condições mais vantajosas para a realização da prorrogação. Diante dessas circunstâncias, as partes ajustaram verbalmente a continuidade na prestação de serviços, enquanto seriam adotadas as aludidas providências. Combinaram ainda que, quando fossem apresentados tais documentos, as partes formalizariam a celebração de um termo aditivo ao contrato original, com data retroativa ao termo final do contrato originário, de modo a estender o prazo de duração por mais um ano, a contar daquela data. Hoje, três meses depois, foram providenciados os documentos da sociedade empresária e dos órgãos administrativos técnicos. Considerando os fatos narrados, responda aos itens a seguir.

A) Era correta a celebração de ajuste verbal para continuidade na prestação de serviços? (Valor: 0,65)

B) É correta a assinatura de termo aditivo nos moldes pretendidos? (Valor: 0,60)

Item	Pontuação
A) Não. É vedada a celebração de contrato verbal com a Administração para prestação de serviços contínuos, sob pena de nulidade (0,55), nos termos do art. 60, parágrafo único, da Lei nº 8.666/1993 (0,10).	0,00/0,55/0,65

Item	Pontuação
B) Não. O contrato administrativo expirou na data de seu termo final originariamente pactuado, em virtude de as partes não terem preenchido os requisitos e formalizado a prorrogação tempestivamente. Logo, se não há contrato em vigor, não há o que se prorrogar (0,60).	0,00/0,60

(EXAME DE ORDEM XXV/Questão 4) O Município Campo Feliz publicou licitação, na modalidade concorrência, para a realização das obras de construção de uma creche municipal. Participaram do certame quatro sociedades empresárias, tendo sido três delas habilitadas. A sociedade empresária inabilitada interpôs recurso administrativo, que teve provimento negado. Abertas as propostas comerciais, sagrou-se vencedora, com o menor preço, a sociedade empresária Gama Ltda. Após homologação e adjudicação do objeto à construtora, o prefeito decidiu revogar o certame por razões de interesse público, oriundas de fato superveniente. Tal decisão surpreendeu todos os interessados, incluindo a sociedade empresária Gama, que não teve oportunidade de se manifestar previamente. Na qualidade de advogado(a) consultado(a), responda aos itens a seguir.

A) O recurso administrativo contra a decisão que inabilitou uma licitante tem efeito suspensivo? (Valor: 0,65)

B) A revogação do certame foi válida? (Valor: 0,60)

Item	Pontuação
A) Sim. Contra decisão da comissão de licitação que inabilita licitante, é cabível recurso administrativo com efeito suspensivo (0,55), nos termos do art. 109, § 2º, da Lei nº 8.666/1993 (0,10).	0,00/0,55/0,65
B) Não. A revogação da licitação deveria ter sido precedida da prévia disponibilização à sociedade empresária Gama Ltda. do contraditório e da ampla defesa (0,50), nos termos do art. 5º, inciso LV, da CF/1988 OU do art. 49, § 3º, da Lei nº 8.666/1993 (0,10).	0,00/0,50/0,60

(EXAME DE ORDEM XXV – Porto Alegre-RS/Questão 1) Em determinada ação de execução movida pela União em desfavor da Construtora Beta Ltda., o poder público indicou para penhora um pequeno prédio de três andares de propriedade da executada. Durante a execução, tentou-se a alienação judicial do bem, mas não houve interessados. Assim, foi requerida – e efetivada – a adjudicação do imóvel para a Fazenda

Pública. Passados dois anos da efetiva adjudicação, sobreveio queda nas receitas públicas, obrigando a União a alienar o bem. Sobre a hipótese apresentada, na qualidade de advogado(a), responda aos itens a seguir.

A) A venda do imóvel a particulares deve ser precedida de licitação? (Valor: 0,65)

B) A venda do imóvel para qualquer outro ente federado deve ser precedida de licitação? (Valor: 0,60)

Item	Pontuação
A) Sim, na modalidade de concorrência ou leilão, por se tratar de imóvel cuja aquisição haja derivado de procedimento judicial (0,55), nos termos do art. 19, inciso III, da Lei nº 8.666/1993 (0,10).	0,00/0,55/0,65
B) Não, trata-se de hipótese em que a licitação pode ser dispensada (0,50), em conformidade com o art. 17, inciso I, alínea *e*, da Lei nº 8.666/1993 (0,10).	0,00/0,50/0,60

(EXAME DE ORDEM XXV – Porto Alegre-RS/Questão 4) A União pretende realizar uma obra de grande complexidade que promoverá o interesse público, orçada em duzentos milhões de reais, por meio de licitação única. Para tanto, fez publicar o respectivo edital, na modalidade de concorrência, com todas as especificações necessárias. Ao tomar conhecimento do mencionado instrumento convocatório, Bruno, cidadão diligente, que não pretende participar da licitação, apresentou, dois dias antes da data designada para a abertura das propostas, impugnação ao edital, sob o fundamento de que a concorrência em questão deveria ser precedida de audiência pública.

A respeito da posição de Bruno, responda aos itens a seguir.

A) É tempestiva a impugnação ao edital apresentada por Bruno? (Valor: 0,55)

B) A Administração pode anular a licitação com base no argumento suscitado por Bruno, mesmo que a impugnação não seja admitida? (Valor: 0,70)

Item	Pontuação
A) Não. A manifestação de Bruno, na condição de cidadão, é extemporânea porque não respeitou o prazo de cinco dias úteis da abertura das propostas (0,45), na forma do art. 41, § 1º, da Lei nº 8.666/1993 (0,10).	0,00/0,45/0,55

Item	Pontuação
B) Sim. Em razão da prerrogativa de autotutela, é dever da Administração anular os procedimentos licitatórios eivados de vícios insanáveis (0,45), o que está caracterizado no caso pela inobservância ao art. 39 da Lei nº 8.666/1993 (0,15), consoante o art. 49 da Lei nº 8.666/1993 OU art. 53 da Lei nº 9.784/1999 OU Súmula nº 473 do STF OU Súmula nº 346 do STF (0,10).	0,00/0,45/0,55/ 0,60/0,70

(EXAME DE ORDEM XXVIII/Questão 2) O Município Beta, situado no litoral, após a realização de projeto básico e do projeto executivo pelo próprio ente federativo, promoveu licitação, na modalidade concorrência, para a construção de uma ciclovia na área costeira. Da licitação, sagrou-se vencedora a sociedade empresária Pedalada S.A. Em seguida, a mesma sociedade empresária foi contratada, seguindo os trâmites legais, e executou o respectivo objeto, sem qualquer falha. Pouco depois da inauguração, parte da obra desmoronou, na medida em que os estudos realizados para o projeto básico e para o projeto executivo não levaram em consideração o impacto das marés na ciclovia. O incidente levou a óbito José, que trafegava na localidade, no exato momento do ocorrido. Em razão disso, os filhos de José, procuram você para, na qualidade de advogado(a), responder, fundamentadamente, aos questionamentos a seguir.

A) Em lugar de realizar o projeto básico, o Município Beta poderia ter incluído sua elaboração, juntamente com a execução das obras, no objeto da licitação em questão? (Valor: 0,55)

B) É necessária a demonstração de dolo ou culpa para responsabilizar a sociedade empresária Pedalada S.A. pelo óbito de José? (Valor: 0,70)

Observação: o(a) examinando(a) deve fundamentar as respostas. A mera citação do dispositivo legal não confere pontuação.

Item	Pontuação
A) Não. Considerando que a modalidade de licitação é a concorrência, é vedada a execução da obra antes da conclusão e da aprovação do projeto básico pela autoridade competente (0,45), consoante o art. 7º, § 1º, da Lei nº 8.666/1993 (0,10).	0,00/0,45/0,55
B) Sim. Trata-se de hipótese de responsabilidade subjetiva, sendo imprescindível a demonstração de dolo ou culpa (0,60), consoante o art. 70 da Lei nº 8.666/1993 (0,10).	0,00/0,60/0,70

(EXAME DE ORDEM XXVII/Questão 2) Em razão de fortes chuvas que caíram no município Alfa, muitas famílias que habitavam regiões de risco foram retiradas de suas residências e levadas para abrigos públicos. Para prover condições mínimas de subsistência aos desamparados, Manuel Bandeira, prefeito, expediu decreto reconhecendo a situação de calamidade pública e contratou, por dispensa de licitação, a sociedade empresária Culinária Social para preparar e fornecer alimentação às vítimas. Passados noventa dias da contratação, as condições climáticas melhoraram e as famílias retornaram às suas respectivas moradias, não havendo mais necessidade da ajuda estatal. A despeito disso, o Município manteve o contrato com a sociedade empresária. Na qualidade de advogado(a) consultado(a), responda aos itens a seguir.

A) Superada a situação de calamidade, é lícita a decisão de manter o contrato com a sociedade empresária Culinária Social? (Valor: 0,65)

B) Qualquer pessoa física pode representar ao Tribunal de Contas para que a Corte examine eventual ilegalidade da manutenção do contrato? (Valor: 0,60)

Observação: o(a) examinando(a) deve fundamentar as respostas. A mera citação do dispositivo legal não confere pontuação.

Item	Pontuação
A) Não. Superada a situação de calamidade, cessa a situação emergencial que justificava a contratação direta (0,55), nos termos do art. 24, inciso IV, da Lei nº 8.666/1993 (0,10).	0,00/0,55/0,65
B) Sim. O Tribunal de Contas pode ser provocado por qualquer cidadão a respeito de possível ilegalidade inerente às despesas públicas (0,50), nos termos do art. 113, § 1º, da Lei nº 8.666/1993 OU do art. 74, § 2º, da CRFB/1988 (0,10).	0,00/0,50/0,60

(EXAME DE ORDEM XXVIII/Questão 3) O Município Beta realizou um estudo para efetuar a compra de materiais necessários para aparelhar as salas de aula das escolas municipais, com o fim de substituir ou repor aqueles existentes, que se encontram em estado precário. Concluiu pela necessidade de aquisição de dez mil novas carteiras, o que fez constar do respectivo edital de licitação, na modalidade pregão, no qual se sagrou vencedora a sociedade empresária Feliz Ltda., com quem contratou o respectivo fornecimento. A auditoria, efetuada depois de formalizado tal contrato, verificou que o estudo que instruiu a especificação do objeto contratado não levou em conta a existência, em perfeito estado, de cerca de mil carteiras recém-adquiridas, equivocadamente enviadas ao depósito municipal. A autoridade competente, alegando a existência de carteiras novas em depósito, promoveu a alteração unilateral do contrato para suprimir o quantitativo de mil carteiras; em consequência, reduziu o valor global do contrato em dez por cento, em correspondência à supressão de mil carteiras do total de dez mil. É certo que a contratada já havia adquirido do fabricante todos os bens necessários para o cumprimento da avença originária. Diante dessa supressão, os representantes da sociedade empresária Feliz Ltda. procuram você para, na qualidade de advogado(a), responder, fundamentadamente, aos questionamentos a seguir.

A) A sociedade empresária Feliz Ltda. é obrigada a suportar a alteração promovida unilateralmente pelo Município Beta? (Valor: 0,60)

B) Caso a sociedade empresária Feliz Ltda. não entregue as mil carteiras suprimidas pelo Município Beta, ela estará obrigada a arcar com o prejuízo decorrente de já haver adquirido do fabricante as dez mil carteiras inicialmente contratadas? (Valor: 0,65)

Observação: o(a) examinando(a) deve fundamentar as respostas. A mera citação do dispositivo legal não confere pontuação.

Item	Pontuação
A) Sim. A contratada é obrigada a suportar a supressão quantitativa introduzida unilateralmente pelo Município contratante, porque a supressão se manteve no limite de 25% do valor inicial do contrato (0,50), na forma do art. 65, § 1º, da Lei nº 8.666/1993 (0,10).	0,00/0,50/0,60
B) Não. Em se tratando de caso de supressão quantitativa do objeto, a contratada (sociedade empresária Feliz Ltda.) poderá ser ressarcida pelos danos regularmente comprovados (0,55), consoante o disposto no art. 65, § 4º, da Lei nº 8.666/1993 (0,10). OU B) Sim. Em se tratando de caso de supressão quantitativa do objeto e não tendo ocorrido a entrega das mil carteiras, a contratada (sociedade empresária Feliz Ltda.), caso não comprove a ocorrência de outros danos decorrentes da supressão, não terá direito ao ressarcimento do custo da aquisição (0,55), consoante o disposto no art. 65, § 4º, da Lei nº 8.666/1993 (0,10).	0,00/0,55/0,65

(EXAME DE ORDEM XXIX/Questão 3) Determinada repartição pública federal divulgou edital de licitação para aquisição de material para escritório (caneta, papel, lápis, borracha, entre outros), na modalidade pregão, para registro de preços. Uma única licitante apresentou a menor proposta para todos os itens: a Papelaria Ltda., classificada legalmente como microempresa. Ocorre que, em razão da crise econômica, a referida sociedade empresária deixou de pagar os tributos federais, apresentando, na fase de habilitação, certidões fiscais positivas que demonstravam sua inadimplência. Sobre a hipótese apresentada, responda aos itens a seguir.

A) A sociedade empresária Papelaria Ltda. deve ser prontamente inabilitada, em razão de não ter demonstrado sua regularidade fiscal? (Valor: 0,65)

B) Ainda na validade da ata de registro de preços, pode a Administração lançar nova licitação para a compra dos mesmos insumos? (Valor: 0,60)

Observação: o(a) examinando(a) deve fundamentar suas respostas. A mera citação do dispositivo legal não confere pontuação.

Item	Pontuação
A) Não. Por se tratar de microempresa, a comprovação da regularidade fiscal somente será exigida para efeito de assinatura do contrato OU deverá ser aberto prazo para regularização da situação fiscal a partir do momento em que for declarada vencedora (0,55), com fundamento no art. 42, *caput*, OU art. 43, § 1º, da LC nº 123/2006 (0,10).	0,00/0,55/0,65
B) Sim. A existência de preços registrados não impede que a Administração promova novo certame licitatório, desde que, em igualdade de condições, seja assegurada a preferência àquele que figura na ata de registro de preços (0,50), com fundamento no art. 15, § 4º, da Lei nº 8.666/1993 (0,10).	0,00/0,50/0,60

(EXAME DE ORDEM XXXI/Questão 4) O Município Sigma pretende construir um túnel, obra de grande vulto, alta complexidade técnica e operacional, com vistas a melhorar a caótica mobilidade urbana que aflige sua população. Para tanto, fez publicar um edital de licitação, na modalidade concorrência, que continha a exigência de demonstração, pelos licitantes, da qualificação técnica para a execução do objeto, mediante a apresentação de documentos que demonstrassem experiência anterior em obra de similar magnitude. Designada a sessão de julgamento, a sociedade empresária Belezura foi inabilitada por não ter apresentado os documentos que comprovassem a experiência exigida, razão pela qual interpôs o respectivo recurso administrativo, sob o fundamento de que conta com a estrutura e o aparelhamento necessários à execução do objeto. Após o julgamento do recurso, na sequência do certame, a sociedade empresária Lindeza, devidamente habilitada, teve sua proposta desclassificada porque considerada inexequível, na medida em que, com o intuito de ganhar a licitação, especificou valor zero para diversos insumos indispensáveis à consecução do objeto, de maneira incoerente com os custosos valores de mercado, de forma que os valores por ela apresentados foram muito inferiores aos das demais licitantes. Diante dessa situação hipotética, responda, na condição de advogado(a), aos questionamentos a seguir

A) É válida a cláusula do edital que levou à inabilitação da sociedade Belezura? (Valor: 0,60)

B) Em razão da inexequibilidade da proposta, é cabível a desclassificação da sociedade Lindeza? (Valor: 0,65)

Observação: o(a) examinando(a) deve fundamentar suas respostas. A mera citação do dispositivo legal não confere pontuação.

Item	Pontuação
A) Sim. É válida a cláusula de edital relativa à qualificação técnica para obra de alta complexidade técnica e operacional, que exija a demonstração de experiência anterior em projeto de similar magnitude, na forma do art. 30, § 3º, da Lei nº 8.666/1993.	0,00/0,50/0,60
B) Sim. Devem ser desclassificadas as propostas com preços manifestamente inexequíveis, assim considerados aqueles que não tenham demonstrado sua viabilidade por meio de documentação que comprove que os custos dos insumos são coerentes com os de mercado, consoante art. 48, inciso II, da Lei nº 8.666/1993.	0,00/0,55/0,65

(EXAME DE ORDEM XXX/Questão 2) O Município Beta, após o devido procedimento licitatório, contratou a sociedade empresária Sobe e Desce Ltda. para a manutenção de elevadores, pelo montante de R$ 80.000,00 (oitenta mil reais) mensais. Após as prorrogações necessárias, sucessivas e por igual período, a avença já perdura por quase sessenta meses, de forma satisfatória e com a manutenção dos valores compatíveis segundo as práticas do mercado, após os reajustes cabíveis. O mencionado ente federativo, à vista de aproximar-se o limite máximo de duração do contrato, fez publicar edital de novo certame competitivo, com vistas a obter proposta mais vantajosa para a prestação do aludido serviço, edital esse que veio a ser objeto de impugnações, daí a administração haver prorrogado o contrato firmado com a sociedade empresária Sobe e Desce Ltda. por mais doze meses, mediante autorização da autoridade competente. Diante dessa situação hipotética, na qualidade de advogado(a) consultado(a), responda aos itens a seguir.

A) O Município Beta poderia ter realizado a contratação verbal do serviço em questão? (Valor: 0,65)

B) É válida a prorrogação do contrato por mais doze meses? (Valor: 0,60)

Observação: o(a) examinando(a) deve fundamentar suas respostas. A mera citação do dispositivo legal não confere pontuação.

Item	Pontuação
A) Não. A contratação verbal somente é admitida nas situações em que o valor do ajuste não ultrapasse 5% do limite estabelecido para modalidade convite, segundo o art. 23, inciso II, alínea *a*, cujo objeto seja pequena compra de pronto pagamento ou serviço que não se enquadre como de engenharia, tal como se depreende do art. 60, parágrafo único, da Lei nº 8.666/1993.	0,00/0,55/0,65
B) Sim. Em caráter excepcional, devidamente justificado e mediante autorização da autoridade superior, é possível prorrogar, por doze meses, o prazo dos contratos de serviços de prestação contínua, para além das prorrogações por períodos iguais e sucessivos, limitada a sessenta meses, na forma do art. 57, § 4º, da Lei nº 8.666/1993.	0,00/0,50/0,60

(EXAME DA ORDEM XXXIII/Questão 2) Determinada sociedade de economia mista estadual, com vistas a adquirir bens necessários ao adequado funcionamento de seus serviços de informática, divulgou, após a devida fase preparatória, o instrumento convocatório, no qual indicou certa marca, que é comercializada por diversos fornecedores, por considerá-la a única capaz de atender ao objeto do contrato, tal como tecnicamente justificado nos autos do respectivo processo administrativo, certo que o edital adotou a sequência de fases prevista em lei. No curso do procedimento licitatório, a proposta apresentada pela sociedade Beta foi considerada a vencedora, mas os representantes de outra licitante, a sociedade Alfa, consideraram o julgamento equivocado e pretendem interpor recurso administrativo para impugná-lo antes da habilitação. Diante dessa situação hipotética, responda, fundamentadamente, aos questionamentos a seguir.

A) É válida a indicação de marca pela sociedade de economia mista em questão? Justifique. (Valor: 0,65)

B) É cabível a interposição do recurso administrativo pretendido pela sociedade Alfa? Justifique. (Valor: 0,60)

Item	Pontuação
A) Sim. A indicação de marca é válida nas circunstâncias do caso proposto, visto que, mesmo sendo comercializada por diversos fornecedores, é a única capaz de atender ao objeto do contrato, como tecnicamente demonstrado no processo administrativo pertinente, enquadrando-se na regra do art. 47, I, *b*, da Lei nº 13.303/2016.	0,00/0,65
B) Não. Considerando que foi adotada a sequência de fases estabelecida na Lei nº 13.303/2016, observa-se que a fase recursal é única e posterior à habilitação, na forma do art. 59 da Lei nº 13.303/2016 (pode ser aceita menção ao art. 51, VIII, da Lei nº 13.303/2016).	0,00/0,60

10 | SERVIÇOS PÚBLICOS

10.1 DEFINIÇÃO

É aquele prestado pela Administração (diretamente) ou por seus delegados (indiretamente) sob normas e controles estatais para a satisfação, visando o atingimento dos interesses da coletividade. A titularidade está sempre nas mãos da Administração.

Fundamento constitucional

Art. 175. Incumbe ao Poder Público, na forma da lei, diretamente ou sob regime de concessão ou permissão, sempre através de licitação, a prestação de serviços públicos.

Parágrafo único. A lei disporá sobre:

I – o regime das empresas concessionárias e permissionárias de serviços públicos, o caráter especial de seu contrato e de sua prorrogação, bem como as condições de caducidade, fiscalização e rescisão da concessão ou permissão;

II – os direitos dos usuários;

III – política tarifária;

IV – a obrigação de manter serviço adequado.

Di Pietro, para definir o serviço público, faz a seguinte classificação:

- **Critério subjetivo:** que considera a pessoa jurídica prestadora da atividade; dessa forma, o serviço público é aquele prestado pelo Estado;
- **Critério material:** que considera a atividade exercida; nesse sentido, o serviço tem como objetivo a satisfação de necessidade coletiva;
- **Critério formal:** que considera o regime jurídico, que pode ser exercido sob regime de direito público ou de direito privado.

A autora ainda classifica o serviço público em dois elementos: **formal e material**:

10.1.1 Elemento formal

O regime jurídico a que se submete o serviço público também é definido por lei. Assim, o regime pode ser de direito público ou de direito privado:

- **Regime jurídico de direito público (serviços não comerciais ou industriais):**
  - os agentes são estatutários;
  - os bens são públicos;
  - as decisões apresentam os atributos do ato administrativo;
  - a responsabilidade pelo serviço é objetiva;
  - os contratos regem-se pelo direito administrativo;
- **Regime jurídico de direito privado (serviços comerciais ou industriais):**
  - em regra, o pessoal se submete ao direito do trabalho, com equiparação aos servidores públicos para determinados fins;
  - em regra, os contratos seguem a regra do direito comum civilista;
  - os bens não afetados pela realização do serviço público submetem-se ao do direito privado, enquanto os bens vinculados ao serviço têm regime semelhante ao dos bens públicos de uso especial.

10.1.2 Elemento material

O serviço público corresponde a uma atividade de interesse público. Assim, todo serviço público visa atender a necessidades públicas, mas nem toda atividade de interesse público é serviço público.

Como consequência, é possível afirmar que a atividade estatal pode ser prestada com prejuízo, uma vez que a gratuidade é, pois, a regra que prevalece em inúmeros serviços, e mesmo que seja cobrada uma contribuição do usuário, ela pode ser inferior ao custo.

Somente no serviço comercial é que a própria natureza do serviço exclui a gratuidade, a exemplo do transporte público, água, energia elétrica. Tal contribuição visa manter o equilíbrio financeiro entre os contratantes.

10.2 FORMAS DE PRESTAÇÃO

a) **Direta ou centralizada**: quando estiver sendo prestada pela Administração direta do Estado.

b) **Indireta ou descentralizada**: ocorre quando não estiver sendo prestada pela Administração direta do Estado, esta o transferiu ou descentralizou a sua prestação para a Administração indireta ou terceiros fora da Administração.

10.3 MODALIDADES DE DESCENTRALIZAÇÃO

a) **Outorga**: quando ocorre a transferência para terceiros (administração indireta) da titularidade e da execução do serviço público.

b) **Delegação**: quando transfere para terceiros (concessionárias e permissionárias) só a execução.

Descentralização X Desconcentração (apenas para revisar o que já vimos anteriormente):

a) **Descentralizar:** é tirar do centro e transferir um serviço da Administração direta para terceiros, podendo estes estar dentro ou fora da Administração; e

b) **Desconcentrar:** é transferir a prestação de um serviço de um órgão para outro dentro da própria Administração direta.

10.4 PRINCÍPIOS DOS SERVIÇOS PÚBLICOS

a) Continuidade.

b) Cortesia.

c) Eficiência (efetividade).

d) Segurança.

e) Atualidade.

f) Regularidade.

d) Modicidade.

h) Generalidade.

i) Transparência.

10.5 CLASSIFICAÇÃO (MODALIDADES)

a) Próprios: são aqueles serviços que se relacionam intimamente com as atribuições do Poder Público e para a execução dos quais a Administração usa da sua supremacia sobre os administrados. Por essa razão, são prestados por órgãos ou entidades públicas (execução direta) ou indiretamente, por meio de concessionário ou permissionário. Como exemplo podem-se destacar os serviços públicos inerentes à soberania do Estado, como a defesa nacional ou a polícia judiciária.

b) Impróprios: são os serviços que, embora atendendo também a uma necessidade coletiva, não são assumidos nem executados pelo Estado, seja direita ou indiretamente, mas apenas por ele autorizados, regulamentados e fiscalizados, a exemplo do serviço de táxi e de despachante.

c) Utilidade pública: são os serviços considerados úteis ou convenientes, como o transporte coletivo e o fornecimento de energia.

d) Gerais (*uti universi*): são os serviços prestados à sociedade em geral, como a defesa do território.

e) Específicos (*uti singuli*) - individualizáveis: são também serviços prestados a todos, mas com possibilidade de identificação dos beneficiados. Podem ser:

1) compulsórios – são os serviços que não podem ser recusados pelo destinatário, e se remunerados, será por taxa. O não pagamento do serviço não autoriza a sua supressão, sendo somente autorizada a cobrança executiva;

2) facultativos – são os serviços que o usuário pode aceitar ou não, como o transporte coletivo, pagos por tarifa.

f) Adequados: são os serviços executados de acordo com os princípios específicos do serviço público.

g) **Serviços administrativos:** são os que a Administração executa para atender às necessidades internas ou preparar outros serviços que serão prestados ao público.

h) **Serviços comerciais ou industriais:** são aqueles que a Administração pública executa, direta ou indiretamente, para atender às necessidades econômicas.

i) **Serviços sociais:** são aqueles que atendem a necessidade coletiva essencial, como saúde, educação, previdência e cultura.

10.6 DIREITOS DOS USUÁRIOS DE SERVIÇOS PÚBLICOS

Em 27 de junho de 2017, foi publicada a Lei nº 13.460, que regulamenta o tema dos direitos dos usuários de serviços públicos da **Administração Pública Direta e Indireta da União, dos Estados, do Distrito Federal e dos Municípios**, conforme a previsão do art. 37, § 3º, da CF/1988: "A lei disciplinará as formas de participação do usuário na Administração pública direta e indireta, regulando especialmente as reclamações relativas à prestação dos serviços públicos em geral, asseguradas a manutenção de serviços de atendimento ao usuário e a avaliação periódica, externa e interna, da qualidade dos serviços".

A aplicação da Lei nº 13.460/2017 não afasta a necessidade de que a Administração Pública continue tendo que cumprir outros deveres previstos:

> I – em normas regulamentadoras específicas, quando se tratar de serviço ou atividade sujeitos a regulação ou supervisão; e
>
> II – no Código de Defesa do Consumidor, quando caracterizada relação de consumo.

Exemplo 1: além das regras previstas na Lei nº 13.460/2017, as universidades públicas terão que continuar cumprindo as normas regulamentadoras do MEC.

Exemplo 2: uma entidade da administração indireta que preste serviço de abastecimento de água para a população, além de ter que cumprir as regras da Lei nº 13.460/2017, continua tendo que respeitar as normas previstas no Código de Defesa do Consumidor.

Observação: A Lei nº 13.460/2017 é aplicada, subsidiariamente, aos serviços públicos prestados por particular, a exemplo de serviços prestados por um hospital particular.

10.7 DEFINIÇÕES DA LEI Nº 13.460/2017

Usuário

É a pessoa (física ou jurídica) que se beneficia ou utiliza, efetiva ou potencialmente, do serviço público.

Serviço público

É a atividade administrativa ou de prestação direta ou indireta de bens ou serviços à população, exercida por órgão ou entidade da Administração pública.

Administração Pública

Essa expressão abrange qualquer órgão ou entidade da administração pública de qualquer dos Poderes da União, dos Estados, do Distrito Federal e dos Municípios, a Advocacia Pública e a Defensoria Pública.

Agente público

Quem exerce cargo, emprego ou função pública, de natureza civil ou militar, ainda que transitoriamente ou sem remuneração.

Manifestações

Quando a lei fala em "manifestações", significa reclamações, denúncias, sugestões, elogios e demais pronunciamentos feitos pelos usuários que tenham como assunto a prestação de serviços públicos e a conduta de agentes públicos na prestação e fiscalização de tais serviços.

Acesso do usuário a informações

O usuário possui direito de acesso às informações sobre os serviços públicos, na forma do que dispõe a Lei nº 12.527/2011 (Lei de Acesso à Informação).

Quadro geral dos serviços públicos

Todos os anos, cada Poder e esfera de Governo deverá publicar um quadro geral contendo todos os serviços públicos que são prestados, devendo ser especificados os órgãos ou entidades responsáveis por sua realização e a autoridade administrativa a quem estão subordinados ou vinculados.

10.7.1 Diretrizes dos direitos e deveres dos usuários

O usuário de serviço público tem direito à adequada prestação dos serviços, devendo os agentes públicos e prestadores de serviços públicos observar as seguintes diretrizes previstas no art. 5º da Lei nº 13.460/2017:

> I – urbanidade, respeito, acessibilidade e cortesia no atendimento aos usuários;
>
> II – presunção de boa-fé do usuário;
>
> III – atendimento por ordem de chegada, ressalvados casos de urgência e aqueles em que houver possibilidade de agendamento, asseguradas as prioridades legais às pessoas com deficiência, aos idosos, às gestantes, às lactantes e às pessoas acompanhadas por crianças de colo;
>
> IV – adequação entre meios e fins, vedada a imposição de exigências, obrigações, restrições e sanções não previstas na legislação;
>
> V – igualdade no tratamento aos usuários, vedado qualquer tipo de discriminação;
>
> VI – cumprimento de prazos e normas procedimentais;
>
> VII – definição, publicidade e observância de horários e normas compatíveis com o bom atendimento ao usuário;
>
> VIII – adoção de medidas visando a proteção à saúde e à segurança dos usuários;
>
> IX – autenticação de documentos pelo próprio agente público, à vista dos originais apresentados pelo usuário, vedada a exigência de reconhecimento de firma, salvo em caso de dúvida de autenticidade;
>
> X – manutenção de instalações salubres, seguras, sinalizadas, acessíveis e adequadas ao serviço e ao atendimento;
>
> XI – eliminação de formalidades e de exigências cujo custo econômico ou social seja superior ao risco envolvido;
>
> XII – observância dos códigos de ética ou de conduta aplicáveis às várias categorias de agentes públicos;
>
> XIII – aplicação de soluções tecnológicas que visem a simplificar processos e procedimentos de atendimento ao usuário e a propiciar melhores condições para o compartilhamento das informações;
>
> XIV – utilização de linguagem simples e compreensível, evitando o uso de siglas, jargões e estrangeirismos; e
>
> XV – vedação da exigência de nova prova sobre fato já comprovado em documentação válida apresentada.

10.7.2 Direitos básicos dos usuários

A Lei nº 13.460/2017, em seu art. 6º, estabelece que o usuário dos serviços públicos possui os seguintes direitos, sem prejuízo de outros:

> I – participação no acompanhamento da prestação e na avaliação dos serviços;
>
> II – obtenção e utilização dos serviços com liberdade de escolha entre os meios oferecidos e sem discriminação;
>
> III – acesso e obtenção de informações relativas à sua pessoa constantes de registros ou bancos de dados, observado o art. 5º, X, da CF/1988 e a Lei de Acesso à Informação (Lei nº 12.527/2011);
>
> IV – proteção de suas informações pessoais, nos termos da Lei de Acesso à Informação;
>
> V – atuação integrada e sistêmica na expedição de atestados, certidões e documentos comprobatórios de regularidade; e
>
> VI – obtenção de informações precisas e de fácil acesso nos locais de prestação do serviço, assim como sua disponibilização na internet, especialmente sobre:
>
> **a)** horário de funcionamento das unidades administrativas;
>
> **b)** serviços prestados pelo órgão ou entidade, sua localização exata e a indicação do setor responsável pelo atendimento ao público;
>
> **c)** acesso ao agente público ou ao órgão encarregado de receber manifestações;
>
> **d)** situação da tramitação dos processos administrativos em que figure como interessado;
>
> **e)** valor das taxas e tarifas cobradas pela prestação dos serviços, contendo informações para a compreensão exata da extensão do serviço prestado.

10.7.3 Carta de serviços aos usuários

Os órgãos e entidades deverão divulgar Carta de Serviços ao Usuário, que tem por objetivo informar o usuário sobre os serviços prestados pelo órgão ou entidade, as formas de acesso a esses serviços e seus compromissos e padrões de qualidade de atendimento ao público.

A Carta de Serviços ao Usuário será objeto de atualização periódica e de permanente divulgação mediante publicação em sítio eletrônico do órgão ou entidade na internet.

10.7.4 Deveres dos usuários

Por sua vez, a Lei nº 13.460/2017, em seu art. 8º, também apresenta os deveres dos usuários, sendo eles:

> I – utilizar adequadamente os serviços, procedendo com urbanidade e boa-fé;
>
> II – prestar as informações pertinentes ao serviço prestado quando solicitadas;
>
> III – colaborar para a adequada prestação do serviço; e
>
> IV – preservar as condições dos bens públicos por meio dos quais lhe são prestados os serviços.

10.7.5 Manifestações dos usuários de serviços públicos

Direito de apresentar manifestações

Para garantir seus direitos, o usuário poderá apresentar manifestações perante a Administração pública acerca da prestação de serviços públicos.

Endereçamento

A manifestação será dirigida à ouvidoria do órgão ou entidade responsável. Caso não haja ouvidoria, o usuário apresentará manifestações diretamente ao órgão ou entidade responsável pela execução do serviço e ao órgão ou entidade a que se subordinem ou se vinculem.

Identificação do usuário

A manifestação deverá conter a identificação do requerente. Assim, são vedadas manifestações anônimas (apócrifas).

A identificação do requerente não conterá exigências que inviabilizem sua manifestação. Ressalta-se que a identificação do requerente deverá ser considerada "informação pessoal protegida", com restrição de acesso, nos termos da Lei nº 12.527/2011.

Exigências quanto aos motivos da manifestação

É vedada qualquer exigência relativa aos motivos determinantes da apresentação de manifestações perante a ouvidoria.

Forma

A manifestação poderá ser feita:

> **a)** por meio eletrônico;
>
> **b)** por correspondência convencional; ou

c) verbalmente, caso em que deverá ser reduzida a termo.

No caso de manifestação por meio eletrônico, respeitada a legislação específica de sigilo e proteção de dados, a Administração pública, ou sua ouvidoria, poderá requerer meio de certificação da identidade do usuário.

Formulários para manifestações

Os órgãos e entidades deverão colocar à disposição do usuário formulários simplificados e de fácil compreensão para a apresentação de manifestações.

Impossibilidade de recusa no recebimento de manifestações

Em nenhuma hipótese será recusado o recebimento de manifestações formuladas nos termos da Lei nº 13.460/2017, sob pena de responsabilidade do agente público.

Análise das manifestações

A análise das manifestações deverá observar os princípios da eficiência e da celeridade, visando a sua efetiva resolução.

Etapas

A análise das manifestações deverá seguir as seguintes etapas, conforme previsto no art. 12, § único, da Lei nº 13.460/2017:

I – recepção da manifestação no canal de atendimento adequado;

II – emissão de comprovante de recebimento da manifestação;

III – análise e obtenção de informações, quando necessário;

IV – decisão administrativa final; e

V – ciência ao usuário.

10.7.6 Ouvidorias

Atribuições

As ouvidorias terão como atribuições precípuas previstas no art. 13 da Lei nº 13.460/2017, sem prejuízo de outras estabelecidas em regulamento específico, dentre as quais se destacam:

I – promover a participação do usuário na administração pública;

II – acompanhar a prestação dos serviços, visando a garantir a sua efetividade;

III – propor aperfeiçoamentos na prestação dos serviços;

IV – auxiliar na prevenção e correção de atos e procedimentos que estejam sendo praticados de forma contrária à Lei nº 13.460/2017;

V – propor a adoção de medidas para a defesa dos direitos do usuário;

VI – receber, analisar e encaminhar às autoridades competentes as manifestações, acompanhando o tratamento e a efetiva conclusão das manifestações de usuário perante órgão ou entidade a que se vincula; e

VII – promover a adoção de mediação e conciliação entre o usuário e o órgão ou a entidade pública.

Relatório de gestão

As ouvidorias deverão elaborar, anualmente, relatório de gestão, que deverá consolidar as informações relacionadas com manifestações recebidas dos usuários e respectivas soluções que foram dadas.

Nesse relatório, as ouvidorias deverão apontar falhas e sugerir melhorias na prestação dos serviços.

Conteúdo do relatório

O relatório de gestão deverá indicar, conforme o art. 15 da Lei nº 13.460/2017:

I – o número de manifestações recebidas no ano anterior;

II – os motivos das manifestações;

III – a análise dos pontos recorrentes; e

IV – as providências adotadas pela administração pública nas soluções apresentadas.

O que é feito com esse relatório

Atendendo-se ao previsto no § único do art. 15, o relatório de gestão será encaminhado à autoridade máxima do órgão a que pertence a unidade de ouvidoria e disponibilizado integralmente na internet.

Decisão sobre as reclamações feitas aos usuários

A ouvidoria encaminhará a decisão administrativa final ao usuário, observado o prazo de 30 dias, prorrogável de forma justificada uma vez, por igual período.

Desde que respeitado esse prazo, a ouvidoria poderá solicitar informações e esclarecimentos diretamente a agentes públicos do órgão ou entidade a que se vincula.

As solicitações da ouvidoria deverão ser respondidas pelos agentes públicos provocados no prazo de 20 dias, prorrogável de forma justificada uma única vez, por igual período.

10.7.7 Conselhos de usuários

Conselhos de usuários

A participação dos usuários no acompanhamento da prestação e na avaliação dos serviços públicos será feita por meio de conselhos de usuários.

Atribuições

Os conselhos de usuários são órgãos consultivos dotados das seguintes atribuições elencadas no art. 18, § único, da Lei nº 13.460/2017:

> I – acompanhar a prestação dos serviços;
>
> II – participar na avaliação dos serviços;
>
> III – propor melhorias na prestação dos serviços;
>
> IV – contribuir na definição de diretrizes para o adequado atendimento ao usuário; e
>
> V –acompanhar e avaliar a atuação do ouvidor.

Composição

A composição dos conselhos deve observar os critérios de representatividade e pluralidade das partes interessadas, com vistas ao equilíbrio em sua representação, conforme estatuído no art. 19 da Lei nº 13.460/2017.

Observação: A escolha dos representantes será feita em processo aberto ao público e diferenciado por tipo de usuário a ser representado (§ único do dispositivo).

Poderá opinar na escolha do ouvidor

O conselho poderá ser consultado quanto à indicação do ouvidor.

Relevante serviço sem remuneração

A participação do usuário no conselho será considerada serviço relevante e sem remuneração.

10.7.8 Avaliação continuada dos serviços públicos

Os órgãos e entidades públicos deverão avaliar os serviços prestados, em estrita observância ao previsto no art. 23 da Lei nº 13.460/2017, atentando para os seguintes aspectos:

> I – satisfação do usuário com o serviço prestado;
>
> II – qualidade do atendimento prestado ao usuário;
>
> III – cumprimento dos compromissos e prazos definidos para a prestação dos serviços;
>
> IV – quantidade de manifestações de usuários; e
>
> V – medidas adotadas pela administração pública para melhoria e aperfeiçoamento da prestação do serviço.

Pesquisa de satisfação

Essa avaliação será realizada por pesquisa de satisfação feita, no mínimo, a cada um ano, ou por qualquer outro meio que garanta significância estatística aos resultados.

Publicação na internet

O resultado da avaliação deverá ser integralmente publicado no *site* do órgão ou entidade, incluindo o *ranking* das entidades com maior incidência de reclamação dos usuários e servirá de subsídio para reorientar e ajustar os serviços prestados, em especial quanto ao cumprimento dos compromissos e dos padrões de qualidade de atendimento divulgados na Carta de Serviços ao Usuário.

10.8 CONCESSÃO, PERMISSÃO E AUTORIZAÇÃO DE SERVIÇOS PÚBLICOS

10.8.1 Concessão

É a delegação de sua prestação feita pelo poder concedente mediante licitação na modalidade concorrência ou diálogo competitivo à pessoa que demonstre capacidade para seu desempenho, por sua conta e risco e por prazo determinado – Lei nº 8.987/1995.

Poder concedente: é a União, o Estado, o Distrito Federal ou Município, em cuja competência se encontre o serviço público (a titularidade continua sendo sua, só transfere a execução).

- Admite-se subconcessão desde que autorizada, consistente na contratação feita pela concessionária para aquisição de serviços ou bens diretamente relacionados com o objeto da concessão.
- Os contratos de concessionárias com terceiros não envolvem o poder concedente.
- O poder concedente pode fiscalizar os serviços, bem como intervir na concessão, se necessário.
- É possível o poder concedente estabelecer benefícios tarifários não contemplados no contrato de concessão, pois tal ação decorre da própria titularidade do serviço público. Como o contrato de concessão, é tão somente a execução do serviço público que se transfere para o concessionário, cabendo ao Poder Concedente regulamentar o serviço concedido (arts. 2º, II, e 29, I, da Lei nº 8.987/1995).

Concessão precedida da execução de obra

Deve o concessionário primeiro construir, conservar, reformar, ampliar ou melhorar determinada obra pública, por sua própria conta e risco. Em seguida, passa a explorar o serviço por prazo determinado, suficientemente longo, para que obtenha a remuneração e amortização de seu investimento.

Observação importante: Com a entrada em vigor do novo marco normativo de licitações e contratos, o art. 178 altera a redação do inciso III do art. 2º da Lei nº 8.987/1995, para estabelecer que a concessão de serviço público precedida de obra pública pode ser celebrada mediante licitação *na modalidade concorrência ou diálogo competitivo.*

Política tarifária

Tarifa é a fonte de renda das concessionárias; não é tributo, o seu valor inicial é estabelecido na proposta.

Importante destacar que o art. 6º, § 3º, da Lei nº 8.987/1995 prevê que não se caracteriza como descontinuidade do serviço a sua interrupção em situação de emergência ou após prévio aviso, quando motivada por razões de ordem técnica ou de segurança das instalações e por inadimplemento do usuário, considerado o interesse da coletividade.

Todavia, o § 4º do mesmo artigo prevê, em favor do usuário, que a interrupção do serviço, no caso de inadimplência, não poderá iniciar-se na sexta-feira, no sábado ou no domingo, nem em feriado ou no dia anterior a feriado.

Formas de extinção

a) **Advento do termo contratual:** quando termina o prazo.

b) **Encampação:** término do contrato antes do prazo, feito pelo poder público, de forma unilateral, por razões de interesse público. O concessionário faz jus a indenização.

c) **Caducidade:** forma de extinção do contrato antes do prazo, pelo poder público, de forma unilateral, por descumprimento de cláusula contratual.

d) **Rescisão:** forma de extinção do contrato, antes de encerrado o prazo, feita pelo concessionário por força do descumprimento de cláusulas contratuais pelo poder concedente. Deve ser por medida judicial e, enquanto não transitar em julgado a sentença, o serviço deverá continuar sendo prestado.

e) **Anulação:** extinção do contrato antes do término do prazo, por razões de ilegalidade.

f) **Falência ou extinção do concessionário.**

10.8.2 Permissão

É a delegação, a título precário, mediante licitação da prestação de serviços públicos feita pelo poder concedente a pessoa que demonstre capacidade de desempenho por sua conta e risco.

QUADRO COMPARATIVO

Diferenças	Concessão	Permissão
Quanto à natureza jurídica	Contrato bilateral	Ato unilateral
Quanto aos beneficiários	Só beneficia pessoas jurídicas	Pode favorecer pessoas físicas ou jurídicas
Quanto ao capital	Maior aporte de capital	Exige menor investimento
Quanto à constituição de direitos	Constitui o concessionário em direitos contra o poder concedente	Não produz esse mesmo efeito

Diferenças	Concessão	Permissão
Quanto à extinção unilateral	Extinta de forma antecipada, enseja indenização	Extinta se unilateralmente sem direito à indenização
Quanto à licitação	Concorrência ou diálogo competitivo	Qualquer modalidade
Quanto à forma de outorga	Se dá mediante lei específica	Depende de simples autorização legislativa

10.8.3 Autorização

São três modalidades de autorização:

a) **Autorização de uso do bem público:** em que um particular é autorizado a utilizar bem público de forma especial, como na autorização de uso de uma praça para realização de uma festa junina.

b) **Autorização de atos privados controlados:** em que o particular não pode exercer certas atividades sem autorização do poder público; são atividades exercidas por particulares, mas consideradas de interesse público.

- Autorização, conceitualmente, é diferente de licença, ainda que, na prática, possuam aplicabilidade semelhante. A autorização é ato discricionário, enquanto a licença é ato vinculado. Na licença, o interessado tem direito de obtê-la, e pode exigi-la, desde que preencha certos requisitos, ex.: licença para conduzir veículo automotor terrestre (carteira de motorista).

c) **Autorização de serviços públicos:** coloca-se ao lado da concessão e da permissão de serviços públicos; destina-se a serviços muito simples, de alcance limitado, ou a trabalhos de emergência. É exceção, e não regra, na delegação de serviços públicos. É formalizada por decreto ou portaria, por se tratar de ato unilateral e precário. Segue, no que couber, a Lei nº 8.987/1995.

10.9 PARCERIA PÚBLICO-PRIVADA (PPP)

A parceria público-privada possui uma denominação imprópria, pois, na verdade, trata-se de um contrato, de interesses divergentes, no qual o setor privado busca a obtenção de lucro e vantagens na execução do serviço ou da obra pública.

São **modalidades** de parceria público-privada:

- **concessão patrocinada:** é a concessão de serviços públicos ou de obras públicas de que trata a Lei nº 8.987, de 13 de fevereiro de 1995, quando envolver, adicionalmente à tarifa cobrada dos usuários, contraprestação pecuniária do parceiro público ao parceiro privado (art. 2º, § 1º, da Lei nº 11.079/2004); e

- **concessão administrativa:** é o contrato de prestação de serviços de que a Administração Pública seja a usuária direta ou indireta, ainda que envolva execução de obra ou fornecimento e instalação de bens (art. 2º, § 2º, da Lei nº 11.079/2004).

Na parceria público-privada, modalidade de concessão especial, a responsabilidade é solidaria **(compartilhamento de riscos),** entre o Estado e o parceiro privado, ao contrário das concessões comuns, em que a responsabilidade é subsidiária.

Características da parceria público-privada

São características da parceria público-privada, entre outras:

• tipos de concessão;
• prazo determinado;
• valor contratual superior a vinte milhões de reais;
• licitação prévia (concorrência ou diálogo competitivo);
• compartilhamento de riscos;
• modalidades administrativa ou patrocinada;
• criação de uma sociedade de propósito específico.

Vedações ao contrato de parceria público-privada

• Não podem ser inferiores a R$ 10.000,00 (dez milhões de reais).
• Não podem ser inferiores a 5 anos e nem superiores a 35 (já considerando eventual prorrogação).
• É vedado aos contratos de parceria público-privado ter uma definição única no objeto, como prestação de serviço, obra ou fornecimento, devendo o contrato utilizar mais de um desses objetos.

Diretrizes obrigatórias na celebração das parceiras público-privadas

• Eficiência no cumprimento das missões de Estado e no emprego dos recursos da sociedade.
• Respeito aos interesses e direitos dos destinatários dos serviços privados incumbidos da sua execução.
• Indelegabilidade das funções de regulação, jurisdicional, do exercício do poder de polícia e de outras atividades exclusivas do Estado.
• Responsabilidade fiscal na celebração e execução das parcerias.
• Transparência dos procedimentos e das decisões.

• Repartição objetiva de riscos entre as partes.
• Sustentabilidade financeira e vantagens socioeconômicas dos projetos de parceria.

Observação: As obrigações pecuniárias contraídas pela Administração Pública em razão da celebração das parceiras público-privadas poderão possuir garantias, entre as quais:

• vinculação de receitas;
• instituição ou utilização de fundos especiais previstos em lei;
• contratação de seguro-garantia com as companhias seguradoras que não sejam controladas pelo Poder Público;
• garantia prestada por organismos internacionais ou instituições financeiras;
• garantias prestadas por fundo garantidor ou empresa estatal criada para essa finalidade;
• outros mecanismos admitidos em lei.

Cláusulas essenciais nos contratos de PPP

• **Prazo** de vigência do contrato, compatível com a amortização dos investimentos realizados, não inferior a 5 (cinco) nem superior a 35 (trinta e cinco) anos, incluindo eventual prorrogação.
• **Penalidades** aplicáveis à Administração Pública e ao parceiro privado em caso de inadimplemento contratual, fixada sempre de forma proporcional à gravidade da falta cometida e às obrigações assumidas.
• **Repartição de riscos** entre as partes, inclusive os referentes a caso fortuito, força maior, fato do príncipe e álea econômica extraordinária.
• Formas de **remuneração** e de **atualização** dos valores contratuais.
• Mecanismos para a **preservação da atualidade** da prestação dos serviços.
• Fatos que caracterizem a **inadimplência** pecuniária do parceiro público, modos e prazo de regularização e, quando houver, forma de acionamento da garantia.
• Critérios objetivos de **avaliação do desempenho** do parceiro privado.
• Prestação, pelo parceiro privado, de **garantias de execução suficientes** e compatíveis com os ônus e riscos envolvidos, observando os limites dos **§§ 3º e 5º do art. 56 da Lei de Licitações** e, no que se refere às concessões patrocinadas, o disposto no **inciso XV do art. 18 da Lei nº 8.987/1995**.
• **Compartilhamento** com a Administração Pública **de ganhos econômicos** efetivos do parceiro privado decorrentes da redução do risco de crédito dos financiamentos utilizados pelo parceiro privado.
• Realização de **vistoria dos bens reversíveis,** podendo o parceiro público reter os pagamentos ao parceiro privado, no valor necessário para reparar as irregularidades eventualmente detectadas.

- **Cronograma e marcos** para o repasse ao parceiro privado **das parcelas do aporte de recursos,** na fase de investimentos do projeto e/ou após a disponibilização dos serviços, sempre que verificada a hipótese do § 2º do art. 6º da Lei de PPPs.

Contraprestações da Administração Pública

- Ordem bancária.
- Cessão de créditos não tributários.
- Outorga de direitos em face da Administração Pública.
- Outorga de direitos sobre bens públicos dominicais.
- Outros meios admitidos em lei.

Observação: A concessão especial de parceria público-privada é sempre precedida de licitação na *modalidade concorrência ou diálogo competitivo*, embora com algumas alterações específicas.

10.10 PROGRAMA DE PARCERIAS DE INVESTIMENTOS (PPI)

A Lei nº 13.334, de 13 de setembro de 2016, criou o Programa de Parcerias de Investimentos – PPI, destinado à ampliação e ao fortalecimento da interação entre o Estado e a iniciativa privada por meio da celebração de contratos de parceria para a execução de empreendimentos públicos de infraestrutura e de outras medidas de desestatização.

Podem integrar o PPI os empreendimentos públicos de infraestrutura em execução ou a serem executados por meio de contratos de parceria celebrados pela Administração pública direta e indireta da União, os empreendimentos públicos de infraestrutura que, por delegação ou com o fomento da União, sejam executados por meio de contratos de parceria celebrados pela Administração pública direta ou indireta dos Estados, do Distrito Federal ou dos Municípios e as demais medidas do Programa Nacional de Desestatização a que se refere a Lei nº 9.491/1997.

Por fim, ressalta-se que os empreendimentos do PPI serão tratados como prioridade nacional por todos os agentes públicos de execução ou de controle da União, dos Estados, do Distrito Federal e dos Municípios.

10.10.1 Contrato de parceria

Consideram-se contratos de parceria a concessão comum, a concessão patrocinada, a concessão administrativa, a concessão regida por legislação setorial, a permissão de serviço público, o arrendamento de bem público, a concessão de direito real e os outros negócios público-privados que, em função de seu caráter estratégico e de sua complexidade, especificidade, volume de investimentos, longo prazo, riscos ou incertezas envolvidos, adotem estrutura jurídica semelhante.

10.10.2 Objetivos do PPI

Entre os objetivos do PPI estão a ampliação das oportunidades de investimento e emprego e o estímulo ao desenvolvimento tecnológico e industrial, em harmonia com as metas de desenvolvimento social e econômico do País; a garantia da expansão com qualidade da infraestrutura pública, com tarifas adequadas; a promoção ampla e justa da competição na celebração das parcerias e na prestação dos serviços; a promoção da estabilidade e da segurança jurídica, com a garantia da mínima intervenção nos negócios e investimentos; e o fortalecimento do papel regulador do Estado e a autonomia das entidades estatais de regulação.

10.10.3 Princípios do PPI

Na implementação do PPI serão observados os princípios da estabilidade das políticas públicas de infraestrutura; da legalidade, qualidade, eficiência e transparência da atuação estatal; e da garantia de segurança jurídica aos agentes públicos, às entidades estatais e aos particulares envolvidos.

10.10.4 Regulamentação do PPI

O PPI será regulamentado por meio de decretos que, nos termos e limites das leis setoriais e da legislação geral aplicável, definirão: 1) as políticas federais de longo prazo para o investimento por meio de parcerias em empreendimentos públicos federais de infraestrutura e para a desestatização; 2) os empreendimentos públicos federais de infraestrutura qualificados para a implantação por parceria; 3) as políticas federais de fomento às parcerias em empreendimentos públicos de infraestrutura dos Estados, do Distrito Federal ou dos Municípios; e 4) as obras e os serviços de engenharia de interesse estratégico.

Os órgãos, entidades e autoridades da Administração pública da União com competências relacionadas aos empreendimentos do PPI formularão programas próprios visando à adoção, na regulação administrativa, independentemente de exigência legal, das práticas avançadas recomendadas pelas melhores experiências nacionais e internacionais, inclusive:

a) edição de planos, regulamentos e atos que formalizem e tornem estáveis as políticas de Estado fixadas pelo Poder Executivo para cada setor regulado, de forma a tornar segura sua execução no âmbito da regulação administrativa, observadas as competências da legislação específica, e mediante consulta pública prévia;

b) eliminação de barreiras burocráticas à livre organização da atividade empresarial;

c) articulação com o Conselho Administrativo de Defesa Econômica - CADE, bem como com a Secretaria de Acompanhamento Econômico - SEAE do Ministério da Fazenda para fins de *compliance* com a defesa da concorrência; e

d) articulação com os órgãos e autoridades de controle para aumento da transparência das ações administrativas e para a eficiência no recebimento e consideração das contribuições e recomendações.

10.11 QUESTÕES DO EIXO TEMÁTICO (OAB 1ª FASE)

(EXAME XXXII/Questão 29) O Município Alfa pretende formalizar uma parceria público-privada para a realização de obras, instalação de postes e prestação de serviços de iluminação pública. A contraprestação da concessionária vencedora da licitação seria inteiramente custeada pela Administração Pública local, mediante ordem bancária e por outorga de direitos sobre bens públicos dominicais do município. Sobre essa situação hipotética, assinale a afirmativa correta.

A) A contratação almejada não é possível, porque o ordenamento não admite que a Administração arque com o custeio integral de parceria público-privada.

B) A outorga de direitos sobre bens públicos dominicais não é contraprestação admissível para a formalização da parceria.

C) O Município Alfa deveria utilizar-se de concessão administrativa para a formalização da contratação pretendida.

D) A natureza individual (*uti singuli*) do serviço em questão exige a cobrança de tarifa do usuário para a realização da parceria público-privada almejada.

(EXAME XXXI/Questão 30) O Município Beta concedeu a execução do serviço público de veículos leves sobre trilhos e, ao verificar que a concessionária não estava cumprindo adequadamente as obrigações determinadas no respectivo contrato, considerou tomar as providências cabíveis para a regularização das atividades em favor dos usuários. Nesse caso,

A) impõe-se a encampação, mediante a retomada do serviço pelo Município Beta, sem o pagamento de indenização.

B) A hipótese é de caducidade a ser declarada pelo Município Beta, mediante decreto, que independe da verificação prévia da inadimplência da concessionária.

C) Cabe a revogação do contrato administrativo pelo Município Beta, diante da discricionariedade e precariedade da concessão, formalizada por mero ato administrativo.

D) É possível a intervenção do Município Beta na concessão, com o fim de assegurar a adequada prestação dos serviços, por decreto do poder concedente, que conterá designação do interventor, o prazo, os objetivos e os limites da medida.

(EXAME XXIX/Questão 31) O Município Alfa planeja estabelecer uma parceria público-privada para a construção e operação do metrô, cujo contrato terá vigência de trinta e cinco anos. Como a receita com a venda das passagens é inferior ao custo de implantação/operação do serviço, o ente local aportará recursos como complementação da remuneração do parceiro privado.

Sobre a questão, assinale a afirmativa correta.

A) Como o parceiro privado será remunerado pela tarifa do serviço de transporte e por uma contrapartida do poder público, a concessão será celebrada na modalidade administrativa.

B) A contrapartida do parceiro público somente pode se dar em dinheiro, não sendo permitido qualquer outro mecanismo, a exemplo da outorga de direitos em face da Administração Pública.

C) A vigência do futuro contrato é adequada, mas, por se tratar de negócio com duração de trinta e cinco anos, não poderá haver prorrogação contratual.

D) Independentemente da proporção da contrapartida do parceiro público diante do total da receita auferida pelo parceiro privado, não haverá necessidade de autorização legislativa específica.

(EXAME XXVIII/Questão 29) O Governo do Estado Alfa, para impulsionar o potencial turístico de uma região cercada de belíssimas cachoeiras, pretende asfaltar uma pequena estrada que liga a cidade mais próxima ao local turístico. Com vistas à melhoria do serviço público e sem dinheiro em caixa para arcar com as despesas, o Estado decide publicar edital para a concessão da estrada, com fundamento na Lei nº 8.987/1995, cabendo ao futuro concessionário a execução das obras. Com base na hipótese apresentada, assinale a afirmativa correta.

A) O edital poderá prever, em favor da concessionária, outras fontes de receita além daquela oriunda do pedágio; a renda adicional deve favorecer a modicidade tarifária, reduzindo a tarifa paga pelos usuários.

B) Um grande investidor (pessoa física) pode ser contratado pelo poder concedente, caso demonstre capacidade de realização das obras.

C) A concessão pode ser feita mediante licitação na modalidade tomada de preços, caso as obras necessárias estejam orçadas em até R$ 1.500.000,00 (um milhão e quinhentos mil reais).

D) O poder concedente não poderá exigir no edital garantias do concessionário de que realizará as obras a contento, dado que a essência do contrato de concessão é a delegação de serviço público.

(EXAME XXVII/Questão 27) A sociedade empresária Beta assinou, na década de 1990, contrato de concessão de serviço de transporte público. Desde então, vem utilizando os mesmos ônibus no transporte de passageiros, não se preocupando com a renovação da frota, tampouco com o conforto dos usuários ou com o nível de emissão de poluentes. Em paralelo, com a natural evolução tecnológica, sabe-se que os veículos atualmente estão mais bem equipados, são mais seguros e, naturalmente, emitem menos poluentes. Com base no caso narrado, assinale a afirmativa correta.

A) A renovação da frota visa a atender ao princípio da atualidade, que exige das concessionárias o emprego de equipamentos modernos.

B) Constitui interesse público a utilização de ônibus novos, mais econômicos, eficientes e confortáveis; por isso, independentemente de lei autorizativa, pode o poder concedente encampar o contrato de concessão, retomando o serviço público.

C) Se a concessionária desrespeitar os parâmetros de qualidade do serviço estabelecidos no contrato, a concessão poderá ser extinta unilateralmente pelo poder concedente, aplicando-se o instituto da rescisão.

D) Ao fim da concessão, os veículos utilizados retornam ao poder concedente, independentemente de expressa previsão no edital e no contrato.

(EXAME XXVI/Questão 28) Em uma movimentada rodovia concedida pela União a uma empresa privada, um veículo particular colidiu com outro, deixando diversos destroços espalhados pela faixa de rolamento. Um dos objetos deixados sobre a pista cortou o pneu de um terceiro automóvel, causando a colisão deste em uma mureta de proteção. Com base no fragmento acima, assinale a afirmativa correta.

A) A concessionária deve responder objetivamente pelos danos causados, com fundamento na teoria do risco administrativo.

B) Em nenhuma hipótese a concessionária poderá ser responsabilizada pelo evento danoso.

C) A concessionária responde pelos danos materiais causados ao terceiro veículo, com fundamento na teoria do risco integral, isto é, ficou comprovado que o dano foi causado por culpa exclusiva de terceiro ou por força maior.

D) O proprietário do terceiro automóvel só será reparado pelos danos materiais caso demonstre a culpa da concessionária, caracterizada, por exemplo, pela demora excessiva em promover a limpeza da rodovia.

(EXAME XXV/Questão 30) A União celebrou com a empresa Gama contrato de concessão de serviço público precedida de obra pública. O negócio jurídico tinha por objeto a exploração, incluindo a duplicação, de determinada rodovia federal. Algum tempo após o início do contrato, o poder concedente identificou a inexecução de diversas obrigações por parte da concessionária, o que motivou a notificação da contratada. Foi autuado processo administrativo, ao fim do qual o poder concedente concluiu estar prejudicada a prestação do serviço por culpa da contratada.

Com base na hipótese apresentada, assinale a afirmativa correta.

A) O contrato é nulo desde a origem, eis que a concessão de serviços públicos não pode ser precedida da execução de obras públicas.

B) O poder concedente pode declarar a caducidade do contrato de concessão, tendo em vista a inexecução parcial do negócio jurídico por parte da concessionária.

C) O poder concedente deve, necessariamente, aplicar todas as sanções contratuais antes de decidir pelo encerramento do contrato.

D) O processo administrativo tem natureza de inquérito e visa coletar informações precisas dos fatos; por isso, não há necessidade de observar o contraditório e a ampla defesa da concessionária.

(EXAME XXIV/Questão 32/Atualizada) Um Estado da Federação lançou um grande programa de concessões como forma de fomentar investimentos, diante das dificuldades financeiras por que vem passando. Por meio desse programa, ele pretende executar obras de interesse da população e ceder espaços públicos para a gestão da iniciativa privada. Como parte desse programa, lançou edital para restaurar um complexo esportivo com estádio de futebol, ginásio de esportes, parque aquático e quadras poliesportivas. Diante da situação acima, assinale a afirmativa correta.

A) O Estado pode optar por celebrar uma parceria público- privada na modalidade de concessão patrocinada, desde que o contrato tenha valor igual ou superior a R$ 10.000.000,00 (dez milhões de reais) e que as receitas decorrentes da exploração dos serviços não sejam suficientes para remunerar o particular.

B) A constituição de sociedade de propósito específico – SPE, sociedade empresária dotada de personalidade jurídica e incumbida de implantar e gerir o objeto da parceria, deve ocorrer após a celebração de um contrato de PPP.

C) O contrato deverá prever o pagamento de remuneração fixa vinculada ao desempenho do parceiro privado, segundo metas e padrões de qualidade e disponibilidade nele definidos.

D) A contraprestação do Estado deverá ser obrigatoriamente precedida da disponibilização do serviço que é objeto do contrato de parceria público-privada; dessa forma, não é possível o pagamento de contraprestação relativa à parcela fruível do serviço contratado.

(EXAME XXIII/Questão 29) O Estado Alfa, com o objetivo de articular a prestação dos serviços de saneamento básico entre municípios limítrofes, instituiu uma região metropolitana, de modo a promover a organização, o planejamento e a execução de tais atividades de interesse comum.

Acerca da criação de regiões metropolitanas para a realização de serviços públicos, assinale a afirmativa correta.

A) A instituição de região metropolitana para a organização, o planejamento e a execução dos serviços públicos é de competência do Estado Alfa, por meio de lei complementar.

B) A organização, o planejamento e a execução dos serviços de saneamento básico entre municípios limítrofes deveria, necessariamente, ser promovida por meio de consórcio público.

C) A competência para a criação de regiões metropolitanas é exclusiva da União, sob pena de violar a autonomia dos municípios que seriam por elas alcançados.

D) A criação da região metropolitana pretendida pelo Estado Alfa não é possível, diante da ausência de previsão para tanto no nosso ordenamento jurídico.

(EXAME XXI/Questão 30) Uma autarquia federal divulgou edital de licitação para a concessão da exploração de uma rodovia que interliga diversos Estados da Federação. A exploração do serviço será precedida de obras de duplicação da rodovia. Como o fluxo esperado de veículos não é suficiente para garantir, por meio do pedágio, a amortização dos investimentos e a remuneração do concessionário, haverá, adicionalmente à cobrança do pedágio, contraprestação pecuniária por parte do Poder Público.

Sobre a hipótese apresentada, assinale a afirmativa correta.

A) Trata-se de um exemplo de parceria público-privada, na modalidade concessão administrativa.

B) Trata-se de um consórcio público com personalidade de direito público entre a autarquia federal e a pessoa jurídica de direito privado.

C) Trata-se de um exemplo de parceria público-privada, na modalidade concessão patrocinada.

D) Trata-se de um exemplo de consórcio público com personalidade jurídica de direito privado.

(EXAME XX/Questão 29) Determinada empresa apresenta impugnação ao edital de concessão do serviço público metroviário em determinado Estado, sob a alegação de que a estipulação do retorno ao poder concedente de todos os bens reversíveis já amortizados, quando do advento do termo final do contrato, ensejaria enriquecimento sem causa do Estado.

Assinale a opção que indica o princípio que justifica tal previsão editalícia.

A) Desconcentração.

B) Imperatividade.

C) Continuidade dos Serviços Públicos.

D) Subsidiariedade.

(EXAME XIX/Questão 29) A União divulgou edital de licitação para a contratação de parceria público-privada, para a reforma e gestão de um presídio federal, na modalidade concessão administrativa.

A esse respeito, assinale a afirmativa correta.

A) A concessão administrativa envolve, adicionalmente à tarifa cobrada dos usuários, contraprestação pecuniária do parceiro público ao parceiro privado.

B) A contratação de parceria público-privada somente pode ser realizada para contratos com valor igual ou superior a R$ 20.000.000,00 (vinte milhões de reais).

C) Considerando se tratar de concessão administrativa, o prazo máximo de vigência do contrato é de 20 anos.

D) Não é possível a contratação de parceria público-privada que envolva a execução de obra pública.

(EXAME XVIII/Questão 34) Após dezenas de reclamações dos usuários do serviço de transporte metroviário, o Estado Y determinou a abertura de processo administrativo para verificar a prestação inadequada e ineficiente do serviço por parte da empresa concessionária.

Caso se demonstre a inadimplência, como deverá proceder o poder público concedente?

A) Declarar, por decreto, a caducidade da concessão.

B) Declarar, por decreto, a encampação do serviço.

C) Declarar, por decreto, após lei autorizativa, a revogação da concessão.

D) Declarar, por lei, a anulação do contrato de concessão.

(EXAME XVI/Questão 30) O Estado X, após regular processo licitatório, celebrou contrato de concessão de serviço público de transporte intermunicipal de passageiros, por ônibus regular, com a sociedade empresária "F", vencedora do certame, com prazo de 10 (dez) anos. Entretanto, apenas 5 (cinco) anos depois da assinatura do contrato, o Estado publicou edital de licitação para a concessão de serviço de transporte de passageiros, por ônibus do tipo executivo, para o mesmo trecho.

Diante do exposto, assinale a afirmativa correta.

A) A sociedade empresária "F" pode impedir a realização da nova licitação, uma vez que a lei atribui caráter de exclusividade à outorga da concessão de serviços públicos.

B) A outorga de concessão ou permissão não terá caráter de exclusividade, salvo no caso de inviabilidade técnica ou econômica devidamente justificada.

C) A lei atribui caráter de exclusividade à concessão de serviços públicos, mas a violação ao comando legal somente confere à sociedade empresária "F" direito à indenização por perdas e danos.

D) A lei veda a atribuição do caráter de exclusividade à outorga de concessão, o que afasta qualquer pretensão por parte da concessionária, salvo o direito à rescisão unilateral do contrato pela concessionária, mediante notificação extrajudicial.

(EXAME XVI/Questão 33) Após fortes chuvas, devido ao enorme volume de água, parte de uma rodovia federal sofreu rachaduras e cedeu, tornando necessária a interdição da pista e o desvio do fluxo de tráfego até a conclusão das obras de reparo. A exploração da rodovia havia sido concedida, mediante licitação, à sociedade empresária "Traffega", e esta não foi capaz de lidar com a não situação, razão pela qual foi decretada a intervenção na concessão.

Sobre a hipótese apresentada, assinale a afirmativa correta.

A) A intervenção somente pode ser decretada após a conclusão de processo administrativo em que seja assegurada a ampla defesa.

B) A administração do serviço será devolvida à concessionária, cessada a intervenção, se não for extinta a concessão.

C) A intervenção decorre da supremacia do interesse público sobre o privado e dispensa a instauração de processo administrativo.

D) A intervenção é causa obrigatória de extinção da concessão e assunção do serviço pelo poder concedente.

(EXAME XIV/Questão 29) Caso o Estado delegue a reforma, manutenção e operação de uma rodovia estadual à iniciativa privada, com a previsão de que a amortização dos investimentos e a remuneração do particular decorram apenas da tarifa cobrada dos usuários do serviço, estaremos diante de uma

A) Concessão de obra pública.

B) Concessão administrativa.

C) Concessão patrocinada.

D) Concessão de serviço público precedida da execução de obra pública.

(EXAME XIII/Questão 34) O Estado X publicou edital de concorrência para a concessão de uma linha de transporte aquaviário interligando os municípios A e B, situados em seu território, por meio do Rio Azulão. Sobre o tema da concessão de serviços públicos, e considerando os dados acima narrados, assinale a afirmativa correta.

A) A outorga de concessão de serviço público, em regra, se dá em caráter de exclusividade.

B) O edital de licitação pode prever a utilização de receitas alternativas, provenientes da exploração de placas publicitárias, com vistas a favorecer a modicidade das tarifas.

C) Não se admite a inserção, no contrato, de cláusula que preveja a arbitragem para a resolução de conflitos.

D) Na licitação para a concessão de serviços públicos, não se admite a inversão da ordem das fases de habilitação e julgamento.

(EXAME IX/Questão 29) Acerca dos serviços considerados como serviços públicos *uti singuli*, assinale a afirmativa correta.

A) Serviços em que não é possível identificar os usuários e, da mesma forma, não é possível a identificação da parcela do serviço utilizada por cada beneficiário.

B) Serviços singulares e essenciais prestados pela Administração Pública direta e indireta.

C) Serviços em que é possível a identificação do usuário e da parcela do serviço utilizada por cada beneficiário.

D) Serviços que somente são prestados pela Administração Pública direta do Estado.

(EXAME IX/Questão 33) Um estado da Federação, em processo de recuperação econômica, pretende restaurar o seu antigo Parque de Esportes, uma enorme área que concentra estádio de futebol, ginásio de esportes coletivos e parque aquático. Não dispondo de recursos para custear a totalidade da obra e nem tendo expertise para promover uma boa gestão do espaço, o Estado pretende firmar um contrato de parceria público-privada, nos moldes da Lei nº 11.079/2004.

Sobre o instituto da Parceria Público-Privada, assinale a afirmativa correta.

A) As parcerias público-privadas têm natureza de convênio, e não de contrato, uma vez que o ente público e o ente particular conjugam esforços na realização de uma atividade de interesse público.

B) As parcerias público-privadas preveem que o ente público executará uma parcela do serviço ou obra, nunca inferior a 50%, e o particular o restante do serviço ou obra.

C) As parcerias público-privadas não podem ter por objeto, exclusivamente, a execução de obra pública de restauração do Parque de Esportes.

D) As parcerias público-privadas remuneram o ente particular integralmente com o valor das tarifas cobradas dos usuários do serviço, sendo vedado ao ente público o custeio direto das atividades desenvolvidas pelo particular.

(EXAME VIII/Questão 30) Uma concessionária de serviço público, em virtude de sua completa inadequação na prestação do serviço, não consegue executar o contrato. Nesse caso, segundo a Lei nº 8.987/95, poderá ser declarada, a critério do poder concedente, a extinção do contrato por

A) caducidade.

B) encampação.

C) anulação.

D) revogação.

(EXAME VI – Duque de Caxias-RJ/Questão 31) Em determinado contrato de concessão de serviços públicos patrocinada, foi acordado entre as partes que o poder concedente assumiria os riscos decorrentes de fato do príncipe e o concessionário aqueles que decorressem de caso fortuito ou força maior. De acordo com a legislação acerca da matéria, é possível afirmar que tal estipulação contratual é

A) Nula, pois o contrato não pode atribuir ao concessionário a responsabilidade por fatos imprevisíveis, cujos efeitos não era possível evitar ou prever. Assim, não havendo culpa, não é possível a atribuição, por contrato, de tal responsabilidade.

B) Nula, pois em toda e qualquer concessão de serviço público, todos os riscos inerentes ao negócio são de responsabilidade do concessionário. Assim, a atribuição de responsabilidade ao concedente pelos riscos decorrentes de fato do príncipe viola a legislação acerca da matéria.

C) Válida, pois a lei de parcerias público-privadas atribui ao contrato autonomia para definir a repartição de riscos entre as partes, inclusive os referentes a caso fortuito, força maior, fato do príncipe e álea econômica extraordinária.

D) Válida, pois inerente ao princípio da autonomia contratual, que apenas veicula hipótese de repartição objetiva de riscos entre o Poder Público e o concessionário e que se encontra previsto na legislação pátria desde o advento da Lei nº 8.666/93.

(EXAME VI/Questão 27) São princípios próprios ou específicos dos serviços públicos, previstos na Lei nº 8.987/95,

A) Moralidade, publicidade e legalidade.

B) Especificidade, publicidade e moralidade.

C) Continuidade, atualidade e cortesia.

D) Atratividade, mutualismo e comutatividade.

(EXAME IV/Questão 29) O contrato de prestação de serviços de que a Administração Pública seja a usuária direta ou indireta, ainda que envolva a execução de obra ou fornecimento e instalação de bens, denomina-se concessão

A) Comum.

B) Patrocinada.

C) Administrativa.

D) De uso de bem público.

(EXAME IV/Questão 30) Ao tomar conhecimento de que o serviço público de transporte aquaviário concedido estava sendo prestado de forma inadequada, causando gravíssimos transtornos aos usuários, o ente público, na qualidade de poder concedente, instaurou regular processo administrativo de verificação da inadimplência da concessionária, assegurando-lhe o contraditório e a ampla defesa. Ao final do processo administrativo, restou efetivamente comprovada a inadimplência, e o poder concedente deseja extinguir a concessão por inexecução contratual.

Qual é a modalidade de extinção da concessão a ser observada no caso narrado?

A) Encampação.

B) Caducidade.

C) Rescisão.

D) Anulação.

(EXAME 2010.2/Questão 20) Uma determinada empresa concessionária transfere o seu controle acionário para uma outra empresa privada, sem notificar, previamente, o Poder concedente, parte no contrato de concessão.

Assinale a alternativa que indique a medida que o Poder concedente poderá tomar, se não restarem atendidas as mesmas exigências técnicas, de idoneidade financeira e regularidade jurídica por esta nova empresa.

A) Poderá o Poder concedente declarar a caducidade da concessão, tendo em vista o caráter *intuitu personae* do contrato de concessão.

B) Poderá retomar o serviço, por motivo de interesse público, através da encampação, autorizada por lei específica, após prévio pagamento da indenização.

C) Poderá o Poder concedente anular o contrato de concessão, através de decisão administrativa, uma vez que a transferência acionária da empresa concessionária sem a notificação prévia ao Poder concedente gera irregularidade, insusceptível de convalidação.

D) Nada poderá fazer o Poder concedente, uma vez que a empresa concessionária, apesar da alteração societária, não desnatura o caráter *intuitu personae* do contrato de concessão.

GABARITO DAS QUESTÕES DO EIXO TEMÁTICO (OAB 1ª Fase)

Questão	Gabarito
EXAME XXXII/Questão 29	C
EXAME XXXI/Questão 30	D
EXAME XXIX/Questão 31	C
EXAME XXVIII/Questão 29	A
EXAME XXVII/Questão 27	A
EXAME XXVI/Questão 28	A
EXAME XXV/Questão 30	B
EXAME XXIV/Questão 32	A
EXAME XXIII/Questão 29	A
EXAME XXI/Questão 30	C
EXAME XX/Questão 29	C
EXAME XIX/Questão 29	B
EXAME XVIII/Questão 34	A
EXAME XVI/Questão 30	B
EXAME XVI/Questão 33	B
EXAME XIV/Questão 29	D
EXAME XIII/Questão 34	B
EXAME IX/Questão 29	C
EXAME IX/Questão 33	C
EXAME VIII/Questão 30	A
EXAME VI – Duque de Caxias-RJ/Questão 31	C
EXAME VI/Questão 27	C
EXAME IV/Questão 29	C
EXAME IV/Questão 30	B
EXAME 2010.2/Questão 20	A

10.12 QUESTÕES DO EIXO TEMÁTICO (OAB 2ª FASE)

(EXAME DE ORDEM IV/Questão 3) Transvia, empresa de grande porte concessionária da exploração de uma das mais importantes rodovias federais, foi surpreendida com a edição de decreto do Presidente da República excluindo as motocicletas da relação de veículos sujeitos ao pagamento de pedágio nas rodovias federais, medida que reduz substancialmente as vantagens legitimamente esperadas pela concessionária.

Considerando a situação hipotética narrada, responda aos itens a seguir, empregando os argumentos jurídicos apropriados e a fundamentação legal pertinente ao caso.

A) É juridicamente possível que o Poder Concedente estabeleça unilateralmente benefícios tarifários não contemplados originariamente no contrato de concessão? (Valor: 0,7).

B) A empresa concessionária tem direito a alguma forma de compensação em decorrência do impacto que o decreto produz na remuneração contratual? (Valor: 0,55).

Item	Pontuação
A) Possibilidade de estabelecimento de benefícios tarifários, pois compete ao Poder Concedente regulamentar a prestação do serviço público (0,4), em referência ao art. 175 da CF/1988 **OU** art. 2º, II, da Lei nº 8.987/1995 **OU** art. 29, I, da Lei nº 8.987/1995 OU fato do príncipe **OU** art. 58, I, da Lei nº 8.666/1993 OU art. 35 da Lei nº 9.074/1995. (0,3).	0/0,3/0,4/ 0,7
B) A concessionária fará jus à compensação para recompor o equilíbrio econômico-financeiro do contrato (0,35), em referência à norma do art. 9º, § 4º, da Lei nº 8.987/1995 **OU** art. 35 da Lei nº 9.074/1995 (0,2).	0/0,2/0,35/ 0,55

(EXAME DE ORDEM V/Questão 2) O governador de determinado Estado da Federação, comprometido com a recuperação do sistema penitenciário estadual, decide lançar edital de licitação para a contratação de uma parceria público-privada tendo por objeto a construção e a gestão de complexo penal, abrangendo a execução de serviços assistenciais (recreação, educação e assistência social e religiosa), de hospedaria e de fornecimento de bens aos presos (alimentação e produtos de higiene). O edital de licitação estima o valor do contrato em R$ 28.000.000,00 (vinte e oito milhões de reais) e estabelece o prazo de quinze anos para a concessão.

Com base nesse cenário, responda aos itens a seguir, empregando os argumentos jurídicos apropriados e a fundamentação legal pertinente ao caso.

A) Analise a juridicidade do projeto à luz do valor estimado do contrato e do prazo de concessão. (Valor: 0,60)

B) É juridicamente possível que o contrato de parceria público-privada contemple, além dos serviços descritos no enunciado, a delegação das funções de direção e coerção na esfera prisional? (Valor: 0,65)

Item	Pontuação
A) Projeto juridicamente correto quanto ao valor – art. 2º, § 4º, inciso I, da Lei nº 11.079/2004 (0,3). Projeto juridicamente correto quanto ao prazo – art. 2º, § 4º, inciso II **OU** art. 5º, I, da Lei nº 11.079/2004 (0,3).	0/0,3/0,6
B) As funções de direção e coerção na esfera prisional são atividades exclusivas de Estado, porque inerentes ao poder de polícia (0,35). Indelegabilidade de tais atividades, conforme o art. 4º, inciso III, da Lei nº 11.079/2004 (0,3).	0/0,3/0,35/ 0,65

(EXAME DE ORDEM VI/Questão 2) O Estado X lançou edital de concorrência para concessão, pelo prazo de 10 (dez) anos, do serviço de manutenção de importante rodovia estadual. O edital estabelece que o critério de julgamento das propostas será o menor valor da tarifa e prevê, como forma de favorecer a modicidade tarifária, a possibilidade de o concessionário explorar os painéis publicitários localizados ao longo da rodovia. Além disso, o edital também estabelece que os envelopes contendo os documentos de habilitação dos licitantes apenas serão abertos após a fase de julgamento das propostas e com a observância da ordem de classificação, de forma que, habilitado o licitante mais bem classificado, será ele declarado vencedor.

Considerando as previsões editalícias acima referidas, responda aos questionamentos a seguir formulados, empregando os argumentos jurídicos apropriados e a fundamentação legal pertinente ao caso.

A) É juridicamente possível que o edital de concorrência estabeleça, em favor do concessionário, a exploração dos painéis publicitários localizados ao longo da rodovia? (Valor: 0,65).

B) É juridicamente possível que a fase de habilitação somente ocorra em momento posterior à fase de classificação das propostas? (Valor: 0,6).

Item	Pontuação
A) Sim, trata-se da possibilidade de previsão de fontes provenientes de receitas alternativas, complementares, acessórias ou de projetos associados (0,45), nos termos do art. 11 **OU** art. 18, VI, da Lei nº 8.987/1995 (0,2).	0/0,45/0,65

Item	Pontuação
B) Sim, a inversão das fases é possível nas concorrências para concessão de serviços públicos (0,4), nos termos do art. 18-A da Lei nº 8.987/1995 (0,2).	0/0,4/0,6

(EXAME DE ORDEM X/Questão 2) Maria, jovem integrante da alta sociedade paulistana, apesar de não trabalhar, reside há dois anos em um dos bairros nobres da capital paulista, visto que recebe do Estado de São Paulo pensionamento mensal decorrente da morte de seu pai, ex-servidor público. Ocorre que, após voltar de viagem ao exterior, foi surpreendida com a suspensão do pagamento da referida pensão, em razão de determinação judicial. Em razão disso, deixou de pagar a conta de luz de sua casa por dois meses consecutivos o que acarretou, após a prévia notificação pela concessionária prestadora do serviço público, o corte do fornecimento de luz em sua residência.

Considerando a narrativa fática acima, responda aos itens a seguir, empregando os argumentos jurídicos apropriados e a fundamentação legal pertinente ao caso.

A) À luz dos princípios da continuidade e do equilíbrio econômico-financeiro do contrato de concessão de serviço público, é lícito o corte de luz realizado pela concessionária? (Valor: 0,75)

B) O Código de Defesa do Consumidor pode ser aplicado irrestritamente à relação entre usuários e prestadores de serviços públicos? (Valor: 0,50)

Item	Pontuação
A) Sim, o corte é possível, visto que, nos termos do art. 6º, § 3º, II, da Lei nº 8.987/1995, não se caracteriza como descontinuidade do serviço a sua interrupção, após prévio aviso, quando houver inadimplemento do usuário (0,50). Isso porque não se pode olvidar que a remuneração do serviço público, prestado pela concessionária, advém, como regra geral, da tarifa paga pelo usuário, tarifa esta que é parte essencial da manutenção do equilíbrio econômico-financeiro, garantido constitucionalmente pelo art. 37, XXI (0,25).	0,00/0,25/ 0,50/0,75
B) Não. A Lei nº 8.987/1995 (art. 6º) deve ser considerada norma especial em relação ao CDC, visto que disciplina relação especial de consumo (usuário de serviço público), razão pela qual o CDC (art. 22) deverá ser aplicado apenas subsidiariamente.	0,00/0,50

(EXAME DE ORDEM X/Questão 4) Determinado Estado da Federação celebra contrato de parceria público-privada (PPP) patrocinada para a reforma e administração de área portuária. Estipulou-se no contrato que o parceiro privado será responsável pela construção de galpões de armazenamento de bens, com conclusão prevista para cinco anos após a celebração do contrato, e posterior prestação do serviço público. Também se estabeleceu que a sua remuneração dar-se-á de forma imediata pelo Poder Público e após o término das obras pelos usuários do serviço público, previsão admitida pela lei estadual sobre as PPPs.

Sobre a hipótese, responda aos itens a seguir.

A) Tendo em vista que a Lei nº 11.079/2004 é aplicável a todos os entes da Federação (art. 1º, parágrafo único), é válida a lei estadual que trate de parcerias público-privadas? (Valor: 0,65)

B) É possível a remuneração do parceiro privado nos moldes acima descritos? (Valor: 0,60) A simples menção ou transcrição do dispositivo legal não pontua.

Item	Pontuação
A) Sim, pois é competência privativa da União editar normas gerais sobre licitação e contratos (art. 22, XXVII, da CF/1988 **OU** art. 1º da Lei nº 11079/2004) (0,40), de modo que os Estados podem legislar de forma suplementar (0,25).	0,00/0,25/0,40/0,65
B) Não é possível. A forma de remuneração do particular está incorreta, já que a contraprestação dar-se-á após a disponibilização do serviço, na forma do art. 7º da Lei nº 11.079/2004 (0,40), norma geral que deve ser respeitada pelos Estados (0,20).	0,00/0,40/0,60

(EXAME DE ORDEM XI/Questão 4) Para a concessão da prestação de um determinado serviço público através de parceria público-privada na modalidade patrocinada, o Estado X, após realizar tomada de preços, celebrou contrato com um particular no valor de R$ 25.000.000,00 (vinte e cinco milhões de reais), com prazo de vigência de 40 (quarenta) anos, a fim de permitir que o particular amortizasse os investimentos realizados.

Diante das circunstâncias apresentadas, é válida a contratação realizada? (Valor: 1,25)

Responda justificadamente, empregando os argumentos jurídicos apropriados e a fundamentação legal pertinente ao caso.

(EXAME DE ORDEM XII/Questão 3) Determinado Estado da Federação celebra contrato de concessão de serviço metroviário pelo prazo de 20 anos com a empresa Vá de Trem S.A. Nos termos do referido contrato, a empresa tem a obrigação de adquirir 2 (dois) novos vagões, além de modernizar os já existentes, e que tais bens serão, imediatamente, transferidos para o Poder Público ao fim do termo contratual. Sobre o caso acima narrado, responda, fundamentadamente, aos itens a seguir.

A) Qual o princípio setorial que fundamenta a reversão de tais bens? Justifique. (Valor: 0,65)

B) O concessionário pode exigir do Poder Concedente indenização pela transferência de tais bens ao Poder Público ao final do contrato? Justifique. (Valor: 0,60)

Item	Pontuação
A) Princípio da continuidade dos serviços públicos (0,20), previsto no § 1º do art. 6º da Lei nº 8.987/1995 (0,10), já que os bens, necessários à prestação do serviço, deverão ser utilizados pelo Poder Concedente, após o fim do término do prazo de concessão, sob pena de interrupção da prestação do serviço (0,35).	0,00/0,20/0,30 /0,55/0,65
B) Sim, a reversão no advento do termo contratual far-se-á com a indenização das parcelas dos bens reversíveis ainda não amortizados (0,50), nos termos do art. 36 da Lei nº 8.987/1995 (0,10).	0,00/0,50/0,60

(EXAME DE ORDEM XVII/Questão 1) O Estado W resolve criar um hospital de referência no tratamento de doenças de pele. Sem dispor dos recursos necessários para a construção e a manutenção do "Hospital da Pele", pretende adotar o modelo de parceria público-privada. O edital de licitação prevê que haverá a seleção dos particulares mediante licitação na modalidade de pregão presencial, em que será vencedor aquele que oferecer o menor valor da contraprestação a ser paga pela Administração estadual. Está previsto também, no instrumento convocatório, que a Administração deverá, obrigatoriamente, deter 51% das ações ordinárias da sociedade de propósito específico a ser criada para implantar e gerir o objeto da parceria. Esta cláusula do edital foi impugnada pela sociedade empresária XYZ, que pretende participar do certame. Diante disso, responda, justificadamente, aos itens a seguir.

A) A modalidade e o tipo de licitação escolhidos pelo Estado W são juridicamente adequados? (Valor: 0,75)

B) A impugnação ao edital feita pela sociedade empresária XYZ procede? (Valor: 0,50)

Item	Pontuação
A1) Não. A modalidade de licitação adequada é a concorrência (0,25), nos termos do art. 10 da Lei nº 11.079/2004 (0,10).	0,00/0,25/0,35
A2) Contudo, o tipo de licitação está correto, uma vez que a lei faculta como critério de julgamento a adoção do menor valor da contraprestação a ser paga pela Administração estadual (0,30), nos termos do art. 12, II, *a*, da Lei nº 11.079/2004 (0,10).	0,00/0,30/0,40
B) Sim, pois a Administração não pode ser titular da maioria do capital votante das sociedades de propósito específico criadas para implantar e gerir o objeto da parceria (0,40), nos termos do art. 9º, § 4º, da Lei nº 11.079/2004 (0,10).	0,00/0,40/0,50

(EXAME DE ORDEM XVIII/Questão 1) A União celebrou contrato de concessão de serviços públicos de transporte interestadual de passageiros, por ônibus do tipo leito, entre os Estados X e Y, na Região Nordeste do País, com a empresa Linha Verde. Ocorre que já existe concessão de serviço de transporte interestadual entre os Estados X e Y, por ônibus do tipo executivo (com ar condicionado e assentos individuais estofados, mas não do tipo leito), executada pela empresa Viagem Rápida. Em virtude do novo contrato celebrado pela União, a empresa Viagem Rápida, concessionária do serviço por ônibus, do tipo executivo, entre os Estados X e Y, ingressou com demanda em Juízo, alegando que a celebração do novo contrato (com o estabelecimento de concorrência anteriormente inexistente) rompe seu equilíbrio econômico-financeiro, razão pela qual se impõe a exclusividade na exploração comercial daquela linha. Com base no caso apresentado, responda, fundamentadamente, aos itens a seguir.

A) Procede a alegação da empresa Viagem Rápida de que se impõe a exclusividade na exploração comercial daquela linha? (Valor: 0,60)

B) Pode a União determinar alteração na linha que liga os Estados X e Y, impondo ao concessionário (empresa Viagem Rápida) um novo trajeto, mais longo e mais dispendioso? (Valor: 0,65)

Item	Pontuação
A) Não, pois inexiste, em princípio, exclusividade na exploração de serviços públicos (0,50), conforme disposto no art. 16 da Lei nº 8.987/1995 (0,10).	0,00/0,50/0,60
B1) Sim. Trata-se da chamada alteração unilateral do contrato, cláusula exorbitante que é prerrogativa da Administração, em favor do interesse da coletividade (0,20). Entretanto, deve ser respeitado o limite para alteração unilateral do contrato, previsto no art. 65, § 1º, da Lei nº 8.666/1993 (0,10).	0,00/0,20/0,30
B2) Além disso, qualquer alteração que imponha gravame ou ônus ao concessionário deve ser acompanhada de medidas capazes de recompor o inicial equilíbrio econômico-financeiro do contrato (0,25), garantia assegurada pelo art. 37, XXI, da CF/1988 OU pelo art. 9º, § 4º, da Lei nº 8.987/1995 (0,10).	0,00/0,25/0,35

(EXAME DE ORDEM XIX/Questão 1) A sociedade empresária Sigma sagrou-se vencedora da licitação para a concessão de serviço público, precedida da execução de obra pública, a saber, a construção de linha férrea unindo quatro municípios da Região Metropolitana do Estado do Pará e posterior exploração comercial da linha. No segundo ano da entrada em operação do serviço ferroviário, a empresa não pôde efetuar o reajuste da tarifa, com base no índice previsto no contrato, sob o argumento de que se tratava de um ano eleitoral. Com base no caso apresentado, responda, fundamentadamente, aos itens a seguir.

A) A sociedade empresária Sigma pode, mediante notificação prévia, declarar a rescisão unilateral do contrato? Alternativamente, pode a empresa determinar a interrupção na prestação do serviço até a aprovação do reajuste pelo Estado? (Valor: 0,75)

B) Poderia ter sido previsto no referido contrato de concessão que eventuais conflitos decorrentes de sua execução seriam resolvidos por meio de arbitragem? (Valor: 0,50)

Item	Pontuação
A1) A sociedade empresária não pode declarar a rescisão unilateral do contrato, devendo ajuizar demanda para esse fim (0,30), na forma do art. 39 da Lei nº 8.987/1995 (0,10).	0,00/0,30/0,40
A2) Não pode determinar a interrupção na prestação do serviço até decisão judicial transitada em julgado (0,25), na forma do art. 39, parágrafo único, da Lei nº 8.987/1995 (0,10).	0,00/0,25/0,35

Item	Pontuação
B) Sim, o contrato de concessão poderá prever o emprego de mecanismos privados para a resolução de disputas decorrentes ou relacionadas ao contrato, inclusive a arbitragem (0,40), nos termos do art. 23-A da Lei nº 8.987/1995 OU conforme expressa previsão da Lei nº 13.129/2015 (0,10).	0,0/0,40/0,50

(EXAME DE ORDEM XX/Questão 2) A sociedade empresária "Mais Veloz", concessionária do serviço público de transporte ferroviário de passageiros no Estado X, está encontrando uma série de dificuldades na operação de um dos ramais do sistema ferroviário. Os consultores da sociedade empresária recomendaram aos seus administradores a manutenção da concessão, que é lucrativa, e a subconcessão do ramal que está gerando problemas. Os consultores, inclusive, indicaram o interesse de duas empresas em assumir a operação do ramal – e ambas atendem a todos os requisitos de qualificação que haviam sido inicialmente exigidos no edital de concessão do serviço.

Com base no caso apresentado, responda fundamentadamente.

A) Caso seja silente o contrato de concessão celebrado, pode haver a subconcessão do ramal que está gerando problemas operacionais? (Valor: 0,65)

B) Caso autorizada a subconcessão, a sociedade empresária "Mais Veloz" pode escolher livremente uma das duas empresas para celebrar o contrato de subconcessão? (Valor: 0,60)

Item	Pontuação
A) Não, pois a subconcessão só é admitida quando houver expressa previsão no contrato de concessão (0,55), conforme previsão do art. 26, *caput*, da Lei nº 8.987/1995 (0,10).	0,00/0,55/0,65
B) Não, pois a outorga de subconcessão será sempre precedida de concorrência (0,50), nos termos do art. 26, § 1º, da Lei nº 8.987/1995 (0,10).	0,00/0,50/0,60

(EXAME DE ORDEM XX – Porto Velho-RO/Questão 3) No edital de licitação de contrato que tem como objeto exclusivo a concessão de serviço público, consubstanciado na concessão de rodovia federal, o poder concedente admitiu que o concessionário se utilizasse de fontes alternativas de renda, por meio de exploração de placas de publicidade. Sobre o caso, responda aos itens a seguir.

A) É possível que esse contrato de concessão de serviço público preveja que o concessionário obtenha receitas de forma alternativa às tarifas pagas pelos usuários de serviço? (Valor: 0,60)

B) Em se admitindo, a receita obtida poderá ser integralmente revertida para o concessionário que explora a atividade econômica? (Valor: 0,65)

Item	Pontuação
A) Sim. O edital de licitação pode prever que o concessionário obtenha fontes de receita alternativa (0,50), nos moldes do art. 11 da Lei nº 8.987/1995 (0,10).	0,00/0,50/0,60
B) Sim, mas a fonte de receita deve ser obrigatoriamente considerada para a aferição do equilíbrio econômico-financeiro inicial da relação jurídica (0,55), nos termos do art. 11, parágrafo único, da Lei nº 8.987/1995 (0,10).	0,00/0,55/0,65

(EXAME DE ORDEM XXV/Questão 1) A sociedade empresária Alfa, percebendo a necessidade de duplicação das faixas de rolamento em uma determinada rodovia federal, apresentou, autorizada pelo poder público, um estudo detalhado para mostrar que a demanda atual era maior do que a capacidade da pista. No entender da empresa, haveria uma demanda reprimida pela utilização da via, prejudicando e encarecendo o escoamento de grãos para os principais portos brasileiros.

O Governo Federal, ciente das suas limitações orçamentárias, decidiu fazer uma concessão de serviço público precedida da execução de obra pública. Os estudos feitos pela sociedade empresária Alfa foram utilizados na estimativa do fluxo de caixa feita pela Administração e estavam disponíveis para consulta pelos interessados.

Após o procedimento licitatório, sagrou-se vencedor o consórcio Sigma, formado pelas empresas Beta e Gama. Na qualidade de advogado(a) consultado(a), responda aos itens a seguir.

A) O consórcio vencedor do certame pode ser obrigado a pagar pelos estudos desenvolvidos pela sociedade empresária Alfa? (Valor: 0,70)

B) O consórcio Sigma está obrigado, por lei, a se constituir em sociedade empresária antes da celebração do contrato com o poder concedente? (Valor: 0,55)

Item	Pontuação
A) Sim. O consórcio pode ser obrigado a pagar os estudos, porque foram realizados com a autorização do poder concedente (0,40), e estavam à disposição dos interessados no certame (0,20), conforme disposto no art. 21 da Lei nº 8.987/1995 (0,10).	0,00/0,20/0,30/0,40 /0,50/0,60/0,70

Item	Pontuação
B) Não. O consórcio não está obrigado por lei a se constituir em sociedade empresária (0,30). O edital, não a lei, pode exigir, desde que tal exigência esteja alinhada com o interesse do serviço a ser concedido (0,15), conforme disposto no art. 20 da Lei nº 8.987/1995 (0,10).	0,00/0,15/0,25/0,30 /0.40/0,45/0,55

(EXAME DE ORDEM XXV – Porto Alegre-RS/Questão 3) O Estado Ômega, após os devidos trâmites, promoveu a concessão comum de serviço de gás canalizado para a sociedade Sigma, pelo prazo de 20 anos, em regime de exclusividade, mediante a justificativa de que, para a realização de tal atividade, é necessário um grande investimento na construção de um gasoduto pela concessionária. Após o início das obras e no curso da regular execução da avença, sem que a concessionária tivesse cometido qualquer falta contratual, o novo Governador eleito entendeu que o serviço público em questão era muito relevante para ser prestado por uma concessionária, de modo que decidiu promover a rescisão unilateral do contrato por razões de interesse público, na forma do art. 78, inciso XII, da Lei nº 8.666/93, sob o fundamento de que a atividade seria mais eficiente se prestada diretamente pelo Estado.

Na qualidade de advogado(a) consultado(a), responda aos questionamentos a seguir.

- **A)** É possível a concessão operacionalizada pelo Estado Ômega em regime de exclusividade? (Valor: 0,60)
- **B)** Agiu corretamente o Governador do Estado Ômega ao promover a rescisão unilateral do contrato em questão com o fundamento legal disposto? (Valor: 0,65)

Item	Pontuação
A) Sim. A exclusividade é possível na situação em que a concorrência se mostre inviável técnica ou economicamente (0,50), nos termos do art. 16 da Lei nº 8.987/1995 (0,10). OU Sim. A exclusividade é possível diante da justificativa de viabilidade econômica dada pelo Estado Ômega, nos termos do art. 16 da Lei nº 8.987/1995 (0,10).	0,00/0,50/0,60
B) Não. A extinção da concessão de serviço público por razões de interesse público deve ser operacionalizada por meio da encampação (0,55), nos termos do art. 37 da Lei nº 8.987/1995 (0,10).	0,00/0,55/0,65

(EXAME DE ORDEM XXXII/Questão 3) A sociedade empresária Viagem Certa S/A, concessionária de serviços de transporte ferroviário, vem descumprindo, reiteradamente, uma série de obrigações constantes no contrato, relativas à manutenção dos trilhos. Em razão disso, ocorreu um trágico acidente, no qual um de seus trens descarrilhou e atingiu o automóvel dirigido por Dulcineia, que trafegava na rodovia próxima, ocasionando o óbito da referida motorista. Diante dessa situação hipotética, na qualidade de advogado(a), responda, fundamentadamente, aos questionamentos a seguir.

A) A sociedade Viagem Certa S/A, no âmbito civil, responde objetivamente pelos danos causados à Dulcineia? (Valor: 0,65)

B) Qual seria a modalidade de extinção do contrato de concessão cabível, em razão do descumprimento das obrigações pela sociedade Viagem Certa S/A? (Valor: 0,60)

Item	Pontuação
A) Sim. Apesar de Dulcineia não ser usuária do serviço em questão, a concessionária é pessoa jurídica de direito privado que presta serviços públicos, de modo que responde objetivamente pelos danos que seus agentes causarem a terceiros (0,55), na forma do art. 37, § 6º, da CR/1988 ou art. 25, *caput*, da Lei nº 8.987/1995 (0,10).	0,00/0,55/0,65
B) O descumprimento das obrigações de manter os trilhos corresponde à inexecução do contrato, de modo que a modalidade de extinção do contrato de concessão cabível na hipótese é a caducidade (0,50), consoante o art. 38 da Lei nº 8.987/1995 (0,10).	0,00/0,50/0,60

11 | BENS PÚBLICOS

11.1 ESPÉCIES

a) Bens de uso comum do povo: são os bens que todos podem usar, como as ruas e praças.

b) Bens de uso especial: são destinados às instalações e aos serviços públicos, como os prédios das repartições ou escolas públicas.

c) Bens dominicais: são os que pertencem ao acervo do poder público, sem destinação especial.

11.2 REGIME JURÍDICO DOS BENS PÚBLICOS

a) **São inalienáveis**, exceto:

os bens de uso comum do povo e os de uso especial são *inalienáveis*, em princípio, mas poderão tornar-se alienáveis se forem *desafetados*, ou seja, se for mudada sua destinação, de modo que passem a ser considerados dominicais. Pode dar-se por lei, por ato administrativo ou por um fato que torne a destinação inviável.

bens dominicais podem ser alienados, exigindo-se, em regra, autorização legislativa, avaliação prévia e licitação – art. 37, XXI, da CF/1988. Se bens móveis, dispensam a autorização legislativa.

b) **Direitos do poder público sobre seus bens não prescrevem:** um dos atributos dos bens públicos é a sua imprescritibilidade, de modo que os bens públicos não se sujeitam à prescrição aquisitiva de direitos – impossibilidade de usucapião por particulares.

c) **Não há usucapião de bens públicos**, de qualquer espécie.

d) **Todos são impenhoráveis**, não podendo ser penhorados, arrestados ou sequestrados (os bens titularizados pelas pessoas jurídicas de direito público são classificados como bens públicos, independentemente de sua utilização. E os bens públicos de uso comum, de uso especial ou dominicais são impenhoráveis, mesmo que não afetados a uma utilidade de interesse público).

e) **Não podem ser objeto de penhor, hipoteca ou anticrese.**

Penhor quando o devedor (ou ainda um terceiro) **transfere ao credor a posse** direta de bem **móvel suscetível de alienação**, como forma de garantir o pagamento de seu débito. Até o pagamento da obrigação, o bem fica em mãos do credor, ou seja, há a transferência do bem móvel ao credor. O instituto está regulamentado nos arts. 1.431 a 1.472 do CC.

Hipoteca quando **se grava um bem imóvel** (ou outro bem que lei considere como hipotecável, como navios e aeronaves) **pertencente ao devedor ou a um terceiro**, sem transmissão da posse ao credor (na hipoteca não há tradição). Se o devedor não paga a dívida no seu vencimento, fica o credor habilitado para exercer o direito de excussão (solicitar a venda judicial do bem). Isso ocorre para que, com o produzido da venda, seu crédito seja preferencialmente pago. O instituto está regulamentado nos arts. 1.476 a 1.505 do CC.

Anticrese quando o devedor **transfere para seu credor** (logo, há a transferência do bem ao credor) **a posse de bem imóvel**, para que este se aproveite dos frutos e rendimentos do imóvel, até o montante da dívida a ser paga. O instituto está regulamentado nos arts. 1.506 a 1.510 do CC.

Em suma:

- **Penhor:** bem móvel; há transferência da posse do bem ao credor, exceto rural, industrial, mercantil e de veículo.
- **Hipoteca:** bem imóvel; não há transferência da posse do bem ao credor.
- **Anticrese:** bem imóvel; há transferência do bem ao credor, podendo retirar da coisa os frutos para pagamento da dívida.

11.3 AQUISIÇÃO DE BENS PARA O PATRIMÔNIO PÚBLICO

a) Doação.

b) Compra.

c) Desapropriação.

d) Confisco – art. 91, I, do CP e art. 243 da CF/1988.

e) Permuta.

f) Dação em pagamento.

g) Direito hereditário.

h) Usucapião (bens públicos não podem ser usucapidos, mas o poder público pode usucapir bens particulares, com previsão no art. 1.238, parágrafo único, do CC).

11.4 ALIENAÇÃO DE BENS PÚBLICOS

Podem ser alienados pelas formas comuns do direito civil, como venda, doação, troca etc., respeitados os requisitos impostos pelo direito administrativo. A partir de 1º de abril de 2021, passamos a ter duas hipóteses de alienações – pela Lei nº 8.666/1993 e pela Lei nº 14.133/2021.

Assim, se a Administração decidir alienar bens pela Lei nº 8.666/1993, deverá preencher os requisitos extrínsecos previstos no art. 17, I e II, que são a ***existência de interesse público devidamente justificado e a avaliação prévia***.

Além desses requisitos extrínsecos, teremos requisitos intrínsecos para os bens imóveis e para os bens móveis. Dessa forma, quando ***imóveis***, a alienação dependerá de ***autorização legislativa*** para órgãos da administração direta e entidades autárquicas e fundacionais, e, para todos, inclusive as entidades paraestatais, dependerá de avaliação prévia e ***licitação na modalidade de concorrência***. Por sua vez, quando ***móveis***, não é necessária autorização legislativa e a ***licitação poderá ocorrer por intermédio de qualquer modalidade***, ressalvadas as hipóteses de licitação dispensada previstas no art. 17, I e II.

Observação importante: Quanto à alienação na Lei nº 8.666/1993, preste atenção, pois, se os ***bens imóveis*** forem derivados de ***procedimentos judiciais ou de dação em pagamento***, poderão ser alienados por ato da autoridade competente, meramente mediante avaliação prévia, comprovação da necessidade ou utilidade da alienação e licitação na ***modalidade de concorrência ou leilão***, conforme previsto no art. 19 da Lei nº 8.666/1993. É necessário atentar-se também aos ***bens móveis inservíveis***, visto que estes serão alienados por licitação, necessariamente na ***modalidade leilão***, conforme determina o art. 22, § 5º, da Lei nº 8.666/1993.

Por sua vez, se a Administração alienar seus bens utilizando-se da Lei nº 14.133/2021, também deverá preencher os ***requisitos extrínsecos*** previstos no art. 76, quais sejam: o ***interesse público devidamente justificado*** e a ***avaliação prévia***. Tratando-se de bens imóveis, inclusive os pertencentes às autarquias e às fundações, será exigida ***autorização legislativa*** e haverá dependência de ***licitação na modalidade leilão***. Já, para os bens móveis, não é necessária autorização legislativa, bastando a realização de licitação na modalidade leilão, ressalvadas as hipóteses de licitação dispensada previstas nos incisos I e II desse artigo.

Encerrando esta seção referente às alienações, há de se dizer que os bens das empresas públicas e das sociedades de economia mista, para serem alienados, dispensam autorização legislativa. A alienação de seus bens segue normas específicas previstas nos arts. 49 e 50 da Lei nº 13.303/2016, devendo ser precedida de ***a) avaliação prévia do bem***, ressalvadas as hipóteses de transferência de bens a órgãos e entidades da administração pública, inclusive quando efetivada mediante permuta, nos casos de doação de bens móveis para fins e usos de interesse social, após avaliação de sua oportunidade e conveniência socioeconômica relativamente à escolha de outra forma de alienação e nos casos de compra e venda de ações, de títulos de crédito e de dívida e de bens que produzam ou comercializem; ***b) licitação***, dispensada esta nos casos de comercialização, prestação ou execução, de forma direta, de produtos, serviços ou obras especificamente relacionados com seus respectivos objetos sociais e nos casos em que a escolha do parceiro esteja associada a suas características particulares, vinculada a oportunidades de negócio definidas e específicas, justificada a inviabilidade de procedimento competitivo.

Por fim, o art. 50 da Lei nº 13.303/2016 estabelece que se estendem à atribuição de ônus real a bens integrantes do acervo patrimonial de empresas públicas e de sociedades de economia mista as normas aplicáveis à sua alienação, inclusive em relação às hipóteses de dispensa e de inexigibilidade de licitação.

11.5 UTILIZAÇÃO ESPECIAL DE BENS PÚBLICOS POR PARTICULARES

Todos podem eventualmente ser utilizados de forma especial por particulares, mediante:

a) autorização de uso – serve para auxiliar interesses particulares em eventos ocasionais ou temporários (ex.: uso de uma praça para realização de uma festa junina; uso de uma rua para realização de uma confraternização de bairro; uso de uma calçada para colocação de cadeiras por parte de um bar);

- é ato unilateral, discricionário, de título precário, podendo ser revogado a qualquer tempo;
- independe de licitação e de lei autorizadora;
- pode ser em caráter gratuito ou oneroso;
- por tempo determinado ou indeterminado;

b) permissão de uso – é semelhante à autorização, mas é dada no interesse público, tem grau menor de precariedade, como regra é onerosa e cria para o permissionário um dever de utilização, sob pena de revogação (a fixação de prazo certo implica desnaturação do caráter precário do vínculo, ensejando no particular a legítima expectativa de que sua exploração irá vigorar pelo prazo predeterminado pela própria Administração. Assim, a revogação do ato antes do esgotamento do prazo caracteriza conduta descrita como *venire* contra *factum proprium*, ensejando a devida indenização pelos prejuízos efetivamente comprovados, à fixação de prazo certo, que implica desnaturação do caráter precário do vínculo); (ex.: permissão de instalação de uma banca de jornal na via pública; permissão de colocação de um *trailer* em uma praça);

c) **concessão ou cessão de uso** – é contrato administrativo entre a Administração e um particular, tendo por objeto a cessão de um bem para uso exclusivo por um particular (ex.: instalação de restaurante em um zoológico municipal; cessão de uso de uma sala para instalação de um café no interior de um fórum). Em regra é onerosa e exige-se licitação;

d) **concessão de direito real de uso** – aplica-se apenas a bens dominicais. É instituto de direito privado, de natureza contratual. Consiste na aquisição, pelo particular, de direito resolúvel do uso de um terreno público, de modo gratuito ou remunerado, para fins de interesse social de certo vulto, como urbanização ou cultivo. Exige autorização legislativa e licitação.

Observação: A Lei nº 13.311/2016, institui normas gerais para a ocupação e utilização de área pública urbana por equipamentos urbanos do tipo quiosque, *trailer*, feira e banca de venda de jornais e de revistas **(permissão pública)**.

O direito de utilização privada de área pública por equipamentos urbanos do tipo quiosque, *trailer*, feira e banca de venda de jornais e de revistas **poderá ser outorgado a qualquer interessado** que satisfaça os requisitos exigidos pelo poder público local.

É permitida a transferência da outorga, pelo prazo restante, a terceiros que atendam aos requisitos exigidos em legislação municipal.

No caso de falecimento do titular ou de enfermidade física ou mental que o impeça de gerir seus próprios atos, a outorga será transferida, pelo prazo restante, nesta ordem (sendo que entre os parentes de mesma classe preferir-se-ão os parentes de grau mais próximo):

a) ao cônjuge ou companheiro;

b) aos ascendentes e descendentes.

Extingue-se a outorga:

a) pelo advento do termo;

b) pelo descumprimento das obrigações assumidas;

c) por revogação do ato pelo poder público municipal, desde que demonstrado o interesse público de forma motivada.

11.6 BENS DO PATRIMÔNIO PÚBLICO (ARTS. 20 E 26 DA CF/1988)

1) Terras devolutas - terras que ninguém se apossou, nem foram utilizadas para algum fim público. Não têm localização e limites claros, por isso necessitam ser demarcadas e separadas das outras propriedades. Esta separação ou discriminação pode ser administrativa ou judicial – ação discriminatória – Lei nº 6.383/1976, sendo utilizada a via judicial se insuficiente a via administrativa. Após a discriminação, elas deixam de ser devolutas e passam a ser simplesmente terras públicas. Pertencem à União e, por exclusão, aos Estados.

2) Mar territorial - estende-se numa faixa de 12 milhas marítimas (equivalente a 1.852 m) da linha de baixa-mar do litoral continental e insular. Trata-se de águas públicas de uso comum, pertencentes à União, sobre as quais o Brasil exerce soberania.

Depois do mar territorial temos:

1) zona contígua - com início a partir de 12 milhas do litoral, até 24 milhas; nesta faixa o Brasil conserva o poder de fiscalização e polícia, embora sem soberania;

2) zona econômica - com início a partir de 12 milhas do litoral (igual à zona contígua) e vai até 200 milhas; nesta faixa tem o Brasil direitos exclusivos de exploração dos recursos naturais do mar.

3) Terras tradicionalmente ocupadas por índios - são bens da União (art. 20, XI, da CF/1988) e destinam-se à posse permanente dos índios, cabendo-lhes o usufruto exclusivo das riquezas do solo, dos rios e dos lagos nelas existentes (art. 231, § 2º, da CF/1988).

4) Plataforma continental - são bens da União os recursos naturais da plataforma continental, que consiste no prolongamento natural das terras continentais ou insulares, por baixo das águas do mar, em extensão variável, conforme a legislação de cada país (art. 20, V, da CF/1988).

5) Terrenos de marinha - são bens da União, assim considerados os que, banhados pelas águas do mar ou dos rios navegáveis, vão até 33 m para a parte da terra, contados desde o ponto a que chega a preamar média (art. 13 do Código de Águas; art. 20, VII, da CF/1988; e Dec.-Lei nº 9.760/1946. Os terrenos de marinha têm sido objeto de arrendamento perpétuo a particulares, mediante o pagamento de um foro anual. Tal arrendamento perpétuo denomina-se enfiteuse, continuando a União a ser proprietária e o particular enfiteuta como detentor do domínio útil.

6) **Terrenos marginais ou reservados -** são os que se situam ao lado dos rios navegáveis, até uma distância de 15 m contados desde a linha média das enchentes ordinárias. Tais terrenos podem pertencer a algum órgão público ou a um particular. Se forem de propriedade privada, são onerados por uma servidão de trânsito, para possibilitar a fiscalização e a realização de obras ou serviços públicos pela Administração (há divergências).

7) **Lagos, rios e correntes de água -** são bens da União quando banhem mais de um Estado, sirvam de limites com outros países ou se estendam a território estrangeiro ou dele provenham. Os terrenos marginais, nesses casos, são também da União.

8) **Álveos ou leitos abandonados -** se um rio de águas públicas vier a abandonar naturalmente o seu leito, as terras por onde ele corria passam a pertencer aos proprietários ribeirinhos das respectivas margens, sem que tenham direito a indenização alguma os donos dos terrenos por onde as águas abram novo curso. Mas se o fato ocorrer por obra do poder público, fica ele com leito original do rio, devendo indenizar os proprietários das terras por onde passa a correr o novo curso (art. 27).

9) **Faixa de fronteira e zonas de fortificação -** uma faixa de 150 km de largura, ao longo das fronteiras terrestres, considerada fundamental para a defesa nacional, e sua utilização é regulada em lei, como servidão administrativa, bem como as zonas de fortificação nela presentes (art. 20, § 2º, CF/1988).

10) **Minas, jazidas e quedas d'água -** as jazidas, em lavra ou não, e demais recursos minerais e os potenciais de energia elétrica constituem propriedade distinta da do solo, para efeito de exploração ou aproveitamento, e pertencem à União, garantida ao concessionário a propriedade do produto da lavra (art. 176 da CF/1988).

11) **Ilhas -** pertencem à União as ilhas fluviais e lacustres nas zonas limítrofes com outros países; as praias marítimas; as ilhas oceânicas e as costeiras. Pertencem aos respectivos Estados as ilhas fluviais e lacustres não pertencentes à União (arts. 20, IV e 26, III).

12) **Fauna silvestre** - os animais de quaisquer espécies, em qualquer fase do seu desenvolvimento e que vivam naturalmente fora do cativeiro, constituindo a fauna silvestre, bem como seus ninhos, abrigos e criadouros naturais são propriedades do Estado, sendo proibida a sua utilização, perseguição, destruição, caça ou apanha (art. 1º da Lei nº 5.197/1967).

13) **Cemitérios públicos** - bens públicos imóveis, de uso especial, uma vez que estão afetados a uma finalidade específica (a destinação dos mortos), sujeitos ao poder de polícia mortuária municipal.

11.7 QUESTÕES DO EIXO TEMÁTICO (OAB 1ª FASE)

(EXAME XXXII/Questão 32) O Município Delta está passando por graves dificuldades financeiras e recebeu da sociedade empresária Incorporatudo uma proposta para alienar determinada praça pública, situada em bairro valorizado, por montante consideravelmente superior ao praticado no mercado, em decorrência do grande interesse que a Incorporatudo tem de promover um empreendimento de luxo no local. Diante dessa situação hipotética, assinale a afirmativa correta.

A) O Município Delta pode alienar o bem em questão, mediante autorização por Decreto e sem licitação, diante da obtenção do lucro que poderia ser revertido para a coletividade.

B) O bem em foco, por ser dominical, poderia ser alienado pelo Município Delta mediante autorização legislativa, dispensada a licitação em razão do alto valor oferecido.

C) O bem público em comento, em razão de ser de uso comum, só poderia ser alienado se houvesse a sua prévia desafetação e fossem seguidos os ditames da lei geral de licitações.

D) O bem de uso especial é passível de alienação pelo Município Delta, apesar de, na hipótese, ser necessária a licitação.

(EXAME XXIV/Questão 30) Determinado município é proprietário de um extenso lote localizado em área urbana, mas que não vem sendo utilizado pela Administração há anos. Em consequência do abandono, o imóvel foi ocupado por uma família de desempregados, que deu à área uma função social.O poder público teve ciência do fato, mas, como se tratava do final da gestão do então prefeito, não tomou qualquer medida para que o bem fosse desocupado. A situação perdurou mais de trinta anos, até que o município ajuizou a reintegração de posse.Sobre a questão apresentada, assinale a afirmativa correta.

A) O terreno não estava afetado a um fim público, razão pela qual pode ser adquirido por usucapião.

B) O terreno é insuscetível de aquisição por meio de usucapião, mesmo sendo um bem dominical.

C) O poder público municipal não poderá alienar a área em questão, dado que todos os bens públicos são inalienáveis.

D) O bem será classificado como de uso especial, caso haja a reintegração de posse e o município decida construir uma grande praça no local anteriormente ocupado pela família.

(EXAME XXII/Questão 32) A Associação Delta se dedica à promoção do voluntariado e foi qualificada como Organização da Sociedade Civil sem fins lucrativos – OSCIP, após o que formalizou termo de parceria com a União, por meio do qual recebeu recursos que aplicou integralmente na realização de suas atividades, inclusive na aquisição de um imóvel, que passou a ser a sede da entidade. Com base nessa situação hipotética, assinale a afirmativa correta.

A) A Associação não poderia ter sido qualificada como OSCIP, considerando que o seu objeto é a promoção do voluntariado.

B) A qualificação como OSCIP é ato discricionário da Administração Pública, que poderia indeferi-lo, mesmo que preenchidos os requisitos legais.

C) A qualificação como OSCIP não autoriza o recebimento de recursos financeiros por meio de termo de parceria, mas somente mediante contrato de gestão.

D) A Associação não tem liberdade para alienar livremente os bens adquiridos com recursos públicos provenientes de termo de parceria.

(EXAME XXI/Questão 32) A sociedade "Limpatudo" S/A é empresa pública estadual destinada à prestação de serviços públicos de competência do respectivo ente federativo. Tal entidade administrativa foi condenada em vultosa quantia em dinheiro, por sentença transitada em julgado, em fase de cumprimento de sentença. Para que se cumpra o título condenatório, considerar-se-á que os bens da empresa pública são

A) Impenhoráveis, certo que são bens públicos, de acordo com o ordenamento jurídico pátrio.

B) Privados, de modo que, em qualquer caso, estão sujeitos à penhora.

C) Privados, mas, se necessários à prestação de serviços públicos, não podem ser penhorados.

D) Privados, mas são impenhoráveis em decorrência da submissão ao regime de precatórios.

(EXAME XVI/Questão 34) O prédio que abrigava a Biblioteca Pública do Município de Molhadinho foi parcialmente destruído em um incêndio, que arruinou quase metade do acervo e prejudicou gravemente a estrutura do prédio. Os livros restantes já foram transferidos para uma nova sede. O Prefeito de Molhadinho pretende alienar o prédio antigo, ainda cheio de entulho e escombros.

Sobre o caso descrito, assinale a afirmativa correta.

A) Não é possível, no ordenamento jurídico atual, a alienação de bens públicos.

B) O antigo prédio da biblioteca, bem público de uso especial, somente pode ser alienado após ato formal de desafetação.

C) É possível a alienação do antigo prédio da biblioteca, por se tratar de bem público dominical.

D) Por se tratar de um prédio com livre acesso do público em geral, trata-se de bem público de uso comum, insuscetível de alienação.

(EXAME IX – Ipatinga-MG/Questão 34) O Presidente de uma empresa pública estadual, ao assumir a gestão da entidade e realizar uma auditoria no seu patrimônio imobiliário, decide alienar um imóvel que se localiza em região extremamente valorizada. Além da demonstração do interesse público que a justifique, a alienação do referido imóvel depende de

A) Avaliação prévia e autorização legislativa.

B) Autorização do Poder Executivo e registro no Tribunal de Contas do Estado.

C) Avaliação prévia e licitação na modalidade concorrência.

D) Autorização legislativa e licitação na modalidade leilão.

(EXAME VII/Questão 28) Sobre os bens públicos é correto afirmar que

A) Os bens de uso especial são passíveis de usucapião.

B) Os bens de uso comum são passíveis de usucapião.

C) Os bens de empresas públicas que desenvolvem atividades econômicas que não estejam afetados a prestação de serviços públicos são passíveis de usucapião.

D) Nenhum bem que pertença à pessoa jurídica integrante da administração pública indireta é passível de usucapião.

(EXAME VI/Questão 32) A autorização de uso de bem público por particular caracteriza-se como ato administrativo

A) Discricionário e bilateral, ensejando indenização ao particular no caso de revogação pela administração.

B) Unilateral, discricionário e precário, para atender interesse predominantemente particular.

C) Bilateral e vinculado, efetivado mediante a celebração de um contrato com a administração pública, de forma a atender interesse eminentemente público.

D) Discricionário e unilateral, empregado para atender a interesse predominantemente público, formalizado após a realização de licitação.

(EXAME V/Questão 32) De acordo com o critério da titularidade, consideram-se públicos os bens do domínio nacional pertencentes

A) Às entidades da Administração Pública Direta e Indireta.

B) Às entidades da Administração Pública Direta, às autarquias e às empresas públicas.

C) Às pessoas jurídicas de direito público interno e às pessoas jurídicas de direito privado prestadoras de serviços públicos.

D) Às pessoas jurídicas de direito público interno.

GABARITO DAS QUESTÕES DO EIXO TEMÁTICO (OAB 1ª Fase)

Questão	Gabarito
EXAME XXIV/Questão 30	B
EXAME XXII/Questão 32	D
EXAME XXI/Questão 32	C
EXAME XVI/Questão 34	C
EXAME IX – Ipatinga-MG/Questão 34	C
EXAME VII/Questão 28	C
EXAME VI/Questão 32	B
EXAME V/Questão 32	D

11.8 QUESTÕES DO EIXO TEMÁTICO (OAB 2ª FASE)

(EXAME DE ORDEM VI/Questão 3) Ao assumir a presidência de uma importante autarquia estadual, Tício determinou a realização de uma auditoria em todo o patrimônio da entidade. Ao final dos trabalhos da comissão de auditoria, chamou a atenção de Tício a enorme quantidade de bens móveis catalogados, no relatório final de auditoria, como inservíveis para a administração. Considerando a situação hipotética narrada, responda aos seguintes questionamentos, empregando os argumentos apropriados e a fundamentação legal pertinente ao caso.

A) Qual a natureza jurídica dos bens pertencentes à autarquia? (Valor: 0,6)

B) Como deverá proceder Tício caso resolva alienar os bens móveis catalogados como inservíveis para a administração? (Valor: 0,65)

Item	Pontuação
A) Por se tratar de pessoa jurídica de direito público, os bens pertencentes às autarquias são considerados bens públicos (0,4), nos termos do art. 98 do CC (0,2). ***Observação:*** *A mera menção ao artigo não é pontuada.*	0/0,4/0,6
B1) A alienação de bens móveis pertencentes à autarquia deve observar a disciplina prevista no art. 17, II, da Lei nº 8.666/1993, que exige interesse público devidamente justificado, avaliação prévia e licitação. ***Observação:*** *A mera menção ao artigo não é pontuada.*	0/0,35
B2) A modalidade de licitação a ser observada será o leilão, conforme o art. 22, § 5º, da Lei nº 8.666/1993. ***Observação:*** *A mera menção ao artigo não é pontuada.*	0/0,3

(EXAME DE ORDEM VII/Questão 1) O Estado X ajuizou ação de reintegração de posse em face de Caio, servidor público que, na qualidade de vigia de uma escola pública estadual, reside em uma pequena casa nos fundos do referido imóvel público e, embora devidamente notificado para desocupar o bem, recusou-se a fazê-lo.

Em sua defesa, Caio alega (i) que reside no imóvel com a anuência verbal do Poder Público e (ii) que a sua boa-fé, associada ao decurso de mais de quinze anos de ocupação do bem sem qualquer oposição, lhe asseguram a usucapião do imóvel.

Considerando a situação hipotética apresentada, analise os dois fundamentos deduzidos por Caio em sua defesa, empregando os argumentos jurídicos apropriados e a fundamentação legal pertinente ao caso. (valor: 1,25)

Item	Pontuação
1. Improcedência do primeiro argumento, uma vez que é nulo e sem nenhum efeito o contrato verbal com a Administração Pública (0,35), nos termos do art. 60, parágrafo único, da Lei nº 8.666/1993 (0,30). ***Observação:*** *Não será aceita a mera menção ao artigo.*	0,00/0,35/0,65
2. Improcedência do segundo argumento, uma vez que uma das características dos bens públicos é a imprescritibilidade (0,3), o que impede sua aquisição por usucapião, nos termos dos arts. 183, § 3º (propriedade urbana) e/ou 191, parágrafo único (propriedade rural), da CF/1988 (0,3). ***Observação:*** *Não será aceita a mera menção ao artigo.*	0,00/0,30/0,60

(EXAME DE ORDEM XI/Questão 1) João, comerciante experimentado, fundado na livre-iniciativa, resolve pedir à administração do município "Y" que lhe outorgue o competente ato para instalação de uma banca de jornal na calçada de uma rua. Considerando a situação narrada, indaga-se:

A) Pode o Município "Y" se negar a outorgar o ato, alegando que considera desnecessária a referida instalação? Fundamente. (Valor: 0,40)

B) Pode o município "Y", após a outorga, rever o ato e o revogar? Nesse caso, é devida indenização a João? Fundamente. (Valor: 0,40)

C) Caso o ato de outorga previsse prazo para a duração da utilização do espaço público, seria devida indenização se o Poder Público resolvesse cancelar o ato de outorga antes do prazo? Fundamente. (Valor: 0,45)

Observação: A simples menção ou transcrição do dispositivo legal não pontua.

Item	Pontuação
A) O município "Y" tem o direito de negar, porque, tratando-se ato discricionário, sua aprovação é baseada na conveniência e oportunidade do Administrador.	0,00/0,30/0,40
B) Do mesmo modo, o município "Y" pode revogar tal ato autorizativo a qualquer tempo, tendo em vista a precariedade do ato, não sendo devida qualquer indenização em vista dessa característica.	0,00/0,30/0,40

Item	Pontuação
C) Por outro lado, a fixação de prazo certo implica desnaturação do caráter precário do vínculo, ensejando no particular a legítima expectativa de que sua exploração irá vigorar pelo prazo predeterminado pela própria Administração. Assim, a revogação do ato antes do esgotamento do prazo caracteriza conduta descrita como *venire contra factum proprium*, ensejando a devida indenização pelos prejuízos efetivamente comprovados.	0,00/0,35/0,45

(EXAME DE ORDEM XV/Questão 3) Todas as Secretarias do Município XYZ têm sede no prédio do Centro de Administração Pública Municipal, na zona norte da cidade. Entretanto, tal edifício, além de muito antigo e em precário estado de conservação, já não comporta toda a estrutura da Administração Direta do Município. Por essa razão, diversas Secretarias já alocaram parte operacional de suas estruturas em outros endereços.

Com base no exposto, responda, empregando os argumentos jurídicos apropriados e a fundamentação legal pertinente, aos itens a seguir.

A) Pode o Prefeito do Município XYZ, após licitação e sem nenhuma outra providência, alienar o prédio do Centro de Administração Pública Municipal? (Valor: 0,65)

B) Supondo que o prédio do Centro de Administração Pública Municipal seja guarnecido com obras de arte não relacionadas à atividade administrativa, podem esses bens públicos ser objeto de penhora? (Valor: 0,60)

Observação: O examinando deve fundamentar suas respostas. A mera citação do dispositivo legal não confere pontuação.

Item	Pontuação
A) Não. O prédio do Centro de Administração Pública é um bem público de uso especial, e tais bens, no direito brasileiro, caracterizam-se pela inalienabilidade. Os bens públicos de uso especial podem ser desafetados, caracterizando-se, então, como bens dominicais e, nesse caso, podem ser alienados (0,55), conforme os arts. 100 e 101 do CC OU art. 17, I, da Lei nº 8.666/1993 (0,10).	0,0/0,55/0,65
B.1 Não. Os bens titularizados pelo Município são classificados como bens públicos, independentemente de sua utilização. Os bens públicos (de uso comum, de uso especial ou dominicais) são impenhoráveis, mesmo que não afetados a uma utilidade de interesse público (0,50), conforme o art. 100 da CF/1988 OU art. 100 do CC (0,10).	0,0/0,50/0,60

(EXAME DE ORDEM XX – Porto Velho-RO/Questão 4) A Autopista Veloz S.A, na qualidade de signatária do Contrato de Concessão de determinada rodovia situada no Estado Z, a fim de dar andamento às obras de duplicação da referida rodovia, solicita ao Poder Concedente a demolição da edificação onde funciona a Escola Estadual Professor João da Silva, localizada em terreno de titularidade do Município X. Interessado em viabilizar o inicio das referidas obras, o Governador do Estado Z autoriza a demolição do imóvel, haja vista entendimento exarado pela Assessoria Jurídica da Casa Civil no sentido de que a posse mansa e pacífica há mais de 50 (cinquenta) anos pelo Estado Z autorizaria a usucapião extraordinária do referido imóvel. Acerca da situação fática narrada acima, responda aos itens a seguir.

A) Está correto o entendimento exarado pela Assessoria Jurídica? Justifique. (Valor: 0,70)

B) Seria possível a desapropriação do referido terreno pelo Estado Z? (Valor: 0,55)

Observação: O examinando deve fundamentar suas respostas. A mera citação do dispositivo legal não confere pontuação.

Item	Pontuação
A) Não. Os bens públicos são imprescritíveis, razão pela qual não podem ser adquiridos por usucapião (0,60), na forma do art. 183, § 3º e/ou do art. 191, parágrafo único, ambos da CF/1988 (0,10).	0,00/0,60/0,70
B) Sim. A legislação em vigor admite a desapropriação de bens públicos dos entes menores (Municípios) pelos entes maiores (Estados) (0,45), conforme os estritos termos do art. 2º, § 2º, do Dec.-Lei nº 3.365/1941 (0,10).	0,00/0,45/0,55

(EXAME DE ORDEM XXV/Questão 3) Luiz encontrou um ônibus pertencente a uma autarquia federal abandonado em um terreno baldio e passou a utilizá-lo para promover festas itinerantes patrocinadas por sua empresa. O uso e a posse desse ônibus, com *animus domini*, vêm perdurando por longo período, de modo que já estariam presentes os requisitos para a usucapião do mencionado bem móvel. Em razão disso, Luiz procura você para, na qualidade de advogado(a), orientá-lo na regularização e integração do ônibus ao patrimônio da empresa promotora de festas, formulando as indagações a seguir.

A) O ônibus em questão é um bem público? (Valor: 0,65)

B) É possível a usucapião de tal ônibus? (Valor: 0,60)

Observação: O examinando deve fundamentar suas respostas. A mera citação do dispositivo legal não confere pontuação.

Item	Pontuação
A) Sim. O ônibus em questão pertence a uma pessoa jurídica de direito público, de modo que é um bem público (0,55), nos termos do art. 98 do CC (0,10).	0,00/0,55/0,65
B) Não. Os bens públicos são imprescritíveis, ou seja, não poderão ser usucapidos (0,50), segundo o disposto no art. 102 do CC (0,10).	0,00/0,50/0,60

12 INTERVENÇÃO DO ESTADO NA PROPRIEDADE

12.1 FUNDAMENTOS

a) Supremacia do interesse público.

b) Prática de ilegalidade (sanção).

12.2 MODALIDADES DE INTERVENÇÃO DO ESTADO NA PROPRIEDADE PRIVADA

12.2.1 Intervenção restritiva

O Estado impõe restrições e condicionamentos ao uso da propriedade sem, no entanto, retirá-la de seu dono.

Modalidades:

1. Servidão administrativa;
2. Requisição;
3. Ocupação temporária;
4. Limitações administrativas;
5. Tombamento.

12.2.2 Intervenção supressiva

O Estado, valendo-se de sua supremacia, transfere compulsória e coercitivamente para si a propriedade de terceiro, em virtude de interesse público previsto em lei.

Modalidade:

a) **Desapropriação**

12.3 SERVIDÃO ADMINISTRATIVA

a) **Sentido e natureza jurídica:** é o direito real público que autoriza o Estado a usar a propriedade imóvel para permitir a execução de obras e serviços de interesse coletivo. Trata-se de direito real público porque é instituído em favor do Estado para atender a fatores de interesse público.

Exemplos de servidão administrativa: instalação de redes elétricas, implantação de oleodutos e gasodutos em áreas privadas para a execução de serviços públicos.

b) **Fundamentos**

I - Supremacia do interesse público sobre o privado;

II - Função social da propriedade (arts. 5º, XXIII, e 170, III, da CF/1988);

III - Fundamento específico: art. 40 do Dec.-Lei nº 3.365/1941 (Lei Geral das Desapropriações), *in verbis:* "Art. 40. O expropriante poderá construir servidões, mediante indenização prévia na forma desta lei".

c) **Objeto**

A servidão administrativa incide sobre a propriedade imóvel (coisa imóvel corpórea).

d) **Formas de instituição**

I - Acordo entre o proprietário e o Poder Público: acordo formal, celebrado por escritura pública para fins de subsequente registro no cartório de registro de imóveis.

II - Sentença judicial: não havendo acordo entre as partes, o Poder Público ajuíza ação contra o proprietário, em procedimento idêntico ao da desapropriação, com previsão no art. 40 do Dec.-Lei nº 3.365/1941. Dessarte, não há autoexecutoriedade na instituição de uma servidão administrativa sobre uma propriedade privada.

e) **Extinção**

A servidão administrativa, em princípio, é permanente. Podem ocorrer fatos, no entanto. que dão ensejo à sua extinção, como desaparecimento da coisa gravada; incorporação do bem gravado ao patrimônio da pessoa que instituiu a servidão; desinteresse do Estado em utilizar parte do domínio alheio.

f) **Indenização**

A indenização ao proprietário é condicionada à ocorrência de dano e prévia.

Observação: As concessionárias de serviço público não podem declarar um bem como de utilidade pública para fins de servidão administrativa, mas, de acordo com o art. 3º do Dec.-Lei nº 3.365/1941 c/c o art. 29, inciso VIII, da Lei nº 8.987/1995, **podem executar/promover a instituição de servidão administrativa**.

12.4 REQUISIÇÃO

a) **Noções gerais:** é a modalidade de intervenção na propriedade privada pela qual o Estado utiliza bens móveis, imóveis e serviços particulares em situação de perigo público iminente. Ex.: utilização de hospitais particulares, de seus equipamentos, seus medicamentos e seu corpo de saúde, em hipóteses de inundações; utilização de ginásios particulares para abrigar vítimas de catástrofes e inundações etc.

b) **Fundamentos:**
   - supremacia do interesse público sobre o privado;
   - função social da propriedade (art. 5º, XXIII, da CF/1988);
   - fundamento específico (art. 5º, XXV, da CF/1988).

c) **Objeto e indenização:** incide sobre bens móveis, imóveis e serviços particulares. A finalidade é proteger a sociedade contra situações de perigo público iminente. A indenização pelo uso de bens e serviços alcançados pela requisição é condicionada à ocorrência de danos. E será sempre posterior (ulterior).

d) **Instituição e extinção:** pode ser de imediato decretada, sempre que houver uma situação de perigo público iminente. Isto posto, há autoexecutoriedade na instituição de uma requisição.

12.5 OCUPAÇÃO TEMPORÁRIA

a) **Sentido e objeto:** é a forma de intervenção pela qual o Poder Público usa, transitoriamente, imóveis privados, como meio de apoio à execução de obras e serviços públicos. Ex.: utilização temporária de terrenos contíguos a estradas para estacionamento de máquinas de asfalto, equipamentos de serviços, pequenas barracas de operários; uso de escolas e clubes por ocasião de eleições.

b) **Fundamentos:**

   b.1) supremacia do interesse público;

   b.2) função social da propriedade (art. 5º, XXIII);

b.3) fundamento específico (art. 36 do Dec.-Lei nº 3.365/1941): é permitida a ocupação temporária, que será indenizada, afinal, por ação própria, de terrenos não edificados, vizinhos às obras e necessários à sua realização.

c) Modalidades e indenização: em razão do art. 36 do Dec.-Lei nº 3.365/1941 retrotranscrito, pode-se inferir que há dois tipos de ocupação temporária: ocupação temporária necessária para obras vinculadas a um processo de desapropriação e ocupação temporária para as demais obras e serviços públicos em geral. A questão da indenização deve levar em conta as duas modalidades. No caso da ocupação temporária vinculada a um processo de desapropriação, por força do art. 36 do Dec.-Lei nº 3.365/1941, há a obrigação, por parte do Estado, de indenizar, sendo vinculada à indenização da desapropriação.

Na hipótese de ocupação temporária desvinculada de desapropriação, com fundamento no art. 58, inciso V ou art. 80, ambos da Lei nº 8.666/1993, em princípio não haverá indenização, exceto se o uso acarretar comprovado prejuízo ao proprietário.

d) Instituição e extinção:

d.1) ocupação vinculada à desapropriação: é indispensável o ato formal de instituição, que pode ser o próprio Decreto Expropriatório;

d.2) ocupação desvinculada de desapropriação: por ser feita *manu militari*, há autoexecutoriedade na sua instituição.

12.6 LIMITAÇÕES ADMINISTRATIVAS

a) Sentido: são determinações de caráter geral, através das quais o Poder Público impõe a proprietários indeterminados obrigações de fazer, não fazer e obrigações permissivas, para condicionar a propriedade ao atendimento de sua função social. Ex.: impor ao proprietário limpeza de terreno; proibir a construção acima de determinado número de pavimentos (gabarito de prédios); permissão de vistoria de elevadores em edifícios e ingresso de agentes para fins de vigilância sanitária. As limitações administrativas têm caráter de definitividade.

b) Natureza jurídica: são atos legislativos ou administrativos de caráter geral.

Fundamentos:

b.1) supremacia do interesse público;

b.2) função social da propriedade (arts. 5º, XXIII, e 170, III, da CF/1988);

b.3) exercício do poder de polícia (as limitações administrativas estarão sempre estampadas **na lei ou em atos normativos fundados na lei**. Significa dizer que devem atentar ao princípio da legalidade, impondo-se a necessidade de norma que determine ao particular restrição à sua propriedade).

b.4) indenização (sendo imposições de ordem geral, que exigem sacrifício coletivo, as limitações administrativas não ensejam direito à indenização. Disso extrai-se, também, que devem atender ao princípio da isonomia, atingindo todos os proprietários em idêntica situação, não podendo haver tratamento desigual entre os particulares, sem critério legítimo de diferenciação). Todavia, caso, faticamente, venha a se extinguir o direito de propriedade, haverá possibilidade de o proprietário pleitear indenização. Veja-se o seguinte exemplo: o proprietário possui um terreno de esquina medindo 6 m x 6 m. Posteriormente, o município aprova uma lei municipal impedindo a edificação, nos terrenos de esquinas, a menos de 4 m de cada lado. Veja-se que, na prática, a lei inviabilizou o direito de propriedade, restando apenas dois metros quadrados para o proprietário. Está ele impedido, inclusive, de dar a função social ao seu terreno, podendo pleitear indenização à municipalidade.

Direito de preempção (preferência)

O poder público municipal pode estabelecer, por lei municipal, nos termos do art. 25 do Estatuto das Cidades (Lei nº 10.257/2001), o direito de preferência (preempção), por prazo não superior a cinco anos. Após o decurso desse prazo, é necessário se aguardar um ano para a renovação do direito de preempção (art. 25, § 1º, da Lei nº 10.257/2001). Ex.: determinado município pretende implementar, com base em seu plano diretor, um importante projeto de criação de espaços públicos de lazer ao longo dos próximos quatro anos e, para tanto, necessitará de áreas urbanas que atualmente constituem propriedade privada. O prefeito, então, encaminhará projeto de lei à Câmara de Vereadores estabelecendo direito de preferência em favor do Município caso os imóveis localizados na área venham a ser objeto de alienação onerosa entre particulares durante aquele prazo.

12.7 TOMBAMENTO

a) Sentido: é a forma de intervenção na propriedade, pela qual o Poder Público visa proteger o patrimônio cultural brasileiro, limitando o seu uso e até mesmo condicionando sua disposição por parte do proprietário.

b) Fonte normativa:

art. 216, § 1º, da CF/1988;

Dec.-Lei nº 25/1937.

c) Fundamento:

c.1) supremacia do interesse público;

c.2) função social da propriedade (arts. 5º, XXIII e 170, III, da CF/1988);

c.3) fundamento específico (art. 215, § 3º, da CF/1988) – estabelece o Plano Nacional de Cultura.

d) Objeto: incide sobre bens móveis ou imóveis que traduzem aspecto de relevância para a noção de patrimônio cultural brasileiro (art. 1º do Dec.-Lei nº 25/1937).

e) Espécies:

e.1) Em relação à manifestação de vontade, pode ser voluntário ou compulsório.

É voluntário quando o proprietário consente o tombamento, seja de ofício ou quando ele mesmo formula pedido ao Poder Público.

É compulsório quando o Poder Público inscreve o bem como tombado, apesar da resistência e do inconformismo do proprietário.

e.2) Quanto à eficácia do ato, pode ser provisório ou definitivo.

É provisório enquanto está em curso o processo administrativo instaurado pela notificação feita ao proprietário, e definitivo quando concluído o processo.

Impende consignar que o tombamento provisório é medida assecuratória de preservação do bem, enquanto corre administrativamente o processo para tombamento do bem.

e.3) Quanto à abrangência, pode ser individual ou coletivo.

Individual quando atinge um determinado bem e coletivo quando atinge todos os bens situados em um bairro ou uma cidade.

f) Instituição: o tombamento deve ser instituído por meio de ato administrativo típico, porque mantém para o proprietário a possibilidade de discutir em juízo a sua validade. Entretanto, há quem defenda a hipótese de o tombamento ser instituído por meio de lei de efeitos concretos.

g) Processo administrativo: o tombamento deve ser precedido de um processo administrativo em que esteja presente o devido processo legal, com direito de contraditório e ampla defesa para o proprietário.

h) Efeitos do tombamento:

h.1) Registro no ofício de registro de imóveis.

h.2) Dever de conservar por parte do proprietário. Entretanto, se este não dispuser de recursos, deve comunicar o fato ao órgão que promoveu o tombamento, que deverá executar obras de reparação às suas expensas.

h.3) Restrições para a vizinhança do prédio tombado: é vedada qualquer construção que reduza a visibilidade em relação ao prédio tombado; é vedado também colocar cartazes ou anúncios.

h.4) Direito de preferência: não há mais a previsão contida no art. 22 do Dec.-Lei nº 25/1937, por revogação expressa do art. 1.072, inciso I, do CPC. Ainda que se discuta a importância do direito de preferência, ante o interesse público envolvido na preservação do bem, a norma foi revogada, não decorrendo qualquer eficácia normativa.

i) Indenização: em regra, o tombamento não gera direito à indenização.

12.8 DESAPROPRIAÇÃO

É a única modalidade supressiva de intervenção do Estado na propriedade privada. É o procedimento de direito público pelo qual o Estado transfere para si propriedade de terceiro, por razões de utilidade pública, necessidade pública ou interesse social.

a) Natureza jurídica

Trata-se de um procedimento híbrido, eis que começa administrativamente e, quase sempre, desemboca na esfera judicial.

Tem duas fases: uma administrativa e outra judicial.

b) Pressupostos

b.1) **Utilidade pública:** quando a transferência do bem se afigura conveniente para a Administração. Ex.: desapropriação para construir um viaduto, ampliar uma via etc.

b.2) **Necessidade pública:** quando a transferência da propriedade para o Estado ocorre em situações de emergência, cuja solução exija a desapropriação. Ex.: possibilidade de desabamento de um prédio e consequente desapropriação de prédios vizinhos, para realização de obras emergenciais de infraestrutura.

b.3) **Interesse Social:** consiste nas hipóteses em que mais se realça a função social da propriedade. O interesse social, normalmente, pressupõe ação ou omissão por parte do proprietário, no sentido de promover desigualdades sociais ou afronta ao meio ambiente.

c) Espécies de desapropriação

c.1) **Desapropriação ordinária (art. 5º, XXIV, da CF/1988):**

XXIV – a lei estabelecerá o procedimento para desapropriação por necessidade ou utilidade pública, ou por interesse social, mediante justa e prévia indenização em dinheiro, ressalvados os casos previstos nesta Constituição.

Seus fundamentos são utilidade pública, necessidade pública ou interesse social, sendo certo que, no caso de utilidade e necessidade pública, o diploma que regula a matéria é o Dec.-Lei nº 3.365/1941.

Já no caso de interesse social, a Lei nº 4.132/1962 regula a matéria.

c.2) **Desapropriação urbanística sancionatória (art. 182, § 4º, III, da CF/1988):**

§ 4º É facultado ao Poder Público municipal, mediante lei específica para área incluída no plano diretor, exigir, nos termos da lei federal, do proprietário do solo urbano não edificado, subutilizado ou não utilizado, que promova seu adequado aproveitamento, sob pena, sucessivamente, de:

I – parcelamento ou edificação compulsórios;

II – imposto sobre a propriedade predial e territorial urbana progressivo no tempo;

III – desapropriação com pagamento mediante títulos da dívida pública de emissão previamente aprovada pelo Senado Federal, com prazo de resgate de até dez anos, em parcelas anuais, iguais e sucessivas, assegurados o valor real da indenização e os juros legais.

Observação: A utilização dos instrumentos de parcelamento e edificação compulsórios depende de previsão no plano diretor, tal como se depreende do art. 182, § 4º, I, da CF/1988 c/c os arts. 5º e 41, III, ambos da Lei nº 10.257/2001 (Estatuto da Cidade). Deve-se destacar, ainda, que, em nome da gestão democrática das cidades, a qual constitui importante diretriz elencada no art. 2º, inciso II, da Lei nº 10.257/2001, a ser implementada por meio da participação popular, esta é obrigatória no processo de elaboração do plano diretor, na forma do art. 40, § 4º, da Lei nº 10.257/2001.

c.3) **Desapropriação rural para fins de Reforma Agrária (art. 184 da CF/1988)**

Incide sobre bens imóveis rurais para fins de reforma agrária. Trata-se de modalidade específica de desapropriação por interesse social e permite a perda da propriedade quando esta não esteja cumprindo a sua função social:

> Art. 184. Compete à União desapropriar por interesse social, para fins de reforma agrária, o imóvel rural que não esteja cumprindo sua função social, mediante prévia e justa indenização em títulos da dívida agrária, com cláusula de preservação do valor real, resgatáveis no prazo de até vinte anos, a partir do segundo ano de sua emissão, e cuja utilização será definida em lei.

Importante ressaltar que as benfeitorias úteis e necessárias serão indenizadas em dinheiro. Também se destaca que são isentas de impostos federais, estaduais e municipais as operações de transferência de imóveis desapropriados para fins de reforma agrária e que os imóveis recebidos na reforma agrária são inegociáveis por dez anos, nos termos do art. 189 da CF/1988.

Ainda, de acordo com o art. 185 da CF/1988, são insuscetíveis de desapropriação para fins de reforma agrária a propriedade produtiva e a pequena e média propriedade rural, assim definida em lei, desde que seu proprietário não possua outra.

Em relação ao tamanho da área, a classificação é definida pela Lei nº 8.629/1993 e leva em conta o módulo fiscal (e não apenas a metragem), que varia de acordo com cada município. Assim, os imóveis rurais são classificados em:

1) **Minifúndio** – é o imóvel rural com área inferior a um módulo fiscal;
2) **Pequena propriedade** – é o imóvel de área compreendida entre um e quatro módulos fiscais;

3) **Média propriedade** – é o imóvel rural de área superior a quatro e até quinze módulos fiscais;
4) **Grande propriedade** – é o imóvel rural de área superior a quinze módulos fiscais.

A lei garantirá tratamento especial à propriedade produtiva e fixará normas para o cumprimento dos requisitos relativos a sua função social. Porém, de acordo com o art. 186 da CF/1988, a função social é cumprida quando a propriedade rural atende, simultaneamente, segundo critérios e graus de exigência estabelecidos em lei, aos seguintes requisitos:

1) aproveitamento racional e adequado;
2) utilização adequada dos recursos naturais disponíveis e preservação do meio ambiente;
3) observância das disposições que regulam as relações de trabalho;
4) exploração que favoreça o bem-estar dos proprietários e dos trabalhadores.

d) Objeto da desapropriação

De acordo com o art. 2º do Dec.-Lei nº 3.365/1941, "todos os bens podem ser desapropriados".

Assim, podem ser desapropriados bens imóveis, móveis, corpóreos ou incorpóreos. Ex.: ações, cotas ou direitos relativos ao capital de pessoas.

e) Desapropriação de bens públicos

Pressupõe a direção vertical das entidades federativas. Assim, a União pode desapropriar bens do Estado, que pode desapropriar bens do Município.

Embora não haja hierarquia entre os entes federativos, a doutrina admite a possibilidade de desapropriação pelos entes maiores pelo fundamento da preponderância do interesse.

O mesmo raciocínio pode ser empregado para desapropriação de bens de entidades da Administração.

f) Margens dos rios navegáveis

Sobre o tema, vide a Súmula nº 479 do STF: "As margens dos rios navegáveis são de domínio público, insuscetíveis de expropriação e, por isso mesmo, excluídas de indenização".

Hely Lopes Meirelles defende posição diversa, asseverando que tais faixas de terra pertencem ao domínio privado.

g) Competências

g.1) Competência para legislar sobre desapropriação

É da União federal, de acordo com o art. 22, II, da CF/1988: "Art. 22. Compete privativamente à União legislar sobre: [...] II – desapropriação".

g.2) Competência declaratória

É a competência para declarar utilidade pública, necessidade pública ou interesse social do bem com vistas à futura desapropriação.

É concorrente da União, dos Estados, do Distrito Federal e dos Municípios (art. 2º do Dec.-Lei nº 3.365/1941). Exceções: DNIT e ANEEL.

Entretanto, a competência declaratória para desapropriar para fins de reforma agrária é exclusiva da União (art. 184, § 3º, da CF/1988).

g.3) Competência executória

É a competência para promover a desapropriação. Vai desde a negociação com o proprietário até a finalização do processo judicial de desapropriação.

É a mais abrangente de todas as competências, eis que amplia a legitimidade para as concessionárias e delegatários de serviços públicos, mediante autorização expressa, constante de lei ou contrato.

h) Fases de uma desapropriação

h.1) **Fase Declaratória**

É feita mediante declaração expropriatória. Define-se declaração expropriatória como a manifestação emitida pelas pessoas federativas no sentido de expressar a vontade para transferir determinado bem para seu patrimônio ou para o patrimônio de pessoa delegada, com o objetivo de executar atividade de interesse público, prevista em lei. Formaliza-se por meio de decreto do chefe do Executivo. Agora, se a declaração ocorrer por meio de lei de iniciativa do poder legislativo, o poder executivo dará apenas execução, nos termos do art. 8º do Dec.-Lei nº 3.365/1941.

h.1.1) **Efeitos da declaração expropriatória:**

- permissão às autoridades competentes no sentido de penetrar no prédio objeto da desapropriação, sendo possível o recurso à força policial;
- início de contagem do prazo para ocorrência da caducidade do ato;

- indicação do estado do bem objeto da desapropriação para fins de indenização.

Assim, se o proprietário, após o decreto expropriatório, promover benfeitorias necessárias, será por elas também indenizado. As úteis somente serão indenizadas se feitas mediante autorização do Poder Público. Já as voluptuárias não serão indenizadas.

h.1.2) **Caducidade do decreto expropriatório**

O decreto expropriatório caduca em cinco anos se o fundamento da desapropriação for a utilidade pública. Caduca em dois anos se o fundamento da desapropriação for o interesse social.

Em caso de caducidade, somente poderá ser exarado um novo decreto após um ano, conforme o art. 10 do Dec.-Lei nº 3.365/1941).

i) Fase executória

Inicia-se administrativamente com tentativa de acordo entre o Estado e o proprietário. Quando se logra êxito, diz-se que a desapropriação foi amigável. Trata-se de negócio jurídico bilateral que deve ser formalizado por meio de escritura pública. Não obtida a negociação extrajudicial (que poderá se utilizar inclusive da mediação), passa-se à fase judicial, em que, diante da ausência de acordo, o Estado ajuíza ação de desapropriação em face do proprietário. Nessa fase, não se discutem os motivos da desapropriação. A discussão adstringe-se ao *quantum* indenizatório. Por isso mesmo a contestação deve estar voltada para a discussão do valor da indenização. Caso o proprietário queira discutir os motivos ou fundamentos da desapropriação, deve fazê-lo logo após o decreto expropriatório, por meio de ação própria que o Dec.-Lei nº 3.365/1941 (art. 20) chamou de ação direta.

i.1) **Imissão provisória na posse**

Admite-se, no curso da fase executória, a figura da imissão provisória na posse, que é a situação jurídica em que o expropriante passa a ter a posse provisória do bem antes da finalização da ação expropriatória. Dois são os pressupostos da imissão provisória na posse: urgência e depósito do valor de acordo com o que a lei estabelecer. Esse valor será arbitrado pelo juiz.

i.2) **Levantamento parcial do depósito**

A lei permite que o proprietário, ainda que discorde do preço oferecido, levante o equivalente a até 80% da importância depositada (art. 33,

§ 2º, do Dec.-Lei nº 3.365/1941). O levantamento do valor será deferido mediante prova de propriedade, de quitação de dívidas fiscais que recaiam sobre o bem expropriado, e publicação de editais, com o prazo de dez dias, para conhecimento de terceiros. Porém, se o juiz verificar que há dúvida fundada sobre o domínio, o preço ficará em depósito, ressalvada aos interessados a ação própria para disputá-lo.

Importante ressaltar a inclusão do art. 34-A ao Dec.-Lei nº 3.365/1941 pela Lei nº 13.465/2017, estabelecendo que, se houver concordância, reduzida a termo, do expropriado, a decisão concessiva da imissão provisória na posse implicará a aquisição da propriedade pelo expropriante com o consequente registro da propriedade na matrícula do imóvel. A lei destaca que a concordância escrita do expropriado não implica renúncia ao seu direito de questionar o preço ofertado em juízo, podendo, assim, levantar 100% do depósito prévio.

j) Indenização

Na desapropriação por necessidade, utilidade pública e por interesse social (ordinária), a indenização deve ser prévia, justa e em dinheiro, devendo ser integral e abarcando, além do valor real do imóvel, os danos emergentes, os lucros cessantes, as despesas processuais, os juros, a correção monetária e os honorários advocatícios.

Em regra, o pagamento deve ser feito em dinheiro por meio do sistema do precatório (art. 100 da CF/1988). Excepcionalmente, o pagamento pode ser efetivado sem a necessidade de precatório. É o que ocorre nos seguintes casos:

1) valor reduzido da indenização (RPV): os créditos de pequeno valor atualmente são pagos por meio da Requisição de Pequeno Valor (RPV), na forma dos art. 100, §§ 3º e 4º, da CF/1988 e art. 87 do ADCT; e
2) desapropriação promovida por pessoas privadas delegatárias de atividades administrativas: as empresas estatais (empresas públicas e sociedades de economia mista) e os concessionários e permissionários de serviços públicos, quando promovem a ação de desapropriação, não se submetem à regra do precatório.

Nas desapropriações sancionatórias (urbanística e agrária), o pagamento da indenização não é prévio, nem em dinheiro, mas, sim, por meio de títulos. Enquanto na desapropriação urbanística a indenização é realizada por títulos da dívida pública, resgatáveis em até dez anos, em parcelas anuais, iguais e sucessivas (art. 182, § 4º, III, da CF/1988), na desapropriação agrária a indenização é implementada por títulos da dívida agrária, resgatáveis no prazo de até 20 anos, a partir do segundo ano de sua emissão (art. 184 da CF/1988).

Importante destacar que, assim como os proprietários, os locatários também possuem, na forma estabelecida pela Constituição Federal, o direito à justa indenização por todos os prejuízos que as desapropriações lhes causarem, visto que experimentam prejuízos distintos dos suportados pelo locador (proprietário).

O proprietário é indenizado pela perda da propriedade (art. 5º, XXIV, da CF/1988), enquanto o locatário é indenizado pela interrupção do negócio, além da perda (comprovada) do estabelecimento empresarial (fundo de comércio). Assim, o STJ, com base em precedentes, firmou jurisprudência no sentido de que o inquilino comercial tem amplo direito de ser ressarcido, independentemente das relações jurídicas entre o Poder público e o proprietário, inclusive por perdas e danos causados por aquele.

j.1) **Juros compensatórios**

Vimos que o juiz pode autorizar, antes de a ação de desapropriação ser concluída, que o Poder Público já assuma a posse do bem desapropriado, através da "imissão provisória na posse". Ocorre que, caso o valor da indenização fixada na sentença seja maior que o oferecido pelo poder público, o proprietário fará jus a uma "compensação" por ter sido prematuramente retirado da posse do bem sem ter recebido o "justo valor", eis que houve diferença. Isso ocorrerá por intermédio dos *juros compensatórios*, que possuem a finalidade de *compensar* a perda antecipada do bem.

Desse modo, os juros compensatórios na desapropriação são aqueles fixados com o objetivo de compensar o proprietário em razão da ocorrência de imissão provisória na posse e são contados desde a data dessa ocorrência. A definição dos valores do percentual aplicável aos juros compensatórios nunca foi pacífica na história brasileira.

Na redação original do Dec.-Lei nº 3.365/1941 não havia previsão do pagamento de juros compensatórios nos casos de imissão provisória na posse. Em 1963, o STF, inovando na ordem jurídica, sumulou a matéria (Súmula nº 164), entendendo que "no processo de desapropriação, são devidos juros compensatórios desde a antecipada imissão de posse, ordenada pelo juiz, por motivo de urgência". Jurisprudencialmente, estabeleceu-se um percentual de 6% ao ano, com base nos juros legais previstos no Código Civil de 1916.

Posteriormente, em 1984, diante de um cenário de elevada inflação e diante da morosidade processual nas ações de desapropriação, o STF alterou seu entendimento e elevou os juros compensatórios para 12%, editando a Súmula nº 618, a qual passou a estabelecer que "na desapropriação, direta ou indireta, a taxa dos juros compensatórios é de 12% (doze por cento) ao ano".

Em 11 de junho de 1997, finalmente uma medida legislativa, com a edição da Medida Provisória nº 1.577, a qual estabeleceu, contrariamente à súmula do STF, juros compensatórios de 6% ao ano. Porém, posteriormente, a Medida Provisória nº 2.183-56/2001 (reedição da MP originária) alterou a redação original estabelecendo percentual de "até 6%", além da incumbência ao proprietário de provar a perda da renda sobre o imóvel como condição para o deferimento do pagamento dos juros compensatórios e para afastar o pagamento quando o grau de utilização e eficiência na exploração da propriedade forem iguais a zero.

A OAB ingressou com a ADI nº 2332/DF, sendo que, em 2001, o STF havia concedido medida liminar declarando inconstitucional a redução dos juros compensatórios de 12% para 6%, determinando a volta da taxa para 12%. A decisão do STF foi publicada em 13-9-/2001 e possuiu efeitos *ex nunc*. Assim, a MP nº 1.577/1997 produziu efeitos no período de 11-6-1997 a 13-9-2001. Nesse período, a taxa de juros foi de 6%, voltando a 12% após a decisão liminar do STF na ADI nº 2332/DF. Na mesma decisão foi suspensa a eficácia dos §§ 1º e 2º do art. 15-A do Dec.-Lei nº 3.365/1941 (comprovação de perda de renda e grau de utilização).

Em maio de 2018, o STF julgou o mérito da ADI nº 2332/DF e alterou a decisão liminar proferida em 2001, decidindo pela constitucionalidade do **percentual fixo de 6%** previsto no art. 15-A do Dec.-Lei nº 3.365/1941. O STF declarou **inconstitucional o vocábulo "até"** (6%). Para o Supremo, a utilização do termo "até" para a fixação da taxa de juros a ser aplicada nos casos de imissão provisória na posse cria insegurança jurídica e institui regime de discricionariedade injustificado, violando a determinação constitucional de que o proprietário deverá receber justa indenização. Com essa decisão **estão superadas as Súmulas nºs 618 do STF e 408 do STJ**.

Além disso, o STF também julgou constitucional os §§ 1º e 2º do art. 15-A do Dec.-Lei nº 3.365/1941, os quais condicionam a condenação do Poder Público ao pagamento dos juros compensatórios aos seguintes requisitos:

1) ter ocorrido imissão provisória na posse do imóvel;
2) a comprovação pelo proprietário da perda da renda sofrida pela privação da posse;
3) o imóvel possuir graus de utilização da terra e de eficiência na exploração superiores a zero.

Importante destacar que o § 3º também foi julgado constitucional, ou seja, **os mesmos requisitos para a incidência de juros compensatórios na ação de desapropriação deverão ser comprovados na ação de desapropriação indireta**, bem como as indenizações por restrições decorrentes de atos do Poder Público, em especial aqueles destinados à proteção ambiental.

O § 4º, que estabelece que nas ações referidas no § 3º não será o Poder Público onerado por juros compensatórios relativos a período anterior à aquisição da propriedade ou posse titulada pelo autor da ação foi declarado **inconstitucional**, sob o argumento de que ele exclui indevidamente o direito aos juros compensatórios, violando a exigência constitucional de justa indenização (art. 5º, XXIV) e o direito fundamental de propriedade (art. 5º, XXII), pois tanto a ação de desapropriação quanto a ação de desapropriação indireta deverão receber o mesmo tratamento referente aos juros.

Por fim, o STF deu interpretação conforme a Constituição ao *caput* do art. 15-A do Dec.-Lei nº 3.365/1941 a fim de que **a base de cálculo dos juros compensatórios seja a diferença eventualmente apurada entre 80% do preço ofertado em juízo e o valor do bem fixado na sentença**.

Exemplo: O município de Oabeiros ajuizou ação de desapropriação em desfavor de Tício, oferecendo R$ 200 mil pela sua casa, para instalação de uma escola de educação infantil. O art. 33, § 2º, do Dec.-Lei nº 3.365/1941 autoriza que o proprietário, mesmo que discorde do valor, levante (saque) 80% da quantia oferecida, o que foi feito por Tício.

Assim, o juiz da Vara Fazendária de Oabeiros deferiu a imissão provisória na posse. Ao final da ação, após a perícia, o juiz fixou em R$ 600 mil o valor da indenização a ser paga para Tício (valor real do imóvel).

Pela interpretação literal do art. 15-A do Dec.-Lei nº 3.365/1941, os 6% de juros compensatórios deveriam incidir sobre a diferença entre o valor fixado na sentença (R$ 600 mil) e o preço ofertado em juízo (R$ 200 mil). Assim, os juros compensatórios seriam 6% de R$ 400 mil (6% de 600-200). Veja a redação do dispositivo:

> Art. 15-A. No caso de imissão prévia na posse, na desapropriação por necessidade ou utilidade pública e interesse social, inclusive para fins de reforma agrária, *havendo divergência entre o preço ofertado em juízo e o valor do bem*, fixado na sentença, expressos em termos reais, incidirão juros compensatórios de até *seis por cento ao ano sobre o valor da diferença eventualmente apurada*, a contar da imissão na posse, vedado o cálculo de juros compostos. (incluído pela MP nº 2.183-56/2001)

Pela interpretação dada pelo STF, no exemplo citado, a taxa de juros (6%) deve incidir sobre a diferença entre o valor fixado na sentença (R$ 600 mil) e 80% do preço oferecido pelo Poder Público (em nosso exemplo, 80% de R$ 200 mil = R$ 160 mil). Assim, segundo a interpretação dada pelo STF, os juros compensatórios são 6% de R$ 440 mil (6% de R$ 600 mil – R$ 160 mil).

QUADRO-RESUMO

Período aproximado	Taxa de juros compensatórios	Fundamento
De 1941 até 1963	Não havia	Ausência de previsão no Decreto-Lei
De 1963 até 1984	6% ao ano (0,5% ao mês)	Súmula nº 164 do STF e CC/1916
De 1984 até 10-6-1997	12% (1% ao mês)	Súmula nº 618 do STF
De 11-6-1997 a 13-9-2001	6% (0,5% ao mês)	MP nº 1.577/1997 reeditada sucessivas vezes até a MP nº 2.183-56/2001
De 14/09/2001 a 28/05/2018	12% (1% ao mês)	Decisão liminar na ADI nº 2332 e Súmula nº 408 do STJ
A partir de 28/05/2018	6% (0,5% ao mês)	Decisão final na ADI nº 2332 e art. 15-A do Dec.-Lei nº 3.365/1941

Observação importante: em se tratando de desapropriação sancionatória urbana, o art. 8º, § 2º, inciso II, da Lei nº 10.257/2001 prevê expressamente que o valor real da indenização não computará expectativas de ganhos, lucros cessantes e juros compensatórios.

j.2) **Juros moratórios**

Os juros moratórios destinam-se a recompor a perda decorrente do atraso no efetivo pagamento da indenização fixada na decisão final de mérito, **e somente serão devidos à razão de até 6% ao ano**, a partir de 1º de janeiro do exercício seguinte àquele em que o pagamento deveria ter sido feito, nos termos do art. 100 da CF/1988 (art. 15-B do Dec.-Lei nº 3.365/1941).

Assim, **não há que se falar em superposição de juros compensatórios e moratórios** (anatocismo), visto que incidem em períodos diferentes:

1) **compensatórios** – da imissão provisória ou ocupação até a data da expedição do precatório.

2) **moratórios** – de janeiro do exercício seguinte àquele em que o pagamento deveria ter sido feito (prazo constitucional).

Por fim, conclui-se que **entre a expedição do precatório e o prazo constitucional para o seu pagamento não incidem juros compensatórios ou moratórios**.

j.3) **Honorários advocatícios**

Na composição da justa indenização também se incluem, como dito, os honorários advocatícios. Assim, o § 1º do art. 27 do Dec.-Lei nº 3.365/1941 previu a seguinte regra envolvendo honorários advocatícios na desapropriação:

> Art. 27. [...]
>
> § 1º A sentença que fixar o valor da indenização quando este for superior ao preço oferecido *condenará o desapropriante a pagar honorários do advogado, que serão fixados entre meio e cinco por cento do valor da diferença*, observado o disposto no § 4º do art. 20 do Código de Processo Civil, *não podendo os honorários ultrapassar R$ 151.000,00 (cento e cinquenta e um mil reais)*. (redação dada MP nº 2.183-56/2001)

Dessa forma, o § 1º do art. 27 prevê a condenação do ente desapropriante em um percentual de honorários que varia de 0,5% a 5%, **sobre a diferença do valor oferecido pelo Poder Público e aquele estabelecido na sentença** da ação de desapropriação. Ao julgar o mérito da ADI nº 2332/DF, o STF também entendeu pela constitucionalidade dessa previsão de parâmetros mínimo (0,5%) e máximo (5%) à concessão de honorários advocatícios.

Assim, nas ações de desapropriação direta ou indireta, embora a Fazenda Pública seja parte no processo, **não terá aplicação o escalonamento previsto art. 85, § 6º, do CPC no que tange aos honorários advocatícios**. **Vale a regra da especialidade, cabendo ao juiz fixar, nessas ações, honorários no percentual entre 0,5% e 5%**.

O STF considerou, porém, que é inconstitucional a expressão "não podendo os honorários ultrapassar R$ 151.000,00 (cento e cinquenta e um mil reais)", uma vez que, ao limitar os honorários em determinado valor fixo (que não seja um percentual), viola o princípio da proporcionalidade e acaba refletindo no justo preço da indenização que o expropriado deve receber.

k) Tredestinação

Após a efetivação de uma desapropriação, o ente expropriante deve empregar o bem à finalidade pública que desencadeou o processo de desapropriação. Não o fazendo, estar-se-á diante da tredestinação, que nada mais é do que a destinação do bem em desconformidade com o plano inicialmente previsto. A tredestinação, entretanto, distingue-se em lícita (na qual o bem é empregado em finalidade diversa da inicialmente pretendida, mas ainda afetada ao interesse público) e **ilícita** (na qual não se emprega o bem em uma utilização de interesse público). A tredestinação lícita, isto é, a alteração na destinação do bem, por conveniência da administração pública, resguardando, de modo integral, o interesse público, não é vedada pelo ordenamento.

l) Retrocessão

A **tredestinação lícita**, por manter o bem afetado a uma finalidade de interesse público, não configura direito de retrocessão, isto é, o direito do particular expropriado de reaver o bem, em virtude da sua não utilização. O Dec.-Lei nº 3.365/1941 dispõe, em seu art. 35, que os bens expropriados, uma vez incorporados à Fazenda Pública, não podem ser objeto de reivindicação. A jurisprudência e a doutrina majoritárias afirmam que somente é possível o exercício do direito de retrocessão quando é dado ao bem outra destinação que não seja de interesse público (**tredestinação ilícita**) ou que não lhe tenha dado destinação alguma (**adestinação**).

12.8.1 Desapropriação indireta

Desapropriação indireta é o apossamento de bem particular pelo poder público sem a observância dos requisitos da declaração e indenização prévia (processo legal de desapropriação). Costuma ser equiparada ao esbulho, podendo ser obstada por meio de ação possessória. É fato administrativo.

Não se obtendo sucesso, após apossado o bem pelo poder público, só restará buscar as perdas e danos, conforme o previsto no art. 35 do Dec.-Lei nº 3.365/1941 ("Art. 35. Os bens expropriados, uma vez incorporados à Fazenda Pública, não podem ser objeto de reivindicação, ainda que fundada em nulidade do processo de desapropriação. Qualquer ação, julgada procedente, resolver-se-á em perdas e danos.").

A desapropriação indireta somente se consuma quando o bem se incorporar definitivamente ao patrimônio do ente público. É a incorporação que ocasiona a transferência de propriedade.

A legitimidade ativa e passiva nesse tipo de ação é inversa à da ação de desapropriação. Na ação de indenização por desapropriação indireta, **o autor é sempre o ex-proprietário**, e a **ré, a pessoa de direito público** responsável pela incorporação do bem a seu patrimônio. O autor deve ser o proprietário do imóvel, cabendo-lhe provar o domínio, sob pena de não ser parte legítima. Sendo casado o autor, a jurisprudência tem exigido o comparecimento de ambos os cônjuges no polo ativo da ação, sob pena de extinção do processo. **O foro competente é o do local do imóvel**, e não o do domicílio do réu.

A indenização a ser pleiteada na ação de indenização por desapropriação indireta é a mesma aplicável à desapropriação ordinária, nos termos já explicados (além do valor real do imóvel, os danos emergentes, os lucros cessantes, as despesas processuais, os juros, a correção monetária e os honorários advocatícios).

Em termos **de prescrição ao ajuizamento da ação de desapropriação indireta**, deve-se observar a **Súmula nº 119 do STJ**, que prevê que a ação de desapropriação indireta prescreve em 20 anos. A súmula, porém, foi editada antes do Código Civil de 2002, e deve ser interpretada à luz do art. 1238, § único, do CC, que reduziu o prazo da usucapião pública de 20 para 10 anos, conforme firmado no REsp nº 1300442/SC, consolidando-se o seguinte entendimento:

O STJ considerou serem aplicáveis dois prazos prescricionais para a ação de desapropriação indireta:

- **20 anos:** aplicável para todas as ações de desapropriação indireta ajuizadas antes da vigência do Código Civil de 2002 (que se deu em 11-1-2003);
- **10 anos:** aplicável para as ações de desapropriação indireta ajuizadas após a vigência do Código Civil de 2002. Nesse caso, contudo, seria necessário também observar a aplicabilidade da norma de transição do **art. 2.028 do CC/2002,** segundo o qual *serão os da lei anterior os prazos, quando reduzidos por este Código, e se, na data de sua entrada em vigor, já houver transcorrido mais da metade do tempo.*

Assim, primeiro, deve-se observar a data do ajuizamento da ação, **pois todas as ações anteriores a 11-1-2003 seguirão o prazo vintenário.**

Tendo sido ajuizada **após 11-1-2003**, será preciso observar a data do apossamento administrativo. Se entre essa data e a data de entrada em vigor do Código Civil de 2002 houver transcorrido mais de dez anos (metade do prazo anterior de 20 anos), deve ser mantida a prescrição vintenária; se transcorrido menos de dez anos, aplicável será o novo prazo prescricional decenal, contado a partir da entrada em vigor da nova lei.

Exemplo:

Ação ajuizada antes de 11-1-2003	Prazo prescricional de 20 anos (Súmula nº 119 do STJ)
Ação ajuizada após 11-1-2003	Período entre o apossamento e 11-1-2003 > 10 anos: prazo prescricional de 20 anos Período entre o apossamento e 11-1-2003 < 10 anos: prazo prescricional de 10 anos, a contar da data da vigência do Código Civil de 2002

12.9 EXPROPRIAÇÃO

Trata-se de **sanção**. **Não** confere direito indenizatório ao proprietário:

> Art. 243. As propriedades rurais e urbanas de qualquer região do País onde forem localizadas culturas ilegais de plantas psicotrópicas ou a exploração de trabalho escravo na forma da lei serão expropriadas e destinadas à reforma agrária e a programas de habitação popular, sem qualquer indenização ao proprietário e sem prejuízo de outras sanções previstas em lei, observado, no que couber, o disposto no art. 5º.

O STF, em 14 de dezembro de 2016, por ocasião do julgamento do RE nº 635.336, de relatoria do Ministro Gilmar Mendes, decidiu, em sede de repercussão geral, que:

> A expropriação prevista no art. 243 da CF pode ser afastada, desde que o proprietário comprove que não incorreu em culpa, ainda que *in vigilando* ou *in elegendo*.

Com essa orientação, o Plenário negou provimento a recurso extraordinário em que se discutia a natureza jurídica da responsabilidade do proprietário de terras nas quais estava localizada cultura ilegal de plantas psicotrópicas.

Salientou que o instituto previsto no art. 243 da CF/1988 **não é verdadeira espécie de desapropriação, mas uma penalidade imposta ao proprietário que praticou a atividade ilícita de cultivar plantas psicotrópicas, sem autorização prévia do órgão sanitário do Ministério da Saúde**. Portanto, a expropriação é espécie de confisco constitucional e tem caráter sancionatório.

Ressaltou que em nenhum momento a Constituição menciona a participação do proprietário no cultivo ilícito para ensejar a sanção, mas que não se pode negar que a medida é sancionatória, exigindo-se algum grau de culpa para sua caracterização.

Concluiu que a responsabilidade do proprietário, embora subjetiva, é bastante próxima da objetiva. Dessa forma, a função social da propriedade impõe ao proprietário o dever de zelar pelo uso lícito de seu terreno, ainda que não esteja na posse direta. Entretanto, esse dever não é ilimitado, e somente se pode exigir do proprietário que evite o ilícito quando evitá-lo esteja razoavelmente ao seu alcance. Ou seja, o proprietário pode afastar sua responsabilidade se demonstrar que não incorreu em culpa, que foi esbulhado ou até enganado por possuidor ou detentor.

QUADRO-RESUMO

	Fundamento jurídico	Objeto	Prazo	Instituição	Indenização
Servidão administrativa	art. 40 do Dec.-Lei nº 3.365/1941 e art. 29 da Lei nº 8.987/1995, IX	Bens imóveis	Indeterminado	Acordo ou decisão judicial	Prévia e condicionada à existência de dano. Prazo prescricional: cinco anos, conforme o art. 10, parágrafo único, do Dec.-Lei nº 3.365/1941.
Requisição administrativa	art. 5º, XXV, da CF/1988 e art. 22, III, da CF/1988	Bens móveis, imóveis e serviços	Temporária (durante a necessidade) – Precária.	Autoexecutoriedade	Ulterior e condicionada à existência de dano
Ocupação Temporária	art. 36 do Dec.-Lei nº 3.365/1941 (vinculada à desapropriação).	Bens imóveis (vinculada à desapropriação).	Temporária (durante a necessidade) – Precária.	Autoexecutoriedade	Ulterior e condicionada à existência de dano. Prazo prescricional: cinco anos, conforme o art. 10, parágrafo único, do Dec.-Lei nº 3.365/1941.
Ocupação Temporária	art. 58, V, e art. 80, II, ambos da Lei nº 8.666/1993 (execução de contrato administrativo)	Bens imóveis, móveis, pessoal e serviços para execução de contrato administrativo.	Temporária (durante a necessidade) – Precária.	Autoexecutoriedade	Ulterior e condicionada à existência de dano. Prazo prescricional: cinco anos, conforme o art. 10, parágrafo único, do Dec.-Lei nº 3.365/1941.

	Fundamento jurídico	Objeto	Prazo	Instituição	Indenização
Tombamento	art. 216, § 1º, da CF/1988. Dec.-Lei nº 25/1937.	Bens móveis e imóveis	Indeterminado	De ofício; voluntário; compulsório	Apenas se esvaziar o direito de propriedade
Desapropriação	art. 5º, XXIV, da CF/1988 (ordinária). Dec.-Lei nº 3.365/1941 (necessidade e utilidade pública). Lei nº 4.132/1962 (Inter social).	Bens móveis e imóveis.	Definitivo	Processo misto (1ª fase: administrativa; não havendo acordo, 2ª fase: judicial).	Justa, prévia e em dinheiro.
	art. 182, § 4º, III, da CF/1988 (desapropriação urbanística)	Bens imóveis urbanos	Definitivo	Processo MISTO (1ª fase: administrativa; não havendo acordo, 2ª fase: judicial).	Justa e em títulos da dívida pública previamente aprovados, resgatáveis em até 10 anos.
Desapropriação	art. 184 da CF/1988 (desapropriação agrária)	Bens imóveis rurais.	Definitivo	Processo misto (1ª fase: administrativa; não havendo acordo, 2ª fase: judicial).	Justa, prévia e em títulos da dívida agrária, resgatáveis em até 20 anos.
Expropriação	art. 243 da CF/1988. Lei nº 8.257/1991.	Bens imóveis rurais e urbanos (plantas psicotrópicas e trabalho escravo)	Definitivo	Processo judicial (ação expropriatória)	Sem qualquer indenização.

12.10 QUESTÕES DO EIXO TEMÁTICO (OAB 1ª FASE)

(EXAME XXXIII/Questão 30) Luciano, proprietário de um terreno localizado no Município Ômega, viajou para o exterior, pelo período de 8 meses, para realizar curso de especialização profissional. Quando retornou de viagem, verificou que o Município, sem expedir qualquer notificação, de forma irregular e ilícita, invadiu sua propriedade e construiu uma escola, em verdadeiro apossamento administrativo. As aulas na nova escola municipal já se iniciaram há dois meses e verifica-se a evidente impossibilidade de se reverter a situação sem ensejar prejuízos aos interesses da coletividade. Ao buscar assistência jurídica junto a conhecido escritório de advocacia, foi manejada em favor de Luciano ação de

A) indenização por retrocessão, por abuso de poder da municipalidade, que gera direito à justa e imediata indenização, exigível quando do trânsito em julgado da ação.

B) indenização por desapropriação indireta, que visa à justa e posterior indenização, a ser paga por meio de precatório.

C) reintegração de posse por tredestinação ilícita, por desvio de finalidade, que visa à justa e posterior indenização, a ser paga por meio de precatório.

D) interdito proibitório por desvio de finalidade, que gera direito à justa e imediata indenização, exigível quando do trânsito em julgado da ação.

(EXAME XXXIII/Questão 29) Há muitos anos, Bruno invadiu sorrateiramente uma terra devoluta indispensável à defesa de fronteira, que já havia sido devidamente discriminada. Como não houve oposição, Bruno construiu uma casa, na qual passou a residir com sua família, além de usar o terreno subjacente para a agricultura de subsistência. A União, muitos anos depois do início da utilização do bem por Bruno, promoveu a sua notificação para desocupar o imóvel, em decorrência de sua finalidade de interesse público. Na qualidade de advogado(a) consultado(a) por Bruno, assinale a afirmativa correta.

A) Bruno terá que desocupar o bem em questão e não terá direito à indenização pelas acessões e benfeitorias realizadas, pois era mero detentor do bem da União.

B) A União não poderia ter notificado Bruno para desocupar bem que não lhe pertence, na medida em que todas as terras devolutas são de propriedade dos estados em que se situam.

C) Bruno pode invocar o direito fundamental à moradia para reter o bem em questão, até que a União efetue o pagamento pelas acessões e benfeitorias realizadas.

D) Caso Bruno preencha os requisitos da usucapião extraordinária, não precisará desocupar o imóvel da União

(EXAME XXXII/Questão 31) A União, diante da necessidade de utilização do imóvel produtivo de Astrobaldo para fazer passar importante oleoduto, fez editar Decreto que declarou a utilidade pública do bem para tal finalidade e determinou que a concessionária do setor levasse a efeito a mencionada intervenção, na forma do contrato de concessão, de modo a instituir o respectivo direito real de gozo para a Administração Pública. Astrobaldo recusou-se a permitir o ingresso de prepostos da referida sociedade no bem para realizar as respectivas obras, o que levou a concessionária a ajuizar ação específica, com pedido liminar de imissão provisória na posse, para a implementação do estabelecido no Decreto. Diante dessa situação hipotética, assinale a afirmativa correta.

A) A concessionária não poderia levar a efeito a intervenção do Estado na propriedade pretendida pela União, porque não pode exercer poder de polícia.

B) A intervenção do Estado na propriedade pretendida é a requisição, considerando a necessidade do bem de Astrobaldo para a realização de serviço público.

C) O pedido de imissão provisória na posse foi equivocado, porque não é cabível o procedimento da ação de desapropriação na intervenção em comento, cuja modalidade é a servidão.

D) O eventual deferimento da imissão provisória na posse importará no dever de acrescer juros compensatórios sobre a indenização que venha a ser determinada no processo.

(EXAME XXXI/Questão 31) Diante da necessidade de construção de uma barragem no Município Alfa, a ser efetuada em terreno rural de propriedade de certa sociedade de economia mista federal, o Poder Legislativo local fez editar uma lei para declarar a desapropriação por utilidade pública, após a autorização por decreto do Presidente da República, sendo certo que, diante do sucesso das tratativas entre os chefes do Executivo dos entes federativos em questão, foi realizado acordo na via administrativa para ultimar tal intervenção do Estado na propriedade. Diante dessa situação hipotética, assinale a afirmativa correta.

A) A autorização por decreto não pode viabilizar a desapropriação do bem em questão pelo Município Alfa, porque os bens federais não são expropriáveis.

B) A iniciativa do Poder Legislativo do Município Alfa para declarar a desapropriação é válida, cumprindo ao respectivo Executivo praticar os atos necessários para sua efetivação.

C) A intervenção na propriedade em tela não pode ser ultimada na via administrativa, mediante acordo entre os entes federativos envolvidos.

D) O Município Alfa não tem competência para declarar a desapropriação por utilidade pública de propriedades rurais

(EXAME XXIX/Questão 32) Virgílio é proprietário de um imóvel cuja fachada foi tombada pelo Instituto do Patrimônio Histórico e Artístico Nacional – IPHAN, autarquia federal, após o devido processo administrativo, diante de seu relevante valor histórico e cultural. O logradouro em que o imóvel está localizado foi assolado por fortes chuvas, que comprometeram a estrutura da edificação, a qual passou a apresentar riscos de desabamento. Em razão disso, Virgílio notificou o Poder Público e comprovou não ter condições financeiras para arcar com os custos da respectiva obra de recuperação. Certo de que a comunicação foi recebida pela autoridade competente, que atestou a efetiva necessidade da realização de obras emergenciais, Virgílio procurou você, como advogado(a), para, mediante orientação jurídica adequada, evitar a imposição de sanção pelo Poder Público.

Sobre a hipótese apresentada, assinale a opção que apresenta a orientação correta.

A) Virgílio poderá demolir o imóvel.

B) A autoridade competente deve mandar executar a recuperação da fachada tombada, às expensas da União.

C) Somente Virgílio é obrigado a arcar com os custos de recuperação do imóvel.

D) As obras necessárias deverão ser realizadas por Virgílio, independentemente de autorização especial da autoridade competente.

(EXAME XXIX/Questão 29) O poder público, com fundamento na Lei nº 8.987/1995, pretende conceder à iniciativa privada uma rodovia que liga dois grandes centros urbanos. O edital, publicado em maio de 2018, previu a duplicação das pistas e a obrigação de o futuro concessionário desapropriar os terrenos necessários à ampliação. Por se tratar de projeto antigo, o poder concedente já havia declarado, em janeiro de 2011, a utilidade pública das áreas a serem desapropriadas no âmbito do futuro contrato de concessão.

Com base na hipótese apresentada, assinale a afirmativa correta.

A) O ônus das desapropriações necessárias à duplicação da rodovia não pode ser do futuro concessionário, mas sim do poder concedente.

B) O poder concedente e o concessionário só poderão adentrar os terrenos necessários à ampliação da rodovia após a conclusão do processo de desapropriação.

C) O decreto que reconheceu a utilidade pública dos terrenos caducou, sendo necessária a expedição de nova declaração.

D) A declaração de utilidade pública pode ser emitida tanto pelo poder concedente quanto pelo concessionário.

(EXAME XXVIII/Questão 32) Determinado Município fez publicar decreto de desapropriação por utilidade pública de determinada área, com o objetivo de construir um hospital, o que incluiu o imóvel de Ana. A proprietária aceitou o valor oferecido pelo ente federativo, de modo que a desapropriação se consumou na via administrativa. Após o início das obras, foi constatada a necessidade, de maior urgência, da instalação de uma creche na mesma localidade, de modo que o Município alterou a destinação a ser conferida à edificação que estava sendo erigida. Ana se arrependeu do acordo firmado com o poder público. Diante dessa situação hipotética, na qualidade de advogado(a) de Ana, assinale a afirmativa correta.

A) Ana deverá ajuizar ação de retrocessão do imóvel, considerando que o Município não possui competência para atuar na educação infantil, de modo que não poderia alterar a destinação do bem expropriado para esta finalidade.

B) Cabe a Ana buscar a anulação do acordo firmado com o Município, que deveria ter ajuizado a indispensável ação de desapropriação para consumar tal modalidade de intervenção do estado na propriedade.

C) O ordenamento jurídico não autoriza que Ana impugne a desapropriação amigável acordada com o Município, porque a nova destinação conferida ao imóvel atende ao interesse público, a caracterizar a chamada tredestinação lícita.

D) Ana deverá ajuizar ação indenizatória em face do ente federativo, com base na desapropriação indireta, considerando que o Município não pode conferir finalidade diversa da constante no decreto expropriatório

(EXAME XXV/Questão 32) Em novembro de 2014, Josué decidiu gozar um período sabático e passou, a partir de então, quatro anos viajando pelo mundo. Ao retornar ao Brasil, foi surpreendido pelo fato de que um terreno de sua propriedade havia sido invadido, em setembro de 2015, pelo Município Beta, que nele construiu uma estação de tratamento de água e esgoto. Em razão disso, Josué procurou você para, na qualidade de advogado(a), traçar a orientação jurídica adequada, em consonância com o ordenamento vigente.

A) Deve ser ajuizada uma ação possessória, diante do esbulho cometido pelo Poder Público municipal.

B) Não cabe qualquer providência em Juízo, considerando que a pretensão de Josué está prescrita.

C) Impõe-se que Josué aguarde que o bem venha a ser destinado pelo Município a uma finalidade alheia ao interesse público, para que, somente então, possa pleitear uma indenização em Juízo.

D) É pertinente o ajuizamento de uma ação indenizatória, com base na desapropriação indireta, diante da incorporação do bem ao patrimônio público pela afetação.

(EXAME XXIII/Questão 31) O Estado "X" pretende fazer uma reforma administrativa para cortar gastos. Com esse intuito, espera concentrar diversas secretarias estaduais em um mesmo prédio, mas não dispõe de um imóvel com a área necessária. Após várias reuniões com a equipe de governo, o governador decidiu desapropriar, por utilidade pública, um enorme terreno de propriedade da União para construir o edifício desejado.

Sobre a questão apresentada, assinale a afirmativa correta.

A) A União pode desapropriar imóveis dos Estados, atendidos os requisitos previstos em lei, mas os Estados não podem desapropriar imóveis da União.

B) Para que haja a desapropriação pelo Estado "X", é imprescindível que este ente federado demonstre, em ação judicial, estar presente o interesse público.

C) A desapropriação é possível, mas deve ser precedida de autorização legislativa dada pela Assembleia Legislativa.

D) A desapropriação é possível, mas deve ser precedida de autorização legislativa dada pelo Congresso Nacional.

(EXAME XXII/Questão 30) O Município Beta foi assolado por chuvas que provocaram o desabamento de várias encostas, que abalaram a estrutura de diversos imóveis, os quais ameaçam ruir, especialmente se não houver imediata limpeza dos terrenos comprometidos. Diante do iminente perigo público a residências e à vida de pessoas, o Poder Público deve, prontamente, utilizar maquinário, que não consta de seu patrimônio, para realizar as medidas de contenção pertinentes.

Assinale a opção que indica a adequada modalidade de intervenção na propriedade privada para a utilização do maquinário necessário.

A) Requisição administrativa.

B) Tombamento.

C) Desapropriação.

D) Servidão administrativa.

(EXAME XX – Salvador-BA/Questão 33) O Estado Beta pretende estabelecer ligação viária entre dois municípios contíguos em seu território. Para tanto, mostra-se necessária a desapropriação, por utilidade pública, de bem de propriedade de um dos municípios beneficiários da obra.

Quanto à competência do Estado Beta para desapropriar bem público, assinale a afirmativa correta.

A) O Estado Beta não tem competência para desapropriar, por utilidade pública, bem municipal.

B) O Estado Beta não tem competência para desapropriar bens públicos.

C) O Estado Beta poderá desapropriar sem qualquer providência preliminar.

D) O Estado Beta poderá desapropriar mediante a respectiva autorização legislativa.

(EXAME XVII/Questão 31) O Município W, durante a construção de avenida importante, ligando a região residencial ao centro comercial da cidade, verifica a necessidade de ampliação da área a ser construída, mediante a incorporação de terrenos contíguos à área já desapropriada, a fim de permitir o prosseguimento das obras. Assim, expede novo decreto de desapropriação, declarando a utilidade pública dos imóveis indicados, adjacentes ao plano da pista.

Diante deste caso, assinale a opção correta.

A) É válida a desapropriação, pelo Município W, de imóveis a serem demolidos para a construção da obra pública, mas não a dos terrenos contíguos à obra.

B) Não é válida a desapropriação, durante a realização da obra, pelo Município W, de novos imóveis, qualquer que seja a finalidade.

C) É válida, no curso da obra, a desapropriação, pelo Município W, de novos imóveis em área contígua necessária ao desenvolvimento da obra.

D) Em relação às áreas contíguas à obra, a única forma de intervenção estatal da qual pode se valer o Município W é a ocupação temporária.

(EXAME XIII/Questão 33) Acerca da desapropriação, assinale a afirmativa correta.

A) Na desapropriação por interesse social, o expropriante tem o prazo de cinco anos, contados da edição do decreto, para iniciar as providências de aproveitamento do bem expropriado.

B) Na desapropriação por interesse social, em regra, não se exige o requisito da indenização prévia, justa e em dinheiro.

C) O município pode desapropriar um imóvel por interesse social, mediante indenização prévia, justa e em dinheiro.

D) A desapropriação para fins de reforma agrária da propriedade que não esteja cumprindo a sua função social não será indenizada.

(EXAME XII/Questão 29) O Município de Barra Alta realizou a desapropriação de grande parcela do imóvel de Manoel Silva e deixou uma parcela inaproveitável para o proprietário. No caso descrito, o proprietário obterá êxito se pleitear

A) A reintegração de posse de todo o imóvel em função da má-fé do Município.

B) O direito de extensão da desapropriação em relação à área inaproveitável.

C) A anulação da desapropriação em relação à parcela do imóvel suficiente para tornar a área restante economicamente aproveitável.

D) A anulação integral da desapropriação, pois a mesma foi ilegal.

(EXAME X/Questão 31) A fim de permitir o escoamento da produção até uma refinaria, uma empresa pública federal, que explora a prospecção de petróleo em um campo terrestre, inicia a construção de um oleoduto. O único caminho possível para essa construção atravessa a propriedade rural de Josenildo que, em razão do oleoduto, teve que diminuir o espaço de plantio de mamão e, com isso, viu sua renda mensal cair pela metade. Assinale a afirmativa que indica a instrução correta que um advogado deve passar a Josenildo.

A) Não há óbice à constituição da servidão administrativa no caso, mas cabe indenização pelos danos decorrentes dessa forma de intervenção na propriedade.

B) A servidão administrativa é ilegal e Josenildo pode desconstituí-la, pois o instituto só tem aplicação em relação aos bens públicos.

C) A servidão administrativa é ilegal, pois o nosso ordenamento veda a intervenção do Estado sobre propriedades produtivas.

D) Não há óbice à constituição da servidão administrativa e não há de se falar em qualquer indenização.

(EXAME IX – Ipatinga-MG/Questão 33) Acerca do Instituto da Desapropriação, assinale a afirmativa correta.

A) A desapropriação do espaço aéreo ou do subsolo só se tornará necessária, quando de sua utilização resultar prejuízo patrimonial do proprietário do solo.

B) Em casos de urgência, é possível a imissão provisória do expropriante na posse dos bens, não sendo exigível o seu registro junto ao registro de imóveis competente, muito menos o depósito de valores.

C) Os concessionários de serviços públicos e os estabelecimentos de caráter público ou que exerçam funções delegadas de poder público poderão promover desapropriações, por decreto do Presidente da República.

D) Os bens expropriados, incorporados à Fazenda Pública, podem ser objeto de reivindicação, desde que fundada em nulidade do processo de desapropriação.

(EXAME IX/Questão 30) A desapropriação é um procedimento administrativo que possui duas fases: a primeira, denominada declaratória e a segunda, denominada executória. Quanto à fase declaratória, assinale a afirmativa correta.

A) Acarreta a aquisição da propriedade pela Administração, gerando o dever de justa indenização ao expropriado.

B) Importa no início do prazo para a ocorrência da caducidade do ato declaratório e gera, para a Administração, o direito de penetrar no bem objeto da desapropriação.

C) Implica a geração de efeitos, com o titular mantendo o direito de propriedade plena, não tendo a Administração direitos ou deveres.

D) Gera o direito à imissão provisória na posse e o impedimento à desistência da desapropriação.

(EXAME VII/Questão 31) A empresa pública federal X, que atua no setor de pesquisas petroquímicas, necessita ampliar sua estrutura, para a construção de dois galpões industriais. Para tanto, decide incorporar terrenos contíguos a sua atual unidade de processamento, mediante regular processo de desapropriação. A própria empresa pública declara aqueles terrenos como de utilidade pública e inicia as tratativas com os proprietários dos terrenos – que, entretanto, não aceitam o preço oferecido por aquela entidade. Nesse caso,

A) Se o expropriante alegar urgência e depositar a quantia arbitrada de conformidade com a lei, terá direito a imitir-se provisoriamente na posse dos terrenos.

B) A desapropriação não poderá consumar-se, tendo em vista que não houve concordância dos titulares dos terrenos.

C) A desapropriação demandará a propositura de uma ação judicial e, por não haver concordância dos proprietários, a contestação poderá versar sobre qualquer matéria.

D) Os proprietários poderão opor-se à desapropriação, ao fundamento de que a empresa pública não é competente para declarar um bem como de utilidade pública.

(EXAME VII/Questão 32) O Município Y promove o tombamento de um antigo bonde, já desativado, pertencente a um colecionador particular. Nesse caso,

A) o proprietário pode insurgir-se contra o ato do tombamento, uma vez que se trata de um bem móvel.

B) o proprietário fica impedido de alienar o bem, mas pode propor ação visando a compelir o Município a desapropriar o bem, mediante remuneração.

C) o proprietário poderá alienar livremente o bem tombado, desde que o adquirente se comprometa a conservá-lo, de conformidade com o ato de tombamento.

D) o proprietário do bem, mesmo diante do tombamento promovido pelo Município, poderá gravá-lo com o penhor.

(EXAME 2010.3/Questão 8) Com relação à intervenção do Estado na propriedade, assinale a alternativa correta.

A) A requisição administrativa é uma forma de intervenção supressiva do Estado na propriedade que somente recai em bens imóveis, sendo o Estado obrigado a indenizar eventuais prejuízos, se houver dano.

B) A limitação administrativa é uma forma de intervenção restritiva do Estado na propriedade que consubstancia obrigações de caráter específico e individualizados a proprietários determinados, sem afetar o caráter absoluto do direito de propriedade.

C) A servidão administrativa é uma forma de intervenção restritiva do Estado na propriedade que afeta as faculdades de uso e gozo sobre o bem objeto da intervenção, em razão de um interesse público.

D) O tombamento é uma forma de intervenção do Estado na propriedade privada que possui como característica a conservação dos aspectos históricos, artísticos, paisagísticos e culturais dos bens imóveis, excepcionando-se os bens móveis.

(EXAME 2010.2/Questão 16) Nas hipóteses de desapropriação, em regra geral, os requisitos constitucionais a serem observados pela Administração Pública são os seguintes:

A) Comprovação da necessidade ou utilidade pública ou de interesse social; pagamento de indenização prévia ao ato de imissão na posse pelo Poder Público, e que seja justa e em dinheiro; e observância de ato administrativo, sem contraditório por parte do proprietário.

B) Comprovação da necessidade ou utilidade pública ou de interesse social; pagamento de indenização prévia ao ato de imissão na posse pelo Poder Público, e que seja justa e em dinheiro; e observância de procedimento administrativo, com respeito ao contraditório e ampla defesa por parte do proprietário.

C) Comprovação da necessidade ou utilidade pública ou de interesse social; pagamento de indenização prévia ao ato de imissão na posse pelo Poder Público, e que seja justa e em títulos da dívida pública ou quaisquer outros títulos públicos, negociáveis no mercado financeiro; e observância de procedimento administrativo, com respeito ao contraditório e ampla defesa por parte do proprietário.

D) Comprovação da necessidade ou utilidade pública ou de interesse social; pagamento de indenização, posteriormente ao ato de imissão na posse pelo Poder Público, e que seja justa e em dinheiro; e observância de procedimento administrativo, com respeito ao contraditório e ampla defesa por parte do proprietário.

(EXAME VIII/Questão 31) A União, após regular licitação, realiza concessão de determinado serviço público a uma sociedade privada. Entretanto, para a efetiva prestação do serviço, é necessário realizar algumas desapropriações.

A respeito desse caso concreto, assinale a afirmativa correta.

A) A sociedade concessionária poderá promover desapropriações mediante autorização expressa, constante de lei ou contrato.

B) As desapropriações necessárias somente poderão ser realizadas pela União, já que a concessionária é pessoa jurídica de direito privado.

C) O ingresso de autoridades administrativas nos bens desapropriados, declarada a utilidade pública, somente será lícito após a obtenção de autorização judicial.

D) Os bens pertencentes ao(s) Município(s) inserido(s) na área de prestação do serviço não poderão ser desapropriados, mesmo que haja autorização legislativa.

GABARITO DAS QUESTÕES DO EIXO TEMÁTICO (OAB 1ª Fase)

Questão	Gabarito
EXAME XXXIII/Questão 30	B
EXAME XXXIII/Questão 29	A
EXAME XXXII/Questão 31	D
EXAME XXXI/Questão 31	B
EXAME XXIX/Questão 32	B
EXAME XXIX/Questão 29	C
EXAME XXVIII/Questão 32	C
EXAME XXV/Questão 32	D
EXAME XXIII/Questão 31	A
EXAME XXII/Questão 30	A
EXAME XX – Salvador-BA/Questão 33	D
EXAME XVII/Questão 31	C
EXAME XIII/Questão 33	C
EXAME XII/Questão 29	B
EXAME X/Questão 31	A
EXAME IX – Ipatinga/MG/Questão 33	A
EXAME IX/Questão 30	B
EXAME VII/Questão 31	D
EXAME VII/Questão 32	D
EXAME 2010.3/Questão 8	C
EXAME 2010.2/Questão 16	B
EXAME VIII/Questão 31	A

12.11 QUESTÕES DO EIXO TEMÁTICO (OAB 2ª FASE)

(EXAME DE ORDEM IV/Questão 1) No curso de uma inundação e do aumento elevado das águas dos rios em determinada cidade no interior do Brasil, em razão do expressivo aumento do índice pluviométrico em apenas dois dias de chuvas torrenciais, o Poder Público municipal ocupou durante o período de 10 (dez) dias a propriedade de uma fazenda particular com o objetivo de instalar, de forma provisória, a sede da Prefeitura, do Fórum e da Delegacia de Polícia, que foram completamente inundadas pelas chuvas.

Diante da hipótese acima narrada, identifique e explicite o instituto de direito administrativo de que se utilizou o Poder Público municipal, indicando a respectiva base legal. (Valor: 1,25)

Item	Pontuação
Identificação do instituto de direito público – ocupação temporária **OU** requisição.	0/0,60
Explicitação do instituto (0,35) e do fundamento constitucional – art. 5º, XXV, da CF/1988 **OU** art. 1.228, § 3º, do CC (0,3).	0/0,3/0,35/0,65

(EXAME DE ORDEM V/Questão 4) O Município de Cachoeira Azul pretende implementar, com base em seu plano diretor, um importante projeto de criação de espaços públicos de lazer e áreas verdes ao longo dos próximos quatro anos e, para tanto, necessitará de áreas urbanas que atualmente constituem propriedade privada. O prefeito, então, encaminhou projeto de lei à Câmara de Vereadores estabelecendo direito de preferência em favor do Município caso os imóveis localizados na área venham a ser objeto de alienação onerosa entre particulares durante aquele prazo.

Considerando a situação hipotética narrada, responda aos seguintes quesitos, empregando os argumentos jurídicos apropriados e a fundamentação legal pertinente ao caso.

A) É juridicamente possível o estabelecimento do direito de preferência por lei municipal e pelo prazo mencionado? (Valor: 0,60)

B) Supondo afirmativa a resposta ao quesito anterior, ultrapassado o prazo de quatro anos estabelecido na lei, poderia o prefeito encaminhar novo projeto de lei para renová-lo por igual período? (Valor: 0,65)

Item	Pontuação
A) Sim, trata-se do direito de preferência (preempção), a ser estabelecido por lei municipal e por prazo não superior a cinco anos (0,3). Art. 25 da Lei nº 10.257/2001 – Estatuto da Cidade (0,3).	0/0,3/0,60
B) Necessidade de se aguardar um ano para a renovação do direito de preempção após o decurso do prazo inicial de vigência. (0,35) art. 25, § 1º, da Lei nº 10.257/2001 – Estatuto da Cidade (0,3).	0/0,3/0,35/0,65

(EXAME DE ORDEM VIII/Questão 1) Uma determinada microempresa de gêneros alimentícios explora seu estabelecimento comercial, por meio de contrato de locação não residencial, fixado pelo prazo de 10 (dez) anos, com término em abril de 2011. Entretanto, em maio do ano de 2009, a referida empresa recebe uma notificação do Poder Público municipal com a ordem de que deveria desocupar o imóvel no prazo de 3 (três) meses a partir do recebimento da citada notificação, sob pena de imissão na posse a ser realizada pelo Poder Público do município. Após o término do prazo concedido, agentes públicos municipais compareceram ao imóvel e avisaram que a imissão na posse pelo Poder Público iria ocorrer em uma semana. Desesperado com a situação, o presidente da sociedade empresária resolve entrar em contato imediato com o proprietário do imóvel, um fazendeiro da região, que lhe informa que já recebeu o valor da indenização por parte do Município, por meio de acordo administrativo celebrado um mês após o decreto expropriatório editado pelo Senhor Prefeito. Indignado, o presidente da sociedade resolve ajuizar uma ação judicial em face do Município, com o objetivo de manter a vigência do contrato até o prazo de seu término, estipulado no respectivo contrato de locação comercial, ou seja, abril de 2011; e, de forma subsidiária, uma indenização pelos danos que lhe foram causados.

A partir da narrativa fática descrita acima, responda aos itens a seguir, utilizando os argumentos jurídicos apropriados e a fundamentação legal pertinente ao caso.

A) É juridicamente correta a pretensão do locatário (microempresa) de impor ao Poder Público a manutenção da vigência do contrato de locação até o seu termo final? (Valor: 0,60)

B) Levando-se em consideração o acordo administrativo realizado com o proprietário do imóvel, é juridicamente correta a pretensão do locatário (microempresa) em requerer ao Poder Público municipal indenização pelos danos causados? (Valor: 0,65)

Item	Pontuação
A) Não, porque a desapropriação extingue o contrato de locação, liberando o bem de qualquer ônus real ou pessoal que incidia sobre a propriedade anteriormente, haja vista que a desapropriação consiste em modo originário de aquisição de propriedade (0,60).	0,00/0,60

Item	Pontuação
B) Sim. Assim como os proprietários, os locatários também podem sofrer danos com a desapropriação pelo poder público, visto que a sociedade locatária experimenta prejuízos distintos dos suportados pelo proprietário (0,40). O proprietário é indenizado pela perda da propriedade (art. 5º, XXIV, CF/1988), enquanto a sociedade locatária é indenizada pela interrupção do negócio e pela perda do estabelecimento empresarial (fundo de comércio) (0,25).	0,00/0,25/ 0,40/0,65

(EXAME DE ORDEM IX/Questão 4) O proprietário de um terreno passou dois anos sem ir até sua propriedade. Após esse período, ao visitar o local, constata que, em seu terreno, foi construída uma escola municipal que, àquela altura, já se encontra em pleno funcionamento.

Com base no relatado acima, com o emprego dos argumentos jurídicos apropriados e a fundamentação legal pertinente ao caso, responda aos itens a seguir.

A) Indique e conceitue o fato administrativo tratado no caso apresentado. (Valor: 0,60)

B) Diante do ocorrido, que medida o proprietário do terreno pode tomar? (Valor: 0,65)

Item	Pontuação
A) Trata-se de desapropriação indireta (0,25). Apossamento administrativo de bem particular sem o devido processo legal (0,35).	0,00/0,25/ 0,35/0,60
B) Propositura de ação indenizatória, tendo em vista a impossibilidade de reivindicação do bem (0,45), conforme o art. 35 do Dec.-Lei nº 3.365/1941 (0,20).	0,00/0,45/0,65

(EXAME DE ORDEM X/Questão 3) O município "X", tendo desapropriado um imóvel para a instalação da sede da prefeitura e, necessitando realizar obras de reparo no prédio, instala em terreno contíguo, de propriedade de Mário, o canteiro de obra necessário a realização dos reparos.

Considerando apenas os fatos descritos acima, responda aos itens a seguir.

A) Qual é a figura de intervenção utilizada pelo Município e quais são suas características? (valor: 0,65)

B) Nesse caso, é devida alguma indenização? Indique o fundamento legal. (valor: 0,60)

Observação: A simples menção ou transcrição do dispositivo legal não pontua.

Item	Pontuação
A) Trata-se de ocupação temporária (0,30). Caracteriza-se pelo uso transitório por parte do Poder Público de imóvel privado, como meio de apoio à execução de obra pública (0,35).	0.00/0,30/ 0,35/0,65
B) Nessa modalidade de ocupação temporária, por expressa disposição de lei (art. 36 do Dec.-Lei nº 3.365/1941), é devida indenização.	0,00/0,60

(EXAME DE ORDEM XII/Questão 4) O Prefeito do Município XYZ desapropriou um sítio particular para instalação de um novo centro de atendimento médico de emergência. Entretanto, antes do início das obras, o Estado ABC anunciou que o Município XYZ receberá um novo Hospital Estadual de Atendimento Médico Emergencial.

Responda, fundamentadamente, aos itens a seguir.

A) O Município pode desistir da construção do centro de atendimento médico e destinar a área desapropriada à construção de uma escola? (Valor: 0,65)

B) Com o anúncio feito pelo Estado, o antigo proprietário do sítio desapropriado pode requerer o retorno da área à sua propriedade, mediante devolução do valor da indenização? (Valor: 0,60)

Observação: A simples menção ou transcrição do dispositivo legal não pontua.

Item	Pontuação
A) Sim. Trata-se da tredestinação lícita (0,25), na qual o bem é empregado em finalidade diversa da inicialmente pretendida, mas ainda afetada ao interesse público (0,40).	0,00/0,25/ 0,40/0,65
B) Não. Os bens expropriados incorporados à Fazenda Pública e afetados a uma finalidade pública não podem ser objeto de reivindicação (0,50), na forma do art. 35 do Dec.-Lei nº 3.365/1941 (0,10).	0,00/0,50/0,60

(EXAME DE ORDEM XIV/Questão 2) O Estado "Y", mediante decreto, declarou como de utilidade pública, para fins de instituição de servidão administrativa, em favor da concessionária de serviço público "W", imóveis rurais necessários à construção de dutos subterrâneos para passagem de fios de transmissão de energia.

A concessionária "W", de forma extrajudicial, conseguiu fazer acordo com diversos proprietários das áreas declaradas de utilidade pública, dentre eles, Caio, pagando o valor da indenização pela instituição da servidão por meio de contrato privado.

Entretanto, após o pagamento da indenização a Caio, este não permitiu a entrada da concessionária "W" no imóvel para construção do duto subterrâneo, descumprindo o contrato firmado, o que levou a concessionária "W" a ingressar judicialmente com ação de instituição de servidão administrativa em face de Caio.

Levando em consideração a hipótese apresentada, responda, de forma justificada, aos itens a seguir.

A) É possível a instituição de servidão administrativa pela via judicial? (Valor: 0,60)

B) Um concessionário de serviço público pode declarar um bem como de utilidade pública e executar os atos materiais necessários à instituição da servidão? (Valor: 0,65)

Observação: A simples menção ou transcrição do dispositivo legal não pontua.

Itens	Pontuação
A) Sim, às servidões se aplicam as normas relativas à desapropriação, entre as quais a possibilidade de instituição pela via judicial (0,50), conforme o art. 40 do Dec.-Lei nº 3.365/1941 (0,10).	0,00/0,50/0,60
B1) Os concessionários não podem declarar um bem como de utilidade pública (0,25), conforme o art. 29, inciso IX, da Lei nº 8.987/1995 (0,10).	0,00/0,25/0,35
B2) Podem, no entanto, executar/promover a instituição de servidão administrativa (0,20), nos termos do art. 3º do Dec.-Lei nº 3.365/1941 ou art. 29, inciso IX, da Lei nº 8.987/1995 (0,10).	0,00/0,20/0,30

(EXAME DE ORDEM XXI/Questão 2) Após a edição do pertinente decreto declaratório da utilidade pública pela União, sociedade de economia mista federal, enquanto prestadora de serviço público, foi incumbida de promover a desapropriação de imóvel de Antônio. Para tanto, pretende promover tratativas com vistas a lograr a chamada desapropriação amigável ou tomar as medidas judiciais cabíveis para levar a efeito a intervenção do Estado na propriedade em foco. Diante dessa situação hipotética, responda aos itens a seguir.

A) A sociedade de economia mista em questão pode ajuizar a ação de desapropriação? (Valor: 0,65)

B) Considerando que o mencionado decreto expropriatório foi publicado em 5-5-2016, analise se existe prazo para o eventual ajuizamento da ação de desapropriação. (Valor: 0,60)

Observação: O(a) examinando(a) deve fundamentar as respostas. A mera citação do dispositivo legal não confere pontuação.

Item	Pontuação
A) A resposta é afirmativa. É possível que a entidade administrativa promova a desapropriação e, consequentemente, ajuíze a respectiva ação, na forma do art. 3º do Dec.-Lei nº 3.365/1941, desde que haja autorização expressa em lei ou no contrato.	0,00/0,55/0,65
B) A resposta é afirmativa. Os legitimados para promover a desapropriação por utilidade pública possuem o prazo de cinco anos, a contar da expedição do decreto, para o ajuizamento da respectiva ação, sob pena de caducidade, consoante o art. 10 do Dec.-Lei nº 3.365/1941.	0,00/0,50/0,60

(EXAME DE ORDEM XXII/Questão 4) O Município Beta, que possui cerca de quinze mil habitantes, pretende fazer uso de instrumentos previstos na ordem jurídica pátria para promover a ordenação urbana local, tais como os de parcelamento e edificação compulsórios. Para tanto, fez editar o plano diretor da cidade, aprovado pela Câmara Municipal, cujo projeto foi de iniciativa do Prefeito, após a efetivação de estudos técnicos por especialistas multidisciplinares contratados, que não realizaram a oitiva popular acerca das mudanças sugeridas. Diante dessa situação hipotética, responda aos questionamentos a seguir.

A) Para o Município Beta, a elaboração de plano diretor para se utilizar dos instrumentos de parcelamento e edificação compulsórios é obrigatória? (Valor: 0,60)

B) Considerando as diretrizes estabelecidas na legislação de regência, o Município Beta deveria ter promovido a participação popular no processo de elaboração do plano diretor? (Valor: 0,65)

Observação: O(a) examinando(a) deve fundamentar as respostas. A mera citação do dispositivo legal não confere pontuação.

Item	Pontuação
A) Sim. A utilização dos instrumentos de parcelamento e edificação compulsórios depende de previsão no plano diretor (0,50), tal como se depreende do art. 182, § 4º, inciso I, da CF/1988 OU do art. 5º da Lei nº 10.257/2001 OU do art. 41, inciso III, da Lei nº 10.257/2001 (0,10).	0,00/0,50/ 0,60
B) Sim. Consoante a diretriz da gestão democrática das cidades OU a diretriz do art. 2º, inciso II, da Lei nº 10.257/2001 (0,15), a participação popular é obrigatória no processo de elaboração do plano diretor (0,40), nos termos do art. 40, § 4º, da Lei nº 10.257/2001 (0,10).	0,00/0,15/0,25/ 0,40/0,50/0,55/ 0,65

(EXAME DE ORDEM UNIFICADO/EXAME 2010.3/Questão 5) Suponha que chegue ao conhecimento de um Ministro de Estado que Mévio, proprietário de uma fazenda na região central do país, vem utilizando sua propriedade para o cultivo ilegal de plantas psicotrópicas. Diante dessa notícia, a União Federal decide desapropriar as terras de Mévio. Com base no relatado acima, responda aos itens a seguir, empregando os argumentos jurídicos apropriados e a fundamentação legal pertinente ao caso.

A) É juridicamente possível que a União Federal promova a desapropriação sem pagar a Mévio qualquer indenização? (Valor: 0,3)

B) Qual seria a destinação do bem desapropriado? (Valor: 0,4)

C) Poderia o Estado da Federação em que estivessem situadas as glebas desapropriá-las para fins de reforma agrária? (Valor: 0,3)

Item	Pontuação
A) Desapropriação-sanção prevista no art. 243 da CF/1988 – sem indenização.	0/0,30
B) Necessidade de observância da destinação constitucional (assentamento de colonos, para o cultivo de produtos alimentícios e medicamentosos).	0/0,40
C) Não poderia desapropriar mediante indenização em títulos da dívida agrária – competência da União Federal (art. 184 da CF/1988).	0/0,15
C) Conforme a atual jurisprudência do STF, não podem os Estados e Municípios desapropriarem para reforma agrária, pois compete à União a política agrária e a competência para desapropriações dessa natureza, ainda que o Estado realize a desapropriação por interesse social e realize o pagamento de justa e prévia indenização em dinheiro (resposta atualizada pelo autor, conforme a atual jurisprudência do STF).	0/0,15

(EXAME DE ORDEM XXVI/Questão 3) José possuía uma grande propriedade rural, utilizada para o cultivo de milho e soja. Após seu falecimento, ocorrido em 2001, suas duas filhas, as únicas herdeiras, decidiram interromper o plantio dos grãos, tornando a propriedade improdutiva. Em 2017, a União declarou a área como de interesse social para fins de reforma agrária. Após um processo judicial de rito sumário, o juiz fixou o valor da indenização devido às filhas de José. Na ocasião, identificou-se a ausência de benfeitorias no terreno desapropriado. Após o pagamento pela União do valor fixado na sentença, Ronaldo foi beneficiado pela desapropriação, passando a ser proprietário de uma pequena fração do terreno. Sobre a hipótese apresentada, responda aos itens a seguir.

A) O valor da indenização devido às filhas de José foi pago em dinheiro? (Valor: 0,65)

B) Ronaldo, dois anos após ser beneficiado pela desapropriação, pode vender o terreno recebido a terceiros? (Valor: 0,60)

Observação: O(a) examinando(a) deve fundamentar as respostas. A mera citação do dispositivo legal não confere pontuação.

Item	Pontuação
A) Não, o valor da indenização devido às filhas de José não foi pago em dinheiro, mas em títulos da dívida agrária (0,55), nos termos do art. 184 da CF/1988 (0,10).	0,00/0,55/ 0,65
B) Não, Ronaldo não pode vender o terreno dois anos depois de ser beneficiado pela desapropriação. Os imóveis recebidos na reforma agrária são inegociáveis por dez anos (0,50), nos termos do art. 189 da CF/1988 (0,10).	0,00/0,50/ 0,60

(EXAME DE ORDEM XXVII/Questão 1) Para diminuir o índice de acidentes em uma rodovia movimentada, o poder público decidiu alterar o traçado de alguns trechos críticos. Para tanto, será necessário desapropriar certas áreas, dentre as quais parte da fazenda que pertence a Roberval, que explora economicamente o bem por meio da plantação de milho. Em razão das constantes mortes que ocorrem na rodovia, o decreto expropriatório, que reconheceu a utilidade pública do bem, declarou a urgência da desapropriação. Em acréscimo, o poder público depositou a quantia arbitrada e, assim, requereu a imissão provisória na posse. Ao fim do processo de desapropriação, o valor do bem fixado na sentença corresponde ao dobro daquele ofertado em juízo para fins de imissão provisória na posse. Na qualidade de advogado(a) consultado(a), responda aos itens a seguir.

A) No processo de desapropriação, Roberval pode alegar toda e qualquer matéria de defesa na contestação? (Valor: 0,65)

B) Os juros compensatórios são devidos a partir de que momento? (Valor: 0,60)

Observação: O(a) examinando(a) deve fundamentar as respostas. A mera citação do dispositivo legal não confere pontuação.

Item	Pontuação
A) A defesa de Roberval só poderá versar sobre vício do processo judicial ou sobre impugnação do preço (0,55), em conformidade com o art. 20 do Decreto Lei nº 3.365/1941 (0,10).	0,00/0,55/ 0,65
B) Os juros compensatórios são devidos desde a imissão na posse (0,50), em conformidade com a Súmula nº 69 do STJ OU com a Súmula nº 164 do STF OU com o art. 15-A do Decreto Lei nº 3.365/1941 (0,10).	0,00/0,50/ 0,60

(EXAME DE ORDEM XXX/Questão 3) Maurício Silva, prefeito do Município Alfa, que conta com cerca de cem mil habitantes, determinou a elaboração de projeto destinado a promover a urbanização da localidade, cuja operacionalização se deu por equipe qualificada, mediante a realização de audiências públicas. Após aprofundada e debatida análise, um grupo multidisciplinar de pesquisa sugeriu que o prefeito promovesse a desapropriação urbanística sancionatória, com pagamento em títulos da dívida pública, dos solos urbanos não edificados ou subutilizados, na forma da lei específica para área incluída no plano diretor, devidamente discriminados nos estudos, dentre os quais, uma área de propriedade de João dos Santos, sob o fundamento de estar violando a função social da propriedade urbana. João, que há anos não consegue colocar em prática seu projeto de utilização do imóvel em questão, procura você para, na qualidade de advogado(a), responder aos seguintes questionamentos.

A) Existem sanções a serem aplicadas pelo Poder Público do Município Alfa antes de promover a desapropriação sugerida? (Valor: 0,70)

B) Caso levada a efeito a desapropriação sugerida, o valor da indenização a ser paga a João dos Santos deveria incluir expectativas de lucros cessantes? (Valor: 0,55)

Observação: O(a) examinando(a) deve fundamentar as respostas. A mera citação do dispositivo legal não confere pontuação.

Item	Pontuação
A) Sim. A desapropriação com pagamento em títulos da dívida pública é a terceira das sanções aplicáveis pelo descumprimento da função social da propriedade urbana, mediante a não edificação ou subutilização do solo urbano, na forma da lei específica para área incluída no plano diretor. Ela deve ser necessariamente precedida do parcelamento e de edificação compulsórios e pela instituição do Imposto sobre a Propriedade Predial e Territorial Urbana (IPTU) progressivo no tempo, na forma do art. 182, § 4º, da CF/1988.	0,00/0,60/ 0,70
B) Não. O valor real da indenização na desapropriação com pagamento em títulos da dívida pública não pode incluir expectativas de lucros cessantes, na forma do art. 8º, § 2º, inciso II, da Lei nº 10.257/2001.	0,00/0,45/ 0,55

(EXAME DA ORDEM XXXII/Questão 4) A sociedade empresária Alfa, concessionária estadual de serviço público de administração e conservação da rodovia estadual XXX, com escopo de melhorar a qualidade do serviço prestado aos usuários, pretende realizar abertura, conservação e melhoramento em determinado trecho da via pública. Para viabilizar seu intento, estudos técnicos preliminares concluíram ser imprescindível a desapropriação de um imóvel. Nesse contexto, responda aos questionamentos a seguir.

A) Quais são os pressupostos legais para a desapropriação pretendida pela concessionária? Justifique. (Valor: 0,70)

B) Quais são as fases do procedimento expropriatório para a hipótese narrada? A sociedade empresária Alfa tem competência para atuar nessas fases? Justifique. (Valor: 0,55)

Item	Pontuação
A) Os pressupostos são: interesse público, na modalidade utilidade pública (0,25), previsto no art. 5º, *i*, do Decreto-lei nº 3.365/1941 (0,10), e pagamento de indenização prévia, justa e em dinheiro (0,25), segundo o art. 5º, XXIV, da CR/1988 (0,10).	0,00/0,25/ 0,35/0,50/ 0,60/0,70
B1) As fases do procedimento expropriatório são: (i) fase declaratória, cuja competência, por via de regra, está restrita aos entes federativos (0,15); (ii) fase executória: o Estado deverá adotar as providências necessárias à sua efetivação, com a transferência do bem após o pagamento do valor justo (indenização mais imissão da posse) (0,15).	0,00/0,15/0,30

Item	Pontuação
B2) A concessionária não tem competência para declarar o interesse público (fase declaratória), mas o ordenamento jurídico lhe confere competência para promover a fase executória mediante autorização expressa, constante de lei ou contrato (0,15), conforme o art. 3º do Decreto-lei nº 3.365/1941(0,10).	0,00/0,15/0,25

13 INTERVENÇÃO DO ESTADO NO DOMÍNIO ECONÔMICO

- Atuação típica do Estado Social – regulação.
- A economia não mais se regula pela mão invisível do mercado.
- Constitui um fato político e um fato jurídico.

Assim:

13.1 A INTERVENÇÃO DO ESTADO NO DOMÍNIO ECONÔMICO

Condiz, conforme os ensinamentos de Diógenes Gasparini, com todo ato ou medida legal que vise restringir, condicionar ou suprimir a iniciativa privada em determinada área, objetivando o desenvolvimento nacional e a justiça social, assegurados os direitos e garantias individuais.

A Constituição Federal de 1988, no art. 170, prevê que a ordem econômica é fundada na valorização do trabalho humano e na livre-iniciativa, tendo por fim assegurar a todos existência digna, conforme os ditames da justiça social.

Assim, editou-se, por exemplo, a Lei nº 13.874, de 20 de setembro de 2019, que institui a Declaração de Direitos de Liberdade Econômica e estabelece garantias de livre mercado. Entre os princípios que norteiam essa lei, estão a liberdade como uma garantia no exercício de atividades econômicas, a boa-fé do particular perante o Poder Público, a intervenção subsidiária e excepcional do Estado sobre o exercício de atividades econômicas e o reconhecimento da vulnerabilidade do particular perante o Estado.

Entre os direitos de toda pessoa, natural ou jurídica, previstos no art. 3º dessa lei, essenciais para o desenvolvimento e o crescimento econômicos do País, observado o disposto no parágrafo único do art. 170 da Constituição Federal, encontram-se:

1) desenvolver atividade econômica de baixo risco, para a qual se valha exclusivamente de propriedade privada própria ou de terceiros consensuais, sem a necessidade de quaisquer atos públicos de liberação da atividade econômica;

2) desenvolver atividade econômica em qualquer horário ou dia da semana, inclusive feriados, sem que para isso esteja sujeita a cobranças ou encargos adicionais, observadas:

a) as normas de proteção ao meio ambiente, incluídas as de repressão à poluição sonora e à perturbação do sossego público;

b) as restrições advindas de contrato, de regulamento condominial ou de outro negócio jurídico, bem como as decorrentes das normas de direito real, incluídas as de direito de vizinhança; e

c) a legislação trabalhista;

3) definir livremente, em mercados não regulados, o preço de produtos e de serviços como consequência de alterações da oferta e da demanda;

4) receber tratamento isonômico de órgãos e de entidades da administração pública quanto ao exercício de atos de liberação da atividade econômica, hipótese em que o ato de liberação estará vinculado aos mesmos critérios de interpretação adotados em decisões administrativas análogas anteriores, observado o disposto em regulamento;

5) gozar de presunção de boa-fé nos atos praticados no exercício da atividade econômica, para os quais as dúvidas de interpretação do direito civil, empresarial, econômico e urbanístico serão resolvidas de forma a preservar a autonomia privada, exceto se houver expressa disposição legal em contrário;

6) desenvolver, executar, operar ou comercializar novas modalidades de produtos e de serviços quando as normas infralegais se tornarem desatualizadas por força de desenvolvimento tecnológico consolidado internacionalmente, nos termos estabelecidos em regulamento, que disciplinará os requisitos para aferição da situação concreta, os procedimentos, o momento e as condições dos efeitos;

7) ter a garantia de que os negócios jurídicos empresariais paritários serão objeto de livre estipulação das partes pactuantes, de forma a aplicar todas as regras de direito empresarial apenas de maneira subsidiária ao avençado, exceto normas de ordem pública;

8) ter a garantia de que, nas solicitações de atos públicos de liberação da atividade econômica que se sujeitam ao disposto nesta Lei, apresentados todos os elementos necessários à instrução do processo, o particular será cientificado expressa e imediatamente do prazo máximo estipulado para a análise de seu pedido e de que, transcorrido o prazo fixado, o silêncio da autoridade competente importará aprovação tácita para todos os efeitos, ressalvadas as hipóteses expressamente vedadas em lei;

9) arquivar qualquer documento por meio de microfilme ou por meio digital, conforme técnica e requisitos estabelecidos em regulamento, hipótese em que se equiparará a documento físico para todos os efeitos legais e para a comprovação de qualquer ato de direito público;

10) não ser exigida medida ou prestação compensatória ou mitigatória abusiva, em sede de estudos de impacto ou outras liberações de atividade econômica no direito urbanístico, entendida como aquela que:

- **a)** requeira medida que já era planejada para execução antes da solicitação pelo particular, sem que a atividade econômica altere a demanda para execução da referida medida;
- **b)** utilize-se do particular para realizar execuções que compensem impactos que existiriam independentemente do empreendimento ou da atividade econômica solicitada;
- **c)** requeira a execução ou prestação de qualquer tipo para áreas ou situação além daquelas diretamente impactadas pela atividade econômica; ou
- **d)** mostre-se sem razoabilidade ou desproporcional, inclusive utilizada como meio de coação ou intimidação; e

11) não ser exigida pela administração pública direta ou indireta certidão sem previsão expressa em lei.

13.2 MOTIVOS DETERMINANTES

a) Garantir a livre competição.

b) Buscar a eliminação da desigualdade.

13.3 FUNDAMENTOS DA ORDEM ECONÔMICA

a) Valorização do trabalho humano.

b) Livre-iniciativa.

13.4 PRINCÍPIOS DA ORDEM ECONÔMICA

a) Soberania nacional.

b) Propriedade privada.

c) Função social da propriedade.

d) Livre concorrência.

e) Defesa do consumidor.

f) Defesa do meio ambiente, inclusive mediante tratamento diferenciado conforme o impacto ambiental dos produtos e serviços e de seus processos de elaboração e prestação.

g) Redução das desigualdades regionais e sociais.

h) Busca do pleno emprego.

i) Tratamento favorecido para as empresas de pequeno porte constituídas sob as leis brasileiras e que tenham sua sede e administração no País.

13.5 PRINCIPAIS MODALIDADES DE INTERVENÇÃO

a) Estímulo e fomento à iniciativa privada.

b) Pressão sobre a sociedade para imprimir determinado sentido às suas atividades.

c) Prestação de serviços que se ramificam em instituições jurídicas situadas fora de tratamento na área administrativa do Estado.

13.6 PRINCIPAIS FORMAS DE INTERVENÇÃO

a) **Ofensiva**: com a criação de empresas para atuarem em nome do Estado.

b) **Defensiva**: incluem-se expedientes como o do tabelamento dos preços.

c) **Intermediária**: encontramos as medidas reguladoras e controladoras.

13.7 PRINCIPAIS TIPOS DE INTERVENÇÃO

a) **Direta**: intervenção do Estado-empresa (*principalmente por intermédio* das sociedades de economia mista e das empresas públicas, que visam, em última análise, evitar práticas de concorrência desleal entre o setor público e o setor privado. ***Observação importante:*** quando essas entidades forem prestadoras de serviço público, sua liberdade operacional é irrestrita. Assim, no que diz respeito à vedação de concessão de privilégios às empresas públicas e sociedades de economia mista (§ 2º do art. 173 da CF/1988), *somente é aplicável às exploradoras de atividade econômica* e não às prestadoras de serviço público.

b) **Indireta**: realiza-se por meio da legislação regulamentadora ou reguladora (como agente normativo e *regulador* da atividade econômica, o Estado exercerá, na forma da lei, as funções de *fiscalização*, *incentivo* e *planejamento*, sendo este determinante para o setor público e indicativo para o setor privado).

- Regulação: ato jurídico (disciplinado por normas da ciência jurídica), político (expressão de um poder institucional) e econômico (atua na atividade produtiva, de circulação, distribuição e consumo de bens e serviços).
- Fiscalização: exercida por intermédio do poder de polícia (verificação se os agentes econômicos privados estão atuando em conformidade com as disposições normativas incidentes sobre as suas respectivas atividades). Exemplo: a atuação do CADE – Conselho Administrativo de Defesa Econômica como órgão administrativo encarregado de atuar contra o abuso do poder econômico – infrações à ordem econômica e concorrencial.
- Incentivo: o Estado promotor da economia por intermédio de ações, como proteção, estímulo, promoção, favorecimento e auxílio à iniciativa privada. Ex.: fomento (positivo ou negativo – econômico ou social).
- Planejamento: processo técnico de intervenção do Estado no domínio econômico com o escopo de organizar as atividades econômicas para obter resultados previamente colimados.

13.8 COMPONENTES DA INTERVENÇÃO

a) **Intervenção como forma de ação:** ação do Estado por intermédio do conjunto de atos praticados pelo Poder Público (legislando, executando, estimulando, regulamentando ou regulando medidas) para atingir certos fins (a longo prazo: reformas estruturais, ou curto prazo: medidas conjunturais – política econômica).

b) **Intervenção como ação direta do Estado:** intervenção pelos poderes públicos ou criação de organismos que pratiquem atividades econômicas ao lado dos particulares e em condições de igualdade.

c) **Intervenção nos limites do domínio econômico:** campo de ação, os limites impostos pelo Direito quanto à intervenção.

Entre os principais mecanismos de fiscalização da ordem econômica encontra-se o Sistema Brasileiro de Defesa da Concorrência (SBDC), instituído pela Lei nº 12.529, de 30 de novembro de 2011, que visa, principalmente, a prevenção e repressão das infrações contra a ordem econômica.

> O SBDC é formado pelo Conselho Administrativo de Defesa Econômica – CADE e pela Secretaria de Acompanhamento Econômico do Ministério da Fazenda.
>
> O CADE é entidade judicante com jurisdição em todo o território nacional, que se constitui em **autarquia federal**, vinculada ao Ministério da Justiça, com sede e foro no Distrito Federal, e é constituído pelos seguintes órgãos:
>
> I – Tribunal Administrativo de Defesa Econômica;
>
> II – Superintendência-Geral;
>
> III – Departamento de Estudos Econômicos.

O Tribunal Administrativo, órgão judicante, tem como membros um Presidente e seis Conselheiros escolhidos entre cidadãos com mais de 30 anos de idade, de notório saber jurídico ou econômico e reputação ilibada, nomeados pelo Presidente da República, depois de aprovados pelo Senado Federal. O mandato do Presidente e dos Conselheiros é de 4 (quatro) anos, não coincidentes, vedada a recondução.

Os cargos de Presidente e de Conselheiro são de dedicação exclusiva, não se admitindo qualquer acumulação, salvo as constitucionalmente permitidas.

No caso de renúncia, morte, impedimento, falta ou perda de mandato do Presidente do Tribunal, assumirá o Conselheiro mais antigo no cargo ou o mais idoso, nessa ordem, até nova nomeação, sem prejuízo de suas atribuições. No caso de renúncia, morte ou perda de mandato de Conselheiro, proceder-se-á a nova nomeação, para completar o mandato do substituído.

A perda de mandato do Presidente ou dos Conselheiros do CADE só poderá ocorrer em virtude de decisão do Senado Federal, por provocação do Presidente da República ou em razão de condenação penal irrecorrível por crime doloso, ou de processo disciplinar de conformidade com o que prevê a Lei nº 8.112, de 11 de dezembro de 1990 e a Lei nº 8.429, de 2 de junho de 1992, e por infringência de quaisquer das vedações previstas no art. 8º da Lei nº 12.529/2011.

Também perderá o mandato, automaticamente, o membro do Tribunal que faltar a três reuniões ordinárias consecutivas, ou vinte intercaladas, ressalvados os afastamentos temporários autorizados pelo Plenário.

13.9 DAS INFRAÇÕES DA ORDEM ECONÔMICA

A lei aplica-se às pessoas físicas ou jurídicas de direito público ou privado, bem como a quaisquer associações de entidades ou pessoas, constituídas de fato ou de direito, ainda que temporariamente, com ou sem personalidade jurídica, mesmo que exerçam atividade sob regime de monopólio legal (art. 31).

As diversas formas de infração da ordem econômica implicam a responsabilidade da empresa e a responsabilidade individual de seus dirigentes ou administradores, solidariamente (art. 32). Serão solidariamente responsáveis as empresas ou entidades integrantes de grupo econômico, de fato ou de direito, quando pelo menos uma delas praticar infração à ordem econômica (art. 33).

A personalidade jurídica do responsável por infração da ordem econômica poderá ser desconsiderada quando houver da parte deste abuso de direito, excesso de poder, infração da lei, fato ou ato ilícito ou violação dos estatutos ou contrato social (art. 34).

Observação 1: A desconsideração também será efetivada quando houver falência, estado de insolvência, encerramento ou inatividade da pessoa jurídica provocados por má administração.

Observação 2: A repressão das infrações da ordem econômica não exclui a punição de outros ilícitos previstos em lei.

De acordo com o art. 36 da Lei nº 12.529/2011, constituem infração da ordem econômica, independentemente de culpa, os atos sob qualquer forma manifestados, que tenham por objeto ou possam produzir os seguintes efeitos, ainda que não sejam alcançados:

I – limitar, falsear ou de qualquer forma prejudicar a livre concorrência ou a livre-iniciativa;

II – dominar mercado relevante de bens ou serviços;

III – aumentar arbitrariamente os lucros; e

IV – exercer de forma abusiva posição dominante.

Observação 1: A conquista de mercado resultante de processo natural fundado na maior eficiência de agente econômico em relação a seus competidores não caracteriza o ilícito de dominar mercado relevante de bens ou serviços.

Observação 2: Presume-se posição dominante sempre que uma empresa ou grupo de empresas for capaz de alterar, unilateral ou coordenadamente, as condições de mercado ou quando controlar 20% ou mais do mercado relevante, podendo esse percentual ser alterado pelo CADE para setores específicos da economia.

As seguintes condutas, além de outras, também caracterizam infração da ordem econômica, nos termos do § 3º, do art. 36 da Lei nº 12.529/2011:

I – acordar, combinar, manipular ou ajustar com concorrente, sob qualquer forma:

a) os preços de bens ou serviços ofertados individualmente;

b) a produção ou a comercialização de uma quantidade restrita ou limitada de bens ou a prestação de um número, volume ou frequência restrita ou limitada de serviços;

c) a divisão de partes ou segmentos de um mercado atual ou potencial de bens ou serviços, mediante, dentre outros, a distribuição de clientes, fornecedores, regiões ou períodos;

d) preços, condições, vantagens ou abstenção em licitação pública;

II – promover, obter ou influenciar a adoção de conduta comercial uniforme ou concertada entre concorrentes;

III – limitar ou impedir o acesso de novas empresas ao mercado;

IV – criar dificuldades à constituição, ao funcionamento ou ao desenvolvimento de empresa concorrente ou de fornecedor, adquirente ou financiador de bens ou serviços;

V – impedir o acesso de concorrente às fontes de insumo, matérias-primas, equipamentos ou tecnologia, bem como aos canais de distribuição;

VI – exigir ou conceder exclusividade para divulgação de publicidade nos meios de comunicação de massa;

VII – utilizar meios enganosos para provocar a oscilação de preços de terceiros;

VIII – regular mercados de bens ou serviços, estabelecendo acordos para limitar ou controlar a pesquisa e o desenvolvimento tecnológico, a produção de bens ou prestação de serviços, ou para dificultar investimentos destinados à produção de bens ou serviços ou à sua distribuição;

IX – impor, no comércio de bens ou serviços, a distribuidores, varejistas e representantes preços de revenda, descontos, condições de pagamento, quantidades mínimas ou máximas, margem de lucro ou quaisquer outras condições de comercialização relativos a negócios destes com terceiros;

X – discriminar adquirentes ou fornecedores de bens ou serviços por meio da fixação diferenciada de preços, ou de condições operacionais de venda ou prestação de serviços;

XI – recusar a venda de bens ou a prestação de serviços, dentro das condições de pagamento normais aos usos e costumes comerciais;

XII – dificultar ou romper a continuidade ou desenvolvimento de relações comerciais de prazo indeterminado em razão de recusa da outra parte em submeter-se a cláusulas e condições comerciais injustificáveis ou anticoncorrenciais;

XIII – destruir, inutilizar ou açambarcar matérias-primas, produtos intermediários ou acabados, assim como destruir, inutilizar ou dificultar a operação de equipamentos destinados a produzi-los, distribuí-los ou transportá-los;

XIV – açambarcar ou impedir a exploração de direitos de propriedade industrial ou intelectual ou de tecnologia;

XV – vender mercadoria ou prestar serviços injustificadamente abaixo do preço de custo;

XVI – reter bens de produção ou de consumo, exceto para garantir a cobertura dos custos de produção;

XVII – cessar parcial ou totalmente as atividades da empresa sem justa causa comprovada;

XVIII – subordinar a venda de um bem à aquisição de outro ou à utilização de um serviço, ou subordinar a prestação de um serviço à utilização de outro ou à aquisição de um bem; e

XIX – exercer ou explorar abusivamente direitos de propriedade industrial, intelectual, tecnologia ou marca.

13.10 DAS PENAS

A prática de infração da ordem econômica sujeita os responsáveis às seguintes penas no art. 37 da Lei nº 12.529/2011:

I – no caso de empresa, multa de 0,1% (um décimo por cento) a 20% (vinte por cento) do valor do faturamento bruto da empresa, grupo ou conglomerado obtido, no último exercício anterior à instauração do processo administrativo, no ramo de atividade empresarial em que ocorreu a infração, a qual nunca será inferior à vantagem auferida, quando for possível sua estimação;

II – no caso das demais pessoas físicas ou jurídicas de direito público ou privado, bem como quaisquer associações de entidades ou pessoas constituídas de fato ou de direito, ainda que temporariamente, com ou sem personalidade jurídica, que não exerçam atividade empresarial, não sendo possível utilizar-se o critério do valor do faturamento bruto, a multa será entre R$ 50.000,00 (cinquenta mil reais) e R$ 2.000.000.000,00 (dois bilhões de reais);

III – no caso de administrador, direta ou indiretamente responsável pela infração cometida, quando comprovada a sua culpa ou dolo, multa de 1% (um por cento) a 20% (vinte por cento) daquela aplicada à empresa, no caso previsto no item I, ou às pessoas jurídicas ou entidades, nos casos previstos no item II.

Observação 1: Em caso de reincidência, as multas cominadas serão aplicadas em dobro.

Observação 2: No cálculo do valor da multa de que trata o item I, o CADE poderá considerar o faturamento total da empresa ou grupo de empresas, quando não dispuser do valor do faturamento no ramo de atividade empresarial em que ocorreu a infração, definido pelo CADE, ou quando este for apresentado de forma incompleta e/ou não demonstrado de forma inequívoca e idônea.

Sem prejuízo das penas elencadas acima, quando assim exigir a gravidade dos fatos ou o interesse público geral, em conformidade com o art. 38 da Lei nº 12.529/2011, poderão ser impostas as seguintes penas, isolada ou cumulativamente:

I – a publicação, em meia página e a expensas do infrator, em jornal indicado na decisão, de extrato da decisão condenatória, por 2 (dois) dias seguidos, de 1 (uma) a 3 (três) semanas consecutivas;

II – a proibição de contratar com instituições financeiras oficiais e participar de licitação tendo por objeto aquisições, alienações, realização de obras e serviços, concessão de serviços públicos, na administração pública federal, estadual, municipal e do Distrito Federal, bem como em entidades da administração indireta, por prazo não inferior a 5 (cinco) anos;

III – a inscrição do infrator no Cadastro Nacional de Defesa do Consumidor;

IV – a recomendação aos órgãos públicos competentes para que:

a) seja concedida licença compulsória de direito de propriedade intelectual de titularidade do infrator, quando a infração estiver relacionada ao uso desse direito;

b) não seja concedido ao infrator parcelamento de tributos federais por ele devidos ou para que sejam cancelados, no todo ou em parte, incentivos fiscais ou subsídios públicos;

V – a cisão de sociedade, transferência de controle societário, venda de ativos ou cessação parcial de atividade;

VI – a proibição de exercer o comércio em nome próprio ou como representante de pessoa jurídica, pelo prazo de até 5 (cinco) anos; e

VII – qualquer outro ato ou providência necessários para a eliminação dos efeitos nocivos à ordem econômica.

Observação 1: Pela continuidade de atos ou situações que configurem infração da ordem econômica, após decisão do Tribunal determinando sua cessação, bem como pelo não cumprimento de obrigações de fazer ou não fazer impostas, ou pelo descumprimento de medida preventiva ou termo de compromisso de cessação previstos nesta Lei, o responsável fica sujeito a multa diária fixada em valor de R$ 5.000,00 (cinco mil reais), podendo ser aumentada em até 50 vezes, se assim recomendar a situação econômica do infrator e a gravidade da infração.

Observação 2: A recusa, a omissão ou o retardamento injustificados de informação ou documentos solicitados pelo CADE ou pela Secretaria de Acompanhamento Econômico constituem infração punível com multa diária de R$ 5.000,00 (cinco mil reais), podendo ser aumentada em até 20 vezes, se necessário, para garantir sua eficácia, em razão da situação econômica do infrator. O montante fixado para a multa diária constará do documento que contiver a requisição da autoridade competente. Compete à autoridade requisitante a aplicação da multa. Tratando-se de empresa estrangeira, responde solidariamente pelo pagamento da multa de que trata o art. 40 da Lei nº 12.529/2011, sua filial, sucursal, escritório ou estabelecimento situado no País.

Observação 3: A falta injustificada do representado ou de terceiros, quando intimados para prestar esclarecimentos, no curso de inquérito ou processo administrativo, sujeitará o faltante à multa de R$ 500,00 (quinhentos reais) a R$ 15.000,00 (quinze mil reais) para cada falta, aplicada conforme sua situação econômica. A multa será aplicada mediante auto de infração pela autoridade competente.

Observação 4: Impedir, obstruir ou de qualquer outra forma dificultar a realização de inspeção autorizada pelo Plenário do Tribunal, pelo Conselheiro Relator ou pela Superintendência-Geral no curso de procedimento preparatório, inquérito administrativo, processo administrativo ou qualquer outro procedimento sujeitará o inspecionado ao pagamento de multa de R$ 20.000,00 (vinte mil reais) a R$ 400.000,00 (quatrocentos mil reais), conforme a situação econômica do infrator, mediante a lavratura de auto de infração pelo órgão competente.

Observação 5: A enganosidade ou a falsidade de informações, de documentos ou de declarações prestadas por qualquer pessoa ao CADE ou à Secretaria de Acompanhamento Econômico será punível com multa pecuniária no valor de R$ 5.000,00 (cinco mil reais) a R$ 5.000.000,00 (cinco milhões de reais), de acordo com a gravidade dos fatos e a situação econômica do infrator, sem prejuízo das demais cominações legais cabíveis.

Observação 6: Aquele que prestar serviços ao CADE ou a SEAE, a qualquer título, e que der causa, mesmo que por mera culpa, à disseminação indevida de informação acerca de empresa, coberta por sigilo, será punível com multa pecuniária de R$ 1.000,00 (mil reais) a R$ 20.000,00 (vinte mil reais), sem prejuízo de abertura de outros procedimentos cabíveis. Se o autor da disseminação indevida estiver servindo o CADE em virtude de mandato, ou na qualidade de Procurador Federal ou Economista Chefe, a multa será em dobro. O Regulamento definirá o procedimento para que uma informação seja tida como sigilosa, no âmbito do CADE e da SEAE.

Na aplicação das penas estabelecidas na Lei nº 12.529/2011, levar-se-á em consideração os elementos contidos seu art. 45:

> I - a gravidade da infração;

II – a boa-fé do infrator;

III – a vantagem auferida ou pretendida pelo infrator;

IV – a consumação ou não da infração;

V – o grau de lesão, ou perigo de lesão, à livre concorrência, à economia nacional, aos consumidores, ou a terceiros;

VI – os efeitos econômicos negativos produzidos no mercado;

VII – a situação econômica do infrator; e

VIII – a reincidência.

13.11 DA PRESCRIÇÃO

Prescrevem em 5 (cinco) anos as ações punitivas da Administração pública federal, direta e indireta, objetivando apurar infrações da ordem econômica, contados da data da prática do ilícito ou, no caso de infração permanente ou continuada, do dia em que tiver cessada a prática do ilícito. **Interrompe** a prescrição qualquer ato administrativo ou judicial que tenha por objeto a apuração da infração contra a ordem econômica mencionada no *caput* do art. 46 da Lei nº 12.529/2011, bem como a notificação ou a intimação da investigada. **Suspende-se** a prescrição durante a vigência do compromisso de cessação ou do acordo em controle de concentrações.

Observação 1: Incide a prescrição no procedimento administrativo paralisado por mais de 3 (três) anos, pendente de julgamento ou despacho, cujos autos serão arquivados de ofício ou mediante requerimento da parte interessada, sem prejuízo da apuração da responsabilidade funcional decorrente da paralisação, se for o caso.

Observação 2: Quando o fato objeto da ação punitiva da administração também constituir crime, a prescrição reger-se-á pelo prazo previsto na lei penal.

13.12 QUESTÕES DO EIXO TEMÁTICO (OAB 1ª FASE)

(EXAME XXI/Questão 29) As duas maiores empresas do ramo de produção de componentes eletrônicos para máquinas industriais dominam mais de 50% (cinquenta por cento) do mercado. A fim de garantir determinada margem de lucro, elas resolveram acordar um mesmo preço para os bens que elas produzem.

Nesse caso, está-se diante

A) de ato de improbidade administrativa, em conluio.

B) de infração à ordem econômica, punível na forma da lei.

C) de conquista de mercado resultante de processo natural, fundado na maior eficiência de agente econômico em relação a seus competidores.

D) de ato que, embora socialmente indesejável, não encontra qualquer vedação legal.

(EXAME XIV/Questão 32) Cinco empresas que, somadas, dominam 90% (noventa por cento) da produção metalúrgica nacional acordam, secretamente, a redução da oferta de bens por elas produzidos, a fim de elevar o preço dos seus produtos.

A partir da hipótese apresentada, assinale a opção correta.

A) A garantia da livre concorrência no texto constitucional impede a intervenção do Estado nessa hipótese.

B) A atuação das empresas configura infração da ordem econômica, sujeitando-as à intervenção do Estado.

C) A situação de domínio do mercado resulta de processo natural fundado na maior eficiência em relação aos demais competidores, não caracterizando, portanto, qualquer infração.

D) A intervenção do Estado na ordem econômica somente será permitida quando necessária aos imperativos da segurança nacional ou a relevante interesse coletivo.

GABARITO DAS QUESTÕES DO EIXO TEMÁTICO (OAB 1ª Fase)

Questão	Gabarito
Exame XXI/Questão 29	B
Exame XIV/Questão 32	B

13.13 QUESTÕES DO EIXO TEMÁTICO (OAB 2ª FASE)

(EXAME DE ORDEM XIV/Questão 4) As empresas "Frangão", "Quero Frango" e "Frangonne", que, juntas, detêm dois terços da produção nacional de aves para consumo, realizam um acordo para reduzir em 25% a comercialização de aves de festa (aves maiores, consumidas especialmente no Natal), de modo a elevar o seu preço pela diminuição da oferta (incrementando o lucro), bem como reduzir os estoques de frango comum, cujo consumo havia caído sensivelmente naquele ano. Às vésperas do Natal de 2009, as empresas são autuadas pelo órgão competente, pela prática de infração da ordem econômica. Em suas defesas, as três alegam que a Constituição consagra a liberdade econômica, de modo que elas poderiam produzir na quantidade que desejassem e se desejassem, não sendo obrigadas a manter um padrão mínimo de produção. Seis meses depois, os autos são remetidos ao julgador administrativo, que, diante do excessivo número de processos pendentes, somente consegue proferir a sua decisão em outubro de 2013. Em alegações finais, as empresas apontam a prescrição ocorrida.

Sobre a situação dada, responda, fundamentadamente, aos itens a seguir.

A) A conduta das três empresas é lícita? (Valor: 0,65)

B) É procedente o argumento da prescrição? (Valor: 0,60)

Item	Pontuação
A) Não. Constitui infração da ordem econômica o acordo ou acerto com concorrentes para ajustar a produção ou a comercialização de uma quantidade restrita ou limitada de bens quando esta prática tenha por objetivo o aumento arbitrário dos lucros (0,55) (art. 36, § 3º, I, da Lei nº 12.529/2011 ou art. 173, § 4º, da CF/1988) (0,10).	0,0/0,55/0,65
B) Sim. Ocorre a prescrição no procedimento administrativo paralisado por mais de 3 (três) anos, pendente de julgamento ou despacho, cujos autos serão arquivados de ofício ou mediante requerimento da parte interessada (0,50), conforme o art. 46 da Lei nº 12.529/2011 (0,10).	0,0/0,50/0,60

14 | CONTROLE DA ADMINISTRAÇÃO PÚBLICA

14.1 CONTROLE INTERNO

Aquele exercido dentro de um mesmo poder, automaticamente ou por meio de órgãos integrantes de sua própria estrutura. É o controle que a própria Administração realiza sobre suas atividades. Por ser a forma mais comum de controle, é simplesmente denominado controle administrativo. Deriva do poder-dever de autotutela que a Administração tem sobre seus próprios atos e agentes. Perceba a redação da Súmula nº 473 do STF: "A Administração pode anular seus próprios atos, quando eivados de vícios que os tornem ilegais, porque deles não se originam direitos; ou revogá-los, por motivo de conveniência ou oportunidade, respeitados os direitos adquiridos e ressalvada, em todos os casos, a apreciação judicial". Ex: o controle que a Controladoria-Geral exerce sobre o Poder Executivo.

Fundamento constitucional:

> Art. 74. Os Poderes Legislativo, Executivo e Judiciário manterão, de forma integrada, sistema de controle interno com a finalidade de:
>
> I – avaliar o cumprimento das metas previstas no plano plurianual, a execução dos programas de governo e dos orçamentos da União;
>
> II – comprovar a legalidade e avaliar os resultados, quanto à eficácia e eficiência, da gestão orçamentária, financeira e patrimonial nos órgãos e entidades da administração federal, bem como da aplicação de recursos públicos por entidades de direito privado;
>
> III – exercer o controle das operações de crédito, avais e garantias, bem como dos direitos e haveres da União;
>
> IV – apoiar o controle externo no exercício de sua missão institucional.
>
> § 1º Os responsáveis pelo controle interno, ao tomarem conhecimento de qualquer irregularidade ou ilegalidade, dela darão ciência ao Tribunal de Contas da União, sob pena de responsabilidade solidária.

14.2 CONTROLE EXTERNO

Diz-se externo quando exercido por um poder sobre atos administrativos praticados por outro Poder. O controle legislativo, ou parlamentar, é o exercido pelos órgãos legislativos ou por comissões parlamentares sobre determinados atos do Poder Executivo (controle político).

A fiscalização contábil, financeira, orçamentária, operacional e patrimonial da União e das entidades da administração direta e indireta, quanto a legalidade, legitimidade, economicidade, aplicação das subvenções e renúncia de receitas, será exercida pelo Congresso Nacional, mediante controle externo, auxiliado pelo Tribunal de Contas da União.

É possível o controle das sociedades de economia mista pelo Tribunal de Contas, nos termos do art.71, II, da CF/1988, já que se trata de uma sociedade instituída pelo Poder Público. O Supremo Tribunal

Federal firmou entendimento no sentido de que as sociedades de economia mista sujeitam-se à fiscalização pelos Tribunais de Contas (STF, MS nº 25092/DF, RE nº 356209 AgR/GO, MS nº 26117/DF, entre outros).

O controle do Tribunal de Contas sobre licitações e contratos é matéria de observação, pois o Tribunal de Contas, em controle prévio de editais de licitação, não pode determinar a modificação de critérios, pois estaria substituindo a vontade do administrador em seu campo discricionário, em violação ao princípio da separação dos Poderes (art. 2º da CF/1988). **Tal situação é excepcionada**, nos termos da jurisprudência do STF (RE nº 547063), **quando há fundado receio de irregularidade na licitação**, como ocorre, por exemplo, quando há critério de julgamento manifestamente irrazoável, com suspeita de direcionamento do resultado do certame.

Ainda sobre o controle dos Tribunais de Contas em matéria de licitações e contratos, é importante que se diga que esses poderão solicitar (de forma motivada e casuística) edital já publicado para exame, conforme previsto no art. 113, § 2º, da Lei nº 8.666/1993. O TCU não tem, porém, competência para sustar contratos administrativos. De acordo com a norma do art. 71, § 1º, da CF/1988, a sustação da execução do contrato deve ser solicitada ao Congresso Nacional, que deverá deliberar em 90 dias. Somente após o prazo, sem manifestação do Congresso Nacional, é que o TCU poderá decidir a respeito. Deve-se observar as novas disposições sobre controle das contratações, que está disposta a partir do art. 169 da Nova Lei de Licitações e Contratos.

Desse modo, apenas a título de exemplo, o art. 171, § 1º, da Lei nº 14.133/2021 estabelece que o Tribunal de Contas, ao suspender cautelarmente o processo licitatório, deverá pronunciar-se definitivamente sobre o mérito da irregularidade que tenha dado causa à suspensão, no prazo de 25 (vinte e cinco) dias úteis, contado da data do recebimento das informações remetidas pela Administração, prorrogável por igual período uma única vez, e definirá objetivamente as causas da ordem de suspensão e o modo como será garantido o atendimento do interesse público obstado pela suspensão da licitação, no caso de objetos essenciais ou de contratação por emergência.

Assim, ao ser intimado da ordem de suspensão do processo licitatório, o órgão ou a entidade deverá, no prazo de 10 (dez) dias úteis, admitida a prorrogação, informar as medidas adotadas para cumprimento da decisão, prestar todas as informações cabíveis e proceder à apuração de responsabilidade, se for o caso. O descumprimento dessas medidas ensejará a apuração de responsabilidade e a obrigação de reparação do prejuízo causado ao erário.

Por fim, há de se dizer que a decisão que examinar o mérito da medida cautelar deverá definir as medidas necessárias e adequadas, em face das alternativas possíveis, para o saneamento do processo licitatório, ou determinar a sua anulação.

14.3 CONTROLE SOCIAL

Aquele exercido pela própria sociedade, sobre a Administração Pública. O controle social pode ser exercido por meio do ***direito de petição***, do direito de representação e do direito de ação.

O ***direito de petição*** encontra como fundamento constitucional o art. 5º, XXXIII, o qual estabelece que todos têm direito a receber dos órgãos públicos informações de seu interesse particular, ou de interesse coletivo ou geral, que serão prestadas no prazo da lei, sob pena de responsabilidade, ressalvadas aquelas cujo sigilo seja imprescindível à segurança da sociedade e do Estado. Esse direito é regulamentado na Lei de Acesso à Informação, a Lei nº 12.527/2011.

Por sua vez, o art. 58, § 2º, IV, da CF/1988 estabelece que às comissões do Congresso Nacional, em razão da matéria de sua competência, cabe receber petições, reclamações, representações ou queixas de qualquer pessoa contra atos ou omissões das autoridades ou entidades públicas.

O ***direito de representação*** pode ser exercido não só perante o Congresso Nacional, conforme visto no dispositivo constitucional citado anteriormente, mas também perante o Ministério Público (art. 26, § 5º, da Lei nº 8.625/1993) e o Tribunal de Contas, como se vê no art. 74, § 2º, da CF/1988, o qual estabelece que qualquer cidadão, partido político, associação ou sindicato é parte legítima para, na forma da lei, denunciar irregularidades ou ilegalidades diante do Tribunal de Contas da União.

Dispositivos semelhantes são encontrados em normas infraconstitucionais, como a Lei nº 8.666/1993 (art. 113, § 1º), a Lei nº 14.133/2021 (art. 170, § 4º), a Lei nº 13.303/2016 (art. 87, § 1º) e a Lei nº 8.443/1992 (art. 53), as quais preveem que qualquer licitante, contratado ou pessoa física ou jurídica poderá representar ao Tribunal de Contas ou aos órgãos integrantes do sistema de controle interno contra irregularidades.

A representação sempre poderá ser realizada também perante a própria Administração, que terá o dever legal de instaurar sindicância ou processo administrativo para apurar os fatos, em atenção ao princípio da autotutela. Como exemplo, destaco o art. 14 da Lei nº 8.429/1992, o qual prevê que "qualquer pessoa poderá representar à autoridade administrativa competente para que seja instaurada investigação destinada a apurar a prática de ato de improbidade".

Por fim, o ***direito de ação*** é exercido por intermédio da ação popular, conforme previsto no art. 5º, LXXIII, da CF/1988, o qual estabelece que qualquer cidadão é parte legítima para propor ação popular que vise anular ato lesivo ao patrimônio público ou de entidade de que o Estado participe, à moralidade administrativa, ao meio ambiente e ao patrimônio histórico e cultural, ficando o autor, salvo comprovada má-fé, isento de custas judiciais e do ônus da sucumbência.

14.4 CLASSIFICAÇÃO DE ACORDO COM A FASE DE EXERCÍCIO

14.4.1 Controle preventivo (prévio)

Exercido antes do início da prática ou da conclusão do ato, constituindo-se requisito para a validade ou para produção de efeitos do ato controlado. Ex.: 1) A autorização do Senado Federal necessária para que a União, os Estados, o Distrito Federal ou os Municípios possam contrair empréstimos externos. 2) A aprovação do Senado Federal para a escolha de ministros dos tribunais superiores, do Procurador-Geral da República, do Presidente do Banco Central do Brasil etc. 3) Concessão de uma medida liminar em mandado de segurança preventivo que impeça a prática ou a conclusão de um ato administrativo que o administrado entenda ferir direito líquido e certo seu.

14.4.2 Controle concomitante (simultâneo)

Exercido durante a realização do ato e possibilita a verificação da regularidade de sua formação. Ex.: 1) A fiscalização da execução de um contrato administrativo, a realização de uma auditoria durante a execução do orçamento. 2) O acompanhamento de um concurso pela corregedoria competente.

14.4.3 Controle corretivo

Exercido após a conclusão do ato, possibilitando a correção de defeitos do ato, a declaração de sua nulidade ou mesmo conferir eficácia do ato. Ex.: Homologação de um procedimento licitatório; homologação de um concurso público; a sustação, pelo Congresso Nacional, de atos normativos do Executivo que exorbitem o poder regulamentar.

14.5 CLASSIFICAÇÃO DE ACORDO COM O OBJETO DE CONTROLE

14.5.1 Controle de legalidade ou legitimidade

Analisa-se se o ato foi praticado em conformidade com a lei. Faz-se o confronto entre uma conduta administrativa e uma norma jurídica. Pode também ser exercido pelo Poder Judiciário ou pelo Poder Legislativo, nos casos previstos na Constituição.

14.5.2 Controle de mérito

Analisa-se a conveniência e a oportunidade do ato controlado. O controle do mérito compete, normalmente, ao próprio poder que editou o ato. Apenas nos casos previstos na Constituição Federal, o Poder Legislativo pode exercer controle de mérito sobre atos praticados pelo Poder Executivo.

14.6 CLASSIFICAÇÃO QUANTO AO ALCANCE

14.6.1 Controle hierárquico

Típico do Poder Executivo, sendo sempre um controle interno. Resulta o controle hierárquico do escalonamento vertical dos órgãos da Administração direta ou das unidades integrantes das entidades da Administração indireta. Ex.: 1) Na Administração direta federal, os ministérios exercem controle hierárquico sobre suas secretarias, as quais, por sua vez, controlam hierarquicamente suas superintendências, que exercem controle sobre suas delegacias e assim por diante. 2) No âmbito da Administração indireta é também exercido o controle hierárquico, quando o presidente de uma autarquia controla os atos dos superintendentes subordinados e estes sobre os atos dos chefes de departamentos.

14.6.2 Controle de finalidade

É aquele exercido pela Administração direta sobre as pessoas jurídicas integrantes da Administração indireta. O controle finalístico, uma vez fundamentado numa relação de vinculação entre pessoas (e não em subordinação entre órgãos ou agentes), é um controle limitado e teológico, ou seja, restringe-se à verificação do enquadramento da entidade controlada no programa geral do governo e à avaliação objetiva do atingimento, pela entidade, de suas finalidades estatutárias.

14.7 QUESTÕES DO EIXO TEMÁTICO (OAB 1ª FASE)

(EXAME X/Questão 34) Cristina, cidadã brasileira comprometida com a boa administração, descobre que determinada obra pública em sua cidade foi realizada em desacordo com as normas que regem as licitações públicas, com vistas a beneficiar um particular amigo do prefeito. De posse de cópias do processo administrativo que comprovam a situação, pretende ingressar com medida judicial para a proteção do patrimônio público.Para combater tal situação, Cristina deverá

A) Ingressar com ação civil pública, que é o meio apto a sanar a lesividade ao patrimônio público.

B) Propor ação penal privada subsidiária da pública para condenar o prefeito e o particular beneficiado e reparar os prejuízos causados aos cofres públicos.

C) Impetrar mandado de segurança coletivo para amparar direito líquido e certo seu e de todos os cidadãos aos princípios da legalidade e moralidade.

D) Ingressar com ação popular apta a proteger o patrimônio público indevidamente lesado.

(EXAME XIX/Questão 32) A pretexto de regulamentar a Lei nº 8.987/1995, que dispõe sobre a concessão e a permissão de serviços públicos, o Presidente da República editou o Decreto XYZ, que estabelece diversas hipóteses de gratuidade para os serviços de transporte de passageiros. A respeito da possibilidade de controle do Decreto XYZ, expedido pelo chefe do Poder Executivo, assinale a afirmativa correta.

A) Como ato de natureza essencialmente política, o Decreto XYZ não está sujeito a qualquer forma de controle.

B) Como ato discricionário, o Decreto XYZ não está sujeito a qualquer forma de controle.

C) Como ato normativo infralegal, o Decreto XYZ está sujeito apenas ao controle pelo Poder Judiciário.

D) Como ato normativo infralegal, o Decreto XYZ sujeita-se ao controle judicial e ao controle legislativo.

(EXAME XVI/Questão 31) O Estado X está ampliando a sua rede de esgotamento sanitário. Para tanto, celebrou contrato de obra com a empresa "Enge-X-Sane", no valor de R$ 50.000.000,00 (cinquenta milhões de reais). A fim de permitir a conclusão das obras, com a extensão da rede de esgotamento a quatro comunidades carentes, o Estado celebrou termo aditivo com a referida empresa, no valor de R$ 10.000.000,00 (dez milhões de reais), custeados com recursos transferidos pela União, mediante convênio, elevando, assim, o valor total do contrato para R$ 60.000.000,00 (sessenta milhões de reais). Considerando que foram formuladas denúncias de sobrepreço ao Tribunal de Contas da União, assinale a afirmativa correta.

A) O Tribunal de Contas da União não tem competência para apurar eventual irregularidade, uma vez que se trata de obra pública estadual, devendo o interessado formular denúncia ao Tribunal de Contas do Estado.

B) O Tribunal de Contas da União não tem competência para apurar eventual irregularidade, mas pode, de ofício, remeter os elementos da denúncia para o Tribunal de Contas do Estado.

C) O Tribunal de Contas da União é competente para fiscalizar a obra e pode determinar, diante de irregularidades, a imediata sustação da execução do contrato impugnado.

D) O Tribunal de Contas da União é competente para fiscalizar a obra e pode indicar prazo para que o órgão ou a entidade adote as providências necessárias ao exato cumprimento da lei, se verificada ilegalidade.

(EXAME XV/Questão 34) A ONG "Festivus", uma associação de caráter assistencial, qualificada como Organização da Sociedade Civil de Interesse Público (OSCIP), celebrou Termo de Parceria com a União e dela recebeu R$ 150.000,00 (cento e cinquenta mil reais) para execução de atividades de interesse público. Uma revista de circulação nacional, entretanto, divulgou denúncias de desvio de recursos e de utilização da associação como forma de fraude. Com base na hipótese apresentada, considerando a disciplina constitucional e legal, assinale a afirmativa correta.

A) O Tribunal de Contas da União não tem c apurar eventual irregularidade, uma vez que se trata de pessoa jurídica de direito privado, não integrante da Administração Pública.

B) O Tribunal de Contas da União tem competência para apurar eventual irregularidade praticada pela OSCIP, por tratar de pessoa jurídica integrante da administração indireta federal.

C) O Tribunal de Contas da União tem competência para apurar eventual irregularidade praticada pela OSCIP, por se tratar de recursos públicos federais.

D) O controle exercido sobre a utilização dos recursos repassados à OSCIP é realizado apenas pela própria Administração e pelo Ministério Público Federal.

(EXAME X/Questão 34) Cristina, cidadã brasileira comprometida com a boa administração, descobre que determinada obra pública em sua cidade foi realizada em desacordo com as normas que regem as licitações públicas, com vistas a beneficiar um particular amigo do prefeito. De posse de cópias do processo administrativo que comprovam a situação, pretende ingressar com medida judicial para a proteção do patrimônio público. Para combater tal situação, Cristina deverá

A) Ingressar com ação civil pública, que é o meio apto a sanar a lesividade ao patrimônio público.

B) Propor ação penal privada subsidiária da pública para condenar o prefeito e o particular beneficiado e reparar os prejuízos causados aos cofres públicos.

C) Impetrar mandado de segurança coletivo para amparar direito líquido e certo seu e de todos os cidadãos aos princípios da legalidade e moralidade.

D) Ingressar com ação popular apta a proteger o patrimônio público indevidamente lesado.

(EXAME IX/Questão 34) As contas do Prefeito do Município X não foram aprovadas pelo Tribunal de Contas do Estado. Dentre outras irregularidades, apurou-se o superfaturamento em obras públicas. Sobre o controle exercido pelas Cortes de Contas, assinale a afirmativa correta.

A) O parecer desfavorável emitido pelo Tribunal de Contas do Estado pode ser superado por decisão de dois terços dos membros da Câmara Municipal.

B) A atuação do Tribunal de Contas configura exemplo de controle interno dos atos da Administração Pública.

C) A atuação do Tribunal de Contas do estado somente será possível até que haja a criação de um Tribunal de Contas do Município, por lei complementar de iniciativa do Prefeito.

D) As contas do Prefeito estarão sujeitas à atuação do Tribunal de Contas somente se houver previsão na Lei Orgânica do Município.

(EXAME 2010.3/Questão 1) O prefeito de um determinado município resolve, por decreto municipal, alterar unilateralmente as vias de transporte de ônibus municipais, modificando o que estava previsto nos contratos de concessão pública de transportes municipais válidos por vinte anos. O objetivo do prefeito foi favorecer duas empresas concessionárias específicas, com que mantém ligações políticas e familiares, ao lhes conceder os trajetos e linhas mais rentáveis. As demais três empresas concessionárias que também exploram os serviços de transporte de ônibus no município por meio de contratos de concessão sentem-se prejudicadas. Na qualidade de advogado dessas últimas três empresas, qual deve ser a providência tomada?

A) Ingressar com ação judicial, com pedido de liminar para que o Poder Judiciário exerça o controle do ato administrativo expedido pelo prefeito e decrete a sua nulidade ou suspensão imediata, já que eivado de vício e nulidade, por configurar ato fraudulento e atentatório aos princípios que regem a Administração Pública.

B) Ingressar com ação judicial, com pedido de indenização em face do Município pelos prejuízos de ordem financeira causados.

C) Nenhuma medida merece ser tomada na hipótese, tendo em vista que um dos poderes conferidos à Administração Pública nos contratos de concessão é a modificação unilateral das suas cláusulas.

D) Ingressar com ação judicial, com pedido para que os benefícios concedidos às duas primeiras empresas também sejam extensivos às três empresas clientes.

(EXAME VI/Questão 28) Durante competição esportiva (campeonato estadual de futebol), o clube "A" foi punido com a perda de um ponto em virtude de episódios de preconceito por parte de sua torcida. Com essa decisão de primeira instância da justiça desportiva, o clube "B" foi declarado campeão naquele ano. O clube "A" apresentou recurso contra a decisão de primeira instância. Antes mesmo do julgamento desse recurso, distribuiu ação ordinária perante a Justiça Estadual com o objetivo de reaver o ponto que lhe fora retirado pela Justiça arbitral. Diante de tal situação, é correto afirmar que

A) Como o direito brasileiro adotou o sistema de jurisdição una, tendo o Poder Judiciário o monopólio da apreciação, com força de coisa julgada, de lesão ou ameaça a direito, é cabível a apreciação judicial dessa matéria a qualquer tempo.

B) As decisões da Justiça Desportiva são inquestionáveis na via judicial, uma vez que vige, no direito brasileiro, sistema pelo qual o Poder Judiciário somente pode decidir matérias para as quais não exista tribunal administrativo específico.

C) Como regra, o ordenamento vigente adota o Princípio da Inafastabilidade da Jurisdição (art. 5º, XXXV, da CRFB); todavia, as decisões da Justiça Desportiva consubstanciam exceção a essa regra, já que são insindicáveis na via judicial.

D) O Poder Judiciário pode rever decisões proferidas pela Justiça Desportiva; ainda assim, exige-se, anteriormente ao ajuizamento da ação cabível, o esgotamento da instância administrativa, por se tratar de exceção prevista na Constituição.

(EXAME XXVI/Questão 31) Maria solicitou ao Município Alfa licença de localização e funcionamento para exercer determinada atividade empresarial, apresentando todos os documentos necessários para tanto. Contudo, transcorrido mais de ano do mencionado pedido, não houve qualquer manifestação por parte da autoridade competente para sua apreciação. Diante dessa situação, na qualidade de advogado, assinale a afirmativa que indica o procedimento correto.

A) Não se pode adotar qualquer medida contra a inércia da autoridade competente, considerando que o princípio da razoável duração do processo não se aplica à via administrativa.

B) Deve-se ajuizar uma ação popular contra a omissão da autoridade competente, diante do preenchimento dos respectivos requisitos e da violação ao princípio da impessoalidade.

C) Deve-se impetrar mandado de segurança, uma vez que a omissão da autoridade competente para a expedição do ato de licença constitui abuso de poder.

D) Deve-se impetrar habeas data diante da inércia administrativa, considerando que a omissão da autoridade competente viola o direito à informação.

(EXAME VIII/Questão 32) Com a finalidade de minimizar as consequências dos problemas de trânsito na cidade "X", o Prefeito estabeleceu, por meio de decreto de natureza genérica e abstrata, restrições à circulação de veículos na região central, proibindo a circulação de veículos e as operações de carga e descarga no período compreendido entre 6h e 22h, de segunda a sexta-feira, em dias úteis, na área de abrangência especificada. Face a esse fato, a Associação Empresarial do ramo de transporte de mercadorias procura um advogado para orientá-la na proteção de seus interesses. Com base na hipótese apresentada, assinale a alternativa que indica a linha de atuação mais apropriada proposta pelo advogado.

A) Impetração de mandado de segurança contra o Decreto, ao argumento de que faltaria ao Município competência normativa para estabelecer a referida restrição.

B) Ajuizamento de ação de conhecimento com pedido de antecipação dos efeitos da tutela jurisdicional com a finalidade de suspender os efeitos do Decreto, ao argumento de vício de razoabilidade/proporcionalidade.

C) Impetração de mandado de segurança contra o Decreto, ao argumento de vício de razoabilidade/proporcionalidade.

D) Ajuizamento de ação de conhecimento com pedido de antecipação dos efeitos da tutela jurisdicional com a finalidade de suspender os efeitos do Decreto, ao argumento de que faltaria ao Município competência normativa para estabelecer a referida restrição.

GABARITO DAS QUESTÕES DO EIXO TEMÁTICO (OAB 1ª Fase)

Questão	Gabarito
EXAME X/Questão 34	D
EXAME XIX/Questão 32	D
EXAME XVI/Questão 31	D
EXAME XV/Questão 34	C
EXAME X/Questão 34	D
EXAME IX/Questão 34	A
EXAME 2010.3/Questão 1	A
EXAME VI/Questão 28	D
EXAME XVI/Questão 31	C
EXAME VIII/Questão 32	B

14.8 QUESTÕES DO EIXO TEMÁTICO (OAB 2ª FASE)

(EXAME DE ORDEM VII/Questão 2) A Secretaria estadual de Esportes do Estado ABC realiza certame licitatório para a seleção de prestadora de serviço de limpeza predial na sua sede. A vencedora do processo licitatório foi a empresa XYZ. Decorridos 10 (dez) meses, diante do que a Secretaria reputou como infrações por parte da empresa, foi instaurada comissão de instrução e julgamento composta por três servidores de carreira e, após processo administrativo, em que foram garantidos o contraditório e a ampla defesa, a empresa XYZ foi punida pela Comissão com a declaração de inidoneidade para contratar com a Administração Pública. A empresa, então, ajuizou ação ordinária por meio da qual pretende anular o ato administrativo que aplicou aquela sanção, arguindo a ausência de tipificação da conduta como ato infracional, a não observância da aplicação de uma penalidade mais leve antes de uma mais grave e a não observância de todas as formalidades legais para a incidência da punição.

Considerando o fato apresentado acima, responda, de forma justificada, aos itens a seguir.

A) É possível a anulação do ato administrativo que aplicou a penalidade, tendo em vista a não observância da aplicação de uma penalidade mais leve antes de uma mais grave? (Valor: 0,60)

B) É possível ao Judiciário anular o ato administrativo por algum dos fundamentos apontados pela empresa? Em caso afirmativo, indique-o. (Valor: 0,65)

Item	Pontuação
A) Não, tendo em vista que, como a lei não estabelece uma gradação/ordem legal na aplicação das penalidades, estas podem ser aplicadas discricionariamente pela Administração Pública, sem a necessidade de aplicação de uma penalidade mais leve antes da mais grave (0,30). Contudo, a aplicação da sanção administrativa deve ser sempre correlacionada/adequada à gravidade da infração cometida no caso concreto (0,30).	0,00/0,30/ 0,60
B) Sim, em razão da não observância de todas as formalidades legais para a incidência da punição (0,30), uma vez que a penalidade aplicada (declaração de inidoneidade) é de competência exclusiva do Ministro de Estado, do Secretário estadual ou municipal (art. 87, § 3º, da Lei nº 8.666/1993) (0,35).	0,00/0,30/ 0,35/0,65

(EXAME DE ORDEM X/Questão 1) Durante o ano de 2010, o Município "T" concedeu subvenção social à Associação "S" para a instalação de projetos de assistência social para crianças com até seis anos de idade, totalizando o valor de R$ 300.000,00 (trezentos mil reais). Ao final do exercício, foi encaminhada ao competente Tribunal de Contas do Estado (TCE) a prestação de contas dos recursos subvencionados. Em sua análise, o TCE detectou algumas irregularidades e, após o devido processo legal, oportunizando o contraditório e a ampla defesa aos interessados, imputou débito de R$ 150.000,00 (cento e cinquenta mil reais) ao Prefeito responsável pela concessão da subvenção e, solidariamente, à entidade subvencionada. Considerando a situação hipotética apresentada, responda aos questionamentos a seguir, empregando os argumentos jurídicos apropriados e a fundamentação legal pertinente ao caso.

A) É juridicamente possível ao TCE, na análise da referida prestação de contas, imputar o débito à entidade privada? (Valor: 0,65)

B) Qual a natureza jurídica da decisão do TCE que resultou em imputação de débito por dano causado ao erário? (Valor: 0,60)

Observação: A simples menção ou transcrição do dispositivo legal não pontua.

Item	Pontuação
a) Sim, o TCE pode imputar débito a pessoas jurídicas de direito privado que utilizem, gerenciem ou administrem bens, valores ou dinheiros públicos (0,50), nos termos do art. 70, parágrafo único, da CF/1988 (0,15).	0,00/0,50/0,65
b) Natureza administrativa com eficácia de título executivo (0,45), nos termos do art. 71, § 3º, da CF/1988 (0,15).	0,00/0,45/0,60

(EXAME DE ORDEM V/Questão 3) Um órgão da Administração Pública Federal lançou edital de concorrência para execução de obra pública. Logo após sua publicação, uma empresa interessada em participar do certame formulou representação ao Tribunal de Contas da União (TCU) noticiando a existência de cláusulas editalícias restritivas da competitividade. O TCU, então, solicitou para exame cópia do edital de licitação já publicado e, ao apreciá-lo, determinou a retificação do instrumento convocatório.Cumprida a determinação e regularizado o edital, realizou-se a licitação, e o contrato foi celebrado com o licitante vencedor. Entretanto, durante a execução da obra, o TCU recebeu denúncia de superfaturamento e deliberou pela sustação do contrato, comunicando o fato ao Congresso Nacional. Considerando a situação hipotética narrada, responda aos itens a seguir, empregando os argumentos jurídicos apropriados e a fundamentação legal pertinente ao caso.

A) Foi juridicamente correta a atuação do TCU ao solicitar para exame o edital de licitação publicado? (Valor: 0,60)

B) O TCU tem competência para sustar a execução do contrato superfaturado? (Valor: 0,65)

Item	Pontuação
A) O TCU atuou corretamente (0,3), com base no art. 113, § 2º, da Lei nº 8.666/1993 (0,3).	0/0,3/0,6
B) O TCU não tem competência para sustar o contrato pela necessidade de oficiar ao Congresso Nacional, conforme o art. 71, § 1º, da CF/1988.	0/0,3
Se o Congresso Nacional não deliberar a respeito no prazo de 90 dias, o TCU decide, conforme o art. 71, § 2º, da CF/1988.	0/0,35

(EXAME DE ORDEM 2010.3/Questão 1) O Poder Executivo municipal da cidade X resolve, após longos debates públicos com representantes de associações de moradores, editar um decreto de desapropriação de uma determinada área urbana, a fim de atender às exigências antigas da comunidade local dos Pontinhos, que ansiava pela construção de um hospital público na região. Entretanto, outra comunidade de moradores do mesmo município X, localizada a 10 km da primeira comunidade acima citada e denominada Matinhos, resolve ajuizar mandado de segurança coletivo contra o ato (decreto expropriatório) praticado pelo Prefeito. A comunidade de Matinhos é devidamente representada pela respectiva associação de moradores, constituída há pelo menos cinco anos e em funcionamento. A ação judicial coletiva objetiva, em sede liminar e de forma definitiva, sob pena de multa, a decretação de nulidade do decreto de desapropriação e a determinação de que o hospital seja imediatamente construído na localidade de Matinhos. Argumenta a associação, ora autora da ação coletiva, que em sua campanha política o Prefeito prometeu a construção de um hospital na localidade de Matinhos e que, por razões de conveniência e oportunidade, o Poder Executivo municipal não deveria construir o hospital na localidade de Pontinhos, pois lá já existe um hospital público federal em funcionamento, enquanto na localidade de Matinhos não há qualquer hospital. Diante da situação acima narrada e ao considerar que o decreto de desapropriação foi editado de forma válida e legal, sem qualquer vício de legalidade, explicite a possibilidade ou não de:

A) anulação do ato administrativo de desapropriação pelo Poder Judiciário. (Valor: 0,6)

B) determinação judicial de que o Prefeito deva construir o hospital na região de Matinhos. (Valor: 0,4)

Item	Pontuação
A.1. Identificação do ato administrativo (decreto de desapropriação) como ato discricionário.	0/0,3
A.2. Possibilidade do controle judicial dos atos por meio de uma ponderação de razoabilidade – dimensão da legalidade –, de atingimento dos motivos determinantes, bem como a sua finalidade pública real.	0/0,3
B) Impossibilidade de o Poder Judiciário determinar a prática do ato (construção do hospital).	0/0,4

(EXAME DE ORDEM XXX/Questão 1) Em sede de controle realizado pelo Tribunal de Contas da União sobre contrato de obra de grande vulto, celebrado entre a União e a sociedade empresária Engenhoca S/A, foi apurada a existência de fraudes na respectiva licitação, além de graves vícios insanáveis na formalização da avença. No procedimento administrativo de apuração, apenas a União foi instada a se manifestar e, após a consideração dos argumentos apresentados por esta, a Corte de Contas prolatou decisão no sentido de sustar, diretamente, a execução do contrato e notificou o poder executivo para tomar, de imediato, as providências cabíveis. Os representantes da sociedade empresária Engenhoca S/A procuram você, na qualidade de advogado(a), para responder, fundamentadamente, aos questionamentos a seguir.

A) A sociedade empresária Engenhoca S/A deveria ter sido chamada pelo Tribunal de Contas a participar do processo administrativo de apuração? (Valor: 0,65)

B) A Corte de Contas é competente para realizar, diretamente, o ato de sustação do aludido contrato? (Valor: 0,60)

Observação: o(a) examinando(a) deve fundamentar suas respostas. A mera citação do dispositivo legal não confere pontuação.

Item	Pontuação
A) Sim. A Corte de Contas, considerando o objeto específico do controle externo e que os atos decorrentes dele podem repercutir na esfera jurídica de Engenhoca S/A, deveria ter intimado a contratada para participar do processo administrativo que resultou na sustação do contrato. Essa iniciativa respeitaria o princípio do devido processo legal ou da ampla defesa e do contraditório, na forma do art. 5º, inciso LIV OU inciso LV, da CF/1988, ou da Súmula Vinculante nº 3 do STF.	0,0/0,55/0,65
B) Não. A decisão da Corte de Contas, de sustar, diretamente, o contrato administrativo, é inconstitucional porque tal ato é de competência do Congresso Nacional, nos termos do art. 71, § 1º, da CF/1988.	0,0/0,50/0,60

15 IMPROBIDADE ADMINISTRATIVA E PRÁTICAS DE *COMPLIANCE*

15.1 PREVISÃO NORMATIVA

A previsão sancionatória para os atos de improbidade encontra-se no art. 37, § 4º, da CF/1988. Por sua vez, a matéria é regulamentada na Lei no 8.429/1992, Lei de Improbidade Administrativa – LIA (lei de natureza civil – com matéria de direito administrativo – não tem natureza penal). **Em termos gerais:** improbidade = desonestidade.

Observação: O ato de improbidade administrativa, em si, **não é crime** (ação de natureza civil pública).

Porém, se a conduta também for tipificada como crime ou infração administrativa, **poderá haver a responsabilização também na es-**

fera administrativa disciplinar, civil e penal (comum e de responsabilidade).

15.2 DEFINIÇÃO DO ATO DE IMPROBIDADE

O art. 1º da Lei nº 8.429/1992, após a reforma promovida pela Lei nº 14.230/2021, a qual chamamos de "Nova Lei de Improbidade Administrativa", prevê que o sistema de responsabilização por atos de improbidade administrativa tutelará a probidade na organização do Estado e no exercício de suas funções, como forma de assegurar a integridade do patrimônio público e social.

Para tanto, estabelece que são considerados atos de improbidade administrativa as **condutas dolosas** tipificadas nos arts. 9º, 10 e 11 da Lei nº 8.429/1992, ressalvados os tipos previstos em leis especiais, a exemplo do art. 52 da Lei nº 10.257/2001 (Estatuto das Cidades), do art. 12 da Lei nº 12.813/2013 (Conflito de Interesses) e do art. 13 da Lei nº 13.425/2017 (Lei Kiss).

Assim, foi extinta a famigerada improbidade culposa, estabelecendo-se apenas as hipóteses dolosas. Para o propósito, considera-se dolo a vontade livre e consciente de alcançar o resultado ilícito tipificado nos arts. 9º, 10 e 11 da Lei nº 8.429/1992, não bastando a voluntariedade do agente, ou seja, exige o denominado ***dolo específico***.

Isso é corroborado pelo próprio § 3º do art. 1º da Lei nº 8.429/1992, em que se estabeleceu que o mero exercício da função ou desempenho de competências públicas, sem comprovação de ato doloso com fim ilícito, afasta a responsabilidade por ato de improbidade administrativa.

Por fim, no que tange à conceituação, o legislador excluiu a chamada improbidade hermenêutica, estabelecendo, no § 8º do art. 1º, que não configura improbidade a ação ou omissão decorrente de divergência interpretativa da lei, baseada em jurisprudência, ainda que não pacificada, mesmo que não venha a ser posteriormente prevalecente nas decisões dos órgãos de controle ou dos tribunais do Poder Judiciário.

15.3 SUJEITO PASSIVO DO ATO DE IMPROBIDADE

Sujeito passivo do ato de improbidade é aquele que sofreu violação à probidade na organização do Estado e no exercício de suas funções, bem como à integridade do seu patrimônio público e social, conforme o art. 1º, §§ 5º a 7º, da Lei nº 8.429/1992. Assim, são sujeitos passivos do ato de improbidade a União, os Estados, os Municípios e o Distrito Federal, independentemente se tenha sido por sua Administração Direta ou Indireta dos Poderes Executivo, Legislativo e Judiciário.

Também é sujeito passivo a entidade privada que receba subvenção, benefício ou incentivo, fiscal ou creditício, de entes públicos ou governamentais, bem como aquelas cuja criação ou custeio o erário haja concorrido ou concorra no seu patrimônio ou receita atual, independentemente de integrar a Administração Indireta, quando sofra ato ímprobo praticado contra esse patrimônio, limitado o ressarcimento de prejuízos, nesse caso, à repercussão do ilícito sobre a contribuição dos cofres públicos.

Tome muito cuidado com os Partidos Políticos, uma vez que o art. 23-C da LIA prevê que os atos que ensejem enriquecimento ilícito, perda patrimonial, desvio, apropriação, malbaratamento ou dilapidação ***de recursos públicos dos partidos políticos, ou de suas fundações***, serão responsabilizados nos termos da Lei nº 9.096/1995 (Lei dos Partidos Políticos), e não da Lei nº 8.429/1992.

15.4 SUJEITO ATIVO DO ATO DE IMPROBIDADE

Sujeito ativo é aquele que comete o ato de improbidade. Esta é praticada por um agente público sozinho, em conluio com outros agentes públicos ou em conluio com particulares. Não há ato de improbidade praticado exclusivamente por particular.

Para fins de improbidade administrativa, nos termos do art. 2º da LIA, consideram-se agente público o agente político, o servidor público e todo aquele que exerce, ainda que transitoriamente ou sem remuneração, por eleição, nomeação, designação, contratação ou qualquer outra forma de investidura ou vínculo, mandato, cargo, emprego ou função nas entidades mencionadas anteriormente.

O parágrafo único desse artigo apresenta o agente público por equiparação, quando houver a gestão de recursos públicos, sujeitando-se também às sanções por improbidade o particular, pessoa física ou jurídica, que celebra com a administração pública convênio, contrato de repasse, contrato de gestão, termo de parceria, termo de cooperação ou ajuste administrativo equivalente.

Quanto ao particular, está sujeito às sanções por improbidade aquele que, mesmo não sendo agente público (nem em sentido estrito, nem por equiparação), induza ou concorra ***dolosamente*** para a prática do ato de improbidade.

No caso de ato praticado por pessoa jurídica, esta, em regra, responde, e não as pessoas físicas que a administram. Regra, porque estas poderão, excepcionalmente, responder, conforme disposto no art. 3º, § 1º, da LIA, o qual prevê que os sócios, os cotistas, os diretores e os colaboradores de pessoa jurídica de direito privado não respondem pelo ato de improbidade que venha a ser imputado à pessoa jurídica, salvo se, comprovadamente, houver participação e benefícios diretos, caso em que responderão nos limites da sua participação.

Agora, preste atenção, pois as sanções por improbidade administrativa não se aplicarão à pessoa jurídica, caso o ato ímprobo seja igualmente sancionado como ato lesivo à administração pública de que trata a Lei nº 12.846/2013 (Lei Anticorrupção). Isso para observar o princípio constitucional do *non bis in idem*, previsto no § 7º do art. 12 da LIA.

Por fim, há de se destacar que os sucessores ou herdeiros daquele que causar dano ao erário ou que se enriquecer ilicitamente estão sujeitos apenas à obrigação de repará-lo até o limite do ***valor da herança*** ou do ***patrimônio transferido***.

No caso de pessoa jurídica, por força do art. 8-A da LIA, essa responsabilidade sucessória também se aplica na hipótese de alteração contratual, transformação, cisão societária, incorporação ou fusão. Agora, nas duas últimas hipóteses, a responsabilidade da sucessora será restrita à obrigação de reparação integral do dano causado, até o limite do patrimônio transferido, não lhe sendo aplicáveis as demais sanções por improbidade, decorrentes de atos e de fatos ocorridos antes da data da fusão ou da incorporação, exceto nos casos de simulação ou evidente intuito de fraude, devidamente comprovados.

15.5 MODALIDADES DE IMPROBIDADE

Existem três modalidades de improbidade, todas com a exigência da demonstração de dolo específico na conduta do agente. Os atos de improbidade que importam em ***enriquecimento ilícito***, previstos, ***exemplificativamente***, no art. 9º da LIA, os atos de improbidade que causam ***prejuízo ao erário***, previstos, ***exemplificativamente***, no art. 10 da LIA, e os atos de improbidade que atentam ***contra os princípios da Administração Pública***, previstos, ***taxativamente***, no art. 11 da LIA.

No que tange ao prejuízo ao erário, é importante destacar as observações constantes nos §§ 1º e 2º do art. 10, no sentido de que, nos casos em que a inobservância de formalidades legais ou regulamentares não implicar perda patrimonial efetiva, não ocorrerá imposição de ressarcimento, vedado o enriquecimento sem causa por parte do Estado, bem como a mera perda patrimonial decorrente da atividade econômica não acarretará improbidade administrativa, salvo se comprovado ato doloso praticado com essa finalidade.

Já, quanto à afronta aos princípios da Administração Pública, o legislador inseriu inúmeras ressalvas nos parágrafos do art. 11, as quais são dignas de nota. Primeiramente, estipulou que, nos termos da Convenção das Nações Unidas contra a Corrupção, promulgada pelo Decreto nº 5.687/2006, somente haverá improbidade administrativa, por afronta aos princípios da Administração Pública, quando for ***comprovado*** na conduta funcional do agente público ***o fim de obter proveito ou benefício indevido*** para si ou para outra pessoa ou entidade, o que se aplica a quaisquer atos de improbidade administrativa tipificados na Lei nº 8.429/1992 e em leis especiais ou a quaisquer outros tipos especiais de improbidade administrativa instituídos por lei.

Assim, o enquadramento de conduta funcional como ato de improbidade que afrontou princípios da Administração Pública pressupõe a demonstração objetiva da prática de ilegalidade no exercício da função pública, com a indicação das normas constitucionais, legais ou infralegais violadas.

Por fim, o legislador estatuiu que os atos que afrontem princípios da Administração Pública exigem lesividade relevante ao bem jurídico tutelado para serem passíveis de sanção, destacando, todavia, que eles independem do reconhecimento da produção de danos ao erário e de enriquecimento ilícito dos agentes públicos, ou seja, bastando a conduta dolosa específica, e não o resultado.

15.6 SANÇÕES POR ATOS DE IMPROBIDADE

As sanções decorrentes de ato de improbidade estão previstas no art. 12 da Lei nº 8.429/1992 e independem do ressarcimento integral do dano patrimonial, se efetivo, o qual não mais é tratado como sanção, mas como obrigação legal. Ou seja, mesmo que o sujeito ativo realize o ressarcimento integral do dano, estará também sujeito às sanções legais pelo ato ímprobo. Do mesmo modo, ainda que não seja punido por ato de improbidade, mas reste comprovado o cometimento de dano ao erário, deverá realizar o ressarcimento.

É importante ressaltar que, no tocante à reparação do dano, o § 6º do art. 12 determina que sempre deverá ser deduzido o ressarcimento ocorrido nas instâncias criminal, civil e administrativa que tenha tido por objeto os mesmos fatos.

As sanções por ato de improbidade também se aplicam de forma independente das sanções penais comuns e de responsabilidade, civis e administrativas previstas na legislação específica, bem como podem ser aplicadas isolada ou cumulativamente, de acordo com a gravidade do fato.

QUADRO-RESUMO DAS SANÇÕES:

	Enriquecimento ilícito (art. 9º)	Prejuízo ao erário (art. 10)	Afronta aos princípios da Administração (art. 11)
Perda da função pública	Sim	Sim	Não há
Suspensão dos direitos políticos	De até 14 anos	De até 12 anos	Não há
Multa civil	Equivalente ao valor do acréscimo patrimonial	Equivalente ao valor do dano	Até 24 (vinte e quatro) vezes o valor da remuneração percebida pelo agente

Proibição de contratar com o Poder Público ou de receber benefícios ou incentivos fiscais ou creditícios	Por prazo não superior a 14 anos	Por prazo não superior a 12 anos	Por prazo não superior a 4 anos
Perda dos bens ou valores acrescidos ilicitamente ao patrimônio	Sim	Se houver acréscimo patrimonial ilícito	Não, pois o sujeito passivo só será sancionado com base no art. 11, se não incorrer em improbidade por enriquecimento ilícito ou prejuízo ao erário

Observação importante 1: De acordo com o § 9º do art. 12 da LIA, as sanções anteriores somente poderão ser executadas após o trânsito em julgado da sentença condenatória.

Observação importante 2: O art. 12, § 1º, da LIA prevê que a sanção de perda da função pública, a qual é aplicada exclusivamente nas hipóteses de improbidade por enriquecimento ilícito ou dano ao erário, atinge **apenas o vínculo de mesma qualidade e natureza** que o agente público ou político detinha com o Poder Público na época do cometimento da infração, podendo o magistrado, somente na hipótese de enriquecimento ilícito, e em caráter excepcional, estendê-la aos demais vínculos, consideradas as circunstâncias do caso e a gravidade da infração.

Assim, veja que a lei trata de ***vínculo*** de mesma natureza e qualidade, e não de cargo. Entendo que a natureza do vínculo será ***efetiva*** ou ***precária***. Por sua vez, a qualidade do vínculo será a forma como ele se dará, podendo ser ***por concurso público, livre nomeação*** ou ***eleição***.

Vejamos alguns exemplos:

Exemplo 1) o sujeito ativo era servidor público municipal, com vínculo de natureza efetiva e qualidade concursada, quando cometeu ato de improbidade tipificado no art. 9º ou 10. Posteriormente, se elegeu Governador. Quando estava no curso desse mandato, transitou em julgado a sentença condenatória. Perderá a função pública atual, a qual possui vínculo de natureza precária e qualidade eletiva? Como regra, entendo que não, pois o vínculo não é de mesma qualidade e natureza.

Exemplo 2) o sujeito ativo era Governador quando cometeu ato de improbidade tipificado no art. 9º ou 10. Posteriormente, foi aprovado em concurso público e nomeado para cargo efetivo municipal. A sentença condenatória transitou em julgado quando o sujeito já estava no exercício das funções desse cargo. Perderá a função pública atual, a qual possui vínculo de natureza efetiva e qualidade concursada? Como regra, entendo que não, pois o vínculo não é de mesma qualidade e natureza.

Exemplo 3) o sujeito ativo era Ministro de Estado, com vínculo de natureza precária e qualidade de livre nomeação, quando cometeu ato de improbidade tipificado no art. 9º ou 10. Posteriormente, elegeu-se Prefeito. A sentença condenatória transitou em julgado quando o sujeito já estava no exercício das funções desse cargo. Perderá a função pública atual, a qual possui vínculo de natureza precária e qualidade eletiva? Como regra, entendo que não, pois, embora o vínculo seja de mesma natureza (precária), não é de mesma qualidade (o primeiro, de livre nomeação, já, o segundo, por eleição).

Exemplo 4) o sujeito ativo era Governador quando cometeu ato de improbidade tipificado no art. 9º ou 10. Posteriormente, elegeu-se Deputado Federal. A sentença condenatória transitou em julgado quando o sujeito já estava no exercício das funções desse cargo. Perderá a função pública atual, a qual possui vínculo de natureza precária e qualidade eletiva? Entendo que sim, pois o vínculo é de mesma qualidade e natureza.

Exemplo 5) o sujeito ativo era Secretário Municipal quando cometeu ato de improbidade tipificado no art. 9º ou 10. Posteriormente, foi nomeado Ministro de Estado. A sentença condenatória transitou em julgado quando o sujeito já estava no exercício das funções desse cargo. Perderá a função pública atual, a qual possui vínculo de natureza precária e qualidade de livre nomeação? Entendo que sim, pois o vínculo é de mesma qualidade e natureza.

Exemplo 6) o sujeito ativo era servidor público municipal, com vínculo de natureza efetiva e qualidade concursada, quando cometeu ato de improbidade tipificado no art. 9º ou 10. Posteriormente, foi aprovado em concurso público e nomeado para cargo de juiz de direito. A sentença condenatória transitou em julgado quando o sujeito já estava no exercício das funções desse cargo. Perderá a função pública atual, a qual possui vínculo de natureza efetiva e qualidade concursada? Entendo que sim, pois o vínculo é de mesma qualidade e natureza.

Observação importante 3: A multa poderá, nos termos do art. 12, § 2º, ser aumentada até o dobro, se o juiz considerar que, em virtude da situação econômica do réu, o valor calculado na forma dos incisos I, II e III do art. 12 é ineficaz para reprovação e prevenção do ato de improbidade. Agora, é necessário atentar para a ressalva do § 3º, o qual determina que, na responsabilização da pessoa jurídica, devem ser considerados os efeitos econômicos e sociais das sanções, de modo a viabilizar a manutenção de suas atividades.

Observação importante 4: A sanção de proibição de contratação com o Poder Público, como regra, atinge apenas o Ente público lesado. Todavia, em caráter excepcional, o § 4º do art. 12 permite que, por motivos relevantes devidamente justificados, essa sanção pode extrapolar esse Ente, ou seja, a proibição pode ser estendida aos demais Entes federativos, observados, em todos os casos, os impactos econômicos e sociais das sanções, de forma a preservar a função social da pessoa jurídica. Assim, essa sanção deverá constar do Cadastro Nacional de Empresas Inidôneas e Suspensas (CEIS) de que trata a Lei nº 12.846/2013, e o juiz deverá, expressamente, fazer constar na sentença a limitação territorial da sanção.

Observação importante 5: O § 5º do art. 12 apresenta a improbidade de menor potencial ofensivo, estabelecendo que, no caso de atos de menor ofensa aos bens jurídicos tutelados pela LIA, a sanção limitar-se-á à aplicação de multa, sem prejuízo do ressarcimento do dano e da perda dos valores obtidos, quando for o caso.

Observação importante 6: Por fim, sobre as sanções, o § 6º do art. 12 da LIA estabelece que, para efeitos de contagem do prazo da sanção de suspensão dos direitos políticos, computar-se-á retroativamente o intervalo de tempo entre a decisão colegiada e o trânsito em julgado da sentença condenatória.

Assim, por exemplo, digamos que o agente tenha sido condenado à suspensão dos direitos políticos pelo prazo de 10 (dez) anos e que o acórdão de apelação no TJ ou no TRF tenha sido publicado em janeiro de 2022 e a decisão venha transitar em julgado no STF em janeiro de 2030. A partir do trânsito em julgado, o agente cumprirá dois anos restantes de suspensão dos direitos políticos, uma vez que se computará o tempo de 2022 a 2030.

15.7 DA DECLARAÇÃO DE BENS E DA DECRETAÇÃO DE INDISPONIBILIDADE

Nesta seção, trabalharemos a declaração de bens e a decretação de indisponibilidade de bens, institutos que buscam tutelar objetos diferentes.

O primeiro trata da apresentação de declaração de imposto de renda e proventos de qualquer natureza, que tenha sido apresentada à Secretaria Especial da Receita Federal do Brasil, a qual deverá ser arquivada no serviço de pessoal competente e constitui condicionante à posse e ao exercício de agente público, devendo ser atualizada anualmente e na data em que o agente público deixar o exercício do mandato, do cargo, do emprego ou da função, conforme determina o art. 13 da Lei nº 8.429/1992.

Importante ressaltar que será apenado com a pena de demissão, sem prejuízo de outras sanções cabíveis, o agente público que se recusar a prestar essa declaração de bens, dentro do prazo determinado ou que prestar declaração falsa.

Por sua vez, ***a decretação de indisponibilidade dos bens*** é pedido antecedente ou incidental à Ação de Improbidade Administrativa, previsto no art. 16 da LIA, que objetiva garantir a integral recomposição do erário ou do acréscimo patrimonial resultante de enriquecimento ilícito, o qual, com a reforma, passou a contar com inúmeras peculiaridades que veremos a seguir. Aplicam-se ao pedido de decretação de indisponibilidade, naquilo que couber, as disposições aplicáveis à tutela provisória de urgência, previstas no art. 300 do CPC.

O pedido de indisponibilidade poderá ocorrer antes mesmo do ajuizamento da ação de improbidade, em caráter antecedente. Desse modo, o § 2º do art. 16 prevê que, quando for o caso, o pedido de indisponibilidade de bens incluirá a investigação, o exame e o bloqueio de bens, contas bancárias e aplicações financeiras mantidas pelo indiciado no exterior, nos termos da lei e dos tratados internacionais, e só será deferido mediante a **demonstração**, no caso concreto, **de perigo de dano irreparável ou de risco ao resultado útil do processo**, desde que o juiz se convença da **probabilidade da ocorrência dos atos** descritos na petição inicial com fundamento nos respectivos elementos de instrução, após a oitiva do réu em 5 (cinco) dias.

O § 4º do art. 16, todavia, permite que a indisponibilidade de bens seja decretada sem a oitiva prévia do réu, sempre que o contraditório prévio puder, comprovadamente, frustrar a efetividade da medida ou houver outras circunstâncias que recomendem a proteção liminar, não podendo a urgência ser presumida.

O valor da indisponibilidade considerará a estimativa de dano indicada na petição inicial, permitida a sua substituição por caução idônea, por fiança bancária ou por seguro-garantia judicial, a requerimento do réu, bem como a sua readequação durante a instrução do processo. Também deve ser observado que, se houver mais de um réu na ação, a somatória dos valores declarados indisponíveis não poderá superar o montante indicado na petição inicial como dano ao erário ou como enriquecimento ilícito, conforme determinado dos §§ 5º e 6º do art. 16.

Assim, em atenção ao § 10 do art. 16, a indisponibilidade recairá sobre bens que assegurem ***exclusivamente o integral ressarcimento do dano ao erário***, sem incidir sobre os valores a serem eventualmente aplicados a título de **multa civil** ou sobre acréscimo patrimonial decorrente de ***atividade lícita***. Além disso, a ordem de indisponibilidade de bens deverá priorizar veículos de via terrestre, bens imóveis, bens móveis em geral, semoventes, navios e aeronaves, ações e quotas de sociedades simples e empresárias, pedras e metais preciosos e, ***apenas na inexistência desses***, o bloqueio de contas bancárias, de forma a garantir a subsistência do acusado e a manutenção da atividade empresária ao longo do processo.

Ademais, é vedada a decretação de indisponibilidade da quantia de até ***40 (quarenta) salários mínimos*** depositados em caderneta de poupança, em outras aplicações financeiras ou em conta-corrente, bem como do ***bem de família do réu***, salvo se comprovado que o imóvel seja fruto de vantagem patrimonial indevida, segundo o previsto nos §§ 13 e 14 do art. 16.

Quanto à indisponibilidade de bens de terceiro, o § 7º do art. 16 impõe que esta dependerá da demonstração da sua efetiva concorrência para os atos ilícitos apurados ou, quando se tratar de pessoa jurídica, da instauração de incidente de desconsideração da personalidade jurídica, a ser processado em conformidade com os arts. 133 e seguintes do CPC.

Por fim, o legislador determinou, no § 12 do art. 16, que o juiz, ao apreciar o pedido de indisponibilidade de bens do réu, observará os efeitos práticos da decisão, vedada a adoção de medida capaz de acarretar prejuízo à prestação de serviços públicos.

Da decisão que deferir ou indeferir a medida relativa à indisponibilidade de bens, ***caberá agravo de instrumento***, com fundamento no art. 16, § 9º, da Lei nº 8.429/1992.

15.8 LEGITIMADO À PROPOSITURA

A ação de improbidade **será proposta exclusivamente pelo Ministério Público** e seguirá o rito do CPC, excetuando-se as disposições especiais da Lei nº 8.429/1992, perante o juízo de 1º grau competente, sendo aquele do local onde ocorrer o dano ou da pessoa jurídica prejudicada, e a propositura da ação de improbidade prevenirá a competência do juízo para todas as ações posteriormente intentadas que possuam a mesma causa de pedir ou o mesmo objeto.

15.9 DA POSSIBILIDADE DE ACORDO DE NÃO PERSECUÇÃO CÍVEL

O art. 17-B da Lei nº 8.429/1992 passou a prever que o Ministério Público poderá, conforme as circunstâncias do caso concreto, celebrar acordo de não persecução civil, desde que dele advenham, ao menos, o integral ressarcimento do dano e a reversão à pessoa jurídica lesada da vantagem indevida obtida, ainda que oriunda de agentes privados.

A celebração do acordo depende, cumulativamente, da oitiva do ente federativo lesado, em momento anterior ou posterior à propositura da ação, de aprovação, no prazo de até 60 dias, pelo órgão do Ministério Público competente para apreciar as promoções de arquivamento de inquéritos civis, se anterior ao ajuizamento da ação e de homologação judicial, independentemente de o acordo ocorrer antes ou depois do ajuizamento da ação de improbidade administrativa.

Em qualquer caso, consoante determinado pelo § 2º do art. 17-B, a celebração do acordo considerará a personalidade do agente, a natureza, as circunstâncias, a gravidade e a repercussão social do ato de improbidade, bem como as vantagens, para o interesse público, da rápida solução do caso.

Para fins de apuração do valor do dano a ser ressarcido, deverá ser realizada a oitiva do Tribunal de Contas competente, que se manifestará, com indicação dos parâmetros utilizados, no prazo de 90 (noventa) dias, de acordo com o previsto no art. 17-B, § 3º, da LIA.

O acordo poderá ser celebrado no curso da investigação de apuração do ilícito, no curso da ação de improbidade ou no momento da execução da sentença condenatória, e as negociações para sua celebração ocorrerão entre o Ministério Público, de um lado, e, de outro, o investigado ou demandado e o seu defensor.

Por fim, há de se dizer que, nos termos do § 6º do art. 17-B, o acordo poderá contemplar a adoção de mecanismos e procedimentos internos de integridade, de auditoria e de incentivo à denúncia de irregularidades e a aplicação efetiva de códigos de ética e de conduta no âmbito da pessoa jurídica, se for o caso, além de outras medidas em favor do interesse público e de boas práticas administrativas.

Em caso de descumprimento do acordo de não persecução cível, o investigado ou o demandado ficará impedido de celebrar novo acordo pelo prazo de 5 anos, contado do conhecimento pelo Ministério Público do efetivo descumprimento, conforme determinado pelo § 7º do art. 17-B.

15.10 PRESCRIÇÃO

A prescrição está disposta no art. 23 da LIA, o qual prevê que a ação para a aplicação das sanções previstas na Lei nº 8.429/1992 **prescreve em 8 (oito) anos**, contados a partir da ocorrência do fato ou, no caso de infrações permanentes, do dia em que cessou a permanência, aplicando-se tanto ao agente público quanto ao particular.

O legislador estabeleceu, no art. 23, § 1º, uma ***causa suspensiva da prescrição***, ao prever que a instauração de inquérito civil ou de processo administrativo para apuração dos ilícitos referidos na LIA ***suspende*** o curso do prazo prescricional por, no máximo, 180 (cento e oitenta) dias corridos, recomeçando a correr após a sua conclusão ou, caso não concluído o processo, esgotado o prazo de suspensão.

Assim, a título de exemplo, caso o ato de improbidade tenha ocorrido em janeiro de 2022 e o processo administrativo ou o inquérito civil tenha sido instaurado só em janeiro de 2026, o prazo prescricional de 8 anos será suspenso nessa data (com 4 anos já decorridos), voltando a correr em julho de 2026 – 180 dias após (os outros 4 anos restantes).

O legislador estabeleceu um prazo indicativo, impróprio, que, a meu ver, não traz consequência jurídica alguma, para a conclusão do inquérito civil e o oferecimento da ação, previstos, respectivamente, nos §§ 2º e 3º da LIA. Assim, o inquérito civil para apuração do ato de improbidade deverá ser concluído no prazo de 365 dias corridos, prorrogável uma única vez por igual período, mediante ato fundamentado submetido à revisão da instância competente do órgão ministerial, conforme dispuser a respectiva lei orgânica, e, encerrado esse prazo, a ação deverá ser proposta no prazo de 30 (trinta) dias, se não for caso de arquivamento do inquérito.

Por sua vez, o art. 23, § 4º, da Lei nº 8.429/1992 apresenta as causas interruptivas da prescrição, prevendo que o prazo prescricional de 8 anos será interrompido:

> I – pelo ajuizamento da ação de improbidade administrativa;
>
> II – pela publicação da sentença condenatória;
>
> III – pela publicação de decisão ou acórdão de Tribunal de Justiça ou Tribunal Regional Federal que confirma sentença condenatória ou que reforma sentença de improcedência;
>
> IV – pela publicação de decisão ou acórdão do Superior Tribunal de Justiça que confirma acórdão condenatório ou que reforma acórdão de improcedência;

V – pela publicação de decisão ou acórdão do Supremo Tribunal Federal que confirma acórdão condenatório ou que reforma acórdão de improcedência.

Preste atenção, pois, de acordo com o § 5º do art. 23, interrompida a prescrição, o prazo recomeça a correr do dia da interrupção, pela metade do prazo, ou seja, por 4 anos.

Assim, da data de cometimento do ato de improbidade, o Ministério Público possui 8 anos para o ajuizamento da ação. Ajuizada a ação, a sentença deverá ser proferida em 4 anos. Proferida a sentença, havendo apelação, o acórdão de apelação deverá ser proferido em 4 anos. Havendo recurso especial ou extraordinário contra o acórdão de apelação, o acórdão do tribunal superior deverá ser proferido em 4 anos.

Quanto aos efeitos da ***suspensão*** e da ***interrupção*** da prescrição, é importante ressaltar que ambos produzem efeitos relativamente a todos os que concorreram para a prática do ato de improbidade, e, nos atos de improbidade conexos que sejam objeto do mesmo processo, a suspensão e a interrupção relativas a qualquer um deles estendem-se aos demais, por força dos §§ 6º e 7º do art. 23 da LIA.

Por fim, há de se dizer que o juiz ou o tribunal, depois de ouvido o Ministério Público, deverá, de ofício ou a requerimento da parte interessada, reconhecer a prescrição intercorrente da pretensão sancionadora e decretá-la de imediato, caso, entre os marcos interruptivos referidos anteriormente, transcorra o prazo de 4 anos.

Observação importante: *O STF, em 8 de agosto de 2018, ao julgar o RE no 852.475, fixou tese de repercussão geral no sentido de que "são imprescritíveis as ações de ressarcimento ao erário fundadas na prática de ato doloso tipificado na Lei de Improbidade Administrativa". Assim, embora as sanções prescrevam no prazo anterior, o* ***ressarcimento ao erário*** *não é tratado como sanção, razão pela qual entendemos que a ação poderá continuar com este único propósito.*

15.11 PROCEDIMENTO ADMINISTRATIVO E INQUÉRITO CIVIL

Inicia-se de ofício pela Administração ou mediante Representação, a qual será escrita ou reduzida a termo e assinada, conterá a qualificação do representante, as informações sobre o fato e sua autoria e a indicação das provas de que tenha conhecimento. A representação poderá ser rejeitada pela autoridade (por decisão fundamentada) se esta não contiver essas formalidades. Atendidos os requisitos da representação, a autoridade determinará a imediata apuração dos fatos, observada a legislação que regula o processo administrativo disciplinar aplicável ao agente.

Observações:

a) A rejeição pela autoridade administrativa não impede a representação ao Ministério Público.

b) Deve ser comunicada imediatamente ao Ministério Público e ao Respectivo Tribunal de Contas a instauração de procedimento administrativo para apurar ato de improbidade administrativa (ambos poderão, a requerimento da autoridade administrativa, designar representante para acompanhar o procedimento administrativo).

O MP, por sua vez, para apurar qualquer ilícito previsto na LIA, de ofício, a requerimento de autoridade administrativa ou mediante representação formulada de acordo com o disposto no art. 14 da Lei nº 8.429/1992, poderá instaurar **inquérito civil** ou **procedimento investigativo assemelhado** e **requisitar a instauração de inquérito policial**, conforme previsão expressa do art. 22.

Na apuração de eventual ato de improbidade, será garantido ao investigado, nesses procedimentos instaurados pelo MP, a oportunidade de manifestação por escrito e de juntada de documentos que comprovem suas alegações e auxiliem na elucidação dos fatos.

15.11 PROCEDIMENTO JUDICIAL

A ação de improbidade administrativa seguirá o procedimento comum, previsto no art. 318 e seguintes do CPC, e as disposições especiais previstas no art. 17 e seguintes da Lei nº 8.429/1992, os quais serão trabalhados a seguir.

A ação por improbidade administrativa é repressiva, ***de caráter sancionatório***, destinada à aplicação de sanções de caráter pessoal, e ***não constitui ação civil***, vedado seu ajuizamento, conforme o art. 17-D da LIA, para o controle de legalidade de políticas públicas e para a proteção do patrimônio público e social, do meio ambiente e de outros interesses difusos, coletivos e individuais homogêneos.

Assim, o controle de legalidade de políticas públicas e a responsabilidade de agentes públicos, inclusive políticos, entes públicos e governamentais, por danos ao meio ambiente, ao consumidor, a bens e direitos de valor artístico, estético, histórico, turístico e paisagístico, a qualquer outro interesse difuso ou coletivo, à ordem econômica, à ordem urbanística, à honra e à dignidade de grupos raciais, étnicos ou religiosos e ao patrimônio público e social submetem-se à Lei da Ação Civil Pública, a Lei nº 7.347/1985.

A ação de improbidade administrativa será proposta pelo Ministério Público, perante o foro do local onde ocorrer o dano ou da pessoa jurídica prejudicada, conforme disposto no art. 17, § 4-A. É digna de nota a previsão de que a propositura da ação de improbidade prevenirá a competência do juízo para todas as ações posteriormente intentadas que possuam a mesma causa de pedir ou o mesmo objeto, ou seja, havendo novas ações de improbidade contra outros réus, por exemplo, deverá ser proposta no mesmo juízo onde a originária foi ajuizada, consoante expressamente previsto no art. 17, § 5º, da LIA.

Além disso, é necessário dizer que, de acordo com vedação expressa do art. 17, § 19, III, não poderá ocorrer o ajuizamento de mais de uma ação de improbidade administrativa pelo mesmo fato, competindo ao Conselho Nacional do Ministério Público dirimir conflitos de atribuições entre membros de MPs distintos;

O MP deverá indicar e qualificar o(s) réu(s), que será(ão) o(s) agente(s) público(s) que praticou(aram) o ato e eventual(is) particular(es) beneficiário(s) do ato. Sendo este pessoa jurídica, ela figurará como réu e, se for o caso, se operará o incidente de desconsideração da personalidade jurídica, previsto no art. 133 e seguintes do CPC, com o propósito de responsabilizar os sócios, os cotistas, os diretores e os colaboradores que, comprovadamente, tenham participado e obtido benefícios diretos, caso em que responderão nos limites da sua participação, conforme o art. 3º, § 1º, da LIA.

A petição inicial, além dos ***requisitos extrínsecos*** previstos no art. 319 do CPC, deverá preencher os ***requisitos intrínsecos*** do art. 17, § 6º, da Lei nº 8.429/1992, ou seja, ***deverá*** individualizar a conduta do réu e apontar os elementos probatórios mínimos que demonstrem a ocorrência das hipóteses dos arts. 9º, 10 e 11 da LIA e de sua autoria, salvo impossibilidade devidamente fundamentada e ***deverá*** ser instruída com documentos ou justificação que contenham indícios suficientes da veracidade dos fatos e do dolo imputado ou com razões fundamentadas da impossibilidade de apresentação de qualquer dessas provas, observada a legislação vigente, inclusive as disposições referentes aos deveres das partes e à litigância de má-fé, previstos, respectivamente nos arts. 77 e 80 do CPC.

Na petição inicial, além do pedido de decretação de indisponibilidade dos bens, já trabalhada anteriormente, o MP poderá requerer as tutelas provisórias adequadas e necessárias, nos termos dos arts. 294 a 310 do CPC.

Conforme previsão expressa do art. 17, § 6º-B, ***a petição inicial será rejeitada*** nos casos do art. 330 do CPC, bem como quando não preenchidos os requisitos intrínsecos apontados supra, previstos nos incisos I e II do § 6º do art. 17, ou ainda quando manifestamente inexistente o ato de improbidade imputado.

Estando a petição inicial em forma, o art. 17, § 7º, prevê que o juiz mandará autuá-la e ***ordenará a citação*** dos requeridos ***para que a contestem*** no prazo comum de ***30 (trinta) dias***, iniciado o prazo na forma do art. 231 do CPC. Outro ponto importante é que, sem prejuízo da citação dos réus, ***a pessoa jurídica interessada será intimada*** para, caso queira, ***intervir no processo***, conforme a previsão do § 14 do art. 17.

No que tange à defesa do réu, o § 20 do art. 17 determina que a assessoria jurídica que emitiu parecer atestando a legalidade prévia dos atos administrativos praticados pelo administrador público ficará obrigada a defendê-lo judicialmente, caso este venha a responder ação por improbidade administrativa, até que a decisão transite em julgado.

Havendo a possibilidade de solução consensual, poderão as partes requerer ao juiz a interrupção do prazo para a contestação, por prazo não superior a 90 (noventa) dias, em conformidade com o art. 17, § 10-A.

Oferecida a contestação e, se for o caso, ouvido o autor, o juiz, nos termos do § 10-B do art. 17, procederá ao ***julgamento conforme o estado do processo***, de acordo com o art. 354 do CPC, observada a eventual inexistência manifesta do ato de improbidade, ou poderá desmembrar o litisconsórcio, com vistas a otimizar a instrução processual.

Importante destacar que, com fundamento específico no art. 17, § 9º-A, da decisão que ***rejeitar questões preliminares*** suscitadas pelo réu em sua contestação, ***caberá agravo de instrumento***.

Após a réplica do Ministério Público, conforme determina o art. 17, § 10-C, o juiz ***proferirá decisão*** na qual indicará, com precisão, a tipificação do ato de improbidade administrativa imputável ao réu, sendo-lhe vedado modificar o fato principal e a capitulação legal apresentada pelo autor. Preste atenção, pois, para cada ato de improbidade administrativa, deverá necessariamente ser indicado apenas um tipo entre aqueles previstos nos arts. 9º, 10 e 11 da LIA.

Proferida essa decisão, as partes serão intimadas a especificar as provas que pretendem produzir. Ressalta-se que, dessa decisão, por ser interlocutória, cabe agravo de instrumento ao respectivo TJ ou TRF, de acordo com o previsto no art. 17, § 21, da LIA.

Quanto à instrução processual, algumas questões específicas à ação de improbidade são importantes. A título de exemplo, por previsão expressa do art. 17, § 19, I e II, não se aplica a presunção de veracidade dos fatos alegados pelo autor em caso de revelia, tampouco poderá ocorrer a imposição de ônus da prova ao réu prevista nos §§ 1º e 2º do art. 373 do CPC.

Também, quanto à instrução, o art. 17, § 18, assegura ao réu o direito de ser interrogado sobre os fatos de que trata a ação, e a sua recusa ou o seu silêncio não implicarão confissão.

Conforme assegurado pelo § 11 do art. 17, em qualquer momento do processo, verificada a inexistência do ato de improbidade, o juiz julgará a demanda improcedente ou, nos termos do art. 17, § 16, se o magistrado identificar a existência de ilegalidades ou de irregularidades administrativas a serem sanadas sem que estejam presentes todos os requisitos para a imposição das sanções aos agentes incluídos no polo passivo da demanda, poderá, em decisão motivada, converter a "Ação de Improbidade Administrativa" em "Ação Civil Pública", regulada pela Lei nº 7.347/1985. Dessa decisão que converter a ação de improbidade em ação civil pública, caberá agravo de instrumento, com fundamento no art. 17, § 17, da LIA.

Por seu turno, o art. 21, §§ 1º e 2º, determina que os atos do órgão de controle interno ou externo devem ser considerados pelo juiz quando tiverem servido de fundamento para a conduta do agente público, bem como as provas produzidas perante esses órgãos de controle e as correspondentes decisões devem ser consideradas na formação da convicção do juiz, sem prejuízo da análise acerca do dolo na conduta do agente.

A sentença proferida na ação de improbidade deverá observar, além dos ***elementos extrínsecos*** previstos no art. 489 do CPC, os ***elementos intrínsecos*** previstos no art. 17-C da LIA, os quais poderão, inclusive, ser teses de apelação:

> *I – indicar de modo preciso os fundamentos que demonstram os elementos a que se referem os arts. 9º, 10 e 11 da LIA, que não podem ser presumidos;*
>
> *II – considerar as consequências práticas da decisão, sempre que decidir com base em valores jurídicos abstratos;*
>
> *III – considerar os obstáculos e as dificuldades reais do gestor e as exigências das políticas públicas a seu cargo, sem prejuízo dos direitos dos administrados e das circunstâncias práticas que houverem imposto, limitado ou condicionado a ação do agente;*
>
> *IV – considerar, para a aplicação das sanções, de forma isolada ou cumulativa:*
>
> *a) os princípios da proporcionalidade e da razoabilidade;*
>
> *b) a natureza, a gravidade e o impacto da infração cometida;*
>
> *c) a extensão do dano causado;*
>
> *d) o proveito patrimonial obtido pelo agente;*
>
> *e) as circunstâncias agravantes ou atenuantes;*

f) a atuação do agente em minorar os prejuízos e as consequências advindas de sua conduta omissiva ou comissiva;

g) os antecedentes do agente;

V – considerar na aplicação das sanções a dosimetria das sanções relativas ao mesmo fato já aplicadas ao agente;

VI – considerar, na fixação das penas relativamente ao terceiro, quando for o caso, a sua atuação específica, não admitida a sua responsabilização por ações ou omissões para as quais não tiver concorrido ou das quais não tiver obtido vantagens patrimoniais indevidas;

VII – indicar, na apuração da ofensa a princípios, critérios objetivos que justifiquem a imposição da sanção.

Na hipótese de litisconsórcio passivo, a condenação ocorrerá no limite da participação e dos benefícios diretos, vedada qualquer solidariedade, devendo o magistrado especificar a responsabilização de cada réu, consoante o art. 17-C, § 2º, da LIA.

Em conformidade com o previsto no § 10-F do art. 17, será nula a decisão de mérito total ou parcial da ação de improbidade administrativa que condenar o requerido por tipo diverso daquele definido na petição inicial ou que condenar o requerido sem a produção das provas por ele tempestivamente especificadas.

A aplicação das sanções previstas na Lei nº 8.429/1992 independe da efetiva ocorrência de dano ao patrimônio público, salvo quanto à pena de ressarcimento e às condutas previstas no art. 10, bem como independente da aprovação ou da rejeição das contas pelo órgão de controle interno ou pelo Tribunal ou Conselho de Contas, conforme exposto no art. 21, II, da LIA.

A sentença que julgar procedente a ação fundada nos arts. 9º e 10 da LIA condenará ao ressarcimento dos danos e à perda ou à reversão dos bens e valores ilicitamente adquiridos, conforme o caso, em favor da pessoa jurídica prejudicada pelo ilícito, de acordo com o art. 18 da LIA.

Se houver necessidade de liquidação do dano, a pessoa jurídica prejudicada procederá a essa determinação e ao ulterior procedimento para cumprimento da sentença referente ao ressarcimento do patrimônio público ou à perda ou à reversão dos bens. Para fins de apuração do valor do ressarcimento, deverão ser descontados os serviços efetivamente prestados, conforme ressalva realizada pelo legislador no § 3º do art. 18. Além disso, outras sanções eventualmente aplicadas em outras esferas deverão ser compensadas com as sanções aplicadas com base na Lei nº 8.429/1992, segundo previsão expressa do seu art. 21, § 5º.

Agora, preste atenção, pois, se a PJ prejudicada não adotar as providências anteriores no prazo de 6 meses, contado do trânsito em julgado da sentença de procedência da ação, caberá ao MP proceder à respectiva liquidação do dano e ao cumprimento da sentença referente ao ressarcimento do patrimônio público ou à perda ou à reversão dos bens, sem prejuízo de eventual responsabilização pela omissão verificada.

O juiz poderá autorizar, de acordo com o art. 18, § 4º, o parcelamento, em até 48 parcelas mensais corrigidas monetariamente, do débito resultante de condenação pela prática de improbidade administrativa se o réu demonstrar incapacidade financeira de saldá-lo de imediato.

Ademais, a requerimento do réu, na fase de cumprimento da sentença, o juiz unificará eventuais sanções aplicadas com outras já impostas em outros processos, conforme determinado pelo art. 18-A, tendo em vista a eventual continuidade de ilícito ou a prática de diversas ilicitudes, e, no caso de continuidade de ilícito, o juiz promoverá a maior sanção aplicada, aumentada de 1/3 (um terço), ou a soma das penas, o que for mais benéfico ao réu, e, no caso de prática de novos atos ilícitos pelo mesmo sujeito, as sanções serão somadas (todavia, atente-se, pois o parágrafo único do art. 18-A determina que as sanções de suspensão de direitos políticos e de proibição de contratar ou de receber incentivos fiscais ou creditícios do poder público observarão o limite máximo de 20 (vinte) anos, mesmo que somadas).

Por fim, há de se dizer que a sentença proferida na ação de improbidade administrativa não está sujeita à remessa necessária, por previsão expressa tanto do art. 17-C, § 3º, quanto do art. 17, § 19, IV, ambos da LIA.

15.12 DA COMUNICABILIDADE DAS ESFERAS

O art. 21, § 3º, prevê que as sentenças civis e penais produzirão efeitos em relação à ação de improbidade quando concluírem pela inexistência da conduta ou pela negativa da autoria.

Do mesmo modo, por força do § 4º desse artigo, a absolvição criminal em ação que discuta os mesmos fatos, confirmada por decisão colegiada, impede o trâmite da ação de improbidade, havendo comunicação com todos os fundamentos de absolvição previstos no art. 386 do CPP.

15.13 DO AFASTAMENTO PREVENTIVO

O art. 20, § 1º, da LIA permite que a autoridade judicial competente determine o afastamento do agente público do exercício do cargo, do emprego ou da função, sem prejuízo da remuneração, quando a medida for necessária à instrução processual ou para evitar a iminente prática de novos ilícitos, por até 90 dias, prorrogáveis uma única vez por igual prazo, mediante decisão motivada.

15.14 LEI ANTICORRUPÇÃO E PRÁTICAS DE *COMPLIANCE*

A Lei nº 12.846, de 1º de agosto de 2013, dispõe sobre a responsabilização administrativa e civil de pessoas jurídicas pela prática de atos contra a administração pública, nacional ou estrangeira.

Considera-se **administração pública estrangeira** os órgãos e entidades estatais ou representações diplomáticas de país estrangeiro, de qualquer nível ou esfera de governo, bem como as pessoas jurídicas controladas, direta ou indiretamente, pelo poder público de país estrangeiro, equiparando-se à administração pública estrangeira as organizações públicas internacionais.

Por sua vez, considera-se **agente público estrangeiro** quem, ainda que transitoriamente ou sem remuneração, exerça cargo, emprego ou função pública em órgãos, entidades estatais ou em representações diplomáticas de país estrangeiro, assim como em pessoas jurídicas controladas, direta ou indiretamente, pelo poder público de país estrangeiro ou em organizações públicas internacionais.

Já o âmbito de aplicação da Lei Anticorrupção de dá às sociedades empresárias e às sociedades simples, personificadas ou não, independentemente da forma de organização ou modelo societário adotado, bem como a quaisquer fundações, associações de entidades ou pessoas, ou sociedades estrangeiras, que tenham sede, filial ou representação no território brasileiro, constituídas de fato ou de direito, ainda que temporariamente.

A pessoa jurídica será representada no processo administrativo na forma do seu estatuto ou contrato social, sendo que as sociedades sem personalidade jurídica serão representadas pela pessoa a quem couber a administração de seus bens. Por sua vez, a pessoa jurídica estrangeira será representada pelo gerente, representante ou administrador de sua filial, agência ou sucursal aberta ou instalada no Brasil.

A lei aplica-se aos atos lesivos praticados por pessoa jurídica brasileira contra a administração pública estrangeira, ainda que cometidos no exterior.

15.14.1 Da responsabilidade da pessoa jurídica

As pessoas jurídicas serão responsabilizadas objetivamente, independentemente da responsabilização individual das pessoas naturais, nos âmbitos administrativo e civil, pelos atos lesivos previstos na Lei Anticorrupção praticados em seu interesse ou benefício, exclusivo ou não. Isso porque a responsabilização da pessoa jurídica não exclui a responsabilidade individual de seus dirigentes ou administradores (responsabilizados por atos ilícitos na medida da sua culpabilidade) ou de qualquer pessoa natural, autora, coautora ou partícipe do ato ilícito.

A responsabilidade da pessoa jurídica subsiste mesmo na hipótese de alteração contratual, transformação, incorporação, fusão ou cisão societária. Nas hipóteses de fusão e incorporação, porém, a responsabilidade da sucessora será restrita à obrigação de pagamento de multa e reparação integral do dano causado, até o limite do patrimônio transferido, não lhe sendo aplicáveis as demais sanções previstas nesta Lei decorrentes de atos e fatos ocorridos antes da data da fusão ou incorporação, exceto no caso de simulação ou evidente intuito de fraude, devidamente comprovados.

As sociedades controladoras, controladas, coligadas ou, no âmbito do respectivo contrato, as consorciadas serão solidariamente responsáveis pela prática dos atos previstos na Lei Anticorrupção, restringindo-se tal responsabilidade à obrigação de pagamento de multa e reparação integral do dano causado.

15.14.2 Dos atos lesivos à Administração Pública nacional ou estrangeira

Constituem atos lesivos à Administração Pública, nacional ou estrangeira, para os fins da Lei Anticorrupção, todos aqueles praticados pelas pessoas jurídicas já mencionadas, que atentem contra o patrimônio público nacional ou estrangeiro, contra princípios da Administração Pública ou contra os compromissos internacionais assumidos pelo Brasil, definidos no art. 5º da Lei nº 12.846/2013:

1 – prometer, oferecer ou dar, direta ou indiretamente, vantagem indevida a agente público, ou a terceira pessoa a ele relacionada;

2 – comprovadamente, financiar, custear, patrocinar ou de qualquer modo subvencionar a prática dos atos ilícitos previstos na lei;

3 – comprovadamente, utilizar-se de interposta pessoa física ou jurídica para ocultar ou dissimular seus reais interesses ou a identidade dos beneficiários dos atos praticados;

4 – no tocante a licitações e contratos:

a) frustrar ou fraudar, mediante ajuste, combinação ou qualquer outro expediente, o caráter competitivo de procedimento licitatório público;

b) impedir, perturbar ou fraudar a realização de qualquer ato de procedimento licitatório público;

c) afastar ou procurar afastar licitante por meio de fraude ou oferecimento de vantagem de qualquer tipo;

d) fraudar licitação pública ou contrato dela decorrente;

e) criar, de modo fraudulento ou irregular, pessoa jurídica para participar de licitação pública ou celebrar contrato administrativo;

f) obter vantagem ou benefício indevido, de modo fraudulento, de modificações ou prorrogações de contratos celebrados com a administração pública, sem autorização em lei, no ato convocatório da licitação pública ou nos respectivos instrumentos contratuais; ou

g) manipular ou fraudar o equilíbrio econômico-financeiro dos contratos celebrados com a administração pública;

5 - dificultar atividade de investigação ou fiscalização de órgãos, entidades ou agentes públicos, ou intervir em sua atuação, inclusive no âmbito das agências reguladoras e dos órgãos de fiscalização do sistema financeiro nacional.

15.14.3 Da responsabilização administrativa

Na esfera administrativa, serão aplicadas às pessoas jurídicas consideradas responsáveis pelos atos lesivos as seguintes sanções:

1) **multa**, no valor de 0,1% a 20% do faturamento bruto do último exercício anterior ao da instauração do processo administrativo, excluídos os tributos, a qual nunca será inferior à vantagem auferida, quando for possível sua estimação. Caso não seja possível utilizar o critério do valor do faturamento bruto da pessoa jurídica, a multa será de R$ 6.000,00 (seis mil reais) a R$ 60.000.000,00 (sessenta milhões de reais).

2) **publicação extraordinária da decisão condenatória**, que ocorrerá na forma de extrato de sentença, às expensas da pessoa jurídica, em meios de comunicação de grande circulação na área da prática da infração e de atuação da pessoa jurídica ou, na sua falta, em publicação de circulação nacional, bem como por meio de afixação de edital, pelo prazo mínimo de 30 (trinta) dias, no próprio estabelecimento ou no local de exercício da atividade, de modo visível ao público, e no sítio eletrônico na rede mundial de computadores.

As sanções acima serão aplicadas fundamentadamente, isolada ou cumulativamente, de acordo com as peculiaridades do caso concreto e com a gravidade e natureza das infrações, sendo precedidas da manifestação jurídica elaborada pela Advocacia Pública ou pelo órgão de assistência jurídica, ou equivalente, do ente público, sendo que sua aplicação não exclui, em qualquer hipótese, a obrigação da reparação integral do dano causado.

Por ocasião da aplicação das sanções, de acordo com o art. 7º da Lei nº 12.846/2013, devem ser considerados critérios como:

a) a gravidade da infração;

b) a vantagem auferida ou pretendida pelo infrator;

c) a consumação ou não da infração;

d) o grau de lesão ou perigo de lesão;

e) o efeito negativo produzido pela infração;

f) a situação econômica do infrator;

g) a cooperação da pessoa jurídica para a apuração das infrações;

h) a existência de mecanismos e procedimentos internos de integridade (a serem estabelecidos em Regulamento do Poder Executivo federal), auditoria e incentivo à denúncia de irregularidades e a aplicação efetiva de códigos de ética e de conduta no âmbito da pessoa jurídica; e

i) o valor dos contratos mantidos pela pessoa jurídica com o órgão ou entidade pública lesados.

15.14.4 Da desconsideração da personalidade jurídica

A personalidade jurídica poderá ser desconsiderada sempre que utilizada com abuso do direito para facilitar, encobrir ou dissimular a prática dos atos ilícitos previstos na Lei Anticorrupção ou para provocar confusão patrimonial, sendo estendidos todos os efeitos das sanções aplicadas à pessoa jurídica aos seus administradores e sócios com poderes de administração, observados o contraditório e a ampla defesa.

15.14.5 Do acordo de leniência

A autoridade máxima de cada órgão ou entidade pública poderá celebrar acordo de leniência com as pessoas jurídicas responsáveis pela prática dos atos previstos na Lei Anticorrupção, que colaborem efetivamente com as investigações e o processo administrativo, sendo que dessa colaboração resulte a identificação dos demais envolvidos na infração, quando couber, e a obtenção célere de informações e documentos que comprovem o ilícito sob apuração.

Observação importante 1: O acordo de leniência não exime a pessoa jurídica da obrigação de reparar integralmente o dano causado, não importando, porém, em reconhecimento da prática do ato ilícito investigado a proposta de acordo de leniência rejeitada.

Observação importante 2: A proposta de acordo de leniência somente se tornará pública após a efetivação do respectivo acordo, salvo no interesse das investigações e do processo administrativo e, em caso de descumprimento do acordo de leniência, a pessoa jurídica ficará impedida de celebrar novo acordo pelo prazo de 3 (três) anos contados do conhecimento pela Administração pública do referido descumprimento.

Observação importante 3: A Controladoria-Geral da União – CGU é o órgão competente para celebrar os acordos de leniência no âmbito do Poder Executivo federal, bem como no caso de atos lesivos praticados contra a administração pública estrangeira.

Para a celebração do acordo de leniência, que estipulará as condições necessárias para assegurar a efetividade da colaboração e o resultado útil do processo, deverão ser preenchidos **cumulativamente** os seguintes requisitos:

1º) a pessoa jurídica seja a primeira a se manifestar sobre seu interesse em cooperar para a apuração do ato ilícito;

2º) a pessoa jurídica cesse completamente seu envolvimento na infração investigada a partir da data de propositura do acordo;

3º) a pessoa jurídica admita sua participação no ilícito e coopere plena e permanentemente com as investigações e o processo administrativo, comparecendo, sob suas expensas, sempre que solicitada, a todos os atos processuais, até seu encerramento.

A celebração do acordo de leniência isentará a pessoa jurídica da sanção administrativa de publicação extraordinária da decisão condenatória e da sanção judicial de proibição de receber incentivos, subsídios, subvenções, doações ou empréstimos de órgãos ou entidades públicas e de instituições financeiras públicas ou controladas pelo poder público, pelo prazo mínimo de 1 (um) e máximo de 5 (cinco) anos, podendo, ainda, reduzir em até 2/3 o valor da multa aplicável.

A Administração pública poderá também celebrar acordo de leniência com a pessoa jurídica responsável pela prática de ilícitos previstos na Lei nº 8.666/1993, com vistas à isenção ou atenuação das sanções administrativas estabelecidas em seus arts. 86 a 88.

Por fim, ressalta-se que os efeitos do acordo de leniência serão estendidos às pessoas jurídicas que integram o mesmo grupo econômico, de fato e de direito, desde que firmem o acordo em conjunto, respeitadas as condições nele estabelecidas.

15.14.6 Do processo administrativo de responsabilização

No âmbito do Poder Executivo federal, a Controladoria-Geral da União – CGU terá competência concorrente para instaurar processos administrativos de responsabilização de pessoas jurídicas ou para avocar os processos instaurados com fundamento na Lei Anticorrupção, para exame de sua regularidade ou para corrigir-lhes o andamento.

Competem à CGU a apuração, o processo e o julgamento dos referidos atos ilícitos praticados contra a administração pública estrangeira, observado o disposto no art. 4 da Convenção sobre o Combate da Corrupção de Agentes Públicos Estrangeiros em Transações Comerciais Internacionais, promulgada pelo Dec. nº 3.678, de 30 de novembro de 2000.

Esse dispositivo convencional estabelece que cada Parte deverá tomar todas as medidas necessárias ao estabelecimento de sua jurisdição em relação à corrupção de um agente público estrangeiro, quando o delito é cometido integral ou parcialmente em seu território, sendo que a Parte que tiver jurisdição para processar seus nacionais por delitos cometidos no exterior deverá tomar todas as medidas necessárias ao estabelecimento de sua jurisdição para fazê-lo em relação à corrupção de um agente público estrangeiro, segundo os mesmos princípios.

Agora, quando mais de uma Parte tem jurisdição sobre um alegado delito descrito na referida Convenção, as Partes envolvidas deverão, por solicitação de uma delas, deliberar sobre a determinação da jurisdição mais apropriada para a instauração de processo, sem desconsiderar a necessidade de cada Parte verificar se a atual fundamentação de sua jurisdição é efetiva em relação ao combate à corrupção de agentes públicos estrangeiros, caso contrário, deverá tomar medidas corretivas a respeito.

15.14.6.1 Da instauração do processo

A instauração e o julgamento de processo administrativo para apuração da responsabilidade de pessoa jurídica cabem à autoridade máxima de cada órgão ou entidade dos Poderes Executivo, Legislativo e Judiciário, que agirá de ofício ou mediante provocação, observados o contraditório e a ampla defesa.

A competência para a instauração e o julgamento do processo administrativo de apuração de responsabilidade da pessoa jurídica poderá ser delegada, vedada a subdelegação.

A autoridade competente que, tendo conhecimento das infrações previstas na Lei Anticorrupção, não adotar providências para a apuração dos fatos será responsabilizada penal, civil e administrativamente nos termos da legislação específica aplicável.

15.14.6.2 Da comissão processante

O processo administrativo para apuração da responsabilidade de pessoa jurídica será conduzido por comissão designada pela autoridade instauradora e composta por dois ou mais servidores estáveis, que deverá concluir o processo no prazo de 180 (cento e oitenta) dias contados da data da publicação do ato que a instituir (o qual poderá ser prorrogado mediante ato fundamentado da autoridade instauradora) e, ao final, apresentar relatórios sobre os fatos apurados e eventual responsabilidade da pessoa jurídica, sugerindo de forma motivada as sanções a serem aplicadas.

Compete à comissão designada para apuração da responsabilidade de pessoa jurídica, após a conclusão do procedimento administrativo, dar conhecimento ao Ministério Público de sua existência, para apuração de eventuais delitos.

15.14.6.3 Da instrução processual

A comissão poderá requerer as medidas judiciais necessárias para a investigação e o processamento das infrações, inclusive de busca e apreensão, o que será realizado por meio do órgão de representação judicial, ou equivalente, do respectivo ente público e, caso necessário, propor, cautelarmente, à autoridade instauradora que suspenda os efeitos do ato ou processo objeto da investigação.

15.14.6.4 Da defesa

No processo administrativo para apuração de responsabilidade, será concedido à pessoa jurídica prazo de 30 (trinta) dias para defesa, contados a partir da intimação. Nessa fase, será garantida a produção de todos os meios de prova admitidos em direito.

13.14.6.5 Do julgamento do processo administrativo

O processo administrativo, com o relatório da comissão, será remetido à autoridade instauradora, para julgamento. Importante destacar que a instauração de processo administrativo específico de reparação integral do dano não prejudica a aplicação imediata das sanções estabelecidas na Lei Anticorrupção e concluído o processo e não havendo pagamento, o crédito apurado será inscrito em dívida ativa da Fazenda Pública.

15.14.7 Do processo judicial de responsabilização

Nas ações de responsabilização judicial, será adotado o rito previsto na Lei nº 7.347/1985 (Lei da Ação Civil Pública). Na esfera administrativa, a responsabilidade da pessoa jurídica não afasta a possibilidade de sua responsabilização na esfera judicial, em razão da prática de atos lesivos previstos na Lei Anticorrupção, a União, os Estados, o Distrito Federal e os Municípios, por meio das respectivas Advocacias Públicas ou órgãos de representação judicial, ou equivalentes, e o Ministério Público, poderão ajuizar ação com vistas à aplicação das seguintes sanções, que poderão ser aplicadas de forma isolada ou cumulativamente, às pessoas jurídicas infratoras:

a) perdimento dos bens, direitos ou valores que representem vantagem ou proveito direta ou indiretamente obtidos da infração, ressalvado o direito do lesado ou de terceiro de boa-fé;

b) suspensão ou interdição parcial de suas atividades;

c) dissolução compulsória da pessoa jurídica, que será determinada quando comprovadamente ter sido a personalidade jurídica utilizada de forma habitual para facilitar ou promover a prática de atos ilícitos ou ter sido constituída para ocultar ou dissimular interesses ilícitos ou a identidade dos beneficiários dos atos praticados.

d) proibição de receber incentivos, subsídios, subvenções, doações ou empréstimos de órgãos ou entidades públicas e de instituições financeiras públicas ou controladas pelo poder público, pelo prazo mínimo de 1 (um) e máximo de 5 (cinco) anos.

Ainda se deve ressaltar que, nas ações ajuizadas pelo Ministério Público, poderão ser aplicadas as sanções administrativas já elencadas anteriormente, sem prejuízo dessas sanções judiciais, desde que constatada a omissão das autoridades competentes para promover a responsabilização administrativa.

A condenação torna certa a obrigação de reparar, integralmente, o dano causado pelo ilícito, cujo valor será apurado em posterior liquidação, se não constar expressamente da sentença, ressaltando-se que a multa e o perdimento de bens, direitos ou valores aplicados com fundamento na Lei Anticorrupção serão destinados preferencialmente aos órgãos ou entidades públicas lesadas.

15.14.8 Da decretação de indisponibilidade dos bens

O Ministério Público ou a Advocacia Pública ou órgão de representação judicial, ou equivalente, do ente público poderá requerer a indisponibilidade de bens, direitos ou valores necessários à garantia do pagamento da multa ou da reparação integral do dano causado, ressalvado o direito do terceiro de boa-fé.

15.14.9 Da prescrição

Prescrevem em 5 (cinco) anos as infrações previstas na Lei Anticorrupção, contados da data da ciência da infração ou, no caso de infração permanente ou continuada, do dia em que tiver cessado.

A celebração do acordo de leniência interrompe o prazo prescricional dos atos ilícitos previstos na Lei Anticorrupção, bem como, tanto na esfera administrativa como na judicial, a prescrição será interrompida com a instauração de processo que tenha por objeto a apuração da infração.

15.14.10 Do Cadastro Nacional de Empresas Punidas - CNEP

Fica criado no âmbito do Poder Executivo federal o Cadastro Nacional de Empresas Punidas – CNEP, que reunirá e dará publicidade às sanções aplicadas pelos órgãos ou entidades dos Poderes Executivo, Legislativo e Judiciário de todas as esferas de governo com base na Lei Anticorrupção, devendo conter entre outras informações, os dados acerca das sanções aplicadas, como a razão social e número de inscrição da pessoa jurídica ou entidade no Cadastro Nacional da Pessoa Jurídica – CNPJ, o tipo de sanção e a data de aplicação e data final da vigência do efeito limitador ou impeditivo da sanção, quando for o caso.

As autoridades competentes, para celebrarem acordos de leniência, também deverão prestar e manter atualizadas no CNEP, após a efetivação do respectivo acordo, as informações acerca do acordo de leniência celebrado, salvo se esse procedimento vier a causar prejuízo às investigações e ao processo administrativo. Caso a pessoa jurídica não cumpra os termos do acordo de leniência, além das informações já previstas, deverá ser incluída no CNEP referência ao respectivo descumprimento.

Importante destacar que os registros das sanções e acordos de leniência serão excluídos depois de decorrido o prazo previamente estabelecido no ato sancionador ou do cumprimento integral do acordo de leniência e da reparação do eventual dano causado, mediante solicitação do órgão ou entidade sancionadora.

15.14.11 Da independência da apuração e responsabilização

O disposto na Lei Anticorrupção não exclui as competências do Conselho Administrativo de Defesa Econômica, do Ministério da Justiça e do Ministério da Fazenda para processar e julgar fato que constitua infração à ordem econômica.

A aplicação das sanções previstas na Lei Anticorrupção também não afeta os processos de responsabilização e aplicação de penalidades decorrentes de ato de improbidade administrativa nos termos da Lei nº 8.429/1992, e atos ilícitos alcançados pela Lei nº 8.666/1993, ou outras normas de licitações e contratos da Administração pública, inclusive no tocante ao Regime Diferenciado de Contratações Públicas – RDC instituído pela Lei nº 12.462/2011.

15.15 QUESTÕES DO EIXO TEMÁTICO (OAB 1ª FASE)

(EXAME XXXIII/Questão 32) João da Silva, Governador do Estado Alfa, de forma dolosa, no exercício das funções, revelou, em entrevista a veículo de imprensa, fato de que tinha ciência em razão de suas atribuições e que devia permanecer em segredo, consistente em relatório de inteligência policial, cujas diligências ainda estavam em curso. A publicização indevida comprometeu as atividades de inteligência, bem como de investigação em andamento, relacionadas com a prevenção e repressão de infrações. O Ministério Público estadual instaurou inquérito civil para apurar os fatos e, finda a investigação, restou comprovada a prática de ato ilícito, razão pela qual o MP ajuizou ação

A) civil pública por ato de improbidade administrativa que atentou contra os princípios da administração pública.

B) por crime de responsabilidade, já que nenhum agente político se sujeita ao regime jurídico da lei de improbidade administrativa.

C) por crime de responsabilidade, já que Governador de Estado não se sujeita ao regime jurídico da lei de improbidade administrativa.

D) civil pública com pedido de *impeachment*, por abuso de poder político e ofensa ao decoro e à moralidade administrativa.

(EXAME XXXIII/Questão 31) A sociedade empresária Espertinha praticou atos de corrupção contra determinada organização pública internacional, mediante oferecimento de suborno para a obtenção de vantagens indevidas. Em razão disso, a Controladoria Geral da União (CGU) instaurou procedimento administrativo para apurar a responsabilização administrativa de tal sociedade. Considerando o disposto na Lei nº 12.846/13 (Lei Anticorrupção), assinale a afirmativa correta.

A) Não é possível a responsabilização administrativa da sociedade empresária Espertinha por atos de corrupção praticados contra organização pública internacional.

B) A responsabilização administrativa pela CGU não necessita da caracterização do elemento subjetivo na conduta da sociedade empresária Espertinha, pois tal responsabilidade é objetiva.

C) A aplicação de penalidades administrativas pela CGU depende da responsabilização individual de pessoa natural, na figura de sócio ou dirigente da sociedade empresária Espertinha.

D) O processo administrativo instaurado pela CGU poderá resultar na aplicação das penalidades de multa e de dissolução compulsória da sociedade empresária Espertinha.

(EXAME XXIX/Questão 30) Determinado jornal publicou a notícia de que, nos últimos dez anos, a mesma empreiteira (sociedade empresária Beta) venceu todas as grandes licitações promovidas pelo Ministério Alfa. A sociedade empresária Beta, ciente do risco de serem descobertos os pagamentos sistemáticos de propina a servidores públicos em troca de vantagens competitivas, resolve procurar as autoridades competentes para propor a celebração de acordo de leniência.

Com base na hipótese apresentada, assinale a afirmativa correta.

A) É requisito do acordo de leniência o compromisso da sociedade empresária de fazer cessar seu envolvimento na irregularidade investigada, qual seja, o pagamento de propina a servidores públicos em troca das vantagens competitivas.

B) A assinatura do acordo de leniência está condicionada à efetiva colaboração da sociedade empresária na elucidação dos fatos, mas a pessoa jurídica não precisa indicar os agentes públicos recebedores da propina.

C) Para premiar a colaboração da sociedade empresária Beta, o poder público pode isentá-la do pagamento de multa pela prática de atos lesivos à Administração Pública.

D) A proposta e os termos do acordo propriamente dito são sempre sigilosos, medida necessária para impedir que outras instituições públicas venham a utilizar as informações em prejuízo da sociedade empresária leniente.

(EXAME XXIX/Questão 28 – ATUALIZADA) O Ministério Público ajuizou ação civil pública por improbidade em desfavor de Felipe dos Santos, servidor público federal estável, com fulcro no art. 10, inciso IV, da Lei nº 8.429/1992. O servidor teria facilitado a alienação de bens públicos a certa sociedade empresária, alienação essa que, efetivamente, causou lesão ao erário, sendo certo que, nos autos do processo, restou demonstrado que o agente público não agiu com dolo, mas com culpa.

Com base na hipótese apresentada, assinale a opção que está em consonância com a legislação de regência.

A) Felipe não pode sofrer as sanções da lei de improbidade, pois todas as hipóteses capituladas na lei exigem o dolo específico para a sua caracterização.

B) É passível a caracterização da prática de ato de improbidade administrativa por Felipe, pois a modalidade culposa é admitida para a conduta a ele imputada.

C) Não é cabível a caracterização de ato de improbidade por Felipe, na medida em que apenas os atos que atentam contra os princípios da Administração Pública admitem a modalidade culposa.

D) Felipe não praticou ato de improbidade, pois apenas os atos que importam em enriquecimento ilícito admitem a modalidade culposa.

(EXAME XXVIII/Questão 30) A União celebrou convênio com o Município Alfa para a implantação de um sistema de esgotamento sanitário. O Governo Federal repassou recursos ao ente local, ficando o município encarregado da licitação e da contratação da sociedade empresária responsável pelas obras. Após um certame conturbado, cercado de denúncias de favorecimento e conduzido sob a estreita supervisão do prefeito, sagrou-se vencedora a sociedade empresária Vale Tudo Ltda. Em escutas telefônicas, devidamente autorizadas pelo Poder Judiciário, comprovou-se o direcionamento da licitação para favorecer a sociedade empresária Vale Tudo Ltda., que tem, como sócios, os filhos do prefeito do Município Alfa. Tendo sido feita perícia no orçamento, identificou-se superfaturamento no preço contratado. Com base na situação narrada, assinale a afirmativa correta.

A) Não compete ao Tribunal de Contas da União fiscalizar o emprego dos recursos em questão, pois, a partir do momento em que ocorre a transferência de titularidade dos valores, encerra-se a jurisdição da Corte de Contas Federal.

B) O direcionamento da licitação constitui hipótese de frustração da licitude do certame, configurando ato de improbidade administrativa que atenta contra os princípios da Administração Pública e, por isso, sujeita os agentes públicos somente à perda da função pública e ao pagamento de multa civil.

C) Apenas os agentes públicos estão sujeitos às ações de improbidade, de forma que terceiros, como é o caso da sociedade empresária Vale Tudo Ltda., não podem ser réus da ação judicial e, por consequência, imunes à eventual condenação ao ressarcimento do erário causado pelo superfaturamento.

D) Por se tratar de ato de improbidade administrativa que causou prejuízo ao erário, os agentes públicos envolvidos e a sociedade empresária Vale Tudo Ltda. estão sujeitos ao integral ressarcimento do dano, sem prejuízo de outras medidas, como a proibição de contratar com o Poder Público ou receber incentivos fiscais por um prazo determinado.

(EXAME XXVI/Questão 27) Raul e Alberto inscreveram-se para participar de um concorrido concurso público. Como Raul estava mais preparado, combinaram que ele faria a prova rapidamente e, logo após, deixaria as respostas na lixeira do banheiro para que Alberto pudesse ter acesso a elas. A fraude só veio a ser descoberta após o ingresso de Raul e de Alberto no cargo, fato que ensejou o afastamento deles. Após rígida investigação policial e administrativa, não foi identificada, na época do certame, a participação de agentes públicos no esquema. Sobre os procedimentos de Raul e de Alberto, com base nas disposições da Lei de Improbidade Administrativa, assinale a afirmativa correta.

A) Eles enriqueceram ilicitamente graças aos salários recebidos e, por isso, devem responder por ato de improbidade administrativa.

B) Eles causaram prejuízo ao erário, consistente nos salários pagos indevidamente e, por isso, devem responder por ato de improbidade administrativa.

C) Eles frustraram a licitude de concurso público, atentando contra os princípios da Administração Pública, e, por isso, devem responder por ato de improbidade administrativa.

D) Eles não praticaram ato de improbidade administrativa, pois, no momento em que ocorreu a fraude no concurso público, não houve a participação de agentes públicos.

(EXAME XXV/Questão 28 – ATUALIZADA) Raimundo tornou-se prefeito de um pequeno município brasileiro. Seu mandato teve início em janeiro de 2009 e encerrou-se em dezembro de 2012. Em abril de 2010, sabendo que sua esposa estava grávida de gêmeos e que sua residência seria pequena para receber os novos filhos, Raimundo comprou um terreno e resolveu construir uma casa maior. No mesmo mês, com o orçamento familiar apertado, para não incorrer em novos custos, ele usou um trator de esteiras, de propriedade do município, para nivelar o terreno recém- adquirido. O Ministério Público teve ciência do fato em maio de 2015 e ajuizou, em setembro do mesmo ano, ação de improbidade administrativa contra Raimundo. Após análise da resposta preliminar, o juiz recebeu a ação e ordenou a citação do réu em dezembro de 2015. Considerando o enunciado da questão e a Lei de Improbidade Administrativa, em especial as disposições sobre prescrição, o prazo prescricional das eventuais sanções a serem aplicadas a Raimundo é de

A) Cinco anos, tendo como termo inicial a data da infração (abril de 2010); logo, como a ação foi ajuizada em setembro de 2015, ocorreu a prescrição no caso concreto.

B) Três anos, tendo como termo inicial a data em que os fatos se tornaram conhecidos pelo Ministério Público (maio de 2015); logo, como a ação foi ajuizada em setembro de 2015, não ocorreu a prescrição no caso concreto.

C) Cinco anos, tendo como termo inicial o término do exercício do mandato (dezembro de 2012); logo, como a ação foi ajuizada em setembro de 2015, não ocorreu a prescrição no caso concreto.

D) Oito anos, tendo como termo inicial a data da infração (abril de 2010); logo, como a ação foi ajuizada em setembro de 2015, não ocorreu a prescrição no caso concreto.

(EXAME XXIV/Questão 29) Em ação civil pública por atos de improbidade que causaram prejuízo ao erário, ajuizada em desfavor de José, servidor público estadual estável, o Juízo de 1º grau, após os devidos trâmites, determinou a indisponibilidade de todos os bens do demandado, cujo patrimônio é superior aos danos e às demais imputações que constam na inicial. Apresentado o recurso pertinente, observa-se que a aludida decisão

A) Não merece reforma, na medida em que José deve responder com todo o seu patrimônio, independentemente do prejuízo causado pelos atos de improbidade que lhe são imputados.

B) Deve ser reformada, considerando que somente podem ser objeto da cautelar os bens adquiridos depois da prática dos atos de improbidade imputados a José.

C) Deve ser reformada, pois não é possível, por ausência de previsão legal, a determinação de tal medida cautelar em ações civis públicas por ato de improbidade.

D) Deve ser reformada, porquanto a cautelar somente pode atingir tantos bens quantos bastassem para garantir as consequências financeiras dos atos de improbidade imputados a José.

(EXAME XXIII/Questão 30) O Ministério Público estadual ajuizou ação civil pública por improbidade em desfavor de Odorico, prefeito do Município Beta, perante o Juízo de 1º grau. Após os devidos trâmites e do recebimento da inicial, surgiram provas contundentes de que Odorico se utilizava da máquina administrativa para intimidar servidores e prejudicar o andamento das investigações, razão pela qual o Juízo de 1º grau determinou o afastamento cautelar do chefe do Poder Executivo municipal pelo prazo de sessenta dias. Nesse caso, o Juízo de 1º grau

A) Não poderia ter dado prosseguimento ao feito, na medida em que Odorico é agente político e, por isso, não responde com base na lei de improbidade, mas somente na esfera política, por crime de responsabilidade.

B) Não tem competência para o julgamento da ação civil pública por improbidade ajuizada em face de Odorico, ainda que o agente tenha foro por prerrogativa junto ao respectivo Tribunal de Justiça estadual.

C) Não poderia ter determinado o afastamento cautelar de Odorico, pois a perda da função pública só se efetiva com o trânsito em julgado da sentença condenatória.

D) Agiu corretamente ao determinar o afastamento cautelar de Odorico, que, apesar de constituir medida excepcional, cabe quando o agente se utiliza da máquina administrativa para intimidar servidores e prejudicar o andamento do processo.

(EXAME XX – Salvador-BA/Questão 34) Uma organização da sociedade civil recebeu recursos públicos para a execução de um projeto, em regime de colaboração com a Administração Pública. A partir da hipótese apresentada, segundo a Lei de Improbidade Administrativa, assinale a afirmativa correta.

A) Uma organização da sociedade civil, que se qualifica como entidade privada sem fins lucrativos, ao receber recursos públicos, inclusive sob a forma de auxílio ou subvenção, pode ser sujeito passivo de ato de improbidade administrativa.

B) Uma organização da sociedade civil, por ser entidade privada, não pode ser sujeito passivo de ato de improbidade administrativa.

C) Os atos praticados contra o patrimônio de entidade que receba subvenção, benefício ou incentivo, fiscal ou creditício, de ente público, não se sujeitam às penalidades previstas na lei de improbidade administrativa.

D) Uma organização da sociedade civil, por ser entidade privada sem fins lucrativos, pode receber recursos públicos, razão pela qual não pode ser sujeito passivo de ato de improbidade administrativa.

(EXAME XX/Questão 31 – ATUALIZADA) O diretor-presidente de uma construtora foi procurado pelo gerente de licitações de uma empresa pública federal, que propôs a contratação direta de sua empresa, com dispensa de licitação, mediante o pagamento de uma "contribuição" de

2% (dois por cento) do valor do contrato, a ser depositado em uma conta no exterior. Contudo, após consumado o acerto, foi ele descoberto e publicado em revista de grande circulação. A respeito do caso descrito, assinale a afirmativa correta.

A) Somente o gerente de licitações da empresa pública, agente público, está sujeito a eventual ação de improbidade administrativa.

B) Nem o diretor presidente da construtora e nem o gerente de licitações da empresa pública, que não são agentes públicos, estão sujeitos a eventual ação de improbidade administrativa.

C) O diretor presidente da construtora, beneficiário do esquema, está sujeito a eventual ação de improbidade, mas o gerente da empresa pública, por não ser servidor público, não está sujeito a tal ação.

D) O diretor presidente da construtora e o gerente de licitações da empresa pública estão sujeitos a eventual ação de improbidade administrativa.

(EXAME XVIII/Questão 29 – ATUALIZADA) O Ministério Público do Estado W ajuizou ação de improbidade administrativa contra um ex-governador, com fundamento no art. 9º da Lei nº 8.429/1992 (ato de improbidade administrativa que importe enriquecimento ilícito), mesmo passados quase 3 (três) anos do término do mandato e 6 (seis) anos desde a suposta prática do ato de improbidade que lhe é atribuída. Nesse caso,

A) O ex-governador está sujeito, dentre outras sanções, à perda dos bens ou valores acrescidos ilicitamente ao patrimônio, ao ressarcimento integral do dano e à suspensão dos direitos políticos pelo período de até quatorze anos.

B) A ação de improbidade está fadada ao insucesso, tendo em vista que não podem ser réus de tal demanda aqueles que já não ocupam mandato eletivo e nem cargo, emprego ou função na Administração.

C) A ação de improbidade está fadada ao insucesso, tendo em vista que já transcorreram mais de 5 (cinco) anos desde o término do exercício do mandato eletivo.

D) É imprescritível a ação de improbidade destinada à aplicação das sanções previstas na Lei no 8.429/1992, e, por essa razão, o ex-governador pode sofrer as cominações legais, mesmo após o término do seu mandato.

(EXAME XIV/Questão 34 – ATUALIZADA) Caio, chefe de gabinete do prefeito do município X, ocupante exclusivamente de cargo em comissão, conhecendo os planos concretos da prefeitura para levar asfaltamento, saneamento e outras intervenções urbanísticas a um bairro mais distante, revela, inocentemente em um jogo de futebol, a alguns construtores tal fato, levando-os a adquirir numerosos terrenos naquela localidade antes que ocorresse sua valorização imobiliária. Caio recusa, expressamente, todos os presentes enviados pelos construtores. Sobre a situação hipotética descrita acima, assinale a opção correta.

A) O ato de improbidade pode estar configurado com a mera comunicação, antes da divulgação oficial, da medida a ser adotada pela prefeitura, que valorizará determinados imóveis, ainda que não tenha havido qualquer vantagem para Caio.

B) A configuração da improbidade administrativa depende da comprovação, na conduta funcional de Caio, do propósito de obter proveito ou benefício indevido para si ou para outra pessoa ou entidade.

C) Caio, caso venha a ser condenado criminalmente pela prática das condutas acima descritas, não poderá responder por improbidade administrativa, sob pena de haver bis in idem.

D) Caio não responde por ato de improbidade, por não ser servidor de carreira; responde, todavia, por crime de responsabilidade, na qualidade de agente político, ocupante de cargo em comissão.

(EXAME XIII/Questão 31) Após conclusão de licitação do tipo menor preço, conduzida por uma autarquia federal para a contratação de serviços de limpeza predial, sagrou-se vencedora a sociedade "LYMPA", que ofereceu a melhor proposta. O dirigente da autarquia, entretanto, deixou de adjudicar o objeto à sociedade vencedora e contratou com outra sociedade, pertencente ao seu genro, para realizar o serviço por um preço mais baixo do que o oferecido pela sociedade vencedora. O Ministério Público ajuizou, 9 anos e 11 meses após a data de realização do ato, ação de improbidade contra o dirigente da autarquia. A partir do caso apresentado, assinale a afirmativa correta.

A) A improbidade administrativa não está configurada, uma vez que não restou configurado enriquecimento do agente público.

B) O resultado da ação de improbidade dependerá da apuração financeira de eventual prejuízo aos cofres do ente público.

C) A propositura da ação está fadada ao fracasso, tendo em vista a incidência da prescrição.

D) A ação de improbidade somente é aceita em relação aos atos expressamente tipificados na Lei nº 8.429/1992, o que não atinge a contratação direta sem licitação.

GABARITO DAS QUESTÕES DO EIXO TEMÁTICO (OAB 1ª Fase)

Questão	Gabarito
EXAME XXXIII/Questão 32	A
EXAME XXXIII/Questão 31	B
EXAME XXIX/Questão 30	A
EXAME XXIX/Questão 28	B
EXAME XXVIII/Questão 30	D
EXAME XXVI/Questão 27	D
EXAME XXV/Questão 28	C
EXAME XXIV/Questão 29	D
EXAME XXIII/Questão 20	D
EXAME XX – Salvador-BA/Questão 34	A
EXAME XX/Questão 31	D
EXAME XVIII/Questão 29	A
EXAME XIV/Questão 34	A
EXAME XIII/Questão 34	C

15.16 QUESTÕES DO EIXO TEMÁTICO (OAB 2ª FASE)

(EXAME DE ORDEM XVII/Questão 3) José, cidadão brasileiro que exercia o cargo de deputado estadual, foi condenado, em caráter definitivo, por improbidade administrativa, em julho de 2013. Com a condenação, os direitos políticos de José foram suspensos por cinco anos, embora ele tenha sempre afirmado ser inocente. Em outubro de 2013, ele ajuíza ação popular pleiteando a anulação da venda de uma série de imóveis públicos promovida pelo Governador, seu principal desafeto político, a quem culpa pelas denúncias que levaram à sua condenação. Segundo o relato da inicial, a venda ocorreu abaixo do preço de mercado. Diante de tal situação, responda fundamentadamente:

A) José é parte legítima para a propositura da ação? (Valor: 0,75)

B) Eventuais compradores dos imóveis, na condição de particulares, podem ser afetados pela decisão da ação popular e, por isto, também devem figurar no polo passivo? (Valor: 0,50)

Observação: O examinando deve fundamentar suas respostas. A mera citação do dispositivo legal não confere pontuação.

Item	Pontuação
A1) Não. O gozo dos direitos políticos é requisito de legitimidade ativa (0,20), nos termos do art. 1º, § 3º, da Lei nº 4.717/1965. (0,10).	0,00/0,20/0,30
A2) A condenação por improbidade administrativa acarreta a suspensão dos direitos políticos do parlamentar (0,35), nos termos do art. 15, V, da Lei nº 4.717/1965 ou do art. 37, § 4º, da CF/1988 (0,10).	0,00/0,35/0,45
B) Sim. Uma vez que os beneficiários do ato lesivo ao patrimônio público devem ser parte na ação popular (0,40), nos termos do art. 6º da Lei nº 4.717/1965 (0,10).	0,00/0,40/0,50

(EXAME DE ORDEM IX/Questão 3) Luiz foi secretário de assistência social do Estado "X" durante cinco anos e acaba de ser cientificado de que o Ministério Público Estadual ajuizou, contra ele, uma ação de improbidade administrativa por ter celebrado contrato, indevidamente rotulado de convênio, sem a observância do devido procedimento licitatório.

Luiz argumenta que não houve, de sua parte, má-fé ou intenção de fraudar o procedimento licitatório. Além disso, comprova que adotou todas as medidas de cautela que poderiam ser razoavelmente exigidas de um administrador público antes de celebrar o ajuste. Por fim, informa que o Tribunal de Contas do Estado (TCE) competente teria aprovado as contas que prestou na qualidade de ordenador de despesas, não identificando qualquer dano ao erário. Considerando a hipótese apresentada, responda, empregando os argumentos jurídicos apropriados e a fundamentação legal pertinente ao caso, aos itens a seguir.

A) O argumento de Luiz, ao pretender afastar a improbidade administrativa sob o fundamento de que não teria agido com a intenção de fraudar o procedimento licitatório, deve prevalecer? (Valor: 0,65)

B) O argumento de Luiz, ao pretender descaracterizar o ato de improbidade administrativa invocando a aprovação de suas contas pelo TCE, deve prevalecer? (Valor: 0,60)

Item	Pontuação
A) Sim. Inexistindo enriquecimento sem causa e dano ao erário, a conduta do agente enquadra-se na hipótese do art. 11 da Lei nº 8.429/1992. Tal dispositivo exige presença do elemento subjetivo dolo para a caracterização da improbidade (0,65).	0,00/0,65
B) Não deve prevalecer o argumento, tendo em vista a independência das instâncias (0,35). Referência à norma do art. 21, inciso II, da Lei nº 8.429/1992 (0,25).	0,00/0,25/ 0,35/0,60

(EXAME DE ORDEM XVIII/Questão 4 – ATUALIZADA) José da Silva, presidente de autarquia federal, admitiu servidores públicos sem o devido concurso público. O Ministério Público Federal ajuizou ação de improbidade em face de José da Silva, sob o fundamento de prática de ato de improbidade administrativa que atenta contra princípios da Administração Pública. Devidamente citado, José da Silva, por meio de seu advogado, apresentou contestação em que sustentou, em primeiro lugar, que houve mera irregularidade administrativa, sem configuração de ato de improbidade administrativa, ante a inexistência de dano ao erário ou de enriquecimento ilícito, além de que jamais obteve proveito ou benefício indevido para si ou para outra pessoa. Alegou, ainda, que os atos de improbidade estariam taxativamente discriminados na lei e que não há nenhum dispositivo que expressamente afirme que a não realização de concurso público é ato de improbidade administrativa. Levando em consideração a hipótese apresentada, responda, de forma justificada, aos itens a seguir.

A) É procedente a alegação de que houve mera irregularidade administrativa e não ato de improbidade administrativa, uma vez que José da Silva não obteve proveito ou benefício indevido para si ou para outra pessoa? (Valor: 0,65)

B) É procedente a alegação de que a Lei de Improbidade Administrativa elenca taxativamente os atos de improbidade administrativa que afrontam princípios da Administração Pública? (Valor: 0,60)

Observação: O examinando deve fundamentar suas respostas. A mera citação do dispositivo legal não confere pontuação.

Item	Pontuação
A) Sim. Somente haverá improbidade administrativa, nos casos de afronta aos princípios da Administração Pública, quando for comprovado, na conduta funcional do agente público, o fim de obter proveito ou benefício indevido para si ou para outra pessoa, ou seja, a ilegalidade sem a presença de dolo que a qualifique não configura ato de improbidade (0,55), nos termos dos arts. 11, § 1º, e 17-C, § 1º, da Lei no 8.429/1992 (0,10).	0,00/0,55/0,65
B) Sim. As condutas específicas para os atos de improbidade que ocasionam afronta aos princípios da Administração constituem um rol taxativo (0,50), conforme o art. 11 da Lei nº 8.429/1992 (0,10).	0,00/0,50/0,60

(EXAME DE ORDEM XX – Porto Velho-RO/Questão 2 – ATUALIZADA) O Governador do Estado X convenceu o diretor financeiro de uma sociedade de economia mista estadual a deixar de registrar determinado número de ativos no seu balanço, reduzindo, artificialmente, o patrimônio da empresa. Somente após o lançamento de ações da empresa no mercado é que esses ativos foram registrados. Com isso, as ações da empresa, que foram lançadas por um preço que não correspondia ao seu real patrimônio, sofreram grande valorização; de outro lado, os ganhos da sociedade de economia mista com o lançamento de ações foram reduzidos em muitos milhões de reais. O Ministério Público ajuizou ação de improbidade administrativa, imputando aos agentes envolvidos a prática de ato que causou prejuízo ao Erário. Com base no caso narrado, responda, fundamentadamente, aos itens a seguir.

A) O diretor financeiro da sociedade de economia mista estadual, que não é empregado público de carreira da empresa, pode ser incluído no polo passivo da ação de improbidade? (Valor: 0,65)

B) A sentença que, julgando procedente o pedido contido na inicial, condenasse os réus ao ressarcimento integral do dano, à perda da função pública e à suspensão dos direitos políticos por quatorze anos, estaria correta? (Valor: 0,60)

Observação: O examinando deve fundamentar suas respostas. A mera citação do dispositivo legal não confere pontuação.

Item	Pontuação
A) Sim, pois está sujeito à ação de improbidade todo aquele que exerce, ainda que transitoriamente ou sem remuneração, por eleição, nomeação, designação, contratação ou qualquer outra forma de investidura ou vínculo, mandato, cargo, emprego ou função na Administração direta e indireta (0,55), conforme previsão constante do art. 2º da Lei nº 8.429/1992 (0,10).	0,00/0,55/ 0,65
B) Não, pois a suspensão dos direitos políticos, nos casos do art. 10 da Lei nº 8.429/1992, está sujeita ao limite de doze anos (0,50), conforme o art. 12, inciso II, da referida lei (0,10).	0,00/0,50/ 0,60

(EXAME DE ORDEM XXI/Questão 3 – ATUALIZADA) Mário, servidor público não estável, foi designado, sem auferir remuneração específica, para integrar comissão de licitação destinada a escolher a melhor proposta dentre as que as empresas especializadas viessem a apresentar para a execução de serviço de engenharia, consistente em assentar uma ciclovia. Encerrada a licitação, um terceiro representou à autoridade administrativa competente, denunciando que a comissão praticara ato de improbidade administrativa porque seus membros teriam induzido a contratação por preço superior ao de mercado, o que causa lesão ao erário.

Como assessor(a) jurídico(a) da autoridade, responda aos itens a seguir.

A) Mário pode ser considerado sujeito ativo de ato de improbidade administrativa? (Valor: 0,45)

B) Pela prática de ato de improbidade administrativa que causa prejuízo ao erário, ao juiz da ação de improbidade é dado, segundo a lei de regência, cumular as sanções de multa e de perda da função pública, afastando as demais aplicáveis à espécie? (Valor: 0,80)

Observação: O examinando deve fundamentar suas respostas. A mera citação do dispositivo legal não confere pontuação.

Item	Pontuação
A) Sim. Mário é servidor público que pode ser considerado sujeito ativo por ato de improbidade, independentemente de ainda não gozar de estabilidade ou de não auferir remuneração específica para a realização da atribuição em comento, considerando que a Lei de Improbidade adotou conceito amplo de agente público (0,50), tal como se depreende do art. 2º da Lei nº 8.429/1992 (0,10).	0,00/0,50/ 0,10

Item	Pontuação
B1) O magistrado não está obrigado a aplicar cumulativamente todas as sanções, podendo, mediante adequada fundamentação, fixá-las e dosá-las segundo a natureza, a gravidade e as consequências da infração (0,55), nos termos do art. 12, inciso II, da Lei nº 8.429/1992 (0,10).	0,00/0,55/ 0,10

(EXAME DE ORDEM XXIII/Questão 2 – ATUALIZADA) Odorico foi prefeito do Município Beta entre 01-01-2009 e 31-12-2012, tendo sido apurada pelo Ministério Público a prática de atos de improbidade que causaram lesão ao erário pelo então chefe do Poder Executivo, no período entre janeiro e julho de 2010. Em razão disso, em 10-11-2016, foi ajuizada a respectiva ação civil pública, com fulcro no art. 10 da Lei nº 8.429/92, sendo certo que Odorico veio a falecer em 10-01-2017. Diante dessa situação hipotética, responda, fundamentadamente, aos questionamentos a seguir.

A) Operou-se a prescrição de pretensão punitiva para a ação de improbidade? (Valor: 0,65)

B) O Juízo deve extinguir o feito em decorrência do falecimento de Odorico? (Valor:0,60)

Observação: O examinando deve fundamentar suas respostas. A mera citação do dispositivo legal não confere pontuação.

Item	Pontuação
A) Não. O marco inicial para deflagrar o prazo prescricional é a data do fato; assim, não decorreu o prazo de 8 anos para que incida a prescrição (0,55), conforme o art. 23 da Lei nº 8.429/1993 (0,10).	0,00/0,55/0,65
B) Não. O sucessor ou o herdeiro daquele que causar dano ao erário está sujeito à obrigação de repará-lo até o limite do valor da herança (0,50), na forma do art. 8o da Lei nº 8.429/1992 (0,10).	0,00/0,50/0,60

(EXAME DE ORDEM XXV/Questão 2) O Estado Alfa realizou licitação para a aquisição de equipamentos de escritório, a fim de guarnecer a nova sede da Assembleia Legislativa, mediante a utilização da modalidade de pregão. A melhor proposta foi apresentada pela sociedade empresária Escritorando Ltda., mas verificou-se que ainda estavam vigentes as penalidades, que a ela foram aplicadas, de declaração de inidoneidade e de proibição de contratar com a Administração Pública pelo prazo de cinco anos, em decorrência da prática de atos de corrupção para a formalização de contratos com o ente federativo em questão, na forma da Lei nº 8.666/93. Apurou-se, ainda, que a mencionada conduta de corrupção também deu ensejo à instauração de procedimento administrativo de responsabilização por ato lesivo à Administração Pública nacional, que culminou na aplicação da pena de multa de 5% sobre o faturamento bruto da empresa no ano anterior ao processo administrativo, que correspondia à vantagem indevida por ela auferida. Na qualidade de advogado(a) consultado(a), responda aos questionamentos a seguir.

A) Caso Escritorando Ltda. venha a ser utilizada com o objetivo de dissimular a lei, seus administradores e sócios poderão ser pessoalmente responsabilizados pela multa aplicada em sede de responsabilização administrativa? (Valor: 0,55)

B) Na hipótese de inabilitação de Escritorando Ltda. na licitação em apreço, como deve proceder a Administração para prosseguir com o certame? (Valor: 0,70)

Item	Pontuação
A) A resposta é positiva. É possível a desconsideração da personalidade jurídica para as hipóteses de sanções atinentes aos atos lesivos contra a Administração (0,45), na forma do art. 14 da Lei nº 12.846/2013 OU art. 50 do CC/2002 (0,10).	0,0/0,45/0,55
B) O pregoeiro deverá examinar a oferta subsequente e a qualificação do licitante, na ordem de classificação e assim sucessivamente (0,60), na forma do art. 4º, inciso XVI, da Lei nº 10.520/2002 (0,10).	0,0/0,60/0,70

(EXAME DE ORDEM XXVII/Questão 4) Uma notícia divulgada pela mídia afirmava que cinco sociedades de grupos econômicos diferentes, dentre as quais Alfa S/A e Beta S/A, atuavam em conluio, com o objetivo de fraudar licitações promovidas por determinado ente federativo. Em razão disso, foram instaurados processos administrativos com o fim de apurar responsabilidades administrativas de cada uma das envolvidas, tanto com vistas à aplicação da penalidade definida no art. 87, inciso IV, da Lei nº 8.666/93 (declaração de inidoneidade para licitar ou contratar com a Administração Pública) quanto a atos lesivos à Administração Pública. Diante dessas circunstâncias, a sociedade empresária Alfa S/A celebrou acordo de leniência com a autoridade competente, almejando mitigar as penalidades administrativas. O acordo resultou na identificação das outras quatro sociedades envolvidas e na obtenção de informações e documentos que comprovavam o esquema de prévia combinação de propostas, com a predefinição de quem venceria a licitação pública, alternadamente, de modo a beneficiar cada uma das sociedades empresárias participantes do conluio. Com o avanço das apurações, a sociedade empresária Beta S/A também se interessou em celebrar um acordo de leniência, sob o fundamento de que dispunha de outros documentos que ratificariam os ilícitos cometidos. Diante dessa situação hipotética, responda, fundamentadamente, aos itens a seguir.

A) O acordo de leniência firmado pela sociedade empresária Alfa S/A poderia alcançar a sanção de declaração de inidoneidade para licitar ou contratar com a Administração Pública? (Valor: 0,60)

B) A sociedade empresária Beta S/A poderia celebrar o acordo de leniência pretendido? (Valor: 0,65)

Observação: O examinando deve fundamentar suas respostas. A mera citação do dispositivo legal não confere pontuação.

Item	Pontuação
A. Sim. O acordo de leniência poderá abranger a prática de ilícitos previstos na Lei nº 8.666/1993, com vistas à isenção ou atenuação das respectivas sanções administrativas (0,50), segundo o art. 17 da Lei nº 12.846/2013 (0,10).	0,0/0,50/0,60
B. Não. A sociedade empresária Beta S/A não foi a primeira a se manifestar sobre seu interesse em cooperar para a apuração do ilícito OU a sociedade empresária Beta S/A limitou-se a ratificar os ilícitos cometidos, de modo que não preenche os requisitos cumulativos necessários (0,55), nos termos art. 16, § 1º, da Lei nº 12.846/2013 (0,10).	0,0/0,55/0,65

(EXAME DE ORDEM XXIX/Questão 2 – ATUALIZADA) Determinado município brasileiro publicou, em agosto de 2011, edital de concurso público destinado ao preenchimento de sete vagas do cargo efetivo de analista de controle interno. Márcia, filha do prefeito Emanuel, foi aprovada, ficando classificada em sétimo lugar. Ela tomou posse no dia 2 de agosto de 2012. Após o encerramento do mandato de Emanuel, que ocorreu em dezembro de 2012, a Polícia Civil descobriu, em maio de 2013, que, dias antes da aplicação das provas, mais precisamente em

12 de dezembro de 2011, o ex-prefeito teve acesso ao conteúdo das questões e o repassou à sua filha. O Ministério Público teve conhecimento dos fatos em setembro de 2017. Ato contínuo, ajuizou ação de improbidade administrativa em desfavor de Emanuel, em novembro de 2017, por ofensa aos princípios da Administração Pública, requerendo, na oportunidade, entre outras coisas, a suspensão dos seus direitos políticos pelo prazo de oito anos. Na contestação, Emanuel alega, basicamente, a prescrição da ação de improbidade.

Sobre a hipótese apresentada, responda aos itens a seguir.

A) É possível o acolhimento do pleito de suspensão dos direitos políticos pelo prazo de oito anos? (Valor: 0,65)

B) A ação de improbidade administrativa está prescrita? (Valor: 0,60)

Observação: o(a) examinando(a) deve fundamentar suas respostas. A mera citação do dispositivo legal não confere pontuação.

Item	Pontuação
A) Não. Por se tratar de ato de improbidade que atenta contra os princípios da Administração Pública, não há a possibilidade de incidência da sanção de suspensão dos direitos políticos (0,55), nos termos do art. 12, inciso III, da Lei nº 8.429/1992 (0,10).	0,0/0,55/0,65
B) Não. O prazo prescricional de 8 anos começa a correr da data do fato; assim, tendo o fato ocorrido em dezembro de 2011 e a ação de improbidade ajuizada em novembro de 2017, não ocorreu a prescrição (0,50), conforme o art. 23 da Lei nº 8.429/1992 (0,10).	0,0/0,50/0,60

(EXAME DE ORDEM XXXI/Questão 1 – ATUALIZADA) A Associação Verdinha dedica-se à proteção do meio ambiente e, recentemente, foi qualificada como Organização da Sociedade Civil de Interesse Público, mas não recebeu qualquer dinheiro do erário, pois não chegou a formalizar termo de parceria ou qualquer outro convênio para o desenvolvimento de suas atividades. Certas condutas de José dos Santos, como dirigente da mencionada associação, beneficiaram os negócios de seus parentes e foram objeto de fiscalização pelo Ministério Público. A fiscalização do MP culminou no ajuizamento de ação civil pública por improbidade administrativa em desfavor de José, sob o fundamento de violação dos princípios da Administração Pública. Diante dessa situação hipotética, responda, como advogado(a), fundamentadamente, aos questionamentos a seguir.

A) José dos Santos pode ser sujeito ativo da conduta ímproba a ele imputada? (Valor: 0,65)

B) O ato de improbidade apontado pelo Ministério Público – violação dos princípios da Administração Pública – admite a modalidade culposa? (Valor: 0,60)

Observação: o(a) examinando(a) deve fundamentar suas respostas. A mera citação do dispositivo legal não confere pontuação.

Item	Pontuação
A) Não. A Associação Verdinha, apesar de qualificada como Organização da Sociedade Civil de Interesse Público, não recebeu qualquer verba do erário, não firmando qualquer contrato, convênio, termo de parceria, ou instrumento congênere, de modo que José dos Santos não poderia ser sujeito ativo da conduta ímproba a ele imputada (0,55), nos termos do art. 2o, parágrafo único, da Lei nº 8.429/1992 (0,10).	0,0/0,55/0,65
B) Não. O ato de improbidade imputado a José dos Santos foi o de violar os princípios da Administração Pública, que conhece apenas a modalidade dolosa ou não admite a modalidade culposa, na forma do art. 11 da Lei nº 8.429/1992.	0,0/0,50/0,60

(EXAME DE ORDEM XXXII/QUESTÃO 2) O Ministério Público tomou conhecimento de que uma sociedade empresária, com atuação no Brasil, auferiu vultosos lucros em decorrência da prática de atos lesivos à administração pública estrangeira, na forma descrita em lei. Nas diligências realizadas pelo Ministério Público, verificou-se a omissão das autoridades brasileiras competentes para a apuração da respectiva responsabilização administrativa, considerando que, ao longo dos anos, o único ato voltado para tal fim foi o que delegou competência a determinado órgão, no intuito de instaurar e julgar o respectivo processo administrativo. Em razão disso, o parquet ajuizou ação com vistas a obter, na via judicial, a responsabilização civil e administrativa da sociedade empresária, cuja defesa afirma não ser possível a aplicação de sanção administrativa na esfera jurisdicional. Considerando a situação narrada, responda, na condição de advogado(a), aos itens a seguir.

A) Para o processamento e julgamento na esfera administrativa, é possível a delegação de competência? (Valor: 0,60)

B) O Judiciário pode aplicar penalidades relativas à responsabilização administrativa almejada pelo Ministério Público? (Valor: 0,65)

Item	Pontuação
A) Sim. A instauração e o desenvolvimento de processos administrativos para a apuração de responsabilidade de pessoa jurídica por atos lesivos à Administração Pública estrangeira podem ser delegados (0,50), consoante o disposto no art. 8º, § 1º, da Lei nº 12.846/2013 (0,10).	0,0/0,50/0,60
B) Sim. Nas ações ajuizadas pelo Ministério Público, poderão ser aplicadas as penalidades previstas no âmbito da responsabilização administrativa, desde que comprovada a omissão das autoridades competentes para promover a responsabilização na respectiva esfera (0,55), na forma do art. 20 da Lei nº 12.846/2013 (0,10)	0,0/0,55/0,65

PARTE II

DIREITO PROCESSUAL

INTRODUÇÃO ÀS PEÇAS INICIAIS E CONTESTAÇÃO

A situação-problema trará as respostas a algumas perguntas indispensáveis para a identificação de duas questões: 1 – a peça a ser redigida é uma peça inicial? 2 – a peça a ser redigida é uma peça recursal?

Você deve extrair do enunciado as seguintes perguntas:

1) Quem é o cliente? (pessoa natural, cidadão, pessoa jurídica de direito privado, associação etc.).

- Se for pessoa natural, pode-se estar diante de qualquer uma das iniciais possíveis (inicial de ação de improbidade ou ação civil pública).
- Se for associação legalmente constituída, poderá se estar diante de uma ação civil pública ou um mandado de segurança coletivo.
- Se for um cidadão, possivelmente se estará diante de uma ação popular.
- Se for uma pessoa jurídica de direito público que o contrata, possivelmente se esteja diante de uma ação de improbidade ou ação civil pública.

2) O que o cliente deseja? (ajuizar a medida cabível, propor a medida cabível, recorrer de uma decisão denegatória da tutela de urgência, recorrer do (in)deferimento de medida liminar, recorrer de sentença proferida).

- Se for para ajuizar a medida cabível, trata-se de uma inicial.
- Se for para recorrer do (in)deferimento de uma liminar/tutela de urgência, será um agravo de instrumento.
- Caso tenha sido proferida sentença, possivelmente se estará diante de uma apelação (se for decisão de tribunal, no exercício de competência originária, possivelmente se estará diante de um Recurso Ordinário Constitucional).

3) O que o cliente deseja é urgente? (há perigo de dano irreparável?)

- Se houver, possivelmente deverá ser utilizada a ação com o rito mais célere.
- Se houver, possivelmente é caso de pedido liminar ou tutela de urgência.

4) Quais os motivos que levaram o cliente a procurá-lo? (fundamentos de fato e de direito que o levarão aos eixos do direito material necessário para o desenvolvimento da peça).

- Verificar a que eixo(s) do Direito Administrativo enquadra-se a situação descrita na situação-problema.

5) Qual é o momento processual? (o cliente deseja ajuizar medida, houve citação, houve decisão interlocutória, houve sentença, houve recurso improvido).

ESTRUTURA DA INICIAL		
Endereçamento	Douto Juízo da ...VARA DE FAZENDA PÚBLICA DA COMARCA DE... / Douto Juízo da Vara Federal da Seção/Subseção judiciária de...	
Preâmbulo	Autor	Retirar da situação-problema: NOME COMPLETO, nacionalidade, estado civil, profissão, RG..., CPF..., domicílio e residência..., endereço eletrônico..., (se for pessoa jurídica: RAZÃO SOCIAL, CNPJ..., com sede no endereço..., endereço eletrônico..., representada legalmente pelo(a) Sr(a)... (documento de representação anexo)
	Réu	Retirar da situação-problema: Qualificação completa aos moldes da qualificação do autor.
	Fundamento	Fundamento constitucional e/ou legal da peça
	Nome da Peça	Nome da peça conforme trabalhado no decorrer deste material

ESTRUTURA DA INICIAL	
Fatos	Descrever a situação fática constante na situação-problema, sem acrescentar nenhum dado que não esteja no problema.
Direito (Teses)	Buscar o desenvolvimento de, no mínimo, quatro teses sobre os subtemas de direito administrativo trabalhados, envolvendo o tema de direito material aplicável. • Uma tese constitucional. • Uma tese infraconstitucional. • Uma tese com base nos princípios. • Uma tese com base em súmulas
Tutela de Urgência, Evidência ou Medida Liminar	Apresentar os fundamentos que levem ao deferimento da medida prevista no art. 300 (tutela de urgência) ou art. 311 (tutela de evidência) do CPC ou em fundamentos específicos nas ações especiais (MS, Ação Popular etc.)
Pedidos	Pedidos específicos ao decorrer do material
Formalidades da peça	• Valor da causa. • Advogado OAB

Quanto à contestação, é importante que se mantenha uma estruturação semelhante à petição inicial, com algumas formalidades especiais:

ESTRUTURA DA CONTESTAÇÃO	
Endereçamento	Douto Juízo da ...VARA DE FAZENDA PÚBLICA DA COMARCA DE... / Douto Juízo da Vara Federal da Seção/Subseção judiciária de...
Nº do Processo	Mencionar o nº do processo... e Tipo de Ação ...

<table>
<tr><th colspan="3">ESTRUTURA DA CONTESTAÇÃO</th></tr>
<tr><td rowspan="4">Preâmbulo</td><td>Réu</td><td>Retirar da situação-problema: NOME COMPLETO, nacionalidade, estado civil, profissão, RG..., CPF..., domicílio e residência..., endereço eletrônico..., (se for pessoa jurídica: RAZÃO SOCIAL, CNPJ..., com sede no endereço..., endereço eletrônico..., representada legalmente pelo(a) Sr(a)... (documento de representação anexo)</td></tr>
<tr><td>Autor</td><td>Retirar da situação-problema: Qualificação completa aos moldes da qualificação do réu.</td></tr>
<tr><td>Fundamento</td><td>Fundamento da contestação (arts. 335 e 336 do CPC, além de algum fundamento em lei específica).</td></tr>
<tr><td>Nome da Peça</td><td>Contestação</td></tr>
<tr><td>Fatos</td><td colspan="2">Descrever a situação fática constante na situação-problema, sem acrescentar nenhum dado que não esteja no problema.</td></tr>
<tr><td rowspan="2">Direito (Teses)</td><td colspan="2">Das preliminares: (analisar se algum dado na situação-problema faz com que esteja presente alguma das seguintes preliminares, previstas nos arts. 330 e 337 do CPC).</td></tr>
<tr><td colspan="2">Do mérito: buscar o desenvolvimento de, no mínimo, quatro teses sobre os subtemas de direito administrativo trabalhados, envolvendo o tema de direito material aplicável.
• Uma tese constitucional.
• Uma tese infraconstitucional.
• Uma tese com base nos princípios.
• Uma tese com base em súmulas.
Observação: Não esquecer de contestar a tutela de urgência, evidência ou liminar, se requerida pelo autor.</td></tr>
<tr><td>Pedidos</td><td colspan="2">Pedidos específicos ao decorrer do material</td></tr>
<tr><td>Formalidades da peça</td><td colspan="2">• Advogado OAB</td></tr>
</table>

1 *HABEAS DATA*

1.1 FUNDAMENTO

a) Constitucional: art. 5º, inciso LXXII (definir a alínea), da CF/1988: *a)* para assegurar o conhecimento de informações relativas à pessoa do impetrante, constantes de registros ou bancos de dados de entidades governamentais ou de caráter público; *b)* para a retificação de dados, quando não se prefira fazê-lo por processo sigiloso, judicial ou administrativo;

b) Infraconstitucional: Lei nº 9.507/1997, art. 7º (definir o inciso): I – para conhecer informação; II – para retificar informação; III – justificar a informação.

Observação: Deve ser demonstrada a negativa ou omissão na via administrativa dos pedidos de conhecimento, retificação e anotação de dados (art. 8º, parágrafo único, da Lei nº 9.507/1997 e Súmula nº 2 do STJ).

1.2 LEGITIMIDADE

Ativa: é o titular do direito (pessoa física ou jurídica), impetrante da ação.

Passiva: aquele que detém a informação que se pretende obter, retificar ou anotar (banco de dados público ou privado), ou seja, contra a autoridade coatora, vinculada à Pessoa Jurídica X.

1.3 CABIMENTO

Acesso aos registros, retificação dos registros e anotação ou complementação dos registros.

1.4 FORMA

Segue a forma da petição inicial prevista no art. 319 do CPC.

Observação: A exemplo do mandado de segurança, no *habeas corpus* não se faz produção de provas.

1.5 COMPETÊNCIA

É definida no art. 20 da Lei nº 9.507/1997. O julgamento do *habeas data* compete:

I - originariamente:

a) **ao Supremo Tribunal Federal**, contra atos do Presidente da República, das Mesas da Câmara dos Deputados e do Senado Federal, do Tribunal de Contas da União, do Procurador-Geral da República e do próprio Supremo Tribunal Federal (art. 102, I, *d*, da CF/1988);

b) **ao Superior Tribunal de Justiça**, contra atos de Ministro de Estado, dos Comandantes da Marinha, do Exército, da Aeronáutica ou do próprio Tribunal (art. 105, I, *b*, da CF/1988;

c) **aos Tribunais Regionais Federais**, contra atos do próprio Tribunal ou de juiz federal (art. 108, I, *c*, da CF/1988);

d) **a juiz federal**, contra atos de autoridade federal, excetuados os casos de competência dos tribunais federais (art. 109, VIII, da CF/1988);

e) **a tribunais estaduais**, segundo o disposto na Constituição do Estado;

f) **a juiz estadual**, nos demais casos;

II - em grau de recurso:

a) **ao Supremo Tribunal Federal**, quando a decisão denegatória for proferida em única instância pelos Tribunais Superiores (art. 102, II, *a*, da CF/1988);

b) **ao Superior Tribunal de Justiça**, quando a decisão for proferida em única instância pelos Tribunais Regionais Federais (art. 20, II, *b*, da Lei nº 9.507/1997);

c) **aos Tribunais Regionais Federais**, quando a decisão for proferida por juiz federal (art. 108, II, da CF/1988);

d) **aos Tribunais Estaduais e ao do Distrito Federal e Territórios**, conforme dispuserem a respectiva Constituição e a lei que organizar a Justiça do Distrito Federal;

III - mediante recurso extraordinário:

a) **ao Supremo Tribunal Federal**, nos casos previstos na Constituição.

1.6 PRIORIDADE DE JULGAMENTO

Os processos de *habeas data* terão prioridade sobre todos os atos judiciais, exceto *habeas corpus* e mandado de segurança. Na instância superior, deverão ser levados a julgamento na primeira sessão que se seguir à data em que, feita a distribuição, forem conclusos ao relator (art. 19 da Lei nº 9.507/1997).

1.7 ESTRUTURA

DOUTO JUÍZO DA ...VARA DE FAZENDA PÚBLICA DA COMARCA DE... (OU DA ...VARA FEDERAL DA SUBSEÇÃO JUDICIÁRIA DE... OU DO ESTADO...)

(Deixe 1 linha em branco – não escreva isso na sua peça!)

NOME COMPLETO DO IMPETRANTE, nacionalidade, estado civil, profissão, portador do RG..., CPF..., domicílio e residência..., endereço eletrônico..., (se for pessoa jurídica: RAZÃO SOCIAL, CNPJ..., com sede no endereço..., endereço eletrônico..., representada legalmente pelo(a) Sr(a)... (documento de representação anexo), por intermédio de seu advogado (procuração em anexo), com endereço profissional no endereço ..., onde receberá intimações, vem, perante Vossa Excelência, com fundamento no art. 5º, inciso LXXII, alínea *a* ou *b*, da Constituição Federal de 1988 e no art. 7º, inciso I, II ou III, da Lei nº 9.507/1997, impetrar

HABEAS DATA

Em face de ato coator do Sr..., SECRETÁRIO MUNICIPAL DA FAZENDA, vinculado ao MUNICÍPIO ..., pessoa jurídica de direito público, com sede na Rua..., nº ..., bairro ..., endereço eletrônico..., pelas razões de fato e de direito que passa a expor:

1. DOS FATOS

Descrever a situação fática constante na situação-problema, sem acrescentar nenhum dado que não esteja no problema.

2. DO DIREITO

A Constituição Federal de 1988 concede *habeas data* para assegurar o conhecimento ou retificação de informações relativas à pessoa do impetrante, constantes de registro de entidade pública (art. 5º, LXXII), e a Lei nº 9.507, de 12 de novembro de 1997, regula o direito de acesso à informação e disciplina o rito processual do *habeas data*.

Na situação em epígrafe, ao ter seu pedido administrativo negado, surge para o impetrante o direito previsto no art. 7º, inciso I, II ou III, da Lei nº 9.507/1997, devendo-lhe ser assegurado, judicialmente, o direito ao conhecimento/retificação ou anotação da informação.

Estipula o art. 5º, inciso LXXVII, da CF/1988 que são gratuitos os atos necessários ao exercício da cidadania e a ação de *habeas data*, imperando, desse modo, a isenção de custas judiciais à impetrante.

3. DOS PEDIDOS

Ante o exposto, requer:

1) A notificação da autoridade coatora para que preste as informações no prazo de dez dias; (art. 9º da Lei nº 9.507/1997)
2) A intimação do Ministério Público para que emita parecer nos termos da lei; (art. 12 da Lei nº 9.507/1997)
3) A prioridade de tramitação e julgamento; (art. 19 da Lei nº 9.507/1997)
4) A procedência da presente ação, a fim de que seja marcada data e hora para que o coator apresente as informações a seu respeito ou apresente em juízo a prova da retificação ou da anotação feita nos assentamentos do impetrante, nos termos da fundamentação; (art. 13, inciso I, da Lei nº 9.507/1997)
5) A condenação da autoridade coatora em honorários advocatícios e ao impetrante concedida a gratuidade da justiça nos termos constitucionais; (ainda que haja discussão sobre a possibilidade desse pedido, ante a gratuidade do habeas data, aconselha-se que, para fins de Exame de Ordem, seja requerida a condenação em honorários)
6) A juntada da documentação comprobatória da negativa/omissão da informação requerida mediante requerimento administrativo; (art. 8º, parágrafo único, inciso I, da Lei nº 9.507/1997, art. 320 do CPC e Súmula nº 2 do STJ)

Dá-se a causa o valor de R$ ...

Nestes termos, pede deferimento.

Local/data

ADVOGADO/OAB

1.8 PEÇAS PARA TREINAMENTO

(EXAME DE ORDEM 2008.3/FGV/Constitucional) Tício, brasileiro, casado, engenheiro, na década de setenta, participou de movimentos políticos que faziam oposição ao Governo então instituído. Por força de tais atividades, foi vigiado pelos agentes estatais e, em diversas ocasiões, preso para averiguações. Seus movimentos foram monitorados pelos órgãos de inteligência vinculados aos órgãos de Segurança do Estado, organizados por agentes federais. Após longos anos, no ano de 2010, Tício requereu acesso à sua ficha de informações pessoais, tendo o seu pedido indeferido, em todas as instâncias administrativas. Esse foi o último ato praticado pelo Ministro de Estado da Defesa, que lastreou seu ato decisório, na necessidade de preservação do sigilo das atividades do Estado, uma vez que os arquivos públicos do período desejado estão indisponíveis para todos os cidadãos. Tício, inconformado, procura aconselhamentos com seu sobrinho Caio, advogado, que propõe apresentar ação judicial para acessar os dados do seu tio.

Habeas Data	
Item	**Pontuação**
Competência e endereçamento	0/0,5/1,0
Legitimidade ativa e passiva	0/0,3/0,6
Fundamentação: (I) direito à informação pessoal; (II) abuso de autoridade; (III) normas constitucionais, direitos individuais. (0,3 para cada um)	0/0,3/0,6/0,9
Requerimento de juntada de documentos essenciais (art. 8º, parágrafo único, da Lei nº 9.507/1997)	0/0,25/0,5
Postulação – procedência do ***habeas data***	0/0,25/0,5
Requerimento de intervenção do Ministério Público	0/0,25/0,5
Requerimento de notificação da autoridade coatora	0/0,25/0,5
Valor da causa	0/0,5

2 MANDADO DE SEGURANÇA

2.1 FUNDAMENTO

a) **Constitucional:** art. 5º, LXIX, da CF/1988;

b) **Infraconstitucional:** art. 1º da Lei nº 12.016/2009 e, exclusivamente para os Mandados de Segurança Coletivos impetrados pela OAB, também o art. 54, inciso XIV, da Lei nº 8.906/1994.

2.2 LEGITIMIDADE

Ativa: é o titular do direito líquido e certo (pessoa física ou jurídica), impetrante da ação.

Passiva: a autoridade coatora que editou ou que tem poderes para editar o ato coator (que pode ser um ato comissivo ou omissivo), sempre vinculada à Pessoa Jurídica X. Exemplo: Excelentíssimo Senhor Ministro da Defesa, vinculado à União, pessoa jurídica de direito público interno. Excelentíssimo Senhor Prefeito Municipal, vinculado ao Município..., pessoa jurídica de direito público interno.

Observação 1: Quanto à autoridade coatora, é indispensável indicar o cargo que ocupa a autoridade pública, bem como a pessoa jurídica de direito público à qual ela pertença (União, Estado, Distrito Federal, Município, autarquia, fundação). A pessoa jurídica deve ser, obrigatoriamente, intimada, sob pena de nulidade. É possível que um particular seja o agente coator em mandado de segurança, nos casos em que o particular estiver no exercício de uma função pública. Exemplo: diretor de faculdade, que exerce uma função delegada do Ministério da Educação, em atos que não sejam de gestão, como a negativa à expedição de diploma ou negativa de matrícula em curso superior.

Observação 2: O STJ sumulou (Súmula nº 628) a "teoria da encampação", acerca da possibilidade do ingresso da autoridade coatora correta no Mandado de Segurança, quando a autoridade coatora indicada na Petição Inicial esteja cumprindo determinação de autoridade superior ou não tenha poderes para editar, modificar ou extinguir o ato coator. Decorre do princípio da hierarquia. Assim, o juízo não extinguirá o Mandado de Segurança, mas determinará a emenda da inicial para que conste a autoridade coatora correta. A súmula, todavia, manifesta três requisitos: 1º) o vínculo hierárquico entre a autoridade encampada e a encampante; 2º) que o ingresso do encampante não desloque a competência para o processamento e julgamento do Mandado de Segurança (caso a autoridade encampante possua prerrogativa de foro); e 3º) que as informações prestadas pela autoridade encampada sobre o mérito do Mandado de Segurança tenham sido suficientemente prestadas.

2.3 CABIMENTO

A impetração de Mandado de Segurança exige um ato de autoridade, que cause lesão ou ameaça de lesão ao direito líquido e certo do impetrante. É residual, ou seja, é preciso que se trate de uma lide que não seja amparada por outra garantia (*Habeas Corpus* ou *Habeas Data*). Direito líquido e certo é o que se mostra de plano, aquele direito evidente, sobre o qual não repousam dúvidas. Assim, pressupõe prova pré-constituída.

Observação: Caso seja necessário comprovar o direito por meio de prova pericial, testemunhal etc., não é possível que se fale em direito líquido e certo, portanto, não cabendo mandado de segurança.

2.4 PRAZO DECADENCIAL

É possível a impetração por aquele que teve o seu direito líquido e certo lesado ou ameaçado por ato de autoridade dentro dos **120 dias** subsequentes à **data da ciência do ato** (que ocorrerá com notificação pessoal ou publicação em meio oficial). O prazo de 120 dias estabelecido pela lei é decadencial, **não havendo suspensão, nem interrupção**.

Observação 1: O prazo decadencial do Mandado de Segurança não atinge o direito em si, uma vez que é possível que o indivíduo o pleiteie através de uma ação pelo procedimento comum.

Observação 2: Para o ato omissivo que seja de prestação periódica, o prazo se renova a cada período. Ex.: não recebimento de vencimentos mensais que deveriam ser pagos pela Administração (a cada mês o direito líquido e certo se renova. Assim, os vencimentos inadimplidos há mais de 120 dias não poderão ser pleiteados por Mandado de Segurança).

2.5 VEDAÇÕES

Elencadas no art. 1º, § 2º, e no art. 5º da Lei nº 12.016/2009, quais sejam: 1) ato de gestão comercial praticados pelos administradores de empresas públicas, de sociedade de economia mista e de concessionárias de serviço público; 2) ato do qual caiba recurso administrativo com efeito suspensivo, independentemente de caução; 3) de decisão judicial da qual caiba recurso com efeito suspensivo; e 4) de decisão judicial transitada em julgado.

Observação: Há, ainda, algumas súmulas do STF e do STJ referentes a matéria:

Súmula nº 266 do STF: não será cabível a interposição de mandado de segurança contra lei em tese (em substituição às ações constitucionais de controle concentrado de constitucionalidade).

Súmula nº 101 do STF: não será cabível a impetração de mandado de segurança para substituir ação popular.

Súmula nº 269 do STF: nessa linha, não será possível, também, impetrar mandado de segurança como sucedâneo de ação de cobrança (em alguns casos, o Mandado de Segurança tem por objeto uma contraprestação pecuniária, essa medida visa, em regra, uma obrigação de fazer ou de não fazer. O Mandado de Segurança não tem por objetivo a obtenção de um benefício econômico direto. É possível que isso ocorra de forma indireta).

2.6 ESPÉCIES

a) Quanto ao momento do ato coator:

Preventivo: tem cabimento nos casos em que existe tão somente uma ameaça de lesão. Nesse caso, não se conta o prazo de 120 dias, uma vez que não existe o ato coator em si.

Repressivo: tem cabimento nos casos em que houver uma lesão. Aqui, a propositura da ação está sujeita ao prazo decadencial de 120 dias.

b) Quanto à legitimidade ativa:

Individual: cabível nos casos em que alguém (pessoa física ou jurídica), em nome próprio, defende direito próprio. Não importa que se configurem, no polo ativo, uma, duas ou vinte pessoas, para que se classifique como mandado de segurança individual, é necessário que se defenda direito próprio.

Coletivo: cabível nos casos em que alguém, em nome próprio, defende direito alheio, que pertence a uma coletividade (substituição processual). Exemplo: sindicato dos professores municipais que impetra mandado de segurança a fim de defender os interesses da sua categoria.

Observação 1: A propositura de um mandado de segurança coletivo é possível para as pessoas indicadas no art. 5º, inciso LXX, da CF/1988 c/c o art. 21 da Lei nº 12.016/2009: 1) partido político com representação no Congresso Nacional; 2) entidades de classe ou associações de classe constituídas há mais de um ano – o juiz pode, excepcionalmente, dispensar o prazo de um ano se entender necessário (não é a regra!).

Observação 2: É indispensável que a menção ao caráter coletivo do mandado de segurança venha indicado na peça: "Mandado de Segurança Coletivo".

Observação 3: Se for mandado de segurança coletivo, é indispensável, ainda, que se faça uma seção sobre a legitimidade ativa para a sua impetração.

2.7 COMPETÊNCIA

O julgamento do Mandado de Segurança compete:

I - originariamente:

a) ao Supremo Tribunal Federal, contra atos do Presidente da República, das Mesas da Câmara dos Deputados e do Senado Federal, do Tribunal de Contas da União, do Procurador-Geral da República e do próprio Supremo Tribunal Federal (art. 102, I, *d*, da CF/1988);

b) ao Superior Tribunal de Justiça, contra atos de Ministro de Estado, do Comandante da Marinha, do Exército e da Aeronáutica, além dos atos do próprio Tribunal (art. 105, I, *b*, da CF/1988);

c) aos Tribunais Regionais Federais contra atos do próprio Tribunal ou de juiz federal (art. 108, I, *c*, da CF/1988);

d) a juiz federal, contra ato de autoridade federal, excetuados os casos de competência dos tribunais federais (art. 108, VIII, da CF/1988);

e) a tribunais estaduais, segundo o disposto na Constituição do Estado;

f) a juiz estadual, nos demais casos.

Observação importante: De acordo com a jurisprudência dos tribunais, mandado de segurança contra autoridade universitária seguirá a seguinte competência:

- **Autoridade coatora de Universidade Federal ou Particular:** competência da Justiça Federal;
- **Autoridade coatora de Universidade Estadual ou Municipal:** competência da Justiça Estadual.

II - em grau de recurso:

a) ao Supremo Tribunal Federal, quando a decisão denegatória for proferida em única instância pelos Tribunais Superiores;

b) ao Superior Tribunal de Justiça, quando a decisão for proferida em única instância pelos Tribunais Regionais Federais ou pelos tribunais dos Estados, do Distrito Federal e Territórios, quando denegatória a decisão (art. 105, II, *b*, da CF/1988);

c) **aos Tribunais Regionais Federais**, quando a decisão for proferida por juiz federal ou estadual no exercício da competência federal da área de sua jurisdição (art. 108, II, da CF/1988);

d) **aos Tribunais Estaduais e ao do Distrito Federal e Territórios**, conforme dispuserem a respectiva Constituição e a lei que organizar a Justiça do Distrito Federal (art. 125 da CF/1988);

III - mediante recurso extraordinário:

a) **ao Supremo Tribunal Federal**, nos casos previstos na Constituição.

2.8 SUSTENTAÇÃO ORAL NOS TRIBUNAIS

A Lei nº 13.676/2018 alterou o art. 16 da Lei nº 12.016/2009, para estabelecer que, nos casos de competência originária dos tribunais, caberá ao relator a instrução do processo, sendo assegurada a defesa oral tanto na sessão do julgamento do mérito quanto do pedido liminar.

2.9 ESTRUTURA

DOUTO JUÍZO (OU EXCELENTÍSSIMO SENHOR DESEMBARGADOR/MINISTRO PRESIDENTE DO TRIBUNAL...) DA ...VARA DE FAZENDA PÚBLICA DA COMARCA DE... (OU DA VARA FEDERAL DA ... SUBSEÇÃO JUDICIÁRIA DE...)

(Deixe 1 linha em branco – não escreva isso na sua peça!)

NOME COMPLETO DO IMPETRANTE, nacionalidade, estado civil, profissão, portador do RG..., CPF..., domicílio e residência..., endereço eletrônico..., (se for pessoa jurídica: RAZÃO SOCIAL, CNPJ..., com sede no endereço..., endereço eletrônico..., representada legalmente pelo(a) Sr(a)... (documento de representação anexo), por intermédio de seu advogado (procuração em anexo), com endereço profissional no endereço ..., onde receberá intimações, vem, perante Vossa Excelência, com fundamento no art. 5º, incisos LXIX ou LXX, alínea *a* ou *b* (mandado de segurança coletivo), da CF/1988 e no art. 1º da Lei nº 12.016/2009, impetrar

MANDADO DE SEGURANÇA (PREVENTIVO) (COLETIVO) (COM PEDIDO LIMINAR)

Em face de ato coator do Sr..., SECRETÁRIO MUNICIPAL DA FAZENDA, vinculado ao MUNICÍPIO..., pessoa jurídica de direito público, com sede no endereço..., endereço eletrônico..., pelas razões de fato e de direito que passa a expor:

1. DOS FATOS

Descrever a situação fática constante na situação-problema, sem acrescentar nenhum dado que não esteja no problema.

2. DO CABIMENTO DO MANDADO DE SEGURANÇA

A via mandamental, conforme previsto no art. 5º, inciso LXIX, da CF/1988, e o disposto na Lei nº 12.016/2009, é o meio processual adequado, sempre que houver lesão ou ameaça de lesão ao direito líquido e certo.

No caso em tela, a lesão ao direito líquido e certo do impetrante se deu com o ... (ou a ameaça a direito líquido e certo se dá...)

Ademais, verifica-se que a prova encontra-se pré-constituída, dispensando-se qualquer dilação probatória, cumprindo-se, assim, plenamente, todos os requisitos para que seja impetrado mandado de segurança, bem como o direito de impetrar o presente mandado de segurança encontra-se dentro do prazo de 120 (cento e vinte) dias, contados da ciência, pelo impetrante, do ato impugnado, conforme a previsão do art. 23 da Lei nº 12.016/2009.

3. DA LEGITIMIDADE ATIVA (apenas em caso de mandado de segurança coletivo)

Preliminarmente, destaca-se que o impetrante possui legitimidade ativa para a propositura do mandado de segurança, uma vez que é..., conforme preceitua o art. 5º, inciso LXX, alínea *a* ou *b* (a definir pelo caso), da CF/1988.

Do mesmo modo, a Lei nº 12.016/2009 confere ao (legitimado)..., em seu art. 21, parágrafo único, legitimidade extraordinária ou substituição processual para atuar em juízo, na defesa dos direitos coletivos ou individuais homogêneos de seus membros e/ou categoria.

Assim, o impetrante possui legitimidade ativa para a presente ação mandamental.

4. DO DIREITO

Buscar o desenvolvimento de, no mínimo, quatro teses sobre os subtemas de direito administrativo trabalhados, envolvendo o tema de direito material aplicável.

Uma tese constitucional.

Uma tese infraconstitucional.

Uma tese com base nos princípios.

Uma tese com base em súmulas.

5. DO PEDIDO LIMINAR

O art. 7º, inciso III, da Lei nº 12.016/2009, autoriza o juiz a suspender o ato coator quando houver fundamento relevante e a demora na prestação da tutela, capaz de gerar a ineficácia da medida.

No presente caso, como ficou amplamente demonstrado, o impetrante teve direito líquido e certo violado, corroborando a relevância dos fundamentos.

Além disso, caso não seja concedida a liminar, o Impetrante ... (demonstrar o perigo de dano irreparável).

Sendo assim, comprovada a fumaça do bom direito e o perigo de lesão irreparável, impera a concessão da medida liminar para que haja a imediata suspensão do ato coator, nos termos da fundamentação.

6. DOS PEDIDOS

Ante o exposto, requer:

1) A concessão da medida liminar, uma vez presentes os requisitos legais, a fim de que... (objeto do pedido liminar, geralmente a suspensão ou a determinação à prática de um ato); (art. 7º, III, da Lei nº 12.016/2009)
2) Seja a autoridade coatora notificada para, no prazo legal, apresentar suas informações; (art. 7º, inciso I, da Lei nº 12.016/2009)
3) Seja dada ciência do feito ao órgão de representação judicial da pessoa jurídica de direito público..., para, querendo, ingressar no feito; (art. 7º, inciso II, da Lei nº 12.016/2009)
4) Seja intimado o representante do Ministério Público; (art. 12 da Lei nº 12.016/2009)
5) Seja concedida a segurança, com a procedência do pedido, confirmando a liminar em todos os seus termos, para determinar à Autoridade coatora que ... (geralmente a anulação de um ato administrativo ou a determinação definitiva para a prática de um ato); (art. 7º, inciso III, da Lei nº 12.016/2009)
6) Seja requisitada à autoridade coatora a documentação essencial para a prova do direito líquido e certo do impetrante, eis que negada pela administração; (art. 6º, § 1º, da Lei nº 12.016/2009 – este pedido deverá ser realizado apenas se a autoridade estiver de posse dos documentos)
7) Seja procedida à juntada da prova documental pré-constituída; (art. 320 do CPC)
8) Seja a autoridade coatora condenada ao pagamento das custas processuais e o impetrante isento de honorários, uma vez presente a boa-fé; (art. 82 do CPC) (Não cabe, no mandado de segurança, a condenação ao pagamento dos honorários advocatícios, sem prejuízo da aplicação de sanções no caso de litigância de má-fé – art. 25 da Lei nº 12.016/2009).
9) A prioridade de tramitação processual, conforme garantido pela lei. (Verificar se se trata de idoso, criança ou adolescente ou matéria de licitações e contratos, nos termos do art. 1.048, incisos I a IV, do CPC).

Dá-se a causa o valor de R$ ...

Nestes termos, pede deferimento.

Local/data

ADVOGADO/OAB

2.10 PEÇAS PARA TREINAMENTO

(EXAME DE ORDEM V/Peça prático-profissional) A empresa Aquatrans é concessionária de transporte público aquaviário no Estado X há sete anos e foi surpreendida com a edição do Decreto 1.234, da Chefia do Poder Executivo Estadual, que, na qualidade de Poder Concedente, declarou a caducidade da concessão e fixou o prazo de trinta dias para assumir o serviço, ocupando as instalações e os bens reversíveis. A concessionária, inconformada com a medida, especialmente porque jamais fora cientificada de qualquer inadequação na prestação do serviço, procura-o, na qualidade de advogado(a), e o contrata para ajuizar a medida judicial pertinente para discutir a juridicidade do decreto, bem como para assegurar à concessionária o direito de continuar prestando o serviço até que, se for o caso, a extinção do contrato se opere de maneira regular. Elabore a peça processual adequada, levando em consideração que a matéria não demanda qualquer dilação probatória e que se deve optar pela medida judicial cujo rito, em tese, seja o mais célere. (Valor: 5,0)

Mandado de Segurança Individual	
Item	**Pontuação**
Endereçamento da petição inicial: Tribunal de Justiça do Estado X	0/0,25
Qualificação das partes (0,25 para cada item): Aquatrans (0,25) / contra ato (0,25) do Governador do Estado X (0,25) / e Estado X (0,25)	0/0,25/0,5/ 0,75/1,0
Identificação da ação: Mandado de Segurança	0/0,5
Narrativa dos fatos / exposição de forma coerente e lógica	0/0,25
Fundamentação (0,5 para cada item) – *não basta a mera indicação do artigo*: 1. Nulidade do Dec. nº 1.234 – inobservância do devido processo legal (0,25) (art. 5º, LIV, da CF/1988) (0,25)	0/0,25/0,5

2. Ausência de cientificação das irregularidades e fixação de prazo para correção (0,25) (art. 38, § 3º, da Lei nº 8.987/1995) (0,25)	0/0,25/0,5
3. Não foi instaurado processo de verificação de inadimplência (0,25) (art. 38, § 2º, da Lei nº 8.987/1995) (0,25)	0/0,25/0,5
4. Fundamento do pedido de liminar – abstenção de medidas para assunção do serviço OU suspensão dos efeitos do decreto.	0/0,5
Pedidos/Conclusão (0,2 para cada item): 1. Deferimento da liminar; 2. Notificação da autoridade impetrada para prestar informações; 3. Ciência do feito ao órgão de representação judicial do Estado X; 4. Confirmação da liminar e anulação / declaração de nulidade do decreto impugnado.	0/0,2/0,4/ 0,6/0,8
Atribuição de valor à causa	0/0,2

(EXAME DE ORDEM XIV/Peça profissional) A Secretaria de Administração do Estado X publicou edital de licitação, na modalidade concorrência, para a elaboração dos projetos básico e executivo e para a realização de obras de contenção de encosta, na localidade de Barranco Alto, no valor de R$ 1.000.000,00 (um milhão de reais). O prazo de conclusão da obra é de 12 (doze) meses. Como requisito de habilitação técnica, o edital exige a demonstração de aptidão para desempenho do objeto licitado, por meio de documentos que comprovem a participação anterior do licitante em obras de drenagem, pavimentação e contenção de encostas que alcancem o valor de R$ 150.000.000,00 (cento e cinquenta milhões de reais). Como requisito de qualificação econômica, o edital exige a apresentação de balanço patrimonial e demonstrações contábeis do último exercício social, que comprovem a boa situação financeira da empresa, podendo ser atualizados por índices oficiais, quando encerrado há mais de 3 (três) meses antes da data de apresentação da proposta, assim como a apresentação de todas as certidões negativas e de garantia da quantia equivalente a 1% (um por cento) do valor estimado do objeto da contratação. O edital admite a participação de empresas em consórcio, estabelecendo, como requisitos de habilitação do consórcio, um acréscimo de 50% (cinquenta por cento) dos valores exigidos para licitante individual. As empresas ABC e XYZ, interessadas em participar da licitação em consórcio, entendem ilegais as exigências contidas no edital e apresentam, tempestivamente, impugnação. A Administração, entretanto, rejeita a impugnação, ao argumento de que todas as exigências decorrem da legislação federal e que devem ser interpretadas à luz do princípio constitucional da eficiência, de modo a afastar do certame empresas sem capacidade de realizar o objeto e, assim, frustrar o interesse público adjacente. A empresa ABC o procura para, na qualidade de advogado, ajuizar a medida adequada a impedir o prosseguimento da licitação, apontando ilegalidade no edital.

Elabore a peça adequada, considerando que:

I - a única prova a ser produzida consiste na juntada do edital, isto é, não há necessidade de dilação probatória;

II - que já transcorreram 60 (sessenta) dias desde a publicação do edital;

III - que a licitação está agendada para menos de uma semana e que o seu cliente, expressamente, requereu a adoção da medida judicial cujo procedimento seja, em tese, o mais célere;

IV - a Constituição do Estado X, observando o princípio da simetria, prevê foro por prerrogativa de função para o presente caso, assim como o respectivo Código de Organização Judiciária.

Mandado de Segurança Individual	
Item	**Pontuação**
Endereçamento da petição inicial: Câmara ou Seção do Tribunal de Justiça do Estado X.	0,00/0,10
Qualificação das partes:	
1. Empresa ABC	0,00/0,10
2. Secretário de Administração	0,00/0,10
3. Estado X, ao qual está vinculado o Secretário de Administração.	0,00/0,10
Demonstração dos requisitos para concessão da liminar:	
1. Demonstração do fundamento relevante (consistente na evidente violação a disposições da Lei nº 8.666/1993) (0,30)	0,00/0,30
2. Risco de ineficácia do provimento, caso não deferida a liminar (uma vez que o certame pode chegar ao fim, com a adjudicação do objeto ao licitante vencedor e o início das obras) (0,30)	0,00/0,30
Fundamentação:	
1. Obra licitada sem projeto básico (0,50) (violação ao art. 7º, § 2º, I da Lei nº 8.666/1993) (0,10).	0,00/0,50/ 0,60

2. Elaboração de projeto básico, executivo e realização da obra pelo mesmo licitante (0,50) (violação ao art. 9º, I, da Lei nº 8.666/1993) (0,10).	0,00/0,50/ 0,60
3. Exigência de qualificação técnica que não se relaciona ao objeto a ser licitado.	0,00/0,60
4. Exigência, para os consórcios, de requisitos de habilitação com acréscimo de 50% dos valores exigidos para licitante individual (0,50) (violação ao art. 33, III, da Lei nº 8.666/1993) (0,10).	0,00/0,50/ 0,60
Pedidos:	
1. Notificação da autoridade coatora (Secretário de Administração).	0,00/0,25
2. Ciência ao órgão de representação judicial do Estado X.	0,00/0,25
3. Concessão da liminar para suspender a licitação até decisão final.	0,00/0,30
4. Procedência do pedido para anular a licitação.	0,00/0,30
Observação: Menção à juntada da prova pré-constituída (edital)	0,00/0,30
Finalização	
Valor da causa	0,00/0,10
Fechamento da peça: Local..., Data..., Advogado...e OAB...	0,00/0,10

(EXAME DE ORDEM XVIII/Peça profissional) O Ministério da Cultura publicou, na imprensa oficial, edital de licitação que veio assinado pelo próprio Ministro da Cultura, na modalidade de tomada de preços, para a elaboração do projeto básico, do projeto executivo e da execução de obras de reforma de uma biblioteca localizada em Brasília.

O custo da obra está estimado em R$ 2.950.000,00 (dois milhões novecentos e cinquenta mil reais). O prazo de execução é de 16 (dezesseis) meses, e, de acordo com o cronograma divulgado, a abertura dos envelopes se dará em 45 (quarenta e cinco) dias e a assinatura do contrato está prevista para 90 (noventa) dias.

Do edital constam duas cláusulas que, em tese, afastariam do certame a empresa ABCD Engenharia. A primeira diz respeito a um dos requisitos de habilitação, pois se exige dos licitantes, para demonstração de qualificação técnica, experiência anterior em contratos de obra pública com a União (requisito não atendido pela empresa, que já realizou obras públicas do mesmo porte que a apontada no edital para diversos entes da Federação, mas não para a União). A segunda diz respeito à exigência de os licitantes estarem sediados em Brasília, sede do Ministério da Cultura, local onde se dará a execução das obras (requisito não atendido pela empresa, sediada no Município de Bugalhadas).

Na mesma semana em que foi publicado o edital, a empresa o procura para que, na qualidade de advogado, ajuíze a medida cabível para evitar o prosseguimento da licitação, reconhecendo os vícios do edital e os retirando, tudo a permitir que possa concorrer sem ser considerada não habilitada, e sem que haja vício que comprometa o contrato. Pede, ainda, que se opte pela via, em tese, mais célere.

Elabore a peça adequada, considerando não ser necessária a dilação probatória, haja vista ser preciso apenas a juntada dos documentos próprios (edital, cópia dos contratos com outros entes federativos etc.) para se comprovar os vícios alegados. Observe o examinando que o interessado quer o procedimento que, em tese, seja o mais célere. (Valor: 5,00)

Observação: O examinando deve apresentar os argumentos jurídicos apropriados e a fundamentação legal pertinente ao caso.

Mandado de Segurança Individual	
Item	**Pontuação**
Endereçamento do Mandado de Segurança: Superior Tribunal de Justiça (0,10)	0,00/0,10
Qualificação das partes	
1. Impetrante ABCD Engenharia (0,10)	0,00/0,10
2. Autoridade coatora Ministro da Cultura (0,10) / pessoa jurídica União (0,10)	0,00/0,10/0,20
Fundamentação	
1. A impossibilidade de licitar a obra sem a prévia existência de projeto básico (0,40), na forma do art. 7º, § 2º, I, da Lei nº 8.666/1993 (0,10).	0,00/0,40/0,50
2. A impossibilidade de elaboração de projeto básico e de execução da obra pela mesma pessoa (0,40), na forma do art. 9º, I, da Lei nº 8.666/1993 (0,10).	0,00/0,40/0,50
3. A violação do limite de valor para a tomada de preços (0,40), conforme previsão do art. 23, I, *b*, da Lei nº 8.666/1993 (0,10).	0,00/0,40/0,50
4. A exigência de experiência de contratação anterior com a União é inválida (0,50), conforme previsão do art. 30, II OU § 5º da Lei nº 8.666/1993 (0,10).	0,00/0,50/0,60
5. A vedação à cláusula que estabelece preferência ou distinção em razão da sede da empresa (0,50), na forma do art. 3º, § 1º, I OU art. 20, parágrafo único (0,10), ambos da Lei nº 8.666/1993	0,00/0,50/0,60

Da medida liminar	
1. Demonstração do fundamento relevante, qual seja, a violação às disposições constantes da Lei federal nº 8.666/1993 (0,35).	0,00/0,35
2. Fundado receio de ineficácia da medida, caso concedida a segurança apenas ao final do processo, uma vez que o contrato poderá já ter sido assinado e iniciada a sua execução, nos termos do art. 7º, III, da Lei nº 12.016/2009. (0,35).	0,00/0,35
Pedidos:	
1.Notificação da autoridade coatora (Ministro da Cultura) (0,10);	0,00/0,10
2. Ciência ao órgão de representação judicial da União (0,10);	0,00/0,10
3. Concessão da liminar para suspender a licitação até decisão final (0,30);	0,00/0,30
4. Requerimento de juntada da prova pré-constituída (edital) (0,20);	0,00/0,20
5. Procedência do pedido para anular a licitação, pelos vícios constantes do edital (0,30).	0,00/0,30
Finalização	
Valor da causa	0,00/0,10
Fechamento da peça: Local..., Data..., Advogado...e OAB... (0,10)	0,00/0,10

(EXAME DE ORDEM XXIV/Peça profissional/Constitucional) Após anos de defasagem salarial, milhares de servidores públicos estaduais civis que integravam o mesmo segmento profissional reuniram-se na sede do Sindicato W, legalmente constituído e em funcionamento há vinte anos, que representava os interesses da categoria, em assembleia geral convocada especialmente para deliberar a respeito das medidas a serem adotadas pelos sindicalizados. Ao fim de ampla discussão, decidiram que, em vez da greve, que causaria grande prejuízo à população e à economia do país, iriam se encontrar nas praças da capital do Estado Alfa, com o objetivo de debater publicamente os interesses da categoria de forma organizada e ordeira, e ainda fariam passeatas semanais pelas principais ruas da capital. Em situações dessa natureza, a lei dispõe que seria necessária a prévia comunicação ao comandante da Polícia Militar. No mesmo dia em que recebeu a comunicação dos encontros e das passeatas semanais, que teriam início em dez dias, o comandante da Polícia Militar, em decisão formalmente comunicada ao Sindicato W, decidiu indeferi-los, sob o argumento de que atrapalhariam o direito ao lazer nas praças e a tranquilidade das pessoas, os quais são protegidos pela ordem jurídica. Inconformado com a decisão do comandante da Polícia Militar, o Sindicato W procurou um advogado e solicitou o manejo da ação judicial cabível, que dispensasse instrução probatória, considerando a farta prova documental existente, para que os trabalhadores pudessem cumprir o que foi deliberado na assembleia da categoria, no prazo inicialmente fixado, sob pena de esvaziamento da força do movimento. (Valor: 5,00)

Mandado de segurança coletivo	
Item	**Pontuação**
Endereçamento: A petição deve ser endereçada ao Juízo Cível OU ao Juízo de Fazenda Pública da Comarca X OU da Capital do Estado Alfa (0,10).	0,00/0,10
Partes: Impetrante: Sindicato W (0,10). Autoridade coatora: comandante da Polícia Militar (0,10). Pessoa jurídica interessada (art. 7º, II, da Lei nº 12.016/2009): Estado Alfa (0,10).	 0,00/0,10 0,00/0,10 0,00/0,10
Legitimidade ativa do Sindicato W: organização sindical legalmente constituída e em funcionamento há mais de um ano (0,10), estando em defesa de direitos líquidos e certos de parte dos trabalhadores da categoria (0,10), tal qual autorizado pelo art. 21 da Lei nº 12.016/2009 OU art. 5º, inciso LXX, alínea *b*, da CF/1988 (0,10). **Legitimidade passiva do comandante da Polícia Militar:** exarou decisão impedindo a realização das reuniões e das passeatas (0,10).	0,00/0,10/ 0,20/0,30 0,00/0,10
Fundamentos de mérito: 1 – Os trabalhadores têm o direito fundamental à livre manifestação do pensamento (0,50), conforme o art. 5º, inciso IV, da CF/1988 (0,10). 2 – Os trabalhadores têm o direito fundamental à liberdade de expressão (0,50), conforme o art. 5º, inciso IX, da CF/1988 (0,10). 3 – Os trabalhadores têm o direito fundamental à reunião pacífica (0,50), conforme o art. 5º, inciso XVI, da CF/1988 (0,10). 4 – A comunicação ao comandante da Polícia Militar visava apenas a evitar a frustração de reunião anteriormente convocada para o mesmo local, o que não era o caso (0,20). Como a reunião independe de autorização, o indeferimento violou os direitos de parte dos associados do Sindicato W OU o direito líquido e certo (0,20), sendo cabível a medida nos termos do art. 1º da Lei nº 12.016/2009 (0,10).	0,00/0,50/0,60 0,00/0,50/0,60 0,00/0,50/0,60 0,00/0,20/0,30/ 0,40/0,50

5 – Na medida em que estamos perante direitos coletivos (0,50), é cabível a impetração de Mandado de Segurança Coletivo, nos termos do art. 21, parágrafo único, da Lei nº 12.016/2009 (0,10).	0,00/0,50/0,60
6 – Há prova pré-constituída, consistente na decisão proferida pela autoridade coatora e formalmente comunicada ao Sindicato W (0,30).	0,00/0,30
Fundamentos da liminar: 1 – A relevância da argumentação está expressa nos fundamentos de mérito (violação a direitos fundamentais) (0,20).	0,00/0,20
2 – Há o risco de ineficácia da medida final se a liminar não for deferida, tendo em vista a urgência da situação, já que as reuniões nas praças e as passeatas começariam em poucos dias (0,20).	0,00/0,20
Pedidos: 1 – Concessão da medida liminar, para que a autoridade coatora se abstenha de adotar qualquer medida que impeça a realização das reuniões e das passeatas (0,20).	0,00/0,20
2 – Ao final, procedência do pedido, com confirmação da concessão da ordem, atribuindo-se caráter definitivo à tutela liminar (0,20).	0,00/0,20
Valor da causa (0,10).	0,00/0,10
Fechamento: local, data, assinatura, OAB (0,10).	0,00/0,10

(EXAME DE ORDEM XXV/Peça profissional/Adaptada) Lúcia, servidora pública federal estável, foi demitida do cargo que ocupava, após processo administrativo disciplinar pelo rito sumário, sob o fundamento de abandono de cargo, em razão de haver se ausentado do serviço por mais de trinta dias consecutivos, no período entre 15/02/2017 e 05/04/2017, sendo certo que a penalidade foi publicada em 10/05/2017, pelo Ministro de Estado competente para tanto. Inconformada, Lúcia buscou assessoria jurídica, na data de hoje, à qual informou que jamais teve a intenção de abandonar o cargo, tanto que, em 20/08/2016, formalizou pedido de licença por motivo de afastamento de seu cônjuge, Antônio, professor concursado de uma universidade pública federal, que, no interesse da Administração, foi deslocado para cursar pós-doutorado na Alemanha, a ser iniciado em 20/01/2017. Esclareceu que, apesar de insistentes tentativas de obter um pronunciamento por parte do órgão competente para a apreciação de seu pedido de licença, não obteve qualquer resposta. A servidora narrou que, com o início do ano letivo na Alemanha, em 15/02/2017, viu-se compelida a se ausentar fisicamente do país, com vistas a proteger a unidade familiar, considerando que possui dois filhos pequenos com Antônio, que já estavam matriculados em uma escola na cidade em que o cônjuge cursaria o pós-doutorado.

Lúcia acrescenta que comunicou formalmente aos seus superiores o novo endereço e telefones de contato, mas que foi surpreendida quando uma antiga colega de trabalho lhe informou a portaria contendo a sua demissão, sem que qualquer notificação acerca da existência de processo administrativo disciplinar lhe tivesse sido anteriormente remetida.

Ao buscar os respectivos autos, Lúcia verificou que o processo consistia apenas de portaria inaugural, constituindo a comissão processante, composta por dois servidores ocupantes de cargo efetivo, certo que um deles ainda estava em estágio probatório. A comissão atestou o não comparecimento da servidora no mencionado período e, ato contínuo, elaborou um relatório concluindo pela aplicação da pena de demissão, sem que tivesse sido promovida sua notificação ou a nomeação de qualquer pessoa que pudesse realizar sua defesa. Considerando que Lúcia já retornou definitivamente com sua família ao Brasil e que não pretende obter indenização pelo período em que não trabalhou, bem como que você é o(a) advogado(a) por ela consultado, na data de hoje, redija a peça para a defesa dos interesses de sua cliente, com indicação de todos os fundamentos jurídicos pertinentes. (Valor: 5,00)

Observação: A peça deve abranger todos os fundamentos de Direito que possam ser utilizados para dar respaldo à pretensão. A simples menção ou transcrição do dispositivo legal não confere pontuação.

Mandado de Segurança Individual	
Item	**Pontuação**
Endereçamento da inicial	
Ministro Presidente do Superior Tribunal de Justiça OU Superior Tribunal de Justiça (0,10)	0,00/0,10
Qualificação das partes	
Impetrante: Lúcia (0,10). Autoridade coatora: Ministro de Estado (0,10), com menção à pessoa jurídica a que se vincula: União (0,10)	0,00/0,10/ 0,20/0,30
Cabimento	
1. Demonstração inequívoca das razões que justifiquem a inocorrência do óbice decadencial (0,50), nos termos do art. 23 da Lei nº 12.016/2009 (0,10).	0,00/0,50/0,60

2. Indicação do embasamento da pretensão exclusivamente em provas pré-constituídas, dispensando-se a dilação probatória (0,40).	0,00/0,40
Fundamentação	
Violação ao direito líquido e certo em razão da Ilegalidade de sua demissão (ato coator) em razão de:	
(A) Desrespeito ao princípio do devido processo legal OU aos princípios da ampla defesa e do contraditório (0,60), previstos, respectivamente, no art. 5º, inciso LIV OU no art. 5º, inciso LV, da CF/1988 (0,10).	0,00/0,60/0,70
(B) Deveria ter sido realizada a devida indiciação de Lúcia, com sua citação para apresentação de defesa (0,60), na forma do art. 133, § 2º, da Lei nº 8.112/1990 (0,10).	0,00/0,60/0,70
(C) A Comissão processante deveria ser composta por dois servidores estáveis (0,40), consoante o art. 133, inciso I, da Lei nº 8.112/1990 (0,10).	0,00/0,40/0,50
(D) Fundamentação legal: art. 140 da Lei nº 8.112/1990 (0,10). ***Observação:****a pontuação deste item depende da referência conjunta ao art. 133 da Lei nº 8.112/1990.*	0,00/0,10
(E) Ausência de *animus abandonandi* OU da intenção de Lúcia de abandonar o cargo (0,20), na forma do art. 140, inciso II, da Lei nº 8.112/1990 (0,10).	0,00/0,20/0,30
(F) Diante do pedido de licença por motivo de afastamento do cônjuge, que não foi apreciado pela Administração, a caracterizar, inclusive, abuso de direito, em decorrência da omissão administrativa (0,20).	0,00/0,20
Pedidos	
1. Concessão da ordem OU procedência do pedido formulado na inicial, para que seja anulada a demissão de Lúcia (0,30), com a sua consequente reintegração no cargo do serviço público federal (0,20).	0,00/0,20/ 0,30/0,50
2. Notificação da autoridade coatora (0,10)	0,00/0,10
3. Ciência ao órgão de representação judicial da União (0,10).	0,00/0,10
4. Juntada da prova pré-constituída (0,10).	0,00/0,10
5. Condenação em custas (0,10).	0,00/0,10
Indicação do Valor da Causa.	0,00/0,10
Fechamento	
Local, data, assinatura e número de inscrição na OAB (0,10).	0,00/0,10

(EXAME DE ORDEM XXVII/Peça profissional) Mateus, nascido no México, veio morar no Brasil juntamente com seus pais, também nascidos no México. Aos dezoito anos, foi aprovado no vestibular e matriculou-se no curso de engenharia civil. Faltando um semestre para concluir a faculdade, decidiu inscrever-se em um concurso público promovido por determinada Universidade Federal brasileira, que segue a forma de autarquia federal, para provimento do cargo efetivo de professor. Um mês depois da colação de grau, foi publicado o resultado do certame: Mateus tinha sido o primeiro colocado. Mateus soube que seria nomeado em novembro de 2018, previsão essa que se confirmou. Como já tinha uma viagem marcada para o México, outorgou procuração específica para seu pai, Roberto, para que este assinasse o termo de posse. No último dia previsto para a posse, Roberto comparece à repartição pública. Ocorre que, orientado pela assessoria jurídica, o Reitor não permitiu a posse de Mateus, sob a justificativa de não ser possível a investidura de estrangeiro em cargo público. A autoridade também salientou que outros dois fatos impediriam a posse: a impossibilidade de o provimento ocorrer por meio de procuração e o não cumprimento, por parte de Mateus, de um dos requisitos do cargo (diploma de nível superior em engenharia) na data da inscrição no concurso público. Ciente disso, Mateus, que não se naturalizara brasileiro, interrompe sua viagem e retorna imediatamente ao Brasil. Quinze dias depois da negativa de posse pelo Reitor, Mateus contrata você, como advogado(a), para adotar as providências cabíveis perante o Poder Judiciário. Há certa urgência na obtenção do provimento jurisdicional, ante o receio de que, com o agravamento da crise, não haja dotação orçamentária para a nomeação futura. Considere que todas as provas necessárias já estão pré-constituídas, não sendo necessária dilação probatória. Considerando essas informações, redija a peça cabível que traga o procedimento mais célere para a defesa dos interesses de Mateus. A ação deve ser proposta imediatamente. Explicite as teses favoráveis ao seu cliente. (Valor: 5,00)

Observação: a peça deve abranger todos os fundamentos de Direito que possam ser utilizados para dar respaldo à pretensão. A simples menção ou transcrição do dispositivo legal não confere pontuação.

Mandado de Segurança com pedido liminar	
Item	**Pontuação**
Endereçamento:	
1. Juízo Federal (0,10)	0,00/0,10

Qualificação das partes	
2. Impetrante: Mateus (0,10).	0,00/0,10
3. Autoridade coatora: Reitor (0,10)	0,00/0,10
4. Pessoa jurídica interessada: Autarquia federal (Universidade Federal) (0,10)	0,00/0,10
Cabimento	
5. Houve violação a direito líquido e certo OU A medida encontra fundamento no art. 5º, LXIX, da CRFB/1988, OU no art. 1º, da Lei nº 12.016/2009 (0,10)	0,00/0,10
6. Obediência ao prazo previsto no art. 23 da Lei nº 12.016/2009 (0,10) ***Observação:*** não será pontuada a menção a prazo prescricional	0,00/0,10
Fundamentação	
7. O impetrante deve cumprir os requisitos do cargo no momento da posse e não no ato da inscrição no concurso público (0,70), em consonância com a Súmula nº 266 do STJ (0,10)	0,00/0,70/0,80
8. A legislação permite a posse por procuração específica (0,70), nos termos do art. 13, § 3º, da Lei nº 8.112/1990 (0,10).	0,00/0,70/0,80
9. As universidades podem prover seus cargos de professor com estrangeiros (0,70), nos termos do art. 5º, § 3º, da Lei nº 8.112/1990 OU do art. 207, § 1º, da CRFB/1988 (0,10)	0,00/0,70/0,80
Fundamentos para a concessão da medida liminar	
10. Indicar a probabilidade do direito de acordo com a fundamentação (itens 7, 8 e 9) (0,30)	0,00/0,30
11. Indicar o perigo da demora com fundamento no receio de ineficácia da medida, caso concedida a segurança apenas ao final, dado o risco real de não haver dotação orçamentária para a nomeação futura (0,30)	0,00/0,30
12. Nos termos do art. 7º, III, da Lei nº 12.016/2009 (0,10) ***Observação:*** esta pontuação está condicionada à indicação correta dos requisitos dos itens 10 ou 11.	0,00/0,10
Pedidos	
13. Concessão da liminar para suspender os efeitos do ato coator OU para determinar a posse imediata de Mateus (0,40)	0,00/0,40
14. Notificação da autoridade coatora (Reitor) (0,10)	0,00/0,10
15. Ciência ao órgão de representação judicial da Autarquia federal (Universidade) (0,10)	0,00/0,10
16. Juntada de documentos que demonstrem a prova pré-constituída (0,10)	0,00/0,10
17. Concessão da segurança para anular o ato coator OU para garantir em definitivo o direito de Mateus à posse no cargo público (0,40)	0,00/0,40
Finalização	
18. Indicação do valor da causa (0,10)	0,00/0,10
Fechamento da peça:	
19. Local..., Data..., Advogado...e OAB... (0,10)	0,00/0,10

3 AÇÃO POPULAR

3.1 FUNDAMENTO

a) **Constitucional:** art. 5º, inciso LXXIII, da CF/1988.

b) **Infraconstitucional:** art. 1º da Lei nº 4.717/1965.

3.2 LEGITIMIDADE

a) **Ativa:** autor – qualquer cidadão (art. 1º da Lei nº 4.717/1965), ou seja, nunca uma ação popular será proposta por uma pessoa jurídica nem por estrangeiro – Súmula no 365 do STF (a cidadania deve ser comprovada com a juntada do título de eleitor ou documento equivalente – art. 1º, § 3º).

b) **Passiva:** réus – a pessoa jurídica, o agente público e o beneficiário direto.

3.3 CABIMENTO

Lesão ao patrimônio público, moralidade administrativa, meio ambiente ou ao patrimônio histórico e cultural (arts. 2º a 4º da Lei nº 4.717/1965). Exemplos: 1) fraudes em licitação, principalmente nos casos de contratação direta sem que esteja preenchida qualquer hipótese de dispensa e inexigibilidade, contratação de quem não foi legitimamente o vencedor, gastos abusivos e indevidos; 2) gastos públicos indevidos; 3) depreciação do patrimônio público incluindo-se o meio ambiente; 4) destruição do patrimônio tombado e histórico; 5) quando o enunciado descrever, insistentemente, uma conduta que viola a moralidade administrativa (e você é contratado para ajuizar a medida cabível).

Observação: O mandado de segurança não substitui a ação popular (Súmula nº 101 do STF).

3.4 PRAZO PRESCRICIONAL

A Ação Popular prescreve em cinco anos (art. 21 da Lei nº 4.717/1965).

3.5 COMPETÊNCIA

Juízo de 1º grau estadual ou federal (art. 5º da Lei nº 4.717/1965). Não há prerrogativa de foro nos tribunais.

3.6 LIMINAR

Tem cabimento na defesa do patrimônio público para os fins de suspensão do ato lesivo impugnado (art. 5º, § 4º, da Lei nº 4.717/1965).

3.7 ESTRUTURA

DOUTO JUÍZO DA ...VARA DE FAZENDA PÚBLICA DA COMARCA DE... (OU DA ...VARA FEDERAL DA SUBSEÇÃO JUDICIÁRIA DE...)

(Deixe 1 linha em branco – não escreva isso na sua peça!)

NOME COMPLETO DO IMPETRANTE, nacionalidade, estado civil, profissão, portador do RG..., CPF..., título de eleitor ... (documento anexo) residência e domicílio..., endereço eletrônico ...., por seu advogado (procuração em anexo), com endereço profissional no endereço ..., onde receberá intimações, vem, perante Vossa Excelência, com fundamento no art. 5º, inciso LXXIII, da CF/1988 e no art. 1º da Lei nº 4.717/1965, impetrar

AÇÃO POPULAR
(COM PEDIDO LIMINAR)

Em face dos seguintes réus:

Agente Público que praticou o ato..., estado civil, RG..., CPF..., que exerce suas atribuições funcionais no endereço ..., endereço eletrônico...;

Ente da Federação, autarquia, fundação, empresa pública, sociedade de economia mista, pessoa jurídica de direito público (ou privado, se for empresa pública ou sociedade de economia mista), com sede no endereço..., endereço eletrônico...; e

Do particular/pessoa jurídica de direito privado ..., RG/CPF/CNPJ ..., beneficiário do ato, com sede no endereço..., endereço eletrônico..., pelas razões de fato e de direito que passa a expor:

1. DOS FATOS

Descrever a situação fática constante na situação-problema, sem acrescentar nenhum dado que não esteja no problema.

2. DO DIREITO

Buscar o desenvolvimento de, no mínimo, quatro teses sobre os subtemas de direito administrativo trabalhados, envolvendo o tema de direito material aplicável.

Uma tese constitucional.

Uma tese infraconstitucional.

Uma tese com base nos princípios.

Uma tese com base em súmulas.

3. DO PEDIDO LIMINAR

O art. 5º, § 4º, da Lei nº 4.717/1965 autoriza o juiz a suspender o ato ou contrato lesivo ao patrimônio público, diante da fumaça do bom direito e do perigo da demora.

No presente caso, como ficou amplamente demonstrado que o ato/contrato é lesivo ao patrimônio público/moralidade administrativa, corroborando a relevância dos fundamentos, demonstrando-se a fumaça do bom direito.

Além disso, caso não seja concedida a liminar, o Impetrante ... (demonstrar o perigo de dano irreparável), demonstrando-se o perigo de dano irreparável ao patrimônio público.

Sendo assim, comprovada a fumaça do bom direito e o perigo de lesão irreparável, impera a medida liminar, para que haja a imediata suspensão do ato e/ou contrato lesivo ao patrimônio público, nos termos da fundamentação.

6. DOS PEDIDOS

Ante o exposto, requer:

1) A concessão da medida liminar uma vez presentes os requisitos legais, a fim de que... (objeto do pedido liminar); (art. 5º, § 4º, da Lei nº 4.717/1965)
2) Seja citado o Sr ... (réu 1), a pessoa jurídica de direito público... (réu 2), e o Sr/Sociedade/Empresa Individual ..., particular/pessoa jurídica de direito privado beneficiária do ato (réu 3), para, querendo, contestar a presente ação no prazo legal, sob pena de revelia; (art. 7º, inciso IV, da Lei nº 4.717/1965)
3) Seja intimado o representante do Ministério Público; (art. 7º, inciso I, alínea *a*, da Lei nº 4.717/1965)
4) A procedência do pedido, confirmando a liminar em todos os seus termos, para... (decretar a nulidade do ato/contrato lesivo ao patrimônio público), determinando-se o ressarcimento ao Erário; (art. 5º, § 4º, da Lei nº 4.717/1965)
5) A produção de todas as provas admitidas em direito, especialmente a documental; (art. 369 do CPC)
6) Seja requisitada à autoridade coatora a documentação essencial para a prova do alegado, eis que negada pela administração (art. 7º, inciso I, *b*, da Lei nº 4.717/1965 – este pedido deverá ser realizado apenas se a autoridade estiver de posse dos documentos);
7) Seja procedida à juntada da prova documental, especialmente o título de eleitor; (art. 336 do CPC)
8) A condenação dos réus ao pagamento dos honorários sucumbenciais e custas processuais, com a correspondente isenção do autor, uma vez presente a boa-fé; (arts. 82 e 85 do CPC).
9) A prioridade de tramitação processual, conforme garantido pela lei. (Verificar se se trata de idoso, criança ou adolescente ou matéria de licitações e contratos, nos termos do art. 1.048, incisos I a IV, do CPC).

Dá-se a causa o valor de R$ ...

Nestes termos, pede deferimento.

Local/data

ADVOGADO/OAB

3.8 PEÇAS PARA TREINAMENTO

(EXAME DE ORDEM VII/Peça prático-profissional) O Município Y, representado pelo Prefeito João da Silva, celebrou contrato administrativo com a empresa W – cujo sócio majoritário vem a ser Antonio Precioso, filho da companheira do Prefeito –, tendo por objeto o fornecimento de material escolar para toda a rede pública municipal de ensino, pelo prazo de sessenta meses. O contrato foi celebrado sem a realização de prévio procedimento licitatório e apresentou valor de cinco milhões de reais anuais. José Rico, cidadão consciente e eleitor no Município Y, inconformado com a contratação que favorece o filho da companheira do Prefeito, o procura para, na qualidade de advogado(a), identificar e minutar a medida judicial que, em nome dele, pode ser proposta para questionar o contrato administrativo.

A medida judicial deve conter a argumentação jurídica apropriada e o desenvolvimento dos fundamentos legais da matéria versada no problema, abordando, necessariamente:

I - competência do órgão julgador;

II - a natureza da pretensão deduzida por José Rico; e

III - os fundamentos jurídicos aplicáveis ao caso. (Valor: 5,00)

Ação Popular	
Item	**Pontuação**
Item 1 – Endereçamento da petição inicial: Juízo Cível ou Fazendário da Comarca de Y.	0,00/0,25
Item 2 – Qualificação das partes (0,25 para cada item): [José Rico – eleitor] – [em face do Município] [da empresa W] [do Prefeito João da Silva]	0,00/0,25/0,50/ 0,75/1,00
Item 3 – Cabimento da Ação Popular: nos termos do art. 5º, LXXIII, da CF/1988 e/ou art. 1º da Lei nº 4.717/1965, qualquer cidadão é parte legítima para propor ação popular que vise a anular ato lesivo ao patrimônio público e à moralidade administrativa.	0,00/0,50

Item 4 – Fundamentação (0,50 para cada item): 1. Identificação fundamentada da ausência de processo licitatório para aquisição do material escolar, caracterizando ofensa ao art. 37, XXI, da CF/1988 e/ou ao art. 2º da Lei nº 8.666/1993; 2. Identificação fundamentada da violação ao princípio da impessoalidade, visto que a Administração não pode atuar com vistas a beneficiar pessoas determinadas, uma vez que é sempre o interesse público que tem que nortear o seu comportamento; 3. Identificação fundamentada da violação ao princípio da moralidade ou probidade administrativa visto que a contratação direta de empresa do enteado do prefeito implica violação aos padrões éticos que devem pautar a atuação do administrador; 4. Identificação fundamentada da violação à norma do art. 57 da Lei nº 8.666/1993 (prazo do contrato).	0,00/0,50/1,00/ 1,50/2,00
Item 5 – Pedidos / Conclusão: 0,20 para cada item 1. Citação de todos os réus para apresentação de defesa; 2. Procedência do pedido para anular o contrato administrativo; 3. Procedência do pedido para condenar os réus a ressarcir os danos causados ao erário; 4. Produção genérica de provas; 5. Condenação em honorários sucumbenciais.	0,00/0,20/0,40/ 0,60/0,80/1,00
Item 6 – Atribuição de valor à causa	0,00/0,25

(EXAME DE ORDEM XV/Peça profissional) Fulano de Tal, Presidente da República, concedeu a qualificação de Organização Social ao "Centro Universitário NF", pessoa jurídica de direito privado que explora comercialmente atividades de ensino e pesquisa em graduação e pós-graduação em diversas áreas. Diante da referida qualificação, celebrou contrato de gestão para descentralização das atividades de ensino, autorizando, gratuitamente, o uso de um prédio para receber as novas instalações da universidade e destinando-lhe recursos orçamentários. Além disso, celebrou contrato com a instituição, com dispensa de licitação, para a prestação de serviços de pesquisa de opinião. Diversos veículos de comunicação demonstraram que Sicrano e Beltrano, filhos do Presidente, são sócios do Centro Universitário. Indignado, Mévio, cidadão residente no Município X, procura você para, na qualidade de advogado, ajuizar medida adequada a impedir a consumação da transferência de recursos e o uso não remunerado do imóvel público pela instituição da qual os filhos do Presidente são sócios. (Valor: 5,00)

A peça deve abranger todos os fundamentos de Direito que possam ser utilizados para dar respaldo à pretensão.

Ação Popular	
Item	**Pontuação**
Endereçamento: Juízo da Vara Federal da Seção Judiciária de X	0,00/0,10
Qualificação das partes: Mévio (cidadão) (0,10); Fulano de Tal (Presidente da República) (0,10); União Federal (0,10) e o "Centro Universitário NF", (beneficiário direto do ato, nos termos do art. 6º da Lei nº 4.747/1965) (0,10)	0,00/0,10/0,20/ 0,30/0,40
Fundamentos para a concessão da medida liminar Verossimilhança das alegações (menção a qualquer um dos itens da fundamentação) (0,25) Fundado receio de dano irreparável ou de difícil reparação (consumação da transferência de recursos e o uso não remunerado do imóvel público) (0,35)	0,00/0,25/ 0,35/0,60
Fatos / Fundamentação para a pretensão: 1. demonstração específica da violação ao princípio da moralidade (0,50), nos termos no art. 37, *caput*, da CF/1988 (0,10);	0,00/0,50/0,60
2. demonstração específica da violação ao princípio da impessoalidade (0,50), nos termos no art. 37, *caput*, da CF/1988 (0,10)	0,00/0,50/0,60
3. impossibilidade de concessão da qualificação de organização social a uma entidade com fim lucrativo (0,60), nos termos do art. 1º da Lei nº 9.637/1998 (0,10).	0,00/0,60/0,70
4. impossibilidade de contratação direta para a prestação de serviços de pesquisa de opinião, haja vista que se trata de atividade não contemplada no contrato de gestão (0,60), nos termos do art. 24, XXIV, da Lei nº 8.666/1993 (0,10).	0,00/0,60/0,70
Pedidos: 1. citação dos réus;	0,00/0,10
2. concessão da medida liminar para suspender os atos de repasse de recursos e de utilização de bens públicos;	0,00/0,20
3. pedido de anulação dos atos lesivos ao patrimônio e à moralidade administrativa;	0,00/0,20
4. condenação dos réus em honorários advocatícios;	0,00/0,20
5. requerimento para a produção de provas.	0,00/0,20
Comprovação da cidadania, com requerimento de juntada do título de eleitor.	0,00/0,20
Valor da causa	0,0/0,10
Fechamento: Local..., Data..., Advogado..., OAB nº... (0,10)	0,0/0,10

(EXAME DE ORDEM XV/Peça profissional) Para incentivar a prática de diversos esportes olímpicos, a Secretaria de Esportes de determinado estado da Federação publicou edital de licitação (parceria público-privada na modalidade concessão patrocinada), que tinha por objeto a construção, gestão e operação de uma arena poliesportiva. No estudo técnico, anexo ao edital, consta que as receitas da concessionária advirão dos valores pagos pelas equipes esportivas para a utilização do espaço, complementadas pela contrapartida do parceiro público. O aporte de dinheiro público corresponde a 80% do total da remuneração do parceiro privado. Na época da publicação do instrumento convocatório, dois deputados estaduais criticaram o excessivo aporte de recursos públicos, bem como a ausência de participação da Assembleia Legislativa nesse importante projeto. Diversas empresas participaram do certame, sagrando-se vencedor o consórcio Todos Juntos, que apresentou proposta de exatos R$ 30 milhões. O prazo de duração do futuro contrato, conforme estabelecido em edital, é de cinquenta anos. Dias antes da celebração do contrato, após o certame ter sido homologado e adjudicado, foi constituída uma Sociedade de Propósito Específico (SPE), que seria responsável por implantar e gerir o objeto da parceria. O representante da SPE, não satisfeito com a minuta contratual que lhe fora apresentada, resolveu procurar o Secretário de Esportes para propor que toda a contraprestação do parceiro público fosse antecipada para o dia da celebração do contrato, o que foi aceito pela autoridade estadual, após demorada reunião. Diversos veículos de comunicação divulgaram que o acolhimento do pleito da SPE ocorreu em troca de apoio financeiro para a campanha do Secretário de Esportes ao cargo de Governador. A autoridade policial obteve, por meio lícito, áudio da conversa travada entre o Secretário e o representante da SPE, que confirma a versão divulgada na imprensa. Dias depois, a mulher do Secretário de Esportes procura a polícia e apresenta material (vários documentos) que demonstram que a licitação foi "dirigida" e que o preço está bem acima do custo. Ricardo, cidadão brasileiro residente na capital do referido estado, com os direitos políticos em dia, procura você para, na qualidade de advogado(a), redigir a peça adequada para anular a licitação. Há certa urgência na obtenção do provimento jurisdicional, tendo em vista a iminente celebração do contrato. Considere que, de acordo com a lei de organização judiciária local, o foro competente é a Vara da Fazenda Pública. A peça deve abranger todos os fundamentos de Direito que possam ser utilizados para dar respaldo à pretensão, inclusive quanto à legitimidade do demandante. (Valor: 5,00)

A peça deve abranger todos os fundamentos de Direito que possam ser utilizados para dar respaldo à pretensão.

Ação Popular	
Item	**Pontuação**
Endereçamento: Juízo da Vara da Fazenda Pública da capital do Estado	0,00/0,10
Qualificação das partes: Autor: Ricardo. Os réus: o Secretário de Esportes, o Estado e a SPE	0,00/0,10/0,20/ 0,30/0,40
Fundamentos para a concessão da medida liminar: O pedido de concessão de medida liminar, consistente na suspensão do certame com a consequente não celebração do contrato, demonstrando-se o fundamento relevante, e o perigo da demora (materialização do dano consubstanciado pela celebração do contrato).	0,00/0,25/ 0,35/0,60
Fatos / Fundamentação para a pretensão: 1. O prazo de vigência do contrato de parceria público-privada não pode ser superior a 35 (trinta e cinco) anos, nos termos do art. 5º, inciso I, da Lei nº 11.079/2004;	0,00/0,50/0,60
2. A contraprestação da Administração Pública deve obrigatoriamente ser precedida da disponibilização do serviço objeto do contrato de parceria público-privada, não podendo ser antecipada para a data da celebração do contrato, nos termos do art. 7º da Lei nº 11.079/2004;	0,00/0,50/0,60
3 Como o aporte de dinheiro público corresponde a 80% do total da remuneração do parceiro privado, seria necessária a autorização legislativa específica, o que não ocorreu no caso concreto, violando, assim, o art. 10, § 3º, da Lei nº 11.079/2004;	0,00/0,60/0,70
4. O favorecimento da SPE em troca de apoio financeiro para campanha eleitoral fere o princípio da moralidade ou da impessoalidade, nos termos do art. 37 da CF/1988.	0,00/0,60/0,70
Pedidos: 1. citação dos réus;	0,00/0,10
2. a concessão de liminar para a suspensão do certame, com a consequente não celebração do contrato;	0,00/0,20
3. a intimação do representante do Ministério Público (art. 7º, inciso I, alínea *a*, da Lei nº 4.717/1965);	0,00/0,20

Ação Popular	
Item	**Pontuação**
4. procedência do pedido para a confirmação da liminar e para a anulação da licitação; e	0,00/0,20
4. a condenação dos réus ao pagamento das verbas de sucumbência.	0,00/0,20
5. requerimento para a produção de provas.	0,00/0,20
Valor da causa	0,0/0,10
Fechamento: Local..., Data..., Advogado..., OAB nº... (0,10)	0,0/0,10

4 AÇÃO CIVIL PÚBLICA

4.1 FUNDAMENTO

a) Constitucional: art. 129, III, da CF/1988 (apenas para as ações propostas pelo Ministério Público).

b) Infraconstitucional: Lei nº 7.347/1985 (para as ações propostas pelas demais pessoas jurídicas legitimadas) e, exclusivamente, para as ações ajuizadas pela OAB, também o art. 54, inciso XIV, da Lei nº 8.906/1994.

4.2 CABIMENTO

O objeto da ACP é responsabilizar os causadores de danos morais e patrimoniais causados ao meio ambiente; ao consumidor; a bens e direitos de valor artístico, estético, histórico, turístico e paisagístico; a qualquer outro interesse difuso ou coletivo e por infração da ordem econômica (art. 1º da Lei nº 7.347/1985).

Há interesses que não pertencem a alguém especificadamente, pertencem de forma equânime a muitas pessoas. Os **interesses difusos** diferenciam-se por ter seus titulares indetermináveis unidos por fatos decorrentes de eventos naturalísticos, impossíveis de diferenciar na qualidade e separar na quantidade de cada titular. Ex.: meio ambiente, qualidade do ar, poluição sonora, poluição visual, fauna, flora etc. Os **interesses coletivos** são interesses de um determinado grupo de pessoas que foram unidas por uma relação jurídica única. É uma lesão inseparável na qualidade e quantidade. Ex.: os mutuários do SFH – uma ilegalidade no contrato atinge a todos. Os **interesses individuais ho-**

mogêneos caracterizam-se por ser um grupo determinado de interessados, com uma lesão divisível, oriunda da mesma relação fática. Cada um pode pleitear em juízo, mas como o grupo foi lesionado homogeneamente, este pode recorrer ao litisconsórcio unitário multitudinário ativo facultativo. Ex.: compradores de uma TV com defeito de série.

4.3 LEGITIMIDADE

a) **Ativa:** Autor – a legitimidade ativa é concorrente, autônoma e disjuntiva, pois cada um dos legitimados pode impetrar a ação como litisconsorte ou isoladamente. Os legitimados concorrentes a proporem a Ação Civil Pública e a cautelar, nos termos do art. 5º da Lei nº 7.347/1985, são o Ministério Público, a Defensoria Pública, a União, os Estados e Municípios, além das autarquias, empresas públicas, fundações, sociedades de economia mista ou associações constituídas a pelo menos um ano (art. 5º, XXI, da CF/1988) e que provem representatividade e institucionalidade adequada e definida para a defesa daqueles direitos específicos. A OAB tem legitimidade pelo Estatuto da OAB para propor a ação civil pública na defesa dos interesses da sociedade.

b) **Legitimidade passiva**: Réu – nessas ações, qualquer pessoa (física ou jurídica) pode ser o réu da ação. A parte passiva será aquele que causar o dano àqueles interesses tutelados.

4.4 COMPETÊNCIA

O art. 2º da Lei nº 7.347/1985 diz que as ações previstas na LACP serão propostas no foro do local (estadual ou federal) onde ocorrer o dano, cujo juízo terá competência para processar e julgar a causa. Não há prerrogativa de foro nos tribunais.

4.5 LIMINAR EM AÇÃO CIVIL PÚBLICA

O art. 12 da Lei nº 7.347/1985 prevê a possibilidade de concessão de liminar para evitar danos, presentes os requisitos autorizadores.

4.6 CAUTELAR EM AÇÃO CIVIL PÚBLICA

Dispõe o art. 4º da Lei nº 7.347/1985 que poderá ser ajuizada ação cautelar objetivando, inclusive, evitar dano ao patrimônio público e social, ao meio ambiente, ao consumidor, à honra e à dignidade de grupos raciais, étnicos ou religiosos, à ordem urbanística ou aos bens e direitos de valor artístico, estético, histórico, turístico e paisagístico.

A cautelar não é apenas preventiva, mas pode conter um comando, uma determinação para um *non facere*, ou mesmo para um *facere*, tudo em ordem a evitar o dano.

4.7 SENTENÇA

A sentença de mérito terá efeitos de acordo com o tipo de interesse tutelado pela ACP. Assim, temos que os efeitos dessa sentença serão: *erga omnes*, para interesses difusos e individuais homogêneos, e *inter partes*, para interesses coletivos com a mesma ressalva feita acima.

A decisão da Ação Civil Pública poderá ser declaratória, constitutiva dependendo do teor do pedido, mas na maioria das vezes ela é condenatória.

Conforme a Lei nº 7.347/1985, **o pedido pode ser cumulado para prestação ou não de algum fato (fazer ou não fazer) e pedido de indenização pecuniária** (art. 3º da LACP). No caso de indenização, o valor pecuniário da condenação será revertido a um fundo para reconstituição de bens lesados, conforme o art. 13 da LACP, sendo que gerenciarão esse fundo um Conselho Federal ou Estadual com a obrigatória participação do Ministério Público e dos representantes da comunidade quando o interesse for coletivo.

4.8 COISA JULGADA

Na ACP, a sentença civil fará coisa julgada *erga omnes*, nos limites da competência territorial do órgão prolator, exceto se o pedido for julgado improcedente por insuficiência de provas, hipótese em que qualquer legitimado poderá intentar outra ação com idêntico fundamento, valendo-se de nova prova (art. 16 da Lei nº 7.347/1985).

4.9 INQUÉRITO CIVIL

Previsto como função institucional do Ministério Público, conforme o art. 129, inciso III, da CF/1988, o Inquérito Civil é o meio pelo qual, diante de um caso concreto, o Ministério Público coleta dados e elementos para, de forma consciente, clara e objetiva, promover a ACP. O Inquérito Civil, **de instauração facultativa**, desempenha função instrumental (Procedimento Preparatório). Constitui meio destinado a coligir provas e quaisquer outros elementos de convicção, que possam fundamentar a atuação processual do Ministério Público.

4.10 ESTRUTURA DA PETIÇÃO INICIAL

DOUTO JUÍZO DA ...VARA DE FAZENDA PÚBLICA DA COMARCA DE... (OU DA ... VARA FEDERAL DA SEÇÃO/SUBSEÇÃO JUDICIÁRIA DE...)

(Deixe 1 linha em branco – não escreva isso na sua peça!)

ASSOCIAÇÃO LEGITIMADA..., CNPJ..., com sede no endereço..., endereço eletrônico..., representada legalmente pelo(a) Sr(a)... (documento de representação anexo), constituída a pelo menos um ano, com finalidade institucional a defesa do objeto desta ação, por intermédio de seu advogado (procuração em anexo), com endereço profissional no endereço ..., onde receberá intimações, vem, perante Vossa Excelência, com fundamento nos arts. 1º e 5º, inciso V, da Lei nº 7.347/1985, propor

AÇÃO CIVIL PÚBLICA
(COM PEDIDO LIMINAR)

Em face do RÉU..., particular/pessoa jurídica de direito público/privado ..., RG/CPF/CNPJ ..., com sede no endereço..., endereço eletrônico..., pelas razões de fato e de direito que passa a expor:

1. DOS FATOS

Descrever a situação fática constante na situação-problema, sem acrescentar nenhum dado que não esteja no problema.

2. DO DIREITO

Buscar o desenvolvimento de, no mínimo, quatro teses sobre os subtemas de direito administrativo trabalhados, envolvendo o tema de direito material aplicável:
Uma tese constitucional.
Uma tese infraconstitucional.
Uma tese com base nos princípios.
Uma tese com base em súmulas.

3. DO PEDIDO LIMINAR

No presente caso, como ficou amplamente demonstrado... (apresentar a fumaça do bom direito), corroborando a relevância dos fundamentos, demonstrando-se a fumaça do bom direito.

Além disso, caso não seja concedida a liminar (demonstrar o perigo de dano irreparável), demonstrando-se, no caso, o perigo de dano irreparável.

Comprovada a fumaça do bom direito e o perigo de dano irreparável, infere-se a liminar na presente ação civil pública, sem justificação prévia, nos termos no art. 12 da Lei nº 7.347/1985, a fim de que ... (descrever o pedido liminar – cumprimento de obrigação de fazer ou não fazer), nos termos da fundamentação.

4. DOS PEDIDOS

Ante o exposto, requer:

1) A concessão da medida liminar, uma vez preenchidos os requisitos legais, a fim de que.... (descrever o pedido liminar); (art. 12 da Lei nº 7.347/1985)
2) A citação do réu, por intermédio de sua representação judicial, para, querendo, apresentar defesa no prazo legal sob pena de revelia; (prazo de 15 dias - art. 335 do CPC ou 30 dias - A União, os Estados, o Distrito Federal, os Municípios e suas respectivas autarquias e fundações de direito público gozarão de prazo em dobro para todas as suas manifestações processuais, cuja contagem terá início a partir da intimação pessoal - art. 183 do CPC);
3) A intimação do representante do Ministério Público; (art. 5º, § 1º, da Lei nº 7.347/1985)
4) A procedência do pedido, confirmando-se a liminar em seus termos, para que... (cumprimento de obrigação de fazer ou não fazer), bem como ao pagamento de indenização a ser arbitrada por esse juízo; (art. 3º da Lei nº 7.347/1985)
5) Seja procedida à juntada da prova documental; (art. 320 do CPC)
6) A produção de todas as provas admitidas em direito;
7) A condenação dos réus ao pagamento dos honorários sucumbenciais e custas processuais; (arts. 85 e 82 do CPC)
8) A condenação do réu ao pagamento de multa diária em caso de descumprimento da decisão; (art. 11 da Lei nº 7.347/1985)
9) A prioridade de tramitação processual, conforme garantido pela lei. (Verificar se se trata de idoso, criança ou adolescente ou matéria de licitações e contratos, nos termos do art. 1.048, incisos I a IV, do CPC).

Dá-se a causa o valor de R$ ...

Nestes termos, pede deferimento.

Local/data

ADVOGADO/OAB

4.11 ESTRUTURA DA CONTESTAÇÃO

DOUTO JUÍZO DA ...VARA DE FAZENDA PÚBLICA DA COMARCA DE... (OU DA ...VARA FEDERAL DA SEÇÃO/SUBSEÇÃO JUDICIÁRIA DE...)

(Deixe 1 linha em branco – não escreva isso na sua peça!)

Processo nº: ....
Ação Civil Pública ...

(Deixe 1 linha em branco – não escreva isso na sua peça!)

NOME COMPLETO DO RÉU, nacionalidade, estado civil, profissão, portador do RG..., CPF..., domicílio e residência..., endereço eletrônico... (se for pessoa jurídica: RAZÃO SOCIAL, CNPJ..., com sede no endereço..., endereço eletrônico..., representada legalmente pelo(a) Sr(a)... (documento de representação anexo), por intermédio de seu advogado (procuração em anexo), com endereço profissional no endereço ..., onde receberá intimações, vem, perante Vossa Excelência, com fundamento nos arts. 335 e 336 do CPC, ofertar

CONTESTAÇÃO

Em face da Ação Civil Pública ajuizada pelo AUTOR LEGITIMADO, pelas razões de fato e de direito que passa a expor:

1. DOS FATOS

Descrever a situação fática constante na situação-problema, sem acrescentar nenhum dado que não esteja no problema.

2. DO DIREITO

2.2 DAS PRELIMINARES

Preliminarmente, verifica-se que... (analisar se algum dado na situação-problema faz com que esteja presente alguma das seguintes preliminares, previstas nos arts. 330 e 337 do CPC):

Art. 330. A petição inicial será indeferida quando:
I – for inepta;
II – a parte for manifestamente ilegítima;
III – o autor carecer de interesse processual;
IV – não atendidas as prescrições dos arts. 106 e 321 do CPC.
§ 1º Considera-se inepta a petição inicial quando:

I – lhe faltar pedido ou causa de pedir;

II – o pedido for indeterminado, ressalvadas as hipóteses legais em que se permite o pedido genérico;

III – da narração dos fatos não decorrer logicamente a conclusão;

IV – contiver pedidos incompatíveis entre si.

§ 2º Nas ações que tenham por objeto a revisão de obrigação decorrente de empréstimo, de financiamento ou de alienação de bens, o autor terá de, sob pena de inépcia, discriminar na petição inicial, dentre as obrigações contratuais, aquelas que pretende controverter, além de quantificar o valor incontroverso do débito.

§ 3º Na hipótese do § 2º, o valor incontroverso deverá continuar a ser pago no tempo e modo contratados.

Art. 337. Incumbe ao réu, antes de discutir o mérito, alegar:

I – inexistência ou nulidade da citação (Na defesa preliminar, não há citação ainda!!! Por esse motivo, esta preliminar não se aplica em defesa preliminar de Improbidade Administrativa. Por outro lado, se não foi realizada a notificação para a apresentação de manifestação – defesa preliminar e se tratar de uma contestação, esta preliminar deve ser alegada, mencionando-se a ausência de notificação para a apresentação de defesa preliminar);

II – incompetência absoluta e relativa;

III – incorreção do valor da causa;

IV – inépcia da petição inicial (considera-se inepta a petição inicial quando lhe faltar pedido ou causa de pedir, o pedido for indeterminado, ressalvadas as hipóteses legais em que se permite o pedido genérico, da narração dos fatos não decorrer logicamente a conclusão – art. 330, § 1º, do CPC);

IV – contiver pedidos incompatíveis entre si;

V – perempção;

VI – litispendência;

VII – coisa julgada;

VIII – conexão;

XI – ausência de legitimidade ou de interesse processual;

XII – falta de caução ou de outra prestação que a lei exige como preliminar;

XIII – indevida concessão do benefício de gratuidade de justiça.

Nos pedidos, ao final, deverão ser requeridas as consequências das preliminares alegadas, constantes nos arts. 485 e 487 do CPC.

2.2. DO MÉRITO

No mérito, constata-se a total improcedência das alegações da parte autora, uma vez que ...

Buscar rebater as alegações de mérito contidas na situação-problema, abordando:

Uma tese constitucional.

Uma tese infraconstitucional.

Uma tese com base nos princípios.

Uma tese com base em súmulas.

3. DOS PEDIDOS

Ante o exposto, requer:

1) O acolhimento das preliminares, nos termos da fundamentação, extinguindo-se a presente ação (sem ou com resolução de mérito – arts. 485 ou 487, inciso II, do CPC); (art. 337 do CPC)
2) Caso superadas as preliminares, em atenção ao princípio da eventualidade, requer a improcedência do pedido, nos termos da fundamentação;
3) A imediata revogação da medida liminar (se já tiver sido concedida) ou que não seja concedida a medida liminar (caso não tenha sido concedida ainda), uma vez que não foram preenchidos os requisitos legais; (art. 12 da Lei nº 7.347/1985)
4) Seja procedida à juntada da prova documental; (art. 336 do CPC)
5) A produção de todas as provas admitidas em direito; (art. 369 do CPC)
6) A condenação do autor ao pagamento dos honorários sucumbenciais e custas processuais; (arts. 85 e 82 do CPC)

Local/data

ADVOGADO/OAB

4.12 PEÇAS PARA TREINAMENTO

(EXAME DE ORDEM XXVI/Peça profissional) A sociedade empresária Leva e Traz explora, via concessão, o serviço público de transporte de passageiros no município Sigma, conhecido pelos altos índices de criminalidade; por isso, a referida concessionária encontra grande dificuldade em contratar motoristas para seus veículos. A solução, para não interromper a prestação dos serviços, foi contratar profissionais sem habilitação para a direção de ônibus. Em paralelo, a empresa, que utiliza ônibus antigos (mais poluentes) e em péssimo estado de conservação, acertou informalmente com todos os funcionários que os veículos não deveriam circular após as 18 horas, dado que, estatisticamente, a partir desse horário, os índices de criminalidade são maiores. Antes, por exigência do poder concedente, os ônibus circulavam até meia-noite. Os jornais da cidade noticiaram amplamente a precária condição dos ônibus, a redução do horário de circulação e a utilização de motoristas não habilitados para a condução dos veículos. Seis meses após a concretização da mencionada situação e da divulgação das respectivas notícias, a associação municipal de moradores, entidade constituída e em funcionamento há dois anos e que tem por finalidade institucional, dentre outras, a proteção dos usuários de transporte público, contrata você, jovem advogado(a), para adotar as providências cabíveis perante o Poder Judiciário para compelir o poder concedente e a concessionária a regularizarem a atividade em questão. Há certa urgência, pois no último semestre a qualidade do serviço público caiu drasticamente e será necessária a produção de provas no curso do processo.

Considerando essas informações, redija a peça cabível para a defesa dos interesses dos usuários do referido serviço público. (Valor: 5,00)

Observação: a peça deve abranger todos os fundamentos de Direito que possam ser utilizados para dar respaldo à pretensão. A simples menção ou transcrição do dispositivo legal não confere pontuação.

Ação Civil Pública com pedido de liminar	
Item	**Pontuação**
Endereçamento	
1. Endereçamento da Ação Civil Pública: Juízo de Fazenda Pública ou à Vara Cível competente (0,10).	0,00/0,10
Qualificação das partes	
2. Autora: Associação Municipal de Moradores (0,10).	0,00/0,10
3. Réus: sociedade empresária Leva e Traz (0,10) e Município Sigma (0,10).	0,00/0,10/ 0,20
Legitimidade ativa	
4. A entidade está constituída há mais de um ano **OU** A entidade atende ao requisito previsto no art. 5º, inciso V, alínea *a*, da Lei nº 7.347/1985 (0,15).	0,00/0,15

5. A finalidade institucional da autora está alinhada ao tema da ação (pertinência temática) **OU** A autora atende ao requisito previsto no art. 5º, inciso V, alínea *b*, da Lei nº 7.347/1985 (0,15).	0,00/0,15
Fundamentação	
6. Violação ao dever de adequação na prestação do serviço público (0,50), nos termos do art. 6º, § 1º, da Lei nº 8.987/1995 **OU** do art. 22 da Lei nº 8.078/1990 (Código de Defesa do Consumidor – CDC) **OU** do art. 4º da Lei nº 13.460/2017 (0,10), **com base nos seguintes fundamentos específicos:**	0,00/0,50/ 0,60
I – a utilização de motoristas sem habilitação para direção de veículos de transporte coletivo viola o princípio da segurança dos serviços públicos (0,70).	0,00/0,70
II – a interrupção da circulação dos ônibus a partir das 18 horas, deixando a população desprovida do serviço, viola os princípios da regularidade e continuidade (0,70).	0,00/0,70
III – a utilização de veículos antigos e mais poluentes viola o princípio da atualidade do serviço público, que pressupõe a modernidade dos equipamentos postos à disposição dos usuários (0,70).	0,00/0,70
Fundamentos para a concessão da medida liminar	
7. A probabilidade do direito está fundamentada na prestação de serviço público inadequado, que não satisfaz as condições de regularidade e continuidade, segurança e atualidade (0,25).	0,00/0,25
8. O perigo da demora está presente no caso concreto, pois o serviço é interrompido antes do horário previsto, causando prejuízos à população, além de ser prestado em condições que colocam em risco os usuários (0,25).	0,00/0,25
Pedidos	
9. A concessão da liminar para: I – impedir a utilização de motoristas sem habilitação (obrigação de não fazer) (0,10)	0,00/0,10
II – obrigar os réus à renovação da frota (obrigação de fazer) (0,10)	0,00/0,10
III – obrigar os réus à circulação dos ônibus novos até meia-noite (obrigação de fazer) (0,10)	0,00/0,10
10. A produção de provas necessárias à demonstração do direito.	0,00/0,10
11. A procedência do pedido, confirmando em definitivo a liminar concedida para impor aos réus as obrigações de fazer e não fazer do item (9).	0,00/0,30
12. A condenação dos réus ao pagamento de custas (0,10) e honorários advocatícios (0,10).	0,00/0,10/ 0,20
13. Indicação do valor da causa (0,10).	0,00/0,10
Fechamento da peça	
Local..., Data..., Advogado... e OAB... (0,10).	0,00/0,10

5 AÇÃO DE CONHECIMENTO PELO PROCEDIMENTO COMUM (INDENIZATÓRIA/ANULATÓRIA OU OBRIGACIONAL)

5.1 FUNDAMENTO

a) **Fundamento constitucional/legal específico:** (Verificar a natureza da ação: indenizatória, por exemplo? art. 37, § 6º, da CF/1988; indenizatória por desapropriação indireta? art. 35 do Dec.-Lei nº 3.365/1941)

b) **Fundamento processual:** arts. 318, 319 e 320 do CPC.

5.2 CABIMENTO

Cabível nas hipóteses em que a situação-problema apresentar situação em que você deva ajuizar medida judicial buscando indenização, anulação de ato administrativo, obrigação de fazer, não fazer ou dar.

Observação:Sempre que não necessitar dilação probatória e se exigir o rito mais célere, possivelmente será uma das ações constitucionais (*Habeas Data* e Mandado de Segurança) e não a ação de conhecimento pelo procedimento comum.

5.3 REQUISITOS

Devem ser atendidos os requisitos constantes nos arts. 319 e 320 do CPC, quais sejam:

> Art. 319. [...]
>
> I – o juízo a que é dirigida;
>
> II – os nomes, os prenomes, o estado civil, a existência de união estável, a profissão, o número de inscrição no Cadastro de Pessoas Físicas ou no Cadastro Nacional da Pessoa Jurídica, o endereço eletrônico, o domicílio e a residência do autor e do réu;
>
> III – o fato e os fundamentos jurídicos do pedido;
>
> IV – o pedido com as suas especificações;
>
> V – o valor da causa;
>
> VI – as provas com que o autor pretende demonstrar a verdade dos fatos alegados;
>
> VII – a opção do autor pela realização ou não de audiência de conciliação ou de mediação. (colocar este pedido, ainda que possa ser alegada indisponibilidade do interesse público por parte do Estado)

§ 1º Caso não disponha das informações previstas no inciso II, poderá o autor, na petição inicial, requerer ao juiz diligências necessárias a sua obtenção.

§ 2º A petição inicial não será indeferida se, a despeito da falta de informações a que se refere o inciso II, for possível a citação do réu.

§ 3º A petição inicial não será indeferida pelo não atendimento ao disposto no inciso II deste artigo se a obtenção de tais informações tornar impossível ou excessivamente oneroso o acesso à justiça.

Art. 320. A petição inicial será instruída com os documentos indispensáveis à propositura da ação.

5.4 DA TUTELA DE URGÊNCIA

Na ação pelo procedimento comum é cabível o pedido de tutela de urgência, com a demonstração dos elementos que evidenciam a probabilidade do direito e o perigo de dano ou o risco ao resultado útil do processo, conforme previsto no art. 300 do CPC:

Art. 300. A tutela de urgência será concedida quando houver elementos que evidenciem a probabilidade do direito e o perigo de dano ou o risco ao resultado útil do processo.

§ 1º Para a concessão da tutela de urgência, o juiz pode, conforme o caso, exigir caução real ou fidejussória idônea para ressarcir os danos que a outra parte possa vir a sofrer, podendo a caução ser dispensada se a parte economicamente hipossuficiente não puder oferecê-la.

§ 2º A tutela de urgência pode ser concedida liminarmente ou após justificação prévia.

§ 3º A tutela de urgência de natureza antecipada não será concedida quando houver perigo de irreversibilidade dos efeitos da decisão.

5.5 DA TUTELA DE EVIDÊNCIA

Há, ainda, a possibilidade de requerer-se a tutela de evidência, prevista no art. 311 do CPC. A tutela da evidência será concedida, **independentemente da demonstração de perigo de dano ou de risco ao resultado útil do processo**, quando:

I – ficar caracterizado o abuso do direito de defesa ou o **manifesto propósito protelatório** da parte;

II – **as alegações de fato puderem ser comprovadas apenas documentalmente** e houver tese firmada em julgamento de casos repetitivos ou em súmula vinculante;

III – se tratar de pedido reipersecutório fundado em prova documental adequada do contrato de depósito, caso em que será decretada a ordem de entrega do objeto custodiado, sob cominação de multa;

IV – a petição inicial for instruída com prova documental suficiente dos fatos constitutivos do direito do autor, a que o réu não oponha prova capaz de gerar dúvida razoável.

Nas hipóteses dos incisos II e III, o juiz poderá decidir liminarmente, de acordo com o parágrafo único do art. 311 do CPC.

5.6 COMPETÊNCIA

A competência é, geralmente, do juízo estadual ou federal de 1º grau. Sempre verificar o art. 42 e seguintes do CPC. Não há prerrogativa de foro nos Tribunais.

5.7 ESTRUTURA DA PETIÇÃO INICIAL

DOUTO JUÍZO DA ...VARA DE FAZENDA PÚBLICA DA COMARCA DE... (OU DA ...VARA FEDERAL DA SEÇÃO/SUBSEÇÃO JUDICIÁRIA DE...)

(Deixe 1 linha em branco – não escreva isso na sua peça!)

NOME COMPLETO DO AUTOR, nacionalidade, estado civil, profissão, portador do RG..., CPF..., domicílio e residência..., endereço eletrônico... (se for pessoa jurídica: RAZÃO SOCIAL, CNPJ..., com sede no endereço..., endereço eletrônico..., representada legalmente pelo(a) Sr(a)... (documento de representação anexo), por intermédio de seu advogado (procuração em anexo), com endereço profissional no endereço ..., onde receberá intimações, vem, perante Vossa Excelência, com fundamento no art. ... (artigo específico da Constituição, aplicável ao caso concreto) e nos arts. 318, 319 e 320 do CPC, propor

AÇÃO DE OBRIGAÇÃO DE FAZER/NÃO FAZER/DAR/ANULATÓRIA/ INDENIZATÓRIA PELO PROCEDIMENTO COMUM (COM PEDIDO DE TUTELA DE URGÊNCIA OU EVIDÊNCIA)

Em face do RÉU..., particular/pessoa jurídica de direito público/privado ..., RG/CPF/ CNPJ ..., com sede no endereço..., endereço eletrônico..., pelas razões de fato e de direito que passa a expor:

1. DOS FATOS

Descrever a situação fática constante na situação-problema, sem acrescentar nenhum dado que não esteja nele.

2. DO DIREITO

Buscar o desenvolvimento de, no mínimo, quatro teses sobre os subtemas de direito administrativo trabalhados, envolvendo o tema de direito material aplicável:

Uma tese constitucional.

Uma tese infraconstitucional.

Uma tese com base nos princípios.

Uma tese com base em súmulas.

3. DA TUTELA DE URGÊNCIA

O art. 294 do CPC prevê que poderá a parte requerente solicitar tutela provisória. Ademais, o mesmo artigo menciona a possibilidade de requerer tanto tutela de urgência quanto de evidência. Para o presente caso, torna-se amplamente possível a solicitação da tutela de urgência, na forma do art. 300 do CPC, diante do preenchimento dos requisitos de probabilidade do direito e do perigo de dano ou risco ao resultado útil do processo.

Como ficou amplamente demonstrado... (apresentar a probabilidade do direito), corroborando a relevância dos fundamentos, demonstrando-se a probabilidade do direito.

Além disso, caso não seja concedida a tutela de urgência (demonstrar o perigo de dano ou o risco ao resultado útil do processo), demonstrando-se, no caso, o perigo de dano irreparável.

Comprovada a probabilidade do direito e o perigo de dano ou o risco ao resultado útil do processo, impera-se a tutela de urgência, sem justificação prévia, nos termos no art. 300, § 2º, do CPC, a fim de que... (descrever o pedido principal da tutela requerido), nos termos da fundamentação..

4. DA TUTELA DE EVIDÊNCIA (verificar se a situação-problema deixa claro tratar-se de tutela de evidência)

O art. 294 do CPC prevê que poderá a parte requerente solicitar tutela provisória. Ademais, o mesmo artigo menciona a possibilidade de solicitar tanto tutela de urgência quanto de evidência. Para o presente caso, torna-se amplamente possível a solicitação da tutela de evidência, na forma do art. 311 do CPC, independentemente da demonstração de perigo de dano ou risco ao resultado útil do processo.

No presente caso, como ficou amplamente demonstrado... (apresentar a evidência do direito, ante alguma das hipóteses previstas no art. 311 do CPC), corroborando a relevância dos fundamentos, demonstrando-se a evidência do direito do autor.

Comprovada a evidência do direito do autor, impera-se a concessão da tutela de evidência, nos termos no art. 311 do CPC, a fim de que... (descrever o pedido principal da tutela de evidência), nos termos da fundamentação.

5. DOS PEDIDOS

Ante o exposto, requer:

1) O deferimento da tutela provisória (urgência ou evidência), uma vez presentes os requisitos, para que... (descrever o pedido da tutela de urgência ou evidência), nos termos da fundamentação; (art. 294 do CPC c/c o art. 300 ou art. 311 do CPC)
2) A citação do réu, por intermédio de sua representação judicial, para, querendo, contestar a presente demanda, no prazo legal, sob pena de revelia; (art. 238 do CPC – A União, os Estados, o Distrito Federal, os Municípios e suas respectivas autarquias e fundações de direito público gozarão de prazo em dobro para todas as suas manifestações processuais, cuja contagem terá início a partir da intimação pessoal – art. 183 do CPC)
3) A procedência da presente ação, confirmando-se a tutela de urgência ou evidência em seus termos, com a finalidade de que... (descrever o pedido principal);
4) A designação de audiência prévia de conciliação ou mediação; (art. 319, VII, do CPC)
5) A juntada da prova documental anexa; (art. 320 do CPC)
6) A produção de todas as provas admitidas em direito, especialmente a prova... (caso a situação-problema deixe claro haver alguma prova especial);
7) A condenação dos réus ao pagamento dos honorários sucumbenciais e custas processuais; (arts. 85 e 82 do CPC)
8) A concessão da gratuidade da justiça, uma vez preenchidos os requisitos legais (verificar se é situação que enseja a concessão da gratuidade da justiça, nos termos dos arts. 98 e 99 do CPC – se for formulado este pedido, deve-se fundamentar na peça);
9) A prioridade de tramitação processual, conforme garantido pela lei. (Verificar se se trata de idoso, criança ou adolescente ou matéria de licitações e contratos, nos termos do art. 1.048, incisos I a IV, do CPC).

Dá-se a causa o valor de R$ ...

Nestes termos, pede deferimento.

Local/data

ADVOGADO/OAB

5.8 PEÇAS PARA TREINAMENTO

(EXAME DE ORDEM 2010.2/Peça profissional) Joana, moradora de um Município da Baixada Fluminense, Rio de Janeiro, ao sair de casa para o trabalho às 7:00 horas da manhã do dia 10/10/2009, caminhando pela rua em direção ao ponto de ônibus, distraiu-se e acabou por cair em um bueiro que estava aberto, sem qualquer sinalização específica de aviso de cuidado pelo Poder Público. Em razão da queda, a sua perna direita ficou presa dentro do bueiro e moradores do local correram para socorrer Joana. Logo em seguida, bombeiros militares chegaram com uma ambulância e acabaram por prestar os primeiros socorros à Joana e por levá-la ao hospital municipal mais próximo. Joana fraturou o seu joelho direito e sofreu outras lesões externas leves. Em razão da fratura, Joana permaneceu em casa pelo período de 2 (dois) meses, com sua perna direita imobilizada e sem trabalhar, em gozo de auxílio-doença. Entretanto, além de seu emprego formal, Joana prepara bolos e doces para vender em casa, a fim de complementar sua renda mensal, uma vez que é mãe solteira de um filho de 10 (dez) anos e mora sozinha com ele. Com a venda dos bolos e doces, Joana aufere uma renda complementar de aproximadamente R$ 100,00 (cem reais) por semana. Em razão de sua situação, Joana também não pôde preparar suas encomendas de bolos e doces durante o referido período de 2 (dois) meses em que esteve com sua perna imobilizada. Diante dos fatos acima descritos, e na qualidade de advogado procurado por Joana, elabore a peça processual cabível para defesa do direito de sua cliente.

Ação indenizatória pelo procedimento comum		
Item	**Pontuação**	
Estrutura inicial da petição	**Parcial**	**Total**
Endereçamento da petição	0/0,25	0,8
Qualificação das partes	0/0,25	
Exposição dos fatos	0/0,1/0,2/0,3	
Fundamentação	**Parcial**	**Total**
Fundamento da responsabilidade (art. 37, § 6º, CF/1988 c/c o art. 43 do CC)	0/0,5/1,0	3,0
Caracterização da omissão do município e nexo causal entre a omissão e o dano	0/0,5/1,0	
Caracterização dos danos (materiais e morais)	0/0,5/1,0	

Ação indenizatória pelo procedimento comum		
Item	**Pontuação**	
Pedidos e atribuição do valor da causa	**Parcial**	**Total**
Procedência da ação com a condenação da indenização pretendida	0/0,2/0,4	1,2
Condenação nas verbas de sucumbência	0/0,2	
Citação do réu	0/0,2	
Protesto por provas	0/0,2	
Atribuição do valor da causa	0/0,2	

(EXAME DE ORDEM IV/Peça prático-profissional) João Augusto estava participando de uma partida de futebol quando fraturou uma costela, vindo a necessitar de intervenção cirúrgica, realizada em hospital público federal localizado no Estado X. Dois anos e meio após a realização da cirurgia, João Augusto ainda sofria com muitas dores no local, o que o impossibilitava de exercer sua profissão como taxista. Descobre, então, que a equipe médica havia esquecido um pequeno bisturi dentro do seu corpo. Realizada nova cirurgia no mesmo hospital público, o problema foi resolvido. No dia seguinte, ao sair do hospital, João Augusto procura você, na qualidade de advogado(a), para identificar e minutar a medida judicial que pode ser adotada para tutelar seus direitos. Redija a peça judicial cabível, que deve conter argumentação jurídica apropriada e desenvolvimento dos fundamentos legais da matéria versada no problema, abordando, necessariamente: (i) competência do órgão julgador; (ii) a natureza da pretensão deduzida por João Augusto; e (iii) os fundamentos jurídicos aplicáveis ao caso. (Valor: 5,0)

Ação indenizatória pelo procedimento comum	
Item	**Pontuação**
Endereçamento da petição inicial: Juízo da Vara Federal da Seção Judiciária do Estado X	0/0,5
Qualificação das partes (0,25 para cada item): João Augusto / União Federal / pessoa jurídica de direito público interno.	0/0,25/ 0,5/0,75
Identificação da ação: ação indenizatória pelo rito ordinário.	0/0,25
Narrativa dos fatos / exposição de forma coerente e lógica	0/0,25

Ação indenizatória pelo procedimento comum	
Item	**Pontuação**
Fundamentação para a pretensão indenizatória (0,5 para cada item): 1. Responsabilidade civil do Estado fundada na teoria do risco administrativo (art. 37, § 6º, da CF/1988). 2. Responsabilidade objetiva do Estado, que prescinde de qualquer investigação quanto ao elemento subjetivo. 3. Danos materiais sofridos: impossibilidade de exercer a atividade laborativa. 4. Danos morais.	0/0,5/1,0/ 1,5/2,0
Pedidos / Conclusão (0,2 para cada item): 1. Citação da União Federal; 2. Procedência do pedido para condenar a União Federal ao pagamento de indenização por danos materiais; 3. Pedido de indenização por danos morais; 4. Produção genérica de provas; 5. Condenação em honorários sucumbenciais.	0/0,2/0,4/0,6/ 0,8/1,0
Atribuição de valor à causa	0/0,25

(EXAME DE ORDEM VI/Peça prático-profissional/Atualizada) Francisco de Tal é proprietário de uma área de 2.000m2 situada bem ao lado da sede da Prefeitura do Município de Bugalhadas. Ao se aposentar, no ano de 2010, cansado da agitada vida da cidade de São Paulo, onde reside, Francisco resolveu viajar pelo mundo por ininterruptos três anos. Ao retornar, Francisco descobre que o Município de Bugalhadas iniciou em 2011, sem sua autorização, obra em seu terreno para a construção de um prédio que servirá de apoio às atividades da Prefeitura. A obra já se encontra em fase bem adiantada, com inauguração prevista para o início do próximo mês. Francisco procura-o, na qualidade de advogado(a), para identificar e minutar a medida judicial que pode ser adotada para tutelar seus direitos. A medida judicial deve conter argumentação jurídica apropriada e desenvolvimento dos fundamentos legais do instituto jurídico contido no problema, abordando necessariamente: (i) competência do órgão julgador; (ii) a natureza da pretensão a ser deduzida por Francisco; (iii) a observância do prazo prescricional; e (iv) incidência de juros. (Valor: 5,0)

Ação de desapropriação indireta	
Item	**Pontuação**
Endereçamento da petição inicial: Juízo Cível ou Fazendário da Comarca de Bugalhadas	0/0,25

Ação de desapropriação indireta	
Item	**Pontuação**
Qualificação das partes: (0,25 para cada item) Francisco de Tal / Município de Bugalhadas / pessoa jurídica de direito público interno.	0/0,25/ 0,5/0,75
Fundamento da não ocorrência de prescrição: Súmula nº 119 do STJ interpretada à luz do art. 1.238 do CC.	0/0,25
Fundamentação para a pretensão indenizatória (0,5 para cada item): - Apossamento sem a observância do devido processo legal previsto no Dec.-Lei nº 3.365/1941. - Caracterização da desapropriação indireta, com base em seus conceitos fundamentais. - Violação ao princípio da prévia e justa indenização em dinheiro, nos termos do art. 5º, inciso XXIV, CF/1988. - Direito à indenização pela perda da propriedade, em razão do disposto no art. 35 do Dec.-Lei nº 3.365/1941. - Incidência de juros compensatórios e moratórios, nos termos do art. 15-A, § 3º, do Dec.-Lei nº 3.365/1941.	0/0,5/1,0/ 1,5/2,0/2,5
Pedidos (0,25 para cada item): 1. Requerimento para citação do Município, na pessoa do Procurador-Geral, para responder aos termos da demanda. 2. Procedência do pedido para condenar o Município a indenizar o autor pela perda da propriedade, de acordo com os parâmetros do art. 27 do Dec.-Lei nº 3.365/1941. 3. Requerimento para produção de provas. 4. Condenação em honorários sucumbenciais.	0/0,25/0,5/ 0,75/1,0
Atribuição de valor à causa	0/0,25

(EXAME DE ORDEM IX/Peça profissional/Atualizada) João, analista de sistemas dos quadros do Ministério da Educação, foi demitido de seu cargo público, por meio de Portaria do Ministro da Educação publicada em 19 de maio de 2015, após responder a processo administrativo em que restou apurada infração funcional relativa ao recebimento indevido de vantagem econômica. Exatamente pelo mesmo fato, João também foi processado criminalmente, vindo a ser absolvido por negativa de autoria, em decisão que transitou em julgado em 18 de janeiro de 2016. Na data de hoje, João o procura e após narrar os fatos acima, informa que se encontra, desde a sua demissão, em profunda depressão, sem qualquer atividade laborativa, sobrevivendo por conta de ajuda financeira que tem recebido de parentes e amigos.

Na qualidade de advogado(a), identifique e minute a medida judicial que pode ser adotada para tutelar os direitos de João. (Valor: 5,0)

Ação Anulatória pelo procedimento comum	
Item	**Pontuação**
Endereçamento da petição inicial: Juízo da Vara Federal da Seção Judiciária	0,00/0,30
Qualificação das partes (0,25 para cada item): João / em face da União Federal	0,00/0,25/0,50
Fundamentação 1 1. Nulidade da portaria demissional – incompetência do Ministro da Educação (art. 141, I, da Lei nº 8.112/1990);	0,00/0,60
Fundamentação 2 2. Repercussão, na esfera administrativa, da decisão absolutória por negativa de autoria (art. 126 da Lei nº 8.112/1990);	0,00/0,60
Fundamentação 3 3. Em decorrência da invalidação da pena de demissão, o autor faz jus ao ressarcimento de todas as vantagens inerentes ao exercício do cargo (art. 28 da Lei nº 8.112/1990 ou art. 41, § 2º, da CF/1988);	0,00/0,60
Fundamentação da tutela de urgência a) Verossimilhança da alegação (justificada) (0,30) b) Fundado receio de dano irreparável (justificado) (0,30)	0,00/0,30/0,60
Pedido 1. Citação da União Federal	0,00/0,20
Pedido 2. Deferimento da antecipação de tutela para reintegrar o autor no cargo público	0,00/0,30
Pedido 3. Procedência do pedido para invalidar a demissão/ reintegração ao cargo	0,00/0,30
Pedido 4. Condenação da ré a ressarcir o autor de todas as vantagens inerentes ao exercício do cargo	0,00/0,30
Pedido 5. Produção genérica de provas	0,00/0,20
Pedido 6. Condenação em honorários sucumbenciais	0,00/0,20
Atribuição de valor à causa	0,00/0,30

(EXAME DE ORDEM XI/Peça profissional) Caio, Tício e Mévio são servidores públicos federais exemplares, concursados do Ministério dos Transportes há quase dez anos. Certo dia, eles pediram a três colegas de repartição que cobrissem suas ausências, uma vez que sairiam mais cedo do expediente para assistir a uma apresentação de balé. No dia seguinte, eles foram severamente repreendidos pelo superior imediato, o chefe da seção em que trabalhavam. Nada obstante, nenhuma consequência adveio a Caio e Tício, ao passo que Mévio, que não mantinha boa relação com seu chefe, foi demitido do serviço público, por meio de ato administrativo que apresentou, como fundamentos, reiterada ausência injustificada do servidor, incapacidade para o regular exercício de suas funções e o episódio da ida ao balé. Seis meses após a decisão punitiva, Mévio o procura para, como advogado, ingressar com medida judicial capaz de demonstrar que, em verdade, nunca faltou ao serviço e que o ato de demissão foi injusto. Seu cliente lhe informou, ainda, que testemunhas podem comprovar que o seu chefe o perseguia há tempos, que a obtenção da folha de frequência demonstrará que nunca faltou ao serviço e que sua avaliação funcional sempre foi excelente. Como advogado, considerando o uso de todas as provas mencionadas pelo cliente, elabore a peça processual adequada para amparar a pretensão de seu cliente. (Valor: 5,0)

Observação: A simples menção ou transcrição do dispositivo legal não pontua.

Ação Anulatória pelo procedimento comum
Gabarito comentado (a FGV não disponibilizou o padrão de respostas definitivo deste exame)
A peça a ser elaborada consiste em uma petição inicial de ação de rito ordinário. Não se admite a impetração de Mandado de Segurança, uma vez que Mévio pretende produzir provas, inclusive a testemunhal, para demonstrar o seu direito, sendo a dilação probatória vedada no Mandado de Segurança. O endereçamento da peça deverá ser feito a um Juiz Federal da seção judiciária de algum Estado.
O polo ativo da demanda é ocupado por Mévio, e o polo passivo, pela União. No mérito, deve ser demonstrada a possibilidade de análise do ato administrativo pelo Judiciário, para controle de legalidade, e que o motivo alegado no ato de demissão é falso, em violação à teoria dos motivos determinantes. Ainda no mérito, o examinando deve indicar a violação do art. 41, § 1º, da CF/1988, uma vez que Mévio foi demitido do Serviço Público sem a abertura de regular processo administrativo. O examinando, por fim, deve indicar que não foi assegurado a Mévio o contraditório e a ampla defesa, violando o devido processo legal. Além disso, o ato representa violação aos princípios da isonomia, uma vez que Mévio foi o único dos três servidores penalizados pela ida ao balé, e da impessoalidade, pois Mévio foi alvo de perseguição por seu chefe. Nessa parte da causa de pedir, deverá ser mencionada a lesão patrimonial, pelo não recebimento dos vencimentos no período em que se coloca arbitrariamente fora dos quadros da Administração por demissão ilegal.
O examinando deve formular pedidos de anulação do ato que aplicou a penalidade, de reintegração aos quadros da Administração, de reparação material com o pagamento retroativo de seus vencimentos, como se não tivesse sido demitido. A postulação à reparação moral não é obrigatória. Deverá haver, por fim, postulação de citação e de produção de provas testemunhal e documental, bem como indicação do valor da causa. ***Observação:*** A distribuição da pontuação da correção do XI Exame de Ordem não foi divulgada pela FGV.

(EXAME DE ORDEM XVI/Peça profissional) Edir, pessoa idosa que vive com a ajuda de parentes e amigos, é portadora de grave doença degenerativa, cujo tratamento consta de protocolo clínico e da diretriz terapêutica estabelecida pelo Sistema Único de Saúde (SUS). Seu tratamento é acompanhado por profissionais do SUS em hospital público federal especializado nessa doença, contando com o fornecimento regular dos medicamentos 1, 2 e 3. Enquanto realizava consulta de acompanhamento, Edir foi informada pelo médico Domênico, profissional do SUS, de que existia um novo medicamento disponível no mercado (o "medicamento A"), que seria muito mais eficaz, conforme relatório de estudos clínicos oficiais, no tratamento de sua doença do que aqueles já prescritos. Contudo, a paciente foi informada de que o "medicamento A" não seria fornecido gratuitamente pelo SUS, haja vista que o referido medicamento não consta ainda do protocolo clínico e da diretriz terapêutica interna do SUS para o tratamento da doença, além de não ter sido incorporado às listas de medicamentos. Inconformada com a negativa de fornecimento do "medicamento A", Edir procura você para que, na qualidade de advogado(a), ajuíze a medida cabível para garantir a continuidade e qualidade de seu tratamento. Elabore a peça adequada, considerando que:

A) Edir corre sério risco de vida com o agravamento da doença em razão do não fornecimento do "medicamento A";

B) a condição clínica de Edir foi atestada em laudo médico assinado pelo profissional do SUS Domênico, que também recomendou o uso do "medicamento A";

C) eventualmente poderá ser necessária a elaboração de prova pericial para dirimir as controvérsias de natureza técnica da causa. (Valor: 5,00)

Responda justificadamente, empregando os argumentos jurídicos apropriados e a fundamentação legal pertinente ao caso.

Ação de Obrigação de Fazer pelo procedimento comum	
Item	**Pontuação**
Endereçamento da ação: Juízo Federal ou Juiz Estadual de seção judiciária ou comarca do Estado X (0,20).	0,00/0,20
Qualificação das partes: Edir (0,10) / União Federal e/ou Estado X e/ou Município Y (0,20)	0,00/0,10/ 0,20/0,30
Fundamentos para a concessão da tutela antecipada: – verossimilhança das alegações (0,40); – fundado receio de dano irreparável ou de difícil reparação (0,40).	0,00/0,40/ 0,80

Ação de Obrigação de Fazer pelo procedimento comum	
Item	**Pontuação**
Fundamentação para a pretensão: 1. O disposto nos arts. 5º e/ou 6º e/ou 196 da CF/1988 (0,10), que asseguram a todo cidadão o direito à vida e à saúde, gerando para os entes públicos o dever de fornecer os medicamentos necessários para preservar sua vida (0,70);	0,00/0,70/ 0,80
2. A saúde, como um direito social fundamental do cidadão, não comporta limitações, não sendo possível ao ente público eximir-se de sua responsabilidade, alegando a inexistência do medicamento em listas ou protocolos clínicos (0,80);	0,00/0,80
3. O próprio profissional do SUS emitiu laudo médico atestando a condição clínica da paciente Edir e prescreveu o uso do "medicamento A" (0,80).	0,00/0,80
Pedidos: 1. citação do réu (0,20);	0,00/0,20
2. concessão da tutela antecipada para determinar o imediato fornecimento do "medicamento A" (0,20);	0,00/0,20
3. procedência do pedido, garantindo a Edir o direito ao recebimento do "medicamento A" (0,20);	0,00/0,20
4. condenação do réu em custas processuais (0,10);	0,00/0,10
5. condenação do réu em honorários advocatícios (0,10);	0,00/0,10
6. requerimento para a produção de provas (0,10), especialmente a prova pericial (0,20).	0,00/0,10/ 0,30
Valor da Causa (0,10)	0,00/0,10
Fechamento (0,10)	0,00/0,10

(EXAME DE ORDEM XVII/Peça profissional) Após regular certame licitatório, vencido pelo consórcio "Mundo Melhor", o Estado X celebrou contrato de obra pública, tendo por objeto a construção de uma rodovia estadual com 75 km de extensão. Dois anos depois, com mais de 70% da obra já executada, o relatório da comissão de fiscalização do contrato apontou suposto atraso no cronograma da obra. Diante disso, o Governador do Estado X enviou correspondência aos representantes do consórcio, concedendo prazo de cinco dias úteis para apresentar defesa quanto aos fatos imputados, sob pena de aplicação de penalidade, conforme previsão constante da Lei nº 8.666/1993. Antes da fluência do prazo, entretanto, o Governador enviou nova correspondência aos representantes do consórcio, informando que há lei estadual que autoriza a aplicação das penalidades de advertência e de multa previamente à notificação do contratado, e que, por essa razão, naquele momento, o Governador aplicava as duas penalidades. Além disso, o Governador determinou a suspensão de todos os pagamentos devidos ao consórcio (pelos serviços já realizados e pelos a realizar) até a regularização do cronograma. Nos 60 (sessenta) dias seguintes, o consórcio tentou resolver a questão na via administrativa, mas não teve sucesso. Diante disso, os representantes procuram você para, na condição de advogado, ajuizar a medida cabível à proteção dos direitos do consórcio, informando:

1. que nunca houve atraso, o que se demonstra pelo cronograma e pelo diário de obras, que registram a normal evolução do contrato;
2. que o consórcio depende da regularização dos pagamentos, até o término das obras, pelos serviços que vierem a ser executados; e
3. que não podem abrir mão do recebimento das parcelas pretéritas devidas pelo trabalho executado nos últimos 60 (sessenta) dias e nem dos pagamentos pelos serviços a realizar, pois essenciais à manutenção das empresas consorciadas.

Na qualidade de advogado(a), ajuíze a medida cabível à proteção integral dos interesses do consórcio. (Valor: 5,00)

Observação: O examinando deve fundamentar suas respostas. A mera citação do dispositivo legal não confere pontuação.

Ação Anulatória pelo procedimento comum	
Item	**Pontuação**
Endereçamento da petição inicial (0,10): Juízo de Fazenda Pública de alguma das comarcas do Estado X	0,00/0,10
Qualificação das partes: Consórcio "Mundo Melhor" (0,10) / Estado X (0,10)	0,00/0,10/0,20
Fundamentação para a pretensão do consórcio: 1. Violação ao contraditório e à ampla defesa, essenciais à aplicação de penalidade (0,50) (art. 5º, LIV ou LV, da CF/1988 ou art. 87, § 2º, da Lei nº 8.666/1993) (0,10)	0,00/0,50/0,60
2. A regra prevista na lei estadual de regência é inválida, por violar norma geral prevista na Lei nº 8.666/1993 (0,50) (art. 87, *caput,* da Lei nº 8.666/1993) (0,10).	0,00/0,50/0,60
3. Nunca houve atraso na obra: inexistência dos motivos do ato (0,50).	0,00/0,50
4. O consórcio faz jus ao pagamento das parcelas em atraso, devidas pelo serviço já executado, sob pena de enriquecimento sem causa da Administração (0,50).	0,00/0,50

Ação Anulatória pelo procedimento comum	
Item	**Pontuação**
Fundamentos para a concessão da tutela antecipada: a) verossimilhança da alegação violação ao contraditório e à ampla defesa ou violação à regra geral prevista na Lei nº 8.666/1993, ou inexistência dos motivos do ato (0,40); b) fundado receio de dano irreparável: o consórcio não vem recebendo pelos serviços já executados (0,40).	0,00/0,40/0,80
Pedidos: 1. Citação do réu (0,20)	0,20
2. Concessão da tutela antecipada para suspender as penalidades aplicadas e garantir a regularidade dos pagamentos ao consórcio (0,30)	0,30
3. Procedência dos pedidos formulados na inicial para: 3.1 anulação das sanções administrativas aplicadas (0,30) 3.2 pagamento dos atrasados (0,30)	0,0/0,30/0,60
4. Produção de provas (0,20)	0,20
5. Condenação em honorários de sucumbência (0,10)	0,10
6. Condenação nas custas processuais (0,10)	0,10
Valor da causa	0,10
Fechamento da peça	0,10

(EXAME DE ORDEM XIX/Peça profissional) Marcos Silva, aluno de uma Universidade Federal, autarquia federal, inconformado com a nota que lhe fora atribuída em uma disciplina do curso de graduação, abordou a professora Maria Souza, servidora pública federal, com um canivete em punho e, em meio a ameaças, exigiu que ela modificasse sua nota. Nesse instante, a professora, com o propósito de repelir a iminente agressão, conseguiu desarmar e derrubar o aluno, que, na queda, quebrou um braço. Diante do ocorrido, foi instaurado Processo Administrativo Disciplinar (PAD), para apurar eventual responsabilidade da professora. Ao mesmo tempo, a professora foi denunciada pelo crime de lesão corporal. Na esfera criminal, a professora foi absolvida, vez que restou provado ter agido em legítima defesa, em decisão que transitou em julgado. O processo administrativo, entretanto, prosseguiu, sem a citação da servidora, pois a Comissão nomeada entendeu que a professora já tomara ciência da instauração do procedimento por meio da imprensa e de outros servidores. Ao final, a Comissão apresentou relatório pugnando pela condenação da servidora à pena de demissão.

O PAD foi encaminhado à autoridade competente para a decisão final, que, sob o fundamento de vinculação ao parecer emitido pela Comissão, aplicou a pena de demissão à servidora, afirmando, ainda, que a esfera administrativa é autônoma em relação à criminal. Em 10/04/2015, a servidora foi cientificada de sua demissão, por meio de publicação em Diário Oficial, ocasião em que foi afastada de suas funções, e, em 10/09/2015, procurou seu escritório para tomar as medidas judiciais cabíveis, informando, ainda, que, desde o afastamento, está com sérias dificuldades financeiras, que a impedem, inclusive, de suportar os custos do ajuizamento de uma demanda. Como advogado(a), elabore a peça processual adequada para amparar a pretensão de sua cliente, analisando todos os aspectos jurídicos apresentados. (Valor: 5,00)

Observação: O examinando deve fundamentar suas respostas. A mera citação do dispositivo legal não confere pontuação.

Ação Anulatória pelo procedimento comum	
Item	**Pontuação**
Endereçamento da petição inicial (0,10): Juiz federal da Seção Judiciária Competente.	0,00/0,10
Qualificação das partes: Maria Souza (0,10) e Universidade Federal (0,10).	0,00/0,10/0,20
Indicação de que a autora faz jus à concessão da gratuidade de justiça (0,20), na forma da Lei nº 1.060/1950 (0,10).	0,00/0,20/0,30
Fundamentação:	
(1) violação ao contraditório OU à ampla defesa da servidora OU ao devido processo legal (0,60), na forma do art. 143 da Lei nº 8.112/1990 OU art. 161, § 1º, da Lei nº 8.112/1990 OU do art. 5º, LIV OU LV, da CF/1988 (0,10).	0,00/0,60/0,70
(2) absolvição penal com fundamento em excludente de ilicitude, como a legítima defesa, não há espaço para aplicação do resíduo administrativo (0,60), conforme o art. 125 OU o art. 126 da Lei nº 8.112/1990 OU o art. 65 do CPP (0,10).	0,00/0,60/0,70
(3) direito ao pagamento dos atrasados, em razão da lesão patrimonial sofrida pelo não recebimento dos vencimentos (0,60), na forma do art. 28 da Lei nº 8.112/1990 (0,10).	0,00/0,60/0,70
Fundamentos para a concessão da tutela antecipada	
(A) Prova inequívoca do direito (*fumus boni iuris*) consubstanciada na incontestável nulidade do PAD por violação ao contraditório (ausência de citação), e na sentença penal absolutória transitada em julgado que reconheceu ter agido a servidora/autora em legítima defesa (0,45).	0,00/0,45

(B) Fundado receio de dano irreparável (*periculum in mora*), lastreado na ausência de fonte de renda pelo afastamento da servidora (0,45).	0,00/0,45
Pedidos	
(1) Concessão da tutela antecipada para garantir a reintegração da servidora, até decisão final (0,30).	0,00/0,30
(2) Anulação do ato demissional OU reintegração em definitivo (0,30).	0,00/0,30
(3) Condenação do réu ao pagamento retroativo de todas as verbas (0,30).	0,00/0,30
Citação do réu (0,10).	0,00/0,10
Protesto pela produção de provas (0,10).	0,00/0,10
Condenação em custas e honorários sucumbenciais (0,10).	0,00/0,10
Valor da causa (0,10).	0,00/0,10
Encerramento da peça: data, local, advogado/OAB (0,10).	0,00/0,10

(EXAME DE ORDEM XX – Porto Velho-RO/Peça profissional) A sociedade empresária Alfa S.A., concessionária de uma linha do serviço de transporte metroviário no Estado X, formulou, na esfera administrativa, requerimento de revisão das tarifas a fim de readequá-las aos seus custos, devido ao súbito e radical aumento de tributos federais (evento extraordinário e imprevisível que teria rompido o equilíbrio econômico financeiro inicial do contrato). O Estado, entretanto, por meio de decisões do seu Governador, publicadas na imprensa oficial, negou o pleito da sociedade empresária, assim como desproveu o recurso administrativo por ela interposto, ao fundamento de que:

1) o contrato administrativo somente admite o reajuste das tarifas, uma vez por ano, com base em um índice oficial de inflação previamente estabelecido, o que não corresponde ao pleito formulado pela sociedade empresária;

2) a má prestação do serviço teria inibido o aumento da demanda e, consequentemente, o aumento da receita.

Em razão do segundo argumento, ainda, o Governador aplicou as penalidades de multa e suspensão temporária de participar em licitação e impedimento para contratar com a Administração Pública, por dois anos, na forma do contrato de concessão. Você é procurado(a), na qualidade de advogado(a), para ajuizar a medida cabível à proteção dos interesses da sociedade empresária, consistentes no reequilíbrio econômico financeiro do contrato e no afastamento das penalidades aplicadas, especialmente tendo em vista que nunca antes a sociedade empresária fora notificada a respeito de qualquer descumprimento contratual, e considerando, ainda, a existência de novas licitações em andamento. Elabore a peça adequada à proteção de todos os interesses de seu cliente, considerando, ainda, que haverá necessidade de produção de prova pericial para identificar o alegado desequilíbrio econômico-financeiro do contrato. (Valor: 5,00)

Observação: A peça deve abranger todos os fundamentos de Direito que possam ser utilizados para dar respaldo à pretensão. A simples menção ou transcrição do dispositivo legal não será pontuada.

Ação Anulatória pelo procedimento comum	
Item	**Pontuação**
Endereçamento da peça: Juízo de Fazenda Pública, Única ou Cível (nos locais em que inexistir tal especialização em razão da matéria) de alguma Comarca do Estado X (0,10)	0,00/0,10
Qualificação das partes: Sociedade empresária Alfa S.A. (0,10) / Estado X (0,10)	0,00/0,10/0,20
Mérito: (i) direito à manutenção da equação econômica inicial do contrato, rompida por um evento extraordinário e imprevisível (0,90), na forma do art. 37, inciso XXI, da CF/1988; do art. 65, inciso II, alínea *d*, e/ou § 5º, da Lei nº 8.666/1993 e do art. 9º, §§ 2º e 3º, da Lei nº 8.987/1995 (0,10);	0,00/0,90/1,00
(ii) a sociedade empresária jamais foi notificada a respeito de qualquer falha ou má prestação do serviço, não tendo sido assegurados à sociedade empresária o contraditório e a ampla defesa (0,90), na forma do art. 5º, inciso LV, da CF/1988 e do art. 87 da Lei nº 8.666/1993 (0,10).	0,00/0,90/1,00
Fundamento para a antecipação de tutela: (i) fundado receio de dano, demonstrado com a proximidade de novas licitações, sem que a sociedade empresária possa participar (0,70);	0,00/0,70
(ii) verossimilhança das alegações, verificada pela ausência de qualquer notificação acerca do descumprimento do contrato e da ausência de contraditório e de ampla defesa (0,70).	0,00/0,70
Pedidos: (i) citação do réu (0,20)	0,00/0,20
(ii) antecipação de tutela para afastar a penalidade imposta (0,20)	0,00/0,20

(iii) anulação das penalidades, ao final, confirmando a tutela concedida (0,20)	0,00/0,20
(iv) reequilíbrio econômico-financeiro do contrato (0,20)	0,00/0,20
Produção de prova pericial (0,20)	0,00/0,20
Condenação do réu em custas e honorários (0,10)	0,00/0,10
Atribuição de valor à causa (0,10)	0,00/0,10
Encerramento da peça: data, local, advogado/OAB (0,10)	0,00/0,10

(EXAME DE ORDEM XXV/Peça profissional) Lúcia, servidora pública federal estável, foi demitida do cargo que ocupava, após processo administrativo disciplinar pelo rito sumário, sob o fundamento de abandono de cargo, em razão de haver se ausentado do serviço por mais de trinta dias consecutivos, no período entre 15/02/2017 e 05/04/2017, sendo certo que a penalidade foi aplicada em 10/05/2017, pelo Ministro de Estado competente para tanto.Inconformada, Lúcia buscou assessoria jurídica, na data de hoje, à qual informou que jamais teve a intenção de abandonar o cargo, tanto que, em 20/08/2016, formalizou pedido de licença por motivo de afastamento de seu cônjuge, Antônio, professor concursado de uma universidade pública federal, que, no interesse da Administração, foi deslocado para cursar pós-doutorado na Alemanha, a ser iniciado em 20/01/2017. Esclareceu que, apesar de insistentes tentativas de obter um pronunciamento por parte do órgão competente para a apreciação de seu pedido de licença, não obteve qualquer resposta. A servidora narrou que, com o início do ano letivo na Alemanha, em 15/02/2017, viu-se compelida a se ausentar fisicamente do país, com vistas a proteger a unidade familiar, considerando que possui dois filhos pequenos com Antônio, que já estavam matriculados em uma escola na cidade em que o cônjuge cursaria o pós-doutorado. Lúcia acrescenta que comunicou formalmente aos seus superiores o novo endereço e telefones de contato, mas que foi surpreendida quando uma antiga colega de trabalho lhe informou a portaria contendo a sua demissão, sem que qualquer notificação acerca da existência de processo administrativo disciplinar lhe tivesse sido anteriormente remetida. Ao buscar os respectivos autos, Lúcia verificou que o processo consistia apenas de portaria inaugural, constituindo a comissão processante, composta por dois servidores ocupantes de cargo efetivo, certo que um deles ainda estava em estágio probatório. A comissão atestou o não comparecimento da servidora no mencionado período e, ato contínuo, elaborou um relatório concluindo pela aplicação da pena de demissão, sem que tivesse sido promovida sua notificação ou a nomeação de qualquer pessoa que pudesse realizar sua defesa.Considerando que Lúcia já retornou definitivamente com sua família ao Brasil e que não pretende obter indenização pelo período em que não trabalhou, bem como que você é o(a) advogado(a) por ela consultado, na data de hoje, redija a peça para a defesa dos interesses de sua cliente, com indicação de todos os fundamentos jurídicos pertinentes. (Valor: 5,00)

Observação: A peça deve abranger todos os fundamentos de Direito que possam ser utilizados para dar respaldo à pretensão. A simples menção ou transcrição do dispositivo legal não confere pontuação.

Ação Anulatória pelo procedimento comum	
Item	**Pontuação**
Endereçamento da inicial	
Exmo. Sr. Dr. Juiz Federal da Vara da Seção Judiciária do Estado (0,10)	0,00/0,10
Qualificação das partes	
Autora: Lúcia (0,10). Ré: União (0,10).	0,00/0,10/0,20
Fundamentação: ilegalidade da demissão de Lúcia, pelas seguintes razões:	
(A) violação ao princípio do devido processo legal **OU** dos princípios da ampla defesa e do contraditório (0,70), previstos, respectivamente, no art. 5º, inciso LIV **OU** no art. 5º, inciso LV, da CF/1988 (0,10);	0,00/0,70/0,80
(B) deveria ter sido realizada a devida indiciação de Lúcia, com sua citação para apresentação de defesa (0,70), na forma do art. 133, § 2º, da Lei nº 8.112/1990 (0,10);	0,00/0,70/0,80
(C) a Comissão processante deveria ser composta por dois servidores estáveis (0,70), consoante o art. 133, inciso I, da Lei nº 8.112/1990 (0,10);	0,00/0,70/0,80
(D) fundamentação legal: art. 140 da Lei nº 8.112/1990 (0,10). ***Observação:*** A pontuação deste item depende da referência conjunta ao art. 133 da Lei nº 8.112/1990	0,00/0,10
(E) Ausência de *animus abandonandi* **OU** do elemento subjetivo **OU** da intenção de Lúcia de abandonar o cargo (0,30), na forma do art. 140, inciso II, da Lei nº 8.112/1990 (0,10);	0,00/0,30/0,40

(F) diante do pedido de licença por motivo de afastamento do cônjuge, que não foi apreciado pela Administração, a caracterizar, inclusive, abuso de direito, em decorrência da omissão administrativa (0,30).	0,00/0,30
Pedidos	
I. Citação do réu (0,10).	0,00/0,10
II. Procedência do pedido formulado na inicial, para que seja anulada a demissão de Lúcia (0,40), com a sua reintegração no cargo do serviço público federal (0,30).	0,00/0,30/ 0,40/0,70
III. Produção de provas (0,10), especificamente da juntada dos documentos acostados à inicial (0,10).	0,00/0,10/0,20
IV. Opção pela realização ou não da audiência de conciliação (0,10).	0,00/0,10
IV. Condenação em custas (0,10).	0,00/0,10
V. Condenação em honorários sucumbenciais (0,10).	0,00/0,10
Valor da Causa (0,10).	0,00/0,10
Fechamento	
Local, data, assinatura e número de inscrição na OAB (0,10).	0,00/0,10

(EXAME DE ORDEM XXVIII/Peça profissional) Apolônio Silva foi encarcerado há três anos, pela prática do crime de lesão corporal seguida de morte (art. 129, § 3º, do CP), em razão de decisão penal transitada em julgado proferida pelo Tribunal de Justiça do Estado Alfa, que o condenou à pena de doze anos de reclusão. Apesar das tentativas da Defensoria Pública de obter a ordem de soltura, Apolônio permaneceu preso, até que, no ano corrente, foi morto durante a rebelião que ocorreu no presídio em que estava acautelado. Durante a mesma rebelião, numerosos condenados foram assassinados a tiros, sendo certo que as armas ingressaram no local mediante pagamento de propina aos agentes penitenciários. Inconformada, Maria da Silva, mãe de Apolônio, procurou você para, na qualidade de advogado(a), tomar as medidas cabíveis, com vistas a obter a responsabilização civil do Estado. Ela demonstrou que, ao tempo da prisão, ele era filho único, solteiro, sem filhos, trabalhador, e provia o seu sustento. Como Maria tem idade avançada e problemas de saúde, ela não tem condições de arcar com os custos do processo, notadamente porque gastou as últimas economias para proporcionar um funeral digno para o filho. Redija a peça cabível, mediante apontamento de todos os argumentos jurídicos pertinentes. (Valor: 5,00)

Observação: a peça deve abranger todos os fundamentos de Direito que possam ser utilizados para dar respaldo à pretensão. A simples menção ou transcrição do dispositivo legal não confere pontuação.

Ação Indenizatória pelo procedimento comum	
Item	**Pontuação**
Endereçamento da inicial	
1. Juízo da Vara de Fazenda Pública OU Vara Cível da Comarca X do Estado Alfa (0,10).	0,00/0,10
Partes	
2. Autora: Maria da Silva (0,10); Réu: Estado Alfa (0,10).	0,00/0,10/0,20
Gratuidade de justiça	
3. Concessão da gratuidade de justiça (0,20), na forma do art. 98 do CPC (0,10).	0,00/0,20/0,30
Fundamentação	
4. Violação do dever de preservação da integridade física e moral do preso (0,60), na forma do art. 5º, inciso XLIX, da CRFB/1988 (0,10).	0,00/0,60/0,70
5. Caracterização da responsabilidade objetiva do Estado OU responsabilidade independentemente da demonstração do elemento subjetivo (dolo ou culpa) OU responsabilidade em razão da teoria do risco administrativo (0,60), nos termos do art. 37, § 6º, da CRFB/1988 (0,10).	0,00/0,60/0,70
6. Com relação ao dano, apontar: 6.1. caracterização do dano moral (*in re ipsa*), decorrente do falecimento do filho da demandante (0,50).	0,00/0,50
6.2. caracterização do dano material em decorrência da dependência financeira da autora, que contava com o falecido para o seu sustento, para fins de pensionamento (0,40), na forma do art. 948, inciso II, do Código Civil (0,10).	0,00/0,40/0,50
6.3. caracterização do dano material em razão das despesas de funeral (0,40), na forma do art. 948, inciso I, do Código Civil (0,10).	0,00/0,40/0,50
Pedidos	
7. Procedência do pedido para que o Estado seja condenado no pagamento de indenização (0,30), especificamente:	0,00/0,30
7.1. danos morais (0,20).	0,00/0,20
7.2. pensionamento à autora (0,20)	0,00/0,20
7.3. ressarcimento pelas despesas de funeral (0,20).	0,00/0,20
8. Produção de provas (0,10).	0,00/0,10
9. Opção pela realização ou não da audiência de conciliação (0,10).	0,00/0,10
10. Condenação em custas (0,10) e honorários sucumbenciais (0,10) OU condenação nos ônus da sucumbência (0,20).	0,00/0,10/0,20

11. Indicação do valor da causa (0,10).	0,00/0,10
Fechamento	
Local, data, assinatura e número de inscrição na OAB (0,10).	0,00/0,10

(EXAME DE ORDEM XXIX/Peça profissional) Em concurso realizado na vigência da Emenda Constitucional nº 20/98, Joel foi aprovado para desempenhar serviços notariais e de registro, vindo a ser nomeado tabelião de notas de serventia extrajudicial, no Estado Alfa. Ao completar setenta e cinco anos de idade, em maio de 2018, Joel foi aposentado compulsoriamente pelo regime próprio de previdência do ente federativo em questão, contra a sua vontade, sob o motivo de que havia atingido a idade limite para atuar junto à Administração Pública, nos termos da CF/1988. Joel, em razão da aposentação compulsória, sentindo-se violado nos seus direitos de personalidade, entrou em depressão profunda em menos de dois meses. O quadro tornou-se ainda mais grave devido à grande perda patrimonial, considerando que os proventos de inativo são bem inferiores ao valor do faturamento mensal do cartório. Seis meses após a decisão que declarou "vacante" a sua delegação junto a específico cartório de notas, e o deu por aposentado, Joel procura você, como advogado(a), para tomar as providências pertinentes à defesa de seus interesses. Menciona que sua pretensão seria voltar à atividade e ser reparado por todos os danos sofridos.

Redija a peça processual adequada para a plena defesa dos interesses de Joel, mediante o apontamento de todos os argumentos pertinentes. (Valor: 5,00)

Observação: a peça deve abranger todos os fundamentos de Direito que possam ser utilizados para dar respaldo à pretensão. A simples menção ou transcrição do dispositivo legal não confere pontuação.

Ação Anulatória com pedido de reintegração e indenização pelo procedimento comum	
Item	**Pontuação**
Endereçamento da inicial	
1. Juízo da Vara de Fazenda Pública ou Vara Cível da Comarca (...) do Estado Alfa (0,10).	0,00/0,10
Partes	
2. Autor: Joel (0,10); Réu: Estado Alfa (0,10).	0,00/0,10/0,20

<table>
<tr><th colspan="2">Ação Anulatória com pedido de reintegração e indenização pelo procedimento comum</th></tr>
<tr><th>Item</th><th>Pontuação</th></tr>
<tr><td>Fundamentação:</td><td></td></tr>
<tr><td>Nulidade do ato de aposentadoria:
3. Apesar de realizarem concurso público, os tabeliães, notários e oficiais dos serviços notariais e de registro não são servidores públicos, mas agentes que exercem função delegada (0,60), na forma do art. 236 da CF/1988 OU do art. 3º da Lei nº 8.935/1994 OU repercussão geral julgada no RE 647.827 (0,10).</td><td>0,00/0,60/0,70</td></tr>
<tr><td>4. Não submissão ao regime próprio de aposentadoria dos servidores públicos, notadamente à aposentadoria compulsória (0,60), prevista no art. 40, caput OU inciso II da CF/1988 (0,10).</td><td>0,00/0,60/0,70</td></tr>
<tr><td>Com relação à indenização:
5. A presença dos elementos configuradores da responsabilidade objetiva do Estado – conduta ilícita, nexo causal e dano (0,50), na forma do art. 37, § 6º, da CF/1988 (0,10).</td><td>0,00/0,50/0,60</td></tr>
<tr><td>6. Ocorrência do dano material (0,10), em razão da abrupta redução da remuneração de Joel a partir de sua aposentadoria compulsória (0,20).</td><td>0,00/0,10/0,30</td></tr>
<tr><td>7. Ocorrência do dano moral (0,10), porque a conduta ilegal foi além do mero aborrecimento OU violou direitos da personalidade do demandante (0,20).</td><td>0,00/0,10/0,30</td></tr>
<tr><td>Fundamentação da tutela provisória</td><td></td></tr>
<tr><td>8. Presença dos requisitos para a concessão da tutela de urgência OU tutela de evidência (0,20), diante da probabilidade do direito e perigo de dano ao resultado útil do processo OU porque os fatos podem ser demonstrados documentalmente e diante da repercussão geral julgada pelo STF (0,30), na forma do art. 300, caput OU do art. 311, inciso II, ambos do CPC (0,10).</td><td>0,00/0,20/
0,30/0,40/
0,50/0,60</td></tr>
<tr><td>Pedidos</td><td></td></tr>
<tr><td>9. Concessão de liminar para suspender os efeitos do ato de aposentadoria e reintegrar o autor nas funções notariais, até julgamento final (0,20).</td><td>0,00/0,20</td></tr>
<tr><td>10. Procedência do pedido, para:</td><td></td></tr>
<tr><td>10.1. que seja anulado o ato de aposentadoria compulsória (0,30);</td><td>0,00/0,30</td></tr>
<tr><td>10.2. que Joel seja reintegrado definitivamente na função delegada (0,20);</td><td>0,00/0,20</td></tr>
<tr><td>10.3. que o Estado Alfa seja condenado ao pagamento de indenização material (0,10) e moral (0,10) pelos prejuízos sofridos;</td><td>0,00/0,20</td></tr>
<tr><td>11. Produção de provas, mediante a juntada dos documentos acostados à inicial (0,10);</td><td>0,00/0,10</td></tr>
<tr><td>12. Condenação em ônus da sucumbência (0,20) OU honorários advocatícios (0,10) e reembolso das custas processuais (0,10);</td><td>0,00/0,10/0,20</td></tr>
</table>

Ação Anulatória com pedido de reintegração e indenização pelo procedimento comum	
Item	**Pontuação**
13. Opção pela realização, ou não, de conciliação ou mediação (0,10).	0,00/0,10
Fechamento	
14. Valor da Causa (0,10).	0,00/0,10
15. Local, data, assinatura do advogado e número de inscrição na OAB (0,10).	0,00/0,10

6 CONTESTAÇÃO

É a resposta tradicional do réu, sendo que, no Mandado de Segurança e no *Habeas Data*, chama-se "Informações em Mandado de Segurança" e "Informações em *Habeas Data*". Deve-se lembrar, ainda, de que, na ação de improbidade, antes da citação, o demandado apresenta "defesa preliminar" e, depois da citação, "contestação".

6.1 FUNDAMENTO

Arts. 335 e 336 do CPC (além de eventual artigo de legislação vinculada com caso específico, conforme as ações com lei especial, como a contestação na ação de improbidade administrativa).

6.2 CABIMENTO

É a resposta do réu. Será cabível quando a situação-problema apresentar uma questão em que seu cliente fora citado para oferecer resposta no prazo legal.

6.3 PRELIMINARES

Antes de discutir o mérito (defesa direta), o réu deve alegar as preliminares (defesa indireta) contidas no art. 337 do CPC. Elas podem ser divididas em **peremptórias** (que extinguem o processo) ou **dilatórias** (apenas suspendem ou dilatam o curso do processo, por constituírem vícios sanáveis).

A preclusão incide apenas sobre a não alegação, na contestação, das preliminares de incompetência relativa e do compromisso arbitral (as quais também não podem ser reconhecidas de ofício). As demais podem ser arguidas posteriormente se identificadas no curso do processo.

6.3.1 Inexistência ou nulidade da citação

A citação é o ato pelo qual são convocados o réu, o executado ou o interessado na relação processual, pois o processo só terá validade se houver a citação, exceto se for um caso de indeferimento da petição inicial ou improcedência liminar do pedido (arts. 238 e 239 do CPC).

Todavia, deve-se observar que o comparecimento espontâneo do réu ou do executado supre a falta ou a nulidade da citação, fluindo a partir dessa data o prazo para apresentação de contestação ou de embargos à execução. Também é necessário destacar que, se rejeitada a alegação de nulidade no processo de conhecimento, o réu será considerado revel e, no processo de execução, este terá seguimento normal.

Por fim, salienta-se que a preliminar de inexistência ou nulidade de citação é apenas dilatória, ou seja, não extingue o processo, apenas retrocedendo seu curso para que haja a citação correta do réu e então ele tenha o prazo para contestar.

6.3.2 Incompetência absoluta ou relativa

As normas relativas à competência estão previstas no art. 42 e seguintes do CPC, na Constituição Federal e outras leis esparsas, conforme a matéria discutida. Tratando-se de incompetência absoluta, pode ser reconhecida de ofício a qualquer tempo; por sua vez, tratando-se de competência relativa, está deve ser alegada em preliminar de contestação, sob pena de preclusão, pois, do contrário, o juízo relativamente incompetente passa a ser competente.

6.3.3 Incorreção do valor da causa

A incorreção do valor da causa pode se basear em dois fundamentos: 1º) o autor atribuiu valor à causa em desconformidade ao art. 292 do CPC, o qual estabelece os critérios para o cálculo; ou 2º) nas hipóteses não reguladas pelo art. 292 do CPC, quando couber ao autor definir o valor da causa, a impugnação do réu poderá incidir sobre o valor irrazoável, incoerente, incompatível.

A impugnação também pode ocorrer de ofício, antes da contestação, ocasião em que o juízo determinará que o autor emende a petição inicial a fim de que apresente corretamente o valor da causa. Não sendo reconhecida de ofício e não havendo impugnação do réu em preliminar de contestação, opera-se a preclusão, nos termos do art. 293 do CPC. Salienta-se que o valor da causa está diretamente ligado às custas, honorários e outros cálculos (como juros, penalidades) que possuem seu valor como base.

6.3.4 Inépcia da petição inicial

Conforme o art. 330, §1º, do CPC, considera-se inepta a petição inicial quando: I – lhe faltar pedido ou causa de pedir; II – o pedido for indeterminado, ressalvadas as hipóteses legais em que se permite o pedido genérico; III – da narração dos fatos não decorrer logicamente a conclusão; e IV – contiver pedidos incompatíveis entre si.

6.3.5 Perempção

A perempção ocorre quando o autor dá causa à extinção do processo sem resolução do mérito por três vezes, na sua quarta tentativa de ajuizar a mesma ação (mesmas partes, fatos e pedidos) ocorre a perempção, a perda da possibilidade de ajuizar a mesma ação. Assim, na quarta tentativa do autor, o réu poderá requerer em preliminar a extinção do processo sem resolução do mérito, com base no art. 485, inciso V, do CPC.

6.3.6 Litispendência

Quando houver a propositura de duas ações idênticas, possuindo o mesmo elemento (partes, causa de pedir e pedido). O juiz prevento (que obteve a primeira distribuição) irá excluir a competência do outro juízo e julgar o mérito, o outro juízo irá julgar a causa sem resolução do mérito.

6.3.7 Coisa julgada

Ação idêntica a uma outra que já teve o julgamento com sentença transitada em julgado.

6.3.8 Conexão

São conexas duas ou mais ações que tiverem em comum o pedido ou a causa de pedir, todavia com partes diferentes. Assim, irá se requerer a conexão/reunião dos processos para evitar julgamento contraditório, uniformizando as sentenças que serão prolatadas. Não acarreta a extinção do processo, apenas na reunião das ações para serem julgadas por um só juízo.

6.3.9 Incapacidade da parte, defeito de representação ou falta de autorização

Somente se o vício não for sanado é que será prolatada sentença, extinguindo o processo sem resolução do mérito, conforme previsão do art. 485, inciso IV, do CPC. Devem ser observadas as regras de capacidade estabelecidas nos arts. 70 ao 76 do CPC.

6.3.10 Convenção de arbitragem

Quando as partes, em comum acordo, estipulam previamente em contrato que qualquer conflito será dirimido pelo juízo arbitral, a jurisdição passa a ser incompetente para julgar a demanda. O juiz não poderá reconhecer de ofício a convenção de arbitragem, assim, deve ser arguida em preliminar, sob pena de preclusão, ou seja, se o réu não trouxer essa preliminar, o juiz irá considerar a aceitação da jurisdição estatal e a renúncia ao juízo arbitral.

6.3.11 Ausência de legitimidade ou de interesse processual

A alegação de ilegitimidade passiva confere ao autor o direito de, no prazo de 15 dias, pedir alteração da petição inicial, para substituição do réu (art. 338, *caput*, do CPC). O réu deverá indicar o verdadeiro sujeito passivo, caso tenha conhecimento (art. 339 do CPC), e o autor deverá aceitar a indicação e proceder à alteração da petição inicial para substituição do polo passivo ou incluí-lo (formando um litisconsorte passivo). Se o réu tiver conhecimento e não indicar, deverá arcar com as despesas processuais e indenizar o autor pelos prejuízos decorrentes da falta de indicação.

6.3.12 Falta de caução ou de outra prestação que a lei exige como preliminar

A falta do pagamento de honorários advocatícios de processo extinto sem resolução de mérito, quando o autor está propondo a mesma ação novamente (art. 486, § 2º, do CPC), por exemplo, ou, então, o não pagamento de custas processuais (art. 290 do CPC), a não realização do depósito obrigatório na ação rescisória (art. 968, II, do CPC), entre outras previsões legais.

6.3.13 Indevida concessão do benefício da gratuidade de justiça

Tanto a pessoa física quanto a jurídica podem requerer a gratuidade da justiça, desde que se enquadrem nos requisitos dos arts. 98 e 99 do CPC. Do contrário, deverá ser impugnada pelo réu na contestação ou em outro momento processual, caso ela seja concedida no curso do processo.

6.4 COMPETÊNCIA

Deve ser endereçada ao juízo que recebeu a petição inicial do autor.

6.5 PRAZO

O processo se inicia com a petição inicial que produz efeitos a partir do registro ou distribuição, o próximo ato, em regra, é a audiência de conciliação obrigatória (que poderá ocorrer em meio eletrônico). Apenas após a realização da audiência (e não a partir da citação) dá início a fluência do prazo para a contestação, como se percebe no art. 335 do CPC:

> Art. 335. O réu poderá oferecer contestação, por petição, no prazo de 15 (quinze) dias, **cujo termo inicial será** a data:
>
> I – **da audiência de conciliação ou de mediação**, ou da última sessão de conciliação, quando qualquer parte não comparecer ou, comparecendo, não houver autocomposição;
>
> II – do protocolo do pedido de cancelamento da audiência de conciliação ou de mediação apresentado pelo réu, quando ocorrer a hipótese do art. 334, § 4º, inciso I;
>
> III – prevista no art. 231, de acordo com o modo como foi feita a citação, nos demais casos.

O prazo, assim, é de **15 dias**, lembrando que a contagem com o novo CPC **só considera dias úteis** (art. 219).

O inciso II do art. 335 do CPC é uma exceção, pois, para que a audiência de conciliação não seja realizada, é necessário que autor (na petição inicial) **e** o réu em manifestação com, no mínimo, dez dias de antecedência da audiência se manifestem por sua não realização. Não basta apenas uma das partes não querer, como ocorria no sistema do CPC/1973. A previsão para a sua não realização está no art. 334, § 4º, do CPC, que dispõe: **A audiência não será realizada:** I – se ambas as partes manifestarem, expressamente, desinteresse na composição consensual; II – quando não se admitir a autocomposição.

Se o autor apresentou sua opção por não realizar audiência de conciliação/mediação, **o prazo para a contestação começará a fluir da data em que o réu também se manifestou nesse sentido**.

Se houver mais de um réu, é necessário **que todos manifestem recusa à audiência de conciliação** para que esta não seja realizada, no entanto, a partir de cada recusa começa a fluir o prazo para contestação daquele específico réu, ou seja, nesses casos, o prazo não será comum, mas individualizado para cada réu (art. 335, § 1º, do CPC).

O Código de Processo Civil, no art. 219, dispõe que se houver mais de um réu e estes tiverem procuradores de escritórios de advocacia distintos (requisito novo), o prazo será contado em dobro para processos físicos, ou seja, a dobra não é aplicável a processos eletrônicos (§ 2º), uma vez que há disponibilidade dos autos indistintamente a todas as partes.

A União, os Estados, o Distrito Federal, os Municípios e suas respectivas autarquias e fundações de direito público gozarão de prazo em dobro para todas as suas manifestações processuais, cuja contagem terá início a partir da intimação pessoal (art. 183 do CPC).

QUADRO-RESUMO

Ação	Nome	Fundamento	Prazo
Habeas Data	Informações em *Habeas Data*	art. 9º da Lei nº 9.507/1997	10 dias
Mando de Segurança	Informações em Mandado de Segurança	art. 7º, I, da Lei nº 12.016/2009	10 dias
Ação Popular	Contestação	arts. 335 e 336 do CPC e art. 7º, § 2º, IV, da Lei nº 4.117/1965	20 dias, podendo ser prorrogado por mais 20 dias.
Ação de improbidade administrativa	Contestação	art. 17, § 7º, da Lei nº 8.429/1992	prazo comum de 30 dias
		art. 17, § 9º, da Lei nº 8.429/1992	15 dias
Ação Civil Pública	Contestação	arts. 335 e 336 do CPC e art. 19 da Lei nº 7.347/1985	15 dias
Ação de conhecimento pelo procedimento comum	Contestação	arts. 335 e 336 do CPC	15 dias

6.6 ESTRUTURA DA CONTESTAÇÃO

DOUTO JUÍZO DA ...VARA DE FAZENDA PÚBLICA DA COMARCA DE... (OU DA ...VARA FEDERAL DA SEÇÃO/SUBSEÇÃO JUDICIÁRIA DE...)

(Deixe 1 linha em branco – não escreva isso na sua peça!)

Processo nº ...

Ação... (nome da ação movida – extrair da situação-problema)

(Deixe 3 linhas em branco – não escreva isso na sua peça!)

NOME COMPLETO DO RÉU, nacionalidade, estado civil, profissão, portador do RG..., CPF..., residência e domicílio..., endereço eletrônico... (se for pessoa jurídica: RAZÃO SOCIAL, CNPJ..., com sede no endereço..., endereço eletrônico..., representada legalmente pelo(a) Sr(a)... (documento de representação anexo), por intermédio de seu advogado (procuração em anexo), com endereço profissional no endereço ..., onde receberá intimações, vem, perante Vossa Excelência, com fundamento nos arts. 335 e 336 do CPC, ofertar

CONTESTAÇÃO

Em face da ação ajuizada pelo AUTOR, pelas razões de fato e de direito que passa a expor:

1. DOS FATOS

Descrever a situação fática constante na situação-problema, sem acrescentar nenhum dado que não esteja no problema.

2. DO DIREITO

2.1. DAS PRELIMINARES

Preliminarmente, verifica-se que... (analisar se algum dado na situação-problema faz com que esteja presente alguma das seguintes preliminares, previstas no art. 337 do CPC):

Art. 330. A petição inicial será indeferida quando:

I – for inepta;

II – a parte for manifestamente ilegítima;

III – o autor carecer de interesse processual;

IV – não atendidas as prescrições dos arts. 106 e 321 do CPC.

§ 1º Considera-se inepta a petição inicial quando:

I – lhe faltar pedido ou causa de pedir;

II – o pedido for indeterminado, ressalvadas as hipóteses legais em que se permite o pedido genérico;

III – da narração dos fatos não decorrer logicamente a conclusão;

IV – contiver pedidos incompatíveis entre si.

§ 2º Nas ações que tenham por objeto a revisão de obrigação decorrente de empréstimo, de financiamento ou de alienação de bens, o autor terá de, sob pena de inépcia, discriminar na petição inicial, dentre as obrigações contratuais, aquelas que pretende controverter, além de quantificar o valor incontroverso do débito.

§ 3º Na hipótese do § 2º, o valor incontroverso deverá continuar a ser pago no tempo e modo contratados.

Art. 337. Incumbe ao réu, antes de discutir o mérito, alegar:

I – inexistência ou nulidade da citação;

II – incompetência absoluta e relativa;

III – incorreção do valor da causa;

IV – inépcia da petição inicial (Considera-se inepta a petição inicial quando lhe faltar pedido ou causa de pedir; o pedido for indeterminado — ressalvadas as hipóteses legais em que se permite o pedido genérico; da narração dos fatos não decorrer logicamente a conclusão; e contiver pedidos incompatíveis entre si, conforme o art. 330, § 1º, do CPC);

V – perempção;

VI – litispendência;

VII – coisa julgada;

VIII – conexão;

XI – ausência de legitimidade ou de interesse processual;

XII – falta de caução ou de outra prestação que a lei exige como preliminar;

XIII – indevida concessão do benefício de gratuidade de justiça.

Nos pedidos, ao final, deverão ser requeridas as consequências das preliminares alegadas, constantes nos arts. 485 e 487 do CPC.

2.2 DO MÉRITO

No mérito, constata-se a total improcedência das alegações da parte autora, uma vez que ...

Buscar rebater as alegações de mérito contidas na situação-problema, abordando:

Uma tese constitucional.

Uma tese infraconstitucional.

Uma tese com base nos princípios.

Uma tese com base em súmulas.

3. DOS PEDIDOS

Ante o exposto, requer:

1) O acolhimento das preliminares, nos termos da fundamentação, extinguindo-se a presente ação (sem ou com resolução de mérito – arts. 485 ou 487, inciso II, do CPC); (art. 337 do CPC)
2) Caso superadas as preliminares, em atenção ao princípio da eventualidade, requer a improcedência do pedido, nos termos da fundamentação, com a revogação imediata da tutela de urgência ou evidência (se concedida na situação-problema), uma vez que não estão presentes os requisitos legais; (arts. 300 ou 311 do CPC)
3) A juntada da prova documental anexa; (art. 336 do CPC)
4) A produção de todas as provas admitidas em direito, especialmente a prova ...; (caso a situação-problema traga alguma prova em especial, colocar esta parte final)
5) A condenação do autor ao pagamento dos honorários sucumbenciais e custas processuais; (arts. 85 e 82 do CPC)

Nestes termos, pede deferimento.

Local/data

ADVOGADO/OAB

6.7 ESTRUTURA DA CONTESTAÇÃO EM AÇÃO DE IMPROBIDADE ADMINISTRATIVA

DOUTO JUÍZO DA ...VARA DE FAZENDA PÚBLICA DA COMARCA DE... (OU DA ...VARA FEDERAL DA SEÇÃO/SUBSEÇÃO JUDICIÁRIA DE...)

(Deixe 1 linha em branco – não escreva isso na sua peça!)

Processo nº ...

Ação de Improbidade Administrativa

(Deixe 1 linha em branco – não escreva isso na sua peça!)

NOME COMPLETO DO RÉU, nacionalidade, estado civil, profissão, portador do RG..., CPF..., domicílio e residência, endereço eletrônico..., (se for pessoa jurídica: RAZÃO SOCIAL, CNPJ..., com sede no endereço..., endereço eletrônico..., representada legalmente pelo(a) Sr(a)... (documento de representação anexo), por intermédio de seu advogado (procuração em anexo), com endereço profissional no endereço..., onde receberá intimações, vem, perante Vossa Excelência, com fundamento no art. 17, § 7º, da Lei nº 8.429/1992 e nos arts. 335 e 336 do CPC, ofertar

CONTESTAÇÃO EM AÇÃO DE IMPROBIDADE ADMINISTRATIVA

Em face da ação de improbidade administrativa ajuizada pelo Ministério Público, titular exclusivo da ação nos termos do art. 17, com a devida qualificação já realizada na inicial, pelas razões de fato e de direito que passa a expor:

1. DOS FATOS

Descrever a situação fática constante na situação-problema, sem acrescentar nenhum dado que não esteja no problema.

2. DO DIREITO

2.1 DAS PRELIMINARES

Preliminarmente, verifica-se que... (analisar se algum dado na situação-problema faz com que esteja presente alguma das seguintes preliminares, previstas nos arts. 330 e 337 do CPC e no art.17, § 6º, da Lei nº 8.429/92):

Art. 330. A petição inicial será indeferida quando:

I – for inepta;

II – a parte for manifestamente ilegítima;

III – o autor carecer de interesse processual;

IV – não atendidas as prescrições dos arts. 106 e 321 do CPC.

§ 1º Considera-se inepta a petição inicial quando:

I – lhe faltar pedido ou causa de pedir;

II – o pedido for indeterminado, ressalvadas as hipóteses legais em que se permite o pedido genérico;

III – da narração dos fatos não decorrer logicamente a conclusão;

IV – contiver pedidos incompatíveis entre si.

Posteriormente, verificar se se encontram algumas das seguintes situações, preliminares:

Art. 337. Incumbe ao réu, antes de discutir o mérito, alegar:

I – inexistência ou nulidade da citação;

II – incompetência absoluta e relativa;

III – incorreção do valor da causa;

IV – inépcia da petição inicial;

V – contiver pedidos incompatíveis entre si;

VI – perempção;

VII – litispendência;

VIII – coisa julgada;

IX – conexão;

X – ausência de legitimidade ou de interesse processual;

XI – falta de caução ou de outra prestação que a lei exige como preliminar;

XII – indevida concessão do benefício de gratuidade de justiça.

Obs.: Considera-se inepta a petição inicial quando lhe faltar pedido ou causa de pedir, o pedido for indeterminado, ressalvadas as hipóteses legais em que se permite o pedido genérico, da narração dos fatos não decorrer logicamente a conclusão, nos termos do art. 330, § 1º, do CPC.

Também devem ser levantadas as situações preliminares específicas da Lei nº 8.429/1992. Assim, de acordo com o art. 17, § 6º-B, da Lei nº 8.429/1992, a petição inicial será rejeitada nos casos do art. 330 do CPC, bem como quando não preenchidos os requisitos a que se referem os incisos I e II do § 6º do art. 17 da Lei nº 8.429/1992, ou, ainda, quando manifestamente inexistente o ato de improbidade imputado.

É necessário, portanto, que se verifique se a petição inicial preencheu os requisitos intrínsecos, previstos no art. 17, § 6º, da Lei nº 8.429/1992, o qual diz que a petição inicial observará o seguinte:

I – deverá individualizar a conduta do réu e apontar os elementos probatórios mínimos que demonstrem a ocorrência das hipóteses dos arts. 9º, 10 e 11 da Lei nº 8.429/1992 e de sua autoria, salvo impossibilidade devidamente fundamentada;

II – será instruída com documentos ou justificação que contenham indícios suficientes da veracidade dos fatos e do dolo imputado ou com razões fundamentadas da impossibilidade de apresentação de qualquer dessas provas, observada a legislação vigente, inclusive as disposições constantes dos arts. 77 e 80 do CPC.

Após abordadas as preliminares, deverá ser analisada eventual incidência da prejudicial de mérito da prescrição, conforme o art. 23 da Lei nº 8.429/1992.

Nos pedidos, ao final, deverão ser requeridas as consequências das preliminares alegadas, constantes nos arts. 485 e 487 do CPC c/c art. 17, § 6º-B, da Lei nº 8.429/1992, ou seja, a extinção do processo sem (ou com – caso incida a prescrição) resolução de mérito.

2.2 DO DIREITO

No mérito, constata-se a total improcedência das alegações da parte autora, uma vez que...

Buscar rebater as alegações de mérito contidas na situação-problema, abordando:

uma tese constitucional;

uma tese infraconstitucional;

uma tese com base nos princípios;

uma tese com base em súmulas.

Neste tópico, deverão ser arguidos, principalmente, os dispositivos que exigem a presença de dolo específico para a configuração do ato de improbidade, como os arts. 1º, § 1º, 9º, 10 e 11, caput, bem como as previsões contidas nos parágrafos do art. 11, todos da Lei nº 8.429/1992.

Fundamentada a inexistência de ato de improbidade, deverão ser demonstradas as razões para que o juiz proceda ao julgamento conforme o estado do processo, extinguindo o feito com resolução de mérito e absolvendo o réu das imputações do MP, de acordo com o art. 17, § 10-B, I e § 11, da Lei nº 8.429/1992.

Após isso, caso reste evidente que há a existência de ilegalidades ou de irregularidades administrativas a serem sanadas sem que estejam presentes todos os requisitos para a imposição das sanções ao réu, deve ser fundamentado que o juiz deve converter a ação de improbidade administrativa em ação civil pública, regulada pela Lei nº 7.347/1985.

3. DOS PEDIDOS

Ante o exposto, requer:

1) o acolhimento das preliminares, nos termos da fundamentação, extinguindo-se a presente ação (sem ou com resolução de mérito – arts. 485 ou 487, II, do CPC c/c art. 17, § 6º-B, da Lei nº 8.429/1992);
2) caso superadas as preliminares, em atenção ao princípio da eventualidade, o julgamento conforme o estado do processo, absolvendo-se o réu das imputações feitas pelo MP, extinguindo-se o processo com resolução de mérito, nos termos do art. 17, § 10-B, I e § 11, da Lei nº 8.429/1992;
3) caso não acolhidas as preliminares ou o pedido de julgamento conforme o estado do processo, a improcedência do pedido, nos termos da fundamentação, a fim de absolver o réu das imputações feitas pelo Ministério Público;
4) caso superados os pedidos anteriores, a conversão da presente ação de improbidade administrativa em ação civil pública, uma vez ausente qualquer ato de improbidade administrativa, nos termos do art. 17, § 16, da Lei nº 8.429/1992;

5) a imediata revogação (se já decretada) ou não decretação (se ainda não foi) da decretação de indisponibilidade dos bens, nos termos da fundamentação (caso, na situação-problema, o autor da Ação de Improbidade tenha requerido a decretação de indisponibilidade), uma vez que não foram preenchidos os requisitos exigidos no art. 16 da Lei n 8.429/1992

6) a produção de todas as provas não defesas em lei, com o especial interrogatório pessoal do réu, conforme o art. 17, § 18, e a não imposição do ônus da prova a este, de acordo com o art. 17, § 19, II, ambos da Lei nº 8.429/1992; e

7) a isenção ao réu, das custas processuais, e a condenação do autor aos honorários sucumbenciais na forma do art. 23-B, § 2º, da Lei nº 8.429/1992.

Local/data

ADVOGADO(A)/OAB

6.8 PEÇAS PARA TREINAMENTO

(EXAME DE ORDEM X/Peça profissional/Atualizada) Francisco, servidor público que exerce o cargo de motorista do Ministério Público Federal da 3ª Região, localizada em São Paulo, há tempo vinha alertando o setor competente de que alguns carros oficiais estavam apresentando constantes problemas na pane elétrica e no sistema de frenagens, razão pela qual deveriam ser retirados temporariamente da frota oficial até que tais problemas fossem solucionados. Contudo, nesse ínterim, durante uma diligência oficial, em razão de tais problemas, Francisco perdeu o controle do veículo que dirigia e acabou destruindo completamente a moto de Mateus, estudante do 3º período de Direito, que estava estacionada da calçada. Mateus, por essa razão, assim que obteve sua inscrição como advogado nos quadros da Ordem dos Advogados, ingressou, em causa própria, perante o Juízo da Vara Federal da Seção Judiciária de São Paulo, com ação de responsabilidade civil, com fulcro no art. 37, § 6º, da CF/88 em face de Francisco e da União Federal, com o intuito de ser ressarcido pelos danos causados à sua moto. Na referida ação, Mateus alega que (i) não há que se falar em prescrição da pretensão ressarcitória, tendo em vista não terem decorridos mais de cinco anos do evento danoso, nos termos do Dec. 20.910/32; (ii) que, nos termos do art. 37, § 6º, da CF/88, as pessoas jurídicas de direito público responderão pelos danos que seus agentes, nessa qualidade, causarem a terceiros, com fulcro na teoria do risco administrativo; (ii) que estão presentes todos os elementos necessários para configuração da responsabilidade civil. Considerando as informações acima mencionadas e que, de fato, decorreram apenas quatro anos do evento danoso, apresente a peça pertinente para a defesa dos interesses de Francisco, sem criar dados ou fatos não informados.

Contestação	
Item	**Pontuação**
Endereçamento da peça: Juízo da Vara Federal da Seção Judiciária de São Paulo	0,00/0,15
Qualificação das partes Francisco, nos autos da ação em epígrafe movida por Mateus.	0,00/0,15
Fundamentos: Arguição de ilegitimidade passiva de Francisco tendo em vista que o art. 37, § 6º, da CF/1988 só permite o direcionamento da ação em face das pessoas jurídicas nele mencionadas (0,60). O dispositivo encerra dupla garantia: uma, em favor do particular, possibilitando-lhe ação indenizatória contra a pessoa jurídica de direito público, ou de direito privado que preste serviço público. Outra garantia, no entanto, em prol do servidor estatal, que somente responde administrativa e civilmente perante a pessoa jurídica a que se vincula (0,40).	0,00/0,40/ 0,60/1,00
Prescrição: inaplicabilidade a Francisco do prazo quinquenal previsto no Dec. nº 20.910/1932 (0,40). Arguição de prescrição da pretensão ressarcitória, tendo em vista decorridos mais de três anos do evento danoso, nos termos do art. 206, § 3º, V, do CC (0,60). ***Observação:*** Caso o examinando argua apenas a prescrição trienal, receberá a pontuação integral.	0,00/0,40/1,00
A responsabilidade do Estado (no caso, a União) é objetiva, que se caracteriza pela necessidade de serem comprovados, apenas, a ação do agente, o dano e o nexo causal entre ambos. No entanto, Francisco não responde de forma objetiva pelos danos causados, tendo em vista que a teoria do risco administrativo somente é aplicada às pessoas jurídicas de direito público e as de direito privado prestadoras de serviços públicos (0,40). Desse modo, a responsabilidade de Francisco é subjetiva, que é aquela segundo a qual deve ser comprovada, além da ação, dano e nexo causal, a culpa em sentido amplo, devendo ser comprovado que este agiu com negligência, imprudência, imperícia (culpa em sentido estrito) ou com intenção de causar o dano (dolo). (0,60) ***Observação:*** Caso o examinando afirme, de forma fundamentada, que a responsabilidade de Francisco é subjetiva, explicitando os seus requisitos, receberá a pontuação integral.	0,00/0,40/1,00

Contestação	
Item	**Pontuação**
Inexistência do elemento subjetivo no caso concreto, tendo em visa que, no caso concreto, Francisco causou o acidente em razão dos problemas mecânicos que, inclusive, já tinha sido alertado ao setor competente.	0,00/0,50
Pedido 1. Requer que seja extinto o processo sem resolução de mérito, em relação a Francisco, tendo em vista a sua manifesta ilegitimidade passiva (art. 485, VI, do CPC);	0,00/0,30
Pedido 2. Requer que sejam julgados improcedentes os pedidos autorais, em razão do acolhimento da preliminar de mérito da prescrição da pretensão ressarcitória em face de Francisco (art. 487, II, do CPC);	0,00/0,30
Pedido 3. Requer que sejam julgados improcedentes os pedidos autorais, em razão da manifesta ausência do elemento culpa, necessário para a configuração do dever de indenizar de Francisco	0,00/0,30
Pedido 4. Produção genérica de provas	0,00/0,15
Pedido 5. Condenação em honorários sucumbenciais	0,00/0,15

6.9 INTRODUÇÃO ÀS PEÇAS RECURSAIS

A estrutura utilizada para as peças recursais é muito semelhante às peças iniciais, com pequenas alterações próprias, a exemplo da folha de rosto. Ademais, há necessidade de observância de alguns aspectos, como o preparo (a comprovação do recolhimento das custas, conforme o art. 1.007 do CPC), sob pena de deserção. Caso seja concedida a gratuidade da justiça, deve se requerer a dispensa do preparo, nos termos do art. 99, § 7º, do CPC.

As espécies recursais, no Código de Processo Civil, estão previstas no art. 994, sendo cabíveis os seguintes recursos:

> I – apelação;
>
> II – agravo de instrumento;
>
> III – agravo interno;
>
> IV – embargos de declaração;
>
> V – recurso ordinário;
>
> VI – recurso especial;
>
> VII – recurso extraordinário;
>
> VIII – agravo em recurso especial ou extraordinário;
>
> IX – embargos de divergência.

A peça recursal, como dito, deve conter uma folha de rosto, endereçada ao juízo ou tribunal *a quo*, que conterá dois pedidos básicos: 1) o recebimento e o envio do recurso ao tribunal *ad quem*; e 2) a juntada do documento comprobatório do preparo.

Na sequência da folha de rosto seguirão as razões recursais, endereçadas ao Presidente do Tribunal *ad quem*. Nos pedidos constantes nas razões do recurso devem constar basicamente: 1) o **conhecimento** e o **provimento** do recurso; 2) a condenação do recorrido ao pagamento dos honorários e custas processuais.

O **conhecimento** do recurso está relacionado aos requisitos de admissibilidade, como a tempestividade, a legitimidade, o interesse e o preparo. Já o **provimento** está ligado ao mérito da demanda, buscando-se substituir a decisão recorrida, conforme previsto no art. 1.008 do CPC.

O art. 995 do CPC traz a possibilidade do efeito suspensivo, que é a exceção, eis que os recursos não impedem a eficácia da decisão, salvo disposição legal ou decisão judicial em sentido diverso.

Assim, a eficácia da decisão recorrida poderá ser suspensa por decisão do relator, se da imediata produção de seus efeitos **houver risco de dano grave**, de **difícil ou impossível reparação** e ficar **demonstrada a probabilidade de provimento do recurso**.

Verifica-se, assim, a necessidade de, sempre que houver **o pedido de efeito suspensivo**, realizar a fundamentação objetivando demonstrar os requisitos acima.

Também é possível requerer o efeito ativo, concedido com a antecipação da tutela recursal, com fundamento no art. 299, parágrafo único, do CPC.

Por fim, no mérito, deverá ser realizada fundamentação (de fato e de direito) que leve ao conhecimento/não conhecimento e ao provimento/não provimento das razões ou contrarrazões recursais, com a substituição/manutenção da decisão recorrida.

De modo sintetizado, será apresentada abaixo a estruturação das contrarrazões, que seguirá a mesma lógica das razões recursais.

Folha de rosto das contrarrazões recursais
a) Endereçamento ao juízo ou Tribunal ***a quo***
b) Número do processo
c) Qualificação do recorrido
d) Nome da peça e sua fundamentação
e) Qualificação do recorrente
f) Pedidos
g) Fechamento da peça.

Contrarrazões recursais
a) Endereçamento ao tribunal ***ad quem***
b) Número do processo
c) Nome do recorrente
d) Nome do recorrido
e) Cabimento e tempestividade
f) Fatos
g) Preliminares
h) Mérito (para atacar o recurso, não a sentença)
i) Pedidos
j) Fechamento.

Assim, passaremos às peças recursais em espécie.

7 AGRAVO DE INSTRUMENTO

7.1 FUNDAMENTO

Art. 1.015, conforme seus incisos, do CPC, bem como dispositivos previstos em leis especiais.

7.2 CABIMENTO

O agravo de instrumento é o recurso cabível, em primeiro grau de jurisdição, contra específicas **decisões interlocutórias** previstas em lei. Desse modo, deve ser observada, na situação-problema, alguma decisão interlocutória que deferiu/indeferiu algum pedido (possivelmente algum pedido liminar ou de tutela de urgência).

Decisão interlocutória é o pronunciamento com conteúdo decisório proferido no curso do procedimento, que não encerra a fase cognitiva nem o processo de execução. Diga-se: não é **sentença** (pronunciamento decisório encerra a fase cognitiva ou a execução) e não é **despacho de mero expediente** (não tem conteúdo decisório).

O art. 1.015 do CPC elenca um rol exemplificativo de hipóteses de cabimento. O STJ, em 5 de dezembro de 2018, por intermédio da Corte Especial, por maioria de votos, ampliou as hipóteses de cabimento do recurso de agravo de instrumento previstas no CPC. Assim, no julgamento dos recursos repetitivos (REsp nº 1696396 e REsp nº 1704520), os ministros analisaram a natureza do rol do art. 1.015 do CPC, se taxativo ou exemplificativo. Prevaleceu no julgamento o voto da relatora, ministra Nancy Andrighi, apresentado em agosto, que autoriza o uso do recurso, antes da sentença, em casos de "urgência", o que ela chamou de uma "taxatividade mitigada pelo requisito da urgência".

As principais hipóteses de cabimento são as seguintes:

> Art. 1.015. Cabe agravo de instrumento contra as decisões interlocutórias que versarem sobre:
>
> I – tutelas provisórias;
>
> II – mérito do processo;
>
> III – rejeição da alegação de convenção de arbitragem;
>
> IV – incidente de desconsideração da personalidade jurídica;
>
> V – rejeição do pedido de gratuidade da justiça ou acolhimento do pedido de sua revogação;
>
> VI – exibição ou posse de documento ou coisa;
>
> VII – exclusão de litisconsorte;
>
> VIII – rejeição do pedido de limitação do litisconsórcio;
>
> IX – admissão ou inadmissão de intervenção de terceiros;
>
> X – concessão, modificação ou revogação do efeito suspensivo aos embargos à execução;
>
> XI – redistribuição do ônus da prova nos termos do art. 373, § 1º, do CPC;
>
> XII – (VETADO);
>
> XIII – outros casos expressamente referidos em lei.
>
> Parágrafo único. Também caberá agravo de instrumento contra decisões interlocutórias proferidas na fase de liquidação de sentença ou de cumprimento de sentença, no processo de execução e no processo de inventário.

Entre as hipóteses legais mais comuns, encontram-se as previstas na Lei nº 8.429/1992, a Lei de Improbidade Administrativa. Assim, deve-se utilizar o fundamento específico dessa lei, comoa previsão de que, da decisão que deferir ou indeferir a medida relativa à indisponibilidade de bens, caberá agravo de instrumento, nos termos do art. 16, § 9º. Igualmente, da decisão que rejeitar questões preliminares suscitadas pelo réu em sua contestação, caberá agravo de instrumento, com fundamento no art. 17, § 9º-A. De igual modo, da decisão que converter a ação de improbidade em ação civil pública, caberá agravo de instrumento, com fulcro no art. 17, § 17. Por fim, o art. 17, § 21, reforça que, de todas as decisões interlocutórias, caberá agravo de instrumento, inclusive da decisão que rejeitar questões preliminares suscitadas pelo réu em sua contestação.

7.3 NOMENCLATURA

Agravante e Agravado.

7.4 REQUISITOS E COMPETÊNCIA

Basicamente, é necessário que fiquem evidenciados a fumaça do bom direito e o perigo da demora, a fim de que seja atribuído efeito **suspensivo** (para que suspenda os efeitos da decisão) ou **ativo** (para que se defira, em sede de antecipação da tutela recursal, o pedido denegado no juízo *a quo*).

Exemplo 1: Seu cliente é o autor. Na petição inicial, requer medida liminar ou tutela provisória (urgência ou evidência). O juiz indefere o pedido liminar ou a concessão da tutela provisória. O recurso que você deve elaborar é um Agravo de Instrumento. Nesse recurso, deve-se requerer o efeito ativo, a fim de que o Tribunal **conceda a antecipação da tutela recursal**, deferindo a liminar ou a tutela de urgência, conforme o art. 299, parágrafo único, e art. 1.019, inciso I, do CPC.

Exemplo 2: Seu cliente é o réu. Na petição inicial, o autor requereu medida liminar ou tutela provisória. O juiz deferiu o pedido do autor. Irresignado, o réu lhe procura. O recurso que você deve elaborar é um Agravo de Instrumento. Nesse recurso, deve-se requerer o **efeito suspensivo**, a fim de que o Tribunal suspenda a liminar ou a tutela de urgência concedida pelo juízo *a quo*, com base no art. 1.019, inciso I, do CPC.

O agravo de instrumento **será dirigido diretamente ao PRESIDENTE OU VICE-PRESIDENTE do tribunal competente (*ad quem*)**, por meio de petição com os seguintes requisitos previstos no art. 1016 do CPC:

I – os nomes das partes;

II – a exposição do fato e do direito;

III – as razões do pedido de reforma ou de invalidação da decisão e o próprio pedido;

IV – o nome e o endereço completo dos advogados constantes do processo.

7.5 ESTRUTURA DO AGRAVO DE INSTRUMENTO

EXCELENTÍSSIMO SENHOR DESEMBARGADOR PRESIDENTE DO TRIBUNAL DE JUSTIÇA DO ESTADO... (OU DESEMBARGADOR FEDERAL PRESIDENTE DO TRIBUNAL REGIONAL FEDERAL DA ... REGIÃO)

(Deixe 1 linha em branco – não escreva isso na sua peça!)

Processo nº: ...
Ação ...
Agravante: ...
Agravado...

(Deixe 1 linha em branco – não escreva isso na sua peça!)

NOME COMPLETO DO AGRAVANTE, nacionalidade, estado civil, profissão, portador do RG..., CPF..., residência e domicílio..., endereço eletrônico... (se for pessoa jurídica: RAZÃO SOCIAL, CNPJ..., com sede no endereço..., endereço eletrônico..., representada legalmente pelo(a) Sr(a)... [documento de representação anexo]), por intermédio de seu advogado (procuração em anexo), com endereço profissional no endereço..., onde receberá intimações, vem, perante Vossa Excelência, com fundamento no art. 1.015 do CPC, interpor

AGRAVO DE INSTRUMENTO
(COM PEDIDO DE ANTECIPAÇÃO DE TUTELA RECURSAL OU EFEITO SUSPENSIVO)

Em face da decisão interlocutória de Fls. ..., proferida pelo juízo *a quo*, no processo nº ...., contra o (ou que lhe move o) AGRAVADO..., particular/pessoa jurídica de direito público/privado ..., RG/CPF/CNPJ ..., com endereço/sede no endereço..., endereço eletrônico..., pelas razões de fato e de direito que passa a expor:

1. DO CABIMENTO E DOS PRESSUPOSTOS DE ADMISSIBILIDADE

Conforme previsto no art. 1.015, do CPC, a decisão interlocutória proferida pelo juízo *a quo* poderá ser impugnada por agravo de instrumento. Ademais, torna-se possível e cabível a interposição do presente recurso, visto que também estão atendidos os demais requisitos intrínsecos de admissibilidade do recurso, ou seja, as partes são legítimas, conforme o art. 996 do CPC, além de não incidir nenhum fato impeditivo, extintivo do direito de recorrer, de acordo com os arts. 998 até 1.000 do CPC.

2. DA TEMPESTIVIDADE E DO PREPARO

Conforme o art. 1.003, § 5º, do CPC, poderá ser interposto o presente recurso no prazo de 15 dias. No referido caso, a decisão foi publicada em... (colocar a data da publicação da decisão atacada), demonstrando-se tempestivo o presente agravo de instrumento.

Ainda, de acordo com os arts. 1.007 e 1.017, § 1º, ambos do CPC, para a interposição do presente recurso deverá a parte efetuar o pagamento do preparo, o que foi realizado de acordo com a comprovação anexa.

OBSERVAÇÃO: Caso o cliente faça jus à gratuidade da justiça, deve ser formulada a fundamentação nesse sentido, solicitando-se a concessão da gratuidade da justiça e a dispensa da comprovação do preparo, nos termos do art. 99 do CPC.

3. DAS PEÇAS OBRIGATÓRIAS

Verifica-se nos arts. 1.016, inciso IV, e 1.017, inciso I, ambos do CPC, que a parte agravante deverá anexar ao seu recurso todos os documentos e peças obrigatórias, além do nome e endereço completo dos advogados.

Conforme se constata, encontram-se anexas as cópias da petição inicial, da contestação, da petição que ensejou a decisão agravada, da própria decisão agravada, da certidão da respectiva intimação (ou outro documento oficial que comprove a tempestividade) e das procurações outorgadas aos advogados do agravante e do agravado, onde constam os respectivos endereços.

4. DOS FATOS

Descrever a situação fática constante na situação-problema, sem acrescentar nenhum dado que não esteja nele (se referir ao seu cliente como agravante e à parte contrária como agravado).

5. DO DIREITO

Buscar o desenvolvimento de, no mínimo, quatro teses sobre os subtemas de direito administrativo trabalhados, envolvendo o tema de direito material aplicável:

Uma tese constitucional.

Uma tese infraconstitucional.
Uma tese com base nos princípios.
Uma tese com base em súmulas.

6. DA ANTECIPAÇÃO DE TUTELA RECURSAL OU DO EFEITO SUSPENSIVO

Conforme prevê o art. 995, parágrafo único, c/c o art. 1.019, inciso I, ambos do CPC, poderá o agravante solicitar a concessão da antecipação da tutela recursal **ou** a atribuição do efeito suspensivo.

Ocorre que, no presente caso, houve indeferimento/deferimento do pedido de (descrever o objeto da decisão interlocutória que se está atacando, a exemplo da concessão ou não de uma tutela de urgência/evidência), conforme se verifica na decisão interlocutória atacada.

Diante disso, resta esclarecido que a parte agravante observou (ou não observou) as exigências legais necessárias para o provimento do pedido de tutela recursal, uma vez que estão (ou não estão) preenchidos os requisitos dispostos no art. ... (se for uma tutela de urgência ou evidência, arts. 300 ou 311 do CPC, por exemplo), nos termos da fundamentação, devendo ser concedida a antecipação da tutela recursal para... ou a atribuição do efeito suspensivo, a fim de que se suspenda a decisão proferida pelo juízo *a quo*, permitindo-se que...

(Se a decisão atacada tiver concedido a tutela de urgência e seu cliente desejar a suspensão dos efeitos da decisão interlocutória que deferiu em favor da parte contrária, realize a fundamentação solicitando o efeito suspensivo, conforme a previsão do art. 1.019, inciso I, do CPC.).

7. DOS PEDIDOS

Ante o exposto, requer:

1) O acolhimento das preliminares, nos termos da fundamentação, extinguindo-se a presente ação (sem ou com resolução de mérito – arts. 485 ou 487, inciso II, do CPC); (art. 337 do CPC)
2) Seja conhecido o presente recurso, uma vez presentes os requisitos e pressupostos de admissibilidade, especialmente os constantes no art. 1.017, § 1º, combinado com os arts. 1.007 e 1.003, § 5º, todos do CPC;
3) Seja deferido o pedido de antecipação de tutela recursal nos termos do art. 299, parágrafo único c/c art. 1.019, I do CPC (ou atribuído o efeito suspensivo à decisão do juízo *a quo*), na forma do art. 995, parágrafo único, c/c art. 1.019, I, do CPC, a fim de...;
4) Seja provido o presente agravo de instrumento, a fim de reformar a decisão proferida pelo juízo *a quo*, confirmando integralmente o pedido da tutela recursal, a fim de que... (descrever o pedido principal definitivo), nos termos da fundamentação; (art. 1.020 do CPC)

5) A intimação do agravado, para, querendo, oferecer resposta no prazo legal; (art. 1.019, inciso II, do CPC)
6) A intimação do membro do Ministério Público para que, desejando, apresente suas considerações sobre o presente recurso; (art. 1.019, III, do CPC)
7) A juntada da documentação obrigatória ao conhecimento do presente agravo; (cópia da petição inicial, da contestação, da petição que ensejou a decisão agravada, da própria decisão agravada, da certidão da respectiva intimação ou outro documento oficial que comprove a tempestividade e das procurações outorgadas aos advogados do agravante e do agravado – art. 1.017, I, do CPC);
8) A juntada do comprovante do pagamento do preparo ou a concessão da gratuidade da justiça, com a dispensa do preparo; (art. 1.017, § 1º ou art. 99 do CPC)
9) A condenação do agravado ao pagamento dos honorários sucumbenciais e custas processuais. (arts. 85 e 82 do CPC)

Nestes termos, pede deferimento.

Local/data

ADVOGADO/OAB

7.6 PEÇAS PARA TREINAMENTO

(EXAME DE ORDEM VIII/Peça prático-profissional) Norberto, brasileiro, desempregado e passando por sérias dificuldades econômicas, domiciliado no Estado "X", resolve participar de concurso público para o cargo de médico de hospital estadual. Aprovado na fase inicial do concurso, Norberto foi submetido a exames médicos, através dos quais se constatou a existência de tatuagem em suas costas. Norberto, então, foi eliminado do concurso, com a justificativa de que o cargo de médico não era compatível com indivíduos portadores de tatuagem. Inconformado, Norberto ajuizou ação ordinária em face do Estado, de competência de vara comum, com pedido liminar, na qual requereu (i) a anulação do ato administrativo que o eliminou do concurso; e (ii) que lhe fosse deferida a possibilidade de realizar as demais etapas do certame, com vaga reservada. O juízo de 1ª instância indeferiu o pedido liminar, em decisão publicada ontem, pelos seguintes motivos:

1. Os pedidos de anulação do ato de eliminação e de reserva de vaga não seriam possíveis, pois significariam atraso na conclusão do concurso;
2. A Administração Pública possui poder discricionário para decidir quais são as restrições aplicáveis àqueles que pretendem se tornar médicos no âmbito do Estado, de forma que o autor deverá provar que a decisão foi equivocada.

Diante do exposto, e supondo que você seja o advogado de Norberto, elabore a medida judicial cabível contra a decisão publicada ontem, para a defesa dos interesses de seu cliente, abordando as teses, os fundamentos legais e os princípios que poderiam ser usados em favor do autor.

Agravo de Instrumento	
Item	**Pontuação**
Endereçamento da petição inicial (0,25): Tribunal de Justiça do Estado "X";	0,00/0,25
Qualificação das partes: (0,25 para cada item) Norberto/ Estado "X"	0,00/0,25/0,50
Indicação de cumprimento dos arts. 1.016 e 1.017 do CPC (0,25 para cada item) Menção à juntada de todas as cópias obrigatórias ao conhecimento do agravo de instrumento. (0,25) Indicação dos advogados das partes (0,25)	0,00/0,25/0,50
Justificativa do cabimento do agravo de instrumento (0,50).	0,00/0,50
Fundamentação 1. Violação ao princípio do livre acesso aos cargos públicos que determina que só podem ser exigidos requisitos diferenciados de acesso quando a natureza ou complexidade do cargo a ser ocupado o exigirem.	0,00/0,50
Fundamentação 2. Violação do princípio da legalidade tendo em vista que as restrições de acesso aos cargos e empregos públicos devem estar previstas em lei.	0,00/0,50
Fundamentação 3. Violação aos princípios da proporcionalidade/razoabilidade, que delimitam o exercício do poder discricionário, tendo em vista que a referida restrição/exigência não tem qualquer relação com o desempenho do cargo pretendido.	0,00/0,50
Fundamentação 4. Não há que se falar em prejuízo com o atraso na conclusão do concurso, pois não foi formulado qualquer pedido de suspensão ou interrupção do mesmo, mas tão somente que fosse garantido ao agravante o direito de prestar as fases seguintes do concurso.	0,00/0,50

Agravo de Instrumento	
Item	**Pontuação**
Pedido de concessão de antecipação de tutela recursal (efeito suspensivo ativo), nos termos do art. 1.019, I, do CPC (0,25) Demonstração concreta da presença dos requisitos para a concessão de tutela antecipada em sede recursal.	0,00/0,25/ 0,50/0,75
Periculum in mora: a demora na prestação jurisdicional irá acarretar lesão grave e de difícil reparação ao agravante, visto que o agravante não participará das demais fases do concurso. (0,25) *Fumus boni iuris*: A restrição de acesso ao cargo de médico devido à existência de tatuagem nas costas é violadora dos princípios da legalidade, do livre acesso aos cargos públicos e/ou dos princípios da proporcionalidade/razoabilidade, tendo em vista que a exigência não tem qualquer relação com o desempenho do cargo pretendido. (0,25)	
Pedido (0,50): Seja dado provimento ao agravo, reformando-se a decisão agravada, para que o autor possa participar das demais fases do certame, com vaga garantida em caso de aprovação.	0,00/0,50

(EXAME DE ORDEM XXIII/Peça profissional) Maria ajuizou ação indenizatória em face do Estado Alfa, em decorrência de seu filho Marcos ter sido morto durante uma aula em uma escola estadual (da qual era aluno do sétimo ano) alvejado pelos tiros disparados por Antônio, um ex-aluno que, armado com duas pistolas, ingressou na escola atirando aleatoriamente. Antônio deu causa ao óbito de Marcos, de sua professora e de outros cinco colegas de classe, além de grave ferimento em mais seis alunos. Depois disso, suicidou-se. O Estado promoveu sua defesa no prazo e admitiu a existência dos fatos, amplamente divulgados na mídia e incontroversos nos autos. Na contestação, requereu a denunciação da lide a Agenor, servidor público estadual estável, inspetor da escola, que, na qualidade de responsável por controlar a entrada e a saída de pessoas no estabelecimento de ensino, teria viabilizado o acesso do ex-aluno. Nenhuma das partes requereu a produção de prova que importasse em dilação probatória, e o Juízo de 1º grau admitiu a denunciação da lide.

Inconformada com a intervenção de terceiro determinada pelo Juízo, Maria procura você para, na qualidade de advogado(a), impugnar tal determinação jurisdicional.

Redija a peça apropriada, expondo todos os argumentos fáticos e jurídicos pertinentes. (Valor: 5,00)

Observação: A peça deve abranger todos os fundamentos de Direito que possam ser utilizados para dar respaldo à pretensão. A simples menção ou transcrição do dispositivo legal não confere pontuação.

Item	Pontuação
Endereçamento do Agravo: Exmo. Sr. Desembargador Relator do Tribunal de Justiça do Estado Alfa. (0,10)	0,00/0,10
Qualificação das partes: Agravante: Maria (0,10). Agravados: Estado Alfa (0, 10).	0,00/0,10/0,20
Fundamentação da pretensão recursal: A. Inicialmente, a viabilidade/cabimento do recurso, uma vez que se trata de decisão interlocutória que decide intervenção de terceiro (0,30), diante da previsão expressa no art. 1.015, inciso IX, do CPC (0,10).	0,00/0,30/0,40
B. A fundamentação da concessão de efeito suspensivo, na forma do art. 1.019, inciso I, do CPC (0,10), diante do relevante fundamento fático e jurídico (0,20) e pela possibilidade de causar gravame de difícil reparação ao andamento do processo (0,20).	0,00/0,20/0,30/ 0,40/0,50
C. O descabimento da intervenção de terceiro no caso, pois viola os princípios da efetividade (0,20) e celeridade processuais (0,20), a que alude o art. 5º, inciso LXXVIII, da CF/1988 (0,10).	0,00/0,20/0,30/ 0,40/0,50
C1. O art. 37, § 6º, da CF/1988 (0,10) atribui responsabilidade civil objetiva ao Estado, caracterizada, no caso, pelo dever de guarda que o Poder Público tem sobre os alunos nos estabelecimentos de ensino (0,40), e responsabilidade subjetiva aos servidores que, nessa qualidade, tenham dado causa ao dano mediante culpa ou dolo (0,40);	0,00/0,40/0,50 0,80/0,90
C2. Considerando que os fatos são incontroversos e não há pedido das partes que importe em dilação probatória (0,20), a introdução do elemento subjetivo da conduta do servidor acarretará necessidade de instrução probatória que prejudicará o regular andamento do processo (0,30);	0,00/0,20/0,30/0,50
C3. Impõe-se ação de regresso do Estado Alfa em face do servidor causador do dano (0,50);	0,00/0,50
C4. Inexiste prejuízo para o ajuizamento futuro de eventual ação de regresso do Estado em face de Agenor (0,30), considerando que, no caso, a denunciação da lide não é obrigatória (0,20).	0,00/0,20/0,30/0,50

Item	Pontuação
Pedidos: - deve ser formulado pedido de concessão de efeito suspensivo (0,20).	0,00/0,20
- pedido de reforma da decisão que admitiu a denunciação da lide (0,40)	0,00/0,40
- condenação em custas (0,10) e honorários de advogado (0,10).	0,00/0,10/0,20
Fechamento: Local, data, assinatura e número de inscrição na OAB (0,10).	0,00/0,10

(EXAME DE ORDEM XXXIII/Peça profissional) Aproveitando-se da pandemia do novo coronavírus como uma janela de oportunidade para, a qualquer custo, aumentar seus lucros, a sociedade empresária Gama, do ramo farmacêutico, passou a produzir o medicamento XXX, sem as prévias autorizações legais exigidas pelos órgãos competentes. À revelia de qualquer embasamento científico, o intuito da farmacêutica seria anunciar e vender o medicamento, como se eficaz fosse, para a prevenção e tratamento da Covid-19. Antes que qualquer unidade do medicamento fosse colocada à venda, a indústria farmacêutica foi fiscalizada pela Agência Nacional de Vigilância Sanitária, que, agindo com base na legislação de regência e no regular uso de seu poder de polícia, lavrou auto de infração e, após processo administrativo sanitário, aplicou a sanção administrativa cabível à sociedade empresária Gama, diversa da interdição do estabelecimento. Logo após a vistoria, e antes mesmo de concluído o mencionado processo administrativo, levado a cabo pela Anvisa, os sócios administradores da sociedade empresária Gama desistiram de produzir o medicamento XXX, incineraram os produtos irregulares já produzidos e os insumos destinados à produção de novos. O Ministério Público Federal recebeu representação de farmacêutica concorrente que noticiou estar ocorrendo a produção ilegal de medicamentos para prevenção e tratamento do Covid-19 pela sociedade empresária Gama e informou que a Anvisa não adotou qualquer medida para a fiscalização dos fatos. Mesmo sabedora de que a Anvisa já havia atuado no caso e que a sociedade empresária Gama já havia desistido de produzir e vender o medicamento XXX, a noticiante, dolosamente, omitiu tais informações na notícia de fato que apresentou ao MPF. Diante da gravidade da situação que lhe foi apresentada, o Ministério Público Federal ajuizou de imediato ação civil pública em face da Anvisa e da sociedade empresária Gama requerendo, em relação a esta última, inaudita *altera pars*, a concessão de tutela provisória de urgência para a interdição de todas as suas atividades, inclusive a produção de outros medicamentos devidamente licenciados, o que foi integralmente deferido pelo juízo da 1ª Vara Federal da Comarca da Capital do Estado Delta. Imediatamente após receber a citação para responder à ação civil pública e à intimação para cumprimento da tutela provisória deferida, a sociedade empresária Gama procurou você, como advogado(a), para a defender.

Redija o recurso cabível, que possa levar o tema ao segundo grau de jurisdição, com intuito de reformar o mais rápido possível a decisão judicial que decretou a interdição narrada. (Valor: 5,00)

Obs.: a peça deve abranger todos os fundamentos de Direito que possam ser utilizados para dar respaldo à pretensão. A simples menção ou transcrição do dispositivo legal não confere pontuação.

Item	Pontuação
Endereçamento	
1. O recurso de Agravo de Instrumento deve ser endereçado ao Exmo. Sr. Presidente do Tribunal Regional Federal da Região que engloba o Estado Delta (0,10).	0,00/0,10
2. Recorrente (agravante): a sociedade empresária Gama (0,10); recorrido (agravado): o Ministério Público Federal (0,10).	0,00/0,10/0,20
3. Nome e endereço do advogado do agravante e do representante do Ministério Público Federal (0,10).	0,00/0,10
4. Cabimento do recurso: a decisão atacada, que deferiu a interdição do estabelecimento, é interlocutória e concessiva de tutela de urgência, impugnável por agravo de instrumento (0,20).	0,00/0,20
5. Tempestividade: indicar que o recurso foi interposto dentro do prazo de quinze dias (0,10), conforme o art. 1.003, § 5º, do CPC (0,10)	0,00/0,10/0,20
Fundamentação: mérito recursal	
6. No mérito recursal, deve ser alegada a ausência dos requisitos legais necessários ao deferimento e à manutenção da tutela de urgência (0,20), previstos no art. 300, caput, do CPC (0,10).	0,00/0,20/0,30

Item	Pontuação
6.1. Ausência da probabilidade do direito do autor (agravado) (0,40), uma vez que a agravante já foi fiscalizada administrativamente pela Anvisa (0,10), que detém poder de polícia (o qual, em regra, já possui o atributo da autoexecutoriedade) e já instaurou e concluiu o processo administrativo sanitário, aplicando-lhe a sanção cabível, diversa da interdição (0,10).	0,00/0,10/0,20/ 0,40/0,50/0,60
6.2 Ausência do perigo de dano ou risco ao resultado útil do processo (0,40), eis que a sociedade empresária agravante desistiu de fabricar o medicamento XXX e, inclusive, já destruiu todo o estoque e a matéria-prima necessária para tal (0,10).	0,00/0,10/0,40/0,50
7. Ausência de razoabilidade/proporcionalidade na medida imposta, uma vez que a interdição do estabelecimento é excessiva para a finalidade pretendida (0,40).	0,00/0,40
8. O advogado deverá juntar os documentos probatórios da incineração e da atuação da Anvisa (0,10), na forma do art. 1.017, inciso III e § 5º, parte final, do CPC (0,10).	0,00/0,10/0,20
Pedido de efeito suspensivo	
9. Com intuito de reverter o mais rápido possível a decisão judicial que decretou a interdição narrada, o examinando deve requerer ao Desembargador Relator que seja atribuído efeito suspensivo ao Agravo de Instrumento ou requerer antecipação de tutela recursal (0,30), com base no art. 1.019, inciso I, do CPC ou no art. 995, parágrafo único, do CPC (0,10).	0,00/0,30/0,40
9.1 A interdição das atividades da sociedade empresária Gama acarretará risco de dano grave, de difícil ou impossível reparação (0,30), eis que causará prejuízos econômicos para a agravante e/ou prejuízos sociais decorrentes da proibição de produção e venda de medicamentos devidamente licenciados (0,20), conforme dispõe o art. 995, parágrafo único, do CPC (0,10).	0,00/0,20/0,30/ 0,40/0,50/0,60
9.2. O examinando deverá demonstrar a probabilidade de provimento do recurso (0,30), haja vista que a sociedade empresária Gama não mais produz o medicamento XXX e já foi fiscalizada administrativamente pela Anvisa (0,20).	0,00/0,20/0,30/0,50
Conclusão	
10. A defesa técnica deve requerer ao Tribunal Regional Federal o conhecimento e o provimento do recurso de Agravo de Instrumento (0,20), para fins de reformar a decisão recorrida, de maneira a autorizar o retorno de todas as atividades da sociedade empresária Gama, inclusive a produção de outros medicamentos devidamente licenciados (0,10).	0,00/0,10/0,20/0,30
11. Intimação da agravada (0,10).	0,00/0,10

Item	Pontuação
12. Menção aos documentos obrigatórios do Agravo de Instrumento (0,10), na forma do art. 1017, inciso I, do CPC (0,10)	0,00/0,10/0,20
Fechamento	
13. Local..., Data..., Advogado... e OAB... (0,10).	0,00/0,10

8 EMBARGOS DE DECLARAÇÃO

8.1 FUNDAMENTO E CABIMENTO

De acordo com o art. 1.022 do CPC, cabem embargos de declaração contra qualquer decisão judicial para:

a) esclarecer obscuridade ou eliminar contradição;

b) suprir omissão de ponto ou questão sobre o qual devia se pronunciar o juiz de ofício ou a requerimento;

c) corrigir erro material.

Lembrando-se que é considerada omissa a decisão que deixar de se manifestar sobre tese firmada em julgamento de casos repetitivos ou em incidente de assunção de competência aplicável ao caso sob julgamento ou decisão, sentença ou acórdão incorra em qualquer dessas condutas, descritas no art. 489, § 1º, do CPC:

a) se limitar à indicação, à reprodução ou à paráfrase de ato normativo, sem explicar sua relação com a causa ou a questão decidida;

b) empregar conceitos jurídicos indeterminados, sem explicar o motivo concreto de sua incidência no caso;

c) invocar motivos que se prestariam a justificar qualquer outra decisão;

d) não enfrentar todos os argumentos deduzidos no processo capazes de, em tese, infirmar a conclusão adotada pelo julgador;

e) se limitar a invocar precedente ou enunciado de súmula, sem identificar seus fundamentos determinantes nem demonstrar que o caso sob julgamento se ajusta àqueles fundamentos;

f) deixar de seguir enunciado de súmula, jurisprudência ou precedente invocado pela parte, sem demonstrar a existência de distinção no caso em julgamento ou a superação do entendimento.

8.2 NOMENCLATURA

Embargante e embargado.

8.3 REQUISITOS E COMPETÊNCIA

Para a oposição de embargos de declaração, não é necessário a comprovação do preparo, conforme expressamente previsto no art. 1.023 do CPC. Assim, a competência para julgamento sempre será do próprio juízo ou tribunal que proferiu a decisão embargada.

8.4 PRAZO DE OPOSIÇÃO E CONTRAOPOSIÇÃO

Os embargos serão opostos, no prazo de 5 (cinco) dias, em petição dirigida ao juiz, com indicação do erro, obscuridade, contradição ou omissão, e não se sujeitam a preparo.

Lembrando-se que os litisconsortes que tiverem diferentes procuradores, de escritórios de advocacia distintos, terão prazos contados em dobro para todas as suas manifestações, em qualquer juízo ou tribunal, independentemente de requerimento, desde que não se trate de processo eletrônico. Cessa, entretanto, a contagem do prazo em dobro se, havendo apenas dois réus, é oferecida defesa por apenas um deles (conforme o art. 229 do CPC).

O juiz intimará o embargado para, querendo, manifestar-se (apresentar contraoposição), no prazo de 5 (cinco) dias, sobre os embargos opostos, caso seu eventual acolhimento implique a modificação da decisão embargada.

8.5 PRAZO PARA DECISÃO

O juiz julgará os embargos em 5 (cinco) dias. Nos tribunais, todavia, o relator apresentará os embargos em mesa na sessão subsequente, proferindo voto, e, não havendo julgamento nessa sessão, será o recurso incluído em pauta automaticamente.

Ressalta-se que, quando os embargos de declaração forem opostos contra decisão de relator ou outra decisão unipessoal proferida em tribunal, o órgão prolator da decisão embargada os decidirá monocraticamente.

8.6 EFEITOS

Os embargos de declaração não possuem efeito suspensivo e interrompem o prazo para a interposição de recurso. Porém, a eficácia da decisão monocrática ou colegiada poderá ser suspensa pelo respectivo juiz ou relator **se demonstrada a probabilidade de provimento do recurso** ou, sendo relevante a fundamentação, **se houver risco de dano grave ou de difícil reparação**.

8.7 ESTRUTURA DOS EMBARGOS DE DECLARAÇÃO

DOUTO JUÍZO DA ...VARA DE FAZENDA PÚBLICA DA COMARCA DE... (OU DA ...VARA FEDERAL DA SEÇÃO/SUBSEÇÃO JUDICIÁRIA DE...)

(Deixe 1 linha em branco – não escreva isso na sua peça!)

Processo nº ...
Embargante:
Embargado:

(Deixe 1 linha em branco – não escreva isso na sua peça!)

NOME COMPLETO DO EMBARGANTE, nacionalidade, estado civil, profissão, portador do RG..., CPF..., residência e domicílio..., endereço eletrônico... (se for pessoa jurídica: RAZÃO SOCIAL, CNPJ..., com sede no endereço..., endereço eletrônico..., representada legalmente pelo(a) Sr(a)... (documento de representação anexo), por intermédio de seu advogado (procuração em anexo), com endereço profissional no endereço..., onde receberá intimações, vem, perante Vossa Excelência, com fundamento no arts. 1.022 e 489, § 1º, do CPC, opor

EMBARGOS DA DECLARAÇÃO

Em face da sentença de fls. ..., no processo nº..., contra (ou que lhe move) o EMBARGADO..., particular/pessoa jurídica de direito público/privado ..., RG/CPF/CNPJ ..., com sede no endereço..., endereço eletrônico....

1. DA TEMPESTIVIDADE E DO CABIMENTO

A Sentença foi proferida em .../.../....., verificando-se que a interposição dos embargos encontra-se dentro do prazo legal de cinco dias, conforme o art. 1.023 do CPC. Além disso, a sentença deixou de acolher os pedidos ... que trata na alínea ... dos pedidos, portanto, sendo omissa/obscura/contraditória a referida sentença, os presentes embargos são cabíveis e tempestivos.

2. DAS CONTRADIÇÕES E OMISSÕES

Data vênia ao acatamento e ao que foi decidido pelo douto Juízo, há de se observar a omissão descrita na linha ..., para isso, a fim de esclarecimentos e complementos, o embargante reproduz e destaca parte da r. sentença, *verbis:*

(TEOR DA SENTENÇA CONTENDO A CONTRADIÇÃO/OMISSÃO E AFINS)

Por derradeiro, se digne o Juízo a completar a sentença para (descrever o objeto dos embargos), posto a omissão flagrante de elemento de suma importância, vide análise do conjunto probatório constante aos autos.

3. DO DIREITO

Apresentar os fundamentos jurídicos dos embargos de declaração, apontando em qual das situações abaixo se fundamenta.

Ademais, abordar os pontos essenciais e as teses que deverão ser atacadas, principalmente as teses presentes no art. 489 do CPC.

> Art. 1.022. Cabem embargos de declaração contra qualquer decisão judicial para:
>
> I – esclarecer obscuridade ou eliminar contradição;
>
> II – suprir omissão de ponto ou questão sobre o qual devia se pronunciar o juiz de ofício ou a requerimento;
>
> III – corrigir erro material.
>
> Parágrafo único. Considera-se omissa a decisão que:
>
> I – deixe de se manifestar sobre tese firmada em julgamento de casos repetitivos ou em incidente de assunção de competência aplicável ao caso sob julgamento;
>
> II – incorra em qualquer das condutas descritas no art. 489, § 1º.

Ademais, é necessária a reprodução do art. 489 do CPC, como segue, *verbis*:

> Art. 489. São elementos essenciais da sentença:
>
> [...]
>
> § 1º Não se considera fundamentada qualquer decisão judicial, seja ela interlocutória, sentença ou acórdão, que:
>
> [...]
>
> III – invocar motivos que se prestariam a justificar qualquer outra decisão;
>
> IV – não enfrentar todos os argumentos deduzidos no processo capazes de, em tese, infirmar a conclusão adotada pelo julgador;
>
> [...]

Diante dos fundamentos, há que se exigir que o juízo complete/elucide a sentença para dizer como chegou à conclusão, pela análise do consubstanciado nos autos.

4. DOS PEDIDOS

Ante o exposto, pede o acolhimento dos presentes embargos a fim de que o Juízo complete/elucide a sentença, prosseguindo-se ao seguinte:

a) A intimação do embargado para, querendo, contrapor os presentes embargos no prazo legal de cinco dias (este pedido apenas se os embargos acarretarem alteração na decisão embargada);

b) Que no pedido da alínea... não houve decisão nem pronunciamento acerca do fato exposto e pedido ou encontra-se em contradição ou obscuro (art. 1.022 c/c art. 489 do CPC), dignando-se o juízo a completar a sentença para discriminar a omissão/contradição/obscuridade existente no trecho que a considera: "...";

Nestes termos, pede deferimento.

Local/data

ADVOGADO/OAB

8.8 PEÇAS PARA TREINAMENTO

(EXAME DE ORDEM XX – Porto Velho-RO/Peça profissional/Adaptada) A sociedade empresária Alfa S.A., concessionária de uma linha do serviço de transporte metroviário no Estado X, formulou, na esfera administrativa, requerimento de revisão das tarifas a fim de readequá-las aos seus custos, devido ao súbito e radical aumento de tributos federais (evento extraordinário e imprevisível que teria rompido o equilíbrio econômico financeiro inicial do contrato). O Estado, entretanto, por meio de decisões do seu Governador, publicadas na imprensa oficial, negou o pleito da sociedade empresária, assim como desproveu o recurso administrativo por ela interposto, ao fundamento de que:

(1) o contrato administrativo somente admite o reajuste das tarifas, uma vez por ano, com base em um índice oficial de inflação previamente estabelecido, o que não corresponde ao pleito formulado pela sociedade empresária;

(2) a má prestação do serviço teria inibido o aumento da demanda e, consequentemente, o aumento da receita.

Em razão do segundo argumento, ainda, o Governador aplicou as penalidades de multa e suspensão temporária de participar em licitação e impedimento para contratar com a Administração Pública, por dois anos, na forma do contrato de concessão. Você foi procurado(a), na qualidade de advogado(a), para ajuizar a medida cabível à proteção dos interesses da sociedade empresária, consistentes no reequilíbrio econômico financeiro do contrato e no afastamento das penalidades aplicadas, especialmente tendo em vista que nunca antes a sociedade empresária fora notificada a respeito de qualquer descumprimento contratual, e considerando, ainda, a existência de novas licitações em andamento. Assim, ajuizou ação pelo procedimento comum perante a 1ª Vara de Fazenda Pública da Comarca da Capital do Estado X. Transcorrido regulamente o feito, sobreveio sentença eivada de omissão, uma vez que condenou o réu à anulação das sanções impostas à autora, mas deixou de se pronunciar acerca do pedido de reequilíbrio econômico-financeiro. Desse modo, considerando que a sentença foi publicada na última sexta-feira, oponha o recurso cabível na defesa dos interesses do seu cliente. (Valor: 5,00)

Observação: A peça deve abranger todos os fundamentos de Direito que possam ser utilizados para dar respaldo à pretensão. A simples menção ou transcrição do dispositivo legal não será pontuada.

Embargos de Declaração	
Item	**Pontuação**
Endereçamento da peça: 1ª Vara de Fazenda Pública da Capital do Estado X (0,10)	0,00/0,40
Qualificação das partes: Embargante: Sociedade empresária Alfa S.A. (0,10) Embargado: Estado X (0,10)	0,00/0,20/0,40
Demonstração do cabimento e da tempestividade, conforme o art. 1.023 do CPC, apontando-se a omissão contida na sentença, no momento em que o juízo não se pronunciou sobre o pedido de reequilíbrio econômico-financeiro do embargante. Demonstração da omissão contida na sentença, com a explicitação do pedido autoral que deixou de ser apreciado pelo juízo, expondo-se a manifesta omissão da sentença, o que enseja que o juízo se pronuncie para sanar a omissão.	0,00/0,90/1,00 0,00/0,90/1,00
Mérito: (i) direito à manutenção da equação econômica inicial do contrato, rompida por um evento extraordinário e imprevisível (0,90), na forma do art. 37, inciso XXI, da CF/1988; do art. 65, inciso II, alínea *d*, e/ou § 5º, da Lei nº 8.666/1993 e do art. 9º, §§ 2º e 3º, da Lei nº 8.987/1995 (0,10).	0,00/0,90/1,00

Pedidos: (i) a intimação do embargado para contrapor os embargos (0,20);	0,00/0,50
(ii) que o juízo complete a sentença, com a procedência do pedido e concessão do reequilíbrio econômico-financeiro (0,20).	0,00/0,50
Encerramento da peça: data, local, advogado/OAB (0,10).	0,00/0,20

9 APELAÇÃO

9.1 FUNDAMENTO

Art. 1.009 do CPC.

9.2 CABIMENTO

A apelação é o recurso cabível contra uma **sentença**. Deve ser observado, na situação-problema, o descontentamento do cliente com uma sentença proferida pelo juiz (Estadual ou Federal).

9.3 NOMENCLATURA

Apelante e Apelado.

9.4 REQUISITOS E COMPETÊNCIA

Para ser considerada sentença, a decisão deve extinguir a demanda com ou sem resolução de mérito. A apelação deve ser dirigida ao juízo que proferiu a sentença, para que seja, independentemente de análise de admissibilidade por parte deste, encaminhada ao Tribunal de Justiça ou Tribunal Regional Federal para apreciação e julgamento. Assim, deve conter **folha de rosto** (**dirigida ao juízo *a quo***) e as **razões de recurso** (**dirigidas ao Tribunal *ad quem***).

Os requisitos da apelação estão previstos no art. 1.010 do CPC, sendo que conterá:

> I – os nomes e a qualificação das partes;
>
> II – a exposição do fato e do direito;
>
> III – as razões do pedido de reforma ou de decretação de nulidade;
>
> IV – o pedido de nova decisão.

De acordo com os §§ 1º a 3º do art. 1.010 do CPC, recebida a petição da apelação pelo juízo *a quo*, este intimará o apelado para apresentar contrarrazões no prazo de 15 (quinze) dias. Ainda, se o apelado interpuser apelação adesiva, o juiz também intimará o apelante para apresentar contrarrazões.

Apenas após cumprir essas providências é que os autos serão remetidos ao tribunal pelo juiz, independentemente de juízo de admissibilidade.

Assim, de acordo com o art. 1.013 do CPC, a apelação devolverá ao tribunal o conhecimento **da matéria impugnada**. Serão, porém, conforme o seu § 1º, objeto de apreciação e julgamento pelo tribunal **todas as questões suscitadas e discutidas no processo**, ainda que não tenham sido solucionadas, **desde que relativas ao capítulo impugnado**. Ainda, por força do § 2º, quando o pedido ou a defesa tiver mais de um fundamento e o juiz acolher apenas um deles, a apelação devolverá ao tribunal o conhecimento dos demais.

Estando o processo em condições de imediato julgamento, de acordo com o § 3º do art. 1.013, o tribunal deve decidir desde logo o mérito quando: I) reformar sentença fundada no art. 485 do CPC (sem resolução de mérito); II) decretar a nulidade da sentença por não ser ela congruente com os limites do pedido ou da causa de pedir; III) constatar a omissão no exame de um dos pedidos, hipótese em que poderá julgá-lo; IV) decretar a nulidade de sentença por falta de fundamentação.

Importante dizer também que, de acordo com o § 4º do art. 1.013 do CPC, quando o tribunal reformar sentença que reconheça a decadência ou a prescrição, se houver possibilidade, julgará também o mérito, examinando as demais questões, sem determinar o retorno do processo ao juízo de primeiro grau.

Além disso, por previsão do § 5º desse mesmo artigo, é possível impugnar, na apelação, o capítulo da sentença que confirma, concede ou revoga a tutela provisória e, conforme o art. 1.014 do CPC, poderão ser suscitadas as questões de fato não propostas no juízo inferior, desde que a parte prove que deixou de fazê-lo por motivo de força maior.

9.5 EFEITO SUSPENSIVO OU ANTECIPAÇÃO DA TUTELA RECURSAL

A apelação terá o efeito suspensivo, conforme a previsão do art. 1.012 do CPC, chamado de efeito suspensivo *ope legis*, decorrente direta e automaticamente da lei, bastando que a decisão judicial seja apelável. Assim, só não se falará em efeito suspensivo *ope legis* (gerando, portanto, a imediata produção de efeitos, após a publicação), nos casos das sentenças previstas em hipóteses legais taxativas, tais quais as elencadas no § 1º do art. 1.012 do CPC, além de outras previstas em lei. Esses casos são de sentença que:

> I – homologa divisão ou demarcação de terras;
>
> II – condena a pagar alimentos;
>
> III – extingue sem resolução do mérito ou julga improcedentes os embargos do executado;
>
> IV – julga procedente o pedido de instituição de arbitragem;
>
> V – confirma, concede ou revoga tutela provisória;
>
> VI – decreta a interdição.

Agora, se diante de uma das situações excepcionais como as descritas acima o apelante pretender obter o **efeito suspensivo**, isso será possível desde que o apelante formule um pedido (art. 1.012, § 3º, do CPC). Esse pedido poderá ser dirigido ao: I) tribunal, no período compreendido entre a interposição da apelação e sua distribuição, ficando o relator designado para seu exame prevento para julgá-la; ou II) ao relator, se já distribuída a apelação.

O § 4º do art. 1.012, por sua vez, estabelece a possibilidade de o efeito suspensivo ser concedido pelo relator se "o apelante demonstrar a probabilidade de provimento do recurso ou se, sendo relevante a fundamentação, houver risco de dano grave ou de difícil reparação".

O dispositivo legal deve ser lido não apenas como abrindo ensejo à concessão de efeito suspensivo, mas, também, quando necessária uma providência ativa, a antecipação de tutela recursal, atribuindo-lhe **efeito ativo**, em aplicação conjunta com o art. 299, parágrafo único, do CPC.

9.6 ESTRUTURA DA APELAÇÃO

9.6.1 Folha de rosto

DOUTO JUÍZO DA ...VARA DE FAZENDA PÚBLICA DA COMARCA DE... (OU DA ...VARA FEDERAL DA SEÇÃO/SUBSEÇÃO JUDICIÁRIA DE...)

(Deixe 1 linha em branco – não escreva isso na sua peça!)

Processo nº ...
Ação: ...
Apelante: ...
Apelado: ...

(Deixe 1 linha em branco – não escreva isso na sua peça!)

NOME COMPLETO DO APELANTE, nacionalidade, estado civil, profissão, portador do RG..., CPF..., residência e domicílio..., endereço eletrônico... (se for pessoa jurídica: RAZÃO SOCIAL, CNPJ..., com sede na rua... nº..., bairro ..., cidade ..., CEP..., endereço eletrônico..., representada legalmente pelo(a) Sr(a)... (documento de representação anexo), por intermédio de seu advogado (procuração em anexo), com endereço profissional no endereço..., onde receberá intimações, vem, perante Vossa Excelência, com fundamento no art. 1.009 do CPC, interpor

APELAÇÃO

(COM PEDIDO DE EFEITO SUSPENSIVO OU ANTECIPAÇÃO DA TUTELA RECURSAL)

Em face da sentença proferida por esse juízo, de fls. ..., no processo nº..., contra (ou que lhe move) o APELADO..., particular/pessoa jurídica de direito público/privado ..., RG/CPF/CNPJ ..., com sede no endereço..., endereço eletrônico....

Razão pela qual, requer:

1) Seja recebido, desde já, com efeito suspensivo, conforme previsto no art. 1.012 do CPC, e enviado o recurso de apelação ao Tribunal de Justiça do Estado... (ou ao Tribunal Regional Federal da ... Região), independentemente de juízo de admissibilidade;
2) Seja o apelado intimado para apresentar contrarrazões no prazo legal;
3) Seja juntada a comprovação do preparo (ou seja, dispensa da comprovação do preparo, uma vez requerida a concessão da gratuidade da justiça, nos termos do art. 99 do CPC).

Nestes termos, pede deferimento.

Local/data

ADVOGADO/OAB

9.6.2 Razões de apelação

EGRÉGIO TRIBUNAL DE JUSTIÇA DO ESTADO... (OU EGRÉGIO TRIBUNAL REGIONAL FEDERAL DA... REGIÃO)

(Deixe 1 linha em branco – não escreva isso na sua peça!)

RAZÕES DE APELAÇÃO

(Deixe 1 linha em branco – não escreva isso na sua peça!)

1. DO CABIMENTO E DOS REQUISITOS DE ADMISSIBILIDADE

Garante o art. 994, inciso I, do CPC, que da decisão de 1º grau onde fora proferida sentença, caberá a interposição de recurso de apelação. Diante disso, considerando-se que da decisão dos embargos de declaração não existe omissão, obscuridade ou contradição, compreende-se possível a interposição do presente recurso para fazer reformar a decisão proferida pelo juízo de 1º grau.

Ainda, resta salientar que estão presentes todos os requisitos de admissibilidade, seja aqueles extrínsecos ou intrínsecos para a interposição do recurso, especialmente os de legitimidade, conforme o art. 996 do CPC. Além disso, não existe causa impeditiva ou extintiva de direito constantes nos arts. 998 até 1.000, todos do CPC, cumprindo-se também todos os requisitos contidos no art. 1.010 do CPC.

2. DA TEMPESTIVIDADE E DO PREPARO

Estabelece o art. 1.003, § 5º, do CPC que o presente recurso de apelação deverá ser interposto no prazo de 15 dias. Diante da ocorrência da intimação no dia... (descrever a data da intimação), contando o prazo em dias úteis (art. 219 do CPC), compreende-se totalmente possível a interposição do recurso, uma vez que tempestiva a sua realização.

O art. 1.007 do CPC estabelece que a parte apelante deverá realizar o preparo para que seja interposto o recurso de apelação, requisito também preenchido, conforme se verifica no documento comprobatório anexo. (Caso o cliente faça jus à gratuidade da justiça, deve-se fundamentar e formular o pedido de dispensa do preparo, conforme o art. 99 do CPC).

3. DOS FATOS

Descrever a situação fática constante na situação-problema, sem acrescentar nenhum dado que não esteja nele, narrando que o juízo *a quo* proferiu sentença que não deve prosperar (se referir ao seu cliente como apelante e a parte contrária como apelado).

4. DO DIREITO

Buscar o desenvolvimento de, no mínimo, quatro teses sobre os subtemas de direito administrativo trabalhados, envolvendo o tema de direito material aplicável, demonstrando-se o equívoco da sentença atacada.

Uma tese constitucional;

Uma tese infraconstitucional;

Uma tese com base nos princípios;

Uma tese com base em súmulas.

5. DA CONCESSÃO DO EFEITO SUSPENSIVO OU DA ANTECIPAÇÃO DA TUTELA RECURSAL

No presente caso, como ficou amplamente demonstrado... (apresentar a fumaça do bom direito – probabilidade do direito), corroborando a relevância dos fundamentos, demonstrando-se a probabilidade do direito.

Além disso, caso não seja concedido o efeito suspensivo ou a antecipação da tutela recursal a fim de que... (demonstrar a probabilidade de provimento do recurso ou risco de dano grave ou de difícil reparação), demonstrando-se, no caso, o perigo de dano grave ou de difícil reparação.

Comprovada a probabilidade de provimento do recurso ou o perigo de dano grave ou de difícil reparação, impera-se a concessão do efeito suspensivo, nos termos do art. 995, parágrafo único, combinado com o art. 1.012, § 4º, do CPC (este último dispositivo, se for algum dos casos constantes no § 1º do art. 1.012 do CPC), ou a concessão do efeito ativo, para que esse tribunal conceda a antecipação da tutela recursal, nos termos do art. 299, parágrafo único, desde já, para que... (descrever o objeto do pedido), nos termos da fundamentação.

6. DOS PEDIDOS

Ante o exposto, requer:

1) Seja conhecido o presente recurso de apelação, uma vez preenchidos todos os requisitos de admissibilidade, atribuindo-lhe, desde já, o efeito suspensivo, uma vez preenchidos os requisitos constantes no art. 995, parágrafo único combinado com o art. 1.012, § 1º, ambos do CPC, a fim de que sejam suspensos os efeitos da decisão proferida pelo juízo *a quo* (ou atribuindo-lhe, desde já, o efeito ativo, para que se promova a antecipação da tutela recursal, nos termos do art. 299, parágrafo único, do CPC), a fim de que....
2) Seja provido o presente recurso de apelação, reformando a decisão proferida pelo juízo *a quo*, para que... (descrever o pedido principal), nos termos da fundamentação;

3) A condenação do apelado ao pagamento dos honorários sucumbenciais e custas processuais.

Nestes termos, pede deferimento.

Local/data

ADVOGADO/OAB

9.7 PEÇAS PARA TREINAMENTO

(EXAME DE ORDEM XII/Peça profissional) O Governador do Estado Y, premido da necessidade de reduzir a folha de pagamentos do funcionalismo público estadual, determinou que o teto remuneratório dos Defensores Públicos admitidos após a Emenda Constitucional nº 41/2003 fosse limitado ao valor correspondente ao subsídio mensal do Governador, ao entendimento de que aquele órgão integra a estrutura do Poder Executivo estadual. Com a implementação da medida, os Defensores Públicos do Estado, irresignados com a redução do seu teto remuneratório, levam a questão à Associação Nacional dos Defensores Públicos Estaduais, legalmente constituída e em funcionamento há pouco mais de dois anos, e esta contrata os seus serviços advocatícios para impetrar mandado de segurança coletivo em face do ato do Governador. A sentença proferida pelo Juízo da 2ª Vara de Fazenda Pública da Comarca W, no entanto, julgou extinto o processo, sem resolução do mérito, sob os argumentos de que a associação não preenche o requisito de três anos de constituição, não demonstrou a autorização dos associados em assembleia geral para a propositura da demanda e não poderia representar os associados em demanda que veicule interesse apenas de uma parte da categoria, uma vez que os Defensores atingidos pela medida, isto é, aqueles admitidos após a Emenda Constitucional nº 41/2003, os mais novos na carreira, ainda não foram promovidos e sequer recebem sua remuneração em valores próximos ao subsídio mensal do Governador. Ciente de que a sentença já foi objeto de Embargos de Declaração, que foram conhecidos mas não providos, e que a publicação desta última decisão se deu na data de hoje, redija a peça processual adequada com seus fundamentos. (Valor: 5,0).

Apelação	
Item	**Pontuação**
Endereçamento da apelação: Juízo da 2ª Vara de Fazenda Pública da Comarca do Estado Y	0,00/0,20
Recorrente e recorrido: Associação Nacional dos Defensores Públicos Estaduais (0,10) / Estado Y (0,20)	0,00/0,10/ 0,20/0,30
Requerimento de remessa dos autos ao e. Tribunal de Justiça do Estado Y, após abertura de vistas ao recorrido para manifestação.	0,00/0,20
Fundamentação para a pretensão: Preenchimento do requisito de constituição da Associação há mais de um ano (0,50), nos termos do art. 5º, LXX, *b*, CF/1988 (0,20); ***Observação:*** A simples menção aos artigos não pontua.	0,00/0,50/0,70
A entidade de classe tem legitimação para o mandado de segurança ainda quando a pretensão veicula interesse apenas a uma parte da respectiva categoria (0,50), nos termos do art. 21 da Lei nº 12.016/2009 ou do verbete nº 630 da Súmula de jurisprudência predominante do Supremo Tribunal Federal (0,20); ***Observação:*** A simples menção aos artigos não pontua.	0,00/0,50/0,70
A impetração de mandado de segurança coletivo por entidade de classe em favor dos associados independe da autorização destes (0,50), nos termos do art. 21 da Lei nº 12.016/2009 ou do verbete nº 629 da Súmula de jurisprudência predominante do Supremo Tribunal Federal (0,20); ***Observação:*** A simples menção aos artigos não pontua.	0,00/0,50/0,70
Na eventualidade de o Tribunal conhecer do mérito do recurso, deve ser alegado: violação à regra do art. 37, XI, da CF/1988 (0,20), que estabelece como teto remuneratório dos Defensores Públicos o subsídio dos Desembargadores do Tribunal de Justiça (0,40); ***Observação:*** A simples menção aos artigos não pontua.	0,00/ 0,40/0,60
A violação ao princípio da isonomia, uma vez que, sem qualquer critério legítimo, foi operada uma discriminação no tratamento jurídico conferido aos Defensores (0,40); nos termos dos arts. 5º, *caput*, ou37, *caput*, da CF/1988 (0,20). ***Observação:*** A simples menção aos artigos não pontua.	0,00/ 0,40/0,60
Pedidos: Conhecer e prover o recurso para reformar a sentença, julgando procedente o pedido de aplicação do teto remuneratório correspondente ao subsídio mensal dos Desembargadores, concedendo a segurança;	0,00 / 0,40

Apelação	
Item	**Pontuação**
Caso assim não se entenda, pela anulação da sentença recorrida, com o retorno dos autos à origem para processamento do *writ* .	0,00 / 0,40
Fechamento da peça: (0,10) Data, Local, Advogado, OAB ... nº...	0,00/0,10

(EXAME DE ORDEM XIII/Peça profissional) A Lei nº 1.234, do Município X, vedava a ampliação da área construída nos apartamentos do tipo cobertura, localizados na orla da cidade. Com a revogação da lei, diversos moradores formularam pleitos, perante a Secretaria Municipal de Urbanismo, e obtiveram autorização para aumentar a área construída de suas coberturas. Diversos outros moradores sequer formularam qualquer espécie de pleito e, mesmo assim, ampliaram seus apartamentos, dando, após, ciência à Secretaria, que não adotou contra os moradores qualquer medida punitiva. Fulano de Tal, antes de adquirir uma cobertura nessa situação, ou seja, sem autorização da Secretaria Municipal de Urbanismo para aumento da área construída, formula consulta à Administração Municipal sobre a possibilidade de ampliação da área construída, e recebe, como resposta, a informação de que, na ausência de lei, o Município não pode se opor à ampliação da área.Fulano de Tal, então, compra uma cobertura, na orla, e inicia as obras de ampliação do apartamento. Entretanto, três meses depois, é surpreendido com uma notificação para desfazer toda a área acrescida, sob pena de multa, em razão de novo entendimento manifestado pela área técnica da Administração Municipal, a ser aplicado apenas aos que adquiriram unidades residenciais naquele ano e acolhido em decisão administrativa do Secretário Municipal de Urbanismo no processo de consulta aberto meses antes. Mesmo tomando ciência de que outros proprietários não receberam a mesma notificação, Fulano de Tal inicia a demolição da área construída, mas, antes de concluir a demolição, é orientado por um amigo a ingressar com demanda na justiça e formular pedido de liminar para afastar a incidência da multa e suspender a determinação de demolir o acrescido até decisão final, de mérito, de anulação do ato administrativo, perdas e danos materiais e morais. Você é contratado como advogado e obtém decisão antecipatória da tutela no sentido almejado. Contudo, a sentença do Juízo da 1ª Vara de Fazenda Pública da Comarca X revoga a liminar anteriormente concedida e julga improcedente o pedido de anulação do ato administrativo, acolhendo argumento contido na contestação, de que o autor não esgotara as instâncias administrativas antes de socorrer-se do Poder Judiciário. Interponha a medida cabível a socorrer os interesses do seu cliente, considerando que, com a revogação da liminar, volta a viger a multa, caso não seja concluída a demolição da área construída por Fulano de Tal. (Valor: 5,00)

Observação: Já não há mais prazo para embargos declaratórios, sendo certo que a sentença não é omissa nem contraditória.

Apelação	
Item	**Pontuação**
Endereçamento da apelação: Juízo da causa: 1ª Vara de Fazenda Pública da Comarca X	0,00/0,15
Recorrente e recorrido: Fulano de Tal (0,10)/ Município X (0,10);	0,00/0,10/ 0,20
Fundamentação para a pretensão de reforma da decisão: 1. inafastabilidade do controle jurisdicional (0,90), conforme o disposto no art. 5º, inciso XXXV, da CF/1988 (0,10); ***Observação:*** A simples menção do dispositivo legal não pontua.	0,00/0,90/ 1,00
2. violação ao princípio da legalidade (0,45), conforme o disposto no art. 37 da CF/1988 (0,10); ***Observação:*** A simples menção do dispositivo legal não pontua.	0,00/0,45/ 0,55
3. violação ao princípio do devido processo legal (0,65), conforme o disposto no art. 5º, inciso LIV, da CF/1988 (0,10); ***Observação:*** A simples menção do dispositivo legal não pontua.	0,00/0,65/ 0,75
4. violação ao princípio da isonomia/impessoalidade (0,45), conforme o disposto no art. 5º, inciso II OU art. 37 da CF/1988 (0,10); ***Observação:*** A simples menção do dispositivo legal não pontua.	0,00/0,45/ 0,55
5. violação ao princípio da segurança jurídica ou proteção à confiança (0,90), conforme o disposto no art.1º E/OU art. 5º, inciso XXXVI, da CF/1988 (0,10); ***Observação:*** A simples menção do dispositivo legal não pontua.	0,00/0,90/ 1,00
Pedidos: 1. recebimento do recurso no efeito suspensivo (0,15);	0,00/0,15
2. reforma da sentença para anulação do ato administrativo (0,15);	0,00/0,15
3. pagamento dos danos materiais e morais (0,15);	0,00/0,15

Apelação	
Item	**Pontuação**
4. condenação ao pagamento de custas e honorários (0,15).	0,00/0,15
Preparo do recurso	0,00/0,10
Fechamento da peça conforme o item 3.5.8 do Edital: Local ou Município..., Data..., Advogado... e OAB...	0,00/0,10

(EXAME DE ORDEM XXI/Peça profissional) Diante de fortes chuvas que assolaram o Município Alfa, fez-se editar na localidade legislação que criou o benefício denominado "aluguel social" para pessoas que tiveram suas moradias destruídas por tais eventos climáticos, mediante o preenchimento dos requisitos objetivos estabelecidos na mencionada norma, dentre os quais, a situação de hipossuficiência e a comprovação de comprometimento das residências familiares pelos mencionados fatos da natureza. Maria preenche todos os requisitos determinados na lei e, ao contrário de outras pessoas que se encontravam na mesma situação, teve indeferido o seu pedido pela autoridade competente na via administrativa. Em razão disso, impetrou Mandado de Segurança perante o Juízo de 1º grau competente, sob o fundamento de violação ao seu direito líquido e certo de obter o benefício em questão e diante da existência de prova pré-constituída acerca de suas alegações. A sentença denegou a segurança sob o fundamento de que a concessão de "aluguel social" está no âmbito da discricionariedade da Administração e que o mérito não pode ser invadido pelo Poder Judiciário, sob pena de violação do princípio da separação dos Poderes. Considerando que já foram apresentados embargos de declaração, sem qualquer efeito modificativo, por não ter sido reconhecida nenhuma obscuridade, contradição, omissão ou erro material na sentença, e que existe prazo para a respectiva impugnação, redija a peça cabível para a defesa dos interesses de Maria. (Valor: 5,00)

Observação: A peça deve abranger todos os fundamentos de Direito que possam ser utilizados para dar respaldo à pretensão. A simples menção ou transcrição do dispositivo legal não confere pontuação.

Apelação	
Item	**Pontuação**
Endereçamento da apelação: Exmo Sr. Dr. Juiz de Direito da Vara de Fazenda Pública OU Vara Cível OU Vara Única da Comarca do Município Alfa (0,10)	0,00/0,10
Endereçamento das razões da apelação: Tribunal de Justiça do Estado (0,10)	0,00/0,10
Qualificação das partes: Apelante: Maria (0,10). Apelado: Município Alfa (0, 10).	0,00/0,10/0,20
Fundamentação da pretensão recursal: i) impugnar o fundamento constante da sentença no sentido de que a concessão do "aluguel social" se submete à discricionariedade da Administração, pois trata-se de ato vinculado (0,90);	0,00/0,90
ii) inexistência de violação ao princípio da separação de poderes, em decorrência do controle de legalidade ou juridicidade a ser exercido sobre tal ato (0,90), diante do princípio da inafastabilidade de jurisdição OU conforme o art. 5º, inciso XXXV, da CF/1988 (0,10);	0,00/0,90/ 1,00
iii) violação de direito líquido e certo da apelante à concessão do benefício, diante do preenchimento de todos os requisitos estabelecidos na lei (0,60);	0,00/0,60
iv) violação ao princípio da isonomia OU da impessoalidade, diante do deferimento do benefício a outras pessoas que estão na mesma situação de Maria (0,60), conforme o art. 5º, *caput*, OU o art. 37, *caput*, da CF/1988 (0,10);	0,00/0,60/0,70
v) proteção constitucional ao direito de moradia (0,50), constante do art. 6º da CF/1988 (0,10).	0,00/0,50/0,60
Pedidos: i) reforma da sentença OU provimento da apelação, a fim de que seja concedida a segurança (0,35);	0,00/0,35
ii) determinar à Administração que defira o aluguel social para a impetrante (0,35).	0,00/0,35
Fechamento do recurso: Local, data, assinatura e número de inscrição na OAB (0,10)	0,00/0,10

(EXAME DE ORDEM XX/Peça profissional) João, ao retornar de um doutorado no exterior, é surpreendido com a presença de equipamentos e maquinário do Estado X em imóvel urbano de sua propriedade, e que, segundo informação do engenheiro responsável pela obra, o referido imóvel estaria sem uso há três anos e meio, e, por essa razão, teria sido escolhido para a construção de uma estação de metrô no local.

Inconformado com a situação, João ingressa com "ação de desapropriação indireta" perante o Juízo Fazendário do Estado X, tendo obtido sentença de total improcedência em primeiro grau de jurisdição, sob os seguintes fundamentos:

I – impossibilidade de reivindicação do bem, assim como da pretensão à reparação financeira, em decorrência da supremacia do interesse público sobre o privado;

II – o transcurso de mais de três anos entre a ocupação do imóvel e a propositura da ação, ensejando a prescrição de eventual pleito indenizatório; e

III – a subutilização do imóvel por parte de João, justificando a referida medida de política urbana estadual estabelecida.

Como advogado(a) de João, considerando que a sentença não padece de qualquer omissão, contradição ou obscuridade, elabore a peça adequada à defesa dos interesses de seu cliente, apresentando os fundamentos jurídicos aplicáveis ao caso. (Valor: 5,00)

Observação: O examinando deve fundamentar suas respostas. A mera citação do dispositivo legal não confere pontuação.

Apelação	
Item	**Pontuação**
Endereçamento da apelação: Juízo da causa: Juízo Fazendário do Estado X (0,10).	0,00/0,10
Apelante: João (0,10) e Apelado: Estado X (0,10)	0,00/0,10/0,20
Requerimento de remessa dos autos ao Tribunal de Justiça do Estado X, após abertura de vistas ao recorrido para manifestação (0,20).	0,00/0,20
Fundamentação para a pretensão de reforma da decisão:	
Fundamento 1: A perda da propriedade por meio da desapropriação pressupõe a prévia e justa indenização em dinheiro (0,90), nos termos do art. 5º, inciso XXIV, da CF/1988 (0,10).	0,00/0,90/1,00
Fundamento 2: Tratando-se de hipótese de desapropriação indireta, é cabível o pagamento de indenização pela perda da propriedade (0,80), conforme o art. 35 do Dec. nº 3.365/1941 (0,10).	0,00/0,80/0,90

Apelação	
Item	**Pontuação**
Fundamento 3: Não ocorrência da prescrição, uma vez que o prazo aplicável é de 10 (dez) anos a contar do dano (0,80), Súmula nº 119 do STJ interpretada à luz do disposto do art. 1.238 do CC (0,10). ***Observação:*** Não será admitida resposta que aponte prazo distinto para justificar a não ocorrência de prescrição.	0,00/0,80/0,90
Fundamento 4: O Estado não detém competência constitucional para desapropriar para fins de política urbana (0,70), conforme o art. 182 da CF/1988 (0,10).	0,00/0,70/0,80
Requerimentos:	
Requerimento 1 – Reforma da sentença para que seja reconhecido o direito de indenização pelos prejuízos causados (0,40).	0,00/0,40
Requerimento 2 – Inversão dos ônus da sucumbência (0,30).	0,00/0,30
Preparo do recurso (0,10)	0,00/0,10
Fechamento da Peça (Data, Local, Advogado, OAB...) (0,10)	0,00/0,10

(EXAME DE ORDEM XXV – Porto Alegre-RS/Peça profissional)

O Município Beta fez editar decreto expropriatório por utilidade pública do imóvel pertencente a Regina, com vistas a construir um estádio poliesportivo para sediar importante evento que irá ocorrer na localidade e deixar de legado para o lazer dos munícipes e prática desportiva para presentes e futuras gerações, certo que as partes alcançaram um acordo e a desapropriação foi ultimada na fase administrativa. Não obstante, para a construção da mencionada obra, o Município Beta invadiu o imóvel de Abelardo, um terreno não edificado vizinho ao imóvel desapropriado, no qual alocou máquinas, equipamentos de serviço, barracas de operários e outros itens necessários para a empreitada, no período entre setembro de 2013 e setembro de 2014. Após o mencionado interregno, o Poder Público abandonou o local. O proprietário, para que o bem voltasse às condições anteriores à sua utilização, teve gastos da ordem de R$ 20.000,00 (vinte mil reais) com a limpeza e o preparo do terreno. Em janeiro de 2018, Abelardo ajuizou ação com vistas a obter ressarcimento pelos danos emergentes e lucros cessantes decorrentes da utilização de seu imóvel, mediante a apresentação de todos os argumentos que lhe trariam maior benefício econômico, que foi extinta com resolução de mérito pelo Juízo da 2ª Vara de Fazenda Pública, cuja sentença pronunciou a prescrição trienal prevista no art. 206, § 3º, inciso V, do CC, mantida após a apresentação de Embargos de Declaração. Inconformado, Abelardo procura você para, na qualidade de advogado, interpor o recurso cabível para impugnar a mencionada decisão, publicada na última sexta-feira.

Redija a peça pertinente, mediante a reiteração de todos os fundamentos jurídicos relevantes que deveriam ter constado da inicial, bem como daqueles que sejam pertinentes para a reforma da sentença. (Valor: 5,00)

Observação: A peça deve abranger todos os fundamentos de Direito que possam ser utilizados para dar respaldo à pretensão. A simples menção ou transcrição do dispositivo legal não confere pontuação.

Apelação	
Item	**Pontuação**
Endereçamento	
1. Interposição: Exmo. Dr. Juiz de Direito da 2ª Vara de Fazenda Pública da Comarca do Município Beta (0,10)	0,00/0,10
2. Razões da Apelação: Tribunal de Justiça do Estado (0,10)	0,00/0,10
Qualificação das partes	
Apelante: Abelardo (0,10); Apelado: Município Beta (0, 10)	0,00/0,10/0,20
Fundamentação	
1. Não consumação da prescrição da pretensão indenizatória, que se submete ao prazo de cinco anos (0,70), previsto no art. 10, parágrafo único, do Dec.-Lei nº 3.365/1941 (0,10).	0,00/0,70/0,80
2. Caracterização da ocupação temporária (0,70), consoante o art. 36 do Dec.-Lei nº 3.365/1941 (0,10).	0,00/0,70/0,80
3. A ilicitude da conduta do Município ao promover a invasão OU esbulho OU abandono na propriedade de Abelardo, sem qualquer providência que pudesse legitimá-la (0,50), do que resulta o dever de indenizar (0,10).	0,00/0,50/0,60
4. A vedação ao enriquecimento sem causa da Administração, considerando que o imóvel fora efetivamente utilizado pelo período de um ano sem qualquer remuneração (0,30), na forma do art. 884 do CC (0,10).	0,00/0,30/0,40
5. Previsão de indenização, ao final, abarcando:	
I. os danos emergentes (0,20) com a limpeza e o preparo do terreno, da ordem de R$ 20.000,00 (vinte mil reais) (0,30);	0,00/0,20/ 0,30/0,50
II. lucros cessantes (0,20) equivalentes à remuneração mensal pela utilização do terreno no período entre setembro de 2013 e setembro de 2014 (0,30).	0,00/0,20/ 0,30/0,50

Apelação	
Item	**Pontuação**
Pedidos	
1. Conhecimento (0,10) e provimento do recurso (0,10).	0,00/0,10/0,20
2. Reforma da sentença (0,10).	0,00/0,10
3. Condenação do Município Beta ao ressarcimento pelos danos emergentes (0,15) e lucros cessantes (0,15), acrescidos de juros e correção monetária (0,10).	0,00/0,15/0,25/ 0,30/0,40
4. Condenação do Município Beta ao pagamento de honorários advocatícios sucumbenciais OU dos ônus da sucumbência (0,10), nos termos do art. 85, § 3º, do CPC (0,10).	0,00/0,10/0,20
Fechamento	
Local, data, assinatura e número de inscrição OAB (0,10).	0,00/0,10

10 RECURSO ORDINÁRIO CONSTITUCIONAL

10.1 FUNDAMENTO

Constitucional: art. 102, inciso II, *a*, da CF/1988 (STF) e art. 105, inciso II, *a* e *b*, da CF/1988 (STJ).

Processual: art. 1027 do CPC.

10.2 CABIMENTO

O Recurso Ordinário Constitucional (ROC) é semelhante à apelação. Porém, seu julgamento será pelo STF ou pelo STJ. Para compreensão, seria como se o STF julgasse uma apelação contra "sentença" proferida pelo STJ e o SJT julgasse uma apelação contra "sentença" proferida por Tribunal de Justiça ou Tribunal Regional Federal. Ocorre que um tribunal não prefere "sentença", profere "acórdão". Desse modo, a apelação é cabível apenas contra sentença e o Recurso Ordinário é cabível contra o acórdão proferido em única instância, isto é, decisão proferida em um processo que iniciou diretamente no próprio tribunal.

As hipóteses de cabimento são específicas, sendo cabível o **ROC** ao **STF** quando, originariamente, um Mandado de Segurança, *Habeas Data* ou Mandado de Injunção forem denegados pelo STJ. Por sua vez, caberá ROC ao **STJ** quando, originariamente, um Mandado de Segurança ou

Habeas Data forem denegados em única instância pelos tribunais regionais federais ou pelos tribunais de justiça dos Estados e do Distrito Federal e Territórios ou nos processos em que forem partes, de um lado, Estado estrangeiro ou organismo internacional e, de outro, Município ou pessoa residente ou domiciliada no País.

10.3 NOMENCLATURA

Recorrente e Recorrido.

10.4 REQUISITOS E COMPETÊNCIA

De acordo com o art. 1.027 do CPC, serão julgados em recurso ordinário:

- pelo **Supremo Tribunal Federal**, os mandados de segurança, os *habeas data* e os mandados de injunção decididos em única instância pelos tribunais superiores, quando denegatória a decisão;
- pelo **Superior Tribunal de Justiça**, os mandados de segurança decididos em única instância pelos Tribunais Regionais Federais ou pelos Tribunais de Justiça dos Estados e do Distrito Federal e Territórios, quando denegatória a decisão e os processos em que forem partes, de um lado, Estado estrangeiro ou organismo internacional e, de outro, Município ou pessoa residente ou domiciliada no País.

O ROC deve preencher os seguintes requisitos:

1) endereçamento ao Tribunal que deu a decisão;

2) qualificação do recorrente e do recorrido de forma completa;

3) fundamentação no respectivo artigo, inciso e alínea da Constituição e na respectiva alínea no art. 1.027 do CPC.

4) requerimento de recebimento e envio para o tribunal *ad quem*, independentemente de juízo de admissibilidade;

5) a juntada do comprovante de preparo.

Assim, deve conter, como na apelação, folha de rosto e razões recursais.

10.5 EFEITO SUSPENSIVO OU ANTECIPAÇÃO DA TUTELA RECURSAL

A regra geral é que o RO possui efeito devolutivo. Agora, se o recorrente pretender obter o **efeito suspensivo**, isso será possível desde que formule um pedido (art. 1.027, § 2º, c/c art. 1.029, § 5º, todos do CPC). Esse pedido poderá ser dirigido:

I – ao tribunal superior respectivo, no período compreendido entre a publicação da decisão de admissão do recurso e sua distribuição, ficando o relator designado para seu exame prevento para julgá-lo;

II – ao relator, se já distribuído o recurso;

III – ao presidente ou ao vice-presidente do tribunal recorrido, no período compreendido entre a interposição do recurso e a publicação da decisão de admissão do recurso, assim como no caso de o recurso ter sido sobrestado, nos termos do art. 1.037 do CPC.

O dispositivo legal deve ser lido não apenas como abrindo ensejo à concessão de efeito suspensivo, mas, também, quando necessária uma providência ativa, a antecipação de tutela recursal, atribuindo-lhe **efeito ativo**, em aplicação conjunta com o art. 299, parágrafo único, do CPC.

10.6 ESTRUTURA DO RECURSO ORDINÁRIO CONSTITUCIONAL

10.6.1 Folha de rosto

EXCELENTÍSSIMO SENHOR DESEMBARGADOR PRESIDENTE DO TRIBUNAL DE JUSTIÇA DO ESTADO DE... (OU DESEMBARGADOR FEDERAL PRESIDENTE DO TRIBUNAL REGIONAL FEDERAL DA ...REGIÃO)

OU

EXCELENTÍSSIMO SENHOR MINISTRO PRESIDENTE DO SUPERIOR TRIBUNAL DE JUSTIÇA

(Deixe 3 linhas em branco – não escreva isso na sua peça!)

Processo nº ...
Ação: ...
Recorrente: ...
Recorrido: ...

(Deixe 2 linhas em branco – não escreva isso na sua peça!)

NOME COMPLETO DO RECORRENTE, nacionalidade, estado civil, profissão, portador do RG..., CPF..., residência e domicílio..., endereço eletrônico... (se for pessoa jurídica: RAZÃO SOCIAL, CNPJ..., com sede na rua... nº..., bairro ..., cidade ..., CEP..., endereço eletrônico..., representada legalmente pelo(a) Sr(a)... [documento de representação anexo]), por intermédio de seu advogado (procuração em anexo), com endereço profissional no endereço..., onde receberá intimações, vem, perante Vossa Excelência, com fundamento no art. 102, inciso II, *a* ou art. 105, inciso II, *a* ou *b*, da CF/1988 e no art. 1.027 do CPC, interpor

RECURSO ORDINÁRIO
(COM PEDIDO DE EFEITO SUSPENSIVO OU ANTECIPAÇÃO DA TUTELA RECURSAL)

Em face do acórdão proferido por esse tribunal, de fls. ..., no processo nº ..., contra (ou que lhe move) o RECORRIDO..., particular/pessoa jurídica de direito público/privado ..., RG/CPF/CNPJ ..., com sede no endereço..., endereço eletrônico....

Razão pela qual, requer:

1) Seja recebido, desde já, com efeito suspensivo, conforme previsto art. 1.027, § 2º, c/c art. 1.029, § 5º, todos do CPC, e enviado o Recurso Ordinário ao Superior Tribunal de Justiça (ou ao Supremo Tribunal Federal), independentemente de juízo de admissibilidade, de acordo com o art. 1.028, § 3º, do CPC.
2) Seja o recorrido intimado para apresentar contrarrazões no prazo legal;
3) Seja juntada a comprovação do preparo (ou seja, dispensa da comprovação do preparo, uma vez requerida a concessão da gratuidade da justiça, nos termos do art. 99 do CPC).

Nestes termos, pede deferimento.

Local/data

ADVOGADO/OAB

10.6.2 Razões de recurso ordinário constitucional

EGRÉGIO SUPERIOR TRIBUNAL DE JUSTIÇA... (OU EGRÉGIO SUPREMO TRIBUNAL FEDERAL)

(Deixe 1 linha em branco – não escreva isso na sua peça!)

RAZÕES DE RECURSO ORDINÁRIO

(Deixe 1 linha em branco – não escreva isso na sua peça!)

1. DO CABIMENTO E DOS REQUISITOS DE ADMISSIBILIDADE

Garante o art. 994, inciso V, do CPC que do acórdão proferido em decorrência da competência ordinária de Tribunal, nos termos do art. 102, inciso II, *a* ou art. 105, inciso II, *a* ou *b*, da CF/1988, caberá a interposição de Recurso Ordinário. Diante disso, considerando-se que o acórdão dos embargos de declaração afirma não existir omissão, obscuridade ou contradição, compreende-se possível a interposição do presente recurso ordinário para fazer reformar o acórdão proferido pelo tribunal *a quo*.

Ainda, resta salientar que estão presentes todos os requisitos de admissibilidade, sejam aqueles extrínsecos ou intrínsecos para a interposição do presente recurso ordinário, especialmente os de legitimidade, na forma do art. 996 do CPC. Além disso, não existe causa impeditiva ou extintiva de direito na forma dos arts. 998 até 1.000 do CPC, sendo cumpridos todos os requisitos contidos nos arts. 1.027 e 1.028 do CPC.

2. DA TEMPESTIVIDADE E DO PREPARO

Estabelece o art. 1.003, § 5º, do CPC que o presente recurso ordinário deverá ser interposto no prazo de 15 dias. Diante da ocorrência da intimação no dia... (descrever a data da intimação), contando o prazo em dias úteis (art. 219 do CPC), compreende-se totalmente possível a interposição do presente recurso, uma vez que tempestiva a sua realização.

O art. 1.007 do CPC estabelece que o recorrente deverá realizar o preparo para que seja interposto o recurso ordinário, requisito também preenchido, conforme se verifica no documento comprobatório anexo (caso o cliente faça jus à gratuidade da justiça, deve-se fundamentar e formular o pedido de dispensa do preparo, conforme o art. 99 do CPC).

3. DOS FATOS

Descrever a situação fática constante na situação-problema, sem acrescentar nenhum dado que não esteja nele, narrando que o tribunal *a quo* proferiu acórdão que não deve prosperar (se referir ao seu cliente como recorrente e à parte contrária como recorrido).

4. DO DIREITO

Buscar o desenvolvimento de, no mínimo, quatro teses sobre os subtemas de direito administrativo trabalhados, envolvendo o tema de direito material aplicável, demonstrando-se o equívoco do acórdão atacado.

Uma tese constitucional;

Uma tese infraconstitucional;

Uma tese com base nos princípios;

Uma tese com base em súmulas.

5. DA CONCESSÃO DO EFEITO SUSPENSIVO OU DA ANTECIPAÇÃO DA TUTELA RECURSAL

No presente caso, como ficou amplamente demonstrado... (apresentar a fumaça do bom direito – probabilidade do direito), corroborando a relevância dos fundamentos, demonstrando-se a probabilidade do direito.

Além disso, caso não seja concedido o efeito suspensivo a fim de que... (demonstrar a probabilidade de provimento do recurso ou risco de dano grave ou de difícil reparação), demonstrando-se, no caso, o perigo de dano grave ou de difícil reparação.

Comprovada a probabilidade de provimento do recurso ou o perigo de dano grave ou de difícil reparação, impera-se a concessão do efeito suspensivo, nos termos do art. 995, parágrafo único, e do art. 1.027, § 2º, c/c art. 1.029, § 5º, todos do CPC, para que... (descrever o objetivo do efeito suspensivo), nos termos da fundamentação *ou* a concessão do efeito ativo, para que esse tribunal conceda a antecipação da tutela recursal, nos termos do art. 299, parágrafo único, desde já, para que... (descrever o objeto do pedido), nos termos da fundamentação.

6. DOS PEDIDOS

Ante o exposto, requer:

1) Seja conhecido o presente recurso ordinário, uma vez preenchidos todos os requisitos de admissibilidade, atribuindo-lhe, desde já, o efeito suspensivo, uma vez preenchidos os requisitos constantes no art. 995, parágrafo único, e do art. 1.027, § 2º, c/c art. 1.029, § 5º, todos do CPC, a fim de que sejam suspensos os efeitos do acórdão proferido pelo Tribunal *a quo* (ou atribuindo-lhe, desde já, o efeito ativo, para que se promova a antecipação da tutela recursal, nos termos do art. 299, parágrafo único, do CPC), a fim de que....
2) Seja provido o presente Recurso Ordinário, reformando o acórdão proferido pelo Tribunal *a quo*, para que... (descrever o pedido principal), nos termos da fundamentação;
3) A condenação do recorrido ao pagamento dos honorários sucumbenciais e custas processuais.

Nestes termos, pede deferimento.

Local/data

ADVOGADO/OAB

10.7 PEÇAS PARA TREINAMENTO

(EXAME DE ORDEM XII/Peça profissional) O Governador do Estado Y, premido da necessidade de reduzir a folha de pagamentos do funcionalismo público estadual, determinou que o teto remuneratório dos Defensores Públicos admitidos após a Emenda Constitucional nº 41/2003 fosse limitado ao valor correspondente ao subsídio mensal do Governador, ao entendimento de que aquele órgão integra a estrutura do Poder Executivo estadual. Com a implementação da medida, os Defensores Públicos do Estado, irresignados com a redução do seu teto remuneratório, levam a questão à Associação Nacional dos Defensores Públicos Estaduais, legalmente constituída e em funcionamento há pouco mais de dois anos, e esta contrata os seus serviços advocatícios para impetrar mandado de segurança coletivo em face do ato do Governador. A decisão proferida pelo Tribunal de Justiça local, observando a competência originária constante do seu código de organização e divisão judiciária, diante da autoridade coatora – governador do Estado – deu por extinto o processo, sem resolução do mérito, sob os argumentos de que a associação não preenche o requisito de três anos de constituição, não demonstrou a autorização dos associados em assembleia geral para a propositura da demanda e não poderia representar os associados em demanda que veicule interesse apenas de uma parte da categoria, uma vez que os Defensores atingidos pela medida, isto é, aqueles admitidos após a Emenda Constitucional nº 41/2003, os mais novos na carreira, ainda não foram promovidos e sequer recebem sua remuneração em valores próximos ao subsídio mensal do Governador.

Ciente de que este acórdão contendo a unanimidade de votos dos desembargadores que participaram do julgamento já foi objeto de Embargos de Declaração, que foram conhecidos mas não providos, e que a publicação desta última decisão se deu na data de hoje, redija a peça processual adequada com seus fundamentos.

Recurso Ordinário Constitucional	
Item	**Pontuação**
Endereçamento do recurso ordinário: Desembargador Presidente / Vice-Presidente do Tribunal de Justiça do Estado y).	0,00/0,20

Recorrente e recorrido: Associação Nacional dos Defensores Públicos Estaduais (0,10) / Estado Y (0,20)	0,00/0,10/ 0,20/0,30
Requerimento de remessa dos autos ao colendo Superior Tribunal de Justiça, após abertura de vistas ao recorrido para manifestação.	0,00/0,20
Fundamentação para a pretensão: Preenchimento do requisito de constituição da Associação há mais de um ano (0,50), nos termos do art. 5º, LXX, *b*, CF/1988 (0,20);	0,00/0,50/ 0,70
A entidade de classe tem legitimação para o mandado de segurança ainda quando a pretensão veicula interesse apenas a uma parte da respectiva categoria (0,50), nos termos do art. 21 da Lei nº 12.016/2009 ou do verbete nº 630 da Súmula de jurisprudência predominante do Supremo Tribunal Federal (0,20);	0,00/0,50/ 0,70
A impetração de mandado de segurança coletivo por entidade de classe em favor dos associados independe da autorização destes (0,50), nos termos do art. 21 da Lei nº 12.016/2009 ou do verbete nº 629 da Súmula de jurisprudência predominante do Supremo Tribunal Federal (0,20); ***Observação:*** A simples menção aos artigos não pontua.	0,00/0,50/ 0,70
Na eventualidade de o Tribunal conhecer do mérito do recurso, deve ser alegado: – violação à regra do art. 37, XI, da CF/1988 (0,20) que estabelece como teto remuneratório dos Defensores Públicos o subsídio dos Desembargadores do Tribunal de Justiça. (0,40) ***Observação:*** A simples menção aos artigos não pontua.	0,00/0,40/ 0,60
– violação ao princípio da isonomia, uma vez que, sem qualquer critério legítimo, foi operada uma discriminação no tratamento jurídico conferido aos Defensores (0,40), nos termos do art. 5º, *caput*, ou art. 37, *caput*, da CF/1988 (0,20). ***Observação:*** A simples menção aos artigos não pontua.	0,00/0,40/ 0,60
Pedidos: Conhecer e prover o recurso para reformar o acórdão, julgando procedente o pedido de aplicação do teto remuneratório correspondente ao subsídio mensal dos Desembargadores (0,40).	0,00/0,40
Caso assim não se entenda, pela anulação do acórdão hostilizado, com o retorno dos autos à origem para processamento do *writ* (0,40).	0,00/0,40
Fechamento da Peça: (0,10) Data, Local, Advogado, OAB ... nº...	0,00/0,10

(EXAME DE ORDEM XXIV/Peça profissional) No dia 05/06/2015, o estado Alfa fez publicar edital de concurso público para o preenchimento de cinco vagas para o cargo de médico do quadro da Secretaria de Saúde, com previsão de remuneração inicial de R$ 5.000,00 (cinco mil reais), para uma jornada de trabalho de 20 horas semanais. O concurso teria prazo de validade de um ano, prorrogável por igual período. Felipe foi aprovado em quinto lugar, conforme resultado devidamente homologado em 23/08/2015. No interregno inicial de validade do concurso, foram convocados apenas os quatro primeiros classificados, e prorrogou-se o prazo de validade do certame. Em 10/03/2017, o estado Alfa fez publicar novo edital, com previsão de preenchimento de dez vagas, para o cargo de médico, para jornada de 40 horas semanais e remuneração inicial de R$ 6.000,00 (seis mil reais), com prazo de validade de um ano prorrogável por igual período, cujo resultado foi homologado em 18/05/2017, certo que os três primeiros colocados deste último certame foram convocados, em 02/06/2017, pelo Secretário de Saúde, que possui atribuição legal para convocação e nomeação, sem que Felipe houvesse sido chamado. Em 11/09/2017, o advogado constituído por Felipe impetrou mandado de segurança, cuja inicial sustentou a violação de seu direito líquido e certo de ser investido no cargo para o qual havia sido aprovado em concurso, nos exatos termos previstos no respectivo instrumento convocatório, com a carga horária de 20 horas semanais e remuneração de R$ 5.000,00 (cinco mil reais), mediante fundamentação nos argumentos jurídicos pertinentes, sendo certo que as normas de organização judiciária estadual apontavam para a competência do Tribunal de Justiça local. Sobreveio acórdão, unânime, que denegou a segurança, sob o fundamento de que o Judiciário não deve se imiscuir em matéria de concurso público, por se tratar de atividade sujeita à discricionariedade administrativa, sob pena de violação do princípio da separação de Poderes. Foram opostos embargos de declaração, rejeitados por não haver omissão, contradição ou obscuridade a ser sanada. Redija a petição da medida pertinente à defesa dos interesses de Felipe contra a decisão prolatada em única instância pelo Tribunal de Justiça estadual, publicada na última sexta-feira, desenvolvendo todos os argumentos jurídicos adequados à análise do mérito da demanda. (Valor: 5,00)

Observação: A peça deve abranger todos os fundamentos de Direito que possam ser utilizados para dar respaldo à pretensão. A simples menção ou transcrição do dispositivo legal não confere pontuação.

Recurso Ordinário Constitucional	
Item	**Pontuação**
Petição de Interposição	
1 – Endereçamento: Desembargador Presidente / Vice-Presidente do Tribunal de Justiça do Estado Alfa (0,10).	0,00/0,10
2 – Qualificação das partes Recorrente: Felipe (0,10). Recorrido: Estado Alfa E/OU autoridade coatora (0,10).	0,00/0,10/0,20
3 – Fundamento legal: art. 18 da Lei nº 12.016/2009 OU art. 105, inciso II, alínea *b*, da CF/1988 OU art. 1.027, II, *a*, do CPC (0,10).	0,00/0,10
4 – Pedido de remessa dos autos ao Superior Tribunal de Justiça (0,30).	0,00/0,30
Razões de Recurso	
Fundamentos 5 – Possibilidade do controle judicial porque não se trata de matéria sujeita à discricionariedade administrativa da Banca Examinadora (0,60), mas sim de violação ao direito líquido e certo do impetrante (0,30).	0,00/0,30/ 0,60/0,90
6 – Inconstitucionalidade OU ilegalidade da preterição de Felipe pela convocação dos aprovados em concurso posterior, dentro do prazo de validade do certame anterior (0,70), a violar o disposto no art. 37, inciso IV, da CF/1988 (0,10).	0,00/0,70/0,80
7 – A aprovação do candidato dentro do número de vagas previsto no edital confere-lhe direito subjetivo à nomeação dentro do prazo de validade do certame (0,70), conforme entendimento consolidado pelo STF em sede de repercussão geral (0,10).	0,00/0,70/0,80
8 – Obrigatoriedade de a administração fazer cumprir os exatos termos do edital, provendo-o na vaga para a qual foi aprovado (0,60), em decorrência da vinculação ao instrumento convocatório (0,20).	0,0/0,20/ 0,60/0,80
Pedidos 9.1 – Conhecimento (0,10) e provimento do recurso para que seja reformada a decisão do tribunal do estado Alfa (0,30);	0,00/0,10/ 0,30/0,40
9.2 – determinando-se, em consequência, a investidura ou a nomeação de Felipe para o cargo público (0,30);	0,00/0,30
10 – Condenação em custas (0,10).	0,00/0,10
Tempestividade 11 – Demonstração da tempestividade: prazo final em 09/02/2018 OU prazo legal de 15 dias OU prazo do art. 1.003, § 5º, do CPC.	0,00/0,10
Fechamento da Peça: (0,10) Data, Local, Advogado, OAB ... nº...	0,00/0,10

11 RECURSO ESPECIAL

11.1 FUNDAMENTO

a) Constitucional: art. 105, inciso III, alíneas *a*, *b* ou *c*, da CF/1988;

b) Processual: art. 1.029 e ss. do CPC.

11.2 NOMENCLATURA

Recorrente e Recorrido.

11.3 CABIMENTO E COMPETÊNCIA

O recurso especial poderá ser interposto contra acórdão exarado por tribunal nas hipóteses previstas nas alíneas constantes no inciso III do art. 105 da CF/1988. Assim, compete ao STJ julgar, em recurso especial, as causas decididas, em única ou última instância, pelos Tribunais Regionais Federais ou pelos Tribunais dos Estados, do Distrito Federal e Territórios, quando a decisão recorrida:

a) contrariar tratado ou lei federal, ou negar-lhes vigência;

b) julgar válido ato de governo local contestado em face de lei federal;

c) der a lei federal interpretação divergente da que lhe haja atribuído outro tribunal.

Há de se dizer que o Recurso Especial não atacará somente o acórdão que versar sobre matéria de mérito, poderá, também, impugnar julgado que não apreciou o mérito da causa, a partir de interpretação de lei processual diversa daquela que lhe haja atribuído acórdão proferido por outro tribunal.

11.4 REQUISITOS

O Recurso Especial passará, inicialmente, pelo juízo de admissibilidade da Presidência ou Vice-Presidência do Tribunal *a quo*. O recurso especial, de acordo com o art. 1.029 do CPC, nos casos previstos na Constituição Federal, será interposto em petições distintas que conterão:

I – a exposição do fato e do direito;

II – a demonstração do cabimento do recurso interposto;

III – as razões do pedido de reforma ou de invalidação da decisão recorrida.

A admissibilidade do Recurso Especial possui requisitos **intrínsecos** (internos) e **extrínsecos** (externos). Os **requisitos intrínsecos** são: cabimento ao caso concreto, legitimidade para recorrer, interesse processual e inexistência de fato impeditivo ou extintivo do direito de recorrer. Os **requisitos extrínsecos** seriam: tempestividade, regularidade formal e preparo.

Outro requisito para admissibilidade do Recurso Especial é o prequestionamento, ou seja, de que a matéria discutida no recurso especial já foi objeto de questionamento no Tribunal anterior.

Além desses requisitos, há outros requisitos específicos para a admissibilidade do recurso especial que serão verificados pela presidência ou vice-presidência do Tribunal *a quo*, após findado o prazo de 15 dias concedido ao recorrido para apresentar as contrarrazões, conforme previsto no art. 1.030 do CPC, sendo que deverá:

I - negar seguimento:

a) a recurso extraordinário que discuta questão constitucional à qual o Supremo Tribunal Federal não tenha reconhecido a existência de repercussão geral ou a recurso extraordinário interposto contra acórdão que esteja em conformidade com entendimento do Supremo Tribunal Federal exarado no regime de repercussão geral;

b) a recurso extraordinário ou **a recurso especial** interposto contra acórdão que esteja em conformidade com entendimento do Supremo Tribunal Federal ou do Superior Tribunal de Justiça, respectivamente, exarado no regime de julgamento de recursos repetitivos;

II - encaminhar o processo ao órgão julgador para realização do juízo de retratação, se o acórdão recorrido divergir do entendimento do Supremo Tribunal Federal ou do **Superior Tribunal de Justiça** exarado, conforme o caso, nos regimes de repercussão geral ou de recursos repetitivos;

III - sobrestar o recurso que versar sobre controvérsia de caráter repetitivo ainda não decidida pelo Supremo Tribunal Federal ou pelo **Superior Tribunal de Justiça**, conforme se trate de matéria constitucional ou infraconstitucional;

IV - selecionar o recurso como representativo de controvérsia constitucional ou infraconstitucional, nos termos do § 6º do art. 1.036 do CPC;

V - realizar o juízo de admissibilidade e, se positivo, **remeter o feito** ao Supremo Tribunal Federal ou ao **Superior Tribunal de Justiça**, desde que:

a) o recurso ainda não tenha sido submetido ao regime de repercussão geral ou de julgamento de recursos repetitivos;

b) o recurso tenha sido selecionado como representativo da controvérsia; ou

c) o tribunal recorrido tenha refutado o juízo de retratação.

Observação 1: Da decisão de inadmissibilidade proferida com fundamento no item V caberá agravo ao tribunal superior, nos termos do art. 1.042 do CPC.

Observação 2: Da decisão proferida com fundamento nos itens I e III caberá agravo interno, nos termos do art. 1.021 do CPC.

Observação 3: No recurso especial só se discute matéria de direito, não se discutindo matéria de fato.

11.5 EFEITO SUSPENSIVO OU ANTECIPAÇÃO DA TUTELA RECURSAL

A regra geral é que o recurso especial possui efeito devolutivo. Agora, se o recorrente pretender obter o **efeito suspensivo**, isso será possível desde que formule um pedido (art. 1.029, § 5º, do CPC), que poderá ser dirigido:

I – ao tribunal superior respectivo, no período compreendido entre a publicação da decisão de admissão do recurso e sua distribuição, ficando o relator designado para seu exame prevento para julgá-lo;

II – ao relator, se já distribuído o recurso;

III – **ao presidente ou ao vice-presidente do tribunal recorrido**, no período compreendido entre a interposição do recurso e a publicação da decisão de admissão do recurso, assim como no caso de o recurso ter sido sobrestado, nos termos do art. 1.037 do CPC.

O dispositivo legal deve ser lido não apenas como abrindo ensejo à concessão de efeito suspensivo, mas, também, quando necessária uma providência ativa, a antecipação de tutela recursal, atribuindo-lhe **efeito ativo**, em aplicação conjunta com o art. 299, parágrafo único, do CPC.

11.6 ESTRUTURA DO RECURSO ESPECIAL

11.6.1 Folha de rosto

EXCELENTÍSSIMO SENHOR DESEMBARGADOR PRESIDENTE DO TRIBUNAL DE JUSTIÇA DO ESTADO DE... (OU DESEMBARGADOR FEDERAL PRESIDENTE DO TRIBUNAL REGIONAL FEDERAL DA ...REGIÃO)

(Deixe 1 linha em branco – não escreva isso na sua peça!)

Processo nº ...
Ação: ...
Recorrente: ...
Recorrido: ...

(Deixe 1 linha em branco – não escreva isso na sua peça!)

NOME COMPLETO DO RECORRENTE, nacionalidade, estado civil, profissão, portador do RG..., CPF..., residência e domicílio..., endereço eletrônico... (se for pessoa jurídica: RAZÃO SOCIAL, CNPJ..., com sede na rua... nº..., bairro ..., cidade ..., CEP..., endereço eletrônico..., representada legalmente pelo(a) Sr(a)... [documento de representação anexo]), por intermédio de seu advogado (procuração em anexo), com endereço profissional no endereço ..., onde receberá intimações, vem, perante Vossa Excelência, com fundamento no art. 105, inciso III, da CF/1988 e no art. 1.029 do CPC, interpor

RECURSO ESPECIAL
(COM PEDIDO DE EFEITO SUSPENSIVO)

Em face do acórdão proferido por esse tribunal, fls. ..., no processo nº..., contra (ou que lhe move) o RECORRIDO..., particular/pessoa jurídica de direito público/privado ..., RG/CPF/CNPJ ..., com sede no endereço..., endereço eletrônico...

Razão pela qual, requer:

1) Seja recebido, desde já, com efeito suspensivo, conforme previsto no art. 1.029, § 5º, do CPC, e enviado o presente Recurso Especial ao Superior Tribunal de Justiça..., uma vez que preenche todos os requisitos de admissibilidade e não houve juízo de retratação; (art. 1030, V, do CPC)
2) Seja o recorrido intimado para apresentar contrarrazões no prazo legal;
3) Seja juntada a comprovação do preparo (ou seja, dispensa da comprovação do preparo, uma vez requerida a concessão da gratuidade da justiça, nos termos do art. 99 do CPC).

Nestes termos, pede deferimento.

Local/data

ADVOGADO/OAB

11.6.2 Razões de Recurso Especial

EGRÉGIO SUPERIOR TRIBUNAL DE JUSTIÇA...

(Deixe 1 linha em branco – não escreva isso na sua peça!)

RAZÕES DE RECURSO ESPECIAL

(Deixe 1 linha em branco – não escreva isso na sua peça!)

1. DOS FATOS

Descrever a situação fática constante na situação-problema, sem acrescentar nenhum dado que não esteja nele, narrando que o tribunal *a quo* proferiu acórdão que não deve prosperar (se referir ao seu cliente como recorrente e à parte contrária como recorrido).

No recurso especial, não se enfrentará matéria de fato, apenas matéria de direito.

2. DO CABIMENTO E DOS REQUISITOS DE AMISSIBILIDADE

O acórdão recorrido foi julgado em última instância pelo Tribunal de Justiça do Estado... (ou pelo Tribunal Regional Federal da ...Região) e conforme demonstrado, o acórdão afrontou claramente a lei federal, contradizendo-lhe e negando-lhe vigência (ou deu à lei federal interpretação divergente da que lhe haja atribuído outro tribunal, conforme se verifica nos acórdãos anexos).

Ademais, houve o esgotamento da via recursal ordinária, o presente recurso especial é tempestivo, uma vez obedecido o prazo de 15 dias para a presente interposição, conforme o art. 1.003, § 5º, do CPC, e houve o pagamento das custas processuais para recurso, o que se comprova com a juntada da guia de pagamento, conforme exigido pelo art. 1.007 também do CPC (caso o cliente faça jus à gratuidade da justiça, deve-se fundamentar e formular o pedido de dispensa do preparo, conforme o art. 99 do CPC).

Isso posto, em conformidade com o art. 105, inciso III, alínea *a*, *b* ou *c*, da CF/1988 e, também, o art. 1.029, II, do CPC, é cabível o presente Recurso Especial para alcançar a reforma do acórdão atacado.

3. DO PREQUESTIONAMENTO

Exige-se, para acolhimento de Recurso Especial, que a matéria tenha sido prequestionada. Este requisito foi cumprido, já que, às fls. ..., o Tribunal *a quo* manifestou-se sobre a matéria decidindo não haver qualquer violação à lei federal (ou qualquer uma das outras hipóteses já descritas na seção anterior da estrutura).

4. DO DIREITO

Buscar o desenvolvimento de, no mínimo, quatro teses sobre os subtemas de direito administrativo trabalhados, envolvendo o tema de direito material aplicável, demonstrando-se o equívoco do acórdão atacado.

Uma tese constitucional;

Uma tese infraconstitucional;

Uma tese com base nos princípios;

Uma tese com base em súmulas.

5. DA CONCESSÃO DO EFEITO SUSPENSIVO OU DA ANTECIPAÇÃO DA TUTELA RECURSAL

No presente caso, como ficou amplamente demonstrado... (apresentar a fumaça do bom direito – probabilidade do direito), corroborando a relevância dos fundamentos, demonstrando-se a probabilidade do direito.

Além disso, caso não seja concedido o efeito suspensivo a fim de que... (demonstrar a probabilidade de provimento do recurso ou risco de dano grave ou de difícil reparação), demonstrando-se, no caso, o perigo de dano grave ou de difícil reparação.

Comprovada a probabilidade de provimento do recurso ou o perigo de dano grave ou de difícil reparação, impera-se a concessão do efeito suspensivo, nos termos do art. 995, parágrafo único, e do art. 1.029, § 5º, ambos do CPC, para que... (descrever o objetivo do efeito suspensivo), nos termos da fundamentação *ou* a concessão do efeito ativo, para que esse tribunal conceda a antecipação da tutela recursal, nos termos do art. 299, parágrafo único, desde já, para que... (descrever o objeto do pedido), nos termos da fundamentação.

6. DOS PEDIDOS

Ante o exposto, requer:

1) Seja conhecido o presente Recurso Especial, uma vez preenchidos todos os requisitos de admissibilidade, atribuindo-lhe, desde já, o efeito suspensivo, uma vez preenchidos os requisitos constantes no art. 995, parágrafo único, e no art. 1.029, § 5º, ambos do CPC, a fim de que sejam suspensos os efeitos do acórdão proferido pelo Tribunal *a quo* (ou atribuindo-lhe, desde já, o efeito ativo, para que se promova a antecipação da tutela recursal, nos termos do art. 299, parágrafo único, do CPC), a fim de que...

2) Seja provido o presente Recurso Especial, reformando o acórdão proferido pelo Tribunal *a quo*, para que... (descrever o pedido principal), nos termos da fundamentação;
3) A condenação do recorrido ao pagamento dos honorários sucumbenciais e custas processuais.

Nestes termos, pede deferimento.

Local/data

ADVOGADO/OAB

11.7 PEÇAS PARA TREINAMENTO

(XXV EXAME DE ORDEM/Peça profissional/Direito Civil/Adaptada)

Em uma determinada ação indenizatória que tramita na capital do Rio de Janeiro, o proprietário de um terreno não edificado próximo a uma obra pública, Serafim, pleiteia do Município do Rio de Janeiro, sua condenação ao pagamento de quantias indenizatórias a título de (i) lucros cessantes em razão da utilização sem o devido processo legal e do pagamento da indenização correspondente à ocupação temporária da área por mais de um ano e (ii) danos materiais em virtude da necessidade de limpeza e restabelecimento do terreno às condições originais. Todas as provas pertinentes e relevantes dos fatos constitutivos do direito do autor foram carreadas nos autos. Na contestação, o réu suscitou preliminar de ilegitimidade passiva, apontando como devedora de eventual indenização a sociedade Construtora Y contratada para a execução da obra. Alegou, no mérito, o descabimento de indenização por mera ocupação temporária, sem desapropriação do bem do autor e, ainda, aduziu que a situação casuística não demonstrou a ocorrência dos lucros cessantes alegados pelo autor. O juízo de primeira instância, transcorridos regularmente os atos processuais sob o rito comum, acolheu a preliminar de ilegitimidade passiva. Da sentença proferida já à luz da vigência do CPC/15, o autor interpôs recurso de apelação, mas o acórdão no Tribunal de Justiça correspondente manteve integralmente a decisão pelos seus próprios fundamentos, sem motivar específica e casuisticamente a decisão. O autor, diante disso, opôs embargos de declaração por entender que havia omissão no Acórdão, para prequestionar a violação de norma federal aplicável ao caso em tela. No julgamento dos embargos declaratórios, embora tenha enfrentado os dispositivos legais aplicáveis à espécie, o Tribunal negou provimento ao recurso e também aplicou a multa prevista na lei para a hipótese de embargos meramente protelatórios. Na qualidade de advogado(a) de Serafim, indique o meio processual adequado para a tutela integral do seu direito em face do acórdão do Tribunal, elaborando a peça processual cabível no caso, excluindo-se a hipótese de novos embargos de declaração, indicando os seus requisitos e fundamentos nos termos da legislação vigente. (Valor: 5,00)

Recurso Especial	
Item	**Pontuação**
Endereçamento	
O recurso deverá ser interposto perante o presidente ou o vice-presidente do tribunal recorrido (Rio de Janeiro) (0,10).	0,00/0,10
Indicação do recorrente (0,10) e do recorrido (0,10).	0,00/0,10/0,20
Interposição no prazo de 15 dias (0,10), na forma do art. 1.003, § 5º, do CPC (0,10).	0,00/0,10/0,20
Preparo ou gratuidade de Justiça (0,10).	0,00/0,10
Cabimento	
1. Decisão advinda de Tribunal (0,20) e decisão proferida em última instância (0,20).	0,00/0,20/0,40
2. Requisito específico de violação à Lei Federal (0,40).	0,00/0,40
3. Fundamento legal: art. 105, inciso III, alínea *a*, da CF/1988 OU art. 1.029 do CPC (0,10). ***Observação:*** A pontuação do fundamento legal somente será considerada se mencionado qualquer dos itens acima que tratam do cabimento.	0,00/0,10
Fundamentação	
Prequestionamento realizado pela via dos Embargos de Declaração (0,50), nos termos do art. 1.025 do CPC (0,10).	0,00/0,50/0,60
Ausência de fundamentação específica do acórdão recorrido (0,20), violando o disposto no art. 489, § 1º, do CPC (0,10).	0,00/0,20/0,30
Legitimidade passiva do Município, eis que apenas o ente público é responsável pela declaração de utilidade pública pela área e, portanto, seria competente para a instauração do devido processo legal (0,30).	0,00/0,30
Indicação de expressa previsão da indenização nos casos de ocupação temporária (0,30), conforme o previsto no art. 36 do Dec.-Lei nº 3.365/1941 (0,10).	0,00/0,30/0,40

Recurso Especial	
Item	**Pontuação**
Alegação da prática de enriquecimento sem causa por parte do Município (0,20). Identificação dos danos sofridos: lucros cessantes (0,20) e dano material (0,20).	0,00/0,20/0,40
Aplicação de multa indevida nos Embargos declaratórios por se tratar de recurso com finalidade de prequestionamento (0,50), o que resulta na inaplicabilidade do art. 1.026, § 2º, do CPC (0,10).	0,00/0,50/0,60
Pedidos	
1. de admissão do recurso (0,10).	0,00/0,10
2. de provimento para anular o acórdão do Tribunal local (0,20).	0,00/0,20
3. eventual, para a reforma integral da decisão recorrida (0,10).	0,00/0,10
4. eventual, provimento parcial para afastar a aplicação da multa (0,20).	0,00/0,20
Fechamento Local, data, assinatura e OAB (0,10).	0,00/0,10

12 RECURSO EXTRAORDINÁRIO

12.1 FUNDAMENTO

a) Constitucional: art. 102, inciso III, alíneas *a, b, c* ou *d*, da CF/1988;

b) Processual: art. 1.029 e ss. do CPC.

12.2 NOMENCLATURA

Recorrente e Recorrido.

12.3 CABIMENTO E COMPETÊNCIA

O recurso extraordinário poderá ser interposto contra acórdão exarado por tribunal nas hipóteses previstas no inciso III do art. 102 da CF/1988. O recurso extraordinário é um mecanismo processual que viabiliza a análise de questões constitucionais pelo STF. Para que o recurso chegue ao STF é necessário que o recorrente tenha se valido de todos os meios ordinários. As hipóteses de cabimento são contra as causas decididas em única ou última instância, quando a decisão recorrida:

a) contrariar dispositivo da Constituição;

b) declarar a inconstitucionalidade de tratado ou lei federal;

c) julgar válida lei ou ato de governo local contestado em face da Constituição;

d) julgar válida lei local contestada em face de lei federal.

12.4 REQUISITOS

Além dos requisitos intrínsecos e extrínsecos previstos ao Recurso Especial, no Recurso Extraordinário também se exige que o recorrente preencha o requisito do **prequestionamento** (da matéria constitucional) e, especificamente, a demonstração **da repercussão geral das questões constitucionais discutidas no caso**, prevista no art. 102, § 3º, da CF/1988, a fim de que o Tribunal examine a admissão do recurso, somente podendo recusá-lo pela manifestação de dois terços de seus membros.

Assim, de acordo com o art. 1.035 do CPC, o STF, em decisão irrecorrível, não conhecerá do Recurso Extraordinário quando a questão constitucional nele versada não tiver repercussão geral.

Para efeito de repercussão geral, será considerada a existência ou não de questões relevantes do ponto de vista econômico, político, social ou jurídico que ultrapassem os interesses subjetivos do processo.

O recorrente deverá demonstrar a existência de repercussão geral para apreciação exclusiva pelo STF (em preliminar no recurso). Haverá repercussão geral, porém, sempre que o recurso impugnar acórdão que:

a) contrarie súmula ou jurisprudência dominante do Supremo Tribunal Federal;

b) tenha reconhecido a inconstitucionalidade de tratado ou de lei federal, nos termos do art. 97 da CF/1988.

Ademais, como já dito, o Recurso Extraordinário deve preencher os mesmos requisitos de admissibilidade que o Recurso Especial, os quais devem ser analisados no Tribunal *a quo*.

12.5 EFEITO SUSPENSIVO OU ANTECIPAÇÃO DA TUTELA RECURSAL

A regra geral é que o Recurso Extraordinário possui efeito devolutivo. Agora, se o recorrente pretender obter o **efeito suspensivo**, isso será possível desde que formule um pedido (art. 1.029, § 5º, do CPC), que poderá ser dirigido:

I – ao tribunal superior respectivo, no período compreendido entre a publicação da decisão de admissão do recurso e sua distribuição, ficando o relator designado para seu exame prevento para julgá-lo;

II – ao relator, se já distribuído o recurso;

III – **ao presidente ou ao vice-presidente do tribunal recorrido**, no período compreendido entre a interposição do recurso e a publicação da decisão de admissão do recurso, assim como no caso de o recurso ter sido sobrestado, nos termos do art. 1.037 do CPC.

O dispositivo legal deve ser lido não apenas como abrindo ensejo à concessão de efeito suspensivo, mas, também, quando necessária uma providência ativa, a antecipação de tutela recursal, atribuindo-lhe **efeito ativo**, em aplicação conjunta com o art. 299, parágrafo único, do CPC.

12.6 ESTRUTURA DO RECURSO EXTRAORDINÁRIO

12.6.1 Folha de rosto

EXCELENTÍSSIMO SENHOR DESEMBARGADOR PRESIDENTE DO TRIBUNAL DE JUSTIÇA DO ESTADO DE... (OU DESEMBARGADOR FEDERAL PRESIDENTE DO TRIBUNAL REGIONAL FEDERAL DA ...REGIÃO)

(Deixe 3 linhas em branco – não escreva isso na sua peça!)

Processo nº ...
Ação: ...
Recorrente: ...
Recorrido: ...

(Deixe 2 linhas em branco – não escreva isso na sua peça!)

NOME COMPLETO DO RECORRENTE, nacionalidade, estado civil, profissão, portador do RG..., CPF..., residente e domiciliado na rua..., nº..., bairro ..., cidade ..., CEP ..., endereço eletrônico... (se for pessoa jurídica: RAZÃO SOCIAL, CNPJ..., com sede na rua... nº..., bairro ..., cidade ..., CEP..., endereço eletrônico..., representada legalmente pelo(a) Sr(a)... [documento de representação anexo]), por intermédio de seu advogado (procuração em anexo), com endereço profissional no endereço ..., onde receberá intimações, vem, perante Vossa Excelência, com fundamento no art. 102, inciso III, da CF/1988 e no art. 1.029 do CPC, interpor

RECURSO EXTRAORDINÁRIO
(COM PEDIDO DE EFEITO SUSPENSIVO)

Em face do acórdão proferido por esse tribunal, fls. ..., no processo nº..., contra (ou que lhe move) o RECORRIDO..., particular/pessoa jurídica de direito público/privado ..., RG/CPF/CNPJ ..., com endereço/sede na Rua..., nº ..., bairro ..., endereço eletrônico....

Razão pela qual, requer:

1) Seja recebido, desde já, com efeito suspensivo, conforme previsto no art. 1.029, § 5º, CPC, e enviado o presente Recurso Extraordinário ao Supremo Tribunal Federal, uma vez que preenche todos os requisitos de admissibilidade e não houve juízo de retratação; (art. 1.030, V, do CPC)
2) Seja o recorrido intimado para apresentar contrarrazões no prazo legal;
3) Seja juntada a comprovação do preparo (ou seja, dispensa da comprovação do preparo, uma vez requerida a concessão da gratuidade da justiça, nos termos do art. 99 do CPC).

Nestes termos, pede deferimento.

Local/data

ADVOGADO/OAB

12.6.2 Razões de Recurso Extraordinário

EGRÉGIO SUPREMO TRIBUNAL FEDERAL...

(Deixe 1 linha em branco – não escreva isso na sua peça!)

RAZÕES DE RECURSO EXTRAORDINÁRIO

(Deixe 1 linha em branco – não escreva isso na sua peça!)

1. DOS FATOS

Descrever a situação fática constante na situação-problema, sem acrescentar nenhum dado que não esteja nele, narrando que o tribunal *a quo* proferiu acórdão que não deve prosperar (se referir ao seu cliente como recorrente e à parte contrária como recorrido).

No recurso extraordinário, não se enfrentará matéria de fato, apenas matéria de direito.

2. DO CABIMENTO E DOS REQUISITOS DE ADMISSIBILIDADE

O acórdão recorrido foi julgado em última instância pelo Tribunal de Justiça do Estado... (ou pelo Tribunal Regional Federal da ...Região) e, conforme demonstrado, o acórdão afrontou claramente dispositivo da Constituição Federal (ou declarou a inconstitucionalidade de tratado ou lei federal ou julgou válida lei ou ato de governo local contestado em face da Constituição ou julgou válida lei local contestada em face de lei federal).

Ademais, houve o esgotamento da via recursal ordinária, o presente recurso extraordinário é tempestivo, uma vez obedecido o prazo de 15 dias para a presente interposição, conforme o art. 1.003, § 5º, do CPC, e houve o pagamento das custas processuais para recurso, o que se comprova com a juntada da guia de pagamento, conforme exigido pelo art. 1.007 também do CPC (caso o cliente faça jus à gratuidade da justiça, deve-se fundamentar e formular o pedido de dispensa do preparo, conforme o art. 99 do CPC).

Isso posto, em conformidade com o art. 102, inciso III, alínea *a, b, c* ou *d*, da CF/1988 e, também, o art. 1.029, II, do CPC, é cabível o presente Recurso Extraordinário para alcançar a reforma do acórdão atacado.

3. DO PREQUESTIONAMENTO

Exige-se, para acolhimento de Recurso Extraordinário, que a matéria tenha sido prequestionada. Este requisito foi cumprido, já que às fls. ..., o Tribunal *a quo* manifestou-se sobre a matéria decidindo não haver qualquer violação à Constituição da República (ou qualquer uma das outras hipóteses já descritas na seção anterior da estrutura).

4. DA REPERCUSSÃO GERAL

Antes de examinar o mérito deste Recurso, cumpre destacar que a transcendência da *quaestio juris* aqui discutida encontra fundamento... (indicar a existência de repercussão geral).

O debate aqui trazido, evidentemente, afeta milhões de brasileiros, uma vez que está vinculado a direitos fundamentais... (descrever a matéria constitucional com questões relevantes do ponto de vista econômico, político, social ou jurídico que ultrapassem os interesses subjetivos do processo).

Fica nítido, portanto, que há repercussão geral na questão debatida neste recurso.

5. DO DIREITO

Buscar o desenvolvimento de, no mínimo, quatro teses sobre os subtemas de direito administrativo trabalhados, envolvendo o tema de direito material aplicável, demonstrando-se o equívoco do acórdão atacado.

6. DA CONCESSÃO DO EFEITO SUSPENSIVO OU DA ANTECIPAÇÃO DA TUTELA RECURSAL

No presente caso, como ficou amplamente demonstrado... (apresentar a fumaça do bom direito – probabilidade do direito), corroborando a relevância dos fundamentos, demonstrando-se a probabilidade do direito.

Além disso, caso não seja concedido o efeito suspensivo ou ativo a fim de que... (demonstrar a probabilidade de provimento do recurso ou risco de dano grave ou de difícil reparação), demonstrando-se, no caso, o perigo de dano grave ou de difícil reparação.

Comprovada a probabilidade de provimento do recurso ou o perigo de dano grave ou de difícil reparação, impera-se a concessão do efeito suspensivo, nos termos do art. 995, parágrafo único, e do art. 1.029, § 5º, ambos do CPC, para que... (descrever o objetivo do efeito suspensivo), nos termos da fundamentação.

7. DOS PEDIDOS

Ante o exposto, requer:

1) Seja conhecido o presente Recurso Extraordinário, uma vez preenchidos todos os requisitos de admissibilidade, atribuindo-lhe, desde já, o efeito suspensivo, uma vez preenchidos os requisitos constantes no art. 995, parágrafo único, e no art. 1.029, § 5º, ambos do CPC, a fim de que sejam suspensos os efeitos do acórdão proferido pelo Tribunal *a quo* ou a concessão do efeito ativo, para que esse tribunal conceda a antecipação da tutela recursal, nos termos do art. 299, parágrafo único, desde já, para que... (descrever o objeto do pedido), nos termos da fundamentação.
2) Seja provido o presente Recurso Extraordinário, reformando o acórdão proferido pelo Tribunal *a quo*, para que... (descrever o pedido principal), nos termos da fundamentação;
3) A condenação do recorrido ao pagamento dos honorários advocatícios e custas processuais;

Nestes termos, pede deferimento.

Local/data

ADVOGADO/OAB

12.7 PEÇAS PARA TREINAMENTO

(VIII EXAME DE ORDEM/Peça profissional/Constitucional/ Adaptada) Com fundamento na recente Lei nº 1.234, do Estado Y, que exclui as entidades de direito privado da Administração Pública do dever de licitar, o banco X (empresa pública daquele Estado) realiza a contratação direta de uma empresa de informática – a Empresa W – para atualizar os sistemas do banco. O caso vem a público após a revelação de que a empresa contratada pertence ao filho do presidente do banco e nunca prestou tal serviço antes. Além disso, o valor pago (milhões de reais) estava muito acima do preço de mercado do serviço em outras empresas. José, cidadão local, ajuíza ação popular em face do Presidente do banco X e da empresa W perante o Juízo de 1ª instância da capital do Estado Y, em que pleiteia a declaração de invalidade do ato de contratação e o pagamento das perdas e danos, ao fundamento de violação ao previsto no art. 22, inciso XXVII, no art. 37, inciso XXI, no art. 173, § 1º, inciso III, e a diversos princípios constitucionais. A sentença, entretanto, julgou improcedente o pedido formulado na petição inicial, afirmando ser válida a lei estadual que autoriza a contratação direta, sem licitação, pelas entidades de direito privado da Administração Pública, não considerando violados os princípios constitucionais invocados. José interpõe recurso de apelação, ao qual se negou provimento, por unanimidade, pelo mesmo fundamento levantado na sentença. Dez dias após a publicação da decisão que rejeitou os seus embargos declaratórios, que mantiveram os fundamentos do acórdão recorrido, considerando não haver qualquer ponto a ser sanado, José procura um advogado para assumir a causa e interpor a medida judicial adequada a atacar a violação aos dispositivos constitucionais. Na qualidade de advogado, elabore a peça cabível, observando todos os requisitos formais e a fundamentação pertinente ao tema.

Recurso extraordinário	
Quesito Avaliado	**Valores**
Competência: petição de endereçamento ao Presidente ou Vice-Presidente do Tribunal de Justiça local (0,25) e razões recursais dirigidas ao Supremo Tribunal Federal (0,25)	0,00/0,25/0,50
Qualificação das partes (0,20 para cada item): (José / banco X / empresa W)	0,00/0,20/ 0,40/0,60
Demonstração do cabimento: Recurso Extraordinário interposto com fundamento na alínea *a* (0,40) do inciso III do art. 102 da CF/1988.	0,00/0,40

Recurso extraordinário	
Quesito Avaliado	**Valores**
Repercussão geral	0,00/0,50
Prequestionamento: demonstração de que a matéria foi efetivamente discutida nas instâncias ordinárias	0,00/0,50
Fundamento 1: Compete privativamente à União legislar sobre normas gerais de licitação e contratação (art. 22, XXVII, da CF/1988) e tal competência foi exercida por meio da edição da Lei nº 13.303/2016).	0,00/0,50
Fundamento 2: A Lei nº 1.234, do Estado X, desbordou dos limites da competência legislativa do Estado, e, portanto, é inválida.	0,00/0,50
Fundamento 3: A lei estadual afronta diretamente a previsão expressa no art. 37, inciso XXI, e no art. 173, § 1º, inciso III	0,00/0,50
Fundamento 4: A conduta impugnada viola os princípios da moralidade e da impessoalidade segundo o art. 37, *caput*, da CF/1988.	0,00/0,50
Pedido 1: Provimento ao recurso, para reformar a decisão recorrida (0,15)	0,00/0,15
Pedido 2: Requerer a invalidade da Lei nº 1,234, do Estado X (0,10)	0,00/0,10
Pedido 3: Requerer a invalidade do ato de contratação e condenação dos recorridos ao pagamento das perdas e danos (0,25)	0,00/0,25

REFERÊNCIAS BIBLIOGRÁFICAS

ALVES, Felipe Dalenogare. A legalidade do pregão como modalidade de licitação obrigatória à aquisição de bens e serviços na Administração Pública Federal. *Revista Eletrônica da Faculdade de Direito de Franca*. v. 3. n. 3, 2010.

_____. *Direito administrativo*: teoria e prática. Santa Cruz do Sul: Estudos de Direito, 2018.

ARAGÃO, Alexandre Santos de. *Curso de direito administrativo*. 2. ed. Rio de Janeiro: Forense, 2013.

BARBIERI, André; FELIPPO, Gladstone. *Prática administrativa*. São Paulo: Saraiva, 2017.

BUCCI, Maria Paula Dallari. *Direito administrativo e políticas públicas.* São Paulo: Saraiva, 2002.

CARVALHO FILHO, José dos Santos. *Manual de direito administrativo*. 31. ed. São Paulo: Atlas, 2017.

COUTINHO, Alessandro Dantas; RODOR, Ronald Krüger. *Manual de direito administrativo*. Rio de Janeiro: Forense, 2015.

DI PIETRO, Maria Sylvia Zanella. *Discricionariedade administrativa na Constituição de 1988.* São Paulo: Atlas, 2001.

_____. *Direito administrativo.* 28. ed. São Paulo: Atlas, 2015.

FAGUNDES, M. Seabra. *O controle dos atos administrativos pelo Poder Judiciário.* 7. ed. atualizada por G. Binenbojm. Rio de Janeiro: Forense, 2010.

GRANJEIRO, J. Wilson. *Manual de direito administrativo moderno*. 26. ed. Brasília: Vestcon, 2005.

JUSTEN FILHO, Marçal. *Curso de direito administrativo*. 11. ed. São Paulo: Revista dos Tribunais, 2015.

MAFFINI, Rafael. *Direito administrativo.* 3. ed. São Paulo: Revista dos Tribunais, 2009.

MARINELA, Fernanda. *Direito administrativo*. 6. ed. Niterói: Impetus, 2012.

MAZZA, Alexandre; ANDRADE, Flávia Cristina Moura de. *Prática de direito administrativo*. 2. ed. São Paulo: Revista dos Tribunais, 2011.

MEDAUAR, Odete. *O direito administrativo em evolução*. 2. ed. São Paulo: Revista dos Tribunais, 2003.

_____. *Direito administrativo moderno*. 19. ed. São Paulo: Revista dos Tribunais, 2015.

MEIRELLES, Hely Lopes. *Direito administrativo brasileiro*. 36. ed. São Paulo: Malheiros, 2010.

MORAES, Antonio Carlos Flores de. *Administração pública transparente e responsabilidade do político*. Belo Horizonte: Fórum, 2007.

MOREIRA NETO, Diogo de Figueiredo. *Curso de direito administrativo*: parte introdutória, parte geral e parte especial. 16. ed. rev. e atual. Rio de Janeiro: Forense, 2014.

NOHARA, Irene Patrícia. *Direito administrativo*. 7. ed. rev., atual. e ampl. São Paulo: Atlas, 2017.

OLIVEIRA, Rafael Carvalho Rezende. *Curso de direito administrativo*. 3. ed. São Paulo: Método, 2015.

_____. *Licitações e contratos administrativos:* teoria e prática. 5. ed. São Paulo: Método, 2015.

SEABRA FAGUNDES, Miguel. Da ação popular. *Revista de Direito Administrativo*. v. 6. Rio de Janeiro, 1946. Disponível em: http://bibliotecadigital.fgv.br/ojs/index.php/rda/article/view/9569/8619. Acesso em: 13 dez 2016.

SOUZA, Luiz Gustavo Oliveira de. *Passe na OAB 2ª Fase:* questões e peças comentadas. 2. ed. São Paulo: Saraiva, 2012.